Something in USB

Something in USB

개발자를 위한 USB 버스 완벽 가이드

이봉석 지음

i!i
에이콘

에이콘출판의 기틀을 마련하신 故 정완재 선생님 (1935-2004)

20년 이상을 알고 지낸 이 책의 저자는 국내에서 USB 관련 최고의 실무형 전문가로 휴대폰 제조사뿐 아니라 다양한 분야의 업체들과 많은 솔루션을 개발해왔던 풍부한 경험을 가지고 있는 이 분야 최고의 전문가이다.

이 책은 저자의 다년간의 풍부한 경험과 노하우뿐 아니라 기본원리까지 충실하게 담아낸 것으로, 전문가로 나아가려는 엔지니어에게 많은 도움이 될 수 있는 책으로 추천하고 싶다.

신태식 / 엠코어시스(주) 대표이사

USB와 관련된 개발을 원하는 엔지니어들을 위한 책!

기본원리부터 응용방법, 꼭 알아야 하는 USB와 관련된 내용들을 다양한 기술적 접근방식으로 이해하기 쉽게 설명하고, 때로 매우 전문적인 부분까지 설명하기 때문에 초급 엔지니어부터 고급 엔지니어까지 모두 아우르는 근래에 보기 힘든 매우 훌륭한 기술 도서다.

많은 엔지니어들이 다양한 분야의 개발을 하다 보면 USB와 관련된 궁금증을 가지는 경우가 대부분이고, 인터넷 검색을 통해 정보를 획득하는 경우가 많다. 하지만 수많은 정보가 혼재돼 있기 때문에 원하는 정확한 정보를 얻기 힘들었던 경험을 했고, 심지어 정확하지 않은 정보들 때문에 개발에 어려움을 겪는 경우도 다반사이다.

이 책은 올바르고 필요한 정보를 하드웨어와 소프트웨어 양 측면에서 접근하고 있기 때문에 USB와 관련된 개발을 하는 엔지니어들의 수고와 개발시간을 단축시켜 줄 수 있는 매우 유용한 책이라고 자신있게 추천한다.

주원기 / 지앨에스(주) 연구소장

| 지은이 소개 |

이봉석(birdstar@hajesoft.co.kr)

㈜하제소프트 대표이사를 맡고 있다. 1998년부터 지금까지 삼성첨단기술센터, 삼성21세기아카데미, LG러닝센터, MDS 테크놀로지 등에서 디바이스 드라이버 교육을 수행해 왔다. 윈도우와 임베디드 운영체제가 관심 분야이며, 특히 버스 인터페이스(USB, PCIexpress, 1394 등)와 보안 시스템에 관심이 많다.

현재 에어클래스, 유튜브("이봉석")에서 디바이스 드라이버와 USB, 보안 시스템 등에 대한 강좌를 진행하고 있다.

주요 저서로는 『실전 윈도우 디바이스 드라이버 2/e』(에이콘, 2019), 『Windows CE 실전 가이드』(에이콘, 2006)를 비롯해 『디바이스 드라이버 구조와 원리 그리고 제작 노하우』(가남사, 2004), 『윈도우 디바이스 드라이버』(한빛미디어, 2009) 등이 있다.

필자가 디바이스 드라이버를 개발해 온 지도 벌써 30년이 지났다. 여러 종류의 운영체제와 여러 가지 유형의 드라이버를 개발해 오면서 USB 버스를 다루는 드라이버가 가장 많은 비중을 차지한 것이 사실이다. 이런 이유로 USB 스펙에 대해서만큼은 다른 것들보다 공부하는 데 시간을 더 많이 투자했다.

거래처와 USB 관련된 펌웨어, 드라이버 등을 개발하면서 느낀 점은 생각보다 많은 업체가 USB 버스에 대한 지식이 부족하다는 것이었다.

최소한 USB 관련 제품을 출시하는 회사고 개발자가 필요한 회사라면, USB 프로토콜 분석기 한 대 정도는 구비해서 USB 버스가 어떻게 운용되는지 잘 이해하고 있어야 한다고 생각하는데, 대부분의 담당자들이 USB 버스를 잘 모른다. 이 책은 USB 버스와 관련된 제품을 개발하려는 회사의 개발자라면, 반드시 한 번 이상은 읽어봐야 하는 USB 스펙과 관련된 책이다. 단순히 USB 스펙을 번역해 놓은 책이 아니라 현업에서 꼭 알고 넘어가야 하는 부분에 대해서 필자가 그동안 경험해 온 지식과 USB 분석기를 통해 얻은 지식을 최대한 발췌해 놓은 책이라는 점을 밝히고 싶다.

방대한 분량으로 준비 기간만 2년이 걸렸다. 이 책이 분명히 현업에서 USB 버스와 관련된 일을 하는 개발자들에게는 분명히 큰 도움이 되리라고 확신한다. 따라서 효과적으로 공부하려면, 개발자 자신이 수행해야 하는 과업과 관련된 부분만 우선적으로 살펴보는 것이 좋다. 부디 이 책이 USB 버스를 이해하는 데 많은 도움이 되길 희망한다.

좋은 가장이고 싶지만, 늘 바쁜 시간 때문에 함께해 주지 못한 나를 믿어주는 아내 김경옥과 한새, 은별 그리고 은지에게 고맙다는 말을 하고 싶다.

하나님께 모든 영광을 올려드리며, 늘 성도 한 사람 한 사람을 사랑하는 마음으로 기도해 주시는 꽃동산교회 김종준 담임목사님께 감사의 말씀을 드리고 싶다.

| 차례 |

1부 — USB 개념을 이해하자!

1장   USB 기본 개요   39

2장   USB 2.0 vs USB 3.0 123

6장   USB 전원 관리   359

7장 허브(HUB) 461

8장 USB 디바이스 프레임워크   529

2부 ― USB 호스트 컨트롤러와 프로토콜

9장 MA USB(Media-Agnostic USB)   607

3부 — 윈도우와 리눅스 USB 호스트 드라이버

11장 윈도우 USB 시스템   841

4부 — USB 디바이스 컨트롤러

13장 USB 디바이스 컨트롤러를 위한 프레임워크   1075

이 책은 크게 USB 스펙과 이를 사용하는 윈도우, 리눅스, 사이프레스 등의 소프트웨어 스택을 설명한다. 이 중에서 USB 스펙은 일반적인 USB 표준과 호스트 컨트롤러 표준을 설명하는 데 집중했다.

개발자들이 현업에서 많이 참조해야 하는 USB 스펙 문서는 내용도 방대할 뿐만 아니라 이해하기 어려운 부분도 많기 때문에 국내 대부분의 개발자들은 다른 해석서나 기본서를 선택해 USB를 공부하는 것이 현실이다. 하지만 필자는 결국 가장 중요하고 정확한 설명은 표준 스펙 문서라고 생각하기 때문에 독자들에게 스펙 문서의 내용중 중요한 부분을 풀어서 설명하는 책을 만들었다. 이 책을 보면서 USB 스펙 문서를 함께 읽는다면, 한결 수월하게 스펙을 이해할 수 있을 것이다.

이 책은 많은 주제를 포함하고 있기 때문에 효과적으로 책을 활용하는 가이드를 제공하려고 한다.

먼저, 각 장의 제목과 각 장에서 전달하려는 내용은 다음과 같다.

1장. USB(Universal Serial Bus) 기본 개요에서는 2장부터 8장까지 다룰 모든 내용을 압축해서 설명한다.

2장. USB 2.0 vs USB 3.0에서는 USB 2.0과 USB 3.0의 주요 특징을 설명한다.

3장. USB 통신속도별 특징에서는 Low Speed, Full Speed, High Speed, Super Speed의 차이를 각각 설명한다.

4장. USB 링크에서는 Super Speed에서 처음 소개하는 USB 링크와 관련된 프로토콜을 설명한다.

5장. USB 프로토콜은 가장 분량이 많은 장으로 USB 프로토콜에 대한 내용을 심화적으로 설명한다.

6장. USB 전원관리에서는 TYPE-C 전원관리를 포함한 USB 전원관리 프로토콜을 소개한다.

7장. 허브(HUB)에서는 USB 2.0, 3.0 허브의 구조와 역할을 설명한다.

8장. USB 디바이스 프레임워크에서는 USB 호스트측의 클래스(클라이언트) 드라이버와 USB 디바이스측의 펑션 드라이버를 개발하는 개발자들이 알아야 하는 프레임워크를 설명한다.

9장. MA USB(Media-Agnostic USB)에서는 가상 USB 버스를 구현하는 기반으로 사용되는 대표적인 프로토콜인 MA USB를 설명한다. 이 부분을 통해서 2장부터 8장까지 공부한 내용을 어떻게 가상화할 것인지를 함께 논의해 보면 좋을 것이다.

10장. xHCI(eXtensible Host Controller Interface)에서는 USB 호스트측에서 요구하는 호스트 컨트롤러를 위한 xHCI 스펙을 살펴본다.

11장. 윈도우 USB 시스템에서는 윈도우 운영체제가 어떻게 USB 버스를 지원하는지와 개발자가 어떻게 USB 호스트측의 클래스 드라이버와 디바이스측의 펑션 드라이버를 개발할 수 있는지를 배운다.

12장. 리눅스 USB 호스트 시스템에서는 리눅스에서 지원하는 USB 호스트 클래스 드라이버 작성법을 배운다.

13장. USB 디바이스 컨트롤러를 위한 프레임워크에서는 USB 디바이스 컨트롤러를 위한 드라이버를 개발하는 방법론을 배운다. 리눅스 USB 가젯 프레임워크와 사이프레스 FX3 개발환경을 설명한다.

두 번째로, 이 책을 활용하는 데 가이드가 될 수 있도록 다음과 같이 구분해 봤다.

USB가 무엇인지 가볍게 구조를 파악하고 싶은 독자는 1장, 'USB 기본 개요', 2장, 'USB 2.0 vs USB 3.0', 3장, 'USB 통신속도별 특징', 8장, 'USB 디바이스 프레임워크'를 학습하길 바란다.

USB에 대한 기본적인 내용을 알고 있으며, 조금 더 자세한 내용을 알고자 하는 독자는 4장, 'USB 링크', 5장, 'USB 프로토콜', 6장, 'USB 전원관리', 7장, '허브', 8장, 'USB 디바이스 프레임워크', 10장, 'xHCI'를 학습하길 바란다.

USB 호스트측의 클래스 드라이버 혹은 클라이언트 드라이버를 개발하려는 독자는 1장, 'USB 기본 개요', 8장, 'USB 디바이스 프레임워크', 11장, '윈도우 USB 시스템', 12장, '리눅스 USB 호스트 시스템'을 학습하길 바란다.

USB 디바이스측의 펑션 드라이버를 개발하려는 독자는 1장, 'USB 기본 개요', 4장, 'USB 링크', 5장, 'USB 프로토콜', 6장, 'USB 전원관리', 8장, 'USB 디바이스 프레임워크', 13장, 'USB 디바이스 컨트롤러를 위한 프레임워크'를 학습하길 바란다.

가상 USB 버스를 구현하거나 이해하려는 독자는 2장, 'USB 2.0 vs USB 3.0', 3장, 'USB 통신속도별 특징', 4장, 'USB 링크', 5장, 'USB 프로토콜', 6장, 'USB 전원관리', 7장, '허브', 8장, 'USB 디바이스 프레임워크', 9장, 'MA USB', 10장, 'xHCI'를 학습하길 바란다.

USB가 지원하는 전원관리에 대해 자세히 알고자 하는 독자는 6장, 'USB 전원관리', 7장, '허브'를 학습하길 바란다.

끝으로, 이 책을 집필할 때 참고한 사이트 정보와 문서, 분석기 리스트다. 책을 읽을 때 참고하길 바란다.

- https://www.usb.org/documents: USB 스펙 관련 문서
- https://docs.microsoft.com/en-us/windows-hardware/drivers/usbcon/: 마이크로소프트에서 공식적으로 제공하는 USB 문서 및 드라이버 개발 가이드
- https://www.kernel.org/doc/html/v4.17/driver-api/usb/gadget.html: 리눅스 USB 가젯에 관련된 도움말과 정보
- https://korea.cypress.com/documentation/software-and-drivers/ez-usb-fx3-software-development-kit: 사이프레스 USB 제품을 위한 SDK 정보
- https://www.usb.org/document-library/media-agnostic-usb-v10a-spec-and-adopters-agreement: MAUSB 스펙 문서

- https://www.intel.com/content/dam/www/public/us/en/documents/technical-specifications/extensible-host-controler-interface-usb-xhci.pdf: xHCI 호스트 컨트롤러 관련 문서
- https://www.kernel.org/doc/html/v4.10/driver-api/usb.html: 리눅스 USB 호스트 드라이버 개발 가이드
- https://www.ellisys.com/: USB 계측기 사이트
- https://teledynelecroy.com/protocolanalyzer/usb: USB 계측기 사이트
- https://www.youtube.com/watch?v=02Ksifgh7TE: 하제소프트 USB 동영상 시리즈

부디 이 책이 독자들이 목표로 하는 최종 결과에 이르는 데 도움이 되기를 바란다.

문의 사항

한국어판에 관해 질문이 있다면 지은이의 이메일이나 에이콘출판사 편집 팀(editor@acornpub.co.kr)으로 문의해주길 바란다.

한국어판의 정오표는 에이콘출판사의 도서정보 페이지 http://www.acornpub.co.kr/book/usb-guide에서 찾아볼 수 있다.

1부

USB 개념을 이해하자!

1부에서는 USB 2(Low Speed, Full Speed, High Speed)와 USB 3(Super Speed, Super Speed Plus)을 소개한다.

다양한 USB 트랜잭션Transaction을 소개하고 USB 버스에서 전원을 효과적으로 사용하는 방법이 어떻게 소개돼 있는지를 살펴본다.

이 책 전반적으로 가장 중요한 내용을 설명하는 부분이기 때문에 독자들이 반드시 읽어 봐야 USB 버스에 대해서 전반적으로 이해할 수 있을 것이다.

이 책이 출간될 즈음에는 아마도 USB 4.0이 시장에 나올지도 모른다. 하지만, 늘 그래왔듯이 이전 버전과의 호환성을 염두에 두고 있는 프로토콜이기 때문에, 독자들이 이 책을 통해서 USB 3.0까지의 중요한 포인트를 우선 습득한 후 USB 4.0을 공부하는 것이 훨씬 전략적으로 유리할 것으로 보인다.

끝으로 이 책에서 설명하는 용어에 대해서는 가능하면 혼동을 피하기 위해서 원문을 그대로 사용하도록 하겠다.

01

USB 기본 개요

1장에서는 앞으로 책에서 소개하는 USB와 관련된 기본 개념을 가볍게 살펴본다. 구체적인 내용은 2장에서 자세하게 다룰 것이다.

> **[글을 읽기 전에 잠시 확인하자!] – 저자의 한마디**
>
> - USB 2.0 – USB 릴리스 버전의 종류로서 Low Speed, Full Speed, High Speed를 정의한다.
> - USB 3.0 – USB 릴리스 버전의 종류로서 이전 버전의 통신속도와 Enhanced Super Speed를 정의한다.
> - USB 3.1 – USB 릴리스 버전의 종류로서 이전 버전의 통신속도와 Enhanced Super Speed Plus를 정의한다.

내용 중에서 USB 2.0이라는 표현이 자주 나온다. 이것은 문자 그대로 USB 3.0을 의미하지는 않지만, USB 3.0 내부에 USB 2.0이 포함돼 있다는 점에서 문장 속에서 나타나는 의미를 잘 파악해야 한다.

근래에 사용되는 USB 디바이스 장치는 여전히 Low Speed(LS), High Speed(HS)가 많다. 따라서 이들의 통신속도를 공부하는 것은 당연하며, 이것을 USB 2.0이라는 범주의 용어로 대체 사용하므로 혹시 USB 2.0을 과거 버전이라는 선입견을 가지고 가볍게 치부하지 않길 바란다.

1.1 USB 통신과 트랜잭션

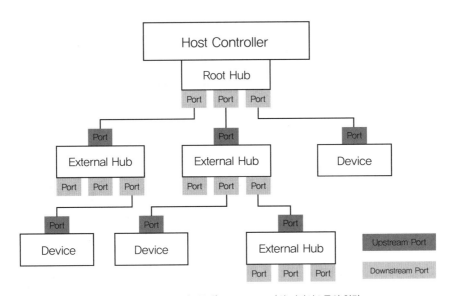

그림 1-1 USB 호스트 컨트롤러(Host Controller)와 디바이스들의 연결

그림 1-1에서 보여주는 용어들은 익숙해져야 하는 용어들이다.

- Host Controller: USB 통신의 주체. 모든 USB 통신은 Host Controller가 통신의 시작을 요구한다.

- Root Hub: Host Controller와 함께 물리적으로 연결돼 있는 허브 장치. USB 장치들이 Host Controller와 통신을 하기 위해서는 Root Hub를 거쳐야 한다. 허브는 USB 장치를 검색하고 전원을 공급하는 역할을 한다.

- Upstream Port/Downstream Port: USB 통신은 작은 의미에서 Upstream Port와 Downstream Port 간의 링크(연결)를 주축으로 한다. 모든 USB 장치들

은 저마다 하나의 Upstream Port를 가지고 있어서 자신의 상위 계층의 USB 장치 혹은 호스트 컨트롤러와 통신하는 링크를 형성한다. 허브와 같은 장치들은 복수 개의 Downstream Port를 가지고 있어서 하위 계층의 USB 장치와 통신하는 링크를 형성한다.

- External Hub: 외장 허브로 불리며 일종의 USB 장치 중 하나이다. 복수 개의 USB 장치를 호스트 컨트롤러에 연결하는 기능을 제공한다. USB에서는 최대 5 개의 외장 허브를 직렬로 연결하는 것이 허용된다.

- Device: USB 통신의 대상. USB 통신은 주체(Host Controller)와 대상(Device) 간의 통신을 목적으로 한다. 여기에 해당하는 실례로는 USB 마우스 장치, USB 이동식 디스크 장치, USB 카메라 장치 등이 될 수 있다.

USB(USB 버스)는 호스트(호스트 컨트롤러)와 디바이스 간의 통신 프로토콜이다. 여기서 통신이란 데이터 송수신을 의미한다. USB 통신의 한쪽 대상은 호스트가 되고 다른 대상은 디바이스가 된다. 호스트에서 디바이스로 데이터를 보내는 것을 송신(Tx), 디바이스에서 호스트로 데이터를 보내는 것을 수신(Rx)이라고 부른다. 모든 통신의 시작은 호스트가 지시한다. 이것을 다른 식으로 설명하자면, 송신(데이터를 보내라!)과 수신(데이터를 달라!)의 요청의 시작을 모두 호스트가 지시한다는 뜻이다.

USB 디바이스들 간에는 직접적인 데이터 송수신이 불가능하다. 반드시 USB 디바이스는 호스트와의 데이터통신만 가능하기 때문에 특정 USB 디바이스 'A'와 또 다른 USB 디바이스 'B'가 데이터통신을 하기 위해서는 하나의 호스트가 그 중재 역할을 수행해야 한다.

또한 하나의 호스트가 복수 개의 디바이스와 동시에 USB 통신을 하려면 USB 대역폭Bandwidth을 나눠 사용할 수밖에 없다. 대역폭을 어떻게 나눌 것인가는 아주 중요한 문제이다.

예를 들어 USB 마우스와 USB 디스크를 동시에 사용할 때 사용자가 USB 디스크에 파일을 복사하면서 마우스를 움직였다고 가정해보자. 파일을 복사하고 있는 상황이라고 하더라도 마우스 커서가 화면에서 움직이는 것이 자주 끊어지는 느낌을 준다면 사용자는 어떻게 느끼게 될까?

반대로 이번에는 USB 마우스를 움직이고 있는 상황에서 USB 디스크를 컴퓨터에 연결하는 상황을 가정해보자. 마우스를 움직이고 있는 상황에서 USB 디스크를 컴퓨터에 연결할 때 잠시 동안 화면에 마우스 커서의 움직임이 멈추는 상황이 벌어진다면 사용자는 어떤 느낌을 받게 될까?

이런 모든 상황은 하나의 호스트가 복수 개의 USB 디바이스와 통신하는 데 있어서 USB 대역폭을 제대로 관리하지 못한 결과로 나타나는 현상이다. 호스트가 디바이스가 주고받아야 하는 비교적 많은 양의 데이터는 보다 적은 크기의 패킷Packet으로 쪼개져서 사용된다. 많은 양의 데이터가 쪼개져서 작은 패킷 형태로 나눠져야 호스트는 현재 연결돼 있는 다른 모든 디바이스 간의 형평성있는 USB 대역폭 관리 알고리즘을 사용할 수 있다.

다른 예를 들면 하나의 호스트가 3개의 USB 디바이스(A, B, C)와 연결돼 있다면, 호스트가 사용할 수 있는 전체 USB 대역폭은 쉽게 설명해서 1/3씩 나눠서 각각의 USB 디바이스와 통신하는 목적으로 사용된다는 뜻이다.

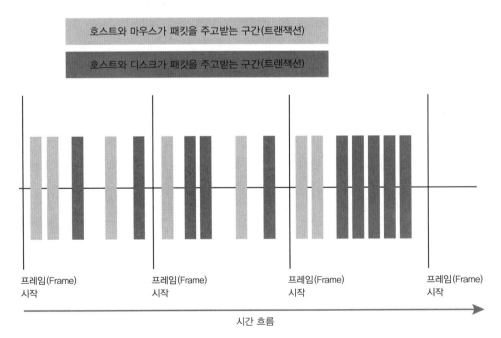

그림 1-2 마우스, 디스크를 동시에 사용하는 상황에서 대역폭을 쓰는 모습

호스트는 패킷 형태로 나눠진 데이터를 대역폭에 사용하는 데 있어서 트랜잭션^{Transaction}이라는 프로토콜을 사용한다. 트랜잭션은 호스트와 디바이스(정확하게 말하자면, 엔드포인트) 간에 패킷을 주고받기 위한 프로토콜이다. 엔드포인트^{Endpoint}는 디바이스 내에 존재하는 구성 요소이며 패킷을 생성^{Source}하거나 소비^{Sink}하는 역할을 수행한다.

트랜잭션은 몇 개의 패킷(데이터패킷, 토큰패킷, 상태패킷)을 사용해서 호스트와 디바이스 사이에 가장 중요한 의미를 가지는 패킷인 데이터패킷을 전송하는 목적을 가진다. 이런 트랜잭션의 프로토콜은 전송하려는 데이터패킷의 종류와 통신 대상인 엔드포인트^{Endpoint}의 종류에 따라서 조금 다른 프로토콜을 사용한다.

꼭 기억해야 하는 것은 여러 개의 디바이스가 하나의 호스트와 동시에 통신하는 경우 각각의 트랜잭션이 서로 겹치지 않는다는 점이다.

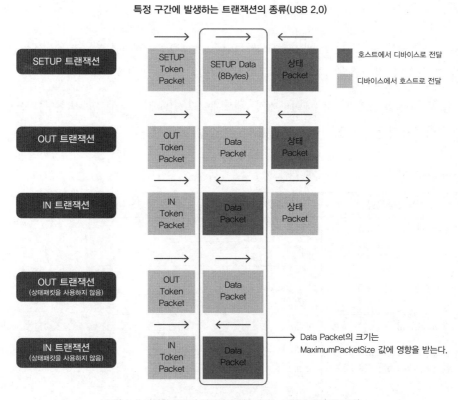

그림 1-3 다양한 종류의 데이터를 전송하려는 트랜잭션들(USB 2.0)

그림 1-3을 보면 대표적인 5가지 트랜잭션을 소개하고 있다. 이들의 목적을 정확하게 알고 있어야 한다.

- SETUP 트랜잭션: SETUP Data(8바이트) 패킷을 호스트에서 디바이스로 전달하는 것이 목적이다.
- OUT 트랜잭션: Data 패킷을 호스트에서 디바이스로 전달하는 것이 목적이다.
- IN 트랜잭션: Data 패킷을 디바이스에서 호스트로 전달하는 것이 목적이다.
- OUT 트랜잭션(상태패킷을 사용하지 않음): Data 패킷을 호스트에서 디바이스로 전달하는 것이 목적이다. 디바이스는 Data 패킷을 정상적으로 수신했는지 호스트에게 보고(상태패킷)하지 않는다.
- IN 트랜잭션(상태패킷을 사용하지 않음): Data 패킷을 디바이스에서 호스트로 전달하는 것이 목적이다. 호스트는 Data 패킷을 정상적으로 수신했는지 디바이스에게 보고(상태패킷)하지 않는다.

표 1-1을 보면, USB 2.0(Low Speed, Full Speed, High Speed)에서 사용되는 패킷의 종류를 알 수 있다. 패킷의 종류는 패킷에 포함된 패킷ID(PID)에 의해서 결정된다.

패킷은 크게 토큰^{Token}패킷, 데이터패킷, 핸드셰이크(상태)패킷 그리고 특별한 목적으로 사용되는 패킷들이 있다. USB 2.0 트랜잭션은 항상 토큰패킷을 시작으로 한다.

표 1-1 패킷ID(PID)에 따르는 패킷의 종류(USB 2.0)

패킷ID 유형	패킷ID 이름	4비트 값(2진수)
토큰(Token)	OUT	0001
	IN	1001
	SOF	0101
	SETUP	1101
데이터(Data)	DATA0	0011
	DATA1	1011
	DATA2	0111
	MDATA	1111

패킷ID 유형	패킷ID 이름	4비트 값(2진수)
핸드셰이크(Handshake)	ACK	0010
	NAK	1010
	STALL	1110
	NYET	0110
특별한 사용	PRE(Low Speed)	1100
	ERR	1100
	SPLIT	1000
	PING	0100
	LPM에서 사용됨	0000

우리는 이 책을 통해서 USB 2.0과 USB 3.0의 추가된 내용을 배우려고 한다. 따라서 간단하게라도 USB 3.0에서 추가된 Enhanced Super Speed 통신에서 사용되는 패킷들도 설명하도록 하겠다.

표 1-2 패킷의 종류(USB 3.0)

패킷 유형	패킷 유형 5비트 값(2진수)	패킷서브 유형	패킷서브 유형 4비트 값(2진수)
Link Management Packet	00000	Set Link	0001
		U2 Inactivity Timeout	0010
		Vendor Device Test	0011
		Port Capability	0100
		Port Configuration	0101
		Port Configuration Response	0110

패킷 유형	패킷 유형 5비트 값(2진수)	패킷서브 유형	패킷서브 유형 4비트 값(2진수)
Transaction Packet	00100	ACK	0001
		NRDY	0010
		ERDY	0011
		STATUS	0100
		STALL	0101
		DEV_NOTIFICATION	0110
		PING	0111
		PING_RESPONSE	1000
Data Packet Header	01000	정의 안 됨	
Isochronous Timestamp Packet	01100	정의 안 됨	

그림 1-3을 보면 알 수 있듯이 모든 트랜잭션은 호스트에서 요청이 시작된다(여기서는 이해를 돕기 위해서 USB 2.0의 경우를 예를 들어서 설명한다).

결국 호스트가 USB 대역폭을 스케줄링하는 가장 기본적인 단위는 데이터 전송을 위해서 패킷을 실어 보내는 '트랜잭션'이라고 보는 편이 옳다.

주변에서 누군가를 만났을 때 USB를 많이 이해하고 있는지를 알아보고자 할 때 여러 가지 트랜잭션의 모습이 머릿속에 이미지Image로서 쉽 그려지는지의 정도를 척도로 삼기도 한다. 그만큼 트랜잭션은 USB에서 중요한 요점 중 하나이다.

1.2 USB 릴리스 버전과 통신속도

다음은 주변에서 많이 이야기하는 USB 3.0에 대한 이야기이다.

"USB 3.0은 기존 USB 2.0보다 약 10배 정도 더 빠른 속도를 지원하고 있다."

"USB 3.0은 속도 향상을 위해서 Burst 벌크 통신 기능을 제공한다."

"USB 3.0은 기존 USB 2.0에 없었던 링크 프로토콜층이 보강됐다."

"USB 3.0은 기존 USB 2.0보다 불필요한 전력소비량을 줄였다."

많이 오해하고 있는 부분 중의 하나가 USB 릴리스 버전을 통신속도로 규정하고 있다는 점이다(우리는 주변에서 "USB 3.0은 USB 2.0보다 빠른 거잖아!"라는 말을 자주 듣는다. 잘못된 표현이다). 물론 USB 버전은 계속 증가되고 있지만 USB가 추구하고 있는 아주 중요한 특징 중 하나는 과거 버전과의 호환성이다. 간단하게 예를 들면 마우스는 통상 가장 느린 장치 중 하나로서 USB 1.0때부터 사용되던 Low Speed 장치다. 지금 대부분의 메인보드에서 채택하고 있는 USB 버스는 USB 3.0이다. 그렇다면 이와 같은 환경에서 마우스를 사용할 수 없다는 것은 상상하기 어렵다. 이처럼 USB 버스는 최신 버전으로 릴리스됐지만 하위 버전에서 사용되는 통신속도를 그대로 지원하는 것이 우리가 USB를 선호하는 이유 중 하나다.

사람들은 대개 USB 3.0이라고 하면 Enhanced Super Speed(줄여서 Super Speed)만 이야기 하는데 이는 잘못된 표현이라고 본다. 하위 전 버전을 모두 담고 이야기하는 것이 맞다.

다음은 맞는 표현이다.

"USB 3.1이 가장 최신 버전이다. USB 3.1은 이전 버전(USB 3.0)과 호환성을 갖고 있다."

"USB 1.x에서는 Low Speed(LS)와 Full Speed(FS)가 지원됐다."

"USB 2.x에서는 추가로 High Speed(HS)가 지원됐다."

"USB 3.0에서는 추가로 Enhanced Super Speed(SS)가 지원됐다."

"USB 3.1에서는 추가로 Enhanced Super Speed Plus(SS+)가 지원됐다."

(USB 3.0과 USB 2.0은 많은 차이점이 있지만, 구체적인 내용은 뒷장에서 배우도록 한다.)

하위 호환성을 그대로 가지고 있기 때문에 결과적으로 USB 3.1은 LS, FS, HS, SS, SS+ 모두를 지원하고 있다(USB 3.1에서는 SS를 SS Gen1, SS+를 SS Gen2로 부른다).

다시 한 번 강조하지만, 대부분의 일반 버스에서는 속도가 빨라지면 그만큼 이전의 느린 속도는 잊혀지지만 USB를 사용하는 주변 장치들은 이전의 느린 속도에 맞춰서 제작된 하드웨어를 그대로 사용하고 있는 것이 사실이다.

USB 키보드는 Low Speed(LS)를 사용하는 대표적인 장치다. 이 장치가 USB 3.1 환경에서 사용된다고 하더라도 지원되는 속도는 여전히 Low Speed다. 키보드 장치의 속도가 그 이상 빨라지지 않도록 설계돼 있기 때문이다. 사실 키보드 장치가 생성해내는 데이터는 아주 작은 양이기 때문에 Low Speed에서도 충분히 부담없이 사용할 수 있다.

반면 복사가 빠르면 빠를수록 유리한 USB 이동식 디스크의 경우 이전에는 흔하지 않았던 Enhanced Super Speed(Plus)를 지원하는 보다 빠른 이동식 디스크가 시중에 많이 나와 있는 것이 사실이다.

표 1-3 USB가 지원하는 통신속도

	LS	FS	HS	SS	SS+
최대 전송속도	1.5Mbps	12Mbps	480Mbps	5Gbps	10Gbps

USB 통신속도는 호스트(허브)와 디바이스가 어떤 속도를 지원하는가에 따라서 결정된다. 아무리 디바이스가 Enhanced Super Speed(SS)를 사용하고 싶다고 하더라도 호스트(허브)가 High Speed(HS)까지만 지원한다면 둘 간의 통신은 High Speed를 넘지 못한다. 호환성을 위해 상대적으로 낮은 속도가 선택된다.

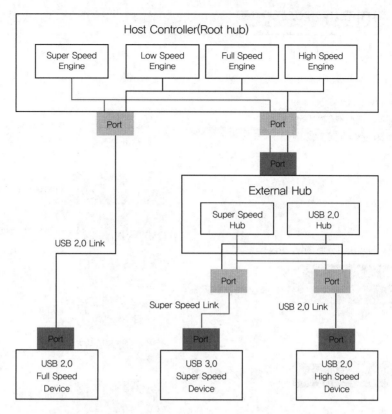

그림 1-4 호스트(허브), 디바이스가 연결된 모습(서로 다른 속도를 지원하는 장치)

디바이스가 빠른 속도를 원한다고 하더라도 연결된 허브가 이것을 지원할 수 없는 경우가 있고 허브는 빠른 속도를 지원할 수 있지만 연결된 디바이스가 느린 경우도 있다.

이처럼 가장 빠른 속도를 사용하기 위해서는 디바이스와 허브 양쪽이 모두 빠른 속도를 지원할 수 있어야 한다(참고로 허브에 디바이스가 연결된다는 뜻은 허브가 제공하는 Downstream Port에 디바이스가 제공하는 Upstream Port가 연결된다는 뜻이다. 이것을 링크라고 부른다).

1.3 파이프와 엔드포인트

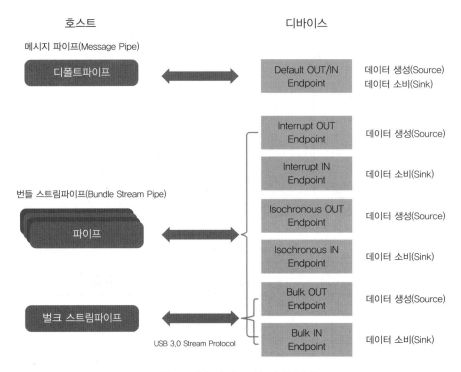

그림 1-5 파이프와 엔드포인트의 연결관계

파이프^{Pipe}는 호스트에서 준비된 메모리가 그 실체다. 엔드포인트^{Endpoint}는 디바이스에서 데이터를 만들어내거나(Source), 소비(Sink)하는 대상이다. 호스트에서 동작하는 소프트 웨어(USB를 사용하려는 응용프로그램)는 엔드포인트와 직접 통신하는 개념보다는 파이프를 통해서 통신하게 된다. 엔드포인트는 데이터를 만들어내거나 소비하는 대상이기 때문에 엔드포인트와 실제로 통신하기 위해서는 적절한 트랜잭션을 사용해야 한다. 이런 트랜잭션 절차는 호스트에서 스케줄링하는 USB 대역폭과 관련된 내용을 포함해야 하는 조금은 복잡한 알고리즘이 사용된다. 따라서 응용프로그램을 사용하면서 이런 트랜잭션의 구체적인 내용을 모르는 상황에서 추상적으로 파이프라는 개념의 메모리를 통해서 데이터를 엔드포인트^{Endpoint}로부터 가져오거나 엔드포인트로 보내게 된다.

호스트가 엔드포인트로 전송하기 위해서 파이프에 담는 데이터의 크기는 데이터패킷의 크기를 고려할 필요가 없다. 호스트는 많은 양의 데이터를 전송하도록 요청할 수 있으며, 데이터가 작은 크기의 패킷으로 나눠지는 부분은 트랜잭션을 통해서 일어나는 부분이고 응용프로그램이 구태여 알 필요가 없는 부분이기 때문이다. 호스트가 엔드포인트로부터 데이터를 읽어오기 위해서 사용하는 파이프도 마찬가지다.

1.4 USB 전체 개요

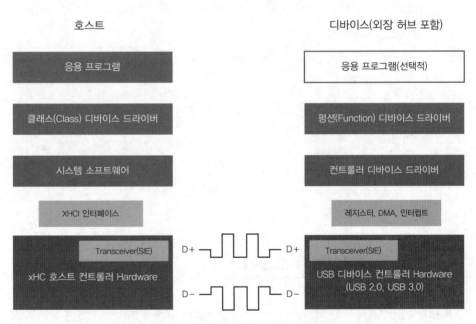

그림 1-6 호스트(허브), 디바이스와 USB 연결을 이해하는 전체 그림

USB를 가장 좁은 개념으로 본다면 USB 케이블^{Cable}과 그 양쪽에 물려있는 컨트롤러(호스트 컨트롤러와 디바이스 컨트롤러)라고 볼 수 있다(호스트 컨트롤러에 붙어있는 루트 허브^{Root Hub}를 사용하는 것을 가정한다).

넓은 개념으로 본다면 그림 1-6과 같이 확대된다.

소프트웨어를 개발하는 개발자의 관점에서 USB를 살펴보면 어떤 부분이 소프트웨어의 개입이 예상되는 부분인지를 파악하는 게 중요해 보인다.

소프트웨어가 동작하는 상황이 데이터 전송속도에 영향을 미치지 않아야 하기 때문에 호스트 컨트롤러, 디바이스 컨트롤러와 연결 케이블은 물리적인 것으로 간주해도 무방하다.

따라서 소프트웨어가 개입하는 부분은,

- 호스트 측면에서 호스트 컨트롤러를 프로그래밍하는 부분(보통 시스템 소프트웨어라고 부른다.)
- 호스트 측면에서 클래스를 지원하는 디바이스 드라이버와 드라이버가 제공하는 서비스를 사용하려는 응용프로그램 부분
- 디바이스 측면에서 디바이스 컨트롤러를 프로그래밍하는 부분(컨트롤러 디바이스 드라이버라고 부른다.)
- 디바이스 측면에서 서비스를 제공하는 프로토콜을 구현하는 펑션 디바이스 드라이버 부분

이렇게 4부분이라고 볼 수 있다.

1.5 USB 트랜잭션의 우선순위

USB 대역폭은 정해져 있는 크기(시간=데이터 전송용량)로 인해서 버스에 연결된 모든 장치들과 관련된 각각의 트랜잭션을 호스트가 동시에 진행하는 것은 불가능하다. 따라서 호스트는 이들을 적덩하게 스케줄링하게 되는데, 이와 같은 트랜잭션 중에서 우선순위가 높은 것이 먼저 USB 대역폭을 사용하는 것이 옳다. USB 트랜잭션의 우선순위는 해당 트랜잭션이 대상으로 삼고 있는 엔드포인트의 종류에 따라서 결정된다.

서로 다른 종류의 엔드포인트라고 하더라도 트랜잭션 형태는 같은 것을 사용할 수 있다.

우선순위는 엔드포인트의 종류에 따라서 결정된다. 엔드포인트의 종류를 구분하는 것은 용도에 따라서 쓰임새가 서로 다르기 때문이다.

사용자는 자신이 개발하려는 솔루션의 특성을 고민해서 USB 버스가 제공하는 어떤 종류의 엔드포인트와 통신할 것인가를 결정해야 한다.

또한 통신할 대상의 엔드포인트를 결정했다면 해당하는 엔드포인트가 데이터패킷을 보내기 위해서 어떤 트랜잭션을 어떻게 사용해야 하는지를 파악해야 한다.

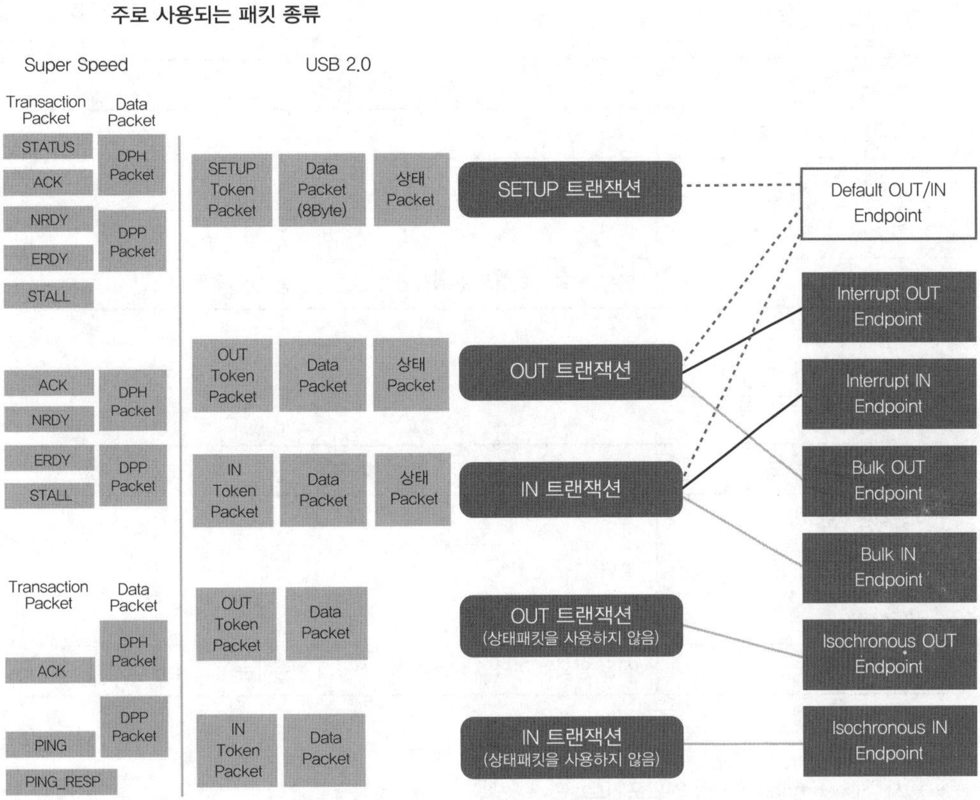

주로 사용되는 패킷 종류

그림 1-7 엔드포인트의 종류와 트랜잭션

이를 위해서 잠시 엔드포인트의 종류와 몇 가지 비교 파라미터를 살펴보자.

▶ 컨트롤 엔드포인트

통신속도	느리다
바람직한 전송 데이터 크기	작다.
우선순위(재시간 전송)	높다.
신뢰성	높다.
용도	순수한 데이터패킷 외에 명령 패킷을 추가로 함께 다룰 수 있다.

▶ 벌크 엔드포인트

통신속도	빠르다
바람직한 전송 데이터 크기	크다.
우선순위(재시간 전송)	낮다.
신뢰성	높다.
용도	많은 양의 데이터를 신뢰성있게 전송하는 용도에 적합하다.

▶ 인터럽트 엔드포인트

통신속도	빠르다
바람직한 전송 데이터 크기	작다.
우선순위(재시간 전송)	높다.
신뢰성	높다.
용도	작은 양의 데이터를 빠르고 신뢰성있게 전송하는 용도에 적합하다.

▶ 등시성(Isochronous) 전송 엔드포인트

통신속도	느리다
바람직한 전송 데이터 크기	크다.
우선순위(재시간 전송)	높다.
신뢰성	낮다.

통신속도	느리다
용도	많은 양의 데이터패킷을 정확한 시간에 전송하는 것을 목적으로 한다. 상황에 따라서 데이터패킷이 손상되는 것을 감수한다.

USB에서는 효과적인 USB 대역폭 사용을 위해서 크게 4가지 종류의 엔드포인트를 정의하고 있다. USB 호스트와 디바이스에서는 이들 각각의 종류가 갖게 되는 우선순위와 특징을 그대로 반영하도록 설계된다.

응용프로그램은 이들 엔드포인트의 종류를 선정하고 이들의 특징을 잘 살펴서 원하는 서비스 결과를 얻을 수 있도록 고민해야 한다.

예를 들어 보자.

USB 디스크의 경우 파일을 복사하는 데 있어서 복사시간이 빠른 것도 중요하지만 데이터가 깨지는 것은 절대로 안 된다. 데이터가 깨질 상황이라면, 속도를 늦춰서라도 깨지지 않는 데이터를 전송하는 것이 중요하기 때문이다. 이런 경우 USB 디스크가 사용하는 엔드포인트는 벌크 엔드포인트일 것이다. 벌크 엔드포인트는 USB 대역폭이 충분히 비어 있을 때는 데이터 전송속도가 빠르겠지만 대역폭이 부족할 때는 여유가 있을 때까지 충분히 전송을 미루고 대기할 것이다.

USB 오디오(재생기)의 경우 재생할 음원 데이터를 호스트에서 USB 오디오 디바이스로 전송하려는 경우에 전송속도가 빠른 것보다는 제때 전송되는 것이 더 중요하다. 물론 데이터가 깨져도 안 되지만 최악의 경우에는 데이터가 깨지는 것도 감수해야 한다.

왜냐하면 음원을 듣는 과정 중에 데이터가 깨지지 않도록 신경써서 전송하느라고 제때 호스트가 데이터를 USB 버스를 통해서 오디오 장치로 보내지 않으면, 그 시간에 사용자는 실시간으로 음원을 듣지 못하는 상황이 발생한다. 어느 정도 버퍼링은 있겠지만 영화를 볼 때 립싱크가 맞지 않는 짜증나는 상황을 달가워하는 사용자는 없을 것이다. 데이터는 조금 깨져서 소리가 틀어질 때도 있겠지만, 립싱크는 정확하게 맞기를 기대하는 사용자로서는 이런 경우 벌크 엔드포인트를 가진 오디오보다는 등시성 전송 엔드포인트 혹은 인터럽트 엔드포인트를 사용하고 싶을 것이다(2가지 중에서 본 예시에서는 사실 등시성 전송 엔드포인트를 더 선호한다. 왜냐하면 인터럽트 엔드포인트를 통해서 전송되는 데이터는 늘 신뢰성 검사를 하기 때문에 그만큼 전송속도에 있어서 오버헤드를 갖기 때문이다).

1.6 USB와 전원 관리

USB는 허브를 통해서 디바이스 측으로 필요한 전력을 공급해주는 것을 원칙으로 한다. 따라서 별도의 전원공급이 없는 디바이스라고 하더라도 USB 허브에 연결하는 행위를 통해서 전원공급을 받아서 동작할 수 있다. 그러나, 디바이스에서는 허브가 제공하는 전력에 있어서 몇 가지 특징을 알고 있어야 한다.

허브 자체도 전력을 소비하는 장치이다. 따라서 허브도 전력이 공급돼야 하는데, 배터리 전력이 공급되는 허브와 외부전원이 공급되는 허브는 각각에 연결된 디바이스로 공급할 수 있는 최대 전력량이 다르다.

외부전원이 공급되는 허브의 경우 USB 2.0은 최대 5V 500mA, USB 3.0은 최대 5V/12V 900mA의 전력을 공급할 수 있다.

배터리 전원이 공급되는 허브(보통 배터리로 동작 중인 노트북에 내장된 루트 허브)의 경우 USB 2.0은 최대 5V 100mA, USB 3.0은 최대 5V/12V 150mA의 전력을 공급할 수 있다.

따라서 이 이상의 전력을 사용하려는 디바이스의 경우나 배터리 전원을 사용하는 허브가 공급할 수 없는 수준의 전력을 요구하는 디바이스는 반드시 자체 전력을 갖고 USB 디바이스를 구동해야 한다.

이와 같은 특징으로 인해서 모든 USB 디바이스는 허브에 연결되면 USB 2.0 허브의 경우 100mA, USB 3.0 허브의 경우 150mA의 기본 전력을 공급해준다. 이후 열거과정Enumeration을 통해서 호스트는 디바이스가 얼마큼의 전력을 요구하는지를 확인(Configuration Descriptor)하게 되고, 요구하는 전력을 허브가 공급할 수 없는 경우로 판단되면 해당 디바이스를 현재 허브에서는 사용할 수 없도록 한다. 그러나 사용할 수 있는 디바이스로 판단되면 디바이스 측으로 그 사용의 허가 여부를 알려주게 되므로(SET_CONFIGURATION) 허가 여부가 결정되기 이전에 디바이스는 절대로 전력소비를 많이 하지 않도록 기다려야 한다.

1.7 USB가 제공하는 대표적인 서비스들

USB는 호스트가 모든 통신의 시작을 요청하기 때문에 통상 서비스라는 것을 호스트 관점에서 설명하는 것이 자연스럽다.

USB 호스트에서 응용프로그램과 디바이스 드라이버를 구분하는 것은 모호하다. 어떤 운영체제를 사용하는가에 따라서 어디까지가 응용프로그램이고, 어디까지가 디바이스 드라이버인지를 구분하기 어려운 상황이 있다.

따라서 여기서는 디바이스 드라이버가 서비스를 요청하는 주체로 보고 디바이스 드라이버가 호스트 컨트롤러에게 서비스를 요청하는 것으로 간주한다.

서비스란 데이터를 호스트에서 디바이스로 보내거나 디바이스에서 호스트로 데이터를 읽어오는 기본 서비스를 포함한다. 그 외에 다른 부가적인 서비스들이 존재하게 되는데 이와 같은 서비스들을 호스트가 사용자에게 제공하기 위해서는 디바이스 측에서 호스트를 도와줘야 한다.

대표적인 서비스를 정리하면 다음과 같다.

▶ **Setup Transfer 서비스**(Enumeration, Configuration, Standard Setup Command, 3rd Party Defined Command)

Setup Transfer 서비스는 디바이스의 디폴트 엔드포인트(컨트롤 엔드포인트)가 대응해주는 서비스다. 이것은 크게 Standard Setup Command와 3rd Party Defined Command로 나뉜다.

표 1-4 Standard Setup Command의 종류 및 설명

명령어	설명	비고
CLEAR_FEATURE	디바이스가 특정 기능을 해제한다.	
GET_CONFIGURATION	현재 셋업된 Configuration 식별자를 얻는다.	
GET_DESCRIPTOR	디스크립터를 읽는다.	
GET_INTERFACE	특정 인터페이스 내의 선택된 대체 인터페이스 값을 얻는다.	
GET_STATUS	디바이스가 가진 특정 기능을 조회한다.	USB 3.0에서 추가된 명령
SET_ADDRESS	디바이스에 고유한 주소 값을 할당한다.	
SET_CONFIGURATION	파라미터로 제공하는 Configuration 식별자를 사용해서 셋업한다.	
SET_DESCRIPTOR	디스크립터의 내용을 변경한다.	
SET_FEATURE	디바이스가 특정 기능을 활성화한다.	
SET_INTERFACE	특정 인터페이스 내의 대체 인터페이스 중 하나를 결정한다.	
SET_ISOCH_DELAY	OUT 등시성 전송에서 호스트가 내려보낸 패킷을 디바이스가 받을 때까지 지연되는 시간 정보를 기록한다.	USB 3.0에서 추가된 명령
SET_SEL	호스트 측에서 예상되는 U1, U2에서 U0으로 회복하는 데 걸리는 예상시간 정보를 디바이스로 보낸다.	USB 3.0에서 추가된 명령
SYNC_FRAME	IN 등시성 전송에서 디바이스가 동기화 정보를 어떤 프레임에 담아서 호스트로 보낼 것인지를 알려준다.	

표 1-4에 나타난 명령어들은 USB 표준 스펙에서 정의되고 있는 Standard Command 들이다. 이들은 각각의 목적에 맞는 서비스를 호스트에 제공하도록 정의되고 있다.

Setup Transfer 서비스는 이 명령어를 SETUP 트랜잭션에 담아서 호스트에서 디바이스 로 전달하는 서비스이다. 이중에서 특히 SET_ADDRESS, SET_CONFIGURATION 명 령어는 Setup Transfer 서비스 혹은 호스트 컨트롤러가 별도로 제공하는 특별한 서비스 를 사용해서 수행되기도 한다. 물론 어떤 서비스를 사용하든지 상관없이 결과적으로는

SETUP 트랜잭션에 해당하는 명령어가 담겨있다.

▶ **Data Transfer/Receiver 서비스**(Bulk, Interrupt, Isochronous Data)

USB가 제공하는 가장 기본적인 서비스다. USB 디바이스의 각각의 엔드포인트와 데이터통신을 수행하는 기본 서비스다.

▶ **RESET 서비스**(Host Controller Reset, RootHub/External Hub Port Reset)

호스트 컨트롤러의 동작을 리셋^{Reset}시키는 서비스 외에 허브(RootHub 혹은 External Hub)가 제공하는 포트(Downstream Port)가 연결된 디바이스의 포트(Upstream Port) 측으로 RESET 시그널을 전송하는 서비스를 제공한다. 후자의 RESET 시그널은 USB 디바이스를 알려진 상태로 전환하도록 요청하는 역할을 수행한다. 알려진 상태로 전환돼야 호스트는 디바이스의 상태를 정확하게 관리, 파악할 수 있다.

▶ **SUSPEND/RESUME 서비스**(RootHub/External Hub Port Suspend/Resume)

허브(RootHub 혹은 External Hub)가 제공하는 포트(Downstream Port)가 연결된 디바이스의 포트(Upstream Port) 측으로 전원공급을 낮춰서 버스 상태를 SUSPEND 상태로 전환시키는 서비스를 제공한다.

▶ **POWER ON/OFF 서비스**(Host Controller/RootHub Power On/Off, RootHub/External Hub Port Power On/Off)

호스트 컨트롤러의 전원을 On/Off시키는 서비스 외에 허브(RootHub 혹은 External Hub)가 제공하는 포트(Downstream Port)가 연결된 디바이스의 포트(Upstream Port) 측으로 전원을 공급하는 서비스를 제공한다. 전원공급을 받은 디바이스는 POWERED 상태로 결정된다.

1.8 USB 디바이스 프레임워크 소개

1.8.1 상태 다이어그램과 상태 변화

USB 디바이스는 호스트에 연결돼 사용자는 전체 과정을 상태 다이어그램과 같이 모니터링하고 있어야 한다.

그림 1-8은 USB 디바이스 입장에서 특정 사건이 발생하면 어떤 상태가 돼 있어야 하는지를 보여준다.

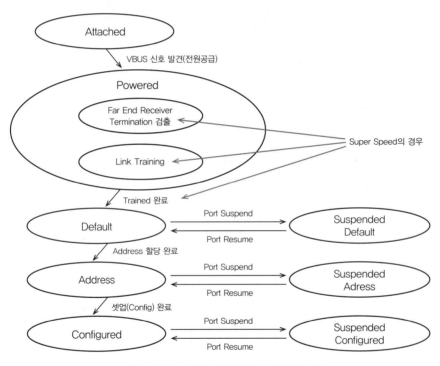

그림 1-8 USB 디바이스가 유지하는 상태 다이어그램

▶ **디바이스가 호스트에 연결되거나, 제거되는 상황**

디바이스가 호스트에 연결되면 허브에 의해서 디바이스 측으로 전원이 공급된다. 전원이 공급되면, 호스트는 디바이스 측의 프레임워크상의 상태 다이어그램을 정해진 상태로 만

들기 위해서 리셋(RESET)과정을 진행한다. 이렇게 리셋된 이후에 디바이스는 다음과 같은 상태(디폴트 상태)로 가정된다. 여기서 셋업(Configuration)이라는 표현은 원어 그대로라면 'Configured'로 표기하는 것이 맞지만 적당한 용어로 해석하기가 곤란해 '셋업'이라는 표현을 사용했다.

USB 디바이스는 주소 값을 0(Zero)으로 가진다. 누가 할당해주는 값이 아니라, 자체적으로 이런 값이 자신의 주소로 여겨진다는 뜻이다. 디바이스는 아직 셋업(Configuration)되지 않았다.

▶ 디바이스에 특정 주소가 할당되는 상황

호스트는 USB 디바이스가 사용해야 할 적당한 주소 값을 준비해서 이 값을 디바이스 측으로 알려주는 과정을 거친다. 모든 디바이스는 허브에 연결되는 상황에서는 주소 값을 0(Zero)으로 갖고 있는 상황이기 때문에 반드시 자신만의 USB 주소 값을 가져야 한다. 그렇지 않으면 다른 USB 디바이스를 허브에 꽂을 수가 없다. 왜냐하면 허브에 연결되는 모든 디바이스는 자신이 주소 값 0(Zero)을 사용해야 한다고 알고 있고 이런 이유로 인해서 호스트가 특정 디바이스와 통신할 방법이 없어지기 때문이다.

호스트는 Setup Data 명령어(SET_ADDRESS)를 사용해서 주소를 할당한다. 디바이스는 아직 셋업(Configuration)되지 않았다.

▶ 디바이스가 본격적인 동작을 할 수 있도록 셋업되는 상황

본격적으로 호스트가 디바이스 본연의 동작을 수행시키는 상황이다. 모든 디바이스는 셋업과정을 거쳐야만 자신의 엔드포인트를 활성화할 수 있다. 이 과정을 거치지 않은 디바이스는 자신이 가지고 있는 엔드포인트 중에서 Control 엔드포인트만 사용이 가능할 뿐 나머지는 사용할 수 없다.

또한, 셋업과정을 거치지 않은 USB 디바이스는 허브로부터 전력을 끌어서 사용할 때 제한된 용량만큼만 사용해야 한다.

호스트는 디바이스가 제공하는 USB Configuration Descriptor를 통해서 디바이스가 요구하는 전력 사용량을 확인한 뒤 허가하는 의미로서 셋업과정을 진행한다. 호스트는

Setup Data 명령어(SET_CONFIGURATION)를 사용해서 셋업과정을 진행한다.

▶ USB 전원공급에 따라서 상태가 변화되는 상황

합리적인 전원공급을 위해서 호스트가 USB 디바이스로 공급하는 전력량은 변할 수 있다. 예를 들어, USB 마우스를 꽂아서 사용하는 사용자의 경우, 오랜 시간 동안 마우스를 사용하지 않는 경우, 마우스에 공급하고 있는 전력량은 손해가 된다. 특히, 배터리 전원으로 유지되고 있는 노트북을 컴퓨터로 사용하는 경우에는 더욱 민감한 문제가 될 수 있다.

이처럼 특정 상황에서 USB 전원공급 상태를 최대한 낮추는 상황을 '버스가 서스펜드(SUSPEND)됐다'라고 부른다. 서스펜드를 요청하는 주체는 호스트다. 호스트는 원하는 상황에서 버스에 공급하는 전력 상태를 서스펜드로 바꾸기를 요청한다. 반면 서스펜드돼 있는 버스 상태를 원래의 상태로 회복시키는 과정을 리줌(RESUME)이라고 부른다. 서스펜드와 달리, 리줌요청은 호스트와 디바이스 양쪽이 모두 시작할 수 있다. 이중에서 디바이스 측에서 리줌요청을 하는 경우를 특별히 원격 깨어나기 기능^{Remote Wakeup Function}이라고 부른다.

마우스를 예로 들어보자.

마우스에서 데이터가 호스트로 들어오지 않는 걸 확인하면, 특정 시간에 버스 상태를 서스펜드 상태로 바꾼다. 이와 같은 서스펜드 상태에서는 더 이상 의미있는 USB 패킷을 주고받을 수가 없다. 이때 다시 버스 상태를 원래 상태로 회복하려는 리줌요청을 호스트가 보내는 상황만 예상해야 한다면 호스트는 언제 리줌요청을 디바이스로 보낼 것인가? 정답은 알기 어렵다. 왜냐하면 마우스로부터 데이터를 읽어와야 하는 시기는 결국 사용자가 실제 손을 사용해서 마우스를 움직이는 행위를 하는 시기이며, 호스트가 그 시기를 미리 아는 것이 아니기 때문이다. 이런 경우 마우스 장치는 사용자에 의해서 마우스가 조금이라도 움직여지는 것이 파악되면, 서스펜드된 버스 상태를 회복하기 위해서 스스로 리줌요청을 호스트로 보낼 것이다. 이와 같은 기능을 '원격 깨어나기 기능'이라고 부르는 것이다.

원격 깨어나기 기능이 필요하지 않은 다른 예를 들어보자.

USB 디스크를 사용하는 경우를 가정해보자. 오랜 시간 동안 디스크를 사용하지 않으면, 호스트는 역시 버스 상태를 서스펜드 상태로 바꾼다. 이런 경우 호스트와 디바이스 중에서 누가 리줌 상태로 돌아오는 요청을 시작할 것인가? 정답은 호스트다. 디스크로부터 어떤 데이터를 읽거나, 기록하는 요청이 사용자 프로그램으로부터 발생되기 때문에 버스 상태를 원래대로 되돌리는 시기는 누구보다 호스트가 잘 알기 때문이다. 이런 경우에는 USB 디스크는 원격 깨어나기 기능을 가질 필요가 없다(버스의 전원공급 상태는 사실 이보다 더 많은 내용을 설명해야 한다. 자세한 내용은 뒤쪽에서 더 살펴보도록 한다).

1.8.2 USB Device 표준 요청

USB Device 표준 요청[Request]은 SETUP 트랜잭션을 사용해서 호스트와 Control 엔드포인트가 주고받는 데 사용된다. 호스트는 표 1-5에서 설명하고 있는 표준 Device 요청을 디바이스로 전송하기 위해서 SETUP 트랜잭션을 사용한다(표준 요청에 대한 자세한 설명은 뒤쪽에서 배우도록 한다).

표 1-5 USB 표준 Device 요청값

요청(bRequest)	값(Value), 10진수
GET_STATUS	0
CLEAR_FEATURE	1
예약	2
SET_FEATURE	3
예약	4
SET_ADDRESS	5
GET_DESCRIPTOR	6
SET_DESCRIPTOR	7
GET_CONFIGURATION	8

요청(bRequest)	값(Value), 10진수
SET_CONFIGURATION	9
GET_INTERFACE	10
SET_INTERFACE	11
SYNCH_FRAME	12
SET_SEL	48
SET_ISOCH_DELAY	49

SETUP 트랜잭션에서 사용되는 8바이트 Setup 데이터패킷은 bmRequest, bRequest, wValue, wIndex 그리고 wLength로 구성돼 있다.

SETUP 트랜잭션은 이렇게 구성된 8바이트 Setup 데이터패킷을 호스트가 디바이스에게 전달하는 목적으로 사용된다.

표 1-6 USB 표준 Device 요청에 사용되는 Setup 데이터패킷 구조(8바이트)

오프셋	필드	크기(바이트)	값	설명
0	bmRequest	1	비트맵	비트맵 설명
			D7	이어지는 추가 Data의 전송 방향 0 = 호스트 → 디바이스 1 = 디바이스 → 호스트
			D6…5	명령유형 0 = 표준 1 = 클래스 2 = 제조사 정의 3 = 예약
			D4…0	명령대상 0 = 디바이스 1 = 인터페이스 2 = 엔드포인트 3 = 그 밖에 나머지 = 예약
1	bRequest	1	값	

오프셋	필드	크기(바이트)	값	설명
2	wValue	2	값	
4	wIndex	2	Index 혹은 오프셋	
6	wLength	2	길이	

표 1-7 USB 표준 Device 요청과 구조체 필드(8바이트)

bmRequest (1Byte)	bRequest (1Byte)	wValue (2Byte)	wIndex (2Byte)		wLength (2Byte)	Data (wLength에 따라 가변)
00000000B 00000001B 00000010B	CLEAR_ FEATURE	Feature Selector	0 Interface Endpoint		0	사용 안 함
10000000B	GET_ CONFIGURATION	0	0		1	Configuration Value
10000000B	GET_ DESCRIPTOR	Descriptor Type, Index	0 혹은 Language ID		Descriptor 길이	Descriptor
10000001B	GET_INTERFACE	0	Interface		1	Alternate Interface
10000000B 10000001B 10000010B	GET_STATUS	0	0 Interface Endpoint		2	Device, Interface 혹은 Endpoint Status
00000000B	SET_ADDRESS	Device Address	0		0	사용 안 함
00000000B	SET_ CONFIGURATION	Configuration Value	0		0	사용 안 함
00000000B	SET_ DESCRIPTOR	Descriptor Type, Index	0 혹은 Language ID		Descriptor 길이	Descriptor
00000000B 00000001B 00000010B	SET_FEATURE	Feature Selector	Suspend Options	0 Interface Point	0	사용 안 함
00000001B	SET_INTERFACE	Alternate Setting	Interface		0	사용 안 함

bmRequest (1Byte)	bRequest (1Byte)	wValue (2Byte)	wIndex (2Byte)	wLength (2Byte)	Data (wLength에 따라 가변)
00000000B	SET_ISOCH_ DELAY	Delay in ns	0	0	사용안함
00000000B	SET_SEL	0	0	6	Exit Latency Values
10000010B	SYNCH_FRAME	0	Endpoint	2	Frame Number

1장에서는 구체적인 포맷 설명은 생략한다. 다만 이와 같은 8바이트의 구조체(Setup Data)와 별도의 Data가 어떻게 사용되는지를 간단하게 그림을 통해서 살펴보려고 한다.

USB 표준 Device 요청은 크게 3가지 형태로 분류할 수 있다.

▸ 추가 데이터 전송이 없으며, 8바이트 Setup Data만 사용된다.

호스트에서 디바이스로 8바이트 Setup Data 명령어만 전송하는 경우에 사용되는 방식이다. 별도의 데이터 전송과정은 필요없지만, Setup Data 자체가 8바이트이기 때문에 이곳에 들어있는 wValue(2바이트), wIndex(2바이트) 등과 같은 파라미터를 사용하면 4바이트의 INPUT 방향의 파라미터로서 사용될 수 있다. 물론 4바이트 이상의 파라미터를 호스트가 디바이스로 보내야 한다면 별도의 추가 데이터 전송이 필요하다.

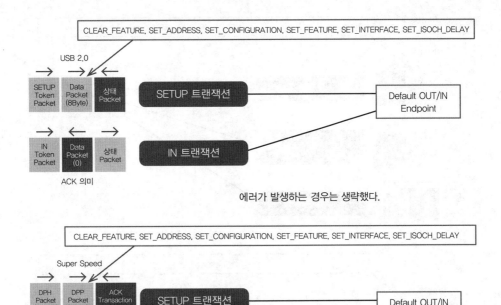

그림 1-9 Control 엔드포인트와 호스트 간의 통신, 8바이트 Setup Data만 사용하는 경우

CLEAR_FEATURE, SET_ADDRESS, SET_CONFIGURATION, SET_FEATURE, SET_INTERFACE, SET_ISOCH_DELAY 명령이 여기에 해당한다.

▶ **추가 데이터 전송이 있으며, 추가 데이터는 호스트에서 디바이스로 전송된다.**

호스트가 디바이스로 8바이트의 Setup Data 외에 별도의 파라미터를 더 전송해야 하는 경우에 사용되는 방식이다. 이때 별도의 파라미터는 OUT 트랜잭션 절차를 사용해서 호스트에서 디바이스로 전송된다. 또한 이와 같이 추가돼 전송되는 데이터바이트량은 8바이트의 Setup Data내부에 wLength 필드에 기록돼서 호스트는 디바이스에게 전달해야 한다.

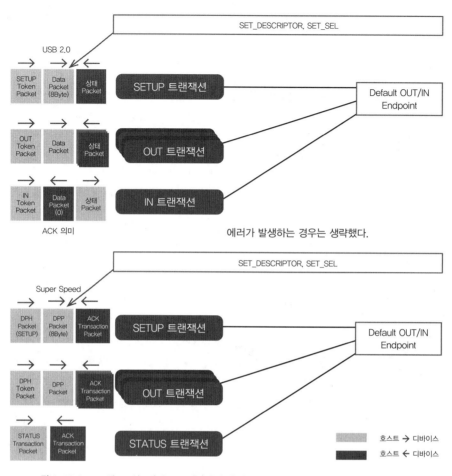

그림 1-10 Control 엔드포인트와 호스트 간의 통신. 추가 데이터를 호스트가 디바이스로 전송하는 경우

SET_DESCRIPTOR, SET_SEL 명령이 여기에 해당한다.

▶ **추가 데이터 전송이 있으며, 추가 데이터는 디바이스에서 호스트로 전송된다.**

호스트가 디바이스로 8바이트의 Setup Data를 전송한 뒤에 그 결과로서 일련의 데이터를 디바이스로부터 받아야 하는 경우에 사용되는 방식이다.

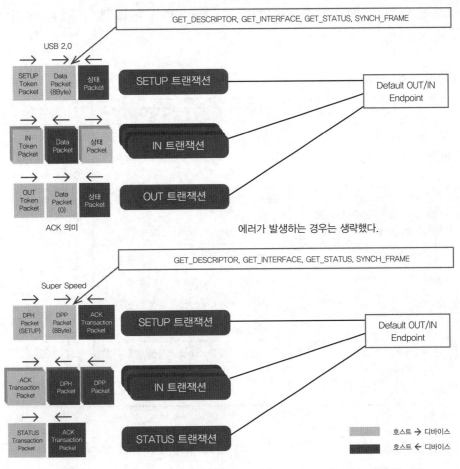

그림 1-11 Control 엔드포인트와 호스트 간의 통신, 추가 데이터를 디바이스가 호스트로 전송하는 경우

GET_DESCRIPTOR, GET_INTERFACE, GET_STATUS, SYNCH_FRAME 명령이 여기에 해당한다.

1.8.3 USB 표준 디스크립터

디스크립터Descriptor란 호스트가 디바이스의 특성을 알기 위해서 Setup Data 명령어 (GET_DESCRIPTOR)를 통해서 얻어가는 디바이스의 상세정보를 의미한다. 초기 버전 때부터 정의되던 디스크립터 외에 USB 릴리스 버전에 따라서 추가로 정의되는 디스크립터들이 존재한다.

표 1-8 USB 표준 디스크립터

디스크립터	디스크립터를 포함하는 집합개념 개체	비고
Device(디바이스)		
BOS	Binary Device Object Store 구성 요소	USB 3.0에서 추가됨
Device Capability(USB 2.0 Extension Super Speed, USB Device Capability Container ID)	Binary Device Object Store 구성 요소	USB 3.0에서 추가됨
Configuration(헤더)	Configuration Descriptor 구성 요소	
Interface Association	Configuration Descriptor 구성 요소	
Interface	Configuration Descriptor 구성 요소	
Endpoint	Configuration Descriptor 구성 요소	
Super Speed Endpoint Companion	Configuration Descriptor 구성 요소	USB 3.0에서 추가됨
String		

USB 디바이스가 제공해야 하는 디스크립터의 종류 중에서 가장 중요한 디스크립터는 Device 디스크립터와 Configuration 디스크립터다. 이 2가지만 사용해도 웬만한 USB 디바이스로서 동작하는 데는 큰 문제가 없다.

Device 디스크립터는 USB 디바이스의 가장 큰 그림에서 바라보는 설명을 포함한다. 이곳에는 USB 제조사가 USB.ORG협회에서 부여받은 고유한 제조사ID(Vendor ID)와 제조사가 부여하는 제품ID(Product ID)가 포함된다. 또한 지원하는 USB 릴리스 버전과 Control 엔드포인트가 지원하는 데이터패킷의 최대 바이트 수가 포함된다.

표 1-9 Device 디스크립터의 구성

오프셋	필드	크기 (바이트)	값	설명
0	bLength	1	숫자	디스크립터 길이
1	bDescriptorType	1	상수	디스크립터 유형
2	bcdUSB	2	BCD	USB 버전
4	bDeviceClass	1	클래스(Class)	
5	bDeviceSubClass	1	서브클래스(SubClass)	
6	bDeviceProtocol	1	프로토콜(Protocol)	
7	bMaxPacketSize0	1	숫자	디폴트 엔드포인트 최대 데이터패킷 크기
8	idVendor	2	ID	제조사ID
10	idProduct	2	ID	제품ID
12	bcdDevice	2	BCD	제품릴리스 버전
14	iManufacturer	1	인덱스(Index)	스트링인덱스
15	iProduct	1	인덱스(Index)	스트링인덱스
16	iSerialNumber	1	인덱스(Index)	스트링인덱스
17	bNumConfigurations	1	숫자	준비된 Configuration 개수

Configuration 디스크립터는 디바이스가 포함하는 대부분의 구체적인 디스크립터를 모두 포함하는데 인터페이스Interface, 엔드포인트Endpoint 등과 같은 정보들이 이곳에 포함된다.

따라서 호스트는 Setup Data(GET_DESCRIPTOR) 명령어를 사용해서 Configuration 디스크립터를 넉넉하게 읽어서 이곳에 포함된 모든 부분집합 디스크립터들을 확인하게 된다.

다음 표들은 이중에서 중요한 Configuration 디스크립터(헤더)와 Interface 디스크립터, Endpoint 디스크립터의 구조체 형태를 보여주고 있다.

표 1-10 Configuration 디스크립터(헤더)의 구성

오프셋	필드	크기 (바이트)	값	설명
0	bLength	1	숫자	디스크립터(헤더) 길이
1	bDescriptorType	1	상수	디스크립터 유형
2	wTotalLength	2	숫자	Configuration 디스크립터의 전체 길이
4	bNumInterfaces	1	숫자	준비된 Interface 개수
5	bConfigurationValue	1	숫자	현재 Configuration 식별자ID
6	iConfiguration	1	인덱스(Index)	스트링인덱스
7	bmAttributes	1	비트맵	속성
8	bMaxPower	1	mA	요구 전력정보

표 1-11 Interface 디스크립터의 구성

오프셋	필드	크기 (바이트)	값	설명
0	bLength	1	숫자	디스크립터 길이
1	bDescriptorType	1	상수	디스크립터 유형
2	bInterfaceNumber	1	숫자	Interface 개수
3	bAlternateSetting	1	숫자	대체할 Interface 개수
4	bNumEndpoints	1	숫자	현재 인터페이스가 포함하는 엔드포인트 개수(디폴트는 제외)
5	bInterfaceClass	1	클래스(Class)	
6	bInterfaceSubClass	1	서브클래스 (SubClass)	
7	bInterfaceProtocol	1	프로토콜 (Protocol)	
8	iInterface	1	인덱스(Index)	스트링인덱스

표 1-12 Endpoint 디스크립터의 구성

오프셋	필드	크기 (바이트)	값	설명
0	bLength	1	숫자	디스크립터 길이
1	bDescriptorType	1	상수	디스크립터 유형
2	bEndpointAddress	1	엔드포인트	엔드포인트 주소(방향+엔드포인트 식별자)
3	bmAttributes	1	비트맵	속성
4	wMaxPacketSize	2	숫자	엔드포인트가 다룰 수 있는 최대 데이터패킷 크기
6	bInterval	1	숫자	주기적인 엔드포인트의 경우, 주기시간을 지정

Configuration 디스크립터의 전체 크기를 알기 위해서 호스트는 먼저 Configuration 디스크립터(헤더)를 디바이스로부터 읽는다. 이 크기는 9바이트로 고정이다. 이렇게 읽은 디스크립터 내의 wTotalLength 필드의 값은 전체 Configuration 디스크립터의 크기를 나타낸다. 호스트는 이 값을 사용해서 다시 전체 Configuration 디스크립터를 디바이스로부터 읽는다.

호스트는 Configuration 디스크립터 전체를 읽어서 디바이스의 특성을 확인한 뒤, 해당 디바이스의 동작을 허용하고 싶다면, Setup Data(SET_CONFIGURATION) 명령어를 사용해서 디바이스를 셋업Configuration시키게 된다.

1.9 USB 허브

1.9.1 허브와 포트

허브는 루트 허브를 제외하고 최대 5개의 허브를 직렬로 연결할 수 있다.

USB 3.0을 지원하는 허브는 USB 2.0까지 사용하던 허브와 USB 3.0에서 추가된 Super Speed Hub가 물리적으로 함께 포함돼 있다. 외관에서 볼 때는 하나의 허브로 보이지만 내부에서는 이와 같이 별도의 허브가 따로 따로 존재하는 셈이다.

허브는 2가지 종류의 서로 다른 성격을 가진 포트Port를 가진 대표적인 디바이스이다. 하나는 Upstream Port로서 위쪽 방향의 디바이스(통상적으로 루트 허브)와 통신하는 것이 목적이다. 다른 하나는 Downstream Port로서 아래쪽 방향의 디바이스와 통신하는 것이 목적이다.

허브의 위쪽 방향은 결국 호스트 컨트롤러를 향해서 진행하는 방향이다.

위쪽 방향으로 전달되는 모든 데이터패킷은 특별히 대상을 지정하는 주소 값이 사용되지 않는다. 이 말은 데이터패킷 자체가 전달돼야 하는 대상이 호스트이기 때문에 별도의 주소가 필요하지 않다는 뜻이다. 반면 아래쪽 방향으로 전달되는 모든 데이터패킷은 디바이스를 지정하는 주소 값이 사용된다(링크를 관리하는 목적에서 사용되는 특수한 패킷은 주소 값이 없다).

허브는 하나의 Upstream Port와 복수 개의 Downstream Port를 가진 대표적인 USB 디바이스이다. 루트 허브(RootHub)도 허브의 일종이기는 하지만 특별히 호스트 컨트롤러에 내장된 허브를 의미하기 때문에 결국 모든 USB 디바이스의 Upstream Port는 루트 허브를 가리키게 된다.

1.9.2 라우팅

1.9.2.1 USB 2.0에서의 라우팅

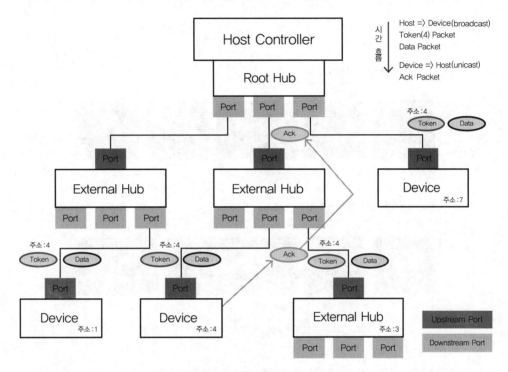

그림 1-12 호스트가 디바이스를 찾아가는 모습(USB 2.0)

USB 2.0에서는 라우팅이라고 부를 만한 부분이 없다.

그림 1-12를 보면, USB 2.0에서 호스트가 특정 디바이스에게 토큰패킷을 전달하면서 트랜잭션을 시작하는 것을 알 수 있다. 모든 토큰패킷은 특정 디바이스를 지칭하는 주소 값(여기서는 주소 값 4)을 포함하고 있다. 데이터패킷에는 주소 값이 포함돼 있지 않다. 트랜잭션은 항상 토큰패킷으로 시작하고, 동일한 호스트를 대상으로 한 복수 개의 트랜잭션은 서로 중첩 발생하지 않기 때문에, 주소 값은 토큰에만 포함돼 있어도 무방하다.

참고로 SOF^Start Of Frame 토큰패킷 안에는 주소 값이 포함돼 있지 않다.

호스트에서 디바이스로 전달되는 패킷은 브로드캐스트 방식으로 전달되고, 디바이스에서 호스트로 올라오는 패킷은 유니캐스트 방식으로 전달되고 있다.

이 그림에서 알아야 하는 중요한 포인트는 주소 값 4에 해당하지 않은 모든 USB 디바이스들로 Token, Data 패킷을 수신하며, 주소 값 4에 해당하는 디바이스만 Ack 패킷에 응답하고 있다는 점이다.

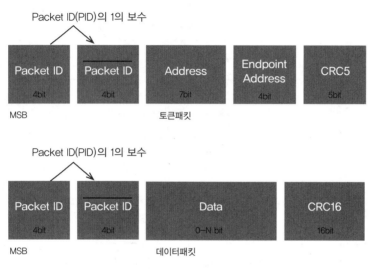

그림 1-13 패킷의 구조(USB 2.0)

그림 1-13처럼 토큰패킷이 포함하는 Address(USB 디바이스 주소)와 Endpoint Address(통신 대상 엔드포인트주소)는 호스트에 연결된 모든 USB 디바이스에게 전달된다. 이것은 마치 이더넷Ethernet 통신과 같은 원리처럼 보인다. 모든 USB 디바이스는 자신에게 전달된 토큰패킷의 Address와 Endpoint Address를 자신의 것과 비교해서 자신의 것이 아닌 경우 아무런 반응도 보이지 않는다. 이런 경우 다음 토큰패킷을 받을 때까지 아무런 작업을 하지 않는다.

토큰패킷이 포함하고 있는 Address와 Endpoint Address가 자신의 것으로 확인된 USB 디바이스는 해당 토큰패킷을 수용하고 트랜잭션을 시작한다.

이와 같은 성질 때문에 호스트 컨트롤러(루트 허브)로부터 USB 디바이스까지 복수 개의 외장 허브가 연결돼 있다면, 이들 외장 허브는 그 어떤 라우팅(주소를 통한 패킷의 방향 결정)

작업도 하지 않는다. 어떻게 보면 낭비적인 특징이라고 할 수 있다.

정리하면 다음과 같다.

- 호스트에서 디바이스로 전달되는 모든 패킷은 브로드캐스트Broadcast 형태로 전달된다.
- 디바이스에서 호스트로 전달되는 모든 패킷은 유니캐스트Unicast 형태로 전달된다.
- 모든 트랜잭션의 시작 시 사용되는 토큰패킷에는 USB 디바이스를 지칭하는 주소 값(디바이스 주소와 엔드포인트 주소)이 포함돼 있다.

1.9.2.2 USB 3.0에서의 라우팅

USB 3.0에서 허브는 이전 버전의 USB에서는 보지 못했던 라우팅Routing 작업을 돕는다.

호스트에서 디바이스로 전달되는 패킷은 USB 2.0에서 사용되던 디바이스 주소Address와 엔드포인트 주소Endpoint Address가 그대로 사용된다. 추가로 라우팅을 돕기 위해서 20비트의 루트 문자열Route String정보가 존재한다(링크를 관리하는 특별한 패킷들은 이런 정보가 사용되지 않는다). 허브는 루트 허브를 제외하고 직렬로 5개까지 외장 허브를 연결할 수 있다.

그림 1-14를 보면 20비트의 루트 스트링은 4비트(Nibble)씩 총 5개의 묶음으로 나눌 수 있다. LSB에서 시작해서 0-3비트는 첫 번째 외장 허브, 4-7비트는 두 번째 외장 허브, 8-11비트는 세 번째 외장 허브, 12-15비트는 네 번째 외장 허브, 16-19비트는 다섯 번째 외장 허브가 사용하는 정보이다.

이들 정보(4비트)가 가질 수 있는 값은 2진수 0000부터 1111(10진수 15)까지 총 16가지의 경우의 수이다. 이중에서 0000 값은 외장 허브 자체를 나타내는 정보로 사용된다. 나머지 숫자는 외장 허브가 갖고 있는 Downstream Port의 일련번호(첫 번째부터 15번째까지)를 나타낸다.

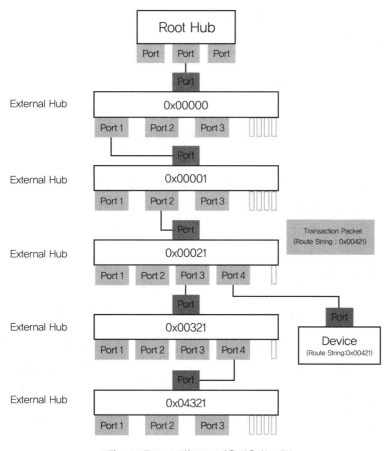

그림 1-14 루트 스트링(0x00421)을 사용하는 예시

예를 들어 2진수 0011(10진수 3) 값은 특정 외장 허브가 관리하는 세 번째 Downstream Port를 의미한다.

예를 들어 20비트의 루트 스트링 값이 0×00421 값을 나타내는 경우를 라우팅해보자.

LSB를 기준으로 4비트 값 '0'이 처음 나오는 곳 이전까지만 해석해야 한다. 즉, 0×00421 값은 0×421로 해석해야 한다.

이대로라면 루트 허브로부터 시작해서 첫 번째 외장 허브의 1번 포트에 연결된, 두 번째 외장 허브의 2번 포트에 연결된, 세 번째 외장 허브의 4번째 포트가 된다.

USB 패킷을 호스트에서 디바이스로 전송하는 경우 0×00421 루트 스트링 값이 포함된 USB 패킷은 첫 번째 외장 허브의 1번 포트로 전달되고, 이 패킷은 다시 두 번째 외장 허브의 2번 포트로 전달되고, 또다시 이 패킷은 세 번째 외장 허브의 4번 포트(Downstream Port)로 전달된다.

이와 같은 라우팅 방식은 과거 USB 2.0에서 브로드캐스트 방식으로 토큰패킷을 전송하던 방식에 비하면 확실하게 버스를 효과적으로 사용하게 해준다. 정확하게 호스트에서 허브에 연결된 디바이스에게만 USB 패킷을 전송할 수 있게 된 것이다.

디바이스에서 호스트로 올라가는 USB 패킷에 대해서는 USB 2.0에서와 마찬가지로 특별히 주소 값을 사용하지 않는 유니캐스트^{Unicast} 형태의 전송방법을 사용한다.

1.9.3 허브와 USB 링크

1.9.3.1 USB 2.0과 USB 링크

허브는 연결된 디바이스에 전원을 공급하거나 서스펜드시킨다. 또한 연결된 디바이스를 검색하고 연결이 해제되는 디바이스도 검출한다. 이와 같은 작업은 허브가 갖고 있는 Downstream Port와 디바이스가 갖고 있는 Upstream Port 간의 연결(링크) 상태를 관리하는 보다 세련된 관리 방식을 필요로 한다.

USB 2.0에서는 별도의 USB 링크를 관리하는 준비 작업이 거의 전무한 상황이었으며, 이 때문에 링크상에 나타나는 대부분의 변화는 허브가 아닌 호스트가 주도하는 작업이 돼야만 했다.

예를 들어 버스 상태를 서스펜드 상태로 전환하는 작업은 호스트가 주도하는 작업이지 허브가 주도하는 작업이 아니다. 호스트는 허브에게 허브 디바이스가 이해할 수 있는 전용 명령어(Setup Data)를 전송해 허브에 연결된 디바이스와의 링크 상태를 변경하게 된다.

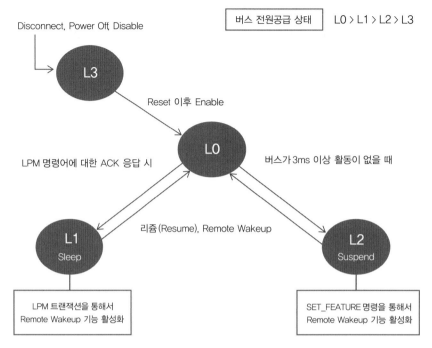

그림 1-15 LPM 상태 변화 다이어그램

USB 2.0에서는 LPM^Link Power Management 프로토콜을 소개하고 있다. 이 프로토콜은 USB 링크의 상태를 L0, L1, L2, L3 상태로 규정한다.

- L0은 전력공급이 충분한 상태를 말한다.
- L1은 L0보다 부족한 전력공급을 사용하는 상태를 말한다.
- L2는 서브펜드된 버스 상태를 말한다.
- L3은 물리적으로 끊어진 버스 상태를 말한다.

L0 상태에서 L1 상태, L2 상태, L3 상태로 들어가는 작업은 전원공급이 절전되는 상황이다. L1, L2, L3 상태에서 깨어나는 것은 L0 상태로 되돌아가는 것을 말한다. L1 상태에서 L0 상태로 돌아가는 시간은 L2 상태에서 L0 상태로 돌아가는 시간보다 빨라야 한다. L0 상태에서 L1 상태로 들어가는 방법은 기존에 사용되던 토큰패킷 중에서 특별한 PID의 예약값으로 추가 정의한 LPM 토큰패킷(PID 값이 0인 패킷)을 사용해서 수행된다.

LPM 토큰패킷을 받은 디바이스는 ACK 응답 패킷을 사용해서 응답하는 행위로 L0 상태에서 L1 상태로 들어가는 것을 허락하는 의미를 호스트에게 알린다.

L0 상태에서 L2 상태로 들어가는 방법은 호스트에 의해서 버스 상태를 서스펜드하는 상황이다. 이런 상황은 호스트에서 3ms 이상 동안 버스를 유휴 상태(IDLE)로 유지하면 자연스럽게 진입된다.

L3 상태는 USB 디바이스를 제거하는 행위를 통해서 진입되기 때문에 설명할 필요가 없다.

L1, L2, L3 상태에서는 L0 상태로 들어가는 방법이 소개된다. L1 상태, L2 상태에서 L0 상태로 들어가는 방법은 동일하다. 버스 상태를 리쥼요청하는 작업을 통해서 진입된다. 물론 리쥼요청은 호스트와 디바이스 양쪽 모두 요청할 수 있다(디바이스가 요청하려면 반드시 원격 깨우기 기능이 활성화돼 있어야 한다).

그림 1-16 확장된 LPM 토큰패킷을 사용하는 LPM 트랜잭션

표 1-13 LPM 토큰패킷의 bmAttributes 필드 해석

비트	필드	설명
10…9	사용 안 함	
8	bRemoteWake	디바이스가 L1 상태에서 원격 깨어나기 기능을 활성화시켜 놓는다.

비트	필드	설명
7…4	HIRD	Host Initiated Resume Duration. 호스트가 리줌신호를 유지하는 시간
3…0	bLinkState	2진수 0001(Sleep), 나머지 값 사용 안 함

표 1-13처럼 bLinkState 필드의 값을 2진수 0001(L1 Sleep) 값을 사용해서 호스트가 디바이스로 LPM 트랜잭션을 시작하면, 디바이스는 이 요청을 수용하는 경우에만 ACK 응답 패킷으로 응답해야 한다.

1.9.3.2 USB 3.0과 USB 링크

USB 3.0에서 Enhanced Super Speed 통신에서 사용되는 허브의 Downstream Port와 디바이스의 Upstream Port는 새로운 개념의 USB 링크Link 계층을 두고 관리하는 방법을 사용하고 있다.

기존에 USB 전원공급 상태 변경 요청을 호스트가 주도했다면 이제는 허브와 디바이스에게도 어느 정도의 자유권이 주어진다. 따라서 허브와 디바이스는 호스트의 개입없이도 필요에 따라서 자연스럽게 링크의 전원공급 상태를 변경요청할 수 있게 됐다. 또한, USB 링크 상태를 보다 세부적인 연결 상태 다이어그램으로 확장함으로써, 바야흐로 프로토콜 계층과 어느 정도 독립성을 유지하는 링크 계층이 탄생했다.

USB 3.0이 사용하는 USB 링크의 속성은 고속 시리얼 통신을 사용하는 PCI Express에서도 비슷한 모습의 링크를 구성할 수 있도록 함으로써 확장가능한 링크가 됐다.

USB 링크는 허브의 Downstream Port와 디바이스의 Upstream Port 간에 형성된다. 이들의 연결 상태는 그림 1 17에서 보여주는 여러 가지 상태로 존재할 수 있다.

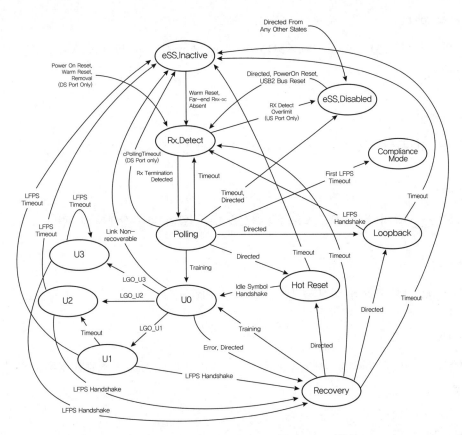

그림 1-17 USB 3.0 LTSSM(Link Training and Status State Diagram)(출처: usb.org)

USB 3.0에서 소개되는 LTSSM에서는 12가지의 상태^{State}와 각각의 상태로 들어오거나 빠져나가는 사건을 정의하고 있다.

각각의 상태를 간단하게 정리하면 다음과 같다.

▶ eSS.Disabled

USB 3.0 링크를 사용할 수 없는 상황을 말한다.

▶ eSS.Inactive

USB 3.0 링크를 처음 생성할 때의 상황을 말한다. 보통 USB 장치를 호스트 허브에 연결한 상황이다.

▶ Rx.Detect

USB 3.0 링크는 Upstream Port와 Downstream Port 각각을 위한 Receiver 회로를 검색한다.

▶ Polling

USB 3.0 링크가 정상적으로 사용될 수 있도록 준비 작업을 수행한다.

▶ U0

USB 3.0 링크가 정상적으로 프로토콜 패킷을 송수신할 수 있는 상태를 의미한다.

▶ U1

USB 3.0 링크가 Sleep 상태로 전환된 상황을 의미한다.

▶ U2

USB 3.0 링크가 Sleep 상태(U1보다 더 낮은 전력만 사용하는 상태)로 전환된 상황을 의미한다.

▶ U3

USB 3.0 링크가 서스펜드^{Suspend} 상태로 전환된 상황을 의미한다.

▶ Hot Reset

USB 3.0 링크의 Downstream Port가 리셋 명령어를 전송하는 상황을 의미한다.

U3, U2, U1, U0 상태의 USB 3.0 링크가 U0 상태로 돌아오기 위해서 잠시 거치는 상황을 의미한다. 이 상태에서는 Polling 상태와 유사한 준비 작업을 거쳐서 정상적으로 U0 상태를 가질 수 있도록 한다(Retraining).

▶ Compliance Mode

USB 3.0 링크를 구성하는 양쪽 포트의 Transceiver의 동작을 검증하는 상태다. 테스트 목적으로 진입돼 사용된다.

▶ Loopback

USB 3.0 링크를 구성하는 양쪽 포트의 Receiver의 동작을 검증하는 상태이다. 테스트 목적으로 진입돼 사용된다.

USB 2.0에서 LPM$^{Link\ Power\ Management}$ 표준이 정의한 L0, L1, L2, L3 상태는 USB 3.0 LTSSM에서 U0, U1, U2, U3 상태로 바뀌었다. 각각의 전원공급 상태로의 전환과정에 맞는 조건이 존재한다. 모든 링크는 U0 상태를 제외한 나머지 상태에서는 정상적인 USB 패킷을 송수신할 수 없기 때문에 이와 같은 U1, U2, U3 상태에서는 특별한 하드웨어 시그널(예, LFPS)을 사용해서 통신을 수행한다. LFPS$^{Low\ Frequency\ Polling\ Signal}$를 사용해서 U1, U2, U3 상태는 U0 상태로 돌아온다.

LFPS는 Super Speed(5GHz), Super Speed Plus(10GHz)의 주파수대를 사용하지 않고, 낮은 주파수대의 신호를 주기적으로 발생시켜서 원하는 의미를 전달하는 방법이다.

현재, USB 3.0에서는 다음과 같은 LFPS 신호가 정의돼 사용된다.

▶ Polling.LFPS

링크의 양쪽 포트가 LTSSM의 Polling 단계로 진입하기 위해서 사용하는 시그널이다.

▶ Warm Reset

링크의 Downstream Port에 의해서 발생되는 리셋시그널로서, 현재 링크 상태가 어떤 전원공급 상태(U1, U2, U3)에 있다고 하더라도 LTSSM의 Rx.Detect 상태로 진입시켜서 다시 Polling 단계를 거쳐 U0 상태로 진입하게 한다.

▶ U1, U2 Exit

링크의 양쪽 포트에서 발생될 수 있는 시그널로서 현재 전력공급이 약한 링크 상태(U1, U2)를 빠져나가도록 요청하는 시그널이다.

▶ U3 Exit(Wakeup)

링크의 양쪽 포트에서 발생될 수 있는 시그널로서 Suspend 상태의 링크 상태(U3)를 빠져나가도록 요청하는 시그널이다.

LFPS 시그널은 U0 상태가 아닌 링크의 상태에서는 정상적인 프로토콜 패킷을 송수신하지 못하는 상황이기 때문에 이와 같은 시그널을 사용해서 링크의 양쪽 포트는 서로 의미를 전달한다.

L0 상태에 있는 링크는 자신의 상태를 U1, U2, U3 상태로 전환하기 위해서 USB 2.0에는 없었던 새로운 방식의 링크 전용 명령어Link Command를 정의해서 사용한다.

U0 상태에서는 LFPS를 사용하지 않고 링크단에서 사용하는 명령을 직접 사용할 수 있다.

여기에 사용되는 명령어는 LGO_U1, LGO_U2, LGO_U3이 있다.

표 1-14 링크 전용 명령어의 종류

링크 명령어	설명
LGOOD_0	포트에서 포트로 순서 번호 0 패킷이 잘 전달됐다는 뜻
LGOOD_1	포트에서 포트로 순서 번호 1 패킷이 잘 전달됐다는 뜻
LGOOD_2	포트에서 포트로 순서 번호 2 패킷이 잘 전달됐다는 뜻
LGOOD_3	포트에서 포트로 순서 번호 3 패킷이 잘 전달됐다는 뜻
LGOOD_4	포트에서 포트로 순서 번호 4 패킷이 잘 전달됐다는 뜻
LGOOD_5	포트에서 포트로 순서 번호 5 패킷이 잘 전달됐다는 뜻
LGOOD_6	포트에서 포트로 순서 번호 6 패킷이 잘 전달됐다는 뜻
LGOOD_7	포트에서 포트로 순서 번호 7 패킷이 잘 전달됐다는 뜻
LCRD_A	포트 내부에 버퍼 A가 비워졌다는 뜻
LCRD_B	포트 내부에 버퍼 B가 비워졌다는 뜻
LCRD_C	포트 내부에 버퍼 C가 비워졌다는 뜻
LCRD_D	포트 내부에 버퍼 D가 비워졌다는 뜻
LRTY	최근 전송했던 데이터패킷을 다시 보내라는 뜻
LBAD	최근 수신했던 데이터패킷이 잘못됐다는 뜻

링크 명령어	설명
LGO_U1	U1 링크 상태로 전환하라는 요청
LGO_U2	U2 링크 상태로 전환하라는 요청
LGO_U3	U3 링크 상태로 전환하라는 요청
LAU	LGO_Ux 요청 명령어를 수락한다는 뜻
LXU	LGO_Ux 요청 명령어를 거절한다는 뜻
LPMA	LAU 명령어를 받은 포트가 그 응답으로 회신하는 응답
LUP	Upstream 포트가 특별히 전송할 데이터가 없다는 뜻. 쉬고 있다는 의미
LDN	Downstream 포트가 특별히 전송할 데이터가 없다는 뜻. 쉬고 있다는 의미

1.9.4 USB 디바이스로서의 외장 허브

USB 외장 허브도 USB 디바이스이다. 따라서 USB 디바이스가 처리하는 트랜잭션을 그대로 사용해서 호스트와 외장 허브가 USB 패킷을 송수신하게 된다.

외장 허브도 자신의 디스크립터Descriptor를 갖게 되며, 호스트는 Setup Data(GET_DESCRIPTOR) 명령어로 외장 허브의 디스크립터를 가져와 셋업(CONFIGURATION) 과정을 통해서 외장 허브가 동작할 수 있도록 한다.

표 1-15 외장 허브가 나타내는 디스크립터 내용(인터페이스 디스크립터)

필드	값
bLength	9
bDescriptorType	4
bInterfaceNumber	0
bAlternateSetting	0
bnumEndpoints	1
bInterfaceClass	HUB_CLASSCODE(9)
bInterfaceSubClass	0

필드	값
bInterfaceProtocol	0
iInterface	1

외장 허브도 USB 디바이스이기 때문에 Setup Data 명령어를 사용하는 SETUP 트랜잭션에 반응을 보인다. USB 표준에서는 외장 허브가 반응해야 하는 허브 전용 Setup Data 명령어를 정의하고 있다.

표 1-16 외장 허브가 지원해야 하는 허브 전용 명령어

요청	bmRequestType	bRequest	wValue	wIndex	wLength	Data
ClearHubFeature	00100000B	CLEAR_FEATURE	Feature Selector	0	0	사용 안 함
ClearPortFeature	00100011B	CLEAR_FEATURE	Feature Selector	Port	0	사용 안 함
GetHubDescriptor	10100000B	GET_DSCRIPTOR	Descriptor 와 인덱스	0 혹은 Language ID	Descriptor 길이	Descriptor
GetHubStatus	10100000B	GET_STATUS	0	0	4	허브 상태, 변화 상태
GetPortStatus	10100011B	GET_STATUS	0	Port	4	허브 상태, 변화 상태
GetPortErrorCount	10100011B	GET_PORT_ERR_COUNT	0	Port	2	포트 링크 에러 횟수
SetHubDescriptor	00100000B	SET_DESCRIPTOR	Descriptor 와 인덱스	0 혹은 Language ID	Descriptor 길이	Descriptor
SetHubFeature	00100000B	SET_FEATURE	Feature Selector	0	0	사용 안 함
SetHubDepth	00100000B	SET_HUB_DEPTH	Hub Depth	0	0	사용 안 함

요청	bmRequestType	bRequest	wValue	wIndex	wLength	Data
SetPortFeature	00100011B	SET_FEATURE	Feature Selector	Selector, Timeout Port	0	사용 안 함

호스트는 외장 허브 전용 명령어를 사용해서 허브 Downstream Port에 연결된 USB 장치의 연결 상태를 확인할 수 있으며, 특정 Dowstream Port로 하여금 링크 상태를 바꾸도록 요청할 수도 있다.

1.9.5 TT(Transaction Translator)

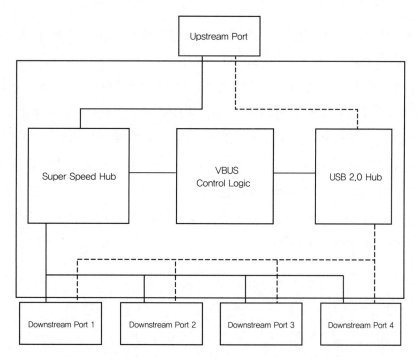

그림 1-18 USB 3.0 허브 그림(내부에 USB 2.0 허브가 존재)

USB 3.0 허브는 내부에 USB 2.0 허브와 Enhanced Super Speed 전용 허브를 포함하고 있다. 따라서 이들은 서로 물리적으로 분리돼 있어서 각자 독립적으로 서로에게 영향을 미치지 않고 동작한다. USB 2.0 허브는 같은 물리적인 회선을 사용해서 Low Speed, Full Speed, High Speed 모두를 지원해야 한다.

호스트가 트랜잭션을 사용해서 디바이스와 통신을 하는 데 있어서 USB 2.0에서는 브로드캐스트 방식의 토큰패킷을 사용하기 때문에 호스트에서 연결된 물리적인 회선전체(하나의 링크가 아니라)가 토큰패킷을 기다려야 한다. 자신에게 전달되는 토큰패킷을 확인하기 위해서, 디바이스는 토큰패킷에 포함된 주소정보(Device Address, Endpoint Address)를 확인하고, 자신에게 전달된 경우에만 트랜잭션을 진행한다. USB 2.0 허브는 Downstream Port에 연결되는 장치가 Low Speed, Full Speed, 그리고 High Speed 모두의 경우를 다룰 수 있어야 한다.

각각의 속도는 현저한 차이를 나타내고 있기 때문에 USB 2.0 허브가 제공하는 Dowstream Port 중 하나에 Low Speed 장치가, 또 다른 Downstream Port에 High Speed 장치가 연결된다면, Low Speed 장치로 인해서 트랜잭션의 대응시간은 무척 오래 걸릴 수밖에 없는 상황이 돼버린다. 이것은 허브에 연결된 High Speed 장치 입장에서는 남아있는 USB 대역폭을 제대로 사용할 수 없는 상황이 돼버리고 만다. 이후에 설명할 내용이지만 High Speed가 사용하는 Frame은 125us마다 생성하는 마이크로 프레임을 사용한다. Full Speed와 Low Speed는 1ms마다 생성하는 프레임을 사용한다. High Speed의 125us는 Full Speed, Low Speed 프레임(1ms)의 1/8 시간을 사용한다. 프레임만 볼 때, 8배 빠르다는 뜻이다.

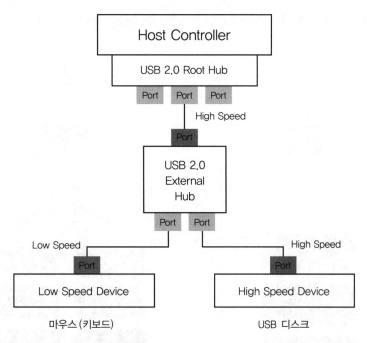

그림 1-19 USB 2.0 허브의 2개의 포트에 Low Speed, High Speed 장치를 연결한 그림

이와 같은 최악의 상황을 피하기 위해서 USB 2.0 허브는 자신의 Upstream Port에 있어서 호스트와 High Speed를 유지하면서 Dowstream Port는 각각 연결된 장치의 지원 속도(Low Speed, Full Speed, High Speed)에 맞춰서 통신하는 알고리즘을 도입하게 됐다. 이것을 TT^{Transaction Translator}라고 부른다. 핵심은 USB 2.0 허브 자신은 호스트와 High Speed 속도를 유지하는 것이다. 이것은 자신의 Downstream Port에 연결된 장치의 속도에 영향을 받지 않고, 호스트와 허브 간의 최대 전송속도를 낼 수 있도록 하기 위함이다. 어차피 USB 2.0 통신은 한 번에 하나의 트랜잭션만 처리할 수 있기 때문에 동시에 2개 이상의 Downstream Port를 사용할 필요가 없다. 이와 같은 이유로 하나의 TT 유닛을 사용해서 허브가 가진 하나의 Upstream Port와 복수 개의 Downstream Port 간의 변환 알고리즘을 적용하는 유닛을 STT(Single TT)라고 부른다. 이 경우 하나의 STT를 사용하기 때문에 복수 개의 Downstream Port가 서로 다른 속도의 디바이스를 사용하려고 한다면 내부적으로 배타적인 자원 사용 알고리즘을 사용하게 된다. 하지만 허브가 가진 복수 개의 Downstream Port의 개수만큼 TT 유닛을 사용하는 MTT^{Multi TT}의 경우 이

런 리소스 부족 문제가 없기 때문에 적극적인 알고리즘을 사용할 수 있다.

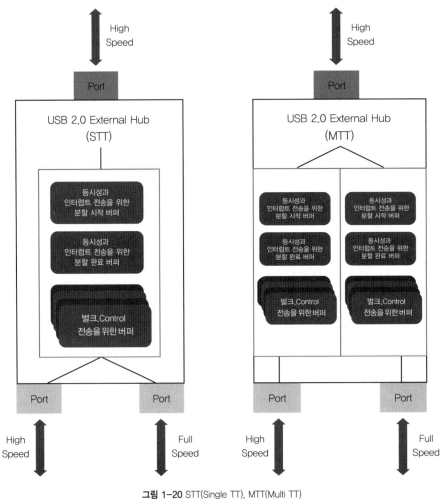

그림 1-20 STT(Single TT), MTT(Multi TT)

TT 원리를 간단하게 설명하면 다음과 같다.

호스트가 High Speed 허브를 통해서 Full Speed의 디바이스와 통신하는 경우를 예로 들어보자.

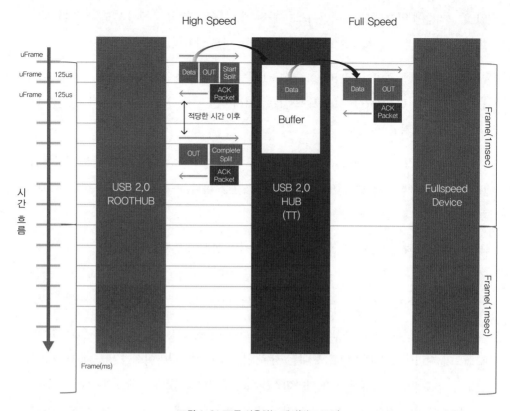

그림 1-21 TT를 사용하는 예시(벌크 OUT)

그림 1-21처럼 호스트와 허브는 High Speed로 연결돼 있고 허브와 디바이스는 Full Speed로 연결돼 있다고 가정한다. 이 경우 호스트가 디바이스로 OUT 트랜잭션을 하려고 할 때 호스트가 먼저 허브에게 Start Split(분할 시작) 패킷을 보낸다. 그 다음, 이어서 보내려고 하던 OUT 트랜잭션을 시작한다.

이후 허브는 Full Speed로 연결된 디바이스가 수용할 수 있는 속도로 OUT 트랜잭션을 시작한다.

OUT 트랜잭션의 결과가 디바이스로부터 허브로 올라온다. 호스트는 적당한 시간 이후에 Complete Split(분할 완료) 패킷을 먼저 보낸 뒤 OUT 트랜잭션의 결과를 회신하는 결과를 얻는다.

TT 알고리즘에 있어서 USB 디바이스가 가진 엔드포인트 속성 중에서 벌크, 컨트롤 엔드포인트는 인터럽트, 등시성 엔드포인트와 완전히 다른 알고리즘을 사용하게 된다.

벌크, 컨트롤 엔드포인트를 위해서 하나의 TT는 많으면 많을수록 좋은 내부 버퍼를 갖고 있다. 반면 인터럽트와 등시성 엔드포인트를 위해서는 각각 하나씩의 분할 시작, 분할 완료 버퍼만을 가지고 있다.

하나의 디바이스 내부에 복수 개의 벌크 엔드포인트가 있을 수 있다. 이와 같은 상황에서 TT 내부에 존재하는 벌크, 컨트롤 통신을 위한 내부 버퍼는 공유된다. 내부 버퍼가 크면 클수록 유리하다.

반면 인터럽트와 등시성 엔드포인트처럼 주기적인 통신이 필요한 경우에는 정확한 주기에 맞춰서 허브가 디바이스와 통신하는 것이 중요하다. High Speed는 125us 프레임을 사용하고 Full Speed는 1ms 프레임을 사용한다. 보다 정교한 타이밍 관리를 해야 한다.

그리고 인터럽트와 등시성 엔드포인트를 사용하는 데 있어서 중요한 철학이 있다. TT는 호스트가 디바이스로 데이터를 보내는 경우에는 가능하면 디바이스가 바쁘게 데이터를 받도록 설계해야 하고, 호스트가 디바이스로부터 데이터를 읽어야 하는 경우에는 가능하면 디바이스가 데이터를 준비하기 이전에 먼저 허브를 통해서 디바이스에게 IN 트랜잭션을 발생시키도록 해야 한다. 이렇게 해야 TT로 인한 오버헤드를 줄이고 정교하게 데이터 송수신이 가능해진다.

1.10 데이터 시그널링(Signaling)

1.10.1 USB PHY 기본

USB PHY에서 수행하는 작업들을 개념적으로 살펴본다.

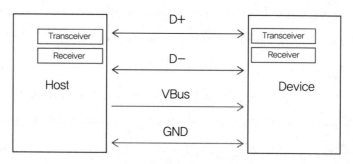

그림 **1-22** USB 2.0의 물리적인 신호선

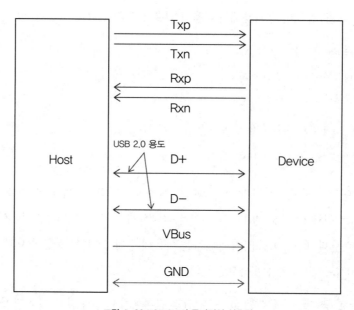

그림 **1-23** USB 3.0의 물리적인 신호선

그림 1-22, 1-23을 통해서 알 수 있는 가장 큰 차이는 USB 3.0에서 4개의 핀^{Pin}이 추가 정의됐다는 점이다. Txp, Txn은 Super Speed Tx를 위해서 Rxp, Rxn은 Super Speed Rx를 위해서 사용된다. USB 2.0은 동시에 양방향의 데이터통신을 할 수 없다. USB 3.0 의 Enhanced Super Speed에서는 양방향의 데이터통신이 동시에 발생될 수 있다.

데이터를 발생하기 위해서 USB 2.0에서는 D+, D− 2개의 핀이 사용되고, USB 3.0의 Enhanced Super Speed에서는 D+, D−가 사용되지 않는 대신 Tx+(Txp), Tx−(Txn), Rx+(Rx+), Rx−(Rxn) 4개의 핀이 사용된다. Super Speed에서는 핀 이름을 통해서 알 수 있듯이, 송신과 수신 각각 2핀씩 제공되고 있다.

D+, D−(Tx+, Tx−, Rx+, Rx−)는 특정 전압을 가지도록 설계되는데 이와 같은 전압의 최댓값과 최솟값은 스펙에 규정돼 있는 내용을 따른다. 이것은 D−가 음수전압을 가진다는 뜻이 아니다.

D+와 D−가 한쌍, Tx+와 Tx−가 한쌍, Rx+와 Rx−가 한쌍으로 사용된다.

예를 들어, D+의 전압이 aV, D−의 전압이 bV라고 가정한다.

그러면 이들 각각의 전압을 사용해서 다음과 같은 결과의 전압을 얻을 수 있다.

$$(D+) + (D-) = (a+b)V$$
$$(D+) - (D-) = (a-b)V$$
$$(D-) - (D+) = (b-a)V$$
$$((D+) + (D-))/2 = ((a+b)/2)V$$
$$((D+) - (D-))/2 = ((a-b)/2)V$$

이와 같은 여러 가지 수학적인 논리를 그대로 적용하면 다양한 전압값을 얻을 수 있을 것이다. USB는 이와 같이 D+와 D−의 전압을 적당하게 수학적인 논리에 적용시켜서 특별한 값을 얻어낸다. D+, D− 2가지 전압값을 사용해서 신호 데이터를 만들어내기 때문에, 이것을 Differential(차등) 신호라고 부른다.

USB에서는 조금 단순하게 D+, D−의 전압과 관련해서 다음과 같은 신호를 사용한다.

D+가 논리적으로 로 상태(스펙에서 규정한 낮은 진압 상태), D−가 논리적으로 히이 상태(스펙에서 규정한 높은 전압 상태)를 차등 0 신호라고 부른다.

D−가 논리적으로 로^{Low} 상태, D+가 논리적으로 하이 상태를 차등 1 신호라고 부른다.

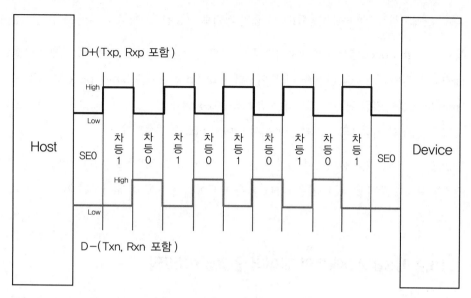

그림 1-24 USB 차등 0 신호와 차등 1 신호

이와 같은 차등 신호를 사용해서 2진수의 데이터를 발생시킨다.

Low Speed에서는 차등 0 신호를 J 데이터 상태, 차등 1 신호를 K 데이터 상태라고 부른다.

Full Speed에서는 차등 0 신호를 K 데이터 상태, 차등 1 신호를 J 데이터 상태라고 부른다.

High Speed에서는 차등 0 신호를 K 데이터 상태, 차등 1 신호를 J 데이터 상태라고 부른다.

Super Speed에서는 특별히 정의돼 있지 않다.

Full Speed와 High Speed는 차등 0, 1 신호를 같은 K, J 상태로 규정하고 있지만 스펙에서 규정하는 실제 규정전압은 서로 다르다는 점을 기억해야 한다(같은 통신이 아니다). SE0 상태는 D+와 D− 신호가 모두 논리적으로 로 상태인 것을 의미한다.

USB 2.0에서 J, K 상태는 USB 디지털 데이터를 발생시키는 목적으로 사용되고, SE0 신호는 J, K 신호와 함께 조합돼 여러 가지 시퀀스Sequence, 예를 들어 아이들IDLE, 리셋, 리줌요청, 패킷시작(SOP), 패킷종료(EOP) 등의 의미로 사용된다.

특별히 High Speed에서는 별도로 첩J(ChurpJ), 첩K(ChurpK) 상태를 추가정의해서 High Speed를 지원하는 디바이스가 리셋 이후에 Full Speed 혹은 Low Speed로 동작 시 High Speed의 지원 여부를 조사하는 방법으로 사용된다(High Speed Handshaking). USB 3.0은 차등 0과 차등 1의 신호를 사용해서 데이터 비트를 생성한다.

USB 3.0 은 USB 2.0에 비해서 훨씬 많은 시퀀스^{Sequence}를 정의하고 있다. 이와 같은 시퀀스는 프로토콜 계층, 링크 계층, PHY 계층 모두에서 용도에 맞게 사용된다.

1.10.2 USB 2.0에서의 데이터 인코딩/디코딩

USB 2.0은 Low Speed, Full Speed, High Speed에 따라서 차등 0 신호와 차등 1 신호는 J 상태, K 상태로 다르게 부른다고 배웠다.

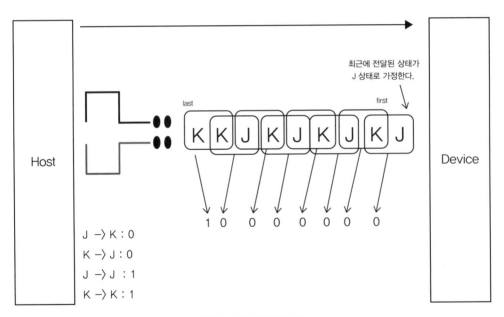

그림 1-25 NRZI 방식의 예제

다음 시그널 상태를 가정해보자. "K J K J K J K K"

이것은 Low Speed와 Full Speed에서 SYNC(SOP) 시퀀스로 사용하는 신호다. 이와 같은 차등 신호가 호스트에서 디바이스로 전달됐다면, 어떤 비트열이 만들어질까?

최근에 전달된 마지막 상태가 J 상태라고 가정한다. 그림 1-25는 인코딩하는 모습을 보여주고 있다. 시그널의 위상이 바뀌는 구간을 만나면 데이터 비트값 0이 만들어진다. 위상이 바뀌지 않는 구간에서는 데이터 비트값 1이 만들어진다. 결과적으로 J 상태가 K 상태로 바뀌거나 K 상태가 J 상태로 바뀌는 구간에서는 데이터 비트값 0이 만들어지고 그렇지 않은 구간에서는 데이터 비트값 1이 만들어진다.

J + "K J K J K J K K" 신호는 2진수 0 0 0 0 0 0 0 1 값이 된다.

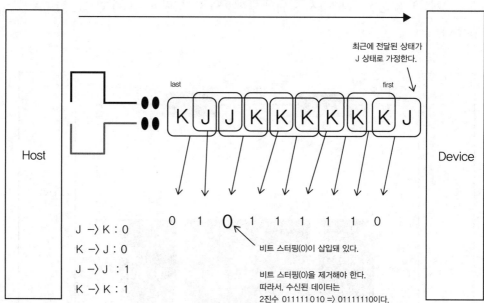

그림 1-26 비트 스터핑 예제

USB 2.0에서 데이터 인코딩/디코딩은 NRZI 방식과 비트 스터핑Stuffing 알고리즘을 사용하고 있다. 이와 같은 알고리즘의 단점은 위상을 바꾸지 않는 긴 구간이 발생되는 경우 데이터 비트값이 1로 만들어지는 구간이 길어진다는 것이다. 위상이 너무 오랫동안 바뀌지 않는 상태로 유지되면 데이터 생성 및 데이터 디코딩 시에 오동작을 일으킬 소지가 있다. 따라서 USB에서는 위상 변화 없이 이어지는 시그널이 데이터 비트 1을 만들 때 이 데이터(1)가 연속으로 6번 만들어지는 구간이 발생하면, 강제로 데이터 0을 억지로 삽입하는 방식을 사용하는데 이것을 비트 스터핑이라고 부른다.

USB 2.0에서 사용하는 USB 패킷은 다음처럼 만들어져서 사용된다.

항상 모든 패킷은 SOP^{Start Of Packet} 신호로부터 시작돼 EOP^{End Of Packet} 신호로 끝난다.

SOP 신호는 K J K J의 반복 신호를 사용해서 만든 SYNC 명령어 비트를 만든다.

Low Speed와 Full Speed에서는 K J K J K J K K의 8개의 신호를 SYNC 명령어 비트를 만드는 신호로 사용한다. High Speed에서는 K J K J … K J 총 30개의 신호 이후에 이어지는 2개의 K K 신호를 사용해서 32개의 신호를 SYNC 명령어 비트를 만드는 신호로 사용한다.

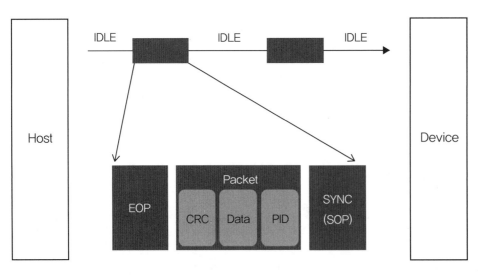

그림 1-27 USB 2.0에서 사용하는 USB 패킷 모습(SYNC, EOP)

Low Speed와 Full Speed에서는 인접한 2비트의 SE0 신호와 추가되는 J 데이터 상태를 EOP 신호로 사용하고 있다.

Low Speed와 Full Speed에서 유휴 상태(Idle)가 J 데이터 상태로 규정돼 있기 때문에, 결국 EOP 신호는 라인의 상태를 J 데이터 상태로 만드는 것이다.

반면, High Speed에서는 유휴 상태로서 SE0과 유사한 상태를 지속하는 상태를 사용하고 있으며, J 데이터 상태를 유휴 상태로 사용하지 않는다. 따라서 Low Speed, Full Speed에서 사용하는 패턴의 EOP 신호를 사용하지 않는다. High Speed에서는 강제로 비트 스터핑 오류문제를 발생시키는 신호를 만든다. 이것을 EOP 신호로 사용하고 있다. 강제로 비트 스터핑 오류문제를 발생시킨다는 것은 만들어지는 비트열 속에 비트값 1이 연속으로 7번 이상 나오도록 하는 것이다.

따라서 High Speed에서는 EOP를 만들기 바로 직전의 신호가 J 데이터 신호인 경우 인접한 40개의 신호를 모두 KKKK ··· 상태로 만든다. 반면 EOP를 만들기 바로 직전의 신호가 K 데이터 신호로 끝난 경우 인접한 40개의 신호를 모두 JJJJ ··· 상태로 만든다. 결국 이런 작업들은 J가 K로, K가 J로 한 번 바뀌는 행위로 인해서 비트값 0이 만들어진 이후 계속된 39개의 신호들이 비트값 1을 만들어낸다. 결과적으로 2진수 011111 ···과 같은 데이터는 정상적으로 USB 2.0에서 만들어지지 않는다. 그 이유는 비트 스터핑이 동작하기 때문이다. 따라서 이런 데이터가 수신됐다면 비트 스터핑이 제대로 동작하지 않는 상황의 에러이지만 이것을 EOP 신호로 간주하고 있다.

1.10.3 USB 3.0 Enhanced Super Speed에서의 데이터 인코딩/디코딩

USB 3.0에서의 데이터 인코딩/디코딩은 Enhanced Super Speed에서는 8b/10b, SS Plus에서는 128b/132b 알고리즘을 사용하고 있다. 또한 옵션으로 데이터 스크램블 Scramble 알고리즘을 적용해 데이터가 깨지는 상황을 예측할 수 있도록 지원하고 있다.

데이터 스크램블 사용 여부는 USB 3.0 LTSSM Link Training and Status State Machine 의 Polling 상태에서 양쪽 포트가 협상을 한 뒤에 결정된다.

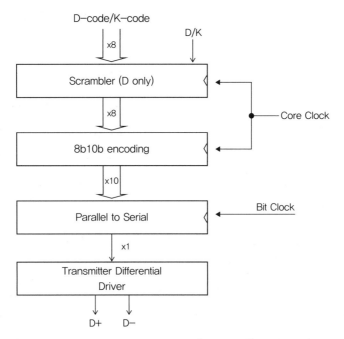

그림 1-28 USB Super Speed PHY의 구성(Transceiver)(출처: usb.org)

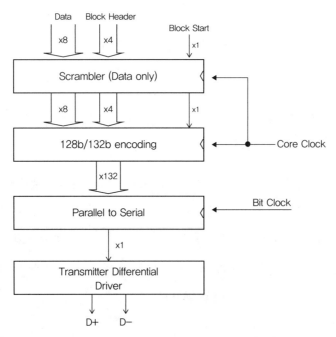

그림 1-29 USB Super Speed Plus PHY의 구성(Transceiver)(출처: usb.org)

그림 1-28, 1-29는 Super Speed와 Super Speed Plus에서 각각 사용되는 Transceiver 입장에서 살펴본 USB PHY의 구성 모듈이다.

그림 1-30, 1-31은 Super Speed와 Super Speed Plus에서 각각 사용되는 Receiver 입장에서 살펴본 USB PHY의 구성 모듈이다.

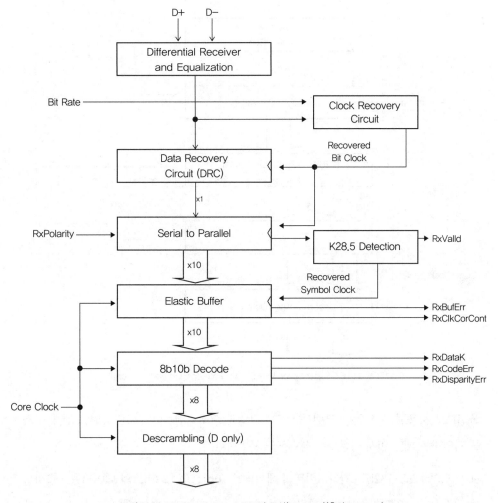

그림 1-30 USB Super Speed PHY의 구성(Receiver)(출처: usb.org)

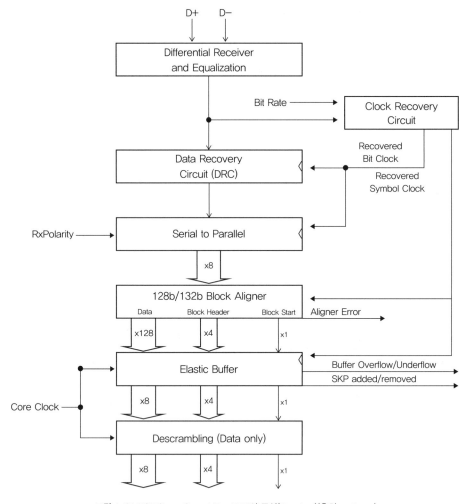

그림 1-31 USB Super Speed Plus PHY의 구성(Receiver)(출처: usb.org)

옵션으로 사용될 수 있는 스크램블Scramble 작업과 디스크램블Descramble 작업은 전체 구조를 파악하는 데 있어서 당분간은 생략해도 무방하다.

8b/10b와 128b/132b는 각각 8비트의 데이터를 10비트로 128비트의 데이터를 132비트로 확장시키는 알고리즘을 의미한다. USB Super Speed 데이터는 제어 문자(K문자)와 데이터 문자(D문자)로 구분되는데 이들을 표현함과 동시에 동일한 비트가 반복적으로 나오는 일이 없도록 새로운 조합의 비트열을 만드는 작업에 사용된다.

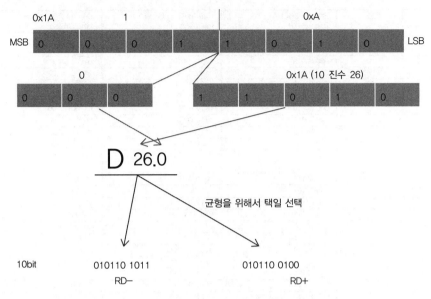

그림 1-32 D26.0 데이터를 8b/10b 알고리즘을 사용해서 인코딩하는 예시

K문자는 Kx.y 형태, D문자는 Dx.y 형태로 사용한다.

그림 1-32에서 RD$^{\text{Running Disparity}}$+와 RD- 중에서 적당하게 하나를 선택해서 전체 비트 열이 균형적으로 비트 0과 비트 1이 나타나도록 돕는다. D26.0 문자는 RD+의 경우, 2 진수 0101101011로 대체되고, RD-의 경우, 2진수 0101100100으로 대체된다.

현실 속에서 USB 데이터 비트열은 하나의 10비트열 값만 사용하는 것이 아니라 이어지는 다른 비트열이 존재한다. 이로 인해서 하나의 10비트열 속에 비트 0과 비트 1이 균형 있게 배치됐다고 하더라도 이어지는 10비트열과 연속선상에서 다시 고려된다.

이런 이유로 다음과 같은 알고리즘을 사용한다.

첫 번째 10비트열(RD-), 두 번째 10비트열(RD+), 세 번째 10비트열(RD-), …으로 배열 한다.

Data Byte Value (hex)	Bit HGF EDCBA (binary)	Current RD−abcdei fghj (binary)	Current RD+abcdei fghj (binary)
00	000 00000	100111 0100	011000 1011
01	000 00001	011101 0100	100010 1011
02	000 00010	101101 0100	010010 1011
03	000 00011	110001 1011	110001 0100
04	000 00100	110101 0100	001010 1011
05	000 00101	101001 1011	101001 0100
06	000 00110	011001 1011	011001 0100
07	000 00111	111000 1011	000111 0100
08	000 01000	111001 0100	000110 1011
09	000 01001	100101 1011	100101 0100
0A	000 01010	010101 1011	010101 0100
0B	000 01011	110100 1011	110100 0100
0C	000 01100	001101 1011	001101 0100
0D	000 01101	101100 1011	101100 0100
0E	000 01110	011100 1011	011100 0100
0F	000 01111	010111 0100	101000 1011
10	000 10000	011011 0100	100100 1011
11	000 10001	100011 1011	100011 0100
12	000 10010	010011 1011	010011 0100
13	000 10011	110010 1011	110010 0100
14	000 10100	001011 1011	001011 0100
15	000 10101	101010 1011	101010 0100
16	000 10110	011010 1011	011010 0100
17	000 10111	111010 0100	000101 1011
18	000 11000	110011 0100	001100 1011
19	000 11001	100110 1011	100110 0100
1A	000 11010	010110 1011	010110 0100
1B	000 11011	110110 0100	001001 1011
1C	000 11100	001110 1011	001110 0100
1D	000 11101	101110 1011	010001 1011
1E	000 11110	011110 0100	100001 1011
1F	000 11111	101011 0100	010100 1011

그림 1-33 8b/10b에서 사용되는 변환표(일부분)(출처: usb.org)

예를 들어보자.

0×1A, 0×0F, 0×05, 0×1E 데이터(4바이트가 전부 데이터 문자라고 가정한다.)를 순서대로 변환하려고 하면 그림 1-33에 각각 RD- 값과 RD+ 값이 있는 것을 알 수 있다. 이중에 하나씩을 선택해야 하는데 그 방법은 다음과 같다. RD-, RD+, RD-, RD+ 순서로 데이터를 취해보자.

- 0×1A는 RD- 값을 취하므로 0101101011을 선택한다.
- 0×0F는 RD+ 값을 취하므로 1010001011을 선택한다.
- 0×05는 RD- 값을 취하므로 1010011011을 선택한다.
- 0×1E는 RD+ 값을 취하므로 1000011011을 선택한다.

결국, 이들 10비트의 4개의 데이터를 모두 붙여보면 다음과 같은 40비트의 데이터 스트림이 만들어진다.

0101101011 1010001011 1010011011 1000011011

표 1-17 USB 3.0 Super Speed(Plus)에서 사용되는 제어 문자

심벌	이름	SS	SS+	설명
SKP	Skip	K28.1	CCh	동기화에 사용되는 문자. 데이터로 간주하지 않음
SKPEND	Skip End	X	33h	이어지는 SKP 문자의 경계 문자
SDP	Start Data Packet	K28.2	96h	데이터패킷의 시작
EDB	End Bad	K28.3	69h	잘못된 패킷 수신
SUB	Decode Error Substitution	K28.4	X	디코딩 에러 상황 대체 문자
COM	Comma	K28.5	X	스크램블(Scramble) 회로를 리셋함
SHP	Start Header Packet	K27.7	X	헤더패킷의 시작을 알림
DPHP	Start Data Packet Header	X	9Ah	데이터패킷 헤더의 시작을 알림
END	End	K29.7	95h	데이터블록의 마지막
SLC	Start Link Command	K30.7	65h	링크 명령의 시작
EPF	End Packet Framing	K23.7	36h	시퀀스 패킷 구성의 마지막
SDS	Start of Data Stream	X	63h	Data 스트림의 시작

제어 문자는 단독으로 사용되지 않고 2개 이상의 제어 문자를 연속으로 배치하는 문자열 시퀀스Sequence 형태로 사용한다. 보통 제어 문자는 특별한 경우를 제외하면 스크램블Scramble에서 제외된다.

Super Speed를 위한 LTSSM의 Polling 상태에서 수행하는 링크 양쪽 포트의 Training 작업과정 중에서 사용되는 TS1(Training Sequnce 1) 시퀀스는 다음과 같다.

표 1-18 USB 3.0 Super Speed에서 사용하는 TS1 시퀀스 문자열

심벌 문자 개수	표현되는 제어 문자	설명
0, 1, 2, 3번째 심벌	K28.5	COM(Comma)
4번째 심벌	D0.0	예약됨
5번째 심벌	파라미터(뒤쪽에서 설명함)	Link Functionality
6번째 −15번째 심벌	D10.2	TS1 식별자

USB 3.0 Super Speed에서 사용되는 TS1 시퀀스는 총 16문자로 구성되며 4개의 COM 심볼로 시작된다.

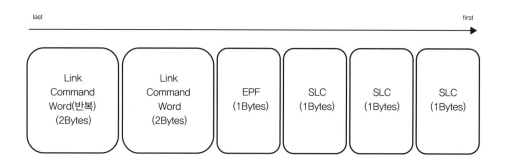

인코딩되지 않은 상태의 데이터 스트림

그림 1-34 Super Speed Link Command 시퀀스 예시

그림 1-34는 링크 명령어를 전송하기 위해서 준비되는 문자 시퀀스(8바이트)를 보여주고 있다(인코딩되지 않은 상태이다).

그림 1-35처럼 USB 3.0 Super Speed(Plus)가 사용하는 데이터 시그널 인코딩은 NRZ[Non Return to Zero] 방식을 사용한다. USB 2.0에서 NRZI 방식을 사용하는 것과 다른 방식이다.

NRZ 방식은 시그널 자체를 디지털 데이터로 확인하기가 용이한 장점이 있다.

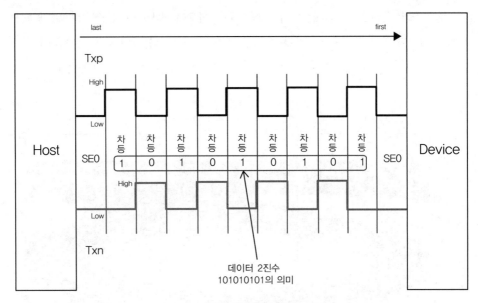

그림 1-35 NRZ 방식의 예제

Super Speed는 5GHz, Super Speed Plus는 10GHz의 주파수대, 즉 대역폭을 사용하는 고속전송이다. 이와 같은 고속전송에서 데이터를 만들어내는 Transceiver와 데이터를 받는 Receiver 사이에 연결된 케이블(보통 채널이라고 부른다.)의 길이와 특성은 전체 속도에 민감한 영향을 준다.

Transceiver에서 송출되는 데이터 신호는 채널을 통과하면 원래의 데이터 신호와 조금 다르게 깨끗하지 못한 신호가 돼버린다. Transceiver는 De-emphasis 방식을, Receiver는 이퀄라이저를 사용해서 수신된 데이터 신호를 증폭시킨다.

Transceiver를 위한 De-emphasis 방식은 변화가 많은 신호열(고주파)의 성분에는 변화를 주지 않고, 변화가 적은 신호열(저주파)의 성분만 높이를 줄여서 전송하는 방식이다. 채널의 특성을 최소화하는 방식으로 많이 사용된다.

Receiver에서 사용하는 이퀄라이저는 필요한 의미있는 데이터 신호를 증폭시킨다. 이것 역시 채널의 특성을 최소화하는 목적으로 사용된다. 이퀄라이저를 사용할 때 jitter(잡음) 신호도 함께 증폭되기 때문에 주의해서 다뤄야 한다.

이처럼 데이터 신호를 보정하는 이유는 D+, D- 신호를 깨끗하게 검출할 수 있어야 수신기 측에서 정확하게 데이터 신호를 분석할 수 있기 때문이다. 데이터 신호가 얼마나 깨끗한지를 확인하는 목적으로 살펴보는 다이어그램을 Eye 다이어그램이라고 한다.

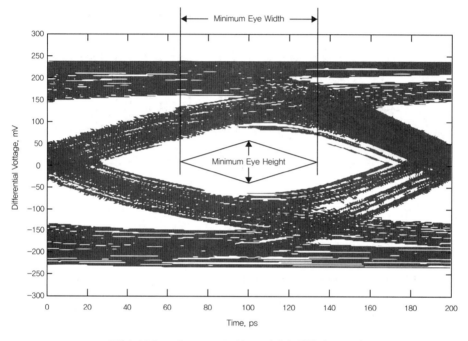

그림 1-36 Super Speed D+, D-의 Eye 다이어그램(출처: Lecroy)

D+와 D-는 서로 다른 위상의 신호를 사용하기 때문에, 눈(Eye)과 같은 모습의 다이어그램이 나타난다. 그림 1-36은 Super Speed에서 송신되는 데이터 신호 중 짧은 시간 동안 한 구간의 다이어그램이다. Eye 다이어그램의 눈(Eye)의 폭과 높이가 얼마나 큰지, 눈의 양끝에 나타나는 jitter(잡음)가 얼마나 작은지 등을 확인하는 용도로 사용한다. 좋은 신호는 눈의 폭과 높이가 큰 신호이다.

그림 1-36에 있는 Minimum Eye Width와 Minimum Eye Height를 'Eye Mask'라고 부른다. 다이아몬드 형태의 마름모 영역은 데이터 신호로 간주할 수 없는 최소영역을 의미한다. 최소한 이 영역 바깥쪽까지 눈의 크기가 커져 있어야 데이터 신호로 간주될 수 있다.

1.11 USB 커넥터의 종류

1.11.1 USB 커넥터 선택하기

커넥터Connector는 플러그Plug와 잭Jack 혹은 리셉터클Receptacle로 구성된다.

플러그는 잭과 연결된다. 일반적으로 디바이스(장치)를 기준으로 설명한다면 디바이스를 호스트에 연결할 때 연결되는 호스트 측의 연결 부분을 잭이라고 부르고, 디바이스의 연결 부분을 플러그라고 부른다. 물론 다른 예를 들어서 설명하면 조금 다르게 해석될 수도 있다.

USB 케이블(연결선)이 호스트와 디바이스 사이에 존재하는 경우도 있고 케이블 없이 곧바로 호스트와 디바이스가 연결될 수도 있기 때문에 플러그와 잭을 구분하는 것은 상황에 따라서 구분짓기가 조금 혼동스럽다. 이런 부분은 독자들이 글을 읽어가면서 자연스럽게 해석하는 것이 좋을 것이다.

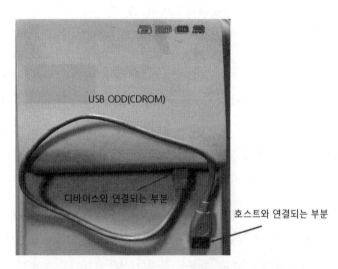

그림 1-37 USB 커넥터가 사용되는 예시(USB 케이블이 사용되는 상황)

그림 1-37을 보자. USB 케이블의 양쪽 끝을 보면 한쪽은 디바이스(USB ODD)와 연결되는 부분이 있고 다른 한쪽은 호스트(보통 PC)와 연결되는 부분이 있다. 이때 커넥터는 케

이블이 디바이스와 연결되는 부분에서 플러그와 잭이 되고 케이블이 호스트와 연결되는 부분에서 플러그와 잭이 되는 것으로 나눠 볼 수 있다. 즉 2개의 커넥터를 가졌다고 볼 수 있다.

그림에서는 나타나지 않았지만 호스트(PC) 측의 USB 포트는 그림 속의 "호스트와 연결되는 부분"과 연결하는 곳이 있는데 이곳이 바로 잭이고 그림 속의 "호스트와 연결되는 부분"이 플러그가 된다.

그림 속에서 USB ODD 측에 달려있을 것으로 생각되는 연결 부분이 잭이고 그림 속의 "디바이스와 연결되는 부분"이 플러그가 된다.

결국 USB 케이블이 사용되는 경우에는 케이블 양쪽 끝이 모두 플러그가 된다.

보통 USB 커넥터를 결정할 때 다양한 결정 이유가 있겠지만 여기서는 다음 몇 가지만 생각해보기로 한다.

- USB 버전
- 어느 측이 호스트이고, 어느 측이 디바이스인가?
- 어느 측이 전원을 공급하고, 얼마큼 공급할 수 있어야 하는가?

USB 버전을 따진다는 것은 USB 1.0, 2.0, 3.0 등의 버전을 언급한다는 것이다. "USB 3.0이 USB 1.0보다 빠르다." 이와 같은 해석은 분명히 잘못된 해석이다. USB 버전은 속도의 차이를 나타내는 것이 아니다. 버전이 올라가면서 새로운 기술이 소개되고 이런 기술 중에 속도가 이전보다 빠른 경우의 것들이 나오는 상황으로 인한 오해로 이같이 잘못된 해석이 나올 수 있다고 생각된다.

흔히 말하는 속도인 USB Super Speed(SS)는 USB 3.0부터 소개되는 속도이다. 그렇기 때문에 USB 2.0에서는 이런 속도를 지원하지 못한다. 하지만 USB 3.0은 USB 2.0의 모든 통신속도를 호환성있게 지원하기 때문에 분명한 것은 USB 3.0 속에 USB 2.0이 포함된다는 것이다.

USB 통신속도는 USB 커넥터에 영향을 미친다. 그렇기 때문에 USB 3.0은 빠른 속도의 USB SS를 지원하면서 하위 버전 USB 2.0의 지원 속도 역시 지원하게 되므로 각각의

USB 커넥터 규격 역시 버전에 따라서 달라지게 되는 것이 당연하다. 즉 커넥터의 규격이 USB 버전에 따라서 달라진다는 의미이다.

데이터통신에 있어서 어느 측이 USB 호스트인지는 반드시 규정돼야 한다. USB 커넥터는 어느 측이 호스트이고, 어느 측이 디바이스인지를 알 수 있도록 규정한다(물론, 예외로 USB Type-C는 외관상 호스트 측과 디바이스 측을 구분하기 어렵다).

USB 버스를 사용하는 이유 중의 하나가 쉽게 전원을 공급받을 수 있다는 점이다.

일반적으로 USB 호스트 측에서 디바이스 측으로 전원을 공급하지만 예외로 USB Type-C의 경우 USB 디바이스 측에서도 호스트 측으로 전원을 공급해줄 수 있다. 이런 부분도 USB 커넥터를 결정하는 요인이 된다.

독자들은 지금부터 글을 읽으면서 반드시 어느 측이 호스트이고, 어느 측이 디바이스인지를 확인하면서 읽어야 한다. 다만 플러그를 꽂는 부분이 잭이라는 점에서 플러그 위주로 설명하는 것으로 제한하는 것을 양해해주길 바란다.

1.11.2 USB 커넥터 종류

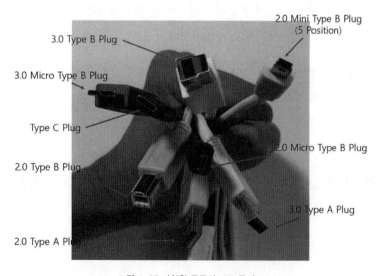

그림 1-38 다양한 종류의 USB 플러그

그림 1-38을 보면 8가지 종류의 USB 플러그를 보여주고 있다.

USB 2.0 전용으로 Type A, Type B, Mini Type B와 Micro Type B의 4가지를 볼 수 있으며 USB 3.0 전용으로 Type A, Type B와 Micro Type B의 3가지를 볼 수 있다. 그리고 USB Type C를 볼 수 있다.

이들은 모두 케이블의 관점에서 바라보는 플러그들을 나타낸다.

Type A는 USB 호스트 측으로 연결하는 전용 플러그이고, Type B(Mini, Micro)는 USB 디바이스 측으로 연결하는 전용 플러그이다. 특별히 Micro Type B의 플러그는 기본적으로는 연결되는 장치를 디바이스로 동작하게 하지만 1.11.4에서 설명하는 OTG(On-The-Go)에서는 특별한 경우 Micro Type B의 플러그에 연결하는 장치가 상황에 따라서 호스트로 동작할 수 있다.

결국 플러그를 연결하는 쪽의 호스트와 디바이스는 플러그의 Type(A: 호스트, B: 디바이스)에 의해서 결정되는 셈이다. 예를 들어 그림 1-37의 USB ODD를 PC(USB Port)에 연결하는 경우에 USB 케이블을 사용한다면 케이블의 Type A 플러그는 PC(USB Port)에, Type B 플러그는 USB ODD에 연결해야 한다.

이것을 바꿔서 연결하려 해도 연결할 수 없을 뿐 아니라 정상적으로 동작할 수 없다. 왜냐하면 USB 호스트와 USB 전원공급자의 역할이 분명히 정해져 있기 때문이다. 항상 한쪽이 Type A이면 다른 한쪽이 Type B여야 한다.

다만, 6.4절에서 소개하는 USB Type C의 경우는 특별한 경우이다. Type C는 연결하려는 양쪽의 장치(호스트 혹은 디바이스)의 역할이 바뀔 수 있다. 한 쪽이 USB 호스트이고 다른 한 쪽이 USB 디바이스라고 하는 점도 상황에 따라 바뀔 수 있으며 전원을 공급하는 측도 역시 상황에 따라서 바뀔 수 있다.

그림 1-38에서 유일하게 Type C 플러그만이 위, 아래를 뒤집어서(Flip) 사용해도 그 모양이 같고 호스트, 디바이스를 외관상 구분하기 어렵다.

1.11.3 호스트와 디바이스의 규정

Type A 플러그는 반드시 호스트 역할을 수행하는 측에 연결해야 하고 해당 호스트는 전원공급자의 역할을 수행할 것을 명시적으로 정하고 있다. Type B 플러그는 반드시 디바이스 역할을 수행하는 측에 연결해야 한다.

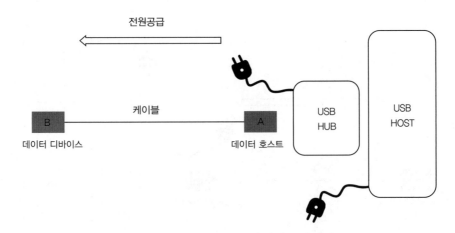

그림 1-39 플러그 Type A, B와 USB 호스트/디바이스

그림 1-39처럼 플러그의 Type A가 연결되는 부분이 데이터 호스트(USB 호스트)이고 전원공급자의 역할을 수행한다.

Type A, B와 Type C가 서로 연결되는 상황을 생각해보자.

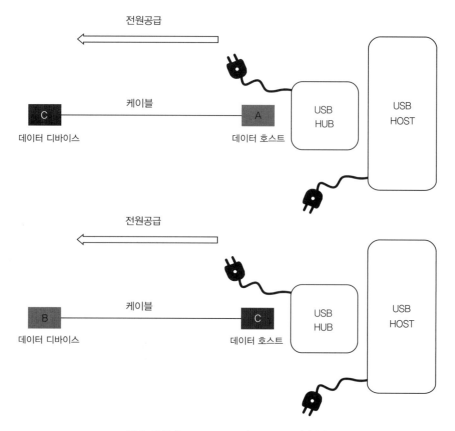

그림 1-40 플러그 Type A, B, C와 USB 호스트/디바이스

그림 1-40에서 한쪽은 Type C이고 다른 한 쪽은 Type A 혹은 Type B인 경우, 어느 측이 데이터 호스트이고 전원을 공급하는 공급자의 역할을 수행하는지를 알 수 있다.

결국 Type A 혹은 Type B 플러그에 따라서 해당하는 쪽의 장치가 호스트 혹은 디바이스로 결정되고 반대쪽 Type C는 그 반대의 장치로 결정된다는 것을 알 수 있다.

반면 케이블의 양쪽 끝단이 모두 Type C의 경우 전원공급자와 USB 호스트의 역할이 뒤바뀔 수 있다. 이 부분은 6.4절에서 배우도록 하자.

1.11.4 USB OTG(On-The-Go)

보통의 경우 PC(컴퓨터) 측이 USB 호스트의 역할을 수행한다. 예를 들어 USB 디스크(Mass Storage Class)에 들어있는 파일을 스마트폰으로 옮기는 경우를 생각해보자.

스마트폰은 통상적으로 PC에 연결해서 사용하는 USB 디바이스로 알려져 있다.

가장 자연스러운 방법은 USB 디스크를 PC에 연결해서 데이터(파일)를 PC로 전송한 다음, 이 데이터를 PC에 연결한 스마트폰으로 전송하는 것이다.

이런 방법을 사용하는 이유는 USB 호스트의 역할을 PC가 수행하고 USB 디스크와 스마트폰은 모두 USB 디바이스의 역할을 수행하기 때문이다.

이때 사용자는 PC를 사용하지 않는 파일 전송 방법을 모색했고 결과적으로 USB 표준 허브가 지원하지 않는 특별한 방식의 연결방법이 고안됐다.

스마트폰이 호스트의 역할을 수행하는 것이다. 이때 간단하게 생각해보면 한 대의 스마트폰이 호스트의 역할을 수행하면서 위와 같은 작업을 하게 되고 경우에 따라서 PC에 연결해서 디바이스의 역할도 수행해야 한다는 결과가 나온다. 이것을 하나의 USB 커넥터로 구현하고자 해서 나온 스펙이 USB OTG이다. USB OTG는 USB 2.0과 함께 소개됐으며, USB 3.0에서도 사용 중이다.

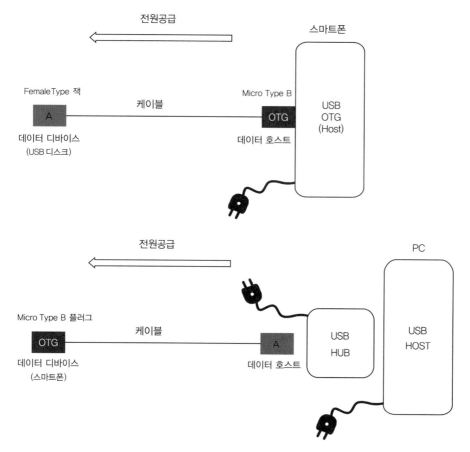

그림 1-41 USB OTG 플러그와 Type A 플러그, Female Type A 잭

그림 1-41을 보자. 위쪽은 위의 경우는 스마트폰이 USB 호스트의 역할을 수행하는 경우고, 아래쪽은 스마트폰이 USB 디바이스의 역할을 수행하는 경우다.

결국 스마트폰에 연결하는 OTG 플러그는 스마트폰이 상황에 따라서 USB 호스트와 디바이스를 전환하게 된다는 것을 보여준다.

그림 속에서 특이하게 보이는 잭은 "Female Type" 형태다. 이것은 A Type의 커넥터를 연결할 수 있도록 고안된 연결 장치다. 이 말은 Female Type 잭에 연결하는 장치가 디바이스가 된다는 의미다. 케이블의 한쪽이 플러그가 아니라 잭[Jack]이라는 것에 유의하자.

그림 1-41의 상황에서 USB 호스트 혹은 디바이스가 되는 상황이 바뀌면 어떻게 될까? 정상적인 동작이 안 되는 것은 당연하다. 만일 양쪽이 모두 호스트 혹은 모두 디바이스가 되면 통신이 이뤄지지 않게 된다. 그리고 양쪽이 모두 호스트의 경우가 된다고 가정하면 양쪽 모두 전원을 공급하려 들어 이 또한 아주 심각한 문제를 초래하게 된다.

USB 2.0 Micro Type B 플러그는 OTG에서 사용될 수 있다.

이번에는 케이블 양쪽 플러그가 모두 OTG 플러그인 경우를 보자.

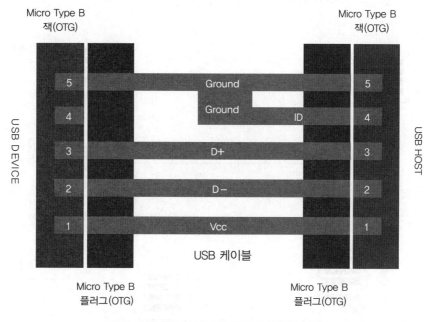

그림 1-42 양 끝단에 USB OTG 플러그를 사용하는 케이블

그림 1-42는 USB 케이블(양쪽 끝에 각각 Micro Type B 플러그를 가진 경우)과 양쪽에 연결되는 잭Jack을 보여준다.

그림에서 오른쪽에 연결되는 장치가 USB Host의 역할을 수행한다. 차이를 보면 USB Host에 연결하는 부분은 케이블 내에 4번과 5번 핀에 해당하는 라인을 서로 연결시켰다. USB Device에 연결하는 부분은 케이블 내의 4번 핀을 끊었다. 4번 핀을 ID (Identification)핀이라고 부른다. 이 핀의 상태가 Ground로 보이는 경우, 연결된 측의 장치가 USB Host의 역할을 수행하는 것이다.

그래서 양 끝단에 USB OTG 플러그를 사용하는 케이블의 경우, 어느 한 쪽 방향이 호스트 장치가 연결될 방향으로 이미 결정된 상태가 된다. 그림 1-42에서 케이블의 방향을 좌우로 서로 바꿔서 장치에 연결한다면 USB Host와 Device의 역할이 서로 바뀐다.

OTG 스펙문서에서는 이미 연결돼 양쪽의 호스트와 디바이스의 역할이 정해진 상태에서 동작 중에 서로의 역할을 교환하는 HNP[Host Negotiation Protocol]가 존재한다.

그림 1-41의 경우는 어떤 케이블의 구조를 가지고 있을까?

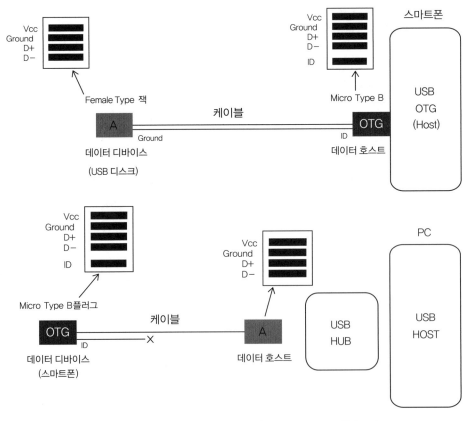

그림 1-43 USB OTG 플러그와 Type A 플러그, Female Type A 잭과 ID핀

그림 1-43을 보자.

스마트폰이 연결되는 부분만 보면 위의 그림에서는 케이블 내의 오른쪽의 ID핀이 왼쪽의 Ground와 연결돼 있다.

아래의 그림에서는 케이블 내의 왼쪽의 ID핀이 중간에 연결이 끊어져 있다. OTG 플러그가 연결되는 장치의 ID핀 값이 Ground로 보이는 경우 자신을 호스트로 간주한다고 했기 때문에 이와 같은 케이블을 구성하게 된다.

정리하면 케이블 자체가 사용하는 용례에 따라서 적당하게 생산된다.

02

USB 2.0 vs USB 3.0

USB^Universal Serial Bus 표준은 1994년 출시돼 지금까지 사랑받고 있는 대표적인 주변 장치들 간의 입출력 표준 버스 중 하나이다. 시중에 소개되고 해당하는 버전의 스펙을 따르는 하드웨어가 많이 만들어져서 사용되던 버전은 USB 1.1, USB 2.0, USB 3.0이다.

USB 표준이 추구하는 중요한 특징 중의 하나가 새로운 버전의 USB 표준이 과거 버전의 USB 표준을 포함한다는 점이다. USB 3.0은 이전 버전 USB 2.0 + 새롭게 추가된 고속 통신(개선된 슈퍼 스피드)을 위한 표준을 포함한다.

2.1 USB 2.0

2.1.1 속도와 USB 2.0

USB 2.0은 이전 USB 버전에서 사용되던 주변 장치들을 모두 지원해야 한다. 따라서

USB 2.0은 로우 스피드Low Speed, 풀 스피드Full Speed, 그리고 하이스피드High Speed를 모두 지원하고 있다.

로우 스피드는 초당 1.5메가비트를 전송하는 느린 속도를 의미한다. 영어로는 LSLow Speed로 표기한다. 로우 스피드를 사용하는 장치 중에 가장 대표적인 장치가 마우스, 키보드다. 이런 장치들은 사용자의 입력행위로 인해서 비교적 작은 양의 데이터가 생성되기 때문에 느린 속도로 충분히 사용될 수 있는 장치다. 느린 속도를 지원한다는 것은 사용하는 케이블(채널) 역시 얇게 구성돼 움직임이 수월할 것이고 당연히 USB 디바이스 내의 클록 회로를 구성하는 데 있어서 저렴한 비용으로 구성이 가능하다.

풀 스피드는 초당 12메가비트를 전송하는 속도를 의미한다. 영어로는 FSFull Speed로 표기한다. 지금은 거의 사용되지 않고 있지만 로우 스피드가 처음 소개됐을 당시 USB 버스의 대역폭(12MHz)을 충분하게 사용하는 프로토콜로 풀 스피드가 소개됐으며 느린 장치가 아닌 모든 USB 장치는 풀 스피드를 사용했다.

하이 스피드는 초당 480메가비트를 전송하는 속도를 의미한다. 영어로는 HSHigh Speed로 표기한다. 근래 가장 많이 사용되는 USB 이동식 디스크와 대부분의 빠른 속도를 사용하는 장치들이 이 속도를 사용한다. USB 2.0이 사용하는 3가지 속도를 지원하는 장치를 'USB 2 장치'라고 부르도록 하겠다.

USB 2.0의 가장 큰 이슈는 어떻게 '로우 스피드, 풀 스피드, 하이 스피드 장치를 함께 사용할 것인가'였다. 하나의 USB 호스트 컨트롤러는 최대 127개의 USB 장치와 트리Tree형태의 연결(링크)을 구성한다. 이렇게 호스트 컨트롤러와 USB 장치가 연결되기 위해서는 반드시 외장 허브External Hub가 사용돼야 한다.

결국 하나의 외장 허브가 가진 복수 개의 다운스트림 포트Downstream Port, DP에는 로우 스피드, 풀 스피드, 그리고 하이 스피드 장치들이 골고루 연결되는 상황이 연출된다.

하이 스피드 장치는 125us(마이크로초)를 하나의 프레임(마이크로 프레임, uFrame)으로 사용하지만, 로우 스피드, 풀 스피드 장치는 1ms(밀리초)를 하나의 프레임으로 사용한다. 이것은 로우 스피드, 풀 스피드 장치가 사용하는 프레임시간의 1/8 정도의 시간을 하이 스피드 장치에서 프레임으로 사용한다는 말이다. 이와 같이 서로 다른 프레임시간을 사용하는 서로 다른 속도의 장치를 안정적으로 지원하기 위해서 조금 복잡하지만 여러 가지 개념의 알고리즘이 소개되기 시작했다.

2.1.2 프로토콜과 USB 2.0

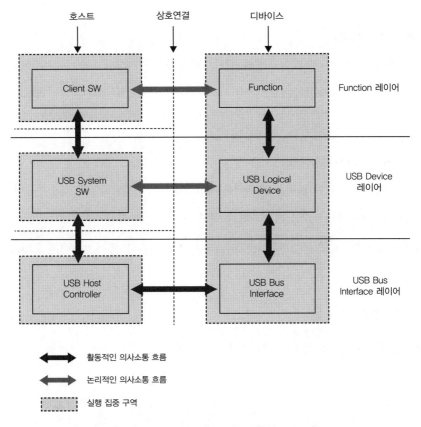

그림 2-1 USB 2.0을 구성하는 각 모듈(출처: usb.org)

그림 2-1을 보면 USB 2.0 프로토콜에서 바라보는 호스트와 디바이스(Physical Device) 양쪽의 구성 요소(모듈)를 알 수 있다.

가장 큰 그림에서 보면 디바이스 측을 세 부분(Function Layer, USB Device Layer, USB Bus Interface Layer)으로 역할을 나눠서 생각해볼 수 있다.

▶ Function 레이어

USB 버스가 가진 기능을 이용하는 영역으로 프로토콜(클래스)을 적용해서 USB 버스를 활용하는 영역이다. 특별히 디바이스 측에서 이런 영역을 다루는 모듈을 펑션Function이라고 부른다.

▶ USB Device 레이어

USB 버스를 운용하는 핵심 프로토콜 영역으로 USB 하드웨어(디바이스)를 제어하는 소프트웨어 영역이다. 호스트에서는 USB System SW 혹은 USB 호스트 시스템이라고 부른다.

▶ USB Bus Interface 레이어

USB 버스에서 하드웨어 계층을 총칭하는 영역으로 물리층(PHY)이라고도 부른다. 데이터가 인코딩/디코딩돼서 케이블(채널)을 통해서 양쪽 포트로 전달되는 영역이다.

USB 2 장치와 호스트가 주고받는 프로토콜을 통해서 중요한 몇 가지 특징을 살펴보자.

2.1.2.1 단방향 통신

USB 2는 동시에 양방향 통신이 불가능하다.

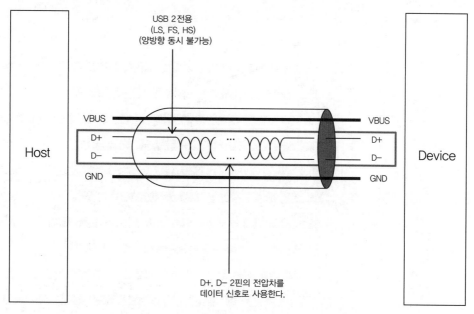

그림 2-2 USB 2 물리적인 신호선의 구성(출처: usb.org)

그림 2-2처럼 D+, D- 2개의 신호가 갖는 각각의 전압 차이를 이용해서 데이터 신호로
사용한다. 이들은 한 쌍이 하나의 데이터 신호로 사용되기 때문에 동시에 양쪽 방향으로
사용될 수 없다. 반드시 이와 같은 방향 전환은 호스트와 디바이스 양쪽 간의 정확한 규
칙 아래에서 운용돼야 한다. 그렇지 않으면 방향 전환은 시스템 내의 패킷 간 지연 시간
(Interpacket Delay) 문제를 초래한다.

2.1.2.2 반복 요청 프로토콜

USB 버스에서는 버스를 통해 데이터를 송수신할 때 시작 요청을 호스트가 디바이스에
보내는 것이 원칙이다.

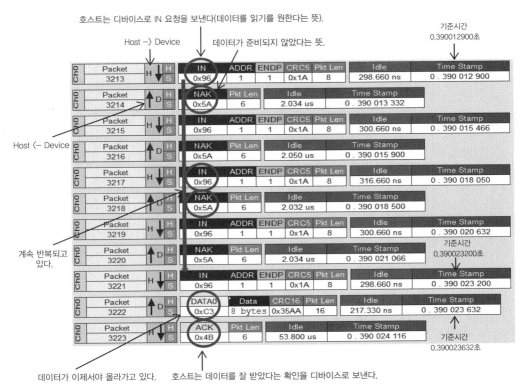

그림 2-3 호스트와 USB 2 장치의 통신(벌크 IN)

그림 2-3을 보면 대표적인 USB 2 통신 시 반복으로 요청하는 상황을 알 수 있다. 호스트는 디바이스로 IN 패킷을 보내서 데이터를 수신할 것을 요청하고 있다. 디바이스는 NAK 패킷으로 응답하고 있다. NAK 패킷은 아직 데이터가 준비되지 않았다는 뜻이다. 이때 호스트는 계속해서 IN 패킷을 총 5번에 걸쳐서 디바이스로 반복 요청하고 있다. 다섯 번째 IN 요청을 디바이스가 받았을 때 비로소 데이터가 준비됐다. 디바이스가 호스트로 데이터패킷을 전송한 뒤, 호스트는 데이터를 잘 받았다는 응답으로 ACK 패킷을 디바이스로 전송하고 있다.

여기서 알 수 있는 사실은 USB 2 통신에서는 데이터가 준비될 때까지 이와 같이 호스트가 반복적으로 버스를 사용한다.

2.1.2.3 브로드캐스트 요청 프로토콜

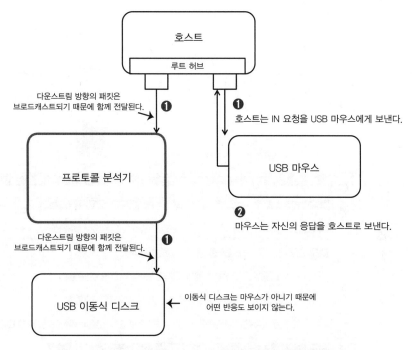

그림 2-4 호스트와 USB 2 장치의 통신(브로드캐스트)

그림 2-4를 보면 이동식 디스크와 마우스를 호스트에 연결한 것을 볼 수 있다. 이때 프로토콜 분석기를 호스트와 이동식 디스크 사이에 연결했다고 가정한다. 이 경우 호스트가 마우스에게 IN 요청을 보내면 이 요청이 이동식 디스크에도 함께 전달된다. 이것은 USB 2 통신이 브로드캐스트 요청 방식을 사용하기 때문이다. IN 요청패킷 내부에는 마우스와 이동식 디스크를 구분하는 디바이스 주소[Address]가 포함돼 있기 때문에 자신의 주소가 포함된 IN 요청패킷에 대해서만 USB 2 장치가 반응을 보인다.

2.1.2.4 High Speed 허브에 Low Speed, Full Speed 장치를 연결한 상황

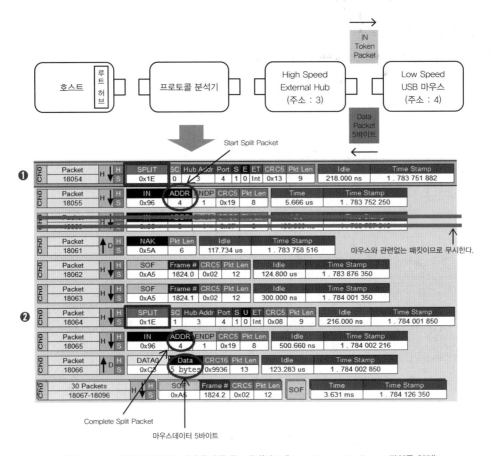

그림 2-5 호스트와 USB 2 허브 사이에 발생되는 패킷(허브에 Low Speed, Full Speed 장치를 연결)

그림 2-5는 High Speed 외장 허브에 Low Speed 마우스를 연결한 상태의 그림이다. 프로토콜 분석기는 루트 허브와 외장 허브 사이에 됐다.

외장 허브가 High Speed를 사용하기 때문에 루트 허브와 외장 허브 사이에는 High Speed 링크가 형성된다. 하지만 마우스가 Low Speed이기 때문에 외장 허브와 마우스 사이에는 Low Speed 링크가 형성된다. 이처럼 외장 허브를 기준으로 양쪽 링크의 속도가 한쪽은 High Speed, 다른 한쪽은 그보다 낮은 속도(Low Speed 혹은 Full Speed)일 경우 호스트는 그림 2-5처럼 Start Split Packet과 Complete Split Packet을 사용한다.

원래 USB 마우스로부터 마우스데이터를 읽으려면,

> 호스트 → IN 패킷 → 디바이스
>
> 디바이스 → 마우스데이터 → 호스트

이와 같은 모습의 패킷을 기대해야 한다.

하지만 양쪽 링크의 속도가 서로 다르기 때문에 이와 같은 패턴의 모습은 외장 허브와 마우스 사이에서만 발생되며 호스트(루트 허브)와 외장 허브 사이에서는 별도의 Split 트랜잭션을 보게 된다.

먼저 다음 2개의 패킷이 사용된다.

> 호스트 → Start Split 패킷 → 디바이스
>
> 호스트 → IN 패킷 → 디바이스

둘 사이에는 일정 시간 동안 패킷 전달이 없다.

다시 다음 패킷이 나타난다.

> 호스트 → Complete Split 패킷 → 디바이스
>
> 호스트 → IN 패킷 → 디바이스
>
> 디바이스 → 마우스데이터 → 호스트

이와 같은 프로토콜을 Split 트랜잭션이라고 부른다.

Start Split 패킷과 Complete Split 패킷을 사용해 둘 사이에 충분한 간격을 두고서 High Speed와 Low Speed 사이의 속도 차이 문제를 해결한다.

2.2 USB 3.0(USB 3.1)

2.2.1 속도와 USB 3.0(USB 3.1)

USB 3.0(USB 3.1) 역시 이전 USB 버전에서 사용되던 주변 장치들을 모두 지원해야 한다.

USB 3.0은 슈퍼 스피드(Enhanced Super Speed), USB 3.1은 슈퍼 스피드 플러스(Enhanced Super Speed Plus)의 속도가 추가로 지원됐다.

USB 3.1에서는 슈퍼 스피드를 슈퍼 스피드 Gen1(SS Gen1), 슈퍼 스피드 플러스를 슈퍼 스피드 Gen2(SS Gen2)라고도 부른다.

특별히, SS와 SS+를 구분할 때를 제외하고 SS나 SS+ 속도를 언급할 때 USB 3 속도 혹은 USB 3 장치라고 부르도록 하겠다.

슈퍼 스피드(SS)는 초당 5기가비트를 전송하는 무척 빠른 속도를 의미한다.

슈퍼 스피드 플러스(SS+)는 초당 10기가비트를 전송하는 무척 빠른 속도를 의미한다.

기술적으로 USB 2 속도보다 향상된 속도를 지원하기 위해서, 케이블(채널)을 통과하는 과정 중에 발생하는 데이터 신호의 어지러움을 개선하기 위한 다양한 알고리즘이 USB PHY에서 구현됐다.

> **여기서 잠깐!**
>
> 다시 한 번 정리하고 넘어가는 것이 좋을 것 같다.
> - LS: Low Speed를 언급한다.
> - FS: Full Speed를 언급한다.
> - HS: High Speed를 언급한다.
> - SS: Super Speed를 언급한다.
> - SS+: Super Speed Plus를 언급한다.
> - USB 2 속도: LS, FS, HS 모두를 언급한다.
> - USB 3 속도: SS, SS+ 모두를 언급한다.
>
> 결국 USB 3.1 스펙은 USB 2 속도와 USB 3 속도 모두를 지원한다는 결과가 된다.

2.2.2 프로토콜과 USB 3

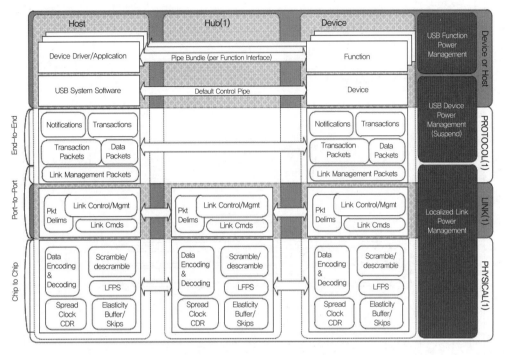

그림 2-6 USB 3을 구성하는 각 모듈(출처: usb.org)

그림 2-6은 USB 3을 구성하는 각 구성 모듈들을 소개한다.

USB 2와 비교해보면 가장 눈에 띄는 부분은 링크^{LINK} 영역이 추가됐다는 점이다. 링크란 다음 2가지의 경우가 포함된다.

하나는 루트 허브의 다운스트림 포트$^{Downstream\ Port,\ DP}$와 디바이스 혹은 외장 허브의 업스트림 포트$^{Upstream\ Port,\ UP}$ 간에 형성되는 연결을 의미한다. 다른 하나는 외장 허브의 DP와 디바이스 혹은 또 다른 외장 허브의 UP 간에 형성되는 연결을 의미한다. 결국 케이블(채널)의 양쪽 끝단끼리의 연결을 링크라고 부른다.

이런 링크는 USB 2에서도 존재했지만 이들 간의 링크를 관리하는 특별한 프로토콜은 USB 3에서 소개하고 있다.

USB 3에서 사용하는 링크와 거의 비슷한 개념의 링크가 PCI Express에서도 사용된다. 결국 고속 시리얼 버스를 채택하고 있는 프로토콜에서는 거의 동일한 링크 프로토콜이 사용된다는 뜻이 된다.

2.2.2.1 양방향 동시통신

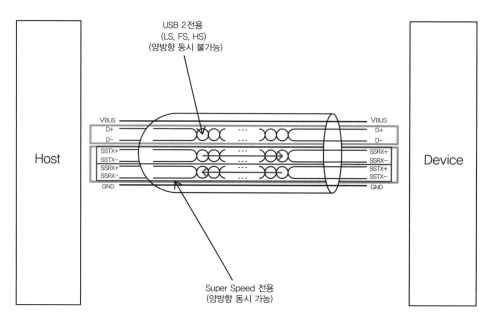

그림 2-7 USB 3 물리적인 신호선의 구성

그림 2-7을 보면 USB 3에서 소개하는 물리적인 신호선에는 Super Speed 전용선(4가닥)과 과거 버전 USB 2와의 호환성을 두는 전용선(2가닥)을 볼 수 있다.

USB 2에서 시스템을 복잡하게 만드는 요인 중 하나가 LS, FS, HS 모두를 동일한 물리적인 환경 아래에서 지원하는 문제였다. USB 3은 이런 문제가 없다. 왜냐하면 USB 3 내부에는 'USB 2'와 'SS 전용'이라는 형태의 구분을 두고 있기 때문이다.

그림 2-7처럼 USB 3에서는 USB 2는 별개의 버스가 된다. 이런 특징은 USB 3 허브에서도 알 수 있다.

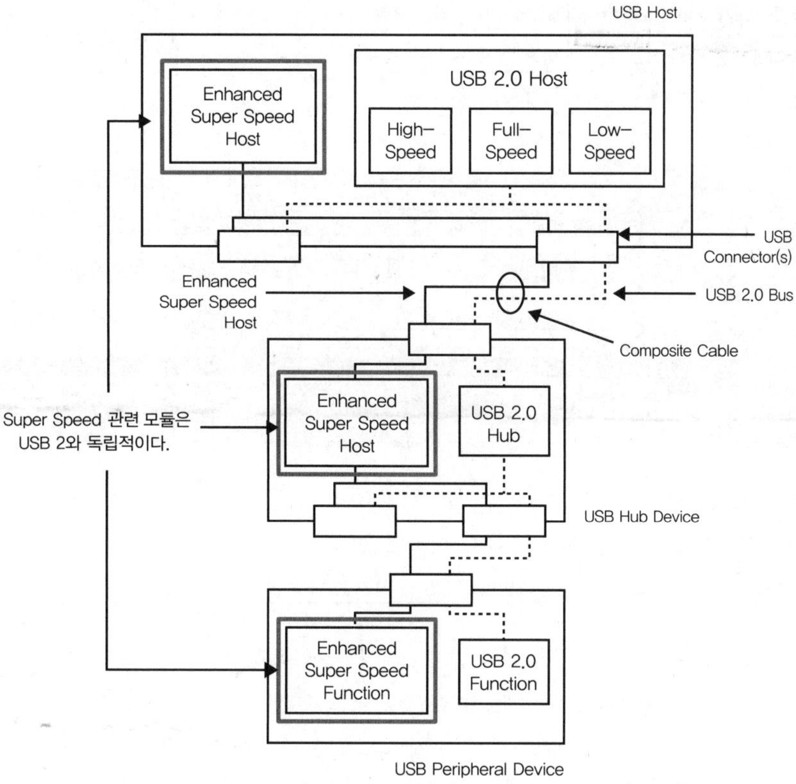

그림 2-8 USB 3 허브의 구성(출처: usb.org)

그림 2-8처럼 USB 3 허브 내부에는 Super Speed를 지원하는 부분과 기존 USB 2.0 허브가 들어있다. 따라서 내부적으로 USB 3 허브 안에 USB 2 허브가 들어있는 셈이다.

2.2.2.2 디바이스 측에서 비동기로 요청하는 기능 추가

USB 2에서 주요 단점이었던 반복 요청이 USB 3에서는 개선됐다.

호스트에서 데이터를 달라고 요청할 때 디바이스가 준비되지 않았다면 USB 2에서는 반복적으로 호스트가 디바이스로 데이터를 달라는 요청을 계속 보냈다. 이것은 전력 낭비 문제를 초래하는 대표적인 문제였다.

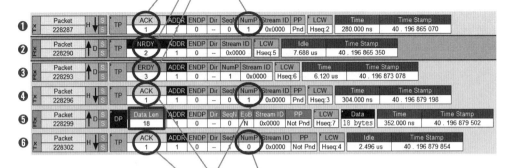

① 호스트가 디바이스로, 데이터패킷을 하나 달라고 요청

② 디바이스가 호스트로, 준비가 아직 안 됐다는 응답을 보냄

③ 디바이스가 호스트로, 준비가 됐다는 응답을 보냄

④ 호스트가 디바이스로, 데이터패킷을 하나 달라고 다시 요청

⑤ 디바이스가 호스트로, 준비된 데이터를 18바이트 올려보냄

⑥ 호스트가 디바이스로, 데이터를 잘 받았고 그만 달라는 응답을 보냄

NumP = 0

그림 2-9 디바이스가 호스트로 전달할 데이터가 준비됐다는 비동기 요청

그림 2-9를 보면 호스트가 디바이스로부터 데이터를 읽으려고 하고 있다. 하지만 디바이스는 호스트로 보낼 데이터가 아직 준비되지 않았다(②). 이후 디바이스는 호스트로 보낼 데이터가 준비됐다는 신호를 보낸다(③). 이제 호스트는 다시 디바이스로 데이터를 달라는 명령을 보낸다.

이와 같은 모습은 디바이스 측에서 데이터가 준비될 때까지 계속해서 호스트가 반복적으로 IN 명령어를 보내던 USB 2와는 다른 패턴이다.

2.2.2.3 Routing 기능 추가

USB 2에서는 호스트에서 디바이스로 전송되는 모든 패킷은 브로드캐스트Broadcast 방식을 사용했다. 호스트가 특정 디바이스에게만 패킷을 보내고 싶어도 이런 특징으로 인해서 다른 디바이스들 모두가 패킷을 받아야 하는 상황이었다. 이것은 전력 낭비 문제를 초래하는 USB 2의 큰 단점 중에 하나였다. 하지만 동시에 양방향 통신이 안 되는 상황에서 하나의 USB 호스트가 복수 개의 USB 디바이스에게 공평한 버스 사용권을 주기 위해서는 어쩔 수 없는 방법이었다.

USB 3에서는 외장 허브에 의해서 이와 같은 브로드캐스트 방식을 사용하지 않도록 개선했다. 이제 USB 3은 호스트에서 디바이스로 전달되는 모든 패킷 중에서 브로드캐스트 방식으로 전송하려는 의도를 가진 패킷을 제외한 나머지 패킷은 원하는 디바이스에게만 전달되는 장점을 갖고 있다.

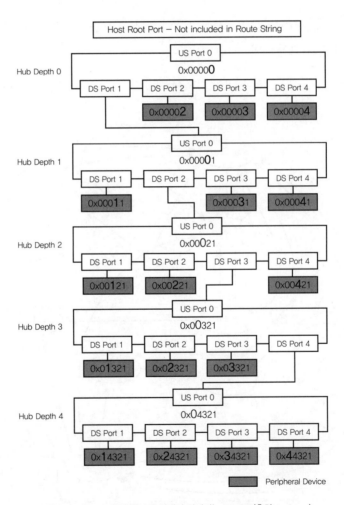

그림 2-10 USB 3 외장 허브에 의해서 관리되는 Routing(출처: usb.org)

그림 2-10은 5개의 외장 허브가 연결된 모습이다. 각각의 장치가 갖는 주소들은 자신들이 루트 허브로부터 몇 번째 떨어진 외장 허브의 몇 번째 포트에 연결돼 있는지를 알 수 있게 해준다. 이와 같은 정보를 루트 문자열이라고 부른다. USB 3에서는 호스트가 디바이스로 내려보내는 패킷 내부에 이와 같은 루트 문자열을 함께 전송해서 외장 허브로 하여금 정확하게 해당하는 루트 문자열을 가진 디바이스로 패킷이 전송되도록 돕는다.

2.2.2.4 링크 간 프로토콜 추가

USB 3에서 눈에 띄게 달라진 프로토콜 영역이 있다. 이것은 링크 간 프로토콜이다. 이제 USB에서 링크도 중요한 영역 중 하나가 됐다.

이것을 알게 해주는 대표적인 특징이 LTSSM^{Link Training and Status State Machine}이다.

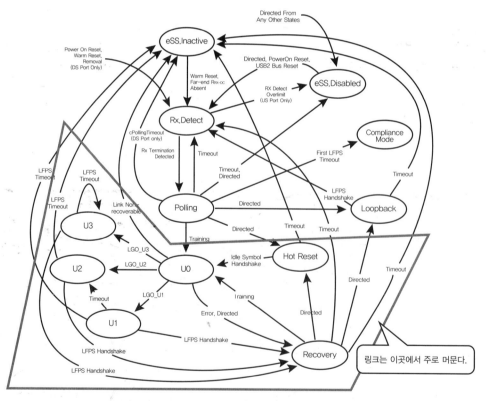

그림 2-11 LTSSM 구조(출처: usb.org)

링크는 다운스트림 포트^{DP}와 업스트림 포트^{UP}의 연결을 의미한다. USB 3은 링크가 끊어지지 않아야 한다. 링크는 플러그 앤드 플레이$^{Plug\ And\ Play}$와 전원공급 상태를 조건으로 12가지 상태(State)를 갖는다. 각각의 상태는 진입(Enter)과 탈출(Exit)을 위한 조건 혹은 사건(Event)을 갖고 있다.

각각의 상태는 적게는 하나 이상의 서브 상태를 갖는다. 예를 들어 폴링^{Polling} 상태는 USB 3에서 8개의 서브 상태를 갖는다.

Polling 상태는 그림 2-11을 보면 정상적인 경우 U0 상태로 진입하고 그렇지 않으면 Loopback 상태, Compliance Mode 상태, Hot Reset 상태, eSS.Disabled 상태 혹은 eSS.Inactive 상태로 들어간다.

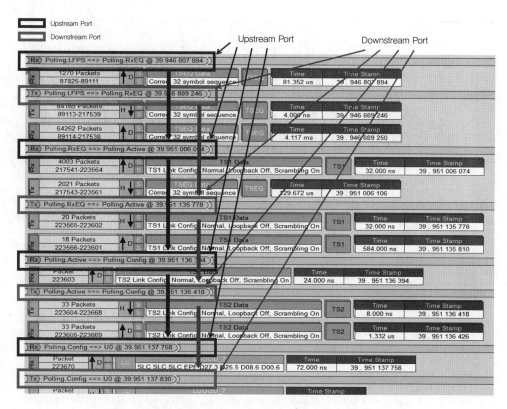

그림 2-12 LTSSM 상태가 변하는 모습(Polling 상태에서 U0 상태로 들어가는 그림)

링크의 상태는 Upstream Port(UP)와 Downstream Port(DP) 각각 바뀌어야 한다. 양쪽이 모두 같은 상태로 진입해야 정상적인 진입이 됐다고 말할 수 있다.

그림 2-12를 보면 DP와 UP가 각각 상태 변화하는 모습을 볼 수 있다.

각각의 포트는 Polling.LFPS → Polling.RxEQ → Polling.Active → Polling.Config → U0으로 상태 변화를 보이고 있다. 이제 링크는 U0 상태로 링크가 정상적인 전원공급이 유지되는 상황이 됐다.

또 하나 링크 프로토콜에서 반드시 이야기해야 하는 특징이 있다. 바로 링크 명령어 Command이다. 링크 명령어는 링크를 유지하는 양쪽 포트(파트너라고 부른다.) 간에 줘서 링크를 안정적으로 유지하는 용도로 사용된다. 링크 명령어는 양쪽 포트가 U0 상태에 있는 경우에만 발생된다.

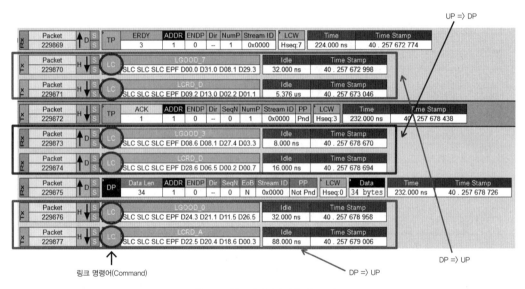

그림 2-13 링크 명령어가 사용되는 모습

그림 2-13을 보면 총 6개의 링크 명령어(패킷)가 나타난다. UP에서 DP로 전송하는 링크 명령어가 2개, DP에서 UP로 전송하는 링크 명령어가 4개이다. 현재 링크 명령어가 흐름 제어에 사용되고 있는 모습이다.

03

USB 통신속도별 특징

USB 2 속도(로우 스피드, 풀 스피드, 하이 스피드)와 USB 3 속도(슈퍼 스피드)는 단지 속도의 빠르기만 차이를 갖고 있지 않다. 각각의 전송속도는 다양한 속성면에서 서로 다른 특징을 갖고 있다. 주변에서 로우 스피드(느린 속도)의 주변 장치를 그대로 사용하는 현실적인 면에서 볼 때, 로우 스피드의 속도가 느리다는 이유로 이를 간과할 수 없다.

3.1 로우 스피드와 풀 스피드

LS는 초당 1.5Mbit, FS는 초당 12Mbit의 속도로 USB 대역폭을 사용하는 통신을 의미한다.

USB 스펙에서는 각 속도에서 사용되는 엔드포인트의 특성과 라인에서 나타나는 데이터 신호의 특성을 각각 정의하고 있다.

3.1.1 속도에 따른 엔드포인트의 특성

표 3-1 속도에 따른 엔드포인트의 MaxPacketSize

엔드포인트의 종류	LS MaxPacketSize(바이트)	FS MaxPacketSize(바이트)
컨트롤(Control)	8	8, 16, 32, 64
인터럽트(Interrupt)	1-8	1-64
벌크(Bulk)	지원 안 함	8, 16, 32, 64
등시성(Isochronous)	지원 안 함	1-1,023

표 3-1을 보면 LS에서는 벌크와 등시성 엔드포인트가 사용되지 않음을 알 수 있다. 각각의 엔드포인트의 종류와 지원하는 속도에 따라서 엔드포인트가 최대로 포함할 수 있는 데이터 바이트 수(MaxPacketSize)가 다르다는 것을 알 수 있다.

LS, FS에서는 하나의 트랜잭션Transaction에 하나의 데이터패킷만을 보낼 수 있기 때문에 결국 지정된 시간 안에 몇 개의 트랜잭션이 허용되는가에 따라서 전송량이 결정된다.

컨트롤Control 엔드포인트는 USB 디바이스의 열거(Enumeration)와 셋업(Configuration)과정에 사용되는 중요한 엔드포인트다. 그렇기 때문에 USB 디바이스가 허브에 연결되는 순간 호스트는 컨트롤 엔드포인트를 사용하기 위한 적당한 트랜잭션의 모습이 구성돼야 한다.

LS에서 컨트롤 엔드포인트가 지원하는 MaxPacketSize가 8바이트인데 반해서, FS에서 컨트롤 엔드포인트가 지원하는 MaxPacketSize는 8, 16, 32, 64 중 하나이다. 따라서 호스트는 FS 디바이스가 지원하는 컨트롤 엔드포인트의 MaxPacketSize 값을 정확하게 알아야 한다. 이런 정보는 디바이스 디스크립터Device Descriptor에 포함돼 있으며 이 때문에 호스트는 FS 디바이스가 허브에 연결되면 의도적으로 디바이스 니스크립터의 내용 중 앞부분 8바이트의 데이터만 읽으려는 트랜잭션을 사용한다.

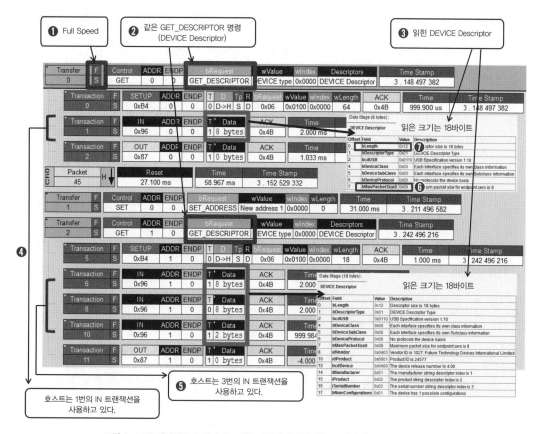

그림 3-1 FS 디바이스가 열거되는 처음 과정에서 발생되는 트랜잭션(GET_DSCRIPTOR)

그림 3-1을 보자.

❶ Full Speed 장치임을 알 수 있다.

❷ 2번의 GET_DESCRIPTOR 명령어를 볼 수 있다. 둘 다 DEVICE Descriptor를 읽으려는 시도다.

❸ 읽힌 데이터의 크기가 서로 다르다. 첫 번째는 8바이트, 두 번째는 18바이트를 읽은 상태다.

각각을 읽을 때 호스트가 사용했던 IN 트랜잭션의 수를 보면,

❹ 1번의 IN 트랜잭션만 사용했다.

❺ 3번의 IN 트랜잭션을 사용했다.

이처럼 같은 내용의 GET_DESCRIPTOR 명령임에도 불구하고 호스트의 반응이 서로 다르다. 그 이유는 ❻에서 처음에 읽었던 Device Descriptor의 7번째 바이트 (bMaxPacketSize0) 값이 "8"이라는 사실 때문이다.

호스트는 FS의 디바이스가 허브에 연결되면, 해당 디바이스가 지원할 수 있는 컨트롤 엔드포인트의 MaxPacketSize 값이 8, 16, 32, 64 중에 어떤 값을 사용하는지를 확인해야 한다. 그림처럼 8바이트의 데이터만 읽으려는 시도로 하나의 IN 트랜잭션만 디바이스로 요청한다.

이렇게 읽힌 DEVICE Descriptor의 마지막 7번째 한 바이트는 bMaxPacketSize0이라는 의미의 값을 담고있다. 이 값이 나타내는 것은 컨트롤 엔드포인트가 지원하는 MaxPacketSize의 값이다. 때문에 호스트는 이 값을 먼저 확인하게 된다. 그림에서는 호스트가 확인한 이 값이 8바이트이기 때문에 호스트는 현재 FS 디바이스의 컨트롤 엔드포인트의 MaxPacketSize가 8이라는 사실을 알게 됐다.

호스트는 동시에 ❼에서 DEVICE Descriptor의 원래 크기가 0×12(18)바이트라는 사실을 알게 됐다. 호스트는 SET_ADDRESS 명령어를 사용해서 디바이스에게 주소를 할당해준 다음 이어서 DEVICE Descriptor를 다시 읽을 때는 ❼에서 알게 됐던 18바이트를 세 번의 IN 트랜잭션을 사용해서(매번 최대 8바이트를 담을 수 있을 것이라고 알고 있기 때문에) 요청하는 것을 알 수 있다.

FS 디바이스의 MaxPacketSize가 8, 16, 32, 64 중에 어떤 값인지를 확인해야 하는 호스트 입장에서는 디바이스가 인식될 때마다 가장 먼저 확인해야 함으로 기억해 두는 게 좋겠다.

평상시 USB 버스는 유휴 상태(Idle)로 대기한다. 유휴 상태란 버스에 의미있는 패킷이 발견되지 않는 싱태를 의미한다. 이런 유휴 상대가 오랫동안 지속되지 않도록 호스트는 일정한 시간에 한 번씩 의미있는 패킷을 디바이스로 전송한다.

USB 디바이스는 유휴 상태(Idle)가 일정 시간(약 3ms) 동안 지속되면 반드시 현재 버스 상태를 서스펜드된 유휴 상태(Suspended Idle)로 간주한다. 이런 상태가 되면 USB 디바이스는 평상시보다 훨씬 적은 양의 전력을 USB 버스에서 끌어 사용한다. 이렇게 서스펜드된 유휴 상태가 다시 정상적인 유휴 상태로 회복되는 과정을 리줌^{Resume}이라고 부른다.

이와 같이 '유휴 상태 → 서스펜드된 유휴 상태 → 리줌을 통한 유휴 상태'를 반복하는 작업은 디바이스가 정상적인 반응을 해야 할 때 원하지 않지만 반응시간이 지연되는 현상이 발생한다.

호스트는 LS 디바이스와 FS 디바이스가 서스펜드된 유휴 상태로 전환되지 않도록 각각 서로 다른 방법을 사용한다.

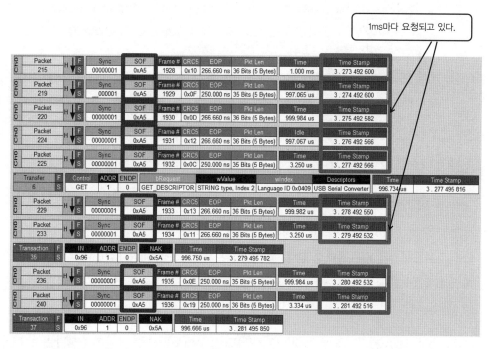

그림 3-2 호스트가 FS 디바이스가 서스펜드된 유휴 상태로 전환되지 않도록 SOF 패킷을 전송하는 모습

그림 3-2를 보면 FS 디바이스에게 1ms마다 반복적으로 전송하고 있는 SOF$^{Start\ Of\ Frame}$ 패킷을 볼 수 있다. 호스트는 SOF 패킷를 사용해서 FS 디바이스가 서스펜드된 유휴 상태로 진입하는 것을 막는다.

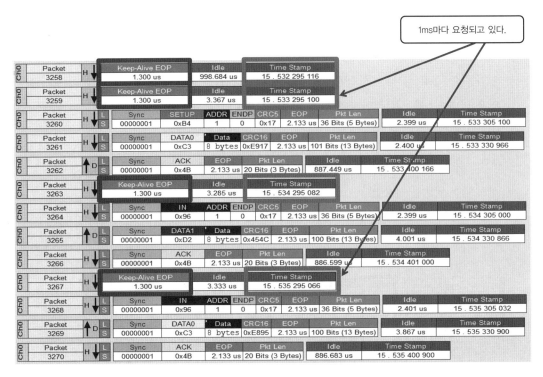

그림 3-3 호스트가 LS 디바이스가 서스펜드된 유휴 상태로 전환되지 않도록 Keep Alive EOP 패킷을 전송하는 모습

그림 3-3을 보면 LS 디바이스에게 1ms마다 반복적으로 전송하고 있는 Keep Alive EOP^End Of Packet 패킷을 볼 수 있다. 호스트는 Keep Alive EOP 패킷를 사용해서 LS 디바이스가 서스펜드된 유휴 상태로 진입하는 것을 막는다. Keep Alive EOP 패킷은 약 3~4 비트타임 정도만 소비할 정도로 무척 적은 양의 신호이기 때문에 USB 버스에 부담을 주지 않는다.

SOF 패킷은 USB 패킷으로 보는 것이 맞지만 Keep Alive EOP는 사실 패킷보다는 버스에 실리는 신호^Signal로 보는 편이 옳다. SOF 패킷을 전송하기 위해서 호스트는 일련의 패킷 전송을 위한 프레임을 구성한다. EOP는 이런 프레임 구성 작업이 필요없는 적은 양의 신호이다.

윈도우 운영체제는 기본적으로 시스템이 절전 모드로 진입하는 경우를 제외하고 HID 마우스, 키보드와 같은 입력장치들이 평상시 시스템을 사용하고 있는 상황에서 서스펜드된 유휴 상태로 진입하지 않도록 막는다. 이것은 사용자가 입력장치를 움직여서 데이터를 발생시켰을 때 가급적이면 빠른 시간 안에 호스트로 데이터가 올라가도록 하기 위함이다. 이런 작업은 윈도우 운영체제가 지원하는 디바이스 드라이버를 사용할 때의 경우다. 물론 드라이버 개발자 혹은 펌웨어가 원한다면 해당 장치가 서스펜드된 유휴 상태를 가질 수 있도록 설정할 수 있다.

3.1.2 데이터 신호(D+, D−)와 라인의 상태

USB 통신에서 프로토콜 관점에서 바라본 가장 작은 단위의 흐름을 패킷Packet이라고 부른다. 이런 패킷을 호스트와 디바이스가 주고받기 위해서 취하는 프로토콜을 트랜잭션 Transaction이라고 부른다. 즉, 트랜잭션은 패킷을 전송하는 프로토콜이다. 그러나 이런 개념들은 모두 논리적인 개념일 뿐이다. 사실 D+, D− 데이터 신호는 이런 고급스런 의미의 흐름을 다루지 않는다. 오히려 D+ 회선에 실리는 전압과 D− 회선에 실리는 전압 간의 차이만 의미를 갖는다.

이들 회선에 실리는 각각의 전압의 높은 상태와 낮은 상태를 각각 논리적으로 로직하이 Logic High와 로직로Logic Low라고 부를 수 있다. USB LS, FS에서는 이와 같은 D+, D− 회선이 갖는 로직하이 상태와 로직로 상태를 다음과 같이 정의한다.

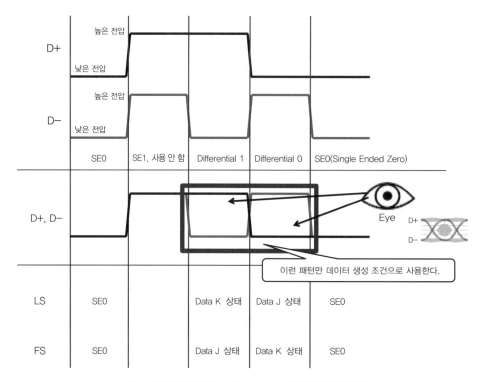

그림 3-4 LS, FS에서 가질 수 있는 D+, D-의 전압 상태와 명명법

그림 3-4를 보면, LS와 FS 속도에서 각각 사용하는 D+, D- 회선의 전압 상태를 어떤 용도로 사용하는지를 알 수 있다. 그림에서 차등Differential 0, 1 상태는 D+, D-의 전압 차이가 가장 뚜렷하게 나타나기 때문에 데이터 생성 조건으로 사용된다. 이와 같은 패턴의 모습은 마치 눈Eye의 모습과 비슷하다. 빠른 송신을 보이면 보일수록 더욱 눈의 모습에 가깝게 된다. 왜냐하면 아날로그 신호의 특성상 빠른 속도로 변화를 보이면 보일수록 세로 선의 모습이 옆으로 누워있는 모습으로 바뀌기 때문이다.

데이터 신호를 생성할 때 LS와 FS의 차이점을 보면 Differential 0, 1의 상태가 서로 반대의 Data 상태인 것을 알 수 있다.

LS에서는 Data K 상태가 FS에서는 Data J 상태, LS에서는 Data J 상태가 FS에서는 Data K 상태가 된다.

앞으로 설명하는 버스에 실리는 다양한 시그널은 Differential 0, 1을 사용하는 것이 아니라 Data J 상태, Data K 상태를 사용하게 되므로 유의해서 보도록 한다.

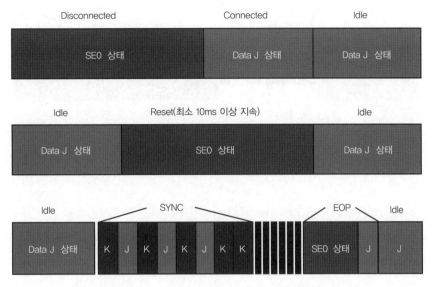

그림 3-5 Disconnect, Connect, Idle, Reset, Sync, EOP와 데이터 시그널

그림 3-5를 보면 Disconnect 상태에서부터 EOP 시그널 상태까지 회선 시그널 상태가 어떻게 변하는지를 알 수 있다. 이렇게 SE0, Data J, Data K 시그널을 적절하게 조합해서 위와 같은 다양한 명령어 시그널로 사용하고 있다.

SYNC 명령은 모든 USB 패킷의 시작을 나타내는 용도로 사용된다. 모든 USB 패킷은 SYNC 명령에서 시작해서 EOP 시그널로 끝난다. EOP 시그널이 끝나면 USB 버스는 유휴 상태(idle)로 돌아가서 대기한다.

앞에서 배운 내용에 따르면 유휴 상태가 3ms 이상 지연되는 상황이 발생되지 않도록 호스트는 SOF 패킷(LS에서는 Keep Alive EOP)을 주기적으로 송신한다.

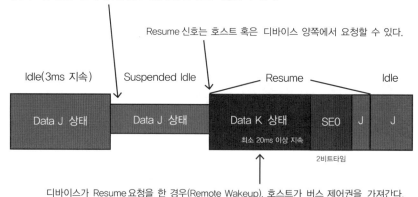

그림 3-6 Suspended Idle과 Resume 데이터 시그널

그림 3-6을 보면 일반 유휴 상태(Idle)에서 서스펜드된 유휴 상태(Suspended Idle)로 전환하는 모습을 볼 수 있다. 서스펜드 상태에서 호스트는 디바이스에게 낮은 전력만 공급할수 있다. 서스펜드 상태에서 일반 유휴 상태로 되돌아오기 위해서 호스트 혹은 디바이스(Remote Wakeup)에서 리줌Resume요청을 할 수 있다.

리줌요청에서 알 수 있듯이 최소한 20ms 이상의 지연 시간이 필요하기 때문에 평상시일반 유휴 상태가 불필요하게 자주 서스펜드된 유휴 상태로 들어가는 것은 좋지 않다. 오랜 시간 동안 버스를 사용하지 않아도 되는 상황이 아니라면 버스는 일반 유휴 상태로 대기하는 것이 USB 디바이스의 데이터 요청 반응시간에서 유리하다.

3.1.3 데이터 인코딩/디코딩

그림 3-5에서 SYNC 명령어에서 시작해 EOP 시그널까지를 하나의 USB 패킷을 구성하는 프레임이라고 배웠다. 프레임을 구성하는 내부 로직은 프로토콜을 설명하는 곳에서배우도록 하고 여기서는 이와 같은 Data J, Data K 상태가 어떤 방법으로 디지털 데이터비트로 인코딩, 디코딩되는지를 배우도록 한다.

3.1.3.1 NRZI

디지털 데이터를 신호로 인코딩하는 알고리즘으로 NRZI^{Non Return to Zero, Inverted}가 있다. 비트 1은 신호를 토글^{Toggle}하고 비트 0은 이전 신호를 그대로 유지한다. USB 2 에서 사용하는 NRZI 방식은 수정된 방식이다. 비트 0을 토글 신호로 사용하고 비트 1을 유지 신호로 사용한다.

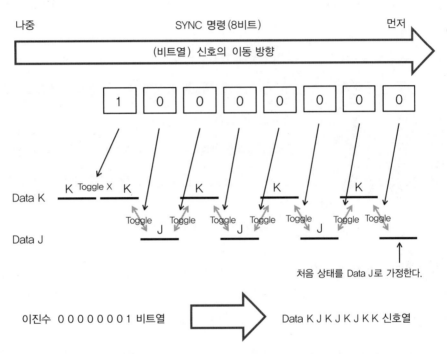

그림 3-7 수정된 NRZI 인코딩 알고리즘을 사용하는 SYNC 비트열과 시그널 변환

그림 3-7을 보면 SYNC 명령어(2진수 00000001) 8비트가 K J K J K J K K 신호열로 바뀌는 것을 알 수 있다.

LS에서 SYNC 명령어

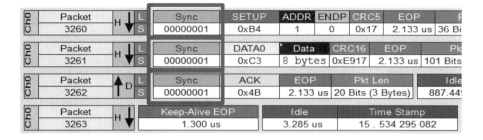

Ch0	Packet 3260	H ↓ L S	Sync 00000001	SETUP 0xB4	ADDR 1	ENDP 0	CRC5 0x17	EOP 2.133 us	36 Bi
Ch0	Packet 3261	H ↓ L S	Sync 00000001	DATA0 0xC3	Data 8 bytes	CRC16 0xE917	EOP 2.133 us	Pk 101 Bits
Ch0	Packet 3262	↑ D L S	Sync 00000001	ACK 0x4B	EOP 2.133 us	Pkt Len 20 Bits (3 Bytes)	Idle 887.44
Ch0	Packet 3263	H ↓	Keep-Alive EOP 1.300 us	Idle 3.285 us	Time Stamp 15 . 534 295 082

FS에서 SYNC 명령어

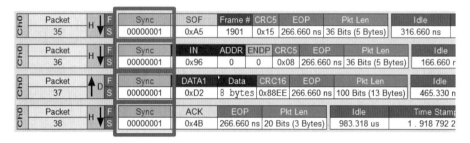

Ch0	Packet 35	H ↓ F S	Sync 00000001	SOF 0xA5	Frame # 1901	CRC5 0x15	EOP 266.660 ns	Pkt Len 36 Bits (5 Bytes)	Idle 316.660 ns
Ch0	Packet 36	H ↓ F S	Sync 00000001	IN 0x96	ADDR 0	ENDP 0	CRC5 0x08	EOP 266.660 ns	Pkt Len 36 Bits (5 Bytes)	Idle 166.660 r
Ch0	Packet 37	↑ D F S	Sync 00000001	DATA1 0xD2	Data 8 bytes	CRC16 0x88EE	EOP 266.660 ns	Pkt Len 100 Bits (13 Bytes)	Idle 465.330 n
Ch0	Packet 38	H ↓ F S	Sync 00000001	ACK 0x4B	EOP 266.660 ns	Pkt Len 20 Bits (3 Bytes)	Idle 983.318 us	Time Stamp 1 . 918 792 2

그림 3-8 SYNC 비트열

그림 3-8과 같이 SYNC 명령어가 2진수 00000001 값을 갖는 이유는 USB 버스가 유휴
상태(Idle)를 유지할 때 버스상의 시그널이 Data J 상태를 갖기 때문이다. 이는 J 상태에
서 00000001 값에 의해서 현재 상태가 "K J K J K J K K"로 바뀌도록 하기 위함이다.

좀 더 신중하게 이야기하자면 마지막 버스 시그널 상태인 K 상태를 만들려고 이와 같은
비트열을 사용한다고 볼 수 있다.

결국 USB LS, FS에서는 SYNC 명령어를 수행하고 나면 항상 버스의 시그널 상태는
Data K가 돼 있어야 한다. 유휴 상태가 Data J 상태인 것을 보면 버스의 상태가 J → K로
바뀌면서 USB 패킷이 전송되고 K → J로 바뀌면서 유휴 상태로 돌아오는 결과가 된다.

3.1.3.2 비트 스터핑

USB 버스의 시그널 상태가 K 혹은 J 상태를 너무 오랫동안 유지하는 상황은 데이터 시그널을 해석하는 Receiver의 부담감이 가중되는 결과를 가져온다. 따라서 어느 정도 K, J 상태는 변화가 나타나야 한다. USB 버스에서는 6번 연속으로 K 혹은 J 상태가 지속되면 억지로 7번째 상태를 이전 상태와 다른 상태로 바꿔버리는 알고리즘을 사용한다. 이 것을 비트 스터핑^{Bit Stuffing}이라고 부른다(J 상태를 지속해서 유휴 상태를 의도적으로 만드는 경우는 예외이다).

예를 들어 데이터 신호열이 "K J K J K K K K K K K J"인 경우를 생각해보자.

이 경우 5번째 비트 신호부터 11번째 비트 신호까지 K 상태를 유지하고 있다. 이것은 K 신호가 연속으로 7개가 나오는 상황이다. USB 버스에서는 이런 상황을 피하기 위해서 7 번째 K가 나타나는 위치에 억지로 J 상태 값을 끼워 넣는다. 데이터 신호열은 다음과 같이 바뀐다.

> "K J K J K K K K K K **J** K J"

이같은 데이터 신호열을 정상적인 데이터 신호열(비트 스터핑이 들어가지 않은)로 간주하고 해석하면 안 된다. 그러면 원하지 않는 비트열이 만들어지게 된다.

"K J K J K K K K K K **J** K J" 신호는

> K→J: 0, J→K: 0, K→J: 0, J→K: 0
>
> K→K: 1, K→K: 1, K→K: 1, K→K: 1
>
> K→K: 1, K→J: 0, J→K: 0, K→J: 0

따라서 2진수 000011111000이 된다(잘못된 해석-비트 스터핑을 고려하지 않았다).

"K J K J K K K K K K **J** K J" 신호는 비트 스터핑을 고려해서 변조된 신호라는 사실을 인식하고 비트 스터핑 신호를 제거해서 "K J K J K K K K K K J"로 바꾼 뒤에 해석해야 한다.

> K→J: 0, J→K: 0, K→J: 0, J→K: 0

K→K: 1, K→K: 1, K→K: 1, K→K: 1

K→K: 1, K→K: 1, K→J: 0

따라서 2진수 00001111110이 된다(올바른 해석).

3.2 하이스피드

HS는 초당 480Mbit USB 대역폭을 사용하는 통신을 의미한다. LS, FS가 사용하는 USB 대역폭은 12MHz였지만, HS는 480MHz의 대역폭을 지원하게 됐다. LS, FS에서는 하나의 프레임시간이 1ms였지만 HS에서는 1/8ms(125us)를 프레임시간으로 사용한다. HS 허브는 LS, FS, 그리고 HS 디바이스를 모두 지원한다. 그래서 서로 다른 시간 길이의 프레임을 구분하기 위해서 마이크로 프레임(uFrame)이라는 용어를 사용해서 125us 프레임을 사용하는 HS를 다른 LS, FS와 구분하고 있다.

3.2.1 속도에 따른 엔드포인트의 특성

표 3-2 속도에 따른 엔드포인트의 MaxPacketSize

엔드포인트의 종류	HS MaxPacketSize(바이트)
컨트롤(Control)	64
인터럽트(Interrupt)	1–1,024
벌크(Bulk)	512
등시성(Isochronous)	1–1,024

표 3-2를 보면 HS에서는 엔드포인트의 종류에 따라서 엔드포인트가 최대로 포함할 수 있는 데이터 바이트 수(MaxPacketSize)가 다르다는 것을 알 수 있다.

인터럽트와 등시성 엔드포인트의 경우 HS에서는 마이크로 프레임(125us)에 최대 3개의 트랜잭션이 사용될 수 있다(벌크와 컨트롤은 복수 개가 가능하다. 하지만 인터럽트와 등시성 엔드 포인트의 경우는 주기적인 시간이 보장돼야 하는 특성으로 인해서 하나의 마이크로 프레임 속에 하나 의 트랜잭션만 허용되는 것이 원칙이다).

하나의 트랜잭션은 표 3-2에 따르면 최대 1,024바이트의 데이터패킷을 담을 수 있기 때 문에 최대 3개의 트랜잭션은 3,072바이트의 데이터 양을 실어보내는 결과를 가져온다. 마이크로 프레임당 3개의 트랜잭션을 사용한다면 1초당 약 24메가바이트의 데이터를 전 송하는 속도가 된다.

보통 이와 같이 하나의 마이크로 프레임 속에 복수 개의 트랜잭션을 사용하는 것은 고대 역폭High Bandwidth 전송이라고 부른다. 윈도우 XP는 인터럽트 전송과 등시성 전송에 있어 서 HS 속도에서 이와 같은 고대역폭 전송을 지원하지 않는다. 아무리 호스트 컨트롤러와 디바이스가 이런 특성을 지원한다고 하더라도 윈도우 XP는 하나의 마이크로 프레임에 하나의 트랜잭션만 허용한다. 이 때문에 최대 전송속도는 1초당 약 8메가바이트의 데이 터를 전송하는 속도가 된다.

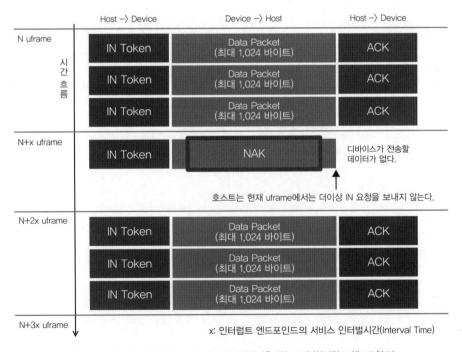

그림 3-9 하나의 트랜잭션에 복수 개의 데이터패킷을 담는 모습(인터럽트 엔드포인트)

그림 3-9는 HS에서 고대역폭 인터럽트 전송을 보여주고 있다. 하나의 마이크로 프레임 속에 3개의 트랜잭션을 담고 있다. 총 3,072바이트의 양이 된다.

인터럽트 엔드포인트의 서비스 인터벌시간이 x uframe의 양(x * 125us)이라고 가정한다.

그림처럼 모든 전송은 x uframe시간마다 이뤄진다. 각각의 전송이 3개의 트랜잭션을 사용하는 모습이다. 디바이스가 NAK 패킷을 응답하는 상황이 발생되면 호스트는 다음 서비스 인터벌 시간까지 더 이상 IN 요청을 하지 않는다.

LS, FS와 마찬가지로 HS에서도 평상시 USB 버스는 유휴 상태(Idle)로 대기한다. 유휴 상태가 오랫동안 지속되면 디바이스는 버스 상태를 서스펜드된 유휴 상태로 간주한다.

HS에서는 서스펜드 상태로 진입하는 과정에서 반드시 FS로 먼저 전환된 다음 서스펜드로 전환된다. 때문에 서스펜드 진입이 빈번한 버스 상태는 그만큼 성능이 떨어지는 결과를 가져올 수 있다.

HS 역시 버스의 상태가 서스펜드 상태가 되지 않도록 하기 위해서 일정한 시간마다 한 번씩 SOF 패킷을 디바이스로 전송한다.

이와 같이 'HS 유휴 상태 → FS 유휴 상태 → FS 서스펜드된 유휴 상태 → 리줌을 통한 HS 유휴 상태로 복귀'를 반복한다. 리줌 신호를 해석할 때는 반드시 원래 버스 상태가 HS 상태였음을 기억하고 리줌에 의해서 FS 서스펜드된 유휴 상태를 곧바로 HS 유휴 상태로 전환해야 한다.

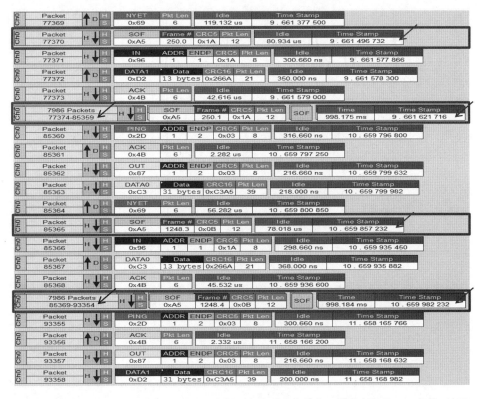

그림 3-10 호스트가 HS 디바이스와 통신 중에 버스 상태를 서스펜드된 유휴 상태로 전환되지 않도록 SOF 패킷을 전송하는 모습

그림 3-10에서 패킷 77374-85359, 패킷 85369-93354는 SOF 패킷만 발생되고 있는 모습이다.

그림에서 모든 SOF 패킷이 전송되는 시간(Timestamp)을 보면, 125us 프레임당 하나씩 전송하는 것을 알 수 있다. 호스트는 SOF 패킷를 사용해서 HS 디바이스가 서스펜드된 유휴 상태로 진입하는 것을 막는다.

3.2.2 데이터 신호(D+, D-)와 라인의 상태

HS에서 사용되는 데이터 신호와 라인의 상태는 FS에서 사용되는 것과 비슷하다.

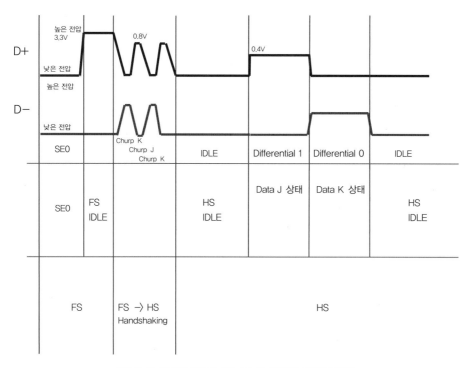

SE0	Churp K Churp J Churp K	IDLE	Differential 1	Differential 0	IDLE	
SE0	FS IDLE	HS IDLE	Data J 상태	Data K 상태	HS IDLE	
FS	FS → HS Handshaking	HS				

그림 3-11 HS에서 가질 수 있는 D+, D-의 전압 상태와 명명법

그림 3-11을 보면 LS, FS의 경우와 비교해서 비슷한 부분과 다른 부분을 알 수 있다.

HS는 기존에 사용했던 LS, FS보다 더 적은 양의 전압을 사용한다. FS에서는 약 3.3V의 전압을 D+, D- 회선의 데이터 신호로 사용했지만 HS에서는 약 0.4V의 전압을 사용한다. 전압의 사용 정도가 다를 뿐이지 Data J와 Data K의 명명은 같은 상태를 나타낸다 (전압차는 다르다).

특이한 점은 LS, FS에서는 없었던 Churp K, Churp J 신호가 추가됐다. 이 신호는 평상시에는 사용되지 않는다. HS를 지원하는 디바이스는 처음 전원이 인가되거나 호스트에 연결됐을 때, 처음 상태를 반드시 FS 상태로 시작해야 한다. 이후 USB 2 허브와 디바이스 간의 속도판별 핸드셰이킹 프로토콜 절차를 밟아서 현재 디바이스가 HS로 동작할 수 있는 디바이스라는 사실을 허브에게 알린다. 이때 사용되는 프로토콜이 Churp K, J이다. Churp K, J 신호는 약 0.8V의 전압차를 보이는 D+, D-의 회선을 통해 주기적으로 이 신호를 반복함으로써 디바이스가 FS에서 HS로 진입하게 된다. 따라서 Churp K, J 프로토콜을 거친 뒤 디바이스는 자연스럽게 HS로 전환되고, HS 유휴 상태(Idle)가 된다.

FS, LS 유휴 상태는 Data J 상태를 의미했지만, HS에서는 SE0 상태를 유지하는 상황이 유휴 상태이다. Data J 상태보다는 SE0 상태가 전력소비를 줄일 수 있기 때문에 HS에서는 이와 같은 시그널 상태를 유휴 상태로 사용한다. LS, FS에서 유휴 상태(Data J 상태)가 오랫동안 유지되면 서스펜드된 유휴 상태(Suspended Idle)가 된다. LS, FS에서 SE0 상태가 오랫동안 유지되면 리셋 상태가 된다.

HS에서 유휴 상태(SE0)가 오랫동안 유지되면 디바이스 입장에서는 이것이 서스펜드된 유휴 상태인지 아니면 리셋 상태인지를 판별할 수 있어야 한다.

이 때문에 HS에서는 약 3.125ms 시간 동안 SE0 상태를 유지하면, 무조건 디바이스는 HS 에서 FS로 상태를 전환해야 한다. 이렇게 디바이스의 상태가 HS에서 FS로 전환되면 허브는 디바이스의 연결 상태가 바뀐 것을 알아야 한다. 이후 허브가 여전히 SE0 상태를 유지한다면 이것은 리셋을 의미하는 것이고, Data J 상태로 바꾼다면 이것은 유휴 상태가 된다. 이후 FS 유휴 상태가 지속될 것이고, 그후에는 서스펜드된 유휴 상태로 간주된다. 조금 복잡하지만 이처럼 HS의 장치는 FS와 필요에 따라서 상호 전환되는 특징을 가져야 한다.

장치 연결 → FS → Reset → Speed Handshaking → HS → HS Idle →
FS Idle → FS Suspended → Resume → HS Idle

장치가 연결되면 FS로 시작해서 리셋 과정을 거친 뒤, HS 지원 여부를 확인하는 속도 검증 프로토콜을 거쳐 HS로 전환된다. 이후 HS 유휴 상태가 지속되면 FS 유휴 상태로 전환되고, FS 서스펜드된 유휴 상태로 들어간다.

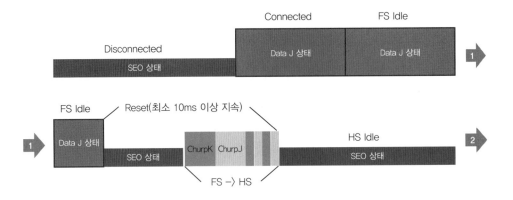

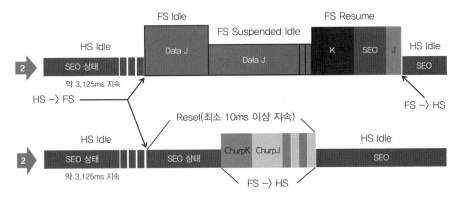

그림 3-12 HS 유휴 상태에서 FS 서스펜드된 유휴 상태 혹은 리셋 상태로 전환

HS에서는 패킷 프레임을 구성하는 마지막 시그널로 사용되는 EOP^{End Of Packet} 신호가 LS, FS와는 많이 다르다.

FS, LS에서 EOP 신호는 2비트의 SE0 + 1비트의 J 상태가 사용됐다. 이것은 FS Resume 신호와 같은 패턴의 시그널이다. HS에서 사용되는 EOP 신호는 전혀 다른 패턴의 시그널을 사용한다. HS에서는 2가지의 패턴 중에 하나가 EOP로 사용된다.

하나는 K K K K … K 총 40개의 비트열이고, 또 다른 하나는 J J J J … J 총 40개의 비트열이다. 이 중 어느 하나가 EOP의 신호로 사용된다. EOP 시그널에 해당하는 실제 비트열 값은 0 1 1 1 1 1 1 … 1 총 40개의 비트열이다. 맨 앞에 전송되는 비트값만 0이고, 나머지 39개의 비트열은 모두 1의 값을 순서대로 전송한다. 이것이 EOP 문자열이다.

HS에서 마지막으로 전송했던 시그널이 K 상태였다고 가정하자. 이때 EOP 비트열을 보내려는 신호는 첫 번째 비트가 0이기 때문에 마지막 시그널 상태 K는 J 상태로 토글된다. 이후 39개의 비트가 모두 1이기 때문에 더 이상 토글이 없는 상태로 J 상태가 39번 지속된다.

HS에서 마지막으로 전송했던 시그널이 J 상태였다고 가정하자. 이때 EOP 비트열을 보내려는 신호는 첫 번째 비트가 0이기 때문에 마지막 시그널 상태 J는 K 상태로 토글된다. 이후 39개의 비트가 모두 1이기 때문에 더 이상 토글이 없는 상태로 K 상태가 39번 지속된다.

따라서 EOP로 사용되는 시그널은 40개의 K 신호 혹은 40개의 J 신호가 된다.

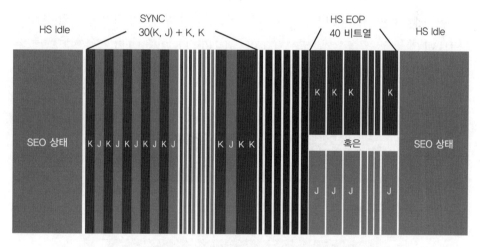

그림 3-13 HS에서 사용되는 SYNC, EOP 시그널

재밌게도 EOP 신호로 사용되는 비트열이 0 1 1 1 1 … 1 총 40개의 비트열이라고 한다면, 이 값은 분명히 비트 스터핑Bit Stuffing 오류를 발생시킬 수밖에 없다. 왜냐하면 1의 값이 연속으로 7개 이상 발견되는 상황이기 때문이다. HS에서 비트 스터핑 오류가 발생하면 패킷 프레임이 끝난다는 뜻으로도 해석된다. HS에서는 비트 스터핑 오류를 강제로 발생시켜서 이를 EOP 신호로 사용하고 있는 것이다.

HS에서 사용되는 SYNC 명령어는 LS, FS와 비슷한 패턴의 시그널을 사용한다. 단지, 그

길이가 훨씬 길다. LS, FS에서는 K J K J K J K K 이렇게 8개의 신호를 SYNC 신호로 사용했다. HS에서는 K J K J K J … K J K K 이렇게 총 32개의 신호를 SYNC 신호로 사용한다. 마지막 2비트의 시그널만 K로 사용하고, 나머지는 K와 J를 번갈아가면서 사용한다.

3.2.3 UTMI와 ULPI

보통 USB PHY는 Transceiver와 Receiver(통상 Transceiver라고 부른다.)를 구현하는 물리 계층과 SIE$^{\text{Serial Interface Engine}}$를 포함하는 것을 의미한다. SIE는 호스트 컨트롤러 혹은 디바이스 컨트롤러의 일부분으로 동작하기 때문에 구분하기가 조금 모호하다. Transceiver와 SIE 간의 인터페이스를 구현하는 방법에 있어서 널리 알려진 인터페이스는 UTMI$^{\text{USB Transceiver Macrocell Interface}}$, UTMI+, ULPI이다. 이중 ULPI$^{\text{UTMI+Low Pin Interface}}$는 UTMI+의 확장 인터페이스로 알려져 있다.

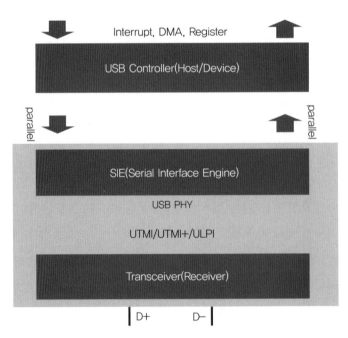

그림 3-14 USB 2에서 사용되는 Transceiver와 SIE

UTMI 인터페이스가 비교적 많은 하드웨어 핀을 인터페이스 목적으로 사용하기 때문에 이를 개선시킨 ULPI 인터페이스가 USB 2.0을 대표하는 인터페이스로 자리매김하고 있다.

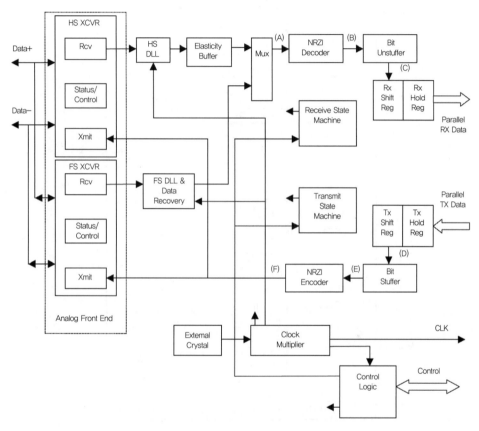

그림 3-15 UTM 블록 다이어그램(출처: usb.org)

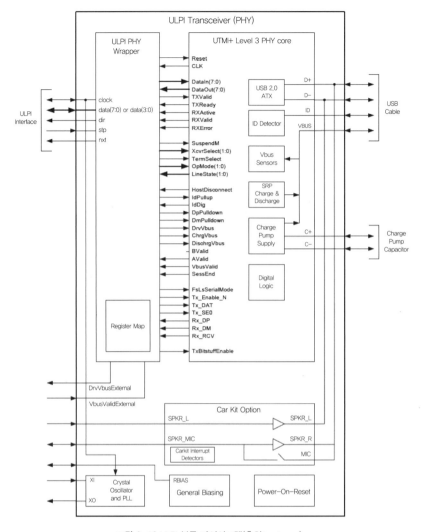

그림 3-16 ULPI 블록 다이어그램(출처: usb.org)

Transceiver는 USB 라인상의 D+, D− 신호의 값과 송수신돼야 하는 2진수의 비트값 간의 변환 작업을 책임진다. 비트 스터핑 오류를 검사하고 다양한 시그널(리셋, 리쥼, 서스펜드 등)을 검출하는 역할을 담당한다.

SIE는 USB 프로토콜층으로 연결시키는 역할을 담당한다. 토큰패킷, 데이터패킷, 상태패킷 등을 검사하거나 만들어내는 역할을 담당한다.

3.3 슈퍼 스피드

SS는 초당 5Gbit, SS+(Plus)는 초당 10Gbit의 속도로 USB 대역폭을 사용하는 통신을 의미한다.

SS는 USB 3.0에서 처음 소개된 속도 개념이다. SS와 SS+는 합쳐서 USB 3 속도라고도 부른다.

USB 3.1에서는 SS를 Enhanced Super Speed Gen1, SS+를 Enhanced Super Speed Gen2라고도 부른다.

두 속도는 프로토콜층보다는 비교적 USB PHY층에서 차이점을 내보인다.

USB 3은 기존에 사용되던 USB 2에 비해서 다음의 장점을 갖는다.

- USB 2보다 많은 양의 버스 전력을 제공한다.
- USB 2보다 빠른 속도를 지원한다.
- USB 2에 비해서 훨씬 낮은 전력소비를 한다.
- USB 2와 분리된 하드웨어 구성과 프로토콜을 정의했기 때문에 충돌 문제가 없으며 최상위 고급 클래스 프로토콜을 함께 사용할 수 있다.
- 비동기 프로토콜과 효과적인 라우팅 프로토콜 지원한다.
- 다운스트림 포트와 업스트림 포트 간의 링크를 위한 링크 프로토콜을 지원한다.
- 링크 테스트를 위한 Compliance Test와 Loopback Test를 지원한다.

3.3.1 속도에 따른 엔드포인트의 특성

표 3-3 속도에 따른 엔드포인트의 MaxPacketSize

엔드포인트의 종류	SS, SS+ MaxPacketSize(바이트)
컨트롤(Control)	512
인터럽트(Interrupt)	1~1,024

엔드포인트의 종류	SS, SS+ MaxPacketSize(바이트)
벌크(Bulk)	1,024
등시성(Isochronous)	0–1,024

USB 3 SS에서는 Burst 전송이라는 개념의 전송이 새롭게 정의된다.

기존에 USB 2에서 사용되는 모든 트랜잭션은 하나의 데이터패킷만 포함할 수 있었다. 이로 인해서 복수 개의 데이터패킷을 계속해서 호스트와 디바이스로 송수신하기 위해서는 여러 번의 트랜잭션이 발생해야 하고, 트랜잭션마다 항상 토큰패킷과 상태패킷을 수반해야 했다.

이와 같은 토큰 및 상태패킷은 결과적으로 전체적인 USB 통신속도를 낮추는 단점이 돼버렸다. USB 3에서는 SS 통신속도를 새롭게 정의해서 하나의 트랜잭션 내의 복수 개의 패킷을 포함하는 것을 허용하게 됐다.

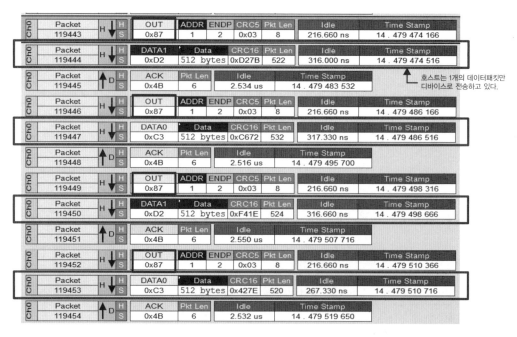

그림 3-17 USB 2에서 복수 개의 데이터패킷을 전송하는 모습

그림 3-17은 호스트가 디바이스 측으로 데이터패킷을 계속해서 전송하는 모습이다. 그림의 호스트에서 디바이스 측으로 데이터패킷을 보내는 과정을 보면, OUT 패킷(호스트 → 디바이스)이 먼저 전달되고 이후 데이터패킷(호스트 → 디바이스)이 전달된 뒤에, 디바이스로부터 호스트로 ACK 상태패킷(디바이스 → 호스트)이 전송되고 있다. 이런 과정이 계속해서 반복적으로 이뤄져야 한다. 이럴 수 밖에 없는 이유는, 호스트와 디바이스는 서로가 얼마큼의 데이터를 쉬지 않고 받을 수 있는지에 대한 협의가 없기 때문이다. 데이터를 전송할 때마다 항상 데이터를 받을 수 있는지를 확인해야 하는 번거로움이 스펙에 그대로 나타난다.

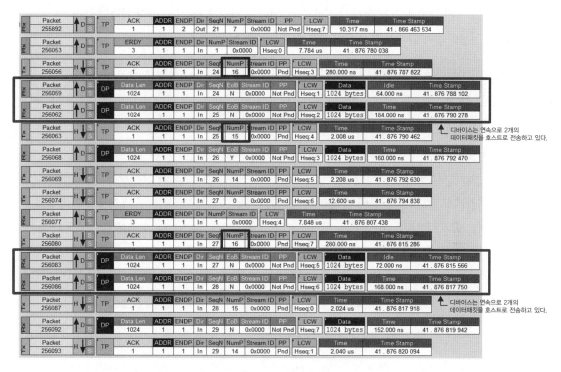

그림 3-18 USB 3에서 복수 개의 데이터패킷을 전송하는 모습(Burst 전송)

그림 3-18은 SS에서 사용되는 Burst 전송을 보여주는 예시이다. 호스트는 디바이스로부터 데이터패킷을 읽고자 ACK 패킷을 디바이스 측으로 보냈다. 이때 "NumP" 필드의 값이 16임을 유의해서 보자. 16이라는 의미는 디바이스가 16 * 데이터패킷(1,024바이트) 크

기의 데이터를 호스트의 동의 없이 전송할 수 있다는 것을 의미한다. 그림에서는 이어서 디바이스가 2번에 걸쳐서 연속으로 데이터패킷을 호스트로 전송하는 것을 알 수 있다. 물론, 디바이스가 Burst 통신을 꼭 해야 하는 것은 아니다. 이것은 디바이스가 원하는 경우에 이와 같은 Burst 통신을 해도 된다는 뜻이다.

USB 3 Super Speed는 허브의 다운스트림 포트Downstream Port, DP와 디바이스의 업스트림 포트Upstream Port, UP 간의 링크Link를 구성하는 프로토콜이 추가됐다. 링크는 평상시 전원공급이 원활한 상태로 언제든지 USB 패킷을 송수신할 수 있는 U0가 정의돼 있다. 반면에 정상적인 USB 패킷을 송수신할 수 없는 U1, U2, 그리고 U3 상태가 정의돼 있다.

이들은 정의된 특정 사건에 의해서 서로 상태 변화를 가지게 되는데, 이와 관련된 내용은 이후에 "USB 링크"장에서 구체적인 내용을 배우도록 한다.

평상시 U0 상태를 유지하는 링크는 의미있는 프로토콜 패킷이 지정된 시간 동안 전혀 발생되지 않으면, 약속된 프로토콜에 따라서 링크의 현 상태가 U1, U2 상태로 낮춰진다. 이런 내용은 마치 USB 2에서 보던 서스펜드된 유휴 상태(Suspended Idle)와 거의 동일한 상태가 된다. 이런 상태로의 진입이 잦으면 잦을수록 다시 U0 상태로 복귀하는 데 걸리는 시간이 전체적인 통신속도에 영향을 미친다. SS는 의도적으로 U0 상태가 U1, U2 상태로 전환되지 않도록 U0 상태의 링크 측으로 ITPIsochronous Timestamp Packet 패킷을 주기적으로 전송한다.

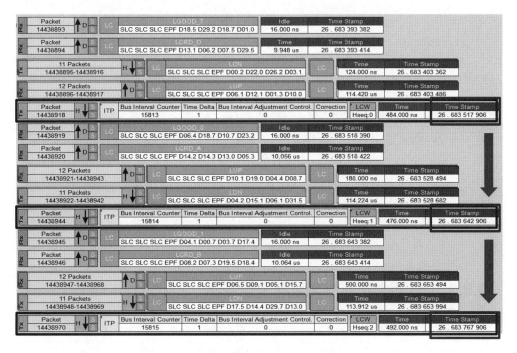

그림 3-19 호스트가 SS 링크가 서스펜드된 유휴 상태(U1, U2)로 전환되지 않도록 ITP 패킷을 전송하는 모습

그림 3-19에서 U0 상태인 링크 측으로 약 125us마다 한 번씩 ITP 패킷이 Tx(호스트에서 디바이스) 형태로 전송되고 있는 상황을 볼 수 있다.

3.3.2 데이터 신호(D+, D-)와 라인의 상태

USB 3 SS에서 사용되는 데이터 신호는 호스트 기준에서 볼 때 Txp, Txm(송신용 2가닥), Rxp, Rxm(수신용 2가닥) 총 4가닥이 사용된다. D+, D- 이렇게 2가닥을 사용하는 USB 2와 차별되는 점이다. 따라서 USB 3 SS에서는 동시에 양방향 통신이 가능한 회선 상태를 갖는다. 꼭 양방향 통신이 가능해졌기 때문이라기보다 USB 3.0에서 소개하는 SS 속도부터는 데이터 신호의 시그널 상태를 전문적으로 정의하기 시작했다.

USB 2에서는 리셋Reset, 리쥼Resume, 서스펜드된 유휴 상태(Suspended Idle), 유휴 상태(Idle), SYNC, EOP 등의 신호를 D+, D-의 위상 차이를 사용해서 정의했다. 또한 USB

2에서는 비트 스터핑^{Bit Stuffing} 방식을 런타임에서 항상 적용하기 때문에 평균적으로 데이터 비트의 전송량이 스터핑의 유무에 따라서 가변적일 수밖에 없다.

USB 3 SS에서는 다음과 같은 주요 특징을 데이터 신호에 적용하고 있다.

- NRZ 방식을 사용한다(USB 2는 NRZI 방식을 사용한다).
- Symbol 문자(명령과 데이터)를 구분 정의해서 사용한다(USB 2에서는 J 상태와 K 상태를 데이터 신호 발생 근거로 삼거나, 명령어로 사용한다).
- 데이터 무결성을 보장하기 위해서 스크램블^{Scramble} 알고리즘을 채택한다.
- 비트값 1이 연속적으로 나타나지 않도록 8b/10b 알고리즘을 사용한다(SS+ 제외).

3.3.3 고속 전송을 위한 채널과 구성 요소

5GHz 이상의 고속 주파수대를 사용하는 시리얼 전송을 하기 위해서는 송신^{Transceiver} 측과 수신^{Receiver} 측은 보다 정교한 수학적 알고리즘이 사용돼야 한다.

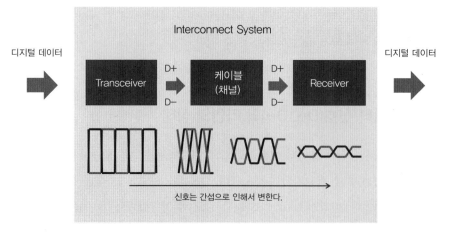

그림 3-20 인터커넥트 다이어그램

그림 3-20처럼 특히 송신과 수신 사이에 별도의 케이블(채널) 없이 바로 연결되는 경우에는 그나마 다행이지만 채널을 통해서 송신과 수신을 연결하면 고속 전송 시 채널을 통과

하는 데이터 신호가 변한다(Slope).

Transceiver와 Receiver는 이처럼 원하는 데이터 신호가 변해서 전송되는 상황을 보정하기 위해 다양한 알고리즘을 적용할 수 있다.

3.3.3.1 TX Equalization 보정 알고리즘

데이터 신호 내의 비트 스트림의 변화가 많은 고주파수 비트 스트림(010101010101)과 그렇지 않은 저주파수 비트 스트림(00011110000)이 채널을 통과하면 서로 다른 특징을 갖는 경향이 있다. 특별히 고주파수 비트 스트림은 고속으로 채널을 통과하면 진폭이 감쇠되는 특징이 두드러진다.

이렇게 진폭이 감쇠되는 데이터 신호는 자칫하면 Receiver 측에서 해석이 어려운 문제를 가져올 수 있다. Transceiver는 Pre-emphasis와 De-emphasis 방식 중에 적당한 방법을 사용해서 전송해야 하는 데이터 신호를 변경시킨 뒤 채널로 전송한다.

▶ Pre-emphasis Equalization

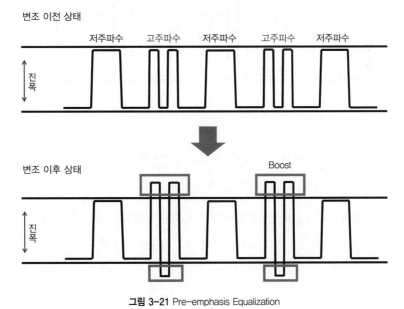

그림 3-21 Pre-emphasis Equalization

그림 3-21을 보면 D+ 혹은 D- 데이터 신호 중 어느 한 가지 신호를 기준으로 위상을 자주 바꾸는 상황의 고주파수대역과 그렇지 않은 저주파수대역의 신호가 있다. 이중에 고주파수대역의 신호를 증폭시키는 알고리즘이 Pre-emphasis 알고리즘이다.

고속 전송 시 채널을 통과한 데이터 신호의 특성에 의해서 고주파수대역의 신호가 감소하기 때문에 이와 같이 사전에 미리 고주파수대역의 신호를 증폭해 채널을 통해서 전송하는 알고리즘이다.

▶ De-emphasis Equalization

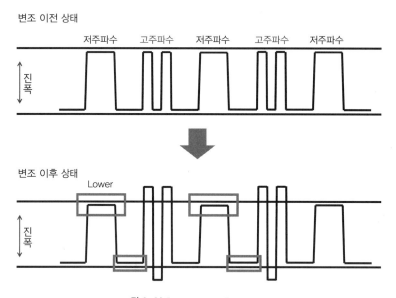

그림 3-22 De-emphasis Equalization

그림 3-22는 고주파수대역은 그대로 두고 오히려 저주파수대역의 신호의 증폭을 감소시키는 알고리즘을 보여주고 있다. 이것을 De-emphasis 알고리즘이라고 부른다.

이처럼 송신 측에서는 데이터 신호가 채널을 통해서 손실되는 상황을 미리 예측하고 데이터 신호에 변조하는 TX Equalization 보정 알고리즘을 사용한다.

3.3.3.2 RX Equalization 보정 알고리즘

수신Receiver 측에서 수신된 데이터 신호를 증폭시키는 알고리즘은 Linear Equalization 방식을 사용한다. 무조건 증폭하는 신호는 오히려 노이즈Noise 데이터의 증폭 문제를 함께 초래하기 때문에 적절한 알고리즘에 의한 증폭 방법이 사용돼야 한다.

USB 3.0 SS에서는 CTLEContinuous Time Linear Equalization, USB 3.1 SS+에서는 DFEDecision Feedback Equalization 방식을 사용한다. 이런 방식들은 모두 알고리즘에 의해서 적절한 구간의 데이터 신호만 증폭하는 알고리즘으로 사용된다.

SS(SS+)에서는 링크(다운스트림 포트와 업스트림 포트 간의)를 형성하는 과정 중에 양쪽에서 사전에 정의된 패턴의 데이터 스트림을 주고받는다. 이것은 고주파수대역의 신호와 저주파수대역의 신호들 사이에서 발생되는 신호 세기를 확인하는 알고리즘으로 연결된다. 이런 알고리즘을 통해서 어떤 대역의 주파수 신호를 증폭할 것인지를 판단하도록 돕는데, 이 과정을 Polling.RxEQ 과정이라고 부른다.

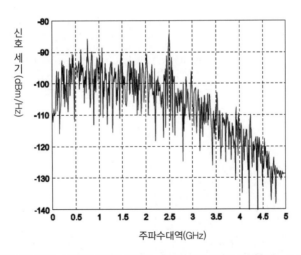

그림 3-23 TSEQ 스트림을 통해서 전달되는 데이터 신호 세기를 분석(출처: usb.org)

3.3.4 LFPS

SS에서 링크가 정상적으로 연결돼서 언제든지 USB 패킷을 전송할 수 있는 상황이 아닌 경우, 링크 간의 특별한 용도로 주고받을 수 있는 신호체계를 정의했다. 이것을 LFPS^{Low Frequency Periodic Signaling}라고 부른다. 이것은 5GHz(10GHz) Inband 주파수대역을 사용하지 않고, 아주 낮은 주파수대의 신호만 사용한다. 이런 신호는 지정된 시간 동안 같은 패턴을 반복적으로 나타내도록 설계됐으며, 얼마큼의 시간동안 반복적인 패턴이 있는가에 따라서 신호의 의미를 규정하고 있다.

표 3-4 LFPS의 종류

LFPS 신호의 의미(10-50MHz)	지속시간	설명
Polling.LFPS	0.6-1.4ns	링크 형성과정 중에 사용됨. 현재 Polling 단계에 진입했다는 사실을 알림
Warm Reset LFPS	80-120ms	리셋 명령어로 사용됨
U1 Exit LFPS	300-900ns	U1 상태에서 빠져나오는 용도로 사용됨
U2/Loopback Exit LFPS	80us-2ms	U2 상태 혹은 Rx 테스트용 Loopback 모드에서 빠져나오는 용도로 사용됨
U3 Exit LFPS	80us-10ms	U3 상태(Suspend)에서 빠져나오는 용도로 사용됨

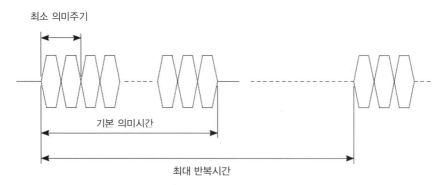

그림 3-24 LFPS 신호(출처: usb.org)

3.3.5 SS 물리 계층(USB PHY)

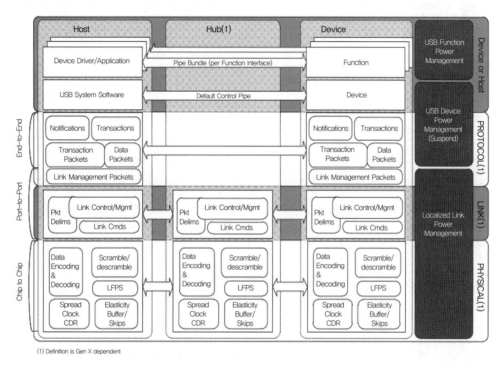

그림 3-25 SS, SS+가 사용하는 전체 모듈(출처: usb.org)

그림 3-25를 보면 SS(SS+)가 이전 USB 2와 다르게 링크^{Link} 계층이 추가됐으며 물리 계층도 좀 더 많은 기능이 보강됐음을 알 수 있다.

물리 계층을 구성하고 있는 대표적인 모듈들을 간단하게 살펴보면 다음과 같다.

▶ Data Encoding/Decoding

SS에서는 8b/10b, SS+에서는 128b/132b 알고리즘이 적용돼 데이터 비트 스트림을 변, 복조하고 있다. 2가지 방식 모두 순수 데이터 신호 외에 별도의 제어 신호를 추가로 정의하는 목적을 갖고 있다. 8b/10b 방식은 순수 데이터 8비트를 10비트로 확장하는 개념을 사용하기 때문에 데이터 전달 크기 효율면으로 약 20% 정도 손실을 보여준다. 반면에 128b/132b 알고리즘은 128비트(16바이트)를 128비트+제어코드 4비트로 확장하기 때문에 약 3%의 손실을 보여준다.

▶ Scramble/Descramble

물리 계층에서는 데이터 무결성을 보증하고 보안^{Security}을 위해서 다항식 알고리즘을 이용한 데이터 변, 복조를 수행하고 있다. 이것은 LFSR^{Linear Feedback Shift Register}을 통해서 수행된다. Scramble 작업은 디버깅을 어렵게 만들 수 있어 필요에 따라서 링크 파트너 양쪽의 협의에 의해서 이 과정을 생략할 수 있다.

▶ Spread Clock CDR

고속 시리얼 통신에서는 통상적으로 클록으로 사용되는 별도의 회선을 두지 않는다. 이와 같은 이유로 데이터 신호 내부에 암시적인 방법으로 클록 신호를 함께 넣어서 전송하는데 이런 클록 신호를 뽑아내는 작업을 하는 기능을 CDR^{Clock Data Recovery}라고 부른다.

▶ LFPS

낮은 주파수대역만 사용하는 데이터 시그널 통신 방식을 규정한다.

▶ Elasticity Buffer/Skips

고주파수대역의 통신을 하는 경우 송신 측과 수신 측은 몇 비트 시간 정도 동기가 서로 틀릴 수 있는 상황이 발생한다. 이런 경우 수신측에서는 이와 같은 동기를 맞추기 위해서 임의의 SKIP 데이터를 수신되는 데이터 스트림 사이에 끼워넣는 알고리즘을 사용한다. 또한 데이터를 수신하는 버퍼의 크기를 탄력있게 조정함으로써 송신 측과 수신 측이 적당한 속도로 송수신을 할 수 있도록 돕는다.

SS에서는 송신 측과 수신 측이 조금 다른 모습을 보여주는 부분이 있다. 송신 측에는 없지만, 수신 측에만 존재하는 것이 그것인데, 바로 Clock Recovery 회로와 Elasticity Buffer이다.

나머지는 같은 기능을 서로 다른 방향으로 수행하는 역할만 담당한다.

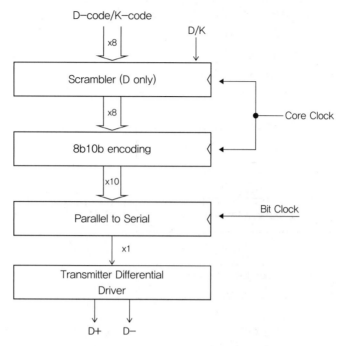

그림 3-26 SS에서 사용되는 Transceiver의 블록 다이어그램(출처: usb.org)

Symbol K, D(K, D-Code)가 사용되는 SS(SS+는 제외)에서는 순수한 송신 데이터 8비트와 제어 비트 D/K가 입력 신호로 사용된다. 이들은 모두 Scramble 알고리즘에 의해서 변조된 뒤 8비트의 데이터와 제어 비트가 함께 8b/10b 인코더로 전달된다. 8b/10b 인코더는 입력된 송신 데이터 8비트와 제어 비트를 조합해서 10비트의 비트 스트림을 만들어낸다. 10비트 스트림은 시리얼 비트로 변환되면서 Differential 드라이버에 의해서 D+, D- 신호로 출력된다.

결국 8비트의 순수 데이터가 10비트의 변조된 데이터로 출력된다.

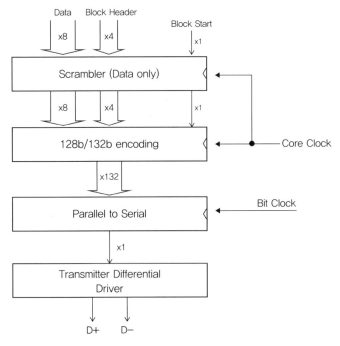

그림 3-27 SS+에서 사용되는 Transceiver의 블록 다이어그램(출처: usb.org)

Symbol K, D가 사용되지 않는 SS+에서는 송신 데이터를 구분하는 용도의 4비트의 Block Header, Block을 구성하는 용도로 사용되고 시작/끝을 나타내는 1비트와 Block 을 구성하는 순수 데이터 8비트를 입력 신호로 사용한다. SS+는 최대 16바이트(128비트) 의 데이터를 하나의 Block으로 묶을 수 있다. 이와 같은 데이터 블록은 Scramble 알고 리즘과 128b/132b 알고리즘에 의해서 적당한 비트 스트림으로 변환된다. 이렇게 생성 되는 132비트 스트림은 시리얼 비트로 변환되면서 Differential 드라이버에 의해서 D+, D- 신호로 출력된다.

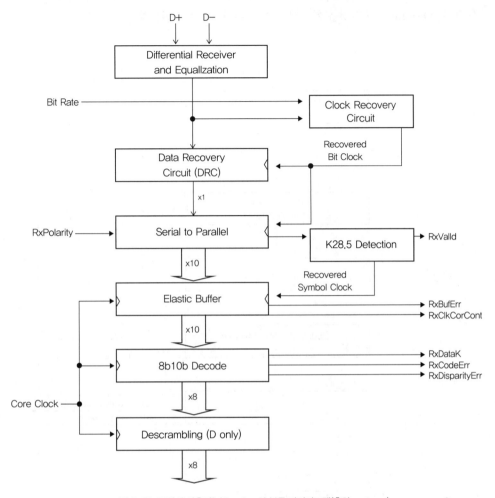

그림 3-28 SS에서 사용되는 Receiver의 블록 다이어그램(출처: usb.org)

Symbol K, D(K, D–Code)가 사용되는 SS(SS+는 제외)에서는 수신된 비트 스트림을 의미있는 순수한 수신 데이터 8비트로 변환해야 한다. 수신되는 비트 스트림이 Symbol K인 경우에는 이에 필요한 적당한 컨트롤을 수행하며 Symbol D인 경우에는 순수 데이터로서 사용한다.

수신된 비트 스트림으로부터 클록 신호를 뽑아낸 다음, 해당하는 클록 신호에 의해서 수신된 비트 스트림은 10비트 Symbol 문자로 변환된다. 10비트로 구성된 Symbol 문자는 탄력 버퍼를 거쳐 8b/10b 알고리즘에 의해서 원래의 Scramble됐던 8비트 데이터로 변환된 뒤, Descramble 과정을 거쳐서 순수 데이터 8비트를 얻는다.

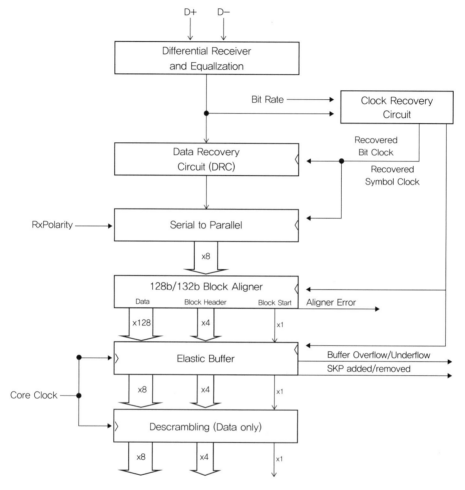

그림 3-29 SS+에서 사용되는 Receiver의 블록 다이어그램(출처: usb.org)

Symbol K, D(K, D-Code)가 사용되지 않는 SS+에서는 수신된 비트 스트림을 의미있는 순수한 수신 데이터 8비트로 변환해야 한다. 수신되는 비트 스트림은 132비트로 수신되기 때문에 128b/132b 알고리즘에 의해서 원래의 Scramble됐던 128비트 데이터로 변환된 뒤에 탄력 버퍼를 거친다. 이후 Descramble 과정을 거쳐서 순수 데이터 8비트(최대 16바이트)를 얻는다.

3.3.5.1 데이터 인코딩/디코딩

3.3.5.1.1 SS에서의 데이터 인코딩/디코딩

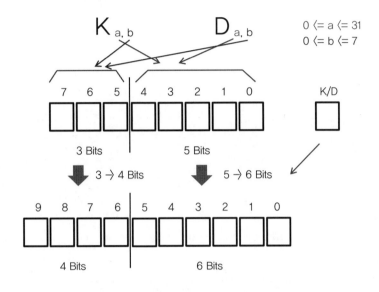

$$8b/10b = 3b/4b + 5b/6b$$

그림 3-30 SS에서 8b/10b 변환 알고리즘과 Symbol K, D

SS는 Symbol K와 Symbol D를 구분한다. 이들의 원시 데이터는 8비트값을 사용하는데 8비트값은 그대로 사용하면서 K/D 비트를 추가로 사용해서 이들을 구분한다. 8b/10b 알고리즘은 3b/4b 알고리즘과 5b/6b 알고리즘을 합쳐서 부른다. 원시 데이터의 하위 5 비트를 'a', 상위 3비트를 'b'라고 가정하면, Kab 혹은 Dab 식으로 표기해서 이를 구분한다.

8비트의 비트열을 10비트로 변환하는 방법은 그림 3-31, 3-32, 3-33, 3-34가 보여주는 내용을 통해서 변환한다. 변환 시 유의할 점은 RD[Running Disparity]를 선택할 때, (−)부터 시작해서 (+), (−), (+)와 같이 선택해야 한다는 점이다.

결국 변환할 데이터는 10비트의 비트열들의 집합이 되는데, 이들을 선택할 때 한 번씩 RD−와 RD+를 교대로 선택해야 한다.

Data Byte Name	Data Byte Value (hex)	Bits HGF EDCBA (binary)	Current RD- abcdei fghj (binary)	Current RD+ abcdei fghj (binary)
D0.0	00	000 00000	100111 0100	011000 1011
D1.0	01	000 00001	011101 0100	100010 1011
D2.0	02	000 00010	101101 0100	010010 1011
D3.0	03	000 00011	110001 1011	110001 0100
D4.0	04	000 00100	110101 0100	001010 1011
D5.0	05	000 00101	101001 1011	101001 0100
D6.0	06	000 00110	011001 1011	011001 0100
D7.0	07	000 00111	111000 1011	000111 0100
D8.0	08	000 01000	111001 0100	000110 1011
D9.0	09	000 01001	100101 1011	100101 0100
D10.0	0A	000 01010	010101 1011	010101 0100
D11.0	0B	000 01011	110100 1011	110100 0100
D12.0	0C	000 01100	001101 1011	001101 0100
D13.0	0D	000 01101	101100 1011	101100 0100
D14.0	0E	000 01110	011100 1011	011100 0100
D15.0	0F	000 01111	010111 0100	101000 1011
D16.0	10	000 10000	011011 0100	100100 1011
D17.0	11	000 10001	100011 1011	100011 0100
D18.0	12	000 10010	010011 1011	010011 0100
D19.0	13	000 10011	110010 1011	110010 0100
D20.0	14	000 10100	001011 1011	001011 0100
D21.0	15	000 10101	101010 1011	101010 0100
D22.0	16	000 10110	011010 1011	011010 0100
D23.0	17	000 10111	111010 0100	000101 1011
D24.0	18	000 11000	110011 0100	001100 1011
D25.0	19	000 11001	100110 1011	100110 0100
D26.0	1A	000 11010	010110 1011	010110 0100
D27.0	1B	000 11011	110110 0100	001001 1011
D28.0	1C	000 11100	001110 1011	001110 0100
D29.0	1D	000 11101	101110 0100	010001 1011
D30.0	1E	000 11110	011110 0100	100001 1011
D31.0	1F	000 11111	101011 0100	010100 1011

Data Byte Name	Data Byte Value (hex)	Bits HGF EDCBA (binary)	Current RD- abcdei fghj (binary)	Current RD+ abcdei fghj (binary)
D0.1	20	001 00000	100111 1001	011000 1001
D1.1	21	001 00001	011101 1001	100010 1001
D2.1	22	001 00010	101101 1001	010010 1001
D3.1	23	001 00011	110001 1001	110001 1001
D4.1	24	001 00100	110101 1001	001010 1001
D5.1	25	001 00101	101001 1001	101001 1001
D6.1	26	001 00110	011001 1001	011001 1001
D7.1	27	001 00111	111000 1001	000111 1001
D8.1	28	001 01000	111001 1001	000110 1001
D9.1	29	001 01001	100101 1001	100101 1001
D10.1	2A	001 01010	010101 1001	010101 1001
D11.1	2B	001 01011	110100 1001	110100 1001
D12.1	2C	001 01100	001101 1001	001101 1001
D13.1	2D	001 01101	101100 1001	101100 1001
D14.1	2E	001 01110	011100 1001	011100 1001
D15.1	2F	001 01111	010111 1001	101000 1001
D16.1	30	001 10000	011011 1001	100100 1001
D17.1	31	001 10001	100011 1001	100011 1001
D18.1	32	001 10010	010011 1001	010011 1001
D19.1	33	001 10011	110010 1001	110010 1001
D20.1	34	001 10100	001011 1001	001011 1001
D21.1	35	001 10101	101010 1001	101010 1001
D22.1	36	001 10110	011010 1001	011010 1001
D23.1	37	001 10111	111010 1001	000101 1001
D24.1	38	001 11000	110011 1001	001100 1001
D25.1	39	001 11001	100110 1001	100110 1001
D26.1	3A	001 11010	010110 1001	010110 1001
D27.1	3B	001 11011	110110 1001	001001 1001
D28.1	3C	001 11100	001110 1001	001110 1001
D29.1	3D	001 11101	101110 1001	010001 1001
D30.1	3E	001 11110	011110 1001	100001 1001
D31.1	3F	001 11111	101011 1001	010100 1001
D0.2	40	010 00000	100111 0101	011000 0101
D1.2	41	010 00001	011101 0101	100010 0101
D2.2	42	010 00010	101101 0101	010010 0101
D3.2	43	010 00011	110001 0101	110001 0101
D4.2	44	010 00100	110101 0101	001010 0101
D5.2	45	010 00101	101001 0101	101001 0101
D6.2	46	010 00110	011001 0101	011001 0101
D7.2	47	010 00111	111000 0101	000111 0101

그림 3-31 SS에서 8b/10b Table(출처: usb.org)

Data Byte Name	Data Byte Value (hex)	Bits HGF EDCBA (binary)	Current RD- abcdei fghj (binary)	Current RD+ abcdei fghj (binary)
D8.2	48	010 01000	111001 0101	000110 0101
D9.2	49	010 01001	100101 0101	100101 0101
D10.2	4A	010 01010	010101 0101	010101 0101
D11.2	4B	010 01011	110100 0101	110100 0101
D12.2	4C	010 01100	001101 0101	001101 0101
D13.2	4D	010 01101	101100 0101	101100 0101
D14.2	4E	010 01110	011100 0101	011100 0101
D15.2	4F	010 01111	010111 0101	101000 0101
D16.2	50	010 10000	011011 0101	100100 0101
D17.2	51	010 10001	100011 0101	100011 0101
D18.2	52	010 10010	010011 0101	010011 0101
D19.2	53	010 10011	110010 0101	110010 0101
D20.2	54	010 10100	001011 0101	001011 0101
D21.2	55	010 10101	101010 0101	101010 0101
D22.2	56	010 10110	011010 0101	011010 0101
D23.2	57	010 10111	111010 0101	000101 0101
D24.2	58	010 11000	110011 0101	001100 0101
D25.2	59	010 11001	100110 0101	100110 0101
D26.2	5A	010 11010	010110 0101	010110 0101
D27.2	5B	010 11011	110110 0101	001001 0101
D28.2	5C	010 11100	001110 0101	001110 0101
D29.2	5D	010 11101	101110 0101	010001 0101
D30.2	5E	010 11110	011110 0101	100001 0101
D31.2	5F	010 11111	101011 0101	010100 0101
D0.3	60	011 00000	100111 0011	011000 1100
D1.3	61	011 00001	011101 0011	100010 1100
D2.3	62	011 00010	101101 0011	010010 1100
D3.3	63	011 00011	110001 1100	110001 0011
D4.3	64	011 00100	110101 0011	001010 1100
D5.3	65	011 00101	101001 1100	101001 0011
D6.3	66	011 00110	011001 1100	011001 0011
D7.3	67	011 00111	111000 1100	000111 0011
D8.3	68	011 01000	111001 0011	000110 1100
D9.3	69	011 01001	100101 1100	100101 0011
D10.3	6A	011 01010	010101 1100	010101 0011
D11.3	6B	011 01011	110100 1100	110100 0011
D12.3	6C	011 01100	001101 1100	001101 0011
D13.3	6D	011 01101	101100 1100	101100 0011
D14.3	6E	011 01110	011100 1100	011100 0011
D15.3	6F	011 01111	010111 0011	101000 1100

Data Byte Name	Data Byte Value (hex)	Bits HGF EDCBA (binary)	Current RD- abcdei fghj (binary)	Current RD+ abcdei fghj (binary)
D16.3	70	011 10000	011011 0011	100100 1100
D17.3	71	011 10001	100011 1100	100011 0011
D18.3	72	011 10010	010011 1100	010011 0011
D19.3	73	011 10011	110010 1100	110010 0011
D20.3	74	011 10100	001011 1100	001011 0011
D21.3	75	011 10101	101010 1100	101010 0011
D22.3	76	011 10110	011010 1100	011010 0011
D23.3	77	011 10111	111010 0011	000101 1100
D24.3	78	011 11000	110011 0011	001100 1100
D25.3	79	011 11001	100110 1100	100110 0011
D26.3	7A	011 11010	010110 1100	010110 0011
D27.3	7B	011 11011	110110 0011	001001 1100
D28.3	7C	011 11100	001110 1100	001110 0011
D29.3	7D	011 11101	101110 0011	010001 1100
D30.3	7E	011 11110	011110 0011	100001 1100
D31.3	7F	011 11111	101011 0011	010100 1100
D0.4	80	100 00000	100111 0010	011000 1101
D1.4	81	100 00001	011101 0010	100010 1101
D2.4	82	100 00010	101101 0010	010010 1101
D3.4	83	100 00011	110001 1101	110001 0010
D4.4	84	100 00100	110101 0010	001010 1101
D5.4	85	100 00101	101001 1101	101001 0010
D6.4	86	100 00110	011001 1101	011001 0010
D7.4	87	100 00111	111000 1101	000111 0010
D8.4	88	100 01000	111001 0010	000110 1101
D9.4	89	100 01001	100101 1101	100101 0010
D10.4	8A	100 01010	010101 1101	010101 0010
D11.4	8B	100 01011	110100 1101	110100 0010
D12.4	8C	100 01100	001101 1101	001101 0010
D13.4	8D	100 01101	101100 1101	101100 0010
D14.4	8E	100 01110	011100 1101	011100 0010
D15.4	8F	100 01111	010111 0010	101000 1101
D16.4	90	100 10000	011011 0010	100100 1101
D17.4	91	100 10001	100011 1101	100011 0010
D18.4	92	100 10010	010011 1101	010011 0010
D19.4	93	100 10011	110010 1101	110010 0010
D20.4	94	100 10100	001011 1101	001011 0010
D21.4	95	100 10101	101010 1101	101010 0010
D22.4	96	100 10110	011010 1101	011010 0010
D23.4	97	100 10111	111010 0010	000101 1101

그림 3-32 SS에서 8b/10b Table(이어서)(출처: usb.org)

Data Byte Name	Data Byte Value (hex)	Bits HGF EDCBA (binary)	Current RD- abcdei fghj (binary)	Current RD+ abcdei fghj (binary)
D24.4	98	100 11000	110011 0010	001100 1101
D25.4	99	100 11001	100110 1101	100110 0010
D26.4	9A	100 11010	010110 1101	010110 0010
D27.4	9B	100 11011	110110 0010	001001 1101
D28.4	9C	100 11100	001110 1101	001110 0010
D29.4	9D	100 11101	101110 0010	010001 1101
D30.4	9E	100 11110	011110 0010	100001 1101
D31.4	9F	100 11111	101011 0010	010100 1101
D0.5	A0	101 00000	100111 1010	011000 1010
D1.5	A1	101 00001	011101 1010	100010 1010
D2.5	A2	101 00010	101101 1010	010010 1010
D3.5	A3	101 00011	110001 1010	110001 1010
D4.5	A4	101 00100	110101 1010	001010 1010
D5.5	A5	101 00101	101001 1010	101001 1010
D6.5	A6	101 00110	011001 1010	011001 1010
D7.5	A7	101 00111	111000 1010	000111 1010
D8.5	A8	101 01000	111001 1010	000110 1010
D9.5	A9	101 01001	100101 1010	100101 1010
D10.5	AA	101 01010	010101 1010	010101 1010
D11.5	AB	101 01011	110100 1010	110100 1010
D12.5	AC	101 01100	001101 1010	001101 1010
D13.5	AD	101 01101	101100 1010	101100 1010
D14.5	AE	101 01110	011100 1010	011100 1010
D15.5	AF	101 01111	010111 1010	101000 1010
D16.5	B0	101 10000	010011 1010	100100 1010
D17.5	B1	101 10001	100011 1010	100011 1010
D18.5	B2	101 10010	010011 1010	010011 1010
D19.5	B3	101 10011	110010 1010	110010 1010
D20.5	B4	101 10100	001011 1010	001011 1010
D21.5	B5	101 10101	101010 1010	101010 1010
D22.5	B6	101 10110	011010 1010	011010 1010
D23.5	B7	101 10111	111010 1010	000101 1010
D24.5	B8	101 11000	110011 1010	001100 1010
D25.5	B9	101 11001	100110 1010	100110 1010
D26.5	BA	101 11010	010110 1010	010110 1010
D27.5	BB	101 11011	110110 1010	001001 1010
D28.5	BC	101 11100	001110 1010	001110 1010
D29.5	BD	101 11101	101110 1010	010001 1010
D30.5	BE	101 11110	011110 1010	100001 1010
D31.5	BF	101 11111	101011 1010	010100 1010
D0.6	C0	110 00000	100111 0110	011000 0110
D1.6	C1	110 00001	011101 0110	100010 0110
D2.6	C2	110 00010	101101 0110	010010 0110
D3.6	C3	110 00011	110001 0110	110001 0110
D4.6	C4	110 00100	110101 0110	001010 0110
D5.6	C5	110 00101	101001 0110	101001 0110
D6.6	C6	110 00110	011001 0110	011001 0110
D7.6	C7	110 00111	111000 0110	000111 0110
D8.6	C8	110 01000	111001 0110	000110 0110
D9.6	C9	110 01001	100101 0110	100101 0110
D10.6	CA	110 01010	010101 0110	010101 0110
D11.6	CB	110 01011	110100 0110	110100 0110
D12.6	CC	110 01100	001101 0110	001101 0110
D13.6	CD	110 01101	101100 0110	101100 0110
D14.6	CE	110 01110	011100 0110	011100 0110
D15.6	CF	110 01111	010111 0110	101000 0110
D16.6	D0	110 10000	010011 0110	100100 0110
D17.6	D1	110 10001	100011 0110	100011 0110
D18.6	D2	110 10010	010010 0110	010010 0110
D19.6	D3	110 10011	110010 0110	110010 0110
D20.6	D4	110 10100	001011 0110	001011 0110
D21.6	D5	110 10101	101010 0110	101010 0110
D22.6	D6	110 10110	011010 0110	011010 0110
D23.6	D7	110 10111	111010 0110	000101 0110
D24.6	D8	110 11000	110011 0110	001100 0110
D25.6	D9	110 11001	100110 0110	100110 0110
D26.6	DA	110 11010	010110 0110	010110 0110
D27.6	DB	110 11011	110110 0110	001001 0110
D28.6	DC	110 11100	001110 0110	001110 0110
D29.6	DD	110 11101	101110 0110	010001 0110
D30.6	DE	110 11110	011110 0110	100001 0110
D31.6	DF	110 11111	101011 0110	010100 0110
D0.7	E0	111 00000	100111 0001	011000 1110
D1.7	E1	111 00001	011101 0001	100010 1110
D2.7	E2	111 00010	101101 0001	010010 1110
D3.7	E3	111 00011	110001 1110	110001 0001
D4.7	E4	111 00100	110101 0001	001010 1110
D5.7	E5	111 00101	101001 1110	101001 0001
D6.7	E6	111 00110	011001 1110	011001 0001
D7.7	E7	111 00111	111000 1110	000111 0001

그림 3-33 SS에서 8b/10b Table(이어서)(출처: usb.org)

Data Byte Name	Data Byte Value (hex)	Bits HGF EDCBA (binary)	Current RD- abcdei fghj (binary)	Current RD+ abcdei fghj (binary)
D8.7	E8	111 01000	111001 0001	000110 1110
D9.7	E9	111 01001	100101 1110	100101 0001
D10.7	EA	111 01010	010101 1110	010101 0001
D11.7	EB	111 01011	110100 1110	110100 1000
D12.7	EC	111 01100	001101 1110	001101 0001
D13.7	ED	111 01101	101100 1110	101100 1000
D14.7	EE	111 01110	011100 1110	011100 1000
D15.7	EF	111 01111	010111 0001	101000 1110
D16.7	F0	111 10000	010011 0001	100100 1110
D17.7	F1	111 10001	100011 0111	100011 0001
D18.7	F2	111 10010	010011 0111	010011 0001
D19.7	F3	111 10011	110010 1110	110010 0001
D20.7	F4	111 10100	001011 0111	001011 0001
D21.7	F5	111 10101	101010 1110	101010 0001
D22.7	F6	111 10110	011010 1110	011010 0001
D23.7	F7	111 10111	111010 0001	000101 1110
D24.7	F8	111 11000	110011 0001	001100 1110
D25.7	F9	111 11001	100110 1110	100110 0001
D26.7	FA	111 11010	010110 1110	010110 0001
D27.7	FB	111 11011	110110 0001	001001 1110
D28.7	FC	111 11100	001110 1110	001110 0001
D29.7	FD	111 11101	101110 0001	010001 1110
D30.7	FE	111 11110	011110 0001	100001 1110
D31.7	FF	111 11111	101011 0001	010100 1110

Data Byte Name	Data Byte Value (hex)	Bits HGF EDCBA	Current RD - abcdei fghj	Current RD + abcdei fghj
K28.0	1C	000 11100	001111 0100	110000 1011
K28.1	3C	001 11100	001111 1001	110000 0110
K28.2	5C	010 11100	001111 0101	110000 1010
K28.3	7C	011 11100	001111 0011	110000 1100
K28.4	9C	100 11100	001111 0010	110000 1101
K28.5	BC	101 11100	001111 1010	110000 0101
K28.6	DC	110 11100	001111 0110	110000 1001
K28.7	FC	111 11100	001111 1000	110000 0111
K23.7	F7	111 10111	111010 1000	000101 0111
K27.7	FB	111 11011	110110 1000	001001 0111
K29.7	FD	111 11101	101110 1000	010001 0111
K30.7	FE	111 11110	011110 1000	100001 0111

그림 3-34 SS에서 8b/10b Table(이어서)(출처: usb.org)

그림 3-31 3-32, 3-33, 3-34의 표를 보면서 다음 예제 비트열을 변환해보도록 하자.

Scramble 과정을 거친 4바이트의 데이터가 다음과 같다고 가정한다.

(Hex) 1A 3C EA B0

2진수로 변환해본다(LSB, MSB를 유의해서 본다). = D a.b

1A: 0001 1010b ⇒ 3비트와 5비트로 나눔, 000(0) 11010(26), D 26.0

3C: 0011 1100b ⇒ 3비트와 5비트로 나눔, 001(1) 11100(28), D 28.1

EA: 1110 1010b ⇒ 3비트와 5비트로 나눔, 111(7) 01010(10), D 10.7

B0: 1011 0000b ⇒ 3비트와 5비트로 나눔, 101(5) 10000(16), D 16.5

D26.0, D28.1, D10.7, D16.5는 그림 3-31, 3-32, 3-33, 3-34에 의해서 표 3-5를 얻을 수 있다.

표 3-5 D26.0, D28.1, D10.7, D16.5를 위한 8b/10b 변환표

	RD-	RD+
D26.0	**010110 1011**	010110 0100
D28.1	001110 1001	**001110 1001**
D10.7	**010101 1110**	010101 0001
D16.5	011011 1010	**100100 1010**

이렇게 선택하는 이유는 비트값 1이 전체적인 스트림 비트열에서 골고루 나타날 수 있도록 하기 위함이다.

결과는 다음과 같다.

D26.0, D28.1, D10.7, D16.5

0101101011001110100101010111101001001010

총 40비트열이 만들어졌다.

3.3.5.1.2 SS+에서의 데이터 인코딩/디코딩

SS+에서는 SS의 8b/10b 알고리즘과 달리 128b/132b 알고리즘이 사용된다. Symbol K, D를 구분하지 않고, Symbol이라는 의미로만 사용된다.

128비트(16바이트)의 데이터 비트열을 132비트로 변환한다. Scramble 과정을 거치지 않는다고 가정하면, 변환된다는 의미보다는 비트가 추가된다고 보는 것이 맞다.

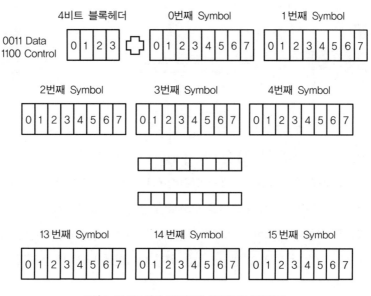

그림 3-35 SS+에서 128비트를 132비트로 변환하기

3.3.5.2 Scramble/Descramble

Scramble 작업은 데이터의 무결성을 보증하는 방법을 제공한다. 송신기와 수신기는 같은 알고리즘을 사용해서 데이터를 변·복조한다. 알고리즘의 핵심은 LFSR^{Linear Feedback} ˢʰⁱᶠᵗ ᴿᵉᵍⁱˢᵗᵉʳ의 동작이다. 이 레지스터는 8비트 단위로 시프트된다. 레지스터는 초깃값을 가진 상태에서 알고리즘을 사용할 때마다 다른 상태의 값으로 바뀐다. 모든 데이터는 이 레지스터에 담긴 값과 XOR 연산을 거쳐서 새로운 값이 만들어진다. S와 SS+에서 사용되는 알고리즘이 서로 다르다.

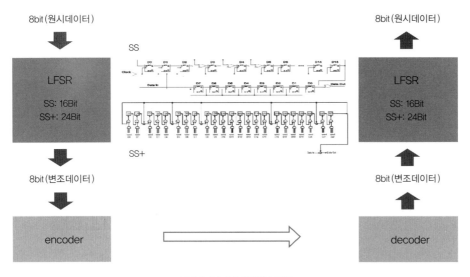

그림 3-36 송수신기와 LFSR

SS에서 사용되는 LFSR 회로는 다항식 $X^{16}+X^5+X^4+X^3+1$을 사용하고, SS+에서 사용되는 LFSR 회로는 다항식 $X^{23}+X^{21}+X^{16}+X^8+X^5+X^2+1$을 사용한다. LFSR 알고리즘은 각각의 다항식 로직을 회로로 구성해서 사용하는데, LFSR 알고리즘을 두고 2가지 선택사항이 존재한다. LFSR 알고리즘이 사용하는 레지스터값은 연산을 할 때마다 변한다. 이와 같은 LFSR 알고리즘은 원시 데이터를 변조하는 역할을 수행한다. 예외 사항이 있다.

3.3.5.2.1 SS에서의 Scramble/Descramble

SS에서 사용하는 LFSR 레지스터는 16비트이다. 이 값의 초깃값은 0×FFFF 값을 가진다.

다음은 SS에서 LFSR 알고리즘 회로가 동작하는 방법이다.

- LFSR 레지스터 값은 한번 연산을 할 때(8비트)마다 8비트씩 로테이션^{Rotation}한다.
- LFSR 레지스터의 15, 14, 13, …, 8번 비트가 먼저 사용되고, 이후 7, 6, 5, …, 0번 비트가 다시 15, 14, 13, …, 8번 비트로 이동한다.
- Symbol SKP는 변조되지 않는다. 하지만, LFSR 레지스터 값은 변한다.

- TS 시퀀스 순서열(Training Sequence Ordered Sets)에 속해있는 Symbol D는 변조되지 않는다.

- Symbol K는 변조되지 않는다.

- Symbol K28.5(COM)를 만나면 항상 LFSR 레지스터 값을 초깃값으로 되돌린다.

3.3.5.2.2 SS+에서의 Scramble/Descramble

SS+에서 사용하는 LFSR 레지스터는 24비트이다. 이 값의 초깃값은 0×1DBFBC 값을 가진다.

다음은 SS+에서 LFSR 알고리즘 회로가 동작하는 방법이다.

- LFSR 레지스터 값은 한 번 연산을 할 때(8비트)마다 8비트씩 로테이션^{Rotation}한다.

- LFSR 레지스터의 23, 22, 21, ⋯, 16번 비트가 먼저 사용되고, 이후 15, 14, 13, ⋯, 8번 비트가 다시 23, 22, 21, ⋯, 16번 비트로 이동하고, 7, 6, 5, ⋯, 0번 비트가 다시 15, 14, 13, ⋯, 8번 비트로 이동한다. 이런 식으로 8비트씩 로테이션한다.

- 4비트의 Block Header는 변조에서 제외하며 LFSR 레지스터를 로테이트하지 않는다.

- TS1 순서열(Training Sequence 1), TS2 순서열(Training Sequence 2), TSEQ 순서열(Training Sequence Ordered Set)은 다음과 같이 대응된다.

  1) Symbol 0은 변조되지 않는다.

  2) Symbol 1부터 Symbol 13까지는 변조된다.

  3) Symbol 14와 Symbol 15가 DC 밸런스 목적으로 사용되는 경우에는 변조되지 않고 그 외에는 변조된다. LFSR 레지스터를 로테이트한다. DC 밸런스는 SS에서 사용되던 RD-, RD+와 같은 용도로 사용된다.

- SKP 순서열은 변조되지 않으며 LFSR 레지스터 값도 로테이트하지 않는다.

- SDS 순서열은 변조되지 않지만 LFSR 레지스터 값을 로테이트한다.

- SYNC 순서열에 포함된 모든 Symbol은 변조되지 않는다. 또한 LFSR 레지스터

값을 초기화한다.

- Control Block 형태의 시퀀스 순서열의 Symbol 0이 SKP 혹은 SKPEND라면, Block에 포함된 모든 Symbol은 변조되지 않는다. 또한 LFSR 레지스터 값도 로테이트하지 않는다. 그 외에 Control Block 형태의 모든 시퀀스 순서열은 변조되지 않지만 LFSR 레지스터 값을 로테이트한다.

- Data Block의 16개의 Symbol은 모두 변조되고, LFSR 레지스터 값도 로테이트한다.

- 16,384번째 TSEQ 순서열이 사용될 때마다 SYNC 순서열이 삽입된다.

3.3.5.3 Symbol과 순서열

표 3-6 자주 사용되는 특별한 Symbol들

Symbol	이름	SS(Gen1)	SS+(Gen2)	설명
SKP	Skip	K28.1	CCh	링크 포트 간의 속도 차이를 보상하는 목적으로 사용됨
SKPEND	Skip End	사용 안 함	33h	SKP 심벌을 보조함
SDP	Start Data Packet	K28.2	96h	Data Packet Payload의 시작
EDB	End Bad	K28.3	69h	Zero Packet의 마지막
SUB	Decode Error Substitution	K28.4	사용 안 함	8b/10b 디코딩 에러 대체 심벌
COM	Comma	K28.5	사용 안 함	LFSR 레지스터 초기화
SHP	Start Header Packet	K27.7	9Ah	Data Packet, Transaction Packet, Link Management Packet 시작
DPHP	Start Data Packet Header	사용 안 함	95h	Data Packet 시작
END	End	K29.7	65h	Packet의 마지막
SLC	Start Link Command	K30.7	5Ah	링크 명령어의 시작

Symbol	이름	SS(Gen1)	SS+(Gen2)	설명
EPF	End Packet Framing	K23.7	36h	패킷 프레임의 마지막
SDS	Start Of Data Stream	사용 안 함	63h	SDS 순서열의 시작

SS와 SS+에서 사용되는 다양한 Symbol 순서열은 표 3–6에서 언급하는 특별한 Symbol 들과 일반 Symbol로 구성된다.

이와 같은 순서열은 다양한 프로토콜에서 사용된다.

3.3.5.3.1 TSEQ 순서열

표 3-7 TSEQ 순서열

Symbol 위치	Symbol 이름	값	SS/SS+
0(첫 번째)	K28.5	COM(Comma)	SS
1	D31.7	FFh	
2	D23.0	17h	
3	D0.6	C0h	
4	D20.0	14h	
5	D18.5	B2h	
6	D7.7	E7h	
7	D2.0	02h	
8	D2.4	82h	
9	D18.3	72h	
10	D14.3	6Eh	
11	D8.1	28h	
12	D6.5	A6h	
13	D30.5	BEh	
14	D13.3	6Dh	

Symbol 위치	Symbol 이름	값	SS/SS+
15	D31.5	BFh	SS
16–31번째	D10.5	4Ah	
0–3		87h	SS+
4–5		00h	
6–13		87h	
14–15		87h 혹은 DC 밸런스	

TSEQ 순서열은 링크의 LTSSM^{Link Training and Status State Machine}의 Polling.RxEQ 과정에서 사용되는 순서열이다. TSEQ 순서열은 링크를 형성하는 과정 중에 양쪽 링크 포트의 Receiver가 사용할 Linear Equalization 증폭 회로가 채택할 증폭 주파수대를 결정하는 요소로 사용한다.

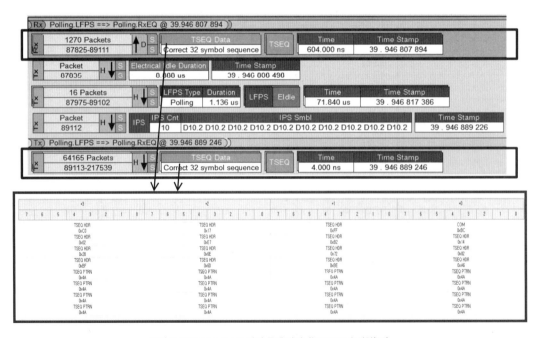

그림 3-37 Polling.RxEQ 과정 중에 발견되는 TSEQ 순서열(SS)

190

그림 3–37에서 Upstream Port와 Downstream Port가 각각 TSEQ 순서열을 보내고 있는 모습을 볼 수 있다.

3.3.5.3.2 TS1, TS2 순서열

표 3–8 TS1, TS2 순서열

Symbol 위치	Symbol 이름(값)	TS1/TS2	SS/SS+
0–3	K28.5	TS1	SS
4	D0.0		
5	표 3–9 참조		
6–15	D10.2		
0–3	K28.5	TS2	
4	D0.0		
5	표 3–9 참조		
6–15	D5.2		
0–3	1Eh	TS1	SS+
4	00h		
5	표 3–9 참조		
6–13	1Eh		
14–15	1Eh 혹은 DC 밸런스		
0–3	2Dh	TS2	
4	00h		
5	표 3–9 참조		
6–13	2Dh		
14–15	2Dh 혹은 DC 밸런스		

표 3-9 SS, SS+ 링크 파라미터

필드	Symbol 5번째 값 구체화
비트 0	0 = 정상 1 = 리셋(Hot Reset)
비트 1	0
비트 2	0 = Loopback 꺼짐 1 = Loopback 켜짐
비트 3	0 = Scrambling 사용 1 = Scrambling 사용 안 함
비트 4	0 = 리피터 내부 Loopback 꺼짐 1 = 리피터 내부 Loopback 켜짐
비트 5-7	0

TS1, TS2 순서열이 사용되는 용도는 다음과 같다.

- Polling.Active 단계로 진입하는 경우, 링크의 양쪽 포트는 TS1 순서열을 보낸다.
- Polling.Config 단계로 진입하는 경우, 링크의 양쪽 포트는 TS2 순서열을 보낸다.
- Recovery.Active 단계로 진입하는 경우, 링크의 양쪽 포트는 TS1 순서열을 보낸다.
- Recovery.Config 단계로 진입하는 경우, 링크의 양쪽 포트는 TS2 순서열을 보낸다.
- Hot Reset 단계로 들어가는 경우, 링크의 양쪽 포트는 TS2 순서열을 보낸다. 이런 경우 표 3-9의 비트 0의 값이 1이다.

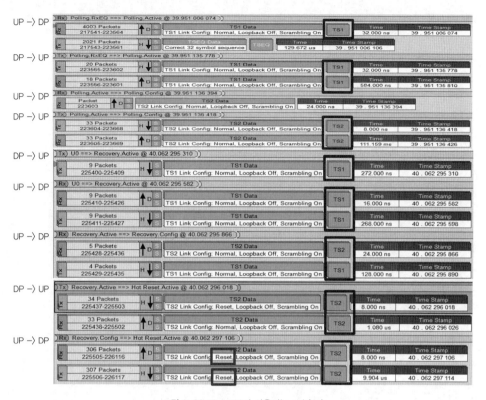

그림 3-38 TS1, TS2가 사용되는 모습(SS)

그림 3-38에서 UP^{Upstream Port}와 DP^{Downstream Port} 간에 주고받는 TS1, TS2 순서열을 볼 수 있다. 양쪽 포트가 서로 상대방에게 TS1, TS2를 모두 보내야 한다. 그래야 정확하게 양쪽 포트가 LTSSM에서 지정한 상태로 진입할 수 있다.

Polling.RxEQ 상태에서 Polling.Active 상태로 진입하기 위해서 TS1을 사용하는 것을 볼 수 있고, Polling.Active 상태에서 Polling.Config 상태로 진입하기 위해서 TS2를 사용하는 것을 볼 수 있다.

U0 상태에서 Recovery.Active 상태로 진입하기 위해서 TS1을 사용하는 것을 볼 수 있고, U0 상태에서 Recovery.Config 상태로 진입하기 위해서 TS2를 사용하는 것을 볼 수 있다.

특정 상태에서 Hot Reset 상태로 진입하기 위해서 TS2를 사용하는 것을 볼 수 있다.

04

USB 링크

USB 프로토콜에서 링크가 중요한 역할로 부각되기 시작한 것은 USB 3 슈퍼 스피드(SS) 로부터이다. 링크는 호스트(루트 허브 포트) 혹은 외장 허브의 다운스트림 포트(DP)와 외장 허브 혹은 디바이스의 업스트림 포트(UP) 간의 연결을 의미한다. 이들 간의 서로를 링크 파트너Link Partner라고 부른다.

4장에서는 USB 링크에 대한 전체적인 개념을 배우도록 한다. 링크에는 전원 관리 프로토콜이 포함돼 있다. 이 부분은 이후 6장에서 USB 2와 함께 배우도록 하고, 이번 장에서는 전원과 관련된 내용은 생략하도록 한다.

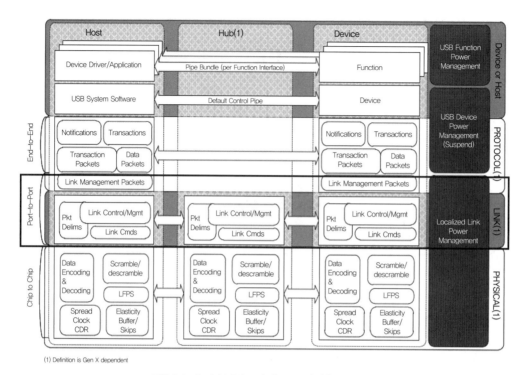

(1) Definition is Gen X dependent

그림 4-1 USB 3 SS에서 보여주는 USB 링크(출처: usb.org)

USB 링크에서는 다음과 같은 중요한 요점들을 알아야 한다.

▶ 패킷을 구성하는 방법(Framing)

링크는 상위의 프로토콜 계층에서 정의하는 프로토콜 패킷을 물리 계층(PHY)으로 전송하는 책임을 갖는다. 이때 프로토콜 계층에서 정의되는 다양한 프로토콜 패킷을 보다 로레벨 패킷 상태로 프레임을 구성하는 책임을 갖는다. 링크의 유형에 따라서 이렇게 프레임이 구성되는 방식과 모형이 다를 수 있다.

▶ 링크 명령어

링크는 양쪽 파트너 사이에 지정된 링크 명령어(프로토콜 계층에서 정의하지 않은)를 별도로 준비해서 사용한다. 링크 명령어는 링크 상태의 전환 및 흐름 제어Flow Control 등에 사용된다.

▶ 링크 전원 관리

USB 3 SS에서는 링크의 버스 전원 사용 상태가 어떤 상태인지를 파악하고 있다. U0 상태로부터 U3 상태까지 전원이 공급되는 상황을 감시하면서 불필요한 전력낭비를 효과적으로 피해가는 방법을 제공한다. 이 부분은 6장에서 배우도록 하겠다.

▶ LTSSM

USB 3 SS 링크에서 가장 중요한 포인트는 LTSSM^Link Training and Status State Machine이다. 링크 양쪽 파트너는 현재의 링크 상태가 어떤 상태이며 어떤 조건에 의해서 어떤 상태로 변화될 수 있는지를 규정하고 있다. 프로토콜 계층에서 아무리 프로토콜 패킷을 상대방에게 전송하고 싶다 하더라도 링크의 상태가 LTSSM에서 규정하고 있는 허용된 상태(U0)가 아니면 이런 요청은 금지된다.

4.1 프레임 구성

링크에서 프레임을 구성하는 방법은 총 3가지의 경우로 구분될 수 있다.

4.1.1 Header Packet

Header Packet(HP)은 프로토콜 계층에서 정의한 패킷들을 총칭하는 패킷이다. 이것들은 다음의 경우가 포함된다.

▶ LMP(Link Management Packet), TP(Transaction Packet), ITP(Isochronous Timestamp Packet), DPH(Data Packet Header)

이와 같은 패킷들은 모두 프로토콜 계층에서 구성되는 패킷이다. Header Packet과 관련된 내용은 5장에서 자세히 배우도록 하자.

Header Packet은 공통적으로 16바이트로 구성된다. 이 중 마지막 2바이트는 프로토콜 계층에서 공간만 할애할 뿐, 그 내용을 채우거나 확인하는 작업은 링크층에서 수행한다.

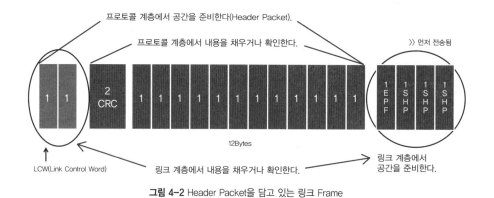

그림 4-2 Header Packet을 담고 있는 링크 Frame

그림 4-2를 보면 Header Packet을 담기 위해서 총 20바이트(4바이트 헤더 + 16바이트 HP)를 구성하는 모습을 알 수 있다.

Header Packet을 위한 링크 프레임의 시작은 그림처럼 4개의 심벌Symbol로 시작된다.

심벌에 대해서 구체적인 내용은 3장을 참조한다.

SHP Start Header Packet 심벌 3개와 EPF End Packet Framing 심벌 1개로 구성된다.

사용되는 CRC는 CRC-16을 사용한다.

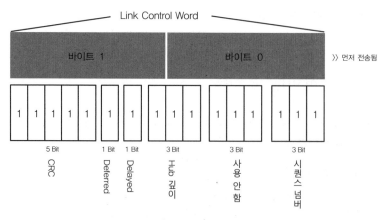

그림 4-3 LCW의 구성

LCW^{Link Control Word}는 링크층에서 사용하는 흐름 제어에 중요한 역할을 담당한다. 시퀀스 넘버 3비트는 0부터 7까지 총 8가지의 수를 가질 수 있다. 이 값은 로테이트된다.

Seq #0, Seq #1, Seq #2, Seq #3, Seq #4, Seq #5, Seq #6, Seq #7, Seq #0, Seq #1, ···

링크층에서는 이와 같은 총 8가지 시퀀스만 사용한다는 것을 유념하길 바란다.

USB 3.0에서는 외장 허브를 최대 5개까지 직렬로 연결할 수 있기 때문에 Hub의 깊이를 표현하는 데는 3개의 비트면 충분하다. Hub 깊이, Delayed, Deferred는 모두 허브와 관련된 필드로서 7장에서 배우도록 하자.

LCW에서 사용하는 CRC는 CRC-5를 사용한다. 프로토콜을 공부하려는 독자들은 Header Packet을 사용하는 패킷이 어떻게 프레임을 구성하는지 알아야 한다.

4.1.2 Data Packet

Header Packet(HP)과 함께 프로토콜 계층에서 정의한 데이터패킷을 의미한다. 이런 데이터패킷을 DPP^{Data Packet Payload}라고 부른다.

HP에 포함된 DPH^{Data Packet Header}와 DPP는 함께 전송되는 패킷이다. 외부에서 볼 때는 하나의 패킷으로 보이지만 실제 서로 다른 패킷이다.

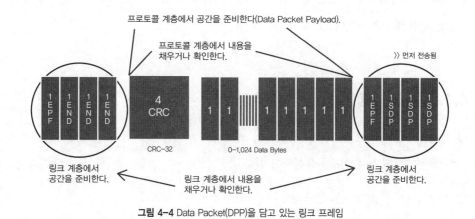

그림 4-4 Data Packet(DPP)을 담고 있는 링크 프레임

그림 4-4와 같이 DPP를 전송하는 프레임은 HP를 전송하는 프레임과 모습이 조금 다르다.

Data Packet Payload를 위한 링크 프레임의 시작은 그림처럼 4개의 심벌^{Symbol}로 시작된다.

SDP^{Start Data Packet} 심벌 3개와 EPF^{End Packet Framing} 심벌 1개로 구성된다. 사용되는 CRC는 CRC-32를 사용한다. DPP에 포함되는 데이터는 최대 1,024바이트까지 허용한다. 프레임의 마지막에는 4개의 추가 심볼(END 심벌 3개와 EPF 심벌 1개)이 사용된다.

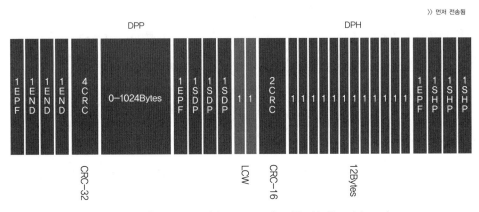

그림 4-5 DPH(Header Packet)와 Data Packet(DPP)을 전송하는 모습(Frame)

그림 4-5는 Header Packet 중에서 DPH와 DPP를 함께 전송하는 모습을 Frame 형태로 보여주고 있다. 결국 USB 3의 SS 통신에서 전송되는 모든 순수 데이터는 이와 같은 모습을 사용해서 전송된다.

4.1.3 링크 명령어

링크 계층에서는 링크를 구성하는 양쪽의 파트너로 하여금 데이터 무결성 및 흐름 제어^{Flow Control} 기능을 사용하도록 요청하고 있다.

링크 파트너가 사용하는 이런 요청들을 링크 명령어라고 부른다.

Header Packet, Data Packet처럼 링크 명령어 역시 독특한 프레임 형태의 구성을 필요로 한다.

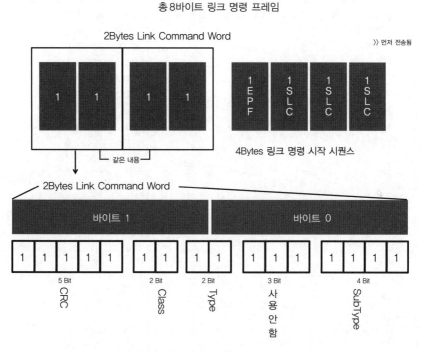

그림 4-6 링크 명령어를 담고 있는 링크 프레임

그림 4-6에서 링크 명령어를 담고 있는 링크 프레임은 총 8바이트로 구성됨을 알 수 있다. 다른 프레임과 마찬가지로 프레임의 시작은 4바이트 심벌 순서열을 가진다.

SLC^{Start Link Command} 심벌 3개와 하나의 EPF 심벌이다. 이후에 2바이트의 링크 명령어^{Link Command Word} 2개가 이어진다. 2개의 링크 명령어는 동일한 값을 사용한다(LCW 약자가 Link Control Word, Link Command Word인지를 꼭 구분해야 한다).

표 4-1을 보면 링크 명령어에 사용되는 2바이트의 비트맵이 어떻게 정의돼 있는지 알 수 있다.

표 4-1 링크 명령어 비트맵 정의

Class		Type	Bit 6-4	SubType
Bit 10-9	링크 명령어	Bit 8-7		Bit 3-0
00	LGOOD_n LCRD_x LRTY LBAD	00: LGOOD_n	사용 안 함	Bit 3: 사용 안 함 Bit 2-0: Seq # 000: LGOOD_0 001: LGOOD_1 010: LGOOD_2 011: LGOOD_3 100: LGOOD_4 101: LGOOD_5 110: LGOOD_6 111: LGOOD_7
		01: LCRD_x		Bit 3-2: 사용 안 함 Bit 1-0: Credit # 00: LCRD_A 01: LCRD_B 10: LCRD_C 11: LCRD_D
		10: LRTY 11: LBAD		사용 안 함
01	LGO_Ux LAU LXU LPMA	00: LGO_Ux		0001: LGO_U1 0010: LGO_U2 0011: LGO_U3
		01: LAU 10: LXU 11: LPMA		사용 안 함
10	LUP LDN	00: LUP 11: LDN		사용 안 함

4.2 링크 명령어의 동작

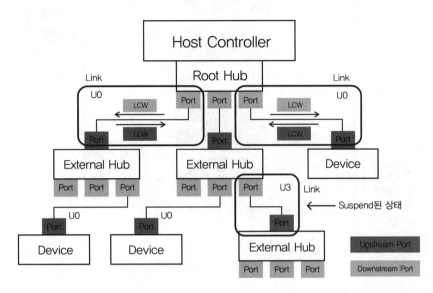

그림 4-7 링크 명령어와 포트

표 4-1에는 USB 3 SS에서 사용되는 다양한 링크 명령어가 소개되고 있다.

4.2.1 LGOOD_n

링크 계층에서는 모든 USB 패킷에 총 8개의 시퀀스 넘버를 부여해서 관리한다. 따라서 LGOOD_0부터 LGOOD_7까지 명명해서 사용하기도 한다. 모든 패킷의 시퀀스 넘버는 그림 4-3의 시퀀스 넘버 항목에 기록된다.

링크 파트너는 자신이 받은 패킷의 시퀀스 넘버를 확인해서 해당 패킷을 잘 받았는지 혹은 그렇지 않은지를 상대방 파트너에게 알려줘야 한다. 기본적인 흐름 제어의 시작이다.

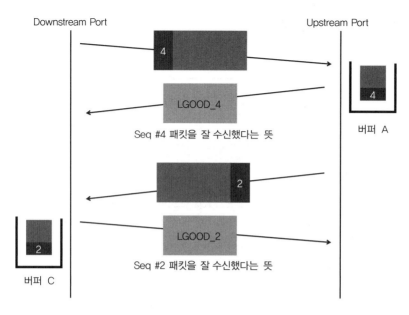

그림 4-8 LGOOD_n이 사용되는 모습

그림 4-8을 보면 링크 양쪽 포트는 각각 자신이 갖고 있는 버퍼 속으로 파트너가 전송해준 패킷을 잘 수신했다. 따라서 수신한 패킷의 시퀀스 넘버를 의미하는 LGOOD_n 링크 명령어를 파트너에게 잘 전달하고 있다. 보통 USB 통신에서 별다른 문제가 없다면 흔히 발생되는 모습이라고 볼 수 있다. 양쪽이 서로 전송하는 패킷(#4와 #2)은 각자 보내는 것이다. 만일 LGOOD_n 링크 명령어가 발생되지 않으면 파트너는 재전송을 해야 하므로 해당 패킷을 지우지 않고 갖고 있어야 한다.

4.2.2 LCRD_x

링크 양쪽 포트는 내부적으로 최대 4개까지의 버퍼를 두고 수신되는 패킷의 흐름 제어를 관리한다. 스펙에서는 최대 4개까지로 제한하고 있지만 현실 속에서는 4개로 고정돼서 사용된다.

이런 버퍼를 버퍼 A, B, C, D라고 부른다.

포트는 파트너가 전송해준 패킷을 순서대로(A부터 D까지) 버퍼에 저장한다. 이렇게 저장된 패킷은 반드시 순서대로 비워져야 한다. 순서대로 비워지는 버퍼에 대한 상태를 파트너에게 알리기 위해서 사용하는 링크 명령어가 LCRD_x이다.

버퍼가 총 4개가 있기 때문에 LCRD_x 명령어도 LCRD_A, LCRD_B, LCRD_C, LCRD_D 이렇게 4개가 존재한다. USB 패킷을 전송하는 포트 측에서는 파트너로부터 해당 패킷이 처리 완료됐다는 확인 메시지로서 LCRD_x를 사용한다.

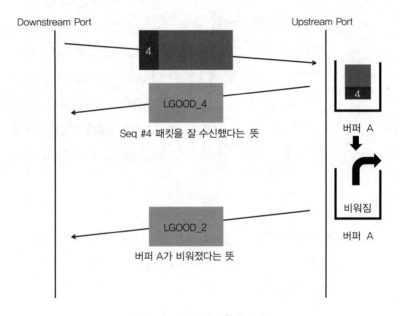

그림 4-9 LCRD_x가 사용되는 모습

그림 4-9를 보면 시퀀스 넘버 4의 패킷을 Upstream Port가 수신한 뒤 잘 받았다는 LGOOD_4 링크 명령어를 Downstream Port에게 전송했다. 이후 수신한 버퍼 A의 상태가 비워졌을 때 LCRD_A 링크 명령어를 보내고 있다.

Tx : DP → UP
Rx : DP ← UP

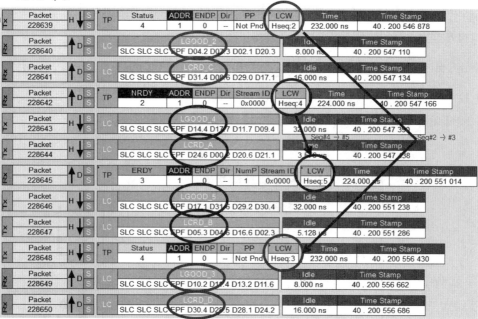

그림 4-10 LGOOD_n과 LCRD_x가 사용되는 모습

그림 4-10을 보면 DP에서 #2 패킷을 UP로 전송하고 있다. 이후 UP에서 #4 패킷을 DP로 전송하고 있다. 이들 간의 패킷 시퀀스 넘버는 서로 관련이 없다. 각각의 LCRD_x 명령어를 받은 뒤 UP는 다음 패킷 #5를 DP로 전송하고 있고, DP는 다음 패킷 #4를 UP로 전송하고 있다.

이런 흐름 제어를 통해서 온전하게 USB 패킷이 양쪽 파트너에게 전달된다.

LGOOD_n과 LCRD_x가 이렇게 실제 USB 패킷 전송에만 사용되는 것은 아니다. 링크가 처음 형성된 뒤 U0 상태(프로토콜 USB 패킷을 송수신할 수 있는 상태)로 진입하면 이 과정 중에 양쪽 링크 파트너의 동작을 확인하는 목적으로도 사용된다.

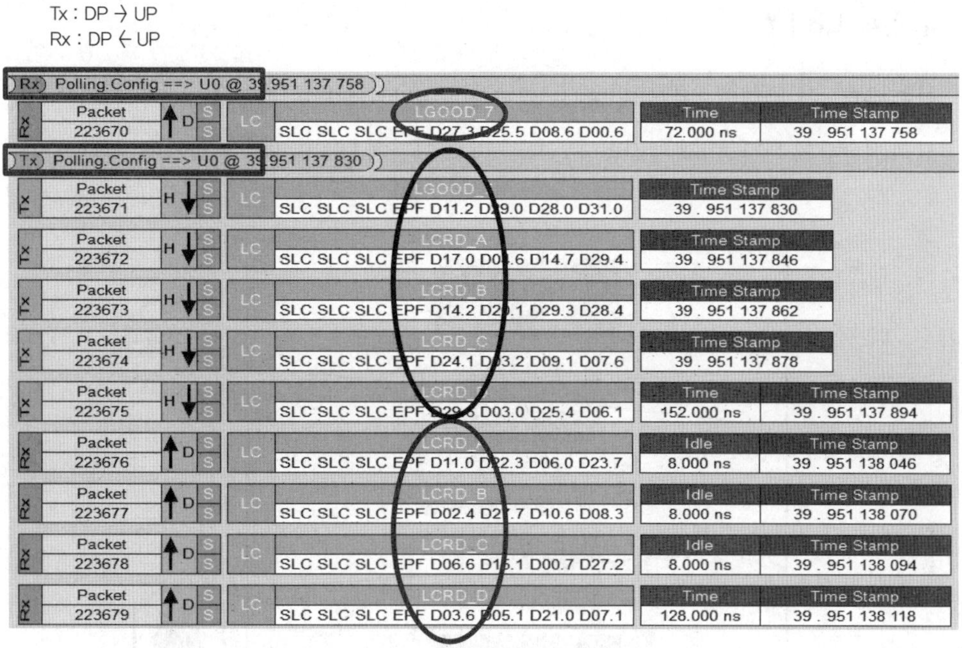

Tx : DP → UP
Rx : DP ← UP

그림 4-11 LGOOD_n과 LCRD_x가 사용되는 모습(U0 상태 진입)

그림 4-11을 보면 링크의 상태가 Polling.Config 상태에서 U0 상태로 변화하는 과정에서 각각의 링크 파트너가 LGOOD_7, LCRD_A, LCRD_B, LCRD_C, LCRD_D 링크 명령어를 순서대로 상대에게 보내고 있다. 이 과정까지 성공적으로 진행하는 링크는 정상적으로 U0 상태로 진입하게 되며, 이후 필요에 따라서 프로토콜 계층에서 요청하는 패킷을 송수신하게 된다.

4.2.3 LBAD

링크 파트너는 자신이 받은 USB 패킷에 오류가 발견되면 상대에게 받은 패킷이 잘못됐음을 알린다. 이때 사용하는 명령어가 LBAD 링크 명령어이다.

4.2.4 LRTY

링크 파트너는 상대방으로부터 LBAD 링크 명령어가 수신되면 최근에 보냈던 패킷을 다시 재전송하게 된다. 이때 재전송하는 패킷 바로 이전에 LRTY 링크 명령어를 보낸다.

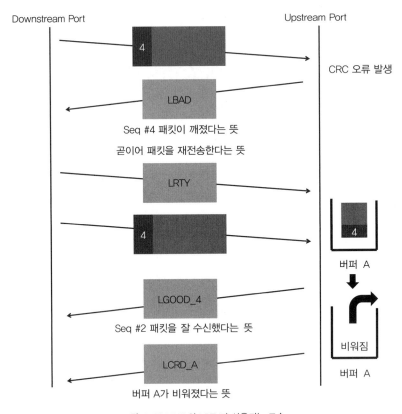

그림 4-12 LBAD와 LRTY가 사용되는 모습

링크가 전력을 소비하는 상태는 크게 4가지 상태(U0, U1, U2, U3)로 나뉜다. U0 상태가 가장 많은 전력을 사용하고 있는 상태이며, 나머지는 순서대로 전력소비량이 많은 순서가 된다. U3 상태의 링크는 가장 최소한의 전력을 사용하는 상태다(U3 상태와 Disconnected 상태는 다르다).

상태는 다음과 같은 형태로만 변화될 수 있다.

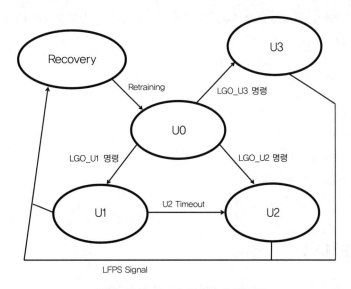

그림 4-13 U0, U1, U2, U3 링크 상태 변화도

그림 4-13을 보면 U0 상태에서 U1, U2, U3 상태로 진입하도록 요청하는 명령어로 LGO_Ux 명령어가 사용되고 있다.

U0 상태가 아닌 상태에서는 정상적인 링크 명령어를 사용할 수 없다. U1, U2, U3 상태에 있는 링크는 서로에게 LFPS 시그널을 사용해서 U0 상태로 돌아가려는 의사를 표현하고 있으며, 이 결과 링크는 Recovery 상태를 통해서 다시 Training돼 U0 상태로 진입할 수 있다.

U1 상태에서 U2 상태로 변환하는 것은 특별한 링크 명령을 사용할 수 없기 때문에 내부적으로 지정한 U2 Timeout 값을 사용한다(구체적인 내용은 6장에서 배우자).

4.2.5 LAU

U0 상태에서 U1, U2, U3 상태로 진입을 요청하는 것은 링크 파트너 모두가 해야 한다. 어느 한 쪽만 진입을 요청할 수 없다. 양쪽의 진입 요청이 모두 수락돼야 정상적인 상태 변화가 가능하다.

링크 파트너 각각은 상대방으로 부터 전달되는 LGO_Ux 링크 명령어에 대해 LAU 링크 명령어로 수락사실을 알린다.

4.2.6 LXU

LAU와 다른 의미로 사용된다. LGO_Ux 링크 명령어에 대해서 거부의사를 나타내는 명령어가 LXU 링크 명령어이다.

4.2.7 LPMA

양쪽 링크는 모두 LGO_Ux 링크 명령어에 대해서 수락의사(LAU)를 보여야 한다. 모든 포트가 수락의사를 표현했다는 확신의 의미로 양쪽 포트는 자신의 링크 상태를 변환한 뒤에 반드시 파트너에게 LPMA 링크 명령어를 보내야 한다.

4.2.8 LDN

Downstream Port(DP)는 링크 파트너에게 더 이상 전송할 링크 명령어가 없다는 사실을 10us마다 알린다. 이때 사용하는 링크 명령어가 LDN 명령어이다.

4.2.9 LUP

Upstream Port(UP)는 링크 파트너에게 더 이상 전송할 링크 명령어가 없다는 사실을 10us마다 알린다. 이때 사용하는 링크 명령어가 LUP 명령어이다.

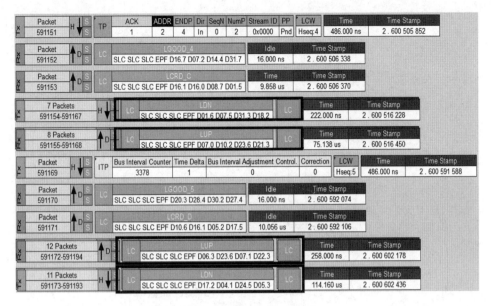

그림 4-14 LDN과 LUP가 사용되는 모습

4.3 LTSSM

USB 3 링크의 꽃이라고 부를 만큼 가장 중요한 위치를 차지하는 개념이 LTSSM^{Link} 이지만 여기서는 ^{Training and Status State Machine}이다. LTSSM은 런타임 시에 형성돼 운용 중인 링크의 현재 상태를 규정하고 이 상태가 다른 상태로 전환되는 사건을 규정한다.

LTSSM은 12개의 링크 상태를 정의하고 있다. 또한 각각의 링크 상태는 서브 상태를 또다시 규정하고 있다.

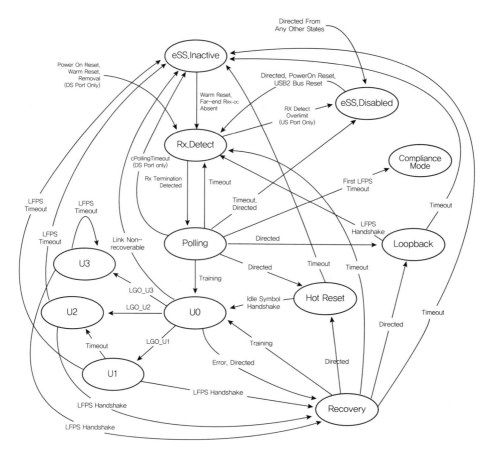

그림 4-15 LTSSM 상태도(출처: usb.org)

그림 4-15를 보면 LTSSM에서 규정한 12개의 링크 상태와 각각의 상태가 변할 때 발생하는 사건을 명시하고 있다.

4.3.1 eSS.Disabled

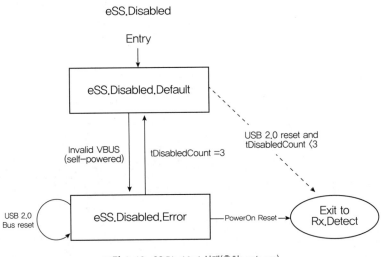

그림 4-16 eSS.Disabled 상태(출처: usb.org)

이 상태는 링크 양쪽 포트의 Receiver Termination이 제거된 상태이며 동작을 하지 않는 상태이다. 또한 양쪽 포트의 연결도 보장할 수 없다. 전원공급도 되지 않은 상태로 간주한다.

2개의 서브 상태를 갖는다. 이 상태에서 Rx.Detect 상태로 진입하기 위해서는 리셋 명령을 성공적으로 수행해야 한다.

- eSS.Disabled.Default: 기본 상태. 리셋 명령에 대해서 성공적인 처리를 못하는 횟수가 3번 이상 누적되면, eSS.Disabled.Error 상태로 진입한다.
- eSS.Disabled.Error: 이 상태를 빠져나오기 위해서는 Power On Reset 방법밖에 없다.

4.3.2 eSS.Inactive

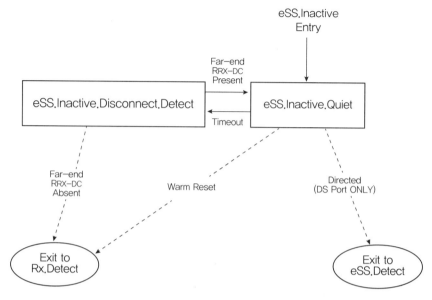

그림 4-17 eSS.Inactive 상태(출처: usb.org)

링크를 형성하는 과정 중에 실패했거나 Warm Reset 명령어에 의해서 진입될 수 있다.

이 상태에서는 VBus가 발견된다.

2개의 서브 상태를 가진다.

- eSS.Inactive.Quiet: 기본 상태로 이 상태에서 Receiver Termination 회로를 찾는다. 회로가 발견되면 Warm Reset 명령에 의해서 Rx.Detect 상태로 진입한다. 발견되지 못하면 eSS.Inactive.Disconnect.Detect 상태로 진입해서 Receiver Termination 회로를 찾는다.

- eSS.Inactive.Disconnect.Detect: Receiver Termination 회로가 발견되면 eSS.Inactive.Quiet 상태로 진입한다. 회로가 발견되지 못하면 Rx.Detect 상태로 진입한다.

4.3.3 Rx.Detect

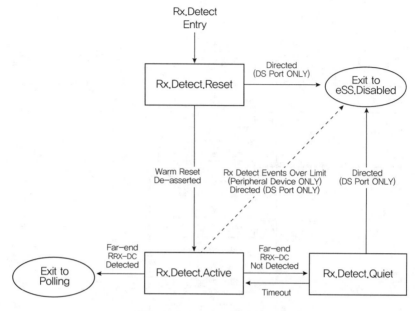

그림 4-18 RxDetect 상태(출처: usb.org)

링크 양쪽 포트에 전원이 공급됐거나 Downstream Port가 Warm Reset 명령을 보내고 있는 상태이거나 Upstream Port가 Warm Reset 명령을 발견한 상태다.

3개의 서브 상태를 가진다.

- Rx.Detect.Reset: 링크의 양쪽 파트너가 Warm Reset 명령에 대해서 서로 반응을 보이는 상태이다. 이 상태를 성공적으로 수행하지 못하면 eSS.Disabled 상태로 전환된다.

- Rx.Detect.Active: 링크의 양쪽 파트너가 서로 Super Speed를 지원하는지를 확인하는 과정을 갖는다. 확인이 되면 Polling 상태로 전환된다.

- Rx.Detect.Quiet: 링크의 양쪽 파트너가 Receiver Termination을 못찾거나 정상적인 수신기를 확인하지 못하면 이 상태가 된다. 이 상태는 12ms 타이머에 의해서 RxDetect.Active 상태로 전환된다. 지정된 횟수만큼 검색을 반복하다 더 이상 찾을 수 없는 경우 eSS.Disabled 상태로 전환된다.

4.3.4 Polling

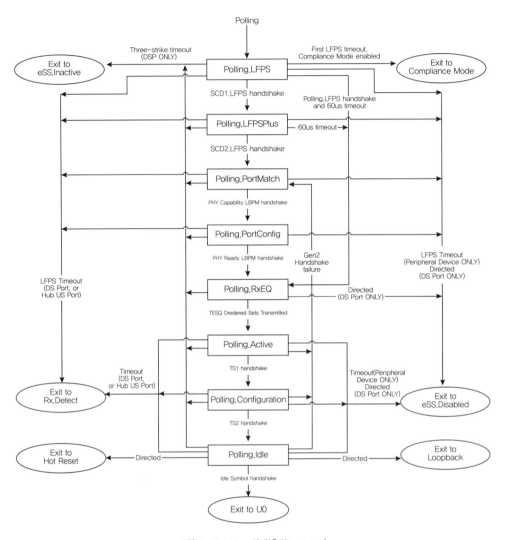

그림 4-19 Polling 상태(출처: usb.org)

링크 Training을 시작하는 상태다. 반복적인 LFPS 핸드셰이킹이 발생하고 양쪽 포트의 수신기의 Equalization 설정을 위한 테스트 및 U0 상태로 진입하기 위한 준비과정을 갖는다.

216

그림 4-19처럼 Polling 상태는 가장 많은 서브 상태를 갖는다. 구체적인 내용은 스펙을 참조하는 것이 좋다. 여기서는 이중에서 가장 중요한 5가지 서브 상태에 대해서만 설명하도록 하겠다.

- Polling.LFPS: 모든 USB 3.0 SS 디바이스는 이 상태에 진입하면 80us 내에 LFPS 시그널 통신이 시작된다. 이 단계에서 디바이스의 포트는 360ms 타이머를 구동한다. 타이머가 구동된 시간 동안 지정된 조건의 LFPS(Polling.LFPS) 시그널이 발견되지 않으면 링크는 Rx.Detect 상태로 되돌아간다. 지정된 조건이란 스펙에 의하면 다음과 같이 정의돼 있다.

  링크의 포트는 최소한 16번에 걸쳐서 Polling.LFPS 시그널을 송신해야 하며, 링크의 포트는 최소한 연속으로 2번 Polling.LFPS 시그널을 수신해야 한다. 링크의 포트는 하나의 Polling.LFPS를 수신한 상태에서 연속으로 4번의 Polling.LFPS를 송신한다.

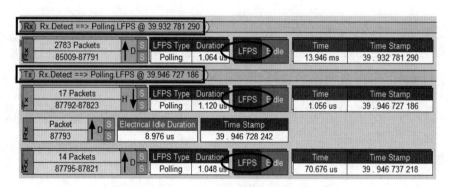

그림 4-20 Rx.Detect 상태에서 Polling.LFPS 상태로 전환되는 모습

- Polling.RxEQ: 양쪽 포트가 65,535번의 TSEQ 순서열을 전송해서 수신기(Receiver) 측이 사용할 Receiver Equalizer 로직이 필요로 하는 패턴 데이터를 수집하는 기간이다.

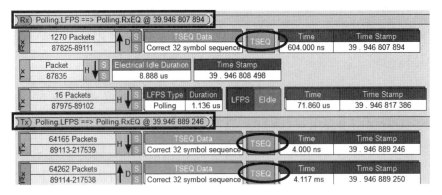

그림 4-21 Polling.LFPS 상태에서 Polling.RxEQ 상태로 전환되는 모습

- Polling.Active : 12ms 타이머가 작동하고 Transceiver는 연속적인 TS1 순서열
  을 파트너에게 보낸다. Receiver는 응답으로 TS1 혹은 TS2 순서열을 파트너에
  게 보낸다.

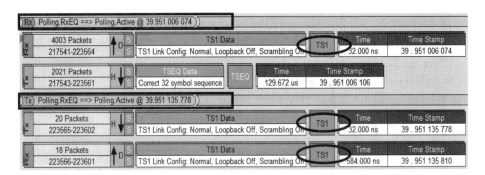

그림 4-22 Polling.RxEQ 상태에서 Polling.Active 상태로 전환되는 모습

- Polling.Configuration : Transceiver는 연속적인 TS2 순서열을 파트너에게 보
  낸다. Receiver는 응답으로 TS2 순서열을 파트너에게 보낸다.

218

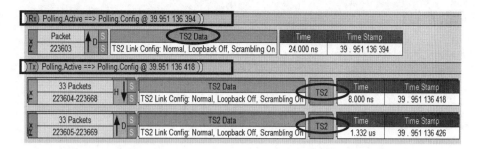

그림 4-23 Polling.Active 상태에서 Polling.Configuration 상태로 전환되는 모습

- Polling.Idle: 링크 파트너 간의 연속적인 Symbol IDLE을 송수신하는 상태. U0 상태로 진입하기 바로 이전 상태이다. 이 상태는 생략되기도 한다.

4.3.5 Compliance Mode

Transceiver의 전원공급 상태와 타이밍을 테스트해보는 상태이다.

4.3.6 U0

링크가 허용되고, USB 패킷이 전송될 수 있는 상태이다. 이 상태에 포트는 진입하면, LGOOD_7, LCRD_A, LCRD_B, LCRD_C, LCRD_D 링크 명령어를 주고받아야 한다. LMP^{Link Management Packet} 패킷을 사용해서 링크 간 구성을 완료한다.

이때 사용하는 LMP 패킷은 다음과 같다.

Port Capability, Port Configuration, Port Config Response

이것과 관련된 내용은 프로토콜을 설명하는 5장에서 배우도록 한다.

4.3.7 U1

저전력 링크 상태이고 패킷 전송이 없는 상태이다.

4.3.8 U2

저전력 링크 상태이고 U1보다 낮은 전력을 갖는 상태이다.

4.3.9 U3

링크가 서스펜드된^{Suspended} 상태로 거의 전력을 소비하지 않는다. 호스트의 요청에 의해
서만 진입될 수 있다.

4.3.10 Recovery

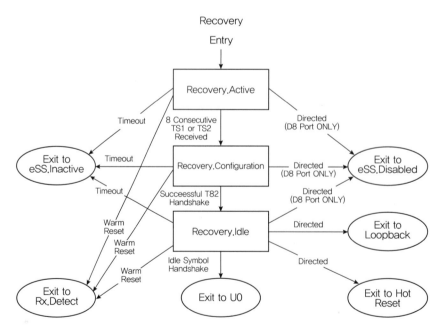

그림 4-24 Recovery 상태(출처: usb.org)

Hot Reset 명령을 통해서 재 Training 절차를 시도하거나 Loopback Mode로 전환하는 준비를 하는 상태이다. U1, U2, U3 상태에서 U0 상태로 전환하기 위해서 거쳐가는 상태이다. 또한 U0 상태에서 회복하기 어려운 에러 상태가 감지되면 Recovery 상태로 진입한다.

3개의 서브 상태를 가진다.

- Recovery.Active : 재 Training 과정을 시작한다. Polling.Active 과정에서 수행한 작업을 한다.

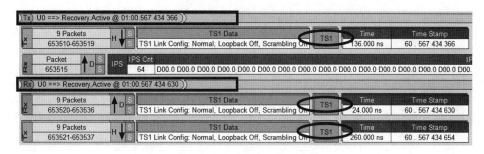

그림 4-25 U0 상태에서 Recovery.Active 상태로 전환되는 모습

- Recovery.Configuration : U0 상태로 들어갈 수 있도록 마지막 Training 작업을 수행한다. Polling.Configuration 과정에서 수행한 작업을 한다.

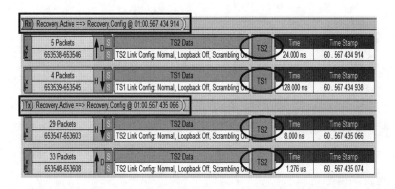

그림 4-26 Recovery.Active 상태에서 Recovery.Configuration 상태로 전환되는 모습

- Recovery.Idle : Recovery.Configuration 과정을 통해서 얻은 정보를 토대로 U0 상태로 진입할 수 있도록 준비하는 작업을 한다.

4.3.11 Loopback

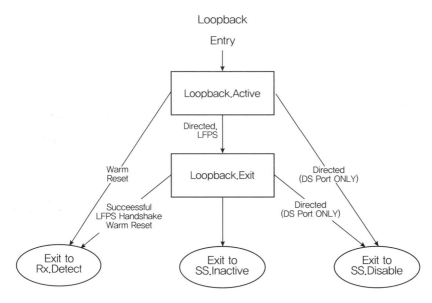

그림 4-27 Loopback 상태(출처: usb.org)

BERT[Bit Error Rate Test] 상태 다이어그램을 구성하고 Receiver의 시그널 수신 상태를 테스트한다.

Polling 상태에서 TS2 순서열의 Loopback 비트값의 유무에 따라서 Loopback Mode로 진입한다.

TS2 순서열의 Loopback 비트값이 TRUE인 대상 포트를 Loopback Master, 그렇지 않은 포트를 Loopback Slave라고 한다. Loopback 테스트는 Loopback Slave를 테스트하는 과정을 의미한다.

2개의 서브 상태를 가진다.

- Loopback.Active: Loopback Master는 테스트를 위한 데이터 혹은 명령어를 Slave에게 전달한다. Slave는 수신된 명령어를 해석한다.
- Loopback.Exit: Loopback Exit을ff 위한 LFPS 시그널을 기다린다. Loopback Master에 의해서 모든 Loopback 테스트를 종결한다.

4.3.12 Hot Reset

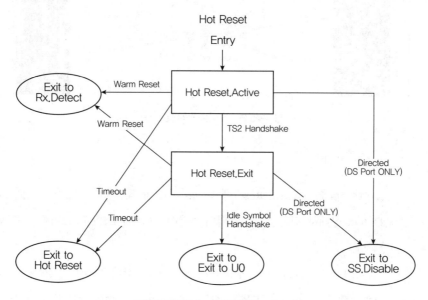

그림 4-28 Hot Reset 상태(출처: usb.org)

Downstream Port에 의해서 발생하는 리셋 상태이다.

Warm Reset보다 빠르게 U0 상태로 진입될 수 있다. 링크 파트너 양쪽이 서로 TS2 순서열(리셋 비트가 TRUE)을 사용해서 리셋과정을 진행한다.

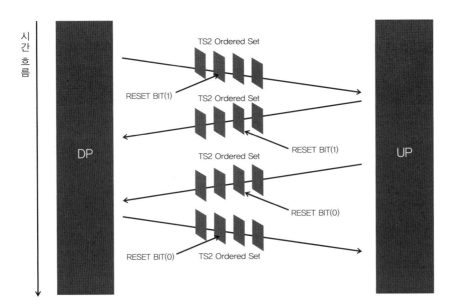

시간 흐름

TS2 Ordered Set

RESET BIT(1)

TS2 Ordered Set

RESET BIT(1)

TS2 Ordered Set

RESET BIT(0)

RESET BIT(0) TS2 Ordered Set

DP

UP

그림 4-29 Hot Reset을 진행하는 모습

2개의 서브 상태를 가진다.

- HotReset.Active : Warm Reset에 의해서 Hot Reset 상태로 들어온 경우에는 Rx.Detect 상태로 전환된다. 그 외의 경우는 그림 4-28에서 보여주는 과정을 진행한다.

- HotReset.Exit : Warm Reset에 의해서 Hot Reset 상태로 들어온 경우에는 Rx. Detect 상태로 전환된다. 그 외의 경우 양쪽 포트는 Symbol IDLE 데이터를 송신한다. 정상적으로 수신하면, U0 상태로 링크의 상태를 돌린다. 그렇지 않으면 eSS.Inactive 상태로 전환된다.

05

USB 프로토콜

상당히 많은 독자들이 5장, 'USB 프로토콜'에 관심을 가질 것이다. 그만큼 인터넷이나 주변에서 USB라고 하면 가장 많이 이야기하는 것인데 그 개념을 5장에서 배울 것이다.

5.1 USB 2 프로토콜

모든 패킷은 SYNC 필드로부터 시작된다.

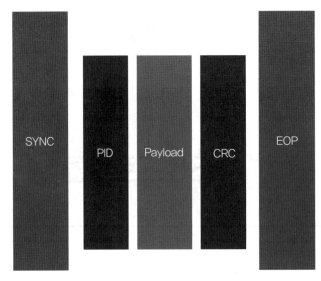

먼저 전달됨

그림 5-1 SYNC와 EOP

SYNC와 EOP 시그널은 물리 계층에서 설명하는 내용이므로 3장을 참고한다.

5.1.1 Packet 필드 포맷

여러 가지 Packet을 구성하는 비트 필드를 살펴본다.

5.1.1.1 Packet ID(PID) 필드

표 5-1 PID 포맷(8비트)

LSB							MSB
PID0	PID1	PID2	PID3	PID0 1보수	PID1 1보수	PID2 1보수	PID3 1보수

4비트의 PID 값을 사용한다. 상위 4비트의 값은 PID 값의 1의 보수를 사용한다. 전체는 8비트이다. 예를 들어, PID가 0101인 경우 PID 값의 1의 보수는 1010이 된다.

표 5-2 PID 유형

PID 유형	PID 이름	PID 값(4비트)	설명
토큰(Token)	OUT	0001B	호스트에서 디바이스로 데이터를 전송
	IN	1001B	디바이스에서 호스트로 데이터를 전송
	SOF	0101B	Start of Frame 신호로 사용
	SETUP	1101B	컨트롤파이프의 Setup 명령을 디바이스로 전송
데이터(Data)	DATA0	0011B	짝수 Data 패킷
	DATA1	1011B	홀수 Data 패킷
	DATA2	0111B	고대역폭 등시성 전송에서 사용됨
	MDATA	1111B	Split과 고대역폭 등시성 전송에서 사용됨
Handshake	ACK	0010B	데이터를 정상으로 수신했다.
	NAK	0101B	데이터를 받거나 보낼 수 없다.
	STALL	1110B	엔드포인트가 정지(Halt)됐다.
	NYET	0110B	데이터를 수신했지만, 아직 처리중이다.
특별한 목적	PRE	1100B	토큰으로 사용됨. Low Speed에 사용됨
	ERR	1100B	Handshake에 사용됨. Split 전송 에러
	SPLIT	1000B	토큰으로 사용됨. Split 전송에 사용됨
	PING	0100B	High Speed 컨트롤, 벌크 엔드포인트의 흐름 제어목적으로 사용됨

PID가 어떤 유형인가에 따라서 패킷 이름을 결정한다.

PID가 토큰이면 토큰패킷, 데이터면 데이터패킷, Handshake면 Handshake패킷이라고 부른다.

5.1.1.2 Address 필드(Address, Endpoint)

Address 필드는 SOF 토큰패킷을 제외한 나머지 토큰패킷에 포함된다. Address 필드는 디바이스 주소Address와 엔드포인트Endpoint로 구성된다.

표 5-3 ADDR 포맷(8비트)

LSB							MSB
ADDR0	ADDR1	ADDR2	ADDR3	ADDR4	ADDR5	ADDR6	ADDR7

디바이스 주소(ADDR)는 USB 디바이스가 가질 수 있는 주소를 의미한다. 주소 값은 0(디폴트 주소로 사용됨)부터 127까지 가질 수 있다.

표 5-4 Endpoint 포맷(4비트)

LSB			MSB
Endp0	Endp1	Endp2	Endp3

Endpoint는 하나의 디바이스가 가질 수 있는 엔드포인트의 주소로 사용된다. 주소 값은 0(디폴트 엔드포인트)부터 15까지 가질 수 있다. 엔드포인트는 같은 주소를 사용하는 IN, OUT 방향의 엔드포인트를 각각 가질 수 있다. 따라서 디폴트 엔드포인트(0)를 제외하고 1부터 15까지 IN, OUT 방향의 엔드포인트를 더하면 3총 0개이다. 방향성은 고려하지 않는다.

5.1.1.3 Frame Number 필드

SOF 토큰패킷에서 사용된다. 11비트로 구성되고 프레임마다 값은 1씩 증가한다. 최댓값은 7FFH가 된다. 최댓값을 넘으면 Frame Number 값은 다시 0으로 돌아간다.

5.1.1.4 Data 필드

Data 필드는 0바이트부터 최대 1,024바이트까지 가질 수 있다.

5.1.1.5 CRC 필드

5비트 CRC^Cyclic Redundancy Checks(토큰 CRC)와 16비트 CRC(데이터 CRC)가 사용된다.

5.1.2 Packet 포맷

이번에는 토큰패킷, 데이터패킷, Handshake패킷의 패킷 포맷을 확인해보자.

5.1.2.1 토큰패킷

표 5-5 토큰패킷 포맷(24비트)

필드	LSB			MSB
	PID	ADDR	ENDP	CRC-5
비트 수	8	7	4	5
		토큰 포맷		ADDR+ENDP

토큰패킷은 CRC-5를 사용한다. 디바이스 주소(ADDR)와 엔드포인트 주소(ENDP)가 포함된다. 사용하는 CRC-5 알고리즘은 ADDR과 ENDP 값만 사용한다. SOF 토큰패킷은 ADDR 필드와 ENDP 필드가 사용되지 않는다. 대신 Frame #로 11비트가 사용된다.

5.1.2.2 분할(Split) 트랜잭션을 위한 특별한 토큰패킷

USB 2 High Speed 허브의 Upstream Port는 루트 허브의 Downstream Port와 High Speed로 링크를 유지하면서, 외장 허브 자신의 Downstream Port에 Low Speed, Full Speed, High Speed 디바이스를 연결하는 경우를 허용한다. LS, FS 디바이스는 HS 디바이스보다 느린 프레임시간을 사용하고 느린 속도로 트랜잭션을 진행한다. 따라서 이런 느린 트랜잭션이 함께 외장 허브 Dowstream Port에 연결돼 있는 HS 디바이스의 동작에 영향을 미치지 않도록 특별한 관리가 필요하다.

분할 트랜잭션에서는 SSPLIT[Start of SPLIT] 토큰과 CSPLIT[Complete of SPLIT] 토큰이 추가로 정의돼 사용된다.

5.1.2.2.1 분할 트랜잭션

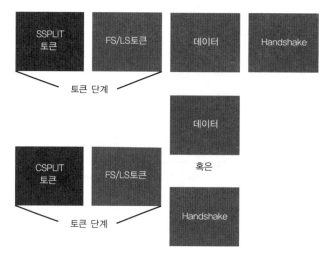

그림 5-2 SSPLIT, CSPLIT 트랜잭션과 패킷들

SSPLIT, CSPLIT 트랜잭션은 철저하게 HS 허브의 Upstream Port와 호스트 간의 트랜잭션이다. HS 허브의 Downstream Port에 연결된 LS, FS 디바이스는 분할 트랜잭션을 느끼지 않아야 한다.

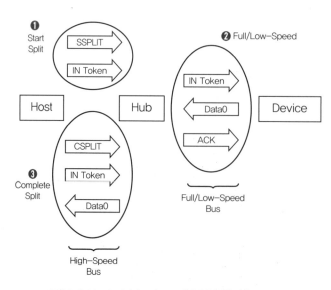

그림 5-3 FS, LS 디바이스의 IN 트랜잭션을 위한 분할 트랜잭션

그림 5-3은 LS, FS 디바이스가 IN 트랜잭션을 수행할 수 있도록 유도하는 분할 트랜잭션을 보여주고 있다.

❶ 호스트는 허브로 SSPLIT 패킷과 함께 IN 토큰패킷을 보낸다.

❷ 허브는 LS, FS 디바이스 측으로 IN 토큰패킷을 보낸다. 디바이스는 호스트(허브)로 응답 Data0 패킷을 보낸다. 허브는 디바이스 측으로 ACK Handshake패킷을 보낸다.

❸ 허브가 결과를 가지고 있는 상태이다. 호스트는 적당한 시간 이후에 허브로 CSPLIT 패킷과 IN 토큰패킷을 보낸다. 이때 허브는 호스트로 데이터 Data0을 올려보낸다.

LS, FS 디바이스는 전혀 분할 트랜잭션이 사용되는지 알지 못한다.

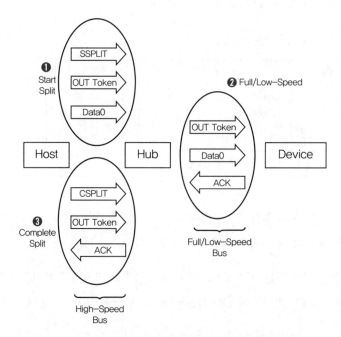

그림 5-4 FS, LS 디바이스의 OUT 트랜잭션을 위한 분할 트랜잭션

그림 5-4는 LS, FS 디바이스가 OUT 트랜잭션을 수행할 수 있도록 유도하는 분할 트랜잭션을 보여주고 있다.

❶ 호스트는 허브로 SSPLIT 패킷과 함께 OUT 토큰패킷을 보내고, 이어서 Data0 패킷을 보낸다.

❷ 허브는 LS, FS 디바이스 측으로 OUT 토큰패킷을 보낸다. 이후 갖고 있는 Data0 패킷을 디바이스로 보낸다. 디바이스는 허브 측으로 ACK Handshake패킷을 보낸다.

❸ 호스트는 적당한 시간 이후에 허브로 CSPLIT 패킷과 OUT 토큰패킷을 보낸다. 이것은 디바이스 측으로 Data0을 잘 보냈는지를 확인하는 목적이다. 따라서 허브는 호스트로 ACK Handshake패킷을 올려보낸다.

5.1.2.2.2 SSPLIT 트랜잭션 토큰패킷

SSPLIT 트랜잭션 토큰패킷은 다음처럼 구성돼 있다.

표 5-6 SSPLIT 트랜잭션 토큰패킷 포맷(32비트)

	LSB							MSB
필드	SPLIT PID	허브 ADDR	SC	Port	S	E	ET	CRC-5
비트 수	8	7	1	7	1	1	2	5
		CRC-5 계산에 사용됨						

허브 주소(ADDR)는 패킷을 받을 디바이스의 주소를 명시하고, SC는 Start 혹은 Complete를 구분하는 구분자로 사용한다. SSPLIT는 0을 사용한다.

Port에는 허브가 갖고 있는 Downstream Port의 번호를 명시한다. STT$^{Single\ TT}$에서는 사용되지 않는다. MTT$^{Multiple\ TT}$에서만 사용된다. 허브 관련 내용은 7장에서 자세히 설명한다.

S와 E 비트는 조금 다양하게 쓰인다. S는 컨트롤 전송과 인터럽트 전송에서는 속도^{Speed}를 나타낸다. 0은 FS, 1은 LS가 된다. S는 벌크 IN, OUT과 등시성 전송에서는 0을 사용해야 한다. E는 벌크/컨트롤/인터럽트 IN, OUT, 등시성 전송 IN에서는 0을 사용해야

한다. Full Speed 등시성 전송 OUT을 위해서 S, E 비트는 다음과 같은 의미로 사용된다.

표 5-7 등시성 전송 OUT을 위한 S, E 비트의 특별한 사용

S	E	HS에서 FS로의 분할 작업정보
0	0	지금 데이터가 FS Data Payload의 중간 데이터다.
0	1	지금 데이터가 FS Data Payload의 마지막 데이터다.
1	0	지금 데이터가 FS Data Payload의 처음 데이터다.
1	1	지금 데이터가 FS Data Payload 모두를 담고 있다.

등시성 전송 OUT을 위한 분할 작업 시 호스트에서 HS 허브로 전송하는 데이터는 125us 의 프레임에 맞춰 전송한다. 반면 HS 허브는 호스트로부터 수신된 데이터를 모아서 1ms 프레임에 맞춰 FS 디바이스로 전송한다.

이와 같은 작업을 원활하게 하기 위해서 호스트는 표 5-7에서 명시한 대로 등시성 전송 데이터의 성격을 허브에게 알려준다. 관련된 내용은 7장에서 자세히 설명한다(ET는 Endpoint Type을 의미한다. 00: 컨트롤, 01: 등시성, 10: 벌크, 11: 인터럽트).

5.1.2.2.3 CSPLIT 트랜잭션 토큰패킷

CSPLIT 트랜잭션 토큰패킷은 다음처럼 구성돼 있다.

표 5-8 CSPLIT 트랜잭션 토큰패킷 포맷(32비트)

필드	LSB							MSB
필드	SPLIT PID	허브 ADDR	SC	Port	S	U	ET	CRC-5
비트 수	8	7	1	7	1	1	2	5
		CRC-5 계산에 사용됨						

SC는 Start 혹은 Complete를 구분하는 구분자로 사용하고 CSPLIT는 1을 사용한다. U 는 사용되지 않는다.

5.1.2.3 SOF 패킷

표 5-9 SOF 패킷 포맷(24비트)

	LSB		MSB
필드	PID	프레임 #	CRC-5
비트 수	8	11	5
		CRC-5 계산에 사용됨	

SOF^Start Of Frame 패킷은 특별한 토큰패킷이다. 일반 토큰패킷은 디바이스 주소(ADDR)와
엔드포인트 주소(ENDP)를 담고 있지만, SOF 패킷은 대신 프레임 넘버(#)를 담고 있다. 이
값은 11비트이기 때문에 0부터 3FFH까지 프레임마다 증가한다. 최댓값에 이르면 0으로
로테이트된다.

LS는 SOF를 사용하지 않는다. 1ms 프레임은 존재한다. 대신 Keep Alive 시그널을 사
용한다. FS는 SOF 패킷이 1ms(Frame)마다 전송된다. HS는 SOF 패킷이 125us(uFrame)
마다 전송된다.

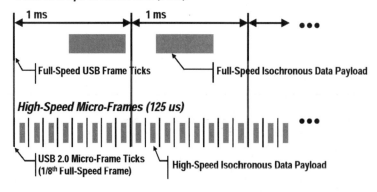

그림 5-5 LS, FS와 HS의 프레임(출처: usb.org)

그림 5-5를 보면 LS, FS는 1ms마다 프레임이 증가하고 HS는 125us마다 프레임이 증가
한다. LS, FS 프레임을 Frame, HS 프레임을 마이크로 프레임^uFrame이라고 부른다.

5.1.2.4 데이터패킷

표 5-10 데이터패킷 포맷

	LSB		MSB
필드	PID	Data	CRC-16
비트 수	8	0-8,192bit (1KBytes)	16
		CRC-16 계산에 사용됨	

표 5-10에서 사용되는 PID는 모두 4가지의 경우가 있다(표 5-2 참고). 일반적인 OUT, IN 트랜잭션과 함께 사용되는 Data PID는 DATA0, DATA1이다. 데이터패킷의 동기화 목적으로 짝수와 홀수로 구분돼 번갈아가면서 사용된다.

고대역폭 등시성 전송에서는 DATA0, DATA1, DATA2, DATAM 4가지가 모두 사용된다. 분할 전송에서는 DATA0, DATA1, DATAM 3가지가 사용된다.

표 5-11 속도에 따른 엔드포인트의 MaxPacketSize(바이트)

엔드포인트의 종류	LS MaxPacketSize	FS MaxPacketSize	HS MaxPacketSize	SS(SS+) MaxPacketSize
컨트롤	8	8, 16, 32, 64	64	512
인터럽트	1-8	1-64	1-1,024	1-1,024
벌크	지원 안 함	8, 16, 32, 64	512	1,024
등시성	지원 안 함	1-1,023	1-1,024	0-1,024

표 5-11은 엔드포인트의 MaxPacketSize와 지원속도와의 관계를 보여준다. 엔드포인트 디스크립터를 통해서 각각의 엔드포인트는 자신이 지원하는 MaxPacketSize를 호스트로 알려준다.

표 5-11에 따르면 HS 인터럽트 엔드포인트의 MaxPacketSize는 1-1,024바이트이다. 이 말은 이 중에 어떤 값을 MaxPacketSize 값으로 사용해도 무방하다는 뜻이다. 예를 들어, 특정 디바이스의 HS 인터럽트 엔드포인트는 자신의 MaxPacketSize 값을 512로

가질 수 있다. 다른 디바이스의 HS 인터럽트 엔드포인트는 자신의 MaxPacketSize 값을 64로 가질 수 있다. 왜냐하면, 1–1,024 사이의 값이면 어떤 값이든지 가질 수 있기 때문이다.

반면 HS 컨트롤 엔드포인트의 MaxPacketSize 값은 64로 고정돼 있다. 이런 경우에는 MaxPacketSize 값이 항상 64로 고정돼 있어야 한다는 것을 의미한다.

엔드포인트의 MaxPacketSize는 전송과 중요한 연관성을 갖고 있다. 벌크 전송과 컨트롤 전송에서는 엔드포인트가 나타내는 MaxPacketSize 값보다 작은 크기의 데이터패킷을 송수신하는 행위가 발생하면 이것이 전송의 마지막 패킷인 것으로 간주된다. 물론 MaxPacketSize의 정확한 배수만큼 전송을 요청하는 경우도 있다. 이런 경우에는 송수신 측에서 크기를 정확하게 고려해서 마지막 패킷인 것을 알게 되지만 그렇지 않은 경우에는 MaxPacketSize 값보다 작은 크기의 데이터패킷을 마지막 패킷으로 사용한다. 이것을 쇼트 패킷Short Packet이라고 부른다.

반면 등시성 전송과 인터럽트 전송에서는 쇼트 패킷을 전송의 마지막 패킷으로 간주하지 않는다. 표 5–11에서 알 수 있듯이 인터럽트와 등시성 전송에 사용되는 엔드포인트의 MaxPacketSize 값은 1부터 8, 64, 1,023, 1,024까지의 연속적인 범위를 인정하고 있는 것이 특징이다. 즉, 언제든지 MaxPacketSize 값으로 지정된 크기보다 작은 데이터패킷이 발견된다 하더라도 이것이 항상 전송의 마지막을 나타내는 것이 아니라는 점을 꼭 기억하자.

5.1.2.5 Handshake패킷

표 5–12 Handshake패킷 포맷(24비트)

필드	PID
비트 수	8

Handshake패킷은 다음과 같이 5가지가 있다.

- ACK: 데이터패킷을 수신하는 측에서 정상적인 수신이 됐다는 뜻으로 사용된다.

- NAK: 데이터패킷을 받을 준비가 돼 있지 못하거나 데이터를 보낼 준비가 돼 있지 못하다는 뜻으로 사용된다.

- STALL: 엔드포인트 에러가 발생했거나 의도적으로 엔드포인트의 동작을 멈추고 있는 경우에 사용된다.

- NYET: OUT 트랜잭션 디바이스 측에 사용되며, 방금 받은 데이터패킷은 수용하지만 이어서 다음에 전송되는 패킷은 받을수 없다는 뜻으로 사용된다. NYET 패킷을 받은 호스트는 PING 패킷을 통해서 디바이스의 준비 상태를 확인하게 된다.

- ERR: 분할 트랜잭션에서 사용되는데 허브에서 호스트로 에러를 알릴 때 사용된다.

5.1.2.6 Handshake패킷의 반응 조건

항상 정해진 Handshake패킷이 사용되는 것은 아니다. 상황과 조건에 따라서 다른 종류의 Handshake패킷을 사용할 수 있다.

표 5-13 IN 트랜잭션과 디바이스의 Handshake패킷

수신된 토큰 상태	엔드포인트의 Halt Feature 기능 활성화 유무	디바이스가 데이터를 전송할 수 있는지 여부	디바이스가 취하는 행동
토큰이 깨진 경우	관계없다.	관계없다.	아무런 행동을 하지 않는다.
정상토큰이 수신된 경우	기능이 켜져 있다(ON).	관계없다.	STALL 패킷을 리턴한다.
정상토큰이 수신된 경우	기능이 꺼져 있다(OFF).	전송할 수 없다.	NAK 패킷을 리턴한다.
정상토큰이 수신된 경우	기능이 꺼져 있다(OFF).	전송할 수 있다.	데이터패킷을 리턴한다.

디바이스 입장에서 바라본다. 수신된 IN 토큰이 깨진 경우에는 아무런 행동을 하지 않는다.

엔드포인트의 Halt Feature 기능이 활성화된 경우 호스트가 요청하는 IN 토큰패킷에 대해서 디바이스는 항상 STALL 응답을 호스트로 보낸다. 엔드포인트의 Halt Feature 기능이 꺼져있는 경우 호스트가 요청하는 IN 토큰패킷에 대해서 디바이스는 데이터가 있으면 데이터패킷을, 데이터가 없으면 NAK 패킷을 응답해야 한다.

표 5-14 IN 트랜잭션과 호스트의 Handshake패킷

수신된 데이터패킷 상태	호스트가 데이터패킷 수신 가능 유무	호스트가 취하는 행동
데이터패킷이 깨진 경우	관계없다.	데이터를 버리고 아무런 행동을 하지 않는다.
정상패킷이 수신된 경우	받을 수 없다.	데이터를 버리고 아무런 행동을 하지 않는다.
정상패킷이 수신된 경우	받을 수 있다.	데이터를 수신하고 ACK 패킷을 리턴한다.

호스트 입장에서 바라본다. IN 토큰에 대한 데이터패킷이 수신됐다. 수신된 데이터패킷이 깨진 경우 호스트는 아무런 행동을 하지 않는다.

수신된 데이터패킷이 정상인 경우 호스트가 데이터를 받을 수 없는 상태라면, 데이터를 버리고 아무런 행동을 하지 않는다. 이상하게 보일지도 모르지만, IN 토큰을 발생시킨 당사자가 호스트이기 때문에 이런 상황은 정상상황이 아니다.

수신된 데이터패킷이 정상인 경우, 호스트가 데이터를 받을 수 있는 상태라면, 데이터패킷을 받아들인다. 그런 다음, ACK 패킷을 디바이스로 보낸다.

표 5-15 OUT 트랜잭션과 디바이스의 Handshake패킷

수신된 데이터패킷 상태	엔드포인트의 Halt Feature 기능 활성화 유무	수신된 데이터 패킷 동기화 순서가 정상인지	디바이스가 데이터를 전송할 수 있는지 여부	디바이스가 취하는 행동
데이터패킷이 깨진 경우	관계없다.	관계없다.	관계없다.	아무런 행동을 하지 않는다.

수신된 데이터패킷 상태	엔드포인트의 Halt Feature 기능 활성화 유무	수신된 데이터 패킷 동기화 순서가 정상인지	디바이스가 데이터를 전송할 수 있는지 여부	디바이스가 취하는 행동
데이터패킷이 정상인 경우	기능이 켜져있다 (ON).	관계없다.	관계없다.	STALL 패킷을 리턴 한다.
데이터패킷이 정상인 경우	기능이 꺼져있다 (OFF).	잘못된 순서	관계없다.	ACK를 응답하고 데 이터는 버린다.
데이터패킷이 정상인 경우	기능이 꺼져있다 (OFF).	정상 순서	받을 수 있다.	ACK를 응답한다.
데이터패킷이 정상인 경우	기능이 꺼져있다 (OFF).	정상 순서	받을 수 없다.	NAK를 응답한다.

디바이스 입장에서 바라본다. 수신된 데이터패킷이 깨진 경우에는 아무런 행동을 하지 않는다.

엔드포인트의 Halt Feature 기능이 활성화된 경우 디바이스는 항상 STALL 응답을 호스트로 보낸다.

엔드포인트의 Halt Feature 기능이 꺼져있는 경우 받은 데이터의 순서 비트가 잘못된 경우라면 데이터패킷을 버리고 ACK 패킷을 응답한다.

엔드포인트의 Halt Feature 기능이 꺼져있고 받은 데이터의 순서 비트가 정상인 경우 디바이스가 데이터를 받을 수 있는 상태에서는 ACK 패킷을 응답한다. 그렇지 않으면 NAK 패킷을 응답한다.

5.1.3 트랜잭션 패킷 순서

트랜잭션은 복수 개의 패킷으로 구성된다. 이런 패킷들은 그 종류에 따라서 사용되는 순서가 정해져 있다.

5.1.3.1 벌크 전송

벌크 전송은 다음과 같은 특징을 갖는다.

- 벌크 전송은 우선순위가 가장 낮은 전송이다. 다른 전송(벌크 전송이 아닌)이 빈번하면, 벌크 전송은 지연된다.
- 데이터의 신뢰성이 중요한 전송이다. 데이터가 깨지면 안 되는 프로토콜에 사용된다.
- 많은 양의 데이터를 전송하는 목적으로 사용된다.

이와 같은 특징을 가진 프로토콜을 위해서는 벌크 전송을 사용한다.

USB 이동식 디스크에 대표적으로 사용된다.

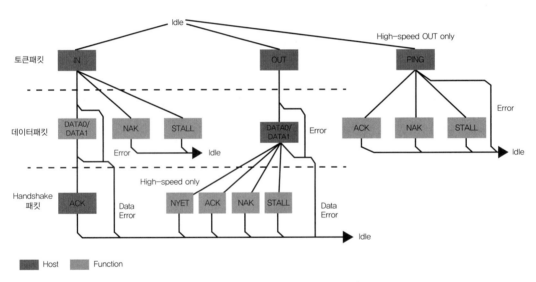

그림 5-6 벌크 트랜잭션 전체 개요(출처: usb.org)

그림 5-6을 보면 벌크 IN, OUT 트랜잭션과 관련된 패킷들이 소개되고 있다.

벌크 IN 트랜잭션은 호스트에서 IN 토큰을 발생하면서 시작된다. 디바이스 측에서 DATA0/DATA1 데이터패킷, NAK 혹은 STALL을 응답한다. 정상적인 데이터패킷이 호스트로 전달된 경우 호스트는 ACK 패킷을 디바이스로 보낸다.

벌크 OUT 트랜잭션은 호스트에서 OUT 토큰을 발생하면서 시작된다. 호스트는 이어서 DATA0/DATA1 데이터패킷을 디바이스로 보낸다. 디바이스는 수신 상태에 따라서 NYET, ACK, NAK 혹은 STALL을 응답한다.

벌크 OUT 트랜잭션의 경우 디바이스가 NYET를 응답한 경우에는 다음 벌크 OUT 트랜잭션을 하기 위해서 호스트는 반드시 PING 패킷을 디바이스로 전송해서 디바이스의 준비 상태를 검사해야 한다.

중요한 요점 중 하나는 벌크 IN, OUT 트랜잭션은 하나의 데이터패킷만 포함한다는 점이다. 따라서 복수 개의 데이터패킷을 전송하려면 복수 개의 트랜잭션을 사용해야 한다.

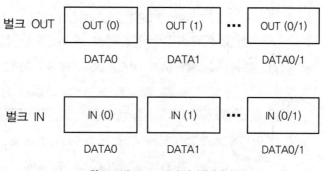

그림 5-7 벌크 IN, OUT과 데이터패킷 순서

그림 5-7은 벌크 IN, OUT에서 사용되는 데이터패킷 순서를 보여주고 있다. 데이터패킷 순서는 엔드포인트별로 각각 독립성을 유지한다. 데이터패킷 순서는 짝수, 홀수의 순서를 사용한다.

짝수의 경우 DATA0, 홀수의 경우 DATA1을 사용한다. 데이터패킷은 짝수(DATA0) → 홀수(DATA1) → 짝수(DATA0) → 홀수(DATA1)의 순서대로 전송해야 한다.

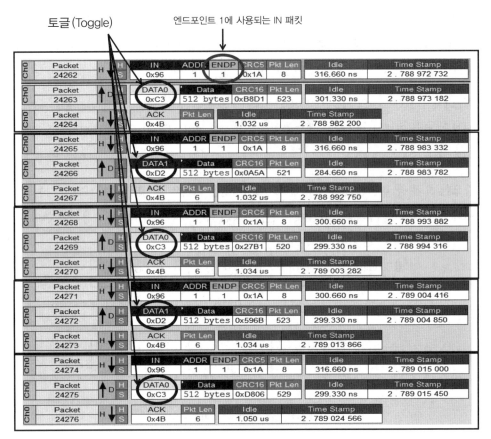

토글(Toggle)

엔드포인트 1에 사용되는 IN 패킷

| Packet 24262 | IN 0x96 | ADDR 1 | ENDP 1 | CRC5 0x1A | Pkt Len 8 | Idle 316.660 ns | Time Stamp 2 . 788 972 732 |
| Packet 24263 | DATA0 0xC3 | Data 512 bytes | CRC16 0xB8D1 | Pkt Len 523 | Idle 301.330 ns | Time Stamp 2 . 788 973 182 |

| Packet 24264 | ACK 0x4B | Pkt Len 6 | Idle 1.032 us | Time Stamp 2 . 788 982 200 |

| Packet 24265 | IN 0x96 | ADDR 1 | ENDP 1 | CRC5 0x1A | Pkt Len 8 | Idle 316.660 ns | Time Stamp 2 . 788 983 332 |
| Packet 24266 | DATA1 0xD2 | Data 512 bytes | CRC16 0x0A5A | Pkt Len 521 | Idle 284.660 ns | Time Stamp 2 . 788 983 782 |

| Packet 24267 | ACK 0x4B | Pkt Len 6 | Idle 1.032 us | Time Stamp 2 . 788 992 750 |

| Packet 24268 | IN 0x96 | ADDR 1 | ENDP 1 | CRC5 0x1A | Pkt Len 8 | Idle 300.660 ns | Time Stamp 2 . 788 993 882 |
| Packet 24269 | DATA0 0xC3 | Data 512 bytes | CRC16 0x27B1 | Pkt Len 520 | Idle 299.330 ns | Time Stamp 2 . 788 994 316 |

| Packet 24270 | ACK 0x4B | Pkt Len 6 | Idle 1.034 us | Time Stamp 2 . 789 003 282 |

| Packet 24271 | IN 0x96 | ADDR 1 | ENDP 1 | CRC5 0x1A | Pkt Len 8 | Idle 300.660 ns | Time Stamp 2 . 789 004 416 |
| Packet 24272 | DATA1 0xD2 | Data 512 bytes | CRC16 0x596B | Pkt Len 523 | Idle 299.330 ns | Time Stamp 2 . 789 004 850 |

| Packet 24273 | ACK 0x4B | Pkt Len 6 | Idle 1.034 us | Time Stamp 2 . 789 013 866 |

| Packet 24274 | IN 0x96 | ADDR 1 | ENDP 1 | CRC5 0x1A | Pkt Len 8 | Idle 316.660 ns | Time Stamp 2 . 789 015 000 |
| Packet 24275 | DATA0 0xC3 | Data 512 bytes | CRC16 0xD806 | Pkt Len 529 | Idle 299.330 ns | Time Stamp 2 . 789 015 450 |

| Packet 24276 | ACK 0x4B | Pkt Len 6 | Idle 1.050 us | Time Stamp 2 . 789 024 566 |

그림 5-8 벌크 전송 예시

[연습과제 5-1] 벌크 전송과 트랜잭션의 개수

조건 HS 속도의 디바이스와 호스트가 통신한다. 호스트는 디바이스의 벌크 엔드포인트로부터 1메가바이트의 데이터를 읽어야 한다(벌크 IN 전송). 몇 개의 트랜잭션이 필요할까?

풀이과정 HS 속도의 디바이스의 벌크 엔드포인트는 표 5-11에 의하면 하나의 데이터패킷이 512 바이트의 데이터를 담을 수 있다. 이보다 작은 데이터를 담으면 마지막 데이터패킷으로 간주된다. 읽어야 하는 데이터 크기는 1메가바이트이기 때문에, 512바이트 데이터패킷은 모두 1,024*1,024 /512 = 2,048개가 사용돼야 한다. 하나의 벌크 IN 트랜잭션은 최대 하나의 데이터패킷을 담을 수 있기 때문에 결국 2,048개의 벌크 IN 트랜잭션이 발생해야 한다. 디바이스 측에서 ACK Handshake패킷만 반응하는 이상적인 경우라면 각각의 트랜잭션이 토큰, 데이터, Handshake

패킷을 포함하기 때문에, 2,048 * 3 = 6,144개의 패킷이 사용된다.

정답 2,048개의 트랜잭션이 필요하다.

5.1.3.2 컨트롤 전송

컨트롤 전송은 다음과 같은 특징을 갖는다.

- 벌크 전송보다는 우선순위가 높지만 다른 전송보다는 우선순위가 낮은 전송이다.
- 데이터의 신뢰성이 중요한 전송이다. 데이터가 깨지면 안 되는 프로토콜에 사용된다.
- 적은 양의 데이터를 전송하는 목적으로 사용된다.
- USB 디바이스가 반드시 가져야 하는 엔드포인트이기 때문에 별도의 엔드포인트를 사용할 필요가 없다.
- 데이터 외에 호스트는 SETUP 명령어(8바이트)를 디바이스로 전송할 수 있다.

이와 같은 특징을 가진 프로토콜을 위해서는 컨트롤 전송을 사용한다. USB 열거(Enumeration), USB 셋업(Configuration)과정에 사용된다.

컨트롤 전송은 크게 3가지로 구분된다.

- 별도의 데이터 전송이 요구되지 않는 컨트롤 전송
- 데이터 전송 방향이 호스트에서 디바이스 측으로 되는 컨트롤 OUT 전송
- 데이터 전송 방향이 디바이스에서 호스트 측으로 되는 컨트롤 IN 전송

컨트롤 전송은 호스트에서 디바이스 측으로 컨트롤 SETUP 트랜잭션을 보내는 작업으로 시작된다.

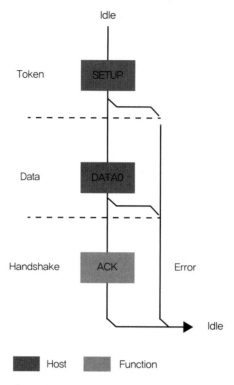

그림 5-9 컨트롤 SETUP 트랜잭션 전체 개요(출처: usb.org)

그림 5-9를 보면 컨트롤 SETUP 트랜잭션의 모습이 어떻게 진행되는지를 알 수 있다.

호스트는 SETUP 토큰패킷을 디바이스로 보낸다. 이어서 호스트는 DATA0(SETUP 명령어 8바이트) 패킷을 디바이스로 보낸다. 디바이스는 ACK 패킷을 호스트로 보낸다. 벌크 전송과 달리 컨트롤 SETUP 트랜잭션에서 사용되는 SETUP 명령어 8바이트는 항상 DATA0 순서를 사용한다는 점을 유의한다.

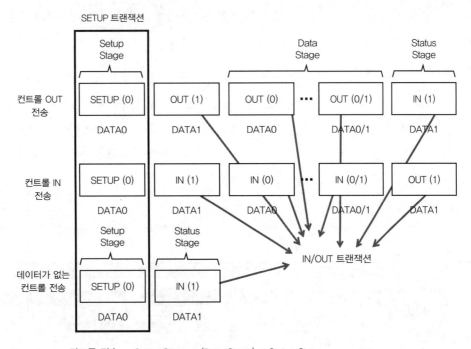

컨트롤 전송 = Setup Stage + (Data Stage) + Status Stage

그림 5-10 3가지 유형의 컨트롤 전송 전체 개요

그림 5-10을 보면 3가지 유형의 컨트롤 전송이 어떤 식의 트랜잭션으로 구성되는지를 알 수 있다.

1) 컨트롤 전송은 항상 SETUP 명령어를 보내는 SETUP 트랜잭션을 가져야 한다.

2-1) 컨트롤 전송이 별도의 데이터 전송을 필요로 하지 않는 경우라면 이후 Status Stage를 위한 IN 트랜잭션을 가져야 한다. 이것은 디바이스로부터 처리 상태를 얻는 과정이다.

2-2) 컨트롤 전송이 별도의 데이터 전송을 필요로 하는 경우라면, 데이터 전송 방향에 따라서 컨트롤 OUT 혹은 컨트롤 IN 전송이 된다. 방향에 따라서 복수 개의 IN, OUT 트랜잭션이 발생된다. 이후 Status Stage를 위한 트랜잭션을 갖는다. 컨트롤 OUT 전송은 데이터를 받은 측이 디바이스이기 때문에 디바이스의 처리 상태를 얻기 위해 IN 트랜잭션을 사용해서 Statue Stage를 진행한다. 반면

컨트롤 IN 전송은 데이터를 받은 측이 호스트이기 때문에, 호스트의 처리 상태를 디바이스에게 알리기 위해서 OUT 트랜잭션을 사용한다.

그림에서 알 수 있듯이 사용되고 있는 DATA0/1 순서도 기억해야 한다. Setup Stage에서 SETUP 데이터 8바이트로 사용되는 데이터패킷은 DATA0을 사용한다. 이어지는 컨트롤 IN, OUT 전송에서 사용되는 모든 데이터패킷은 DATA1부터 시작해서 DATA0, DATA1 식으로 토글하면서 사용돼야 한다. 마지막으로 항상 Status Stage에서 사용되는 데이터패킷(수신 상태)은 DATA1을 사용해야 한다.

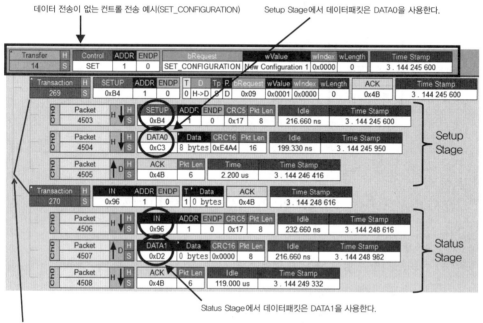

그림 5-11 데이터 전송이 없는 컨트롤 전송

그림 5-11을 보자. 별도의 데이터 전송을 위한 트랜잭션을 갖지 않는 컨트롤 전송은 Setup Stage와 Status Stage를 갖는다. 별도의 데이터 전송이 없다고 하더라도 Setup Stage에서 사용하는 데이터(DATA0)패킷은 8바이트의 고정된 포맷을 사용한다. 이것을 SETUP 명령어라고 부른다.

별도의 데이터 전송이 없더라도 이와 같은 컨트롤 전송만으로도 호스트는 디바이스로 8바이트의 SETUP 명령어를 전송할 수 있기 때문에 충분히 의미있는 쓰임새가 있다고 볼 수 있다.

표 5-16 SETUP 명령어(8바이트)

오프셋	필드	크기(바이트)	값	설명
0	bmRequest	1	비트맵	비트맵 설명
			D7	이어지는 추가 데이터의 전송 방향 0 = 호스트 → 디바이스 1 = 디바이스 → 호스트
			D6…5	명령유형 0 = 표준 1 = 클래스 2 = 제조사 정의 3 = 예약
			D4…0	명령대상 0 = 디바이스 1 = 인터페이스 2 = 엔드포인트 3 = 그 밖에 나머지 = 예약
1	bRequest	1	값	스펙에서 정하는 명령어
2	wValue	2	값	스펙에서 정하는 파라미터
4	wIndex	2	Index 혹은 오프셋	스펙에서 정하는 파라미터
6	wLength	2	길이	이어지는 추가 데이터의 바이트 길이

표 5-16에서 보여주는 포맷의 데이터가 SETUP 명령어를 구성한다. 구체적인 내용은 8장에서 배우도록 한다.

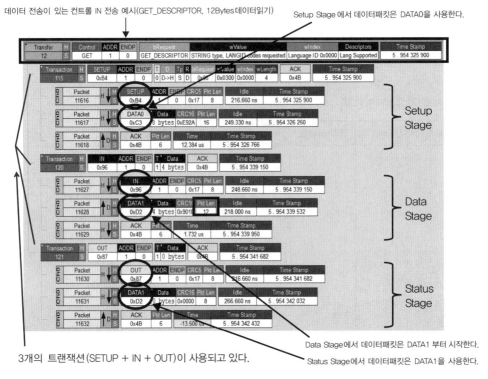

데이터 전송이 있는 컨트롤 IN 전송 예시(GET_DESCRIPTOR, 12Bytes데이터읽기)

Setup Stage에서 데이터패킷은 DATA0을 사용한다.

3개의 트랜잭션(SETUP + IN + OUT)이 사용되고 있다.

Data Stage에서 데이터패킷은 DATA1 부터 시작한다.

Status Stage에서 데이터패킷은 DATA1을 사용한다.

그림 5-12 컨트롤 IN 전송(컨트롤 READ 전송)

그림 5-12를 보자. 호스트가 디바이스로부터 일련의 데이터를 읽기 위해서 사용하는 컨트롤 전송을 보여주고 있다. 별도의 데이터 전송을 위한 트랜잭션을 갖기 때문에, 컨트롤 전송은 Setup Stage, Data Stage와 Status Stage를 갖는다. Data Stage는 복수 개의 트랜잭션이 포함될 수 있다. 그림에서는 IN, DATA1, ACK 이렇게 3가지 패킷만 사용되고 있다. 이것은 IN 트랜잭션 하나를 의미한다. 데이터패킷이 담을 수 있는 최대 데이터 크기바이트가 정의돼 있기 때문에(HS에서는 512바이트), 만일 호스트가 1,024바이트의 데이터를 디바이스로부터 읽어야 한다면 Data Stage는 2개의 IN 트랜잭션이 발생한다. 유의할 점은 트랜잭션이 2개이기 때문에 각각의 트랜잭션은 IN, DATA0/1, ACK 과정을 진행한다는 점이다. 하나의 IN 패킷과 하나의 ACK 패킷 사이에서 2개의 데이터패킷이 전송되는 것이 아니라는 것을 꼭 유념하길 바란다.

항상 Data Stage에서 시작되는 데이터패킷은 DATA1로 시작해야 한다.

248

별도의 데이터 전송을 위한 컨트롤 전송이라고 하더라도 SETUP 명령어가 Setup Stage에서 디바이스 측으로 전송될 수 있다. 정리하면 현재의 컨트롤 전송은 SETUP 명령어를 호스트가 디바이스에게 전송하고, 디바이스는 이것에 대한 응답으로 데이터패킷을 호스트로 올려보내는 전송이라고 할 수 있다.

데이터 전송이 있는 컨트롤 OUT 전송 예시(명령어 0x20, 7Bytes 데이터 쓰기)

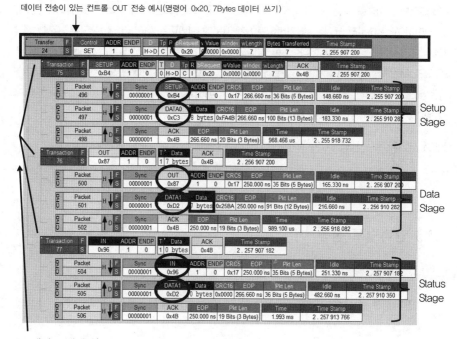

3개의 트랜잭션(SETUP + OUT + IN)이 사용되고 있다.

그림 5-13 컨트롤 OUT 전송(컨트롤 WRITE 전송)

그림 5-13에서 보여주는 컨트롤 OUT 전송은 Setup Stage를 통해서 SETUP 명령어(8바이트)를 호스트가 디바이스로 보내고 이어서 호스트가 디바이스로 데이터패킷을 전송한다.

이와 같은 전송은 명령어와 데이터를 모두 호스트가 디바이스에게 전송하는 용도로 사용된다.

[연습과제 5-2] 컨트롤 전송과 트랜잭션의 개수

조건   HS 속도의 디바이스와 호스트가 통신한다. 호스트는 디바이스의 컨트롤 엔드포인트로부터 1메가바이트의 데이터를 읽어야 한다(컨트롤 IN 전송). 몇 개의 트랜잭션이 필요할까?

풀이과정   HS 속도의 디바이스의 컨트롤 엔드포인트는 표 5-11에 의하면 하나의 데이터패킷이 64바이트의 데이터를 담을 수 있다. 이보다 작은 데이터를 담으면 마지막 데이터패킷으로 간주된다. 읽어야 하는 데이터 크기는 1메가바이트이기 때문에 64바이트 데이터패킷은 모두 1,024*1,024 /64 = 16,384개가 사용돼야 한다. 또한 하나의 컨트롤 IN 트랜잭션은 Setup Stage에서 하나의 SETUP 트랜잭션, 마지막 Status Stage에서 하나의 트랜잭션 그 외에는 모두 복수 개의 데이터 트랜잭션을 사용하게 된다. 결국 16,384개의 데이터패킷을 읽기 위해서는 Setup Stage(1), Data Stage(16,384), Status(1) 총 16,386개의 트랜잭션이 필요하다.

정답   16,386개의 트랜잭션이 필요하다.

5.1.3.3 인터럽트 전송

인터럽트 전송은 다음과 같은 특징을 갖는다.

- 인터럽트 전송은 우선순위가 매우 높은 전송이다. 다른 전송(벌크 전송, 컨트롤 전송)은 지연될 수 있다.
- 데이터의 신뢰성이 중요한 전송이다. 데이터가 깨지면 안 되는 프로토콜에 사용된다.
- 적은 양의 데이터를 전송하는 목적으로 사용된다.
- 하나의 전송은 하나의 프레임 속에서 하나의 트랜잭션만 가져야 한다(고대역폭 전송 제외).
- 항상 지정된 주기의 시간 안에 전송돼야 한다.

이와 같은 특징을 가진 프로토콜을 위해서는 인터럽트 전송을 사용한다. USB 마우스, 키보드, 디지타이저Digitizer에 대표적으로 사용된다.

인터럽트 전송과 벌크 전송의 특징을 잘 구분해서 파악해야 한다.

두 전송 모두 신뢰성을 중요하게 여기는 전송이다. 데이터가 깨지면 안 되는 프로토콜에 사용한다. 하지만 벌크 전송은 시간을 정확하게 지키지 않는다. 왜냐하면 우선순위가 낮기 때문이다. 반면 인터럽트 전송은 시간을 정확하게 지킨다. 지정된 시간 안에는 반드시 전송 요청이 호스트와 디바이스 간에 발생돼야 한다. 이와 같은 특징 때문에 자칫하면 벌크 전송의 무익론을 이야기할 수 있지만, 인터럽트 전송이 벌크 전송을 대체해버릴 수 없는 가장 큰 특징이 하나 있다.

그것은 인터럽트 전송은 벌크 전송보다 적은 양의 데이터만 전송할 수 있다는 점이다. 동일한 엔드포인트를 지칭하는 하나의 벌크 전송은 대역폭만 여유롭고 우선순위만 문제 되지 않는다면 동일한 프레임 속에서 복수 개의 트랜잭션을 사용할 수 있다. 하지만 동일한 조건에서 인터럽트 엔드포인트를 지칭하는 하나의 인터럽트 전송은 아무리 대역폭이 여유롭고 우선순위가 높다고 하더라도 동일한 프레임 속에서는 하나의 트랜잭션만 가져야 한다.

결국 특정 프레임시간에 벌크 전송에서는 복수 개의 벌크 데이터 트랜잭션을 사용할 수 있지만, 인터럽트 전송은 하나의 인터럽트 데이터 트랜잭션만 사용할 수 있다는 이야기가 된다. 따라서 결과적으로 벌크 전송에 비해서 적은 양의 데이터만 전송할 수 있는 것이다.

이와 같은 특징 때문에 인터럽트 전송은 지정된 시간 안에 데이터를 송수신하는 목적을 가지고 있다는 점과 그 시간, 즉 프레임당 하나의 트랜잭션만 사용할 수 있다는 특징으로 인해서 엔드포인트가 지원가능한 최대 데이터패킷 크기 값을 넘지 않는다.

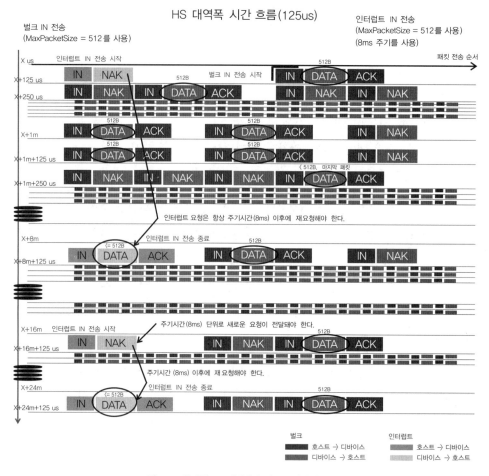

HS 대역폭 시간 흐름(125us)

벌크 IN 전송
(MaxPacketSize = 512를 사용)

인터럽트 IN 전송
(MaxPacketSize = 512를 사용)
(8ms 주기를 사용)

그림 5-14 인터럽트 트랜잭션과 벌크 트랜잭션의 차이

그림 5-14는 사용되는 HS 인터럽트 IN 엔드포인트의 MaxPacketSize 값으로 512를 사용하는 경우이다. 물론 표 5-11에서 보면 최댓값 1024까지 사용할 수 있지만, 벌크 엔드포인트와 비교하기 위해서 지금은 512바이트를 최댓값으로 지정해서 사용한다.

그림 5-14에서 중요한 포인트를 확인해야 한다. 인터럽트 IN 전송의 주기시간(혹은 서비스 인터벌Service Interval, 앞으로 주기시간으로 부름)이 8ms라는 점이다. 하나의 인터럽트 IN 전송은 하나의 인터럽트 IN 트랜잭션이라는 점도 기억해야 한다.

인터럽트 전송에서 다루는 주기시간은 LS, FS와 HS가 그 시간의 양이 서로 다르다. LS,

FS 인터럽트 전송에서 주기시간은 최소 1ms에서 최대 255ms까지 설정할 수 있다. HS 인터럽트 전송에서 주기시간은 최소 125us에서 최대 4.096초까지 설정할 수 있다.

이와 같은 주기시간 설정은 엔드포인트의 Endpoint Descriptor를 통해서 보고된다(관련 된 내용은 8장에서 소개한다).

그림 5-14에서는 8ms 시간을 주기시간으로 사용하는 예를 보여준다.

HS 대역폭이기 때문에 125us 단위로 프레임이 시작된다. 시간 X us에 인터럽트 IN 전송이 시작됐다. 만일 데이터 응답이 올라왔다면, 인터럽트 IN 전송은 종료됐을 것이다. 하지만, 디바이스가 준비되지 못했다. NAK를 응답했다. 이런 경우 인터럽트 IN 전송에 대한 재전송 요청은 다음 주기시간 X us + 8m에 발생한다. 이때 디바이스가 데이터를 올려줄 준비가 된 그림이므로 디바이스에서 데이터패킷을 올려줬다. 인터럽트 엔드포인트의 MaxPacketSize가 표 5-11에 의하면 1-512바이트이므로 이때 올라오는 데이터패킷의 크기는 최대 512바이트 이내가 될 것이다.

인터럽트 IN 전송이 끝났다. 다음 인터럽트 IN 전송은 X us + 16m에 시작될 것이다. 그림 속에서 나타나는 인터럽트 IN 전송은 모두 2개이다. 이들의 주기시간이 8ms이지만, 매번 홀수번째 요청 시 디바이스가 데이터를 준비하지 못했기 때문에 총 24ms의 시간이 흘러야 2개의 인터럽트 IN 전송이 끝난다. 각각의 인터럽트 IN 전송의 크기가 512바이트를 넘지 않았다.

인터럽트 IN 전송은 정확하게 8ms마다 IN 요청패킷이 호스트에서 디바이스로 전송되고 있다.

벌크 IN 전송을 보면 인터럽트 IN 전송이 있는 경우는 잠시 쉬고 있다. 인터럽트 IN 전송에 비해서 벌크 IN 전송이 우선순위가 낮기 때문이다. 특별히 호스트가 알고 있는 경우가 아니라면 대체로 벌크 엔드포인트의 MaxPacketSize 512보다 작은 크기의 데이터가 전송되면 마지막 데이터패킷으로 간주한다.

벌크 IN 전송에서 디바이스가 데이터패킷을 올려주지 못하는 상황, 즉 NAK를 호스트로 올려주는 상황을 보면 가능하다면 동일한 프레임시간 속에, 안 되면 다음 프레임시간에 다시 호스트가 IN 패킷을 디바이스로 보내고 있다. X us + 1m + 125 us 시간의 마지막쯤에 벌크 IN 요청에 대해서 디바이스가 마지막 데이터패킷(<512바이트)을 올려준다. 하나의 벌크 IN 전송이 끝난 것이다.

그림은 더 설명하지 않지만 또 다른 벌크 IN 전송이 계속 요청되는 상황을 보여주고 있다.

결국 벌크 전송은 동일한 프레임 속에서도 복수 개의 벌크 IN 트랜잭션이 계속해서 사용될 수 있다(인터럽트에서는 하나의 전송은 하나의 프레임 속에서 하나의 트랜잭션을 사용했다). 이말은 복수 개의 데이터패킷을 읽을 수 있다는 뜻이다.

결과적으로 벌크 전송은 인터럽트 전송보다 더 많은 데이터를 송수신하는 데 유리하다. 하지만 인터럽트 전송보다 우선순위가 낮아서 다른 디바이스들이 USB 대역폭을 많이 사용하고 있을 때 우선순위가 낮은 전송이 가져다주는 불이익을 그대로 받게 될것이다.

간단한 예로 하나의 외장 허브에 이동식 디스크(벌크)와 마우스(인터럽트)를 함께 사용하는 환경을 가정해보자. 평상시에 2개의 디바이스를 동시에 사용하는 것은 큰 문제가 되지 않는다. 마우스가 사용하는 인터럽트 전송이 요구하는 데이터의 양이 무척 작기 때문이다.

이때 마우스를 계속해서 움직이는 중에, 동시에 이동식 디스크가 파일 복사 등의 작업을 위해서 사용중이라고 가정해보자. 갑자기 새로운 디바이스(벌크 혹은 인터럽트 전송을 요청하는)가 허브에 연결돼 사용될 상황이 발생한다면 이동식 디스크는 잠시 파일 복사를 지연하게 될 것이다. 우선순위가 낮기 때문이다. 반면 마우스는 대역폭 사용에 큰 문제를 느끼지 못한다. 우선순위가 높기 때문이다. 마우스의 움직임은 여전히 자연스러울 것이라는 이야기가 된다.

앞으로 벌크와 인터럽트 전송의 차이는 실전에서 비교적 많은 이해를 요구하는 상황을 만나게 될 수 있어 확실히 습득해야 한다.

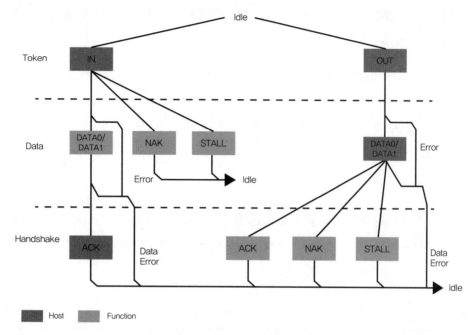

그림 5-15 인터럽트 트랜잭션 전체 개요(출처: usb.org)

그림 5-15를 보면 벌크와 다르게 Handshake패킷으로 NYET가 사용되지 않는다. 따라서 PING 토큰패킷도 사용되지 않는다. 나머지는 벌크와 크게 다르지 않은 트랜잭션의 모습을 볼 수 있다.

인터럽트 전송 시 하나의 프레임 속에서 하나의 트랜잭션만 허용하는 것은 나름대로 실시간적인 동작을 보증받기 위한 아이디어라고 볼 수 있다. 디바이스가 데이터를 준비하지 못하는 상황에서 호스트에 의해 인터럽트 IN 요청을 받게 되면 당연히 디바이스는 NAK를 응답하게 될 것이고 이후 또다시 호스트가 디바이스로 인터럽트 IN 재요청을 전송하는 시간은 지정된 주기시간 이후가 된다는 점은 분명 장점이자 단점일 수 있다. 지정된 시간의 주기 단위로 항상 인터럽트 IN 요청을 보낼 수 있다는 장점과 디바이스가 항상 그 시간안에 데이터를 준비해야 한다는 단점이 있다. 꼭 기억하자.

여기서 중요한 특징을 한 가지 더 알아보도록 하자.

동일한 엔드포인트에 대해서 인터럽트 전송이 하나의 프레임 속에 하나의 데이터패킷만 포함한다는 단점을 개선할 수 있도록 HS에서는 특별히 고대역(혹은 고대역폭) 인터럽트 전송 기능을 소개하고 있다.

고대역 인터럽트 전송이란 하나의 프레임 속에서 가능하면 복수 개의 트랜잭션을 사용해서 많은 데이터를 송수신할 수 있도록 허용하는 전송이다. 어느 정도 벌크 전송에 비해서 많은 데이터를 전송하지 못하는 단점을 극복하기 위한 방안이라고 볼 수 있다.

HS 인터럽트 전송에서는 하나의 프레임 속에서 최대 3개의 인터럽트 트랜잭션을 가질 수 있다.

이때 첫 번째 트랜잭션 혹은 두 번째 트랜잭션에서 NAK가 발견되는 상황이 되면 그 즉시 해당하는 프레임에서는 더 이상 인터럽트 트랜잭션을 갖지 않는다. 또다시 다음 주기 시간을 기다렸다가 반복 요청하게 된다.

표 5-17 HS 고대역 엔드포인트 Endpoint Descriptor의 wMaxPacketSize 필드포맷

비트 위치	15..13	12..11	10..0
필드	사용되지 않음	마이크로 프레임당 트랜잭션 수	하나의 데이터패킷 내 최대 데이터 Payload 바이트

표 5-17을 보면 고대역 엔드포인트를 지원하기 위해서 USB 2 스펙에서는 Endpoint Descriptor의 wMaxPacketSize 필드의 값을 정의하고 있다.

고대역 엔드포인트는 인터럽트 엔드포인트와 등시성 엔드포인트 이렇게 2가지 종류만 가능하다.

HS 인터럽트 엔드포인트

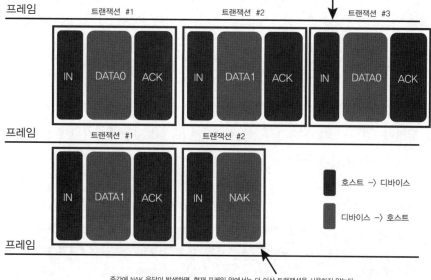

그림 5-16 HS 고대역 인터럽트 전송

그림 5-16은 HS 고대역 인터럽트 전송에서 사용되는 고대역 인터럽트 트랜잭션이 어떻게 발생될 수 있는지를 보여주고 있다. 그림을 보면 동일한 엔드포인트에 대해서 하나의 프레임 속에서는 최대 3개의 트랜잭션이 발생될 수 있다.

고대역 인터럽트 전송을 사용하는 것은 자칫하면 인터럽트 전송이 우선순위가 높아서 고대역 인터럽트 전송을 사용하는 디바이스로 인해서 다른 디바이스의 인터럽트 요청을 실시간으로 처리할 수 없는 상황이 발생될 수 있다. 그렇기 때문에 통상적으로는 이런 고대역 인터럽트 전송을 사용하지 않는 편이 좋다. 또한 호스트 컨트롤러와 디바이스가 모두 고대역 인터럽트 전송을 지원해야 하고, 동시에 운영체제 역시 이런 기능을 지원해야 사용자가 고대역 인터럽트 전송 서비스를 이용할 수 있다.

실례로 윈도우 XP 운영체제는 고대역 인터럽트 전송 기능을 지원하지 않는다. 따라서 호스트 컨트롤러, 디바이스 모두 고대역 인터럽트 전송을 사용하고 싶다고 하더라도 운영체제가 이런 요청을 거부하게 된다. 다시 말하면 윈도우 XP에서 HS 속도를 사용하는 디바이스의 인터럽트 엔드포인트로부터 데이터를 읽으려고 한다. 이때 1,024바이트*3 = 3,072바이트의 데이터를 읽고 싶다고 가정해보자. 당연히 고대역 인터럽트 전송의 경우이고, 호스트 컨트롤러와 디바이스 모두 고대역 인터럽트 전송을 지원하는 경우이다. 이때 하나의 인터럽트 IN 전송이 요구하는 데이터 크기가 3,072바이트라면 윈도우 XP의 USB 버스 드라이버는 이 요청을 거부한다.

따라서 1,024바이트의 데이터를 위한 인터럽트 IN 전송을 모두 3개 만들어서 사용해야 한다. 당연히 각각의 전송은 주기시간을 철저하게 지키기 때문에 각각의 전송은 철저하게 서로 다른 프레임 안에서만 요청될 것이다.

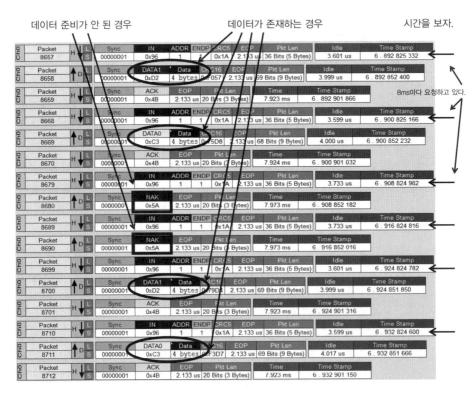

그림 5-17 인터럽트 전송 예시

그림 5-17을 보자. 인터럽트 전송은 시간을 유념해서 살펴보는 것이 중요하다. 어느 정도 시간을 보증하는지를 확인해보도록 한다. 대체로 Low Speed 장치가 인터럽트 전송

을 사용하는 경우가 많기 때문에 마우스를 예로 해서 확인해봤다.

그림 속에서 주기시간은 약 8ms라는 것을 알 수 있다. 호스트가 디바이스로부터 인터럽트 IN 데이터를 받건 못받건 간에 항상 호스트는 8ms 시간마다 한 번씩 IN 요청패킷을 디바이스로 전송하고 있다.

따라서 그림 속에서 나타나는 인터럽트 IN 요청패킷은 총 6번이지만 인터럽트 IN 전송은 모두 4번이다. 다시 강조하지만 인터럽트 IN 전송은 하나의 성공적인 트랜잭션만 요구하기 때문에 NAK 응답을 받은 경우는 다시 주기시간에 재전송을 요청했기 때문이다.

호스트 측의 소프트웨어는 4번의 인터럽트 IN 전송 요청을 미리 스케줄링^{Scheduling}해뒀을 것이다. 그렇지 않고 호스트가 한 번에 하나씩의 인터럽트 IN 전송 요청을 스케줄링했다면 전송 요청이 결과를 읽어오는 상황에서 호스트는 다음 전송 요청을 스케줄링해야 할

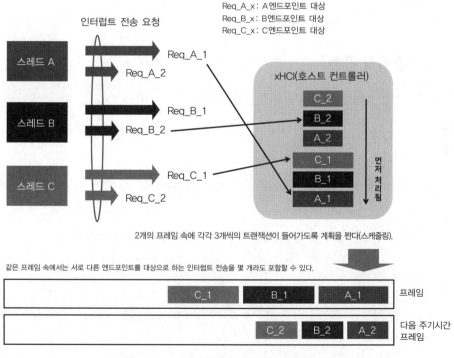

그림 5-18 호스트에서 인터럽트 전송을 스케줄링하는 모습

것이고, 이것은 자칫하면 주기시간을 초과하는 큰 문제를 초래할 수 있기 때문이다.

그림 5-18을 보자. 서로 다른 엔드포인트 A, B, C가 있다. 이들이 모두 인터럽트 엔드 포인트이고 현재 USB 버스의 대역폭이 충분하며 각각의 엔드포인트의 주기시간을 서로 같은 주기를 사용한다고 가정하자. 서로 다른 스레드(혹은 작업) A, B, C는 각각 엔드포인 트 A, B, C를 대상으로 인터럽트 전송을 요청하고 있다. 이들 간에는 전혀 연관성이 없 는 독립성이 유지돼야 한다. 각각의 스레드는 2개씩의 인터럽트 전송 요청(_1, _2)을 갖고 있다. 하나의 인터럽트 전송은 하나의 트랜잭션(고대역 전송 예외)을 사용하기 때문에, 총 6 개의 트랜잭션이 스케줄링돼야 한다.

그림처럼 같은 프레임시간에 3개의 서로 다른 엔드포인트를 위한 트랜잭션들이 함께 스 케줄링됐다. 이중 하나의 스레드만 보면 스레드 A가 요청한 2개의 요청(전송 요청)은 각각 같은 시간에 사용되도록 스케줄링되지 않았다는 점이다. 이것이 인터럽트 전송(주기적인 전송의 성격을 가진)과 같은 특징을 잘 보여주고 있다.

5.1.3.4 등시성 전송

등시성Isochronous 전송은 다음과 같은 특징을 갖는다.

- 인터럽트 전송과 마찬가지로 우선순위가 비교적 높은 전송이다. 다른 전송(벌크 전송, 컨트롤 전송)은 지연될 수 있다.

- 데이터의 신뢰성이 무시될 수 있는 전송이다(그렇다고 데이터가 자주 깨진다는 이야 기로 확대 해석하지 말아야 한다).

- 비교적 많은 양의 데이터를 주기적으로 전송하는 목적으로 사용된다.

- 하나의 전송은 복수 개의 프레임 속에서 하나의 트랜잭션만 가져야 한다(고대역 폭 전송 제외)

- 항상 지정된 주기의 시간마다 전송돼야 한다(보통은 가장 작은 프레임 단위를 사용 한다).

FS 속도의 등시성 전송은 최소 1ms에서 최대 32.768초까지 주기시간으로 설정될 수 있다. HS 속도의 등시성 전송은 최소 125us에서 최대 4.096초까지 주기시간으로 설정될 수 있다.

이와 같은 특징을 가진 프로토콜을 위해서는 등시성 전송을 사용한다. USB 오디오 장치, 비디오 캡처장치(웹캠)에 대표적으로 사용된다(필자는 '등시성'이라는 단어가 주는 느낌보다 'Isochronous'라는 단어가 주는 어감이 훨씬 자연스럽다. 하지만 대부분의 번역서에서는 이 단어를 등시성으로 해석하기 때문에 필자도 대세를 따른다).

인터럽트 전송과 등시성 전송의 특징을 잘 구분해서 파악해야 한다. 인터럽트 전송은 하나의 전송이 하나의 트랜잭션이다(고대역 전송 제외). 반면, 등시성 전송은 하나의 전송이 복수 개의 트랜잭션으로 구성된다. 또한 복수 개로 분리되는 트랜잭션들 각각은 반드시 하나의 프레임 속에서는 하나의 트랜잭션만 사용해야 한다(고대역 전송 제외).

얼핏보면 인터럽트 전송 여러 개를 묶어놓은 것이 등시성 전송인 듯 보인다. 하지만 결정적인 차이가 하나 있다. 인터럽트 전송은 신뢰성을 바탕으로 두고 있는 전송이지만, 등시성 전송은 데이터가 깨질 수도 있다는 것을 전제로 두고 있는 전송이다.

예를 들어 데이터의 일부가 깨져도 큰 문제가 되지 않는 그런 종류의 전송을 다룰 때 등시성 전송을 사용한다. 세상에 어떤 프로토콜에서 데이터의 일부가 깨져도 된다고 가정할 수 있을까? 그것은 그만큼 다른 어떤 것이 보장되는 이득이 크기 때문이다. 그 이득은 바로 실시간 전송 능력이다. 등시성 전송은 정해진 시간마다 데이터 전송을 할 수 있도록 설계돼 있다. 이것은 실시간으로 데이터 전송을 해야 하는 스트리밍Streaming 서비스 등에서 사용될 수 있는 기능이다.

실제로 USB 오디오나 USB 비디오 캡처와 같은 디바이스에서 발생하는 데이터에 대해서 약간의 버퍼링만 허용할 뿐, 대부분의 데이터를 실시간으로 호스트로 전송하게 된다(립싱크가 맞아야 하므로). 이런 경우 데이터가 깨지는 상황이 발생해도 그냥 무시하고 넘어가는 것이다. 특별히 소리 데이터는 조금 깨져도 잘 눈에 띄지 않는다. 또한 등시성 전송은 정해진 시간마다 항상 같은 양의 데이터를 전송하지 않는다.

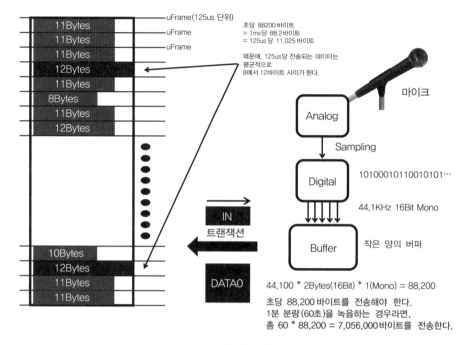

그림 5-19 HS 등시성 IN 전송

그림 5-19를 보면 마이크를 통해서 들어오는 음성 데이터를 디지털로 변환해서 호스트로 전송하는 등시성 전송의 예를 보여주고 있다.

44.1KHz, 16Bit, Mono 형식의 샘플링 방식을 사용하고 있는 오디오 녹음기의 경우 1초당 88,200바이트의 데이터를 발생시킨다. 1분(60초) 동안 발생되는 데이터는 7,056,000바이트가 된다.

데이터는 실시간으로 만들어져서 호스트로 전송돼야 한다. HS 등시성 전송은 최소시간 125us를 주기시간으로 설정할 수 있다. 그림처럼 매번 125us(uFrame)마다 데이터를 달라는 의미의 IN 트랜잭션을 시도한다면 125us마다 11.025바이트를 전송해야 한다. 11.025바이트란 현실적으로 의미를 갖기 어려운 바이트(소수점 포함)이기 때문에 125us마다 어떨 때는 11바이트, 어떨 때는 12바이트, 어떨 때는 8바이트 이런 식으로 조금씩 가변적인 데이터가 전송돼서 전체적인 총 합이 1초당 88,200바이트의 데이터가 되도록 해야 한다. 이것이 등시성 전송이고 등시성 전송은 주기적인 요청과 함께 가변적인 데이터가 송수신돼 전송된다. 그리고 실시간 성격을 포함하고 있기 때문에 요청 때마다 만들어지는 데이터의 길이 또한 가변적이다.

인터럽트 전송과 큰 차이점은, 인터럽트 전송에서는 125us마다 하나의 전송이 사용돼야 하지만, 등시성 전송에서는 하나의 전송(7,056,000바이트)이 여러 개의 트랜잭션(패킷 수)으로 나뉜다는 점이다. 그리고 인터럽트 전송에서는 NAK, ACK와 같은 Handshake패킷을 사용하지만 등시성 전송은 Handshake패킷을 사용하지 않는다.

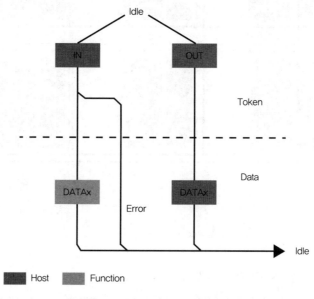

그림 5-20 등시성 트랜잭션 전체 개요(출처: usb.org)

그림 5-20을 보면 등시성 전송이 다른 전송과 다른 큰 특징이 Handshake패킷 교환 작업이 없다는 점이다(조금 삭막한 감이 있다).

만일 호스트가 어떤 시기에 등시성 IN 전송 요청을 디바이스로 보냈다고 가정하자. 디바이스가 아무 데이터도 올려보내지 않고 무반응을 보여도 문제가 되지 않는다.

고대역 등시성 전송이란 하나의 프레임 속에서 가능하면 복수 개의 트랜잭션을 사용해서 많은 데이터를 송수신할 수 있도록 허용하는 전송이다. 어느 정도 벌크 전송에 비해서 많은 데이터를 전송하지 못하는 단점을 극복하기 위한 방안이라고 볼 수 있다. HS 등시성 전송에서는 하나의 프레임 속에서 최대 3개의 등시성 트랜잭션을 가질 수 있다.

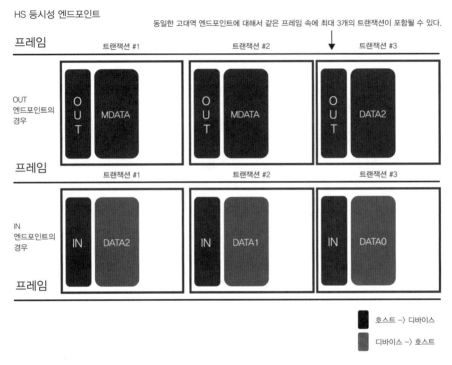

그림 5-21 HS 고대역 등시성 전송

그림 5-21을 보면 HS 고대역 등시성 전송에서 사용되는 고대역 등시성 전송을 위한 트랜잭션이 어떻게 발생될 수 있는지를 보여주고 있다. 여기서는 하나의 프레임 속에 최대 3개의 트랜잭션을 사용하는 것을 예로 들어 보여주고 있다. 등시성 OUT 전송과 IN 전송 각각의 차이를 보면 서로가 사용하는 DATA0/1 토글 방식이 다른 것을 알 수 있다.

등시성 OUT 진송에서는 다음과 같은 규칙을 사용한다.

- 하나의 프레임 속에 하나의 트랜잭션을 사용하는 경우, DATA0을 사용한다.
- 하나의 프레임 속에 2개의 트랜잭션을 사용하는 경우, 순서대로 MDATA, DATA1을 사용한다.

- 하나의 프레임 속에 3개의 트랜잭션을 사용하는 경우, 순서대로 MDATA, MDATA, DATA2를 사용한다.

등시성 IN 전송에서는 다음과 같은 규칙을 사용한다.

- 하나의 프레임 속에 하나의 트랜잭션을 사용하는 경우, DATA0을 사용한다.
- 하나의 프레임 속에 2개의 트랜잭션을 사용하는 경우, 순서대로 DATA1, DATA0을 사용한다.
- 하나의 프레임 속에 3개의 트랜잭션을 사용하는 경우, 순서대로 DATA2, DATA1, DATA0을 사용한다.

그림 5-19에서 보았던 HS 등시성 IN 전송을 잠시 다시 한 번 생각해보자.

uFrame마다 호스트로 전송되는 데이터 바이트의 크기가 최소 8바이트에서 최대 12바이트 정도로 가변적인 상황이 연출됐다. 반대로 동일한 상황을 HS 등시성 OUT 전송을 사용하는 상태라면 어떻게 될까?

호스트가 디바이스로 데이터를 전송하고 디바이스는 데이터를 수신해서 스피커를 구동시키는 오디오 출력 디바이스의 경우를 생각해보자.

출력 디바이스가 정확하게 내부 버퍼와 패킷 전송 시간 관리, 패킷을 아날로그 신호로 변화하는 등의 작업을 내부 클록^{Clock}을 사용해서 철저하게 관리한다면 큰 문제가 없지만, 저렴한 오디오 출력 디바이스는 이런 클록을 사용하지 않는 경우가 많다. 그렇다면 가장 큰 문제는 호스트가 디바이스로 uFrame마다 얼마큼의 데이터를 전송해야 디바이스 측의 버퍼가 오버플로가 발생하지 않으면서 효과적으로 디지털 데이터를 아날로그로 변환하는가이다. 너무 적게 보내도 안 되고, 너무 많이 보내도 안 되는 상황이 돼버린다.

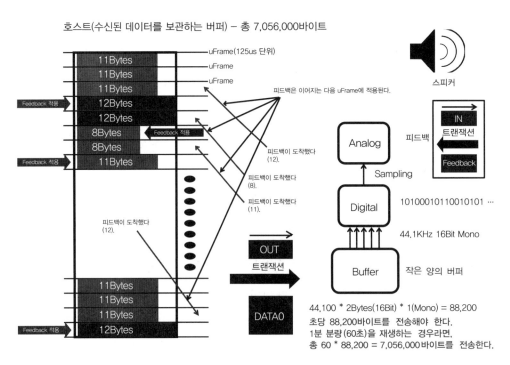

그림 5-22 HS 등시성 OUT 전송(피드백을 사용)

그림 5-22를 보자. 처음 호스트는 11바이트의 데이터를 트랜잭션에 포함해서 디바이스로 데이터를 전송하고 있다. 그러다가 피드백 데이터(12)가 올라왔다. 추측컨대 디바이스 측의 버퍼가 조금 여유가 있는 상황으로 보인다. 이에 호스트는 다음 프레임부터는 12바이트를 디바이스로 전송하고 있다. 이와 같은 피드백은 실시간으로 바뀔 수 있다. 그림에서는 중간에 갑자기 피드백 데이터(8)가 올라왔다. 추측컨대 디바이스 측의 버퍼가 잠시후면 넘칠 수도 있는 상황이 된 것 같다. 이에 디바이스가 호스트에서 앞으로 매번 프레임당 8바이트를 넘지 않는 크기의 데이터를 보내달라는 피드백이 올라간 것이다.

등시성 전송은 이와 같이 실제 데이터패킷과 함께 상황에 따라서 피드백 데이터를 함께 다루기도 한다. 이와 같은 피드백을 '드러난 피드백^{Explicit Feedback}'이라고 부른다. FS, HS 등시성 전송에서는 SOF 패킷이 항상 사용되기 때문에 필요에 따라서 디바이스는 이 패킷을 동기 신호로 사용하기도 한다. 이런 피드백은 '내재된 피드백^{Implicit Feedback}'이라고 부른다.

드러난 피드백은 등시성 엔드포인트를 사용한다. 그림 5-22의 경우, 데이터패킷이 OUT 방향의 등시성 엔드포인트를 사용하기 때문에 피드백은 IN 방향의 등시성 엔드포인트를 사용한다. 서로 반대 방향의 엔드포인트가 사용된다. 엔드포인트의 쓰임새가 순수하게 데이터를 담는 목적과 피드백을 담는 목적을 구분해야 하기 때문에 엔드포인트의 Descriptor는 이와 관련된 내용을 기술하도록 돼 있다. 디스크립터 정의 형태는 8장에서 배우도록 한다.

5.1.4 전송과 대역폭

LS, FS, 그리고 HS 전송이 USB의 대역폭을 실제로 어느 정도나 사용하게 되는지를 추측해보는 시간을 가져보려고 한다.

여러 가지 테이블 그림을 보여주려고 한다. 이 테이블 그림에 사용되는 값들에 대해서 사전에 미리 학습해둬야 한다. 그 이후에 각각의 전송이 대역폭을 어떻게 사용하는지 계산해보도록 한다.

- SYNC: 모든 패킷의 시작은 항상 SYNC 신호를 갖는다. LS, FS에서는 8비트로 사용된다(2진수 00000001(데이터 신호 KJKJKJKK 관련)). HS에서는 32비트로 사용된다(2진수 00000000000000000000000000000001(데이터 신호 KJKJKJKJKJKJKJKJKJK JKJKJKJKJKJKK 관련)).
- PID: 모든 패킷은 PID를 가진다. PID 4비트와 PID 1의 보수 4비트를 합쳐서 8비트로 사용된다.
- EOP: 모든 패킷의 마지막 시그널은 EOP로 끝난다. LS, FS에서는 3비트로 사용한다(2비트 SE0, 1비트 J). HS에서는 8비트로 사용한다(비트 스터핑 에러 발생).
- 토큰패킷에서 엔드포인트 주소(4비트), 디바이스 주소(7비트), CRC5(5비트), 총 16비트
- 데이터패킷에서 모든 데이터(데이터에 따라 가변 비트), CRC16(16비트)
- 트랜잭션을 위한 Inter Packet Delay 시간

연습문제를 하나 풀어보자. Low Speed 전송에서 인터럽트 OUT 전송을 위한 트랜잭션이 사용하는 대역폭을 계산해보자. 데이터를 8비트 전송하려 한다면 Low Speed 전송에서는 항상 호스트에서 디바이스로 출력되는 모든 패킷 앞에 PRE 패킷(Preamble)이 사용된다. 이것은 USB 1.1 허브(FS를 지원하는)가 해석하는 특별한 목적으로 사용된다.

인터럽트 OUT 전송은 다음과 같은 패킷을 보게 된다.

> 호스트 → 디바이스, PRE Special 패킷
>
> 호스트 → 디바이스, OUT 토큰패킷
>
> 호스트 → 디바이스, PRE Special 패킷
>
> 호스트 → 디바이스, 데이터패킷
>
> 디바이스 → 호스트, Handshake패킷

계산해보자.

패킷이 모두 5개이다.

> SYNC 신호는 5개. 5 * 8Bit = 40Bit
>
> PID는 5개. 5 * 8Bit = 40Bit

토큰패킷에 포함되는 디바이스 주소+엔드포인트 주소(Number)+CRC5는 16Bit

> 데이터 8Bit
>
> 데이터 CRC16, 16Bit
>
> EOP 신호는 5개. 5 * 3Bit(LS) = 15Bit

Inter Packet Delay 시간은 허브의 상태에 따라서 가변적일 수 있다. 일단, IPD Bit로 정의하자.

40+40+16+8+16+15+IPD = 135+IPD Bit 정도의 시간을 소요한다.

IPD 값을 0이라고 가정해보면 총 135비트를 소요해야 8비트의 인터럽트 데이터를 전송할 수 있다. 약 5.92% 정도의 데이터를 사용하기 때문에 약 94% 정도의 비트 손실을 가져온다.

5.1.4.1 컨트롤 전송

Protocol Overhead (63 bytes)			(15 SYNC bytes, 15 PID bytes, 6 Endpoint + CRC bytes, 6 CRC bytes, 8 Setup data bytes, and a 13-byte interpacket delay (EOP, etc.))		
Data Payload	Max Bandwidth (bytes/second)	Frame Bandwidth per Transfer	Max Transfers	Bytes Remaining	Bytes/Frame Useful Data
1	3000	26%	3	40	3
2	6000	27%	3	37	6
4	12000	28%	3	31	12
8	24000	30%	3	19	24
Max	187500				187

1frame(1ms)에 최대 3개의 Transfer를 전송하고, 하나의 Transfer가 8바이트의 순수 데이터를 전송한다면, 3*8=24바이트의 데이터를 1ms마다 전송하므로 1초에 24*1,000=24,000바이트를 전송할 수 있다.

그림 5-23 LS 컨트롤 엔드포인트 전송의 대역폭 사용(출처: usb.org)

그림 5-23에서 Frame Bandwidth per Transfer는 하나의 전송이 전체 대역폭의 몇 %를 차지하는가를 말한다. 표시된 항목을 보면 가장 많은 데이터를 전송할 때를 기준으로 하나의 전송이 최대 30%의 대역폭을 사용하는 모습이다. 그렇기 때문에 프레임 대역폭 안에는 최대 3개의 전송을 담을 수 있게 된다.

그림에서 Protocol Overhead를 계산해보자. 하나의 컨트롤 전송이 Setup Stage, Data Stage, Status Stage를 사용한다고 했을 때 컨트롤 OUT 전송의 경우를 가정해보자.

다음과 같이 총 15개의 패킷을 가정해볼 수 있다.

- Setup Stage: PRE 패킷, 토큰(SETUP)패킷, PRE 패킷, Setup Data 패킷, Handshake패킷(총 5개 패킷)
- Data Stage: PRE 패킷, 토큰(OUT)패킷, PRE 패킷, 데이터(8바이트)패킷, Handshake패킷(총 5개 패킷)
- Status Stage: PRE 패킷, 토큰(IN)패킷, 데이터패킷(상태), PRE 패킷, Handshake패킷(총 5개 패킷)

15개의 SYNC(8Bit) = 15Byte

15개의 PID(8Bit) = 15Byte

토큰패킷에 포함되는 디바이스 주소+엔드포인트 주소+CRC5는 16비트, 토큰이 총 3개 이므로 48비트 = 6Bytes이다. 각각의 트랜잭션의 데이터패킷을 위한 CRC16(16Bit)은 3 개가 사용되므로 16*3 = 48Bit = 6Bytes이고, Setup Stage에서 데이터는 Setup Data 8Byte로 고정된다.

Inter Packet Delay+EOP 시간 13Bytes

15+15+6+6+8+13 = 63바이트

이와 같이 하나의 컨트롤 OUT 전송을 할 때마다 63바이트의 오버헤드를 예상할 수 있다. 8바이트 Payload를 선택한 경우라면 8바이트 컨트롤 OUT 하나의 전송은 63+8 = 71바이트의 데이터를 사용한다는 결과가 된다.

결론적으로 Low Speed 컨트롤 전송은 최대 초당 24,000바이트를 전송할 수 있다는 뜻이다. 하지만 이것은 다른 USB 디바이스와 경쟁하지 않는다고 가정했을 때의 수치라는 점을 기억하길 바란다.

FS에서는 데이터패킷 Payload 값이 최대 64가 가능하다. FS에서는 1ms마다 최대 13개의 컨트롤 전송을 사용할 수 있다. 1초당 832,000바이트를 전송할 수 있는 속도이다. LS가 24,000바이트였던 것을 보면 약 34배 더 많은 양의 데이터를 정해진 시간 안에 보낼 수 있다는 이야기이다.

Protocol Overhead (45 bytes)		(9 SYNC bytes, 9 PID bytes, 6 Endpoint + CRC bytes, 6 CRC bytes, 8 Setup data bytes, and a 7-byte interpacket delay (EOP, etc.))			
Data Payload	Max Bandwidth (bytes/second)	Frame Bandwidth per Transfer	Max Transfers	Bytes Remaining	Bytes/Frame Useful Data
1	32000	3%	32	23	32
2	62000	3%	31	43	62
4	120000	3%	30	30	120
8	224000	4%	28	16	224
16	384000	4%	24	36	384
32	608000	5%	19	37	608
64	832000	7%	13	83	832
Max	1500000				1500

1frame(1ms)에 최대 13개의 Transfer를 전송하고 하나의 Transfer가 64바이트의
순수 데이터를 전송한다면 13*64=832바이트의 데이터를 1ms 마다 전송하므로
1초에 832*1,000=832,000바이트를 전송할 수 있다.

그림 5-24 FS 컨트롤 엔드포인트 전송의 대역폭 사용(출처: usb.org)

Protocol Overhead (173 bytes)		(Based on 480Mb/s and 8 bit interpacket gap, 88 bit min bus turnaround, 32 bit sync, 8 bit EOP: (9x4 SYNC bytes, 9 PID bytes, 6 EP/ADDR+CRC,6 CRC16, 8 Setup data, 9x(1+11) byte interpacket delay (EOP, etc.))			
Data Payload	Max Bandwidth (bytes/second)	Microframe Bandwidth per Transfer	Max Transfers	Bytes Remaining	Bytes/ Microframe Useful Data
1	344000	2%	43	18	43
2	672000	2%	42	150	84
4	1344000	2%	42	66	168
8	2624000	2%	41	79	328
16	4992000	3%	39	129	624
32	9216000	3%	36	120	1152
64	15872000	3%	31	153	1984
Max	60000000				7500

1frame(125ms)에 최대 31개의 Transfer를 전송하고 하나의 Transfer가 64바이트의
순수 데이터를 전송한다면 31*64=1,984바이트의 데이터를 125us마다 전송하므로
1초에 1,984*8*1,000=15,872,000 바이트를 전송할 수 있다.

그림 5-25 HS 컨트롤 엔드포인트 전송의 대역폭 사용(출처: usb.org)

그림 5-25를 보면 HS에서는 LS, FS에 비해서 무척 빠른 속도를 보여준다. EOP 시그널이 요구하는 바이트 크기가 LS, FS에 비해서 훨씬 크다. 따라서, 프로토콜 오버헤드는 더욱 커졌다. 하지만 1프레임의 시간이 기존의 1ms에서 1/8 작아진 125us가 사용됐다. 결과적으로 1초에 전송 가능한 순수 데이터 바이트 수는 그림처럼 약 15Mbytes가 된다.

5.1.4.2 등시성 전송

Protocol Overhead (9 bytes)		(2 SYNC bytes, 2 PID bytes, 2 Endpoint + CRC bytes, 2 CRC bytes, and a 1-byte interpacket delay)			
Data Payload	Max Bandwidth(bytes/ second)	Frame Bandwidth per Transfer	Max Transfers	Bytes Remaining	Bytes/Frame Useful Data
1	150000	1%	150	0	150
2	272000	1%	136	4	272
4	460000	1%	115	5	460
8	704000	1%	88	4	704
16	960000	2%	60	0	960
32	1152000	3%	36	24	1152
64	1280000	5%	20	40	1280
128	1280000	9%	10	130	1280
256	1280000	18%	5	175	1280
512	1024000	35%	2	458	1024
1023	1023000	69%	1	468	1023
Max	1500000				1500

1frame(1ms)에 최대 1개의 Transfer를 전송하고, 하나의 Transfer가 1,023바이트의 순수 데이터를 전송한다면, 1*1023=1,023바이트의 데이터를 1ms마다 전송하므로 1초에 1,023*1,000=1,023,000 바이트를 전송할 수 있다.

그림 5-26 FS 등시성 엔드포인트 전송의 대역폭 사용(출처: usb.org)

등시성 전송은 LS를 지원하지 않는다. FS에서 사용되는 등시성 전송은 그림처럼 프로토콜 오버헤드를 얼마 사용하지 않는다(9바이트). 그 이유는 Handshake패킷을 사용하지 않기 때문이다.

특이한 점은 1ms 프레임 속에 최대 2개의 패킷을 사용하는 경우가 최대 1개의 패킷을 사용하는 경우보다 초당 전송되는 데이터 크기 바이트가 더 크다. 하지만 FS에서는 고대역 등시성 전송을 지원하지 않는다는 점에서, 이 상황은 2개의 서로 다른 엔드포인트가 사용되는 경우를 모두 합한 것이다. 따라서, 하나의 엔드포인트만을 조건으로 해서 사용될 수 있는 최대 전송속도는 1ms 프레임 속에 최대 1개의 패킷만 사용될 수 있다.

초당 1,023,000바이트, 약 1메가바이트의 전송속도를 보여주고 있다.

Protocol Overhead		(Based on 480Mb/s and 8 bit interpacket gap, 88 bit min bus turnaround, 32 bit sync, 8 bit EOP: (2x4 SYNC bytes, 2 PID bytes, 2 EP/ADDR+addr+CRC5, 2 CRC16, and a 2x(1+11)) byte interpacket delay (EOP, etc.))			
Data Payload	Max Bandwidth (bytes/second)	Microframe Bandwidth per Transfer	Max Transfers	Bytes Remaining	Bytes/ MicroFrame Useful Data
1	1536000	1%	192	12	192
2	2992000	1%	187	20	374
4	5696000	1%	178	24	712
8	10432000	1%	163	2	1304
16	17664000	1%	138	48	2208
32	27392000	1%	107	10	3424
64	37376000	1%	73	54	4672
128	46080000	2%	45	30	5760
256	51200000	4%	25	150	6400
512	53248000	7%	13	350	6656
1024	57344000	14%	7	66	7168
2048	49152000	28%	3	1242	6144
3072	49152000	41%	2	1280	6144
Max	60000000				7500

1frame(125us)에 최대 3개 또는 2개의 Transfer를 전송하고, 하나의 Transfer가 2,048바이트 또는 3,072바이트의 순수 데이터를 전송하는 고대역 전송의 경우. 3*2,048=6,144, 2*3,072=6144바이트의 데이터를 125us마다 전송하므로 1초에 6,144*8*1,000=49,152,000 바이트를 전송할 수 있다.

그림 5-27 HS 등시성 엔드포인트 전송의 대역폭 사용(출처: usb.org)

그림 5-27에서 나타나는 HS 등시성 전송의 최대속도는 고대역 등시성 전송을 하는 경우를 보여주고 있다. 고대역 등시성 전송은 하나의 프레임 속에 최대 3개의 트랜잭션을 포함할 수 있기 때문이다. 그런데 재미있게도 하나의 프레임 속에 2개의 트랜잭션을 담는 경우와 3개의 트랜잭션을 담는 경우가 똑같은 속도량을 보여주고 있다는 점이다. 자세히 보면 각각의 경우 데이터 Payload의 양이 서로 다르다.

결과적으로 고대역 등시성 전송을 통해서 초당 49,152,000바이트, 약 49메가바이트의 속도를 보여주고 있다.

5.1.4.3 인터럽트 전송

인터럽트 전송에서 속도를 논하는 것은 그다지 의미가 없다. 인터럽트 전송은 작은 양의 데이터를 신속하게 전송하는 데 목적이 있기 때문이다.

또한 하나의 인터럽트 전송은 하나의 트랜잭션으로 나타나기 때문에 하나의 프레임 속에 복수 개의 트랜잭션이 나타나는 것이 동일한 엔드포인트를 대상으로 하는 속도와는 관계가 없다.

서로 다른 엔드포인트가 사용된다.

Protocol Overhead (19 bytes)		(5 SYNC bytes, 5 PID bytes, 2 Endpoint + CRC bytes, 2 CRC bytes, and a 5-byte interpacket delay)			
Data Payload	Max Bandwidth (bytes/second)	Frame Bandwidth per Transfer	Max Transfers	Bytes Remaining	Bytes/Frame Useful Data
1	9000	11%	9	7	9
2	16000	11%	8	19	16
4	32000	12%	8	3	32
8	48000	14%	6	25	48
Max	187500				187

1frame(1ms)에 최대 6개의 Transfer를 전송하는 상황이지만, 하나의 인터럽트 전송은 하나의 트랜잭션을 사용하기 때문에 최대 전송량이 속도라고 볼 수 없다.
초당 48,000바이트는 6개의 Transfer를 사용하는 상태이므로 하나의 트랜잭션은 48,000/6=8,000바이트가 된다.

그림 5-28 LS 인터럽트 엔드포인트 전송의 대역폭 사용(출처: usb.org)

그림 5-28에서는 LS 인터럽트 엔드포인트의 전송속도를 계산하고 있다. 하나의 프레임 속에 최대 6개의 전송을 사용하는 것은 동일한 엔드포인트를 사용하는 인터럽트 전송에서는 불가능하다. 따라서 그림처럼 초당 전송량 48,000바이트/6 = 8,000바이트가 하나의 엔드포인트를 위한 최대 인터럽트 전송속도라고 볼 수 있다. 물론 1ms 주기시간을 사

용하는 경우에 한해서다.

서로 다른 엔드포인트가 사용된다.

Protocol Overhead (13 bytes)		(3 SYNC bytes, 3 PID bytes, 2 Endpoint + CRC bytes, 2 CRC bytes, and a 3-byte interpacket delay)			
Data Payload	Max Bandwidth (bytes/second)	Frame Bandwidth per Transfer	Max Transfers	Bytes Remaining	Bytes/Frame Useful Data
1	107000	1%	107	2	107
2	200000	1%	100	0	200
4	352000	1%	88	4	352
8	568000	1%	71	9	568
16	816000	2%	51	21	816
32	1056000	3%	33	15	1056
64	1216000	5%	19	37	1216
Max	1500000				1500

1frame(1ms)에 최대 19개의 Transfer를 전송하는 상황이지만, 하나의 인터럽트 전송은
하나의 트랜잭션을 사용하기 때문에 최대 전송량이 속도라고 볼 수 없다.
초당 1,216,000바이트는 19개의 Transfer를 사용하는 상태이므로 하나의 트랜잭션은
1,216,000/19=64,000바이트가 된다.

그림 5-29 FS 인터럽트 엔드포인트 전송의 대역폭 사용(출처: usb.org)

그림 5-29에서는 FS 인터럽트 엔드포인트의 전송속도를 계산하고 있다. 하나의 프레임
속에 최대 19개의 전송을 사용하는 것은 동일한 엔드포인트를 사용하는 인터럽트 전송에
서는 불가능하다. 따라서 그림처럼 초당 전송량 1,216,000바이트/19 = 64,000바이트가
하나의 엔드포인트를 위한 최대 인터럽트 전송속도라고 볼 수 있다. 물론 1ms 주기시간
을 사용하는 경우에 한해서다.

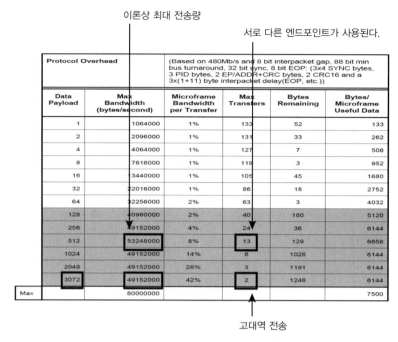

이론상 최대 전송량

서로 다른 엔드포인트가 사용된다.

Protocol Overhead	(Based on 480Mb/s and 8 bit interpacket gap, 88 bit min bus turnaround, 32 bit sync, 8 bit EOP: (3x4 SYNC bytes, 3 PID bytes, 2 EP/ADDR+CRC bytes, 2 CRC16 and a 3x(1+11) byte interpacket delay(EOP, etc.))				
Data Payload	Max Bandwidth (bytes/second)	Microframe Bandwidth per Transfer	Max Transfers	Bytes Remaining	Bytes/ Microframe Useful Data
1	1064000	1%	133	52	133
2	2096000	1%	131	33	262
4	4064000	1%	127	7	508
8	7616000	1%	119	3	952
16	13440000	1%	105	45	1680
32	22016000	1%	86	18	2752
64	32256000	2%	63	3	4032
128	40960000	2%	40	180	5120
256	49152000	4%	24	36	6144
512	53248000	8%	13	129	6656
1024	49152000	14%	6	1026	6144
2048	49152000	28%	3	1191	6144
3072	49152000	42%	2	1246	6144
Max	60000000				7500

고대역 전송

1uframe(125us)에 최대 2개의 Transfer를 전송하는 상황이다. 고대역 인터럽트 전송의 경우, 이와 같은 상황이 가능하다. 125us당 6,144바이트의 데이터를 전송하므로 초당 6144*8*1,000=49,152,000바이트가 된다.

그림 5-30 HS 인터럽트 엔드포인트 전송의 대역폭 사용(출처: usb.org)

그림 5-30에서는 HS 인터럽트 엔드포인트의 전송속도를 계산하고 있다. 하나의 프레임 속에 최대 2개의 전송을 사용하는 것은 동일한 엔드포인트를 사용하는 고대역 인터럽트 전송이 가능하다. 물론 125us 주기시간을 사용하는 경우에 한해서이다.

초당 49,152,000바이트, 약 49메가바이트의 전송속도를 보여준다.

또한 데이터패킷의 Payload 값으로 512를 사용하는 경우가 더 많은 양을 초당 전송할 수 있다는 것을 보여주고 있다. 하지만 이 경우에는 하나의 프레임 속에 최대 13개까지의 전송을 사용해야 하기 때문에 고대역 인터럽트 전송으로는 불가능하다. 따라서 여러 개의 서로 다른 인터럽트 엔드포인트가 함께 사용될 때의 최대 데이터 전송속도로만 의미를 갖는다.

5.1.4.4 벌크 전송

벌크 전송은 모든 전송 중에서 가장 빠른 속도를 보여준다. 하지만 우선순위가 매우 낮기 때문에 다른 USB 디바이스나 다른 엔드포인트의 간섭이 없는 조건에서 속도를 봐야한다.

Protocol Overhead (13 bytes)		(3 SYNC bytes, 3 PID bytes, 2 Endpoint + CRC bytes, 2 CRC bytes, and a 3-byte interpacket delay)			
Data Payload	Max Bandwidth (bytes/second)	Frame Bandwidth per Transfer	Max Transfers	Bytes Remaining	Bytes/Frame Useful Data
1	107000	1%	107	2	107
2	200000	1%	100	0	200
4	352000	1%	88	4	352
8	568000	1%	71	9	568
16	816000	2%	51	21	816
32	1056000	3%	33	15	1056
64	1216000	5%	19	37	1216
Max	1500000				1500

1frame(1ms)에 최대 19개의 Transfer를 전송하고, 하나의 Transfer가 64바이트의 순수 데이터를 전송한다면, 19*64=1,216바이트의 데이터를 1ms마다 전송하므로 1초에 1,216*1,000=1,216,000 바이트를 전송할 수 있다.

그림 5-31 FS 벌크 엔드포인트 전송의 대역폭 사용(출처: usb.org)

그림 5-31은 1ms 프레임 속에 최대 19개의 전송을 포함하는 경우를 보여준다. 초당 1,216,000바이트, 약 1.2메가바이트의 속도를 보여준다.

Protocol Overhead (55 bytes)		(3x4 SYNC bytes, 3 PID bytes, 2 EP/ADDR+CRC bytes, 2 CRC16, and a 3x(1+11) byte interpacket delay (EOP, etc.))			
Data Payload	Max Bandwidth (bytes/second)	Microframe Bandwidth per Transfer	Max Transfers	Bytes Remaining	Bytes/ Microframe Useful Data
1	1064000	1%	133	52	133
2	2096000	1%	131	33	262
4	4064000	1%	127	7	508
8	7616000	1%	119	3	952
16	13440000	1%	105	45	1680
32	22016000	1%	86	18	2752
64	32256000	2%	63	3	4032
128	40960000	2%	40	180	5120
256	49152000	4%	24	36	6144
512	53248000	8%	13	129	6656
Max		60000000			7500

1uframe(125us)에 최대 13개의 Transfer를 전송하고, 하나의 Transfer가 512바이트의 순수 데이터를 전송한다면, 512*13=6,656바이트의 데이터를 125us마다 전송하므로, 1초에 6,656*8*1,000=53,248,000바이트를 전송할 수 있다.

그림 5-32 HS 벌크 엔드포인트 전송의 대역폭 사용(출처: usb.org)

그림 5-32에서는 125us 프레임 속에 최대 13개의 패킷을 담고 있는 HS 벌크 엔드포인트의 전송속도를 보여주고 있다. 초당 약 53메가바이트의 전송속도를 보여준다.

5.2 USB 3 프로토콜

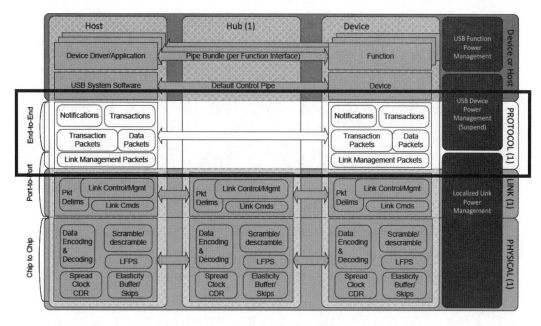

그림 5-33 USB 3 버스에서의 프로토콜 영역(출처: usb.org)

그림 5-33을 보면 USB 3(Super Speed, Super Speed+)에서 프로토콜 계층이 어느 위치에서 어떤 일을 하는지를 간단하게 알려주고 있다. 이 절에서 배우려는 주된 관심사가 몰려있는 곳이다.

이곳에서 주로 살펴볼 부분은 다음과 같다.

- 패킷의 종류
- 패킷의 포맷
- 호스트와 디바이스 간에 주고받는 패킷
- 4대 전송(컨트롤, 인터럽트, 벌크, 등시성)이 USB 3에서 어떻게 나타나는가?
- 벌크 스트림Stream 전송

5.2.1 Enhanced Super Speed 트랜잭션

Enhanced Super Speed는 줄여서 Super Speed(SS)라고 부른다. USB 2에서 전송 (Transfer)은 여러 단계의 트랜잭션(Transaction)으로 구분됐다.

SS에서는 이와 같은 전송을 버스 인스턴스Bus Instance라고도 부른다. 버스 인스턴스는 동적으로 생성되고 동적으로 해제된다. 하나의 전송과 같은 의미로 사용되는 것이다. 호스트가 같은 버스 인스턴스와 트랜잭션을 주고받는 방법은 다음과 같이 몇 가지 형태로 구분된다.

▶ OUT 버스 트랜잭션

SS에서는 같은 버스 인스턴스에 대해서 복수 개의 OUT 버스 트랜잭션이 발생될 수 있다. 이것은 어찌 보면 USB 2와 크게 다르지 않아 보인다. 하지만 SS에서 처음 소개하는 버스트Burst 전송 기능이 사용된다는 의미로 해석해야 한다.

▶ IN 버스 트랜잭션

SS에서는 같은 버스 인스턴스에 대해서 여러 번의 IN 버스 트랜잭션이 발생될 수 있다. 하지만 다음 조건이 되는 경우에는 그 즉시 버스 트랜잭션이 중단된다.

1) 등시성 전송 엔드포인트의 경우

- 요청했던 모든 데이터패킷(DP)을 수신한 경우
- 짧은 패킷Short Packet이 수신된 경우
- 데이터패킷(DP) 내부의 Last Packet 플래그가 셋된 상태로 수신된 경우
- 호스트가 데이터 수신을 요청하는 ACK 트랜잭션 패킷(TP)의 유효시간이 지났을 경우

2) 비등시성 전송 엔드포인트의 경우

- 요청했던 모든 데이터패킷(DP)을 수신한 경우
- 짧은 패킷Short Packet이 수신된 경우
- 데이터패킷(DP) 내부의 EOBEnd Of Block 플래그가 셋된 상태로 수신된 경우

- 상태 트랜잭션 패킷(NRDY, STALL)이 수신된 경우
- 호스트가 데이터 수신을 요청하는 ACK 트랜잭션 패킷(TP)의 유효시간이 지났을 경우

보다 구체적인 설명은 이어지는 절을 통해서 습득하게 되므로 여기서는 생략한다.

5.2.2 패킷의 종류

SS는 모두 4가지 패킷을 정의하고 있다(제대로 된 의미전달을 위해서 가능하면 영문을 그대로 사용한다).

- Link Management Packet(LMP): 보통 패킷은 호스트와 디바이스가 주고 받는 것이 일반적이지만, 링크^{Link} 양쪽의 포트(Upstream Port, Downstream Port) 사이에서만 송수신되는 패킷이다. 링크를 관리하는 목적으로 사용된다(Link 계층의 Link 명령어와는 다르다).
- Transaction Packet(TP): 호스트와 디바이스 사이를 오고가는 패킷으로 데이터 패킷의 흐름을 제어하거나, 디바이스의 구성을 설정하는 데 사용된다. TP에는 순수 데이터가 포함되지 않는다.
- Data Packet(DP): 호스트와 디바이스 사이를 오고가는 패킷으로 순수 데이터를 포함한다. DP는 Data Packet Header(DPH)와 Data Packet Payload (DPP)로 구성된다. DPH는 DPP를 설명하는 내용을 담고 있으며, DPP는 순수 데이터를 포함하고 있다.
- Isochronous Timestamp Packet(ITP): 호스트는 활성화된 모든 링크(U0 상태의 링크) 측으로 멀티캐스트된 형태로 ITP 패킷을 송신하게 된다. ITP는 링크가 전원 절전 링크 상태로 빠지는 것을 막기 위해서 주기적으로 사용된다.

모든 패킷은 14바이트 헤더와 2바이트 Link Control Word로 시작한다.

5.2.3 패킷의 포맷

SS 패킷은 4가지 종류의 패킷들이 같은 내용을 담게 되는 공통 구간이 정의돼 있다. 참고로 필드를 설명할 때 오프셋(DW:bit)으로 소개되는 내용의 의미를 잠깐 언급하고 넘어가도록 하겠다.

DW는 Double Word(DW)의 의미를 가진다. 4바이트를 묶어서 하나의 DW로 부른다. DW:bit = 1:3은, 1 DW의 3번 비트를 의미한다. 처음부터 15번째 비트가 된다. DW:bit = 0:1은, 0 DW의 1번 비트를 의미한다.

DW의 기준점은 패킷의 시작부터이다.

5.2.3.1 Type 필드

표 5-18 Type 필드 정의

비트 수	오프셋(DW:bit)	설명
5	0:0	Type. 5개의 비트가 패킷의 유형을 결정한다. 값　　　종류 00000　Link Manage Packet 00100　Transaction Packet 01000　Data Packet Header(Data Packet) 01100　Isochronous Timestamp Packet

Type 필드는 5개의 비트를 사용해서 패킷의 유형을 결정한다.

5.2.3.2 CRC-16 필드

모든 패킷은 CRC-16 알고리즘을 위해서 16비트를 사용하고 있다.

5.2.3.3 Link Control Word(LCW) 필드

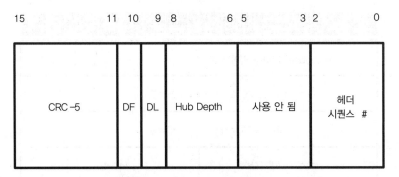

그림 5-34 Link Control Word의 구체적인 그림

표 5-19 LCW 필드 정의(DW 값은 패킷의 시작부터)

비트 수	오프셋(DW:bit)	설명
3	3:16	헤더 시퀀스 넘버. 0부터 7까지의 숫자를 가질 수 있다.
3	3:19	사용 안 됨
3	3:22	허브 깊이. 디바이스에서 호스트로 올라가는 패킷에만 사용되며, 허브가 기록한다. DF 필드의 값이 셋된 경우에만 의미를 갖는다. DF 필드의 값이 셋된 위치의 허브 깊이를 알려준다.
1	3:25	헤더 패킷(Header Packet)이 재전송되거나 지연전송됐음을 알려주는 비트
1	3:26	허브에 의해서 기록된다. 링크가 전원 절전 모드에 들어가 있기 때문에 요청하는 패킷이 전달될 수 없다는 것을 알린다.
5	3:27	CRC-5 계산에 사용됨

5.2.4 링크 관리 패킷(LMP)

3	3	2	2	2	2	2	2	2	2	2	2	1	1	1	1	1	1	1	1	1	1	0	0	0	0	0	0	0	0	0	0
1	0	9	8	7	6	5	4	3	2	1	0	9	8	7	6	5	4	3	2	1	0	9	8	7	6	5	4	3	2	1	0

SubType에 따라서 의미가 결정됨	Sub Type	Type
SubType에 따라서 의미가 결정됨		
SubType에 따라서 의미가 결정됨		
Link Control Word(LCW)	CRC-16	

그림 5-35 Link Management Packet의 구조

그림 5-35는 LMP^{Link Management Packet}의 구조를 보여주고 있다. LMP는 SubType에 따라서 6개의 세부 명령어로 구분된다. 이들 세부 명령어에 따라서 대부분의 필드의 의미가 결정된다.

표 5-20 LMP 패킷의 SubType 필드

비트 수	오프셋(DW:bit)	설명
4	0:5	SubType. 4비트의 값을 사용해서 세부 명령어를 구분한다. 값　　의미 0001　Set Link Function 명령 0010　U2 Inactivity Timeout 명령 0011　Vendor Device Test 명령 0100　Port Capability 명령 0101　Port Configuration 명령 0110　Port Configuration Response 응답(명령)
16	3:0	CRC-16 CRC 계산에 사용됨

5.2.4.1 Set Link Function 명령

호스트는 허브에게 허브 전용 명령어(SetPortFeature, FORCE_LINKPM_ACCEPT)를 전달한다. 허브는 해당 명령어가 대상으로 하는 허브 포트의 DP(Downstream Port) 측으로 Set

Link Function 명령을 담은 LMP를 전송한다. 이 명령은 디버깅 혹은 테스트 목적으로 사용된다.

이 명령을 받은 디바이스 측의 UP(Upstream Port)는 LGO_U1, LGO_U2 링크 명령어를 받아들일 수 있도록 준비 상태를 취한다. 이후 호스트는 또 다른 허브 전용 명령어 (SetPortFeature)를 사용해서 링크의 DP로 하여금 UP에게 LGO_U1, LGO_U2 명령어를 전송하게 된다.

허브는 Set Link Function 명령과 함께 파라미터 필드값 Force_LinkPM_Accept 비트의 값에 따라서 디바이스 측이 어떻게 대응해야 하는지를 알려준다.

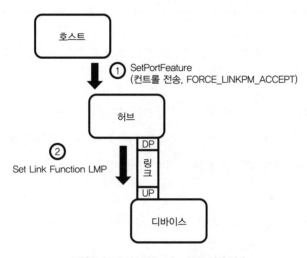

그림 5-36 Set Link Function LMP 명령 전달

3 3 2 2 2 2 2 2 2 2 2 1 1 1 1 1 1 1 1 1 1 0 0 0 0 0 0 0 0 0 0 0 1 0 9 8 7 6 5 4 3 2 1 0 9 8 7 6 5 4 3 2 1 0 9 8 7 6 5 4 3 2 1 0				
사용 안 함	Set Link Function	Sub Type	Type
사용 안 함			
사용 안 함			
Link Control Word(LCW)		CRC-16	

그림 5-37 Set Link Function LMP의 구조

표 5-21 Set Link Function 필드

비트 수	오프셋(DW:bit)	설명
4	0:5	SubType. 4비트의 값을 사용해서 세부 명령어를 구분한다. • 0001 Set Link Function 명령
7	0:9	SetLinkFunction. 7비트의 값 중 하나의 비트만 사용된다. **비트　설명** 0　　사용 안 함 1　　Force_LinkPM_Accept 기능 **값** 0　　기능 해제 1　　기능 활성화 6:2　사용 안 함

표 5-21을 보자. Set Link Function 필드값 중에 비트 1의 값이 0인 경우와 1인 경우의 의미가 중요하다.

허브의 DP와 디바이스의 UP 사이의 링크 상태를 U0 상태에서 U1, U2 상태로 전환하는 방법은 각각의 링크 파트너 중 어느 한 곳에서 먼저 LGO_Ux 링크 명령어를 상대방 파트너에게 전송하는 작업으로 시작된다. 이와 같은 작업을 요청하는 작업 요청자는 DP, UP 모두 가능하다.

Set Link Function 기능이 해제돼 있는 상태에서는 디바이스 측에서 조건에 따라서 LGO_Ux 링크 명령어를 파트너에게 전송할 수 있다.

보통 호스트가 디바이스에게 전달하는 데이터패킷(DP) 내부에 포함된 DPH^Data Packet Header의 Packet Pending 필드값은 호스트가 항상 기록할 권한을 가진 값이다.

호스트가 이 값을 셋(TRUE)함으로써 앞으로 계속해서 관련된 엔드포인트와 송수신을 할 예정이라는 점을 디바이스에게 알리는 것이다. 디바이스는 이와 같은 Packet Pending 필드의 값이 0인 경우 당분간 호스트가 보낼 데이터가 없다는 뜻으로 받아들여 보다 적극적인 링크 절전 모드에 들어가려고 시도할 수 있다. 관련된 내용은 6장에서 배우도록 하겠다.

Set Link Function 기능이 활성화돼 있는 상태라면 호스트는 필요할 때마다 허브 전용 명령어(SetPortFeature)을 사용해서 허브의 특정 링크의 DP가 자신의 파트너 UP 측으로 LGO_Ux 링크 명령어를 전송할 수 있다. 이후 U1, U2 링크 상태의 디바이스는 호스트 (허브)의 요청에 의해서 U0 상태로 돌아가는 상황이 발생될 때까지 U1, U2 상태를 유지해야 한다. 이 기능이 활성화된 상태에서는 디바이스 스스로 U0 상태로 돌아오는 요청을 DP 측으로 보내지 못하기 때문에 호스트가 이 기능을 활성화할 때는 반드시 당분간 해당 링크를 사용하는 데이터통신이 없을 것을 보증해야 한다.

5.2.4.2 U2 Inactivity Timeout 명령

호스트는 허브에게 허브 전용 명령어(SetPortFeature, PORT_U2_TIMEOUT)를 전달한다. 허브는 해당 명령어가 대상으로 하는 허브 포트의 DP^Downstream Port 측으로 U2 Inactivity Timeout 명령을 담은 LMP를 전송한다.

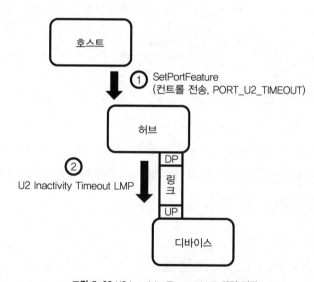

그림 5-38 U2 Inactivity Timeout LMP 명령 전달

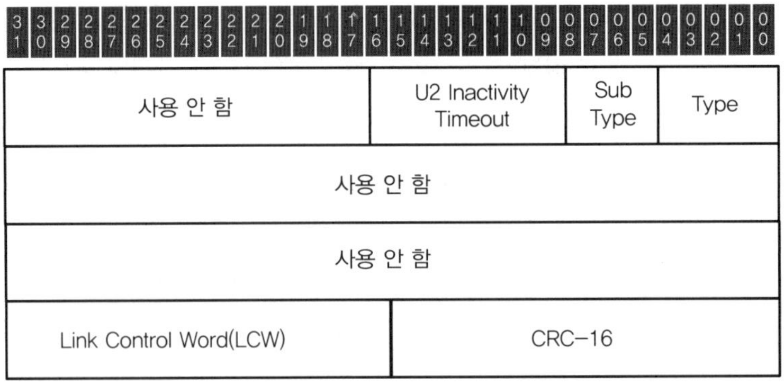

31 30 29 28 27 26 25 24 23 22 21 20 19 18 17 16 15 14 13 12 11 10 09 08 07 06 05 04 03 02 01 00

사용 안 함	U2 Inactivity Timeout	Sub Type	Type
사용 안 함			
사용 안 함			
Link Control Word(LCW)		CRC-16	

그림 5-39 U2 Inactivity Timeout LMP의 구조

표 5-22 U2 Inactivity Timeout 필드

비트 수	오프셋(DW:bit)	설명
4	0:5	SubType. 4비트의 값을 사용해서 세부 명령어를 구분한다. • 0010 U2 Inactivity Timeout 명령
8	0:9	U2 Inactivity Timeout. 8비트의 값 중 하나의 비트만 사용된다. 허브 전용 명령어(SetPortFeature, PORT_U2_TIMEOUT)의 파라미터 와 같은 값을 사용한다.

디바이스는 U2 타임아웃 값을 사용한다. 링크가 U1 상태에 있을 때 U2 타임아웃시간 동안 링크 내에 그 어떤 패킷도 송수신되지 않으면 링크 파트너는 조용히 그 어떤 패킷 교환 작업없이 서로의 포트 상태를 U2 상태로 전환한다. LGO_U2 링크 명령어를 사용하지 않고 U1 상태에서 곧바로 U2 상태로 진입하는데 이때 타임아웃 값이 사용된다. 관련된 내용은 6장에서 배우도록 하겠다.

5.2.4.3 Vendor Device Test 명령

제조사에서 테스트 목적으로 사용되는 명령이다.

5.2.4.4 Port Capability 명령

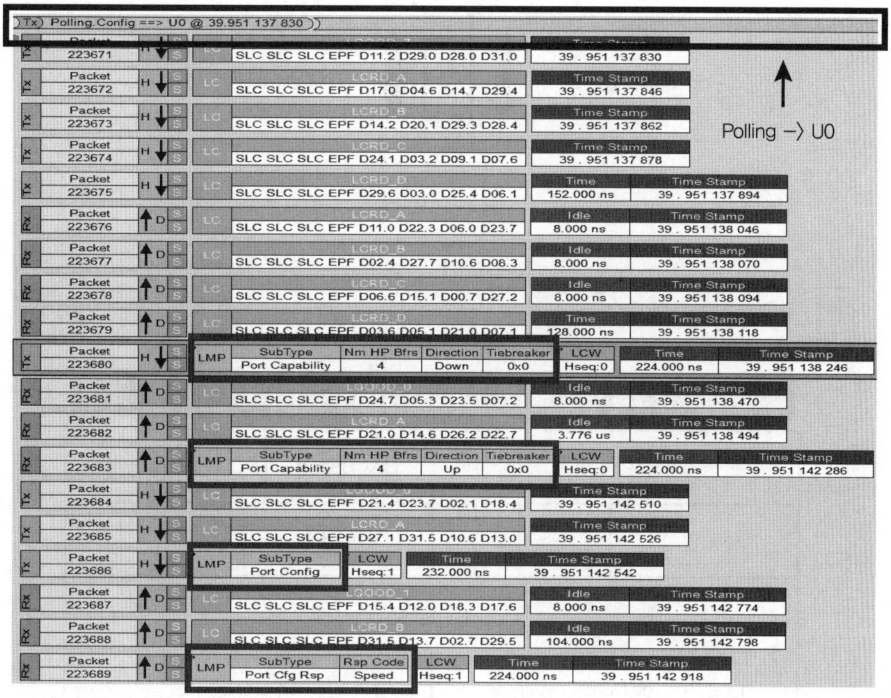

그림 5-40 Port Capability 명령과 Port Configuration 명령이 사용되는 모습

그림 5-40을 보자. Port Capability 명령은 링크의 상태가 Polling 상태에서 U0 상태로 전환된 뒤에 사용된다. 링크의 양쪽 파트너(DP, UP)는 각각 상대방에게 Port Capability 명령어를 보내서 자신의 포트 특성 정보를 공유한다.

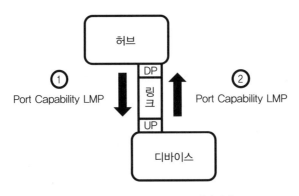

그림 5-41 Port Capability LMP 명령 전달

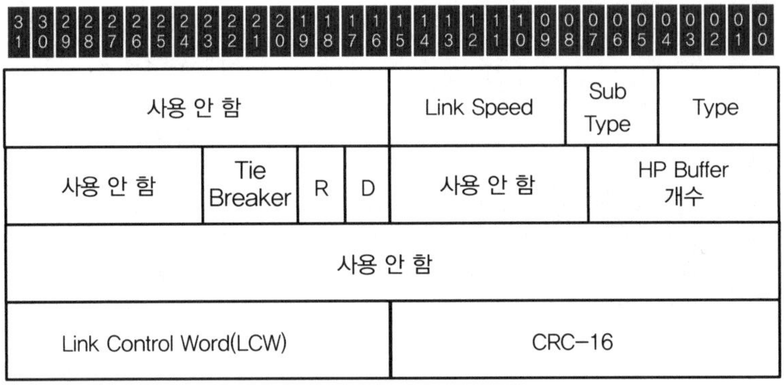

3 3 2 2 2 2 2 2 2 2 2 2 1 1 1 1 1 1 1 1 1 1 0 0 0 0 0 0 0 0 0 0

사용 안 함			Link Speed	Sub Type	Type
사용 안 함	Tie Breaker	R	D	사용 안 함	HP Buffer 개수
사용 안 함					
Link Control Word(LCW)			CRC-16		

그림 5-42 Port Capability LMP의 구조

표 5-23 Port Capability 필드

비트 수	오프셋(DW:bit)	설명
4	0:5	SubType. 4비트의 값을 사용해서 세부 명령어를 구분한다. • 0100 Port Capability 명령
7	0:9	Link Speed. 7비트의 값 중 비트 0(하나의 비트)만 사용된다. **값** 0 5G bps를 지원하지 못한다(SS+). 1 5G bps를 지원한다(SS).
8	1:0	HP Buffer 개수. SS에서만 사용된다. 송신, 수신 각각의 내부 버퍼의 크기 (Header Packet 몇 개를 담을 수 있는 크기인지를 알림)

비트 수	오프셋(DW:bit)	설명
2	1:16	Direction. 방향 **비트 값** 0 1: Downstream Port Capability 1 1: Upstream Port Capability
4	1:20	Tiebreaker. Direction 비트 0, 1의 값이 모두 1인 경우에만 사용된다. UP와 DP 기능 모두로 사용될 수 있는 포트들끼리 링크를 구성하는 경우, 이 값이 높은 값을 가진 측이 DP가 된다.

Port Capability LMP 명령은 포트가 링크 파트너에게 자신의 포트 특성 정보를 전달하는 것을 목적으로 한다. 표 5-23에서 알 수 있듯이 아직까지는 많은 내용이 정의되지 않고 있다.

여기서는 HP^{Header Packet} Buffer 개수가 가장 의미있는 값이다. 현실적으로 값 4로 고정돼 사용된다. SS에서는 LMP^{Link Management Packet}, TP^{Transaction Packet}, ITP^{Isochronous Timestamp Packet}, DPH^{Data Packet Header} 이렇게 4가지 패킷을 HP^{Header Packet}라고 부른다.

이들은 모두 16바이트로 동일한 크기를 사용한다. 링크를 구성하는 포트(UP, DP)는 내부에 충분한 크기의 버퍼를 송신과 수신을 위해서 준비해둬야 한다. 이들의 크기는 HP를 몇 개나 담을 수 있는가로 설명된다. 보통 4개를 담을 수 있도록 준비하고 있다. 자세한 이야기는 7장에서 배워보자.

5.2.4.5 Port Configuration 명령

그림 5-40을 보자. Port Capability 명령과 함께 Port Configuration LMP 명령이 사용되고 있다. 이 명령은 U0 상태일 때 DP 포트에서 UP로 전달하는 명령어이며 사용할 속도를 결정한다.

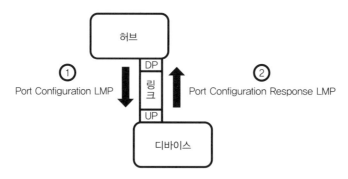

그림 5-43 Port Configuration LMP 명령 전달

그림 5-43에서처럼 Port Configuration 명령은 DP가 UP 측으로 전달하는 명령이다.
그에 대한 응답인 Port Configuration Response 명령은 UP가 DP 측으로 전달하는 명
령이다.

3 3 2 2 2 2 2 2 2 2 2 2 1 1 1 1 1 1 1 1 1 1 0 0 0 0 0 0 0 0 0 0
1 0 9 8 7 6 5 4 3 2 1 0 9 8 7 6 5 4 3 2 1 0 9 8 7 6 5 4 3 2 1 0

사용 안 함	Link Speed	Sub Type	Type
사용 안 함			
사용 안 함			
Link Control Word(LCW)		CRC-16	

그림 5-44 Port Configuration LMP의 구조

표 5-24 Port Configuration 필드

비트 수	오프셋(DW:bit)	설명
4	0:5	SubType. 4비트의 값을 사용해서 세부 명령어를 구분한다. • 0101 Port Configuration 명령
7	0:9	Link Speed. 7비트의 값 중 비트 0(하나의 비트)만 사용된다. **값** 0　5Gbps를 지원하지 못한다(SS+). 1　5Gbps를 지원한다(SS).

표 5-24에서 아직까지 Port Configuration 필드가 설명하려는 내용은 DP가 UP측으로
어떤 속도의 링크를 연결하고 싶은지를 알려주는 것이 전부이다.

5.2.4.6 Port Configuration Response 응답(명령)

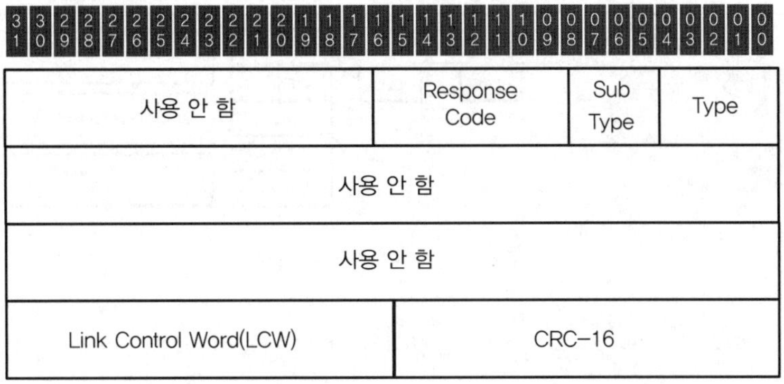

3 1	3 0	2 9	2 8	2 7	2 6	2 5	2 4	2 3	2 2	2 1	2 0	1 9	1 8	1 7	1 6	1 5	1 4	1 3	1 2	1 1	1 0	0 9	0 8	0 7	0 6	0 5	0 4	0 3	0 2	0 1	0 0

사용 안 함	Response Code	Sub Type	Type
사용 안 함			
사용 안 함			
Link Control Word(LCW)		CRC-16	

그림 5-45 Port Configuration Response LMP의 구조

표 5-25 Port Configuration Response 필드

비트 수	오프셋(DW:bit)	설명
4	0:5	SubType. 4비트의 값을 사용해서 세부 명령어를 구분한다. • 0110 Port Configuration Response 명령
7	0:9	Response Code. 7비트의 값 중 비트 0(하나의 비트)만 사용된다. **값** 1 DP가 원하는 속도로 전환하는 것을 수락한다는 뜻

Port Configuration Response LMP 명령은 Port Configuration LMP 명령에 대한 응답
을 의미한다.

Port Configuration 명령을 통해서 DP는 UP에게 원하는 링크 연결속도를 요청한다.
UP는 이를 수용할 것인지 혹은 거절할 것인지를 Port Configuration Response 명령을
통해서 보고한다.

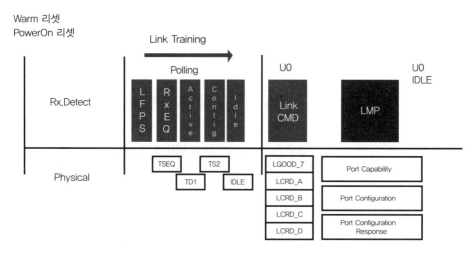

그림 5-46 링크 형성과정과 명령

그림 5-46을 보면 링크가 형성되는 과정에서 LMP 명령이 어떤 위치에서 사용되는지를 잘 보여주고 있다. 링크의 상태가 Polling 상태에서 U0 상태로 바뀐 뒤 일련의 Link Command(LGOOD_n, LCRD_x)를 사용해서 양쪽 링크의 흐름을 준비시킨 다음에 프로토콜패킷 성격을 가진 최초의 패킷이 전송된다. 이것이 LMP 패킷이다. LMP 패킷이 전달되는 과정을 마치면 자연스럽게 U0 상태는 쉬는 상태, 즉 U0 유휴 상태가 된다. 링크가 모든 준비를 마친 것이다.

5.2.5 트랜잭션 패킷(Transaction Packet, TP)

호스트와 디바이스 간에 송수신되는 패킷이며 데이터 흐름을 관리하지만, 호스트가 디바이스로 TP 패킷을 전송할 때 라우팅 정보(Route String)를 사용해서 해당 디바이스에게만 TP 패킷이 진송되도록 돕는다.

호스트가 디바이스로 TP 패킷을 전송할 때 디바이스 주소정보를 사용해서 해당 디바이스를 수신할 디바이스를 지정한다.

SubType 값에 따라서 다양한 세부 명령으로 구분될 수 있다.

표 5-26 Transaction Packet Subtype 필드

비트 수	오프셋(DW:bit)	설명
4	1:0	SubType. 4비트의 값을 사용해서 세부 명령어를 구분한다. 값 종류 0001 ACK 0010 NRDY 0011 ERDY 0100 STATUS 0101 STALL 0110 DEV_NOTIFICATION 0111 PING 1000 PING_RESPONSE

5.2.5.1 ACK 트랜잭션 패킷

ACK[Acknowledgement] TP는 2가지 목적으로 사용된다.

IN 방향의 엔드포인트를 위해서 호스트는 데이터를 받기 위한 요청(ACK)을 디바이스로 전송한다. 호스트는 이전에 받은 데이터에 대한 확인응답(ACK)을 디바이스로 전송한다. OUT 방향의 엔드포인트를 위해서 디바이스는 호스트로부터 이전에 받은 데이터에 대한 확인응답(ACK)을 호스트로 전송한다. 디바이스는 호스트에게 앞으로 얼마큼의 데이터를 버스트[Burst]하게 받을 수 있는지를 보고(ACK)한다.

이와 같이 ACK 패킷이 사용되는 목적이 다양하므로 독자들은 반드시 용도를 기억해두 길 바란다.

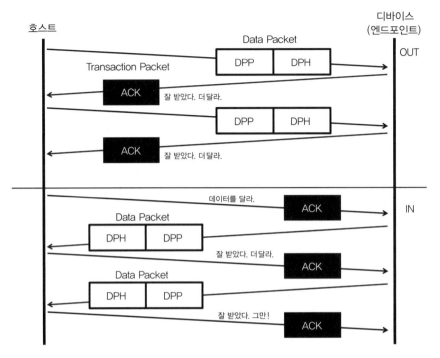

그림 5-47 OUT 엔드포인트와 IN 엔드포인트에서 사용되는 ACK TP

그림 5-47에서는 ACK TP가 사용되는 상황을 보여준다. OUT 방향의 엔드포인트와 IN 방향의 엔드포인트가 호스트와 어떤 방법으로 ACK TP를 사용하는지를 알 수 있다.

대체로 ACK의 의미는 "잘 받았다", "더 달라. 받을 수 있는 상태다", "그만 달라. 못받는다"로 해석할 수 있다. 다른 부분보다 USB 2 LS, FS, HS 속도에서 사용되던 ACK Handshake 패킷과 다르게 쓰이는 모습으로 보이는 부분이 IN 방향의 엔드포인트로 처음에 보내는 ACK TP이다. 왜냐하면 이것은 USB 2 속도에서 IN 토큰패킷과 비슷한 역할로 사용되기 때문이다.

31	30	29	28	27	26	25	24	23	22	21	20	19	18	17	16	15	14	13	12	11	10	9	8	7	6	5	4	3	2	1	0
디바이스 주소							Route String/사용 안 함																			Type					
TPF	사용 안 함			Seq Num			NumP			HE	TT			Endpoint Number			D	Rty		R				Sub Type							
NBI/사용안함			PP	DBI	WPA	SSI	사용 안 함							Stream ID/사용 안 함																	
Link Control Word(LCW)																CRC-16															

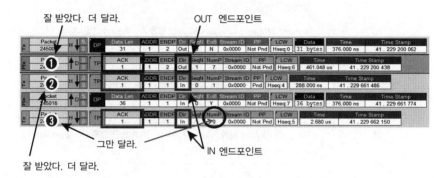

그림 5-48 ACK TP의 구조

❶ 디바이스 → 호스트, 잘 받았다. 데이터를 더 달라(OUT 엔드포인트).

❷ 호스트 → 디바이스, 잘 받았다. 데이터를 더 달라(IN 엔드포인트).

❸ 호스트 → 디바이스, 데이터를 그만 달라(IN 엔드포인트). NumP 값이 0이다.

표 5-27 ACK TP 필드

비트 수	오프셋(DW:bit)	설명
20	0:5	Route String. 허브 깊이에 따라서 허브가 가진 포트의 일련번호로 이뤄진 문자열 20비트
7	0:25	Device Address. 디바이스 주소
4	1:0	SubType. ACK(0001)
1	1:6	Rty. 재전송을 의미할 때 설정된다.
1	1:7	D. Direction 방향(0: 호스트 → 디바이스, 1: 디바이스 → 호스트)

비트 수	오프셋(DW:bit)	설명
4	1:8	Endpoint Number. 엔드포인트 넘버(0~15)
3	1:12	Transfer Type(TT). 4가지 전송을 구분한다. 100 컨트롤 전송 101 등시성 전송 110 벌크 전송 111 인터럽트 전송
1	1:15	Host Error(HE). 호스트에서 디바이스로 전송하는 ACK TP 패킷에서만 사용된다. 데이터 수신 도중에 호스트 내부적인 원인으로 인해서 오류가 발생했다는 것을 알린다.
5	1:16	NumP. 앞으로 얼마큼의 데이터패킷을 더 받을 수 있는지를 알리는 용도로 사용된다. 0 더 이상 받을 수 없다는 뜻 N 앞으로 N개의 데이터패킷을 더 받을 수 있다는 뜻
5	1:21	Seq Num. 시퀀스 넘버. 프로토콜 계층에서 정의하는 시퀀스 넘버
1	1:31	TPF. SS+에서만 사용되며, 현재의 TP 이후에 연결된 Device Notification TP가 이어서 전송될 예정이라는 뜻
16	2:0	Stream ID. 스트림 통신을 지원하는 벌크 엔드포인트의 경우에 사용되는데, 스트림 ID 값이 사용된다.
1	2:24	SSI. 등시성 전송에서 사용된다. WPA, DBI, NBI의 기능을 사용할 때 필요하다.
1	2:25	Will Ping Again(WPA). SSI가 셋일 때만 의미를 가진다. 등시성 전송에서 항상 PING TP를 먼저 보내고 등시성 전송을 시작한다.
1	2:26	DBI. SSI가 셋일 때만 의미를 가진다. 등시성 전송에서 현재의 버스 인터벌 안에서 데이터 전송을 끝낸다.
1	2:27	Packets Pending(PP). 호스트가 기록한다. 해당하는 엔드포인트에 대해서 아직도 더 받아야 할 데이터가 존재한다는 뜻. 더 이상 받아야 할 데이터가 없다면, 디바이스는 적극적으로 링크의 상태를 전원 절전 상태로 전환할 수 있다.
4	2:28	NBI. SSI가 셋일 때만 의미를 가진다. 등시성 전송에서 이어지는 다음 번 전송이 어떤 버스 인터벌에서 수행되는지를 알린다. 다음에 이어지는 전송은 현재 버스 인터벌 + NBI + 1에서 수행된다.

프로토콜 계층에서 사용하는 흐름 제어는 시퀀스 넘버(Seq Num)를 사용하는 방법을 사용한다.

그림 5-49는 IN 방향의 엔드포인트와 호스트가 데이터를 주고받는 과정 중의 흐름 제어를 보여주고 있다.

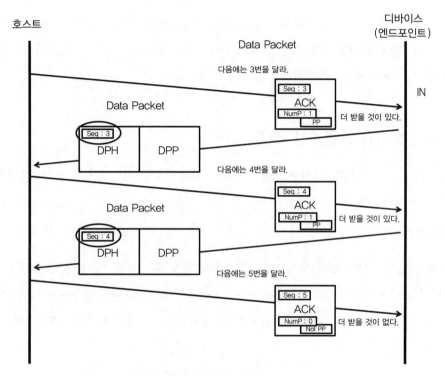

그림 5-49 시퀀스 넘버와 ACK TP

그림 5-49를 보면 ACK TP 패킷 내부에 시퀀스 넘버, NumP와 PP(Packets Pending) 필드가 흐름 제어에 사용되고 있음을 알 수 있다. ACK TP 패킷 내부의 시퀀스 넘버는 다음 번에 받고자 하는 데이터패킷의 시퀀스 넘버를 기록한다. ACK TP 패킷 내부의 PP는 더 받아야 할 데이터패킷이 있는지의 여부를 알려준다. ACK TP 패킷 내부의 NumP는 연속으로 얼마큼의 데이터를 Burst 통신으로 받을 수 있는지를 알린다. 이 값은 수신 측의 버퍼의 여유를 말한다.

그림처럼 호스트는 ACK TP를 통해서 3번 데이터를 달라고 하고 있다. 디바이스는 3번 데이터를 올려준다. 호스트는 또다시 ACK TP를 통해 4번 데이터를 달라고 하고 있다. 디바이스는 여전히 4번 데이터를 올려준다. 마지막으로 호스트는 더 이상 받을 것이 없다는 뜻으로 PP를 클리어하면서 다음 번에 데이터를 올려줄 때는 5번을 달라고 하고 있다.

여기서 각각의 ACK TP에 포함된 NumP 값은 Burst 통신으로 받을 수 있는 데이터패킷 수를 나타낸다. 마지막 ACK TP는 NumP 값을 0으로 기록해서 더 이상 받을 버퍼가 충분하지 않다고 디바이스에게 알리고 있다.

5.2.5.2 NRDY 트랜잭션 패킷

NRDY(Not Ready) TP는 등시성 전송을 제외한 나머지 모든 전송에서 디바이스 측에서 호스트로 보내는 패킷으로 사용된다.

NRDY TP는 2가지 목적으로 사용된다.

IN 방향의 엔드포인트를 위해서 호스트가 데이터를 달라고 요청(ACK)한 상태에 대해서 디바이스가 더 이상 올려줄 데이터가 없다는 뜻으로 사용된다. OUT 방향의 엔드포인트를 위해서 디바이스가 호스트에게 더 이상 데이터를 받을 공간이 부족하다는 뜻으로 전송한다.

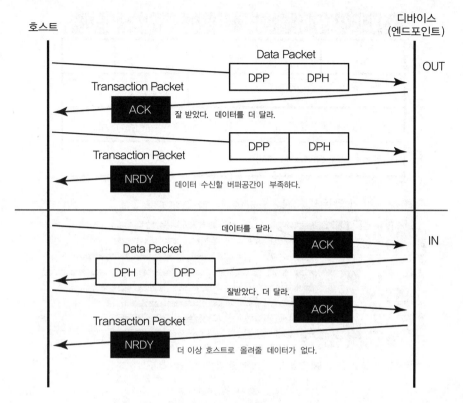

그림 5-50 OUT 엔드포인트와 IN 엔드포인트에서 사용되는 NRDY TP

그림 5-50에서는 NRDY TP가 사용되는 상황을 보여준다. OUT 방향의 엔드포인트와 IN 방향의 엔드포인트가 호스트와 어떤 방법으로 NRDY TP를 사용하는지를 알 수 있다.

대체로 NRDY의 의미는 "수신 버퍼가 부족하다", "더 줄 데이터가 없다"로 해석할 수 있다.

3 3 2 2 2 2 2 2 2 2 2 2 1 1 1 1 1 1 1 1 1 1 0 0 0 0 0 0 0 0 0 0

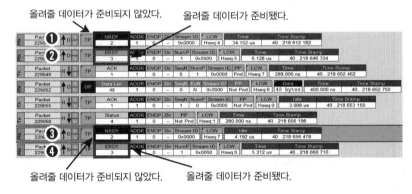

디바이스 주소	사용 안 함		Type
사용안함	Endpoint Number	D R	Sub Type
사용안함	Stream ID/사용 안 함		
Link Control Word(LCW)	CRC-16		

그림 5-51 NRDY TP의 구조

그림 5-51을 보면 호스트가 디바이스에게 데이터를 달라고 요청하는 상황에서 NRDY 가 발생하는 모습을 보여주고 있다.

❶ 디바이스 → 호스트, 지금 올려줄 데이터가 없다(NRDY).

❷ 디바이스 → 호스트, 지금 올려줄 데이터가 있다(ERDY).

❸ 디바이스 → 호스트, 지금 올려줄 데이터가 더 이상 없다(NRDY).

❹ 디바이스 → 호스트, 지금 올려줄 데이터가 또 있다(ERDY).

이처럼 NRDY TP 패킷은 이어지는 ERDY(Endpoint Ready) TP 패킷을 보게 된다.

표 5-28 NRDY TP 필드(ACK TP와 중복되는 내용은 생략한다.)

비트 수	오프셋(DW:bit)	설명
4	1:0	SubType, NRDY(0010)

프로토콜 계층에서 사용하는 흐름 제어는 시퀀스 넘버(Seq Num)를 사용하는 방법을 사용한다.

그림 5-52는 IN 방향의 엔드포인트와 호스트가 데이터를 주고받는 과정 중의 흐름 제어를 보여주고 있다.

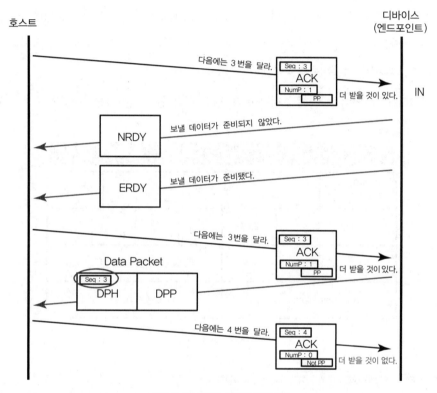

그림 5-52 시퀀스 넘버와 NRDY TP

그림 5-52를 보면 호스트는 ACK TP를 통해서 3번 데이터를 달라고 하고 있다. 디바이스는 올려줄 데이터가 준비되지 않았다는 뜻으로 NRDY TP를 호스트로 보낸다. 이후 디바이스는 보낼 데이터가 준비됐다는 뜻으로 ERDY TP를 호스트로 보낸다. 호스트는 또다시 ACK TP를 통해서 3번 데이터를 달라고 하고 있다. 디바이스는 준비된 3번 데이터를 올려준다. 마지막으로 호스트는 더 이상 받을 것이 없다는 뜻으로 PP를 클리어하면서 다음 번에 데이터를 올려줄 때는 4번을 달라고 하고 있다.

5.2.5.3 ERDY 트랜잭션 패킷

ERDY TP(Endpoint Ready)는 등시성 전송을 제외한 나머지 모든 전송에서 디바이스 측에서 호스트로 보내는 패킷으로 사용된다.

ERDY(Not Ready) TP는 2가지 목적으로 사용된다.

IN 방향의 엔드포인트를 위해서 디바이스가 호스트에게 올려줄 데이터가 준비됐다는 뜻으로 사용된다. OUT 방향의 엔드포인트를 위해서 디바이스가 호스트에게 데이터를 받을 공간이 생겼다는 뜻으로 전송한다.

대체로 ERDY의 의미는 "이제 준비가 됐다. 다시 시작하자"로 해석할 수 있다.

디바이스 주소	사용 안 함				Type	
사용 안 함		NumP	사용 안 함	Endpoint Number	D R	Sub Type
사용 안 함			Stream ID/사용 안 함			
Link Control Word(LCW)			CRC-16			

그림 5-53 ERDY TP의 구조

표 5-29 ERDY TP 필드(ACK TP와 중복되는 내용은 생략한다.)

비트 수	오프셋(DW:bit)	설명
4	1:0	SubType. ERDY(0011)
5	1:16	NumP. 앞으로 얼만큼의 데이터패킷을 더 받을 수 있는지를 알리는 용도로 사용된다. • 0 더 이상 받을 수 없다는 뜻 • N 앞으로 N개의 데이터패킷을 더 받을 수 있다는 뜻

5.2.5.4 STATUS 트랜잭션 패킷

STATUS TP는 호스트가 디바이스에게 보내는 용도로만 사용된다. 컨트롤 전송의 Status Stage 단계에서 호스트가 디바이스에게 전송한다.

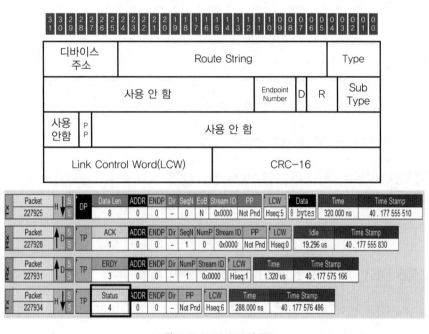

그림 5-54 STATUS TP의 구조

표 5-30 STATUS TP 필드(ACK TP와 중복되는 내용은 생략한다.)

비트 수	오프셋(DW:bit)	설명
4	1:0	SubType. STATUS(0100)

5.2.5.5 STALL Transaction Packet

STALL TP는 디바이스가 호스트에게 보내는 용도로만 사용된다. 대상의 엔드포인트가 정지(Halt)된 상태이거나 컨트롤 엔드포인트가 정상 동작하지 않을 때, 이와 같은 패킷을 사용한다.

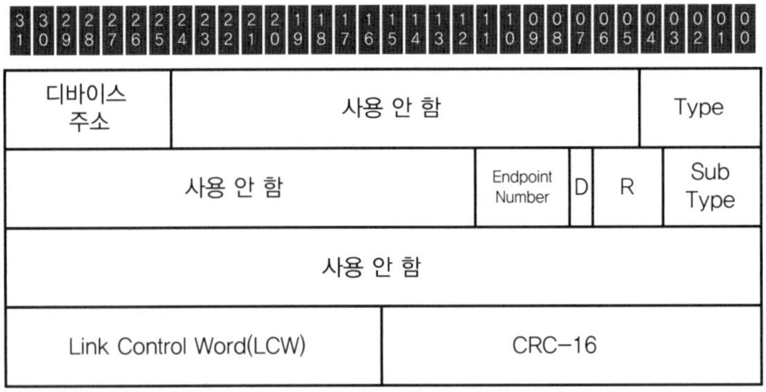

그림 5-55 STALL TP의 구조

표 5-31 STALL TP 필드(ACK TP와 중복되는 내용은 생략한다.)

비트 수	오프셋(DW:bit)	설명
4	1:0	SubType. STALL(0101)

5.2.5.6 DEV_NOTIFICATION 트랜잭션 패킷

DEV_NOTIFICATION TP는 디바이스가 호스트에게 보내는 용도로만 사용된다. 대상의 디바이스 혹은 인터페이스의 상태가 변했다는 사실을 비동기적으로 호스트에게 알리는 용도로 사용된다.

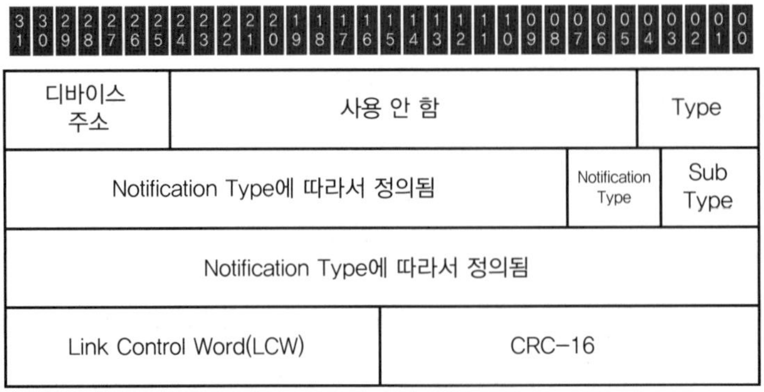

그림 5-56 DEV_NOTIFICATION TP의 구조

표 5-32 DEV_NOTIFICATION TP 필드(ACK TP와 중복되는 내용은 생략한다.)

비트 수	오프셋(DW:bit)	설명
4	1:0	SubType. DEV_NOTIFICATION (0110)
4	1:4	Notification Type. Notification 구체화 값 종류 0001 FUNCTION_WAKE 0010 LATENCY_TOLERANCE_MESSAGE 0011 BUS_INTERVAL_ADJUSTMENT_MESSAGE 0100 HOST_ROLE_REQUEST 0101 SUBLINK_SPEED

표 5-32와 같이 DEV_NOTIFICATION TP는 다양한 종류의 세부 Notification Type으로 구분된다. 그림 5-56처럼 각각의 Notification Type에 따라서 나머지 파라미터의 내용이 결정된다.

5.2.5.6.1 Function Wake Device Notification

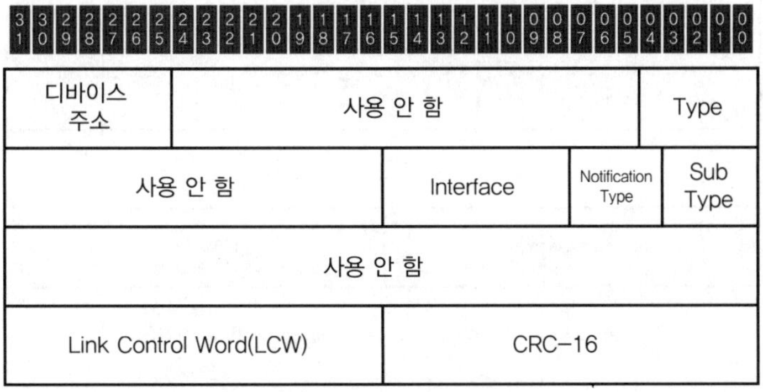

그림 5-57 Function Wake Device Notification TP의 구조

표 5-33 Function Wake Device Notification TP 필드(ACK TP와 중복되는 내용은 생략한다.)

비트 수	오프셋(DW:bit)	설명
4	1:0	SubType. DEV_NOTIFICATION(0110)
4	1:4	Notification Type. FUNCTION_WAKE(0001)

비트 수	오프셋(DW:bit)	설명
8	1:8	Interface. 디바이스 내의 원격 깨우기 기능(Remote Wakeup)을 요청하는 인터페이스 넘버

링크가 U3 상태에 있는 상황에서 원격 깨우기 기능[Remote Wakeup]을 사용하려는 요청을 하는 경우 복합장치의 경우 디바이스 내의 특정 펑션[Function] 혹은 단일장치 펑션이 지정하는 인터페이스 혹은 인터페이스 그룹의 시작 인터페이스 넘버를 Interface 필드에 사용할 수 있다.

링크 상태는 U3 상태에서 우선 U0 상태로 전환한다. 그 다음 Function Wake Device Notification TP를 디바이스에서 호스트로 전송한다.

5.2.5.6.2 Latency Tolerance Message(LTM) Device Notification

그림 5-58 Latency Tolerance Message Device Notification TP의 구조

표 5-34 Latency Tolerance Message Device Notification TP 필드(ACK TP와 중복되는 내용은 생략한다.)

비트 수	오프셋(DW:bit)	설명
4	1:0	SubType. DEV_NOTIFICATION(0110)
4	1:4	Notification Type. LATENCY_TOLERANCE_MESSAGE(0010)

비트 수	오프셋(DW:bit)	설명
12	1:8	Best Effort Latency Tolerance(BELT). 디바이스가 호스트로부터 예정된 응답 패킷을 받아야 하는 경우, 응답이 없는 상태에서 기다릴 수 있는 최대 시간(nano second)

디바이스가 제공하는 기능으로서 호스트로 하여금 보다 적극적인 전원 관리를 할 수 있도록 지원하는 기능이다. 디바이스가 호스트로부터 기대하고 있는 패킷이 수신되지 않는 경우, 최대한 응답을 기다릴 수 있는 시간(BELT)을 디바이스는 호스트에게 보고한다.

디바이스의 상태에 따라서 가변적일 수 있기 때문에 디바이스는 BELT 값이 달라질 때마다 LTM TP를 사용해서 호스트에게 시간 정보를 알려줘야 한다.

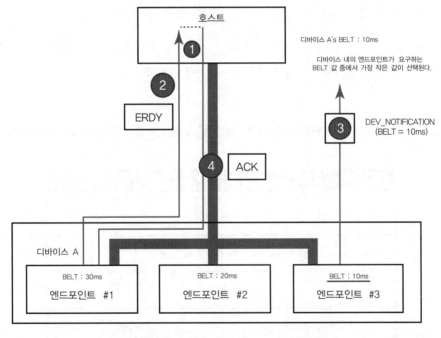

그림 5-59 Best Effort Latency Tolerance(BELT)의 사용

그림 5-59를 보면서 보충 설명을 해보겠다.

3개의 엔드포인트(#3)를 가지고 있는 디바이스 A는 각각의 엔드포인트가 제시하는 BELT

값 중 가장 작은 값을 찾아낸다. 이 값이 10ms인 경우 평상시 비동기적으로 DEV_
NOTIFICATION TP를 사용해서 이 값(BELT)을 호스트로 보고한다. 호스트는 현재 디바
이스 A의 BELT 값이 10ms라는 것을 알게 됐다.

엔드포인트 #1에서 호스트로 ERDY TP를 전송했다. 이때 엔드포인트는 호스트가 디바
이스로 ACK TP를 보내주기를 기다리게 된다. 이때 호스트는 최대 10ms만큼의 시간을
벌었다. 왜냐하면 디바이스 A가 알려준 BELT 값이 10ms이기 때문이다. 엔드포인트 #2,
엔드포인트 #3이 현재 사용 중이지 않다면 호스트는 적극적으로 버스 상태를 최대 10ms
동안 U1, U2 상태로 전환시켜 둘 수 있다. 이후 호스트는 다시 버스 상태를 U0 상태로
전환한 다음에 보내려던 ACK TP를 디바이스로 전송한다.

결과적으로 호스트는 디바이스가 요구하는 ACK TP를 빨리 보낼 수 있었지만, 전원을 일
정시간 동안이라도 적극적으로 절약하려는 행동을 한 결과가 됐다.

이와 같은 기능은 결국 성능과 전력사용량들 간에 적당한 타협점을 찾아서 운용하는 데
유리한 기능으로 사용된다. 보다 자세한 내용은 6장을 참고하자.

5.2.5.6.3 Bus Interval Adjustment Message Device Notification

그림 5-60 Bus Interval Adjustment Message Device Notification TP의 구조

표 5-35 Bus Interval Adjustment Message Device Notification TP 필드(ACK TP와 중복되는 내용은 생략한다.)

비트 수	오프셋(DW:bit)	설명
4	1:0	SubType. DEV_NOTIFICATION(0110)
4	1:4	Notification Type. BUS_INTERVAL_ADJUSTMENT_MESSAGE(0011)
16	1:16	Bus Interval Adjustment. BusIntervalAdjustmentGranularity 단위로 표현하는 버스 인터벌 간격시간(−32768부터 +32767까지)임

Bus Interval Adjustment Message Device Notification TP는 SS+에서는 사용되지 않는 기능이다. 버스 인터벌 간격을 줄이거나 늘리는 목적으로 디바이스에 의해서 조정하려는 간격시간 정보를 해당하는 TP를 사용해서 호스트로 전달한다. 절댓값의 의미가 아니라, 현재 상태에서 증가 혹은 감소할 양만 결정한다.

기본적인 인터벌 간격은 125us이다. 따라서 호스트는 125us마다 ITP^{Isochronous Timestamp} ^{Packet}를 U0 링크 상태를 가진 모든 링크로 브로드캐스팅^{Broadcasting}한다.

하지만 하나의 디바이스는 호스트에게 Bus Interval Adjustment Message Device Notification TP를 사용해서 이런 간격을 조정하기를 요청할 수 있다. 이와 같은 요청을 하기 전에는 ITP 내부의 Bus Interval Adjustment Control 필드의 값이 0인 상태를 유지하다가 Bus Interval Adjustment Message Device Notification TP를 요청하는 디바이스가 발견되면 해당 디바이스의 디바이스 주소 값을 ITP 내부의 Bus Interval Adjustment Control 필드값으로 기록하고 Bus Interval을 조정한다.

이런 기능은 하나의 디바이스에게만 독점된다. 해당하는 독점 디바이스가 Disconnect되면 다시 원래의 Bus Interval(125us)로 돌아온다.

5.2.5.6.4 Sublink Speed Device Notification

3 1	3 0	2 9	2 8	2 7	2 6	2 5	2 4	2 3	2 2	2 1	2 0	1 9	1 8	1 7	1 6	1 5	1 4	1 3	1 2	1 1	1 0	0 9	0 8	0 7	0 6	0 5	0 4	0 3	0 2	0 1	0 0

디바이스 주소	사용 안 함							Type	
T P F	사용 안 함					Notification Type	Sub Type		
Lane Speed Mantissa		LP	Lanes	R	ST	L S E	사용 안 함		
Link Control Word(LCW)		CRC-16							

그림 5-61 Sublink Speed Device Notification TP의 구조

표 5-36 Sublink Speed Device Notification TP 필드(ACK TP와 중복되는 내용은 생략한다.)

비트 수	오프셋(DW:bit)	설명
4	1:0	SubType. DEV_NOTIFICATION(0110)
4	1:4	Notification Type. SUBLINK_SPEED(0101)
1	1:31	TP Following(TPF)
2	2:4	Lane Speed Exponent(PSE) 값　의미 00　bps 01　Kbps 10　Mbps 11　Gbps
2	2:6	Sublink Type(ST). 비트　값 0　0: Rx, Tx의 속도와 라인 수가 같다. 　1: Rx, Tx의 속도와 라인 수가 같지 않다. 1　0: 현재 보고하는 정보는 Rx이다. 　1: 현재 보고하는 정보는 Tx이다.
4	2:10	Lane Count(Lanes). 서브링크의 라인 수-1
2	2:14	Link Protocol(LP) 값　의미 01　SS Plus

비트 수	오프셋(DW:bit)	설명
16	2:16	Lane Speed Mantissa(LSM)

Sublink Speed Device Notification TP 패킷은 SS+에서만 사용되는 기능이다. 디바이스는 링크를 구성하는 Upstream Port가 사용하는 Link 내부의 Tx Sublink, Rx Sublink 각각을 구성하는 Lane 수와 속도정보를 호스트로 보고한다. 보통의 경우 Tx Sublink와 Rx Sublink 각각의 Lanes 수는 1이다(하나의 Lane은 2개의 Line을 가진다).

표 5-36은 속도정보를 호스트로 보고할 때 사용되는 파라미터를 보여주고 있다. 하나의 Lane의 속도(bps)는 LSM * 1,000^PSE로 구한다. Tx 혹은 Rx(서브링크)는 Lane 수에 따라서 속도가 배가 될 수밖에 없다. 서브링크 속도는 (Lanes+1) * 하나의 Lane의 속도(bps)로 구한다.

Rx와 Tx에 대한 Sublink Speed Device Notification TP는 서로 이어지는 패킷 형태를 가질 수 있다. 이런 경우 첫 번째 TP는 표 5-36의 TPF 필드의 값을 셋으로 기록해서 다음 TP가 이어진다는 것을 알린다.

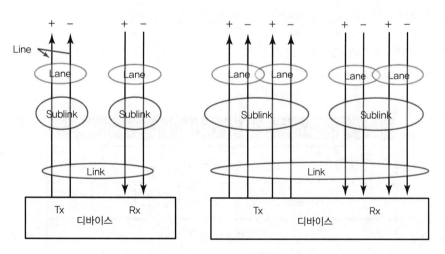

그림 5-62 Link, Sublink, Lane, Line

5.2.5.7 PING 트랜잭션 패킷

등시성 전송을 하는 경우 지정된 서비스 인터벌 시간(주기시간)에 전송할 데이터를 모두 전송한 상태의 링크는 다음 전송 때까지 특별히 할 작업이 없다(이 시간 동안 다른 엔드포인트를 사용하지 않는다고 가정한다). 이런 경우 해당 링크의 상태는 저전력 상태인 U1, U2 상태로 전환될 수 있다. 그런 경우 다음 주기시간이 됐을 때 호스트는 U1 혹은 U2 상태의 링크를 U0 상태로 전환해야 한다. 그런 다음에야 데이터를 전송할 수 있다. 이와 같은 행동은 주기시간이 됐을 때 곧바로 데이터통신을 재개하지 못하는 상황을 만들어버리는 결과가 된다.

등시성 전송에서는 이와 같이 일정시간 동안 데이터통신이 없다 하더라도 링크의 상태를 U0 상태로 유지하는 방법으로 PING TP와 PING_RESPONSE TP를 사용한다.

호스트가 PING TP를 디바이스로 전송하면, 반드시 디바이스는 400ns 이내에 호스트에게 PING_RESPONSE TP로 응답해야 한다.

그러면 호스트는 PING_RESPONSE TP를 수신한 뒤부터 다음 패킷이 디바이스로 특별한 패킷이 디바이스로 전송되지 않은 상태가 2번의 주기시간을 넘을 때까지는 버스 상태를 U0 상태로 간주한다. 디바이스 역시 U0 상태를 유지해야 한다.

대체로 PING의 의미는 "잠시만! 디바이스야, 우리 링크 상태를 잠시 동안 U0 상태로 유지하자"로 해석할 수 있다.

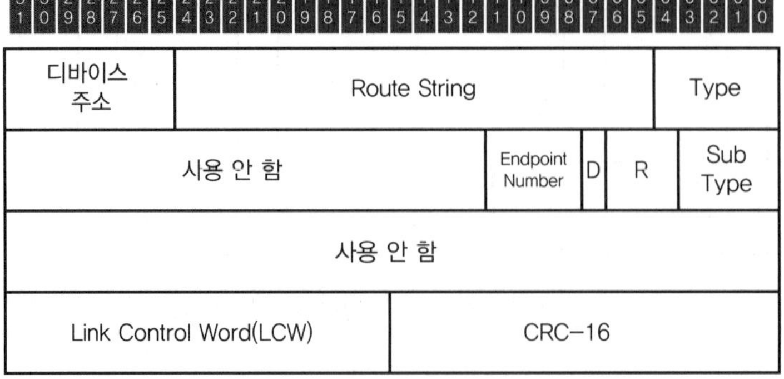
31 30 29 28 27 26 25 24 23 22 21 20 19 18 17 16 15 14 13 12 11 10 09 08 07 06 05 04 03 02 01 00
디바이스 주소
Route String
Type
사용 안 함
Endpoint Number
D
R
Sub Type
사용 안 함
Link Control Word(LCW)
CRC-16

그림 5-63 PING TP의 구조

표 5-37 PING TP 필드(ACK TP와 중복되는 내용은 생략한다.)

비트 수	오프셋(DW:bit)	설명
4	1:0	SubType. PING(0111)

5.2.5.8 PING_RESPONSE 트랜잭션 패킷

호스트가 요청하는 PING TP에 대한 응답으로 사용된다. PING TP와 함께 전달되는 Direction, Endpoint Number 필드의 값이 그대로 복사돼 리턴된다. 디바이스는 PING TP 요청에 대해서 400ns 이내에 PING_RESPONSE TP를 호스트로 응답해야 한다. 이후, 링크 상태를 U0 상태로 유지해야 한다.

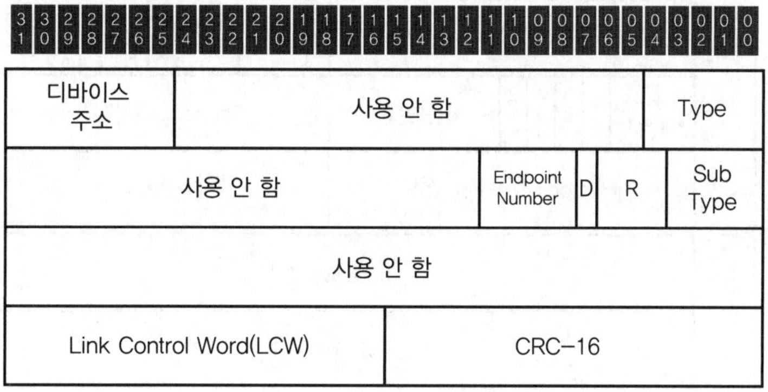

그림 5-64 PING_RESPONSE TP의 구조

표 5-38 PING_RESPONSE TP 필드(ACK TP와 중복되는 내용은 생략한다.)

비트 수	오프셋(DW:bit)	설명
4	1:0	SubType. PING (1000)
1	1:7	Direction(D). PING TP를 통해 전달받은 내용
4	1:8	Endpoint Number(Ept Num). PING TP를 통해 전달받은 내용

5.2.6 데이터패킷(DP)

DP^{Data Packet}은 호스트 혹은 디바이스 양쪽 모두에서 송수신될 수 있다. DP는 DPH^{Data Packet Header}와 DPP^{Data Packet Payload}로 구분된다.

DPH는 헤더 패킷^{Header Packet}의 일종으로 다른 TP, LMP와 같은 크기인 16바이트를 사용한다.

DPH는 이어지는 DPP를 부연 설명하는 내용을 담는다. DPP는 데이터와 CRC-32가 포함된다.

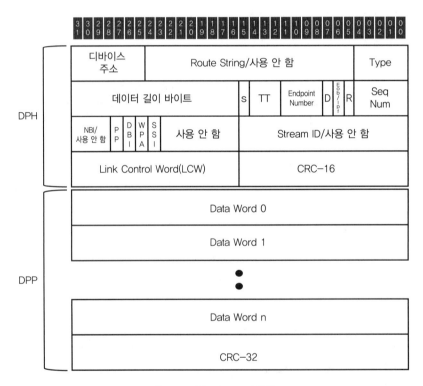

그림 5-65 DP(Data Packet)의 구조

모든 통신에 있어서 궁극적인 목적이 순수 데이터(전달하고자 하는 주된 데이터) 전달이라는 점을 생각한다면 DP(Data Packet)가 가장 주요한 포인트라고 봐도 무방하다. 그림 5-65

316

를 보면 SS에서 전송하려는 데이터는 데이터패킷 형태로 나뉘며, 이들은 DPH와 DPP로 나뉜다. DPH에서 설명하는 각 필드는 ACK TP 패킷과 중복되는 부분이 있기 때문에 이 부분을 제외하고 설명하도록 한다.

표 5-39 DP(Data Packet) 필드(ACK TP와 중복되는 내용은 생략한다.)

비트 수	오프셋(DW:bit)	설명
1	1:6	End of Burst(EOB)/Last Packet Flag(LPF). 마지막 패킷을 의미한다. 등시성 전송에서는 LPF, 비등시성 전송에서는 EOB로 사용된다.
1	1:15	Setup(S). 컨트롤 전송에서 Setup Stage를 나타낸다.
16	1:16	Data Length. DPP에 포함되는 데이터 바이트 수
1	2:27	Packets Pending(PP). 다음에 이어지는 데이터패킷이 여전히 존재한다는 의미로 호스트에서 기록한다. OUT 방향의 엔드포인트에서만 사용된다.

표 5-39에서 PP 필드는 링크의 상태를 전원 절전 상태로 전환할 때 참조하는 참조 값으로 사용된다. PP 필드의 값이 셋되지 않은 상태는 당분간 호스트가 해당하는 OUT 방향의 엔드포인트로 데이터를 보내지 않는다는 의미이므로 디바이스 내의 다른 엔드포인트의 통신 상태에 따라서 링크의 상태를 전력소비를 줄이는 상태로 전환할 수 있다.

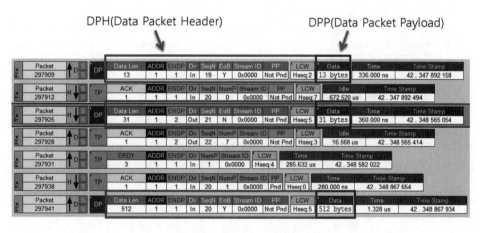

그림 5-66 DP(Data Packet) 사용 예시

5.2.7 주기적 타임스탬프 패킷(ITP)

ITP^Isochronous Timestamp Packet는 호스트에서 U0 상태의 모든 링크로 전달되는 시간 정보를 담은 패킷이다. 디바이스에서 발생시키는 DEV_NOTIFICATION TP(Bus Interval Adjustment Message Device Notification)에 의해서 ITP의 발생주기가 바뀔 수 있다. 단지 이 작업은 처음 요청하는 디바이스에게만 허용되며 해당 디바이스의 링크가 해제될 때까지 유효하다.

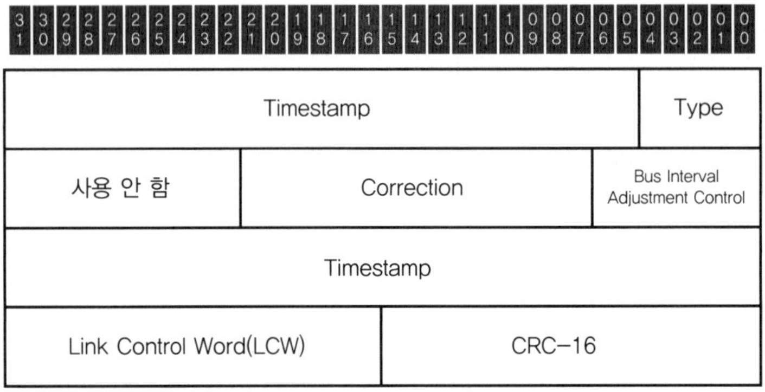

| 3 3 2 2 2 2 2 2 2 2 2 2 1 1 1 1 1 1 1 1 1 1 0 0 0 0 0 0 0 0 0 0 |
| 1 0 9 8 7 6 5 4 3 2 1 0 9 8 7 6 5 4 3 2 1 0 9 8 7 6 5 4 3 2 1 0 |

Timestamp		Type
사용 안 함	Correction	Bus Interval Adjustment Control
Timestamp		
Link Control Word(LCW)	CRC-16	

그림 5-67 ITP의 구조

표 5-40 ITP 필드(ACK TP와 중복되는 내용은 생략한다.)

비트 수	오프셋(DW:bit)	설명
27	0:5	Timestamp. 시간 정보. 125us 단위의 시간 비트　의미 13:0　카운터 값 26:14　125us 경계면을 넘는 경우에 사용되는 델타 값
7	1:0	Bus Interval Adjustment Control. 디폴트로 0을 갖는다. Bus Interval Adjustment Message Device Notification. 요청이 있는 경우, 해당하는 요청을 시도한 디바이스의 주소
14	1:7	Correction. PTM 기능을 가진 허브를 위해서 사용되는 필드

PTM^Precision Time Management 기능은 보다 정확한 시간 정보 아래 동작을 보증하는 허브의 추가된 기능이다. 이 기능에 대해서는 7장에서 배우도록 하자.

318

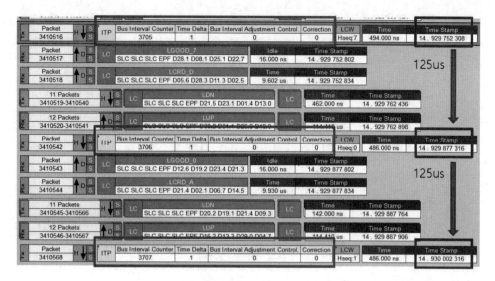

| Tx | Packet 3410516 | H ↓ | S S | ITP | Bus Interval Counter 3705 | Time Delta 1 | Bus Interval Adjustment Control. 0 | Correction 0 | LCW Hseq:7 | Time 494.000 ns | Time Stamp 14 . 929 752 308 |

| Rx | Packet 3410517 | ↑ D | S S | LC | LGOOD_7 SLC SLC SLC EPF D28.1 D08.1 D25.1 D22.7 | | Idle 16.000 ns | | | Time Stamp 14 . 929 752 802 |

| Rx | Packet 3410518 | ↑ D | S S | LC | LCRD_D SLC SLC SLC EPF D05.6 D28.3 D11.3 D02.5 | | Time 9.602 us | | | Time Stamp 14 . 929 752 834 |

| Tx | 11 Packets 3410519-3410540 | H ↓ | S S | LC | LDN SLC SLC SLC EPF D21.5 D23.1 D01.4 D13.0 | | LC | Time 462.000 ns | | Time Stamp 14 . 929 762 436 |

| Rx | 12 Packets 3410520-3410541 | ↑ D | S S | LC | LUP SLC SLC SLC EPF D20.3 D21.4 D06.5 D13.0 | | LC | Time 111.440 us | | Time Stamp 14 . 929 762 898 |

| Tx | Packet 3410542 | H ↓ | S S | ITP | Bus Interval Counter 3706 | Time Delta 1 | Bus Interval Adjustment Control. 0 | Correction 0 | LCW Hseq:0 | Time 486.000 ns | Time Stamp 14 . 929 877 316 |

| Rx | Packet 3410543 | ↑ D | S S | LC | LGOOD_0 SLC SLC SLC EPF D12.6 D19.2 D23.4 D21.3 | | Idle 16.000 ns | | | Time Stamp 14 . 929 877 802 |

| Rx | Packet 3410544 | ↑ D | S S | LC | LCRD_A SLC SLC SLC EPF D21.4 D02.1 D06.7 D14.5 | | Time 9.930 us | | | Time Stamp 14 . 929 877 834 |

| Tx | 11 Packets 3410545-3410566 | H ↓ | S S | LC | LDN SLC SLC SLC EPF D20.2 D19.1 D21.4 D09.3 | | LC | Time 142.000 ns | | Time Stamp 14 . 929 887 764 |

| Rx | 12 Packets 3410546-3410567 | ↑ D | S S | LC | LUP SLC SLC SLC EPF D16.2 D13.3 D29.0 D04.7 | | LC | Time 114.440 us | | Time Stamp 14 . 929 887 906 |

| Tx | Packet 3410568 | H ↓ | S S | ITP | Bus Interval Counter 3707 | Time Delta 1 | Bus Interval Adjustment Control. 0 | Correction 0 | LCW Hseq:1 | Time 486.000 ns | Time Stamp 14 . 930 002 316 |

125us

125us

그림 5-68 ITP 사용 예시

그림 5-68을 보면 ITP 패킷이 125us 시간마다 호스트에서 디바이스 측으로 전달되고 있다.

5.2.8 USB 주소

USB 버스에서 사용되는 주소 개념은 크게 3가지를 포함한다.

- 디바이스 주소Device Address: 디바이스의 전원이 공급되면, 디폴트로 0의 주소 값을 사용한다. 이 값은 할당되는 값이 아니라 간주되는 값이다. 따라서 주소 값 0을 기록한 패킷이 호스트로부터 전달되면, 자신의 것으로 간주하고 이에 대한 반응을 보이게 된다. 이후 호스트에 의해서 열거Enumeration과정을 거치면 다른 디바이스에서 사용되지 않는 적당한 값(1-127 중 하나)이 디바이스에게 할당된다. 이렇게 주소가 할당된 다음부터는 디바이스는 자신의 주소를 기록하지 않은 패킷이 호스트로부터 전달되면 이에 대해서 어떤 반응도 하면 안 된다.

- 엔드포인트 넘버Endpoint Number: 엔드포인트 주소는 하위 4비트의 엔드포인트 넘버와 최상위 1비트의 방향을 포함한다. 엔드포인트 주소는 엔드포인트 디스크

립터Descriptor를 통해서 호스트에 소개된다. 엔드포인트 넘버는 0부터 최대 15까지의 값을 갖게 된다. 각각의 엔드포인트는 데이터패킷이 전송되는 방향(호스트 → 디바이스, 디바이스 → 호스트)에 따라서 2가지로 구분된다. 같은 엔드포인트 넘버를 가지면서, 서로 방향이 반대인 각각의 엔드포인트가 존재한다. 엔드포인트 0(디폴트 엔드포인트)은 특별히 양방향 모두를 가지는 엔드포인트로 지정하고 있기 때문에, 하나로 간주한다. 따라서 방향까지 고려한다면 하나의 디바이스가 가질 수 있는 엔드포인트는 #0 하나와 #1부터 #15까지(15개)＊2(방향), 총 31개가 된다.

- 데이터패킷 방향Direction: 데이터패킷이 전송되는 방향에 따라서 엔드포인트는 서로 다르게 지정된다. 엔드포인트 0을 제외한 나머지 엔드포인트는 어느 한 방향만 가질 수 있다.

엔드포인트 주소

엔드포인트 넘버(0)는 디폴트 엔드포인트, 양방향 모두를 가진다.

그림 5-69 엔드포인트 주소

5.2.9 라우팅 정보

라우팅 정보Route String는 20비트의 주소정보이다. 4비트의 Nibble이 모두 5개로 구성되는 정보이다. 각각의 4비트(1~15)는 포트번호로 사용된다. 값 0은 허브 자체를 의미한다.

루트 허브는 이와 같은 라우팅정보를 표면적으로 사용하지 않는다. 필자 생각에도 이 부분이 이상하긴 하지만 이와 같다고 가정하면, 루트 허브는 내부적으로 라우팅관리를 하는 것으로 유추할 수 있다. 여기서 설명하려는 라우팅 정보 20비트는 외장 허브와 허브가 가지고 있는 포트번호만을 그 대상을 한다.

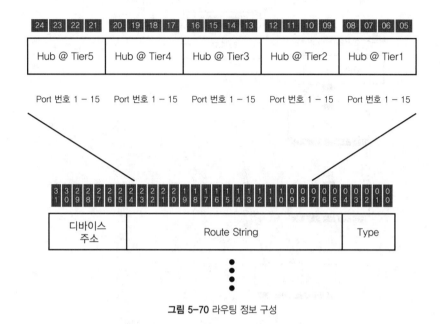

그림 5-70 라우팅 정보 구성

그림 5-70은 20비트의 라우팅 정보가 어떻게 구성돼 있는지를 보여준다.

Tier 1(티어 1)은 루트 허브의 Downstream Port에 연결된 첫 번째 외장 허브가 사용하는 영역이며 Tier 2(티어 2)는 Tier 1 허브의 Downstream Port에 연결된 외장 허브가 사용하는 영역이다. Tier 3(티어 3)은 Tier 2 허브의 Downstream Port에 연결된 외장 허브가 사용하는 영역이며 Tier 4(티어 4)는 Tier 3 허브의 Downstream Port에 연결된 외장 허브가 사용하는 영역이다. Tier 5(티어 5)는 Tier 4 허브의 Downstream Port에 연결된 디바이스가 사용하는 영역이다.

루트 허브로부터 이어지는 연결을 갖는 외장 허브는 최대 4개만 가질 수 있다. 마지막 외장 허브(Tier 4)에는 디바이스가 연결될 수밖에 없다. 각각의 4비트값은 0부터 15까지의 값을 가질 수 있다. 이 값이 0이면 외장 허브를 지칭한다. 그 외의 값은 외장 허브가 가진 포트를 의미한다.

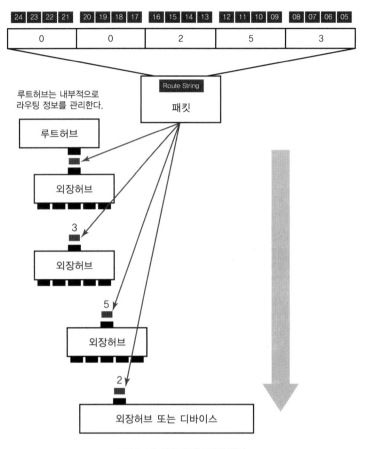

24	23	22	21	20	19	18	17	16	15	14	13	12	11	10	09	08	07	06	05
0				0				2				5				3			

Route String
패킷

루트허브는 내부적으로
라우팅 정보를 관리한다.

루트허브

외장허브

3

외장허브

5

외장허브

2

외장허브 또는 디바이스

그림 5-71 라우팅 정보 해석 예시

그림 5-71을 보자.

예를 들어 다음과 같은 라우팅 정보가 있다고 가정해 보자.

(상위)0000 0000 0010 0101 0011(하위)

하위의 4비트부터 사용해보자.

0011: 3, '첫 번째 외장 허브의 3번 포트에 연결된'

0101: 4, '두 번째 외장 허브의 5번 포트에 연결된'

0010: 2, '세 번째 외장 허브의 2번 포트에 연결된'

322

까지 해석해야 한다. 그렇다면 마지막은 세 번째 외장 허브의 2번 포트에 연결된 허브 인지 디바이스인지를 알지 못한다. 하지만 더 이상은 알 필요가 없다. 왜냐하면 이 정도의 정보라면 충분히 호스트가 패킷을 엉뚱한 곳으로 보내지 않기에 충분하기 때문이다. 이처럼 라우팅 정보는 패킷을 불필요한 링크로 보내는 일을 막고자 하는 목적으로 사용된다. 자세한 내용은 7장에서 설명하도록 하겠다.

5.2.10 전송과 TP 순서

이번 절에서는 SS에서 사용되는 벌크, 스트림, 컨트롤, 인터럽트 그리고 등시성 전송에 대해서 배워보도록 한다. 각각의 전송에서 TP가 어떻게 사용되는지도 함께 살펴보도록 한다.

벌크, 컨트롤, 인터럽트 전송에서 호스트와 디바이스가 반응을 보이는 방법은 동일하기 때문에 우선 공통사항을 먼저 설명한 뒤에 개별적인 전송의 특징을 설명하도록 하겠다.

표 5-41 데이터 요청 관련 TP에 대한 디바이스의 반응(IN 방향)

잘못된 TP	DF(Deferred) 비트가 TRUE	Endpoint Halt Feature 활성화	데이터 전송 준비가 된 상태	디바이스의 반응
예	상관없다	상관없다	상관없다	TP를 무시한다.
아니오	예	예	상관없다	동작이 재개될 수 있을 때 ERDY TP를 보낸다.
아니오	예	아니오	아니오	데이터가 준비될 때까지 아무런 반응도 보이지 않는다. 데이터가 준비되면 ERDY TP를 보낸다.
아니오	예	아니오	예	데이터가 준비됐다는 사실을 알리기 위해서 ERDY TP를 보낸다.
아니오	아니오	예	상관없다	STALL TP를 보낸다.
아니오	아니오	아니오	아니오	NRDY TP를 보낸다.

잘못된 TP	DF(Deferred) 비트가 TRUE	Endpoint Halt Feature 활성화	데이터 전송 준비가 된 상태	디바이스의 반응
아니오	아니오	아니오	예	호스트가 요청한 시퀀스 순서에 맞는 데이터패킷(DP)을 보낸다.

표 5-41는 벌크, 컨트롤 그리고 인터럽트 엔드포인트 IN 방향에서 호스트가 데이터패킷을 달라는 TP 요청에 대한 디바이스의 반응을 정리해봤다.

표 5-42 데이터를 받은 호스트의 반응(IN 방향)

DPH가 잘못됐다	DPP가 잘못됐다	호스트가 데이터를 받을 수 있는 상태	호스트의 반응
예	상관없다	상관없다	데이터를 무시한다. 그 어떤 TP도 보내지 않는다.
아니오	예	상관없다	데이터를 무시한다. 잘못된 데이터의 시퀀스 순서를 담은 ACK TP (Retry 비트 TRUE)를 보낸다.
아니오	아니오	아니오	데이터를 무시한다. 잘못된 데이터의 시퀀스 순서를 담은 ACK TP(Retry 비트 TRUE, Host Error 비트 TRUE)를 보낸다.
아니오	아니오	예	데이터를 받는다. 다음에 받을 데이터를 위한 시퀀스 순서를 포함하는 ACK TP를 디바이스로 보낸다.

표 5-42는 벌크, 컨트롤 그리고 인터럽트 엔드포인트 IN 방향에서 호스트가 디바이스로부터 데이터패킷을 받으면 어떻게 반응하는지를 정리해봤다.

표 5-43 데이터를 받은 디바이스의 반응(OUT 방향)

잘못된 DPH	DPH DF 비트가 TRUE	Endpoint Halt Feature 활성화	DPP가 잘못됐다	디바이스가 데이터를 받을 수 있는 상태	디바이스의 반응
예	상관없다	상관없다	상관없다	상관없다	DP를 무시한다.
아니오	예	예	상관없다	상관없다	ERDY TP를 보낸다.

잘못된 DPH	DPH DF 비트가 TRUE	Endpoint Halt Feature 활성화	DPP가 잘못됐다	디바이스가 데이터를 받을 수 있는 상태	디바이스의 반응
아니오	예	아니오	상관없다	아니오	동작을 재개할 때 ERDY TP를 보낸다.
아니오	예	아니오	상관없다	예	ERDY TP를 보낸다.
아니오	아니오	예	상관없다	상관없다	STALL TP를 보낸다.
아니오	아니오	아니오	상관없다	아니오	DP를 무시한다. NRDY TP를 보낸다.
아니오	아니오	아니오	예	예	DP를 무시한다. 받기를 기대하는 시퀀스 순서를 담은 ACK TP (Retry 비트 TRUE)를 보낸다.
아니오	아니오	아니오	아니오	예	데이터를 받는다. 다음 번에 받고자 하는 데이터의 시퀀스 순서를 담은 ACK TP를 보낸다.

표 5-43은 벌크, 컨트롤 그리고 인터럽트 엔드포인트 OUT 방향에서 호스트가 디바이스로 데이터를 전송할 때, 디바이스의 반응을 정리해봤다.

표 5-44 SETUP 데이터(명령어)를 받은 디바이스의 반응

DPH가 잘못됐다	DPH DF 비트가 TRUE	Data Payload가 깨짐	디바이스의 반응
예	상관없다	상관없다	데이터를 무시한다.
아니오	예	상관없다	SETUP DP를 받을 준비가 됐다는 사실을 호스트에 알리기 위해 ERDY TP를 보낸다.
아니오	아니오	예	SETUP DP를 무시한다. 시퀀스 순서값을 0으로 기록한 ACK TP(Retry 비트 TRUE, NumP=1)를 호스트로 보낸다.
아니오	아니오	아니오	데이터를 받는다. 시퀀스 순서값을 항상 1로 기록한 ACK TP를 호스트로 보낸다.

표 5-44는 컨트롤 전송에서 SETUP 명령어(8바이트)를 받은 디바이스의 반응을 정리해 봤다.

SETUP 데이터의 경우에 디바이스가 정상적으로 명령어를 수신한 경우 시퀀스 순서값을 항상 1로 기록한 ACK TP를 호스트로 보내는 것을 유의해야 한다.

5.2.10.1 벌크 전송

SS 벌크 엔드포인트의 MaxPacketSize는 1,024바이트를 사용한다. Burst 전송이 가능한 최대 패킷 수는 16개이다.

5.2.10.1.1 벌크 IN 전송

호스트가 벌크 데이터를 받으려 할 때 호스트는 디바이스 측으로 ACK TP를 전송한다. 이때, ACK TP는 중요한 두 개의 항목을 기록한다. 하나는 시퀀스 순서(시퀀스 넘버) 번 호이고 다른 하나는 몇 개의 DP$^{Data\ Packet}$를 받고자 하는지 여부이다. ACK TP 내부에 서 디바이스로부터 몇 개의 DP를 받고자 하는지를 알려주는 필드가 NumP(Number Of Packets)이다.

호스트는 디바이스로부터 유효한 DP를 받을 때마다 ACK TP를 응답으로 보낸다. 호스트 가 복수 개의 DP를 받고자 했다면 디바이스는 매번 호스트가 보내주는 ACK TP를 기다 릴 필요가 없다. 호스트가 받은 DP에 문제가 있으면, 호스트는 ACK TP의 재전송(Retry) 기능과 다시 받고자 하는 DP와 같은 시퀀스 순서 번호를 사용해서 재전송 요청을 한다.

컨트롤 명령(SET_CONFIGURATION, SET_INTERFACE, CLEAR_FEATURE)이 사용되면 벌크 전송의 시퀀스 순서 번호는 0으로 리셋된다.

시퀀스 순서 번호는 0부터 시작해서 31까지 매번 DP를 받을 때마다 증가하다가 다시 0 으로 바뀐다. 호스트가 복수 개의 DP를 받고자 하지만 디바이스 측에서 충분한 DP를 공 급하지 못할 때 디바이스는 마지막 DP를 호스트로 전송하면서 DP 내부에 DPH의 End Of Burst(EOB) 필드의 값을 TRUE로 기록한다. 다만 디바이스가 호스트로 전송하려는 마지막 DP의 Payload가 1,024바이트보다 작은 쇼트 패킷Short Packet인 경우에는 End Of Burst 필드의 값을 기록할 필요가 없다.

하나의 벌크 IN 전송은 복수 개의 벌크 IN 트랜잭션을 필요로 한다. 벌크 IN 전송은 다음과 같은 조건을 만나면 완료된 것으로 간주한다.

- 호스트가 받기로 기대하고 있는 모든 데이터를 디바이스로부터 받았을 때
- 디바이스가 마지막으로 보낸 DP가 쇼트 패킷일 때

이후 호스트가 또다시 다음 벌크 IN 전송을 하려면, 디바이스에서 보내줬던 최근 마지막 DP와 함께 전송된 시퀀스 순서 번호 다음 번호를 사용해서 ACK TP를 디바이스 측으로 보내면서 새롭게 시작한다.

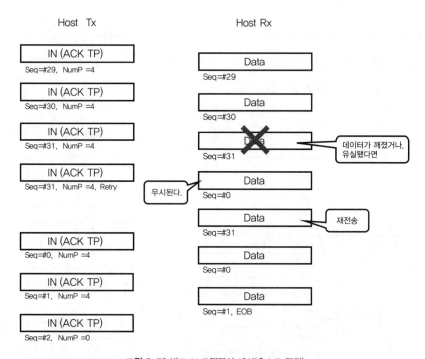

그림 5-72 벌크 IN 트랜잭션 예시(호스트 관점)

5.2.10.1.2 벌크 OUT 전송

호스트는 디바이스로 벌크 데이터를 전송하고 싶을 때 하나 혹은 복수 개의 DP를 디바이스로 전송한다. 컨트롤 명령(SET_CONFIGURATION, SET_INTERFACE, CLEAR_FEATURE)이 사용되면, 벌크 전송의 시퀀스 순서 번호는 0으로 리셋된다.

디바이스 측에서 ACK TP(Retry)를 보내는 경우가 아니면, 시퀀스 순서 번호는 0부터 시작해서 31까지 매번 DP를 보낼 때마다 증가하다가 다시 0으로 바뀐다. 하나의 벌크 OUT 전송은 복수 개의 벌크 OUT 트랜잭션을 필요로 한다. 벌크 OUT 전송은 다음과 같은 조건을 만나면 완료된 것으로 간주한다.

- 호스트가 가진 모든 데이터를 디바이스로 전송했을 때(호스트가 보내는 마지막 DP의 Payload 값이 1,024바이트일 수도 있고, 이보다 작을 수도 있다.)

이후 호스트가 또다시 다음 벌크 OUT 전송을 하려면 디바이스에서 보내줬던 최근 마지막 ACK TP와 함께 전송된 시퀀스 순서 번호의 다음 번호를 사용해서, 새로운 DP를 디바이스 측으로 보내면서 새롭게 시작한다.

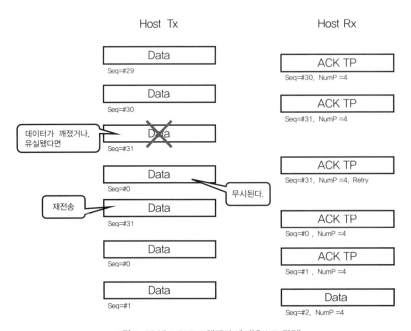

그림 5-73 벌크 OUT 트랜잭션 예시(호스트 관점)

5.2.10.2 스트림 전송

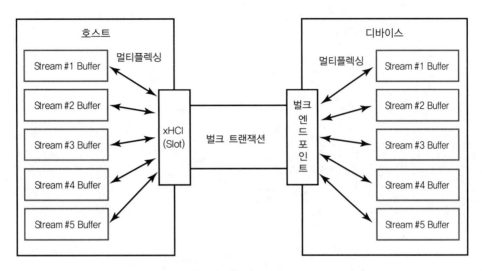

그림 5-74 벌크 트랜잭션과 스트림

그림 5-74를 보면 벌크 트랜잭션을 사용하는 스트림 전송을 보여주고 있다. 외관상 스트림 전송은 벌크 트랜잭션을 사용한다는 점에서 벌크 전송과 크게 다르지 않다.

하지만 그림 5-74는 벌크 전송이 아니라 스트림 전송이다. 스트림 전송은 벌크 트랜잭션을 데이터 송수신 목적으로만 사용한다. 실제 데이터는 스트림 ID(식별자)를 사용해서 멀티플렉싱돼 관리된다. 디바이스의 Stream #1 Buffer의 내용은 호스트의 Stream #1 Buffer와 관련이 있다.

호스트 컨트롤러(xHCI)는 스트림 전송을 지원해야 한다. 그렇지 않으면 그림 5-75와 같은 전송은 벌크 전송이 되버린다. 디바이스 입장에서도 마찬가지로 스트림 전송이 지원돼야 한다.

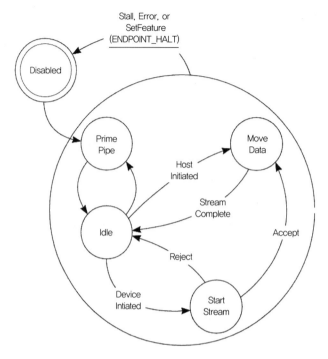

그림 5-75 일반적인 스트림 프로토콜 상태도-SPSM(Stream Protocol State Machine)(출처: usb.org)

그림 5-75는 가장 큰 그림에서 바라보는 스트림 프로토콜의 상태도를 보여주고 있다. 스트림 프로토콜의 상태는 크게 5가지 상태로 정의된다. 각각의 상태는 스트림 각각에게 부여되는 상태라는 점을 꼭 기억해야 한다.

- Disabled 상태: 파이프(엔드포인트)가 초기화된 상태이고 다른 어떤 상태에서 에러가 발생하면 진입하는 상태이다. 보통 USB SET_CONFIGURATION 명령어가 사용된 이후 해당하는 엔드포인트가 Configured되면 진입하는 상태이다. 엔드포인트를 위한 스트림버퍼가 준비되면 호스트는 해당하는 파이프를 Prime Pipe 상태로 변화시킨다. 파이프에러 혹은 컨트롤 전송 명령(SetFeature-ENDPOINT_HALT)에 의해 언제든지 상태는 Disabled 상태로 변화될 수 있다. Disabled 상태에서 Prime Pipe 상태로 전환하는 것은 호스트의 요청에 의해서만 발생된다.

- Prime Pipe 상태: 호스트에 의해서만 이 상태로 진입할 수 있다. 이 상태가 되면 호스트는 디바이스에게 엔드포인트를 위한 스트림버퍼가 준비됐다는 사실을 알려준다. Prime Pipe 상태를 빠져나오면 활성화중인 스트림 ID^{Active Stream ID}들은 모두 비 준비 상태^{Not Ready}에서 준비 상태^{Ready}로 간주된다.

- Idle 상태: 현재 스트림^{Current Stream, CStream}이 선택되지 않은 상태이다. 이 상태는 또 다시 Prime Pipe 상태로 돌아가거나 호스트에 의해서 데이터 통신을 시작하려는 Move Data 상태로 전환하거나 디바이스에 의해서 데이터 통신을 준비하는 Start Stream 상태로 전환한다. 모든 실제 데이터 통신은 Move Data 상태에서만 이뤄진다. 이때 Idle 상태에서 호스트에 의해 Move Data 상태로 전환하는 작업을 Host Initiated Move Data^{HIMD}라고 부른다. 모든 활성화중인 스트림 ID들은 HIMD 작업에 의해서 준비 상태가 된다. Move Data 상태에서 데이터 통신을 하던 스트림의 흐름 제어문제로 인해 잠시 대기하는 경우 Idle 상태에서 스트림은 대기한다. 이와 같이 진행중이던 마지막 스트림을 LCStream^{Last Current Stream}이라고 부르고 이 값을 호스트가 기억해야 한다.

- Start Stream 상태: Idle 상태가 디바이스에 의해서 Start Stream 상태로 전환된다. 디바이스는 호스트에서 선택된 스트림을 사용해서 데이터통신을 시작한다고 요청한다. 디바이스는 준비된 스트림 ID가 있다면, 언제든지 Start Stream 상태로 진입을 요청할 수 있다.

  디바이스가 선택한 스트림 ID를 호스트가 수용한다면 해당하는 스트림 상태는 Move Data 상태로 전환된다. 디바이스가 선택한 스트림 ID를 호스트가 수용하지 않으면 해당하는 스트림 상태는 Idle 상태로 전환되고 선택한 스트림 ID는 임시적으로 비 준비상태로 간주된다.

- Move Data 상태: 스트림 데이터 통신이 수행되는 상태이다. 이 상태에서는 항상 현재 스트림(CStream)이 지정된다. 스트림 통신이 끝나거나 호스트 혹은 디바이스에 의해서 통신을 중단하면 해당하는 스트림의 상태는 Idle 상태로 전환된다.

5.2.10.2.1 스트림 ID

16비트로 구성된 스트림 ID 필드는 DPH(DP), ACK, NRDY, ERDY TP에 존재한다. 스트림 ID는 일부 예약된 ID를 포함한다.

- NoStream: 스트림 ID값이 0xFFFF인 경우를 의미한다.
- Prime: 스트림 ID값이 0xFFFE인 경우를 의미한다. Prime Pipe 상태로 진입하거나 나오는 데 사용되도록 정의된다.
- Stream n: 일반적인 스트림 ID를 의미한다. 이 값은 0x1부터 0xFFFD까지의 값을 가진다.
- Stream 0: 엔드포인트중에서 스트림을 지원하지 않는 엔드포인트를 위해서 사용되는 값이다. 스트림 ID 값이 0x0000인 경우를 의미한다.
- CStream[Current Stream]: 파이프에 할당된 현재 스트림(Current Stream) ID를 의미한다.
- LCStream[Last CStream]: 스트림의 상태가 전환되기 전에 가지던 스트림 ID를 의미한다. 예를 들어 스트림의 CStream 값이 특정 Stream n인 상황에서 Move 데이터 상태를 지속하다가 Idle 상태로 전환한 경우, CStream은 No Stream 값을 가지게 되고 LCStream은 Stream n을 가지게 된다.

5.2.10.2.2 스트림 통신 예시

USB 3.0 패킷내의 Steam ID 필드가 사용되면 Stream Protocol을 사용한다는 의미
Prime Stream은 Ready 의미로 사용되는 모든 Stream 통신의 시작을 나타낸다.

Stream ID = 0xFFFF:Prime Stream
Stream ID = 0x0000:No Use Stream
Stream ID = 0x0001-0xFFFD까지, 정상적인 SID

그림 5-76 스트림 통신에서 스트림 ID의 사용

그림 5-76에서 No Use Stream에 해당하는 엔드포인트와 주고 받는 패킷에 대해서 호스트 컨트롤러(xHCI)는 스트림 프로토콜을 적용하지 않고 정상적인 벌크 프로토콜을 사용한다.

그림 5-76은 UAS^{USB Attached SCSI} 프로토콜을 사용하는 이동식 디스크가 호스트와 주고 받는 패킷을 확인하는 모습이다.

UAS 프로토콜에서는 4개의 파이프(Command, Data In, Data Out, Status)를 사용하는 데 이중에 Command Pipe는 No Use Stream으로 사용된다. 나머지 3개의 파이프는 모두 정상적인 스트림 ID를 채용한다. 그림에서 엔드포인트 주소^{Endpoint Address} #4는 벌크 OUT 엔드포인트로서 Command Pipe로 사용되기 때문에 No Use Stream을 사용하는 것을 알 수 있다.

그림 5-76에서 Endpoint 1은 현재 Bulk In Endpoint로 사용되고 있다. 보통 USB 통신이 그러하듯이 해당하는 Endpoint가 No Use Stream 방식으로 사용되는 경우에는 하나의 Endpoint가 하나의 파이프로서 역할만 수행할 수 있게 된다. 하지만 그림 5-76처럼 Stream ID를 사용하는 경우에는 서로 다른 Stream ID값을 사용해서 하나의 Bulk In Endpoint의 기능을 분할할 수 있게 된다.

정리하면 하나의 벌크파이프가 복수 개의 서브파이프로 나뉜다고 해석될 수 있다. 이런 특징으로 인해서 xHCI는 이와 같이 해당하는 Endpoint가 USB3 Stream 프로토콜을 사용하는 경우에 한해서 Stream ID 값에 따라서 여러 개의 데이터가 서로 다른 의미로 들어올 수 있다는 것을 인지하게 된다. 이것이 복수 개의 명령어를 개별적으로 처리하는 데 큰 잇점으로 사용되는 것이다.

UAS 프로토콜에서 Command Pipe는 No Use Stream 형태를 사용한다. 이 말은 해당하는 파이프에는 Stream ID 값을 사용하지 않는다는 뜻이다. 대신 UAS 프로토콜에서는 Command Pipe에 넣어주는 데이터로서 Command IU^{Information Unit} 값 내부에 Stream ID 값을 함께 넣어서 디바이스 측으로 전달한다. 이렇게 받은 Stream ID 값을 Device는 다른 Endpoint(Data In, Data Out, Status)를 운영하는 데 항상 파라미터로 함께 사용하게 된다.

5.2.10.2.3 스트림 통신 프로토콜 분석

스트림 통신은 크게 2가지 특징을 가지고 있다. 하나는 벌크 파이프속에 복수 개의 방향을 가지는 스트림을 담을 수 있다. 다른 하나는 데이터 통신을 디바이스가 요청하는 모습을 기본으로 채택한다는 점이다.

데이터 통신을 요청하는 작업은 호스트와 디바이스 모두가 가능하지만, 특별한 경우가 아니면 디바이스가 주도하는 모습을 기본 프로토콜로 포함하고 있다. 호스트가 데이터 통신을 요청하는 경우를 위해서는 이에 맞는 호스트 컨트롤러의 추가 지원이 필요하고 별도의 비용이 발생한다. 따라서 대부분 호스트의 데이터 통신 요청을 사용하지 않는다.

각각의 스트림은 저마다 자신들의 상태 다이어그램을 유지한다. 그림 5-75는 이와 같은 상태 다이어그램을 잘 보여주고 있다.

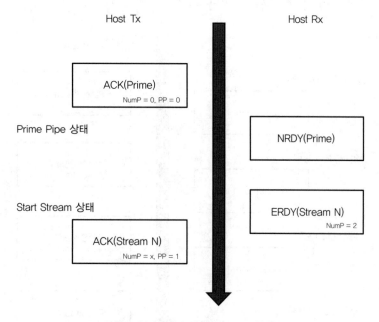

그림 5-77 스트림 IN 전송(Prime Pipe 상태)

그림 5-77을 보자.

스트림 IN 전송을 위해서 스트림의 상태가 Prime Pipe 상태로 대기하는 모습을 보여주고 있다.

스트림의 상태가 Prime Pipe 상태가 된다는 것은 특별한 다른 의미는 없다. 단지 스트림을 받을 준비가 됐다는 것을 호스트가 디바이스에게 알리는 목적이다.

호스트가 ACK(Prime) 패킷을 디바이스로 전송하면, 디바이스는 반드시 NRDY(Prime) 패킷을 호스트로 보내야 한다. 이와 같이 NRDY(Prime) 패킷을 수신한 상태를 Prime Pipe 상태라고 부른다. 이후 디바이스의 요청으로 인해 전송을 시작하는 Start Stream 상태로 진입하고 있다.

그림 5-77에서 ERDY(Stream N) 패킷을 디바이스가 호스트로 전송하는 모습을 볼 수 있다. 이것은 디바이스에서 Stream N에 대한 전송을 시작하자는 요청으로 사용된다. 이 때 호스트에서 ACK(Stream N)로 응답하고 있다.

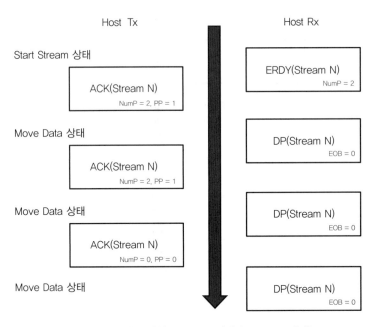

그림 5-78 스트림 IN 전송(Start Stream 상태와 Move Data 상태)

그림 5-78을 보자. 전형적인 스트림 IN 전송을 통해 디바이스에서 호스트로 데이터 스트림을 읽어오는 모습을 보여주고 있다. 이 상태를 Move Data 상태라고 부른다. 이 상태에서 호스트 혹은 디바이스의 상태에 따라서 Move Data 상태를 마치고 Idle 상태로 전환할 수 있다.

그림 5-79는 이와 같이 Idle 상태로 전환하는 상황을 보여주고 있다.

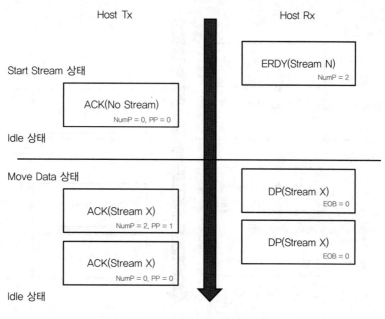

그림 5-79 스트림 IN 전송(Idle 상태)

그림 5-79를 보자.

Start Stream 상태를 거절하는 호스트의 모습을 볼 수 있다. 디바이스가 ERDY 패킷을 사용해서 Start Stream 상태로 전환하도록 호스트에게 요청하고 있다. 호스트는 ACK(No Stream) 응답을 사용해서 디바이스에게 요청을 거절하고 있다. 이후 스트림의 상태는 Idle 상태로 전환된다.

Move Data 상태에서 데이터를 수신하던 호스트가 NumP = 0, PP = 0을 사용해서 ACK 패킷응답을 디바이스에게 보내고 있다. 이 응답패킷은 더 이상 받을 공간이 부족하니, 잠시 기다려달라는 뜻이다. 이 경우에도 역시 스트림의 상태는 Idle 상태로 전환된다.

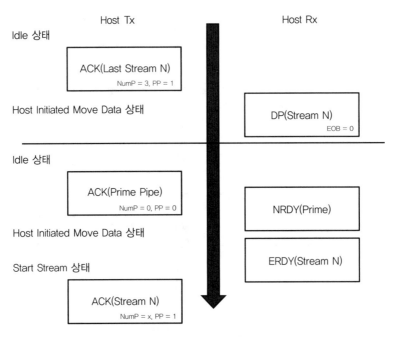

그림 5-80 스트림 IN 전송(Host 요청으로 인한 Move Data 상태)

그림 5-80을 보자.

호스트가 디바이스에게 데이터 전송을 시작할 것을 요청하는 모습을 보여주고 있다.

스트림 통신의 기본은 데이터 전송 요청을 디바이스가 주도하는 프로토콜이다. 따라서 호스트가 전송 요청을 시작하는 상황은 특별한 주의가 필요하다.

현재 특정 스트림 ID를 사용하고 있던 호스트 입장에서는 해당하는 스트림 ID를 LCStream으로 정의한다. 이런 경우 ACK 패킷과 함께 LCStream을 디바이스에게 전송한다. 최근에 멈췄던 통신을 재개하자는 뜻이다. 이런 경우를 제외하면 스트림 IN 전송을 위해서 호스트는 디바이스에게 그 어떤 스트림 ID를 제공할 수 없다.

그림을 5-80을 보면 LCStream이 없는 경우(최근에 사용을 기다리는 스트림이 없는 경우)에는 해당하는 파이프의 상태를 Prime Pipe 상태로 전환 요청한다. 이것은 디바이스의 주도 아래에서 데이터 전송을 시작하고자 Start Stream 상태로 전환하려는 의도이다.

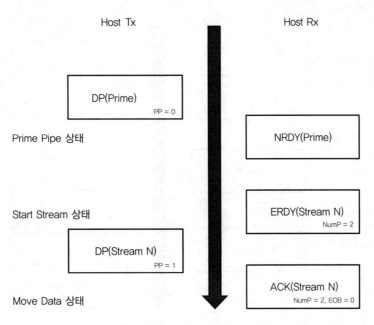

그림 5-81 스트림 OUT 전송(Prime Pipe 상태)

그림 5-81을 보자.

스트림 OUT 전송을 위한 대기 상태가 어떻게 이뤄지는지를 보여주고 있다. 스트림 OUT 전송을 하려는 요청은 호스트가 시작한다. 하지만 실제 전송이 이뤄지려면 디바이스의 수용이 있어야 한다. Prime Pipe 상태로 스트림의 상태가 준비된 뒤 디바이스로부터 ERDY패킷을 호스트가 수신하면 이 요청을 Start Stream 요청이라고 부른다.

이때부터 호스트는 데이터패킷DP을 디바이스로 전송한다. Move Data 상태로 스트림의 상태가 전환된다.

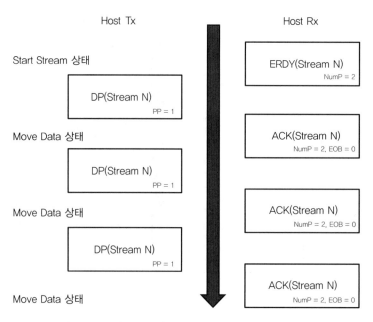

그림 5-82 스트림 OUT 전송(Start Stream 상태와 Move 데이터 상태)

그림 5-82는 전형적인 스트림 OUT 전송을 보여주고 있다. 호스트는 준비된 데이터를 디바이스로 전송하고 있다. 디바이스는 계속해서 데이터를 수신하기 위해서 ACK 패킷을 호스트로 응답하고 있다.

이와 같은 스트림 OUT 전송은 호스트와 디바이스 양쪽의 사정에 따라서 잠시 멈추고 현재의 스트림 상태를 Idle 상태로 전환할 수 있다.

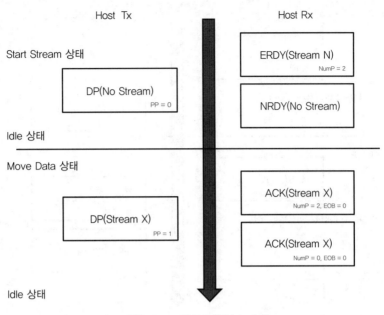

Host Tx   Host Rx

Start Stream 상태

```
                                        ┌─────────────────────┐
                                        │ ERDY(Stream N)      │
                                        │              NumP = 2│
            ┌─────────────────────┐     └─────────────────────┘
            │ DP(No Stream)       │     ┌─────────────────────┐
            │              PP = 0 │     │ NRDY(No Stream)     │
            └─────────────────────┘     └─────────────────────┘
```

Idle 상태
───

Move Data 상태

```
                                        ┌─────────────────────┐
                                        │ ACK(Stream X)       │
                                        │      NumP = 2, EOB = 0│
            ┌─────────────────────┐     └─────────────────────┘
            │ DP(Stream X)        │     ┌─────────────────────┐
            │              PP = 1 │     │ ACK(Stream X)       │
            └─────────────────────┘     │      NumP = 0, EOB = 0│
                                        └─────────────────────┘
```

Idle 상태

그림 5-83 스트림 OUT 전송(Idle 상태)

그림 5-83을 보자.

스트림 OUT 전송을 위해서 디바이스가 Start Stream 요청을 시작했다. 하지만 호스트가 DP패킷(No Stream)을 사용해서 이를 거절하고 있다. 평상시 Move Data 상태로 호스트가 디바이스로 데이터패킷을 전송하는 도중에 디바이스로부터 ACK패킷(NumP=0, PP=0)이 호스트로 전송됐다. 이것 역시 잠시동안 데이터 전송을 멈춰달라는 뜻이다. 이와 같은 상황이 되면, 스트림의 상태는 Idle 상태로 전환된다.

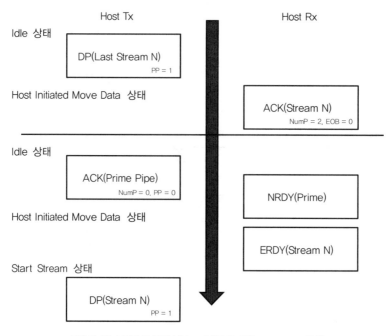

그림 5-84 스트림 OUT 전송(Host 요청으로 인한 Move Data 상태)

그림 5-84를 보자.

호스트가 디바이스에게 데이터 전송의 시작을 요청하는 모습을 보여주고 있다.

현재 특정 스트림 ID를 사용하고 있던 호스트 입장에서는 해당하는 스트림 ID를 LCStream으로 정의한다. 이런 경우 DP 패킷과 함께 LCStream을 디바이스에게 전송한다. 최근에 멈췄던 통신을 재개하자는 뜻이다. 이런 경우를 제외하면 스트림 OUT 전송을 위해서 호스트는 디바이스에게 그 어떤 스트림 ID를 제공할 수 없다.

그림을 보면 LCStream이 없는 경우(최근에 사용을 기다리는 스트림이 없는 경우)에는 해당하는 파이프의 상태를 Prime Pipe 상태로 전환 요청한다. 이것은 디바이스의 주도 아래에서 데이터 전송을 시작하고자 Start Stream 상태로 전환하려는 의도이다.

이런 경우 결국 Start Stream 상태로 전환한다는 의도에서 역시 디바이스가 스트림 데이터 통신을 주도한다는 것을 알 수 있다.

5.2.10.3 컨트롤 전송

컨트롤 전송은 최소한 2가지 이상의 Stage(Setup Stage, Status Stage)로 구성된다.

컨트롤 전송이 데이터 Stage를 가지는지 여부와 데이터 Stage에서 데이터패킷이 전송되는 방향에 대한 정보는 Setup Stage 과정중에 호스트가 전송하는 SETUP 데이터(8바이트)에 의해서 디바이스에게 소개된다. 데이터 Stage에서 데이터패킷이 전송되는 방향이 호스트에서 디바이스로 향하는 경우를 컨트롤 OUT(또는 컨트롤 Write) 전송, 반대로 디바이스에서 호스트로 향하는 경우를 컨트롤 IN(또는 컨트롤 Read) 전송이라고 부른다.

디바이스(엔드포인트 0)가 Setup Stage 과정중에 SETUP 데이터패킷을 수신하면 디바이스는 호스트로 ACK TP를 전송한다. SETUP 데이터패킷은 항상 시퀀스 순서 번호값으로 0을 사용한다.

따라서 디바이스는 ACK TP로 응답할 때, 다음 시퀀스 순서 번호값 1을 사용해야 한다.

데이터 Stage가 사용되는 경우 Setup Stage에서 디바이스가 올려준 ACK TP에 포함된 시퀀스 순서 번호값을 참조하지 않는다. 무조건 데이터 Stage에서 사용하는 데이터패킷의 시퀀스 순서 번호는 항상 0부터 시작한다.

Status Stage는 컨트롤 전송의 마지막 트랜잭션이다. 이 단계에서 트랜잭션은 STATUS TP를 호스트가 디바이스로 전송하면서 시작된다.

STATUS TP 내부의 Deferred 필드의 값이 0인 상태였다면 디바이스는 NRDY, STALL 또는 ACK TP를 응답할 수 있다. 디바이스가 NRDY를 응답한 경우 호스트는 디바이스로부터 ERDY TP가 전송될 때까지 기다려야 한다.

만일 Deferred 필드의 값이 1인 상태의 STATUS TP를 호스트가 디바이스에게 전송한 경우, 디바이스는 일정시간동안 응답을 지연할 수 있으며 모든 준비가 완료되면 ERDY TP를 호스트로 전송한다.

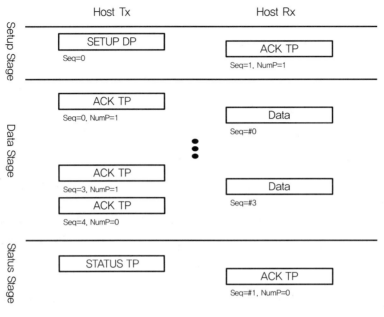

그림 5-85 컨트롤 IN 전송 순서

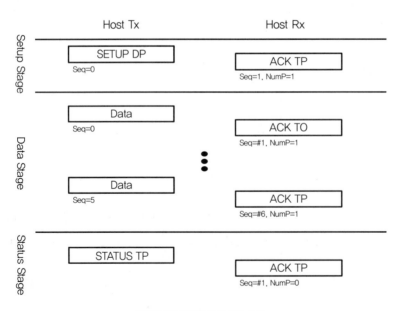

그림 5-86 컨트롤 OUT 전송 순서

그림 5-85는 컨트롤 IN 전송에서 패킷들이 전송되는 순서를 설명하고 있다. 시퀀스 순서 번호가 어떻게 증가하는지를 확인해야 한다. Status Stage에서 사용되는 ACK TP의 시퀀스 순서 번호가 #1을 사용하는 것을 확인한다.

그림 5-86은 컨트롤 OUT 전송이 어떤 순서로 패킷을 교환하는지를 보여주고 있다.

5.2.10.3.1 Status Stage의 응답

컨트롤 전송의 Status Stage에서 디바이스가 호스트에게 올려주는 응답은 크게 3가지로 나뉜다.

표 5-45 Status Stage 응답

Status Response	디바이스가 올려주는 TP 종류
요청이 성공적으로 완료됨	ACK TP
요청이 에러상태로 완료됨	STALL TP
디바이스가 바빠서 아직 완료할 수 없다	NRDY TP

디바이스가 NRDY TP를 호스트로 전송한 경우에는 반드시 이후에 디바이스가 전송을 완료할 수 있을 때 ERDY TP를 호스트로 보낼 수 있어야 한다.

Status Stage에서 사용되는 응답 TP에는 NumP 필드값이 항상 0으로 사용돼야 한다.

5.2.10.3.2 가변길이의 데이터를 사용하는 Data Stage

호스트가 Setup Stage에서 디바이스로 전송하는 SETUP 데이터(8바이트)에는 데이터 Stage에서 송수신할 데이터 바이트수를 알려준다. 하지만 실제로 송수신되는 데이터는 이 값보다 작거나 같을 수 있다.

예를 들어 호스트가 컨트롤 전송을 통해서 100바이트의 데이터를 디바이스로부터 읽으려고 한다고 가정할 때, 디바이스가 호스트로 올려주는 데이터의 실제 크기는 100바이트보다 작을 수 있다는 의미이다.

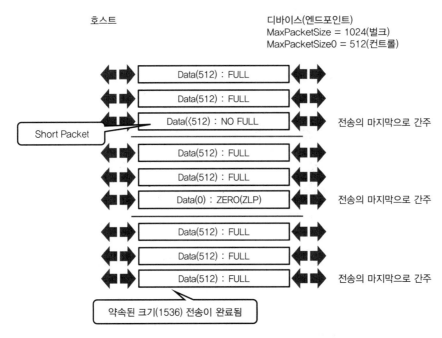

호스트, 디바이스(엔드포인트) 간의 512*3(1536)바이트 전송요청

호스트   디바이스(엔드포인트)
MaxPacketSize = 1024(벌크)
MaxPacketSize0 = 512(컨트롤)

Data(512) : FULL

Data(512) : FULL

Short Packet — Data(〈512) : NO FULL   전송의 마지막으로 간주

Data(512) : FULL

Data(512) : FULL

Data(0) : ZERO(ZLP)   전송의 마지막으로 간주

Data(512) : FULL

Data(512) : FULL

Data(512) : FULL   전송의 마지막으로 간주

약속된 크기(1536) 전송이 완료됨

그림 5-87 컨트롤 전송에서 사용될 수 있는 쇼트 패킷과 ZLP

그림 5-87을 보면 호스트와 디바이스가 1536바이트의 데이터를 송수신해야 하는 전송 요청을 처리하는 3가지 진행과정을 예시로 보여주고 있다.

컨트롤 전송에서 호스트는 1536바이트의 데이터 전송을 원한다고 하지만 디바이스에서 준비된 데이터가 1536바이트일지 아니면 이보다 적을지는 확정할 수 없다면 그림 5-87처럼 디바이스는 쇼트 패킷 혹은 ZLP[Zero Length Packet] 패킷을 사용해야 한다.

두 번째 그림에서 ZLP를 사용하는 이유를 생각해보자. 디바이스가 호스트로 데이터패킷을 올려주는 상황이라면, 데이터패킷의 MaxPacketSize0 값이 512바이트이기 때문에 두 번에 걸쳐서 꽉찬(FULL) 데이터패킷을 수신한 호스트 입장에서는 또 다음 데이터패킷을 기대해야 한다. 왜냐하면 이 전송 요청이 총 1536바이트이기 때문이다. 이런 경우 디바이스가 더 이상 올려줄 데이터패킷이 없기 때문에 ZLP 패킷을 호스트로 전송해 마지막 전송임을 알린다.

5.2.10.4 버스 인터벌과 서비스 인터벌

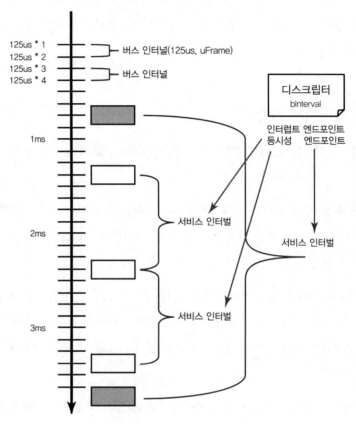

그림 5-88 버스 인터벌과 서비스 인터벌(주기시간)

그림 5-88을 보면 버스 인터벌Bus Interval과 서비스 인터벌Service Interval을 구분하고 있다.

버스 인터벌은 현재 USB LS, FS는 1ms, USB HS, SS, SS+는 125us 시간을 사용하고 있다.

LS의 경우는 Keep Alive 패킷을 사용하고, FS, HS에서는 SOF 패킷, SS, SS+에서는 ITP 패킷을 사용하는 시간이다. 이와 같은 패킷들은 디바이스 혹은 링크의 상태가 저전력 상태(혹은 서스펜드)로 빠지지 않도록 주기적으로 호스트가 디바이스 측으로 보내는 패킷이다.

서비스 인터벌은 엔드포인트 디스크립터의 bInterval 필드에 의해서 기록되는 값을 통해서 의미를 가지는 시간단위로서, 등시성 전송과 인터럽트 전송과 같은 주기적인 시간을 사용하는 전송에서 의미를 가진다. 작게는 서비스 인터벌이 버스 인터벌과 같은 시간을 사용할 수도 있다.

5.2.10.5 인터럽트 전송

SS 인터럽트 전송의 서비스 인터벌^{Service Interval}은 $2^{(bInterval-1)} * 125us$이다. bInterval 값은 1에서 16까지 사용한다.

인터럽트 전송은 Burst 전송을 지원하지 않는다. 대신 엔드포인트 서비스 인터벌 안에서 최대 3개까지의 데이터패킷을 전송할 수 있다. 데이터패킷의 MaxPacketSize 값은 1024 바이트를 사용한다.

인터럽트 전송은 신뢰성 있는 데이터와 보장되는 주기적인 통신시간을 사용한다. 주기적인 전송은 인터럽트 전송과 등시성 전송으로 구분된다. 이들은 신뢰성 있는 주기적인 통신시간을 보장하기 위해서 항상 지정된 시간 안에 호스트와 디바이스가 통신할 수 있는 환경을 제공한다.

특히 인터럽트 전송은 지정된 서비스 인터벌 시간에 들어온 데이터의 에러가 발견되는 경우를 제외하고 나머지 데이터 요청은 다음 서비스 인터벌 시간에 수행된다.

특정 시간에 수신된 데이터의 에러가 발견되는 경우에는 동일한 서비스 인터벌 시간에 재 전송 요청이 전달된다.

호스트가 디바이스로부터 데이터를 읽어오는 인터럽트 IN 전송의 경우 호스트가 디바이스로 ACK TP를 전송하고 디바이스에서 NRDY TP를 올려주는 상황에서 디바이스는 데이터 준비가 되는 시기에 ERDY TP를 호스트로 전송한다. 그러면 호스트는 또다시 데이터를 달라는 ACK TP를 같은 서비스 인터벌 시간에 보내지 않고 다음 서비스 인터벌 시간에 보낸다.

5.2.10.5.1 인터럽트 IN 전송

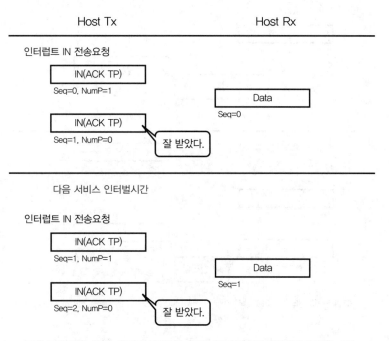

그림 5-89 매번 서비스 인터벌 시간에 호스트가 인터럽트 IN 트랜잭션을 시작하는 모습

그림 5-89는 서비스 인터벌 시간에 맞춰서 정상적으로 데이터를 수신해가는 인터럽트 IN 전송을 보여주고 있다. 컨트롤 전송(Data Stage)이나 벌크 전송과 비교해서 크게 다르지 않은 모습을 보여준다. 다만 매번 트랜잭션이 서비스 인터벌 시간에 이뤄진다는 점이다.

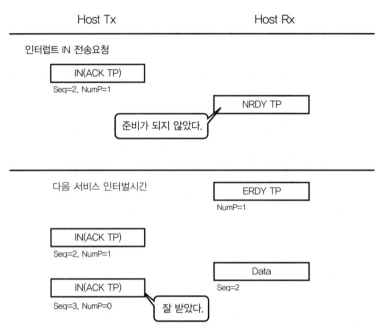

그림 5-90 인터럽트 IN 트랜잭션에서 디바이스가 NRDY/ERDY TP를 전송하는 모습

그림 5-90은 인터럽트 IN 전송에서 특정 서비스 인터벌 시간에 디바이스가 데이터를 올려주지 못하고 NRDY TP를 올려주는 모습이다. 이후 디바이스가 데이터가 준비돼서 ERDY TP를 전송하고 이어서 호스트가 ACK TP를 다시 디바이스로 보내고 있다. 서비스 인터벌 시간이 서로 다른점을 확인해야 한다. 이후 정상적인 데이터를 디바이스로부터 받은 호스트는 동일한 인터벌 시간에 ACK TP를 디바이스로 보내고 있다. 이것은 잘 받았다는 의미이지 다음 데이터를 달라는 뜻이 아니다.

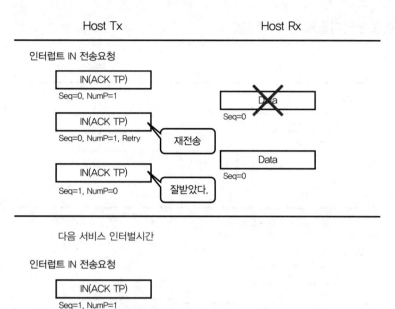

그림 5-91 인터럽트 IN 트랜잭션에서 데이터가 깨진 경우의 모습

그림 5-91은 인터럽트 IN 전송에서 특정 서비스 인터벌 시간에 디바이스가 올려준 데이 터가 깨진 모습을 보여주고 있다. 이런 경우 호스트는 재전송 요청을 동일한 서비스 인터 벌 시간에 요청하고 있다. 이후 다시 정상의 데이터를 디바이스가 올려줬다. 호스트는 잘 받았다는 ACK TP 패킷을 디바이스로 전송했다.

5.2.10.5.2 인터럽트 OUT 전송

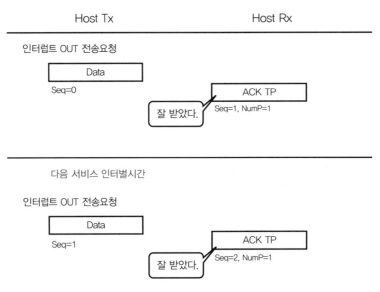

그림 5-92 매번 서비스 인터벌 시간에 호스트가 인터럽트 OUT 트랜잭션을 시작하는 모습

그림 5-92는 서비스 인터벌 시간에 맞춰서 정상적으로 호스트에서 디바이스로 데이터를
송신하는 인터럽트 OUT 전송을 보여주고 있다.

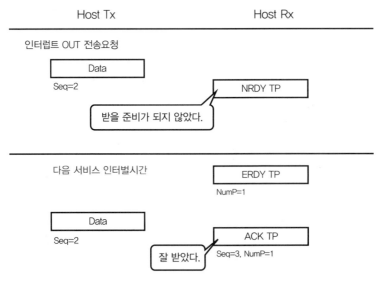

그림 5-93 인터럽트 OUT 트랜잭션에서 디바이스가 NRDY/ERDY TP를 전송하는 모습

그림 5-93은 인터럽트 OUT 전송에 특정 서비스 인터벌 시간에 호스트가 디바이스로 전송한 데이터를 디바이스가 수용하지 못하고 NRDY TP를 올려주는 모습이다. 이후 디바이스가 데이터를 받을 준비가 돼 ERDY TP를 전송하고 이어서 호스트가 다시 디바이스로 데이터를 보내고 있다. 서비스 인터벌 시간이 서로 다른점을 확인해야 한다. 이후 디바이스는 데이터를 잘 받았다는 의미로 ACK TP를 호스트로 보내고 있다.

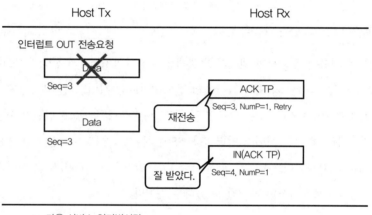

그림 5-94 인터럽트 OUT 트랜잭션에서 데이터가 깨진 경우의 모습

그림 5-94는 인터럽트 OUT 전송에서 특정 서비스 인터벌 시간에 호스트가 디바이스에게 전달한 데이터가 깨진 모습을 보여주고 있다. 이런 경우 디바이스는 재전송 요청을 동일한 서비스 인터벌 시간에 호스트로 요청하고 있다. 이후 다시 호스트는 정상의 데이터를 디바이스에게 전달했다. 디바이스는 잘 받았다는 ACK TP 패킷을 호스트로 전송했다.

5.2.10.6 등시성 전송

인터럽트 전송을 제외한 나머지 모든 전송은 Burst 전송기능을 사용할 수 있다. 하나의 Burst 트랜잭션은 최대 16개의 데이터패킷을 담을 수 있다. 등시성 전송은 이와 같은 Burst 트랜잭션은 하나의 서비스 인터벌 내에 SS 등시성 전송의 경우 최대 3개의 Burst 트랜잭션까지 지원한다. SS+ 등시성 전송의 경우 최대 6개까지 지원한다.

SS 등시성 전송을 위한 엔드포인트의 MaxPacketSize는 조건에 따라서 조금 다르다.

Burst 통신을 하지 않는 경우 MaxPacketSize는 0부터 1024바이트까지 될 수 있다. 하지만 Burst 통신을 사용하는 경우 MaxPakcetSize는 1024바이트로 고정된다. 또한 SS 등시성 전송이 사용하는 USB 최대 대역폭은 약 90%이다.

SS 등시성 전송의 서비스 인터벌은 $2^{(bInterval-1)} * 125us$이다. bInterval 값은 1에서 16까지 사용한다. 그리고 등시성 엔드포인트가 하나의 서비스 인터벌에서 전송할 수 있는 최대 데이터바이트수는 다음과 같다.

Burst 기능을 사용하는 등시성 데이터 트랜잭션은 하나의 Burst 통신당 최대 16개의 데이터패킷을 사용한다. SS와 SS+ 각각에서 엔드포인트당 서비스 인터벌 내에서 전송할 수 있는 최대 데이터 바이트 수는 다음과 같이 결정된다. 다른 엔드포인트가 사용되지 않는 다고 가정하면, 하나의 서비스 인터벌당, SS에서는 16(하나의 Burst 통신당 최대 트랜잭션 수) * 3(Burst) * 1024바이트(MaxPacketSize) = 49,152바이트이다. 이 말은 하나의 서비스 인터벌당 48개의 트랜잭션이 발생될 수 있다는 뜻이다.

SS+에서는 16(하나의 Burst 통신당 최대 트랜잭션수) * 6(Burst) * 1024바이트(MaxPacketSize) = 98,304바이트이다. 이 말은 하나의 서비스 인터벌당 96개의 트랜잭션이 발생될 수 있다는 뜻이다.

서비스 인터벌 시간이 가장 짧은 시간은 125us이기 때문에 1초의 시간으로 확장해서 최대 전송량을 계산해보면

SS는 49,152 * 8 * 1000 = 393,216,000바이트. 약 400M바이트이다. (3.2Gbps)
SS+는 98,304 * 8 * 1000 = 786,432,000바이트. 약 790M바이트이다. (6.3Gbps)

등시성 전송은 LPF^{Last Packet Flag}를 사용해 전송의 마지막을 알린다. 항상 LPF 플래그가 담겨진 패킷을 송신 혹은 수신하는 경우 현재 전송이 끝났다는 뜻이며 새로운 전송이 시작돼야 한다.

5.2.10.6.1 등시성 IN 전송

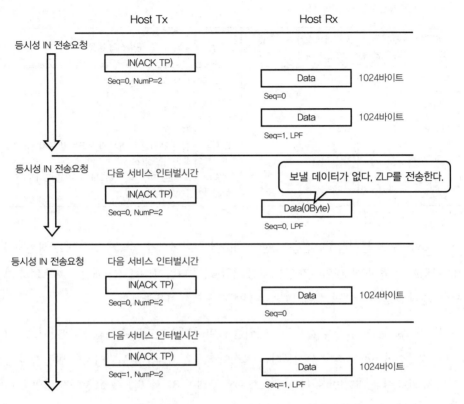

그림 5-95 매번 서비스 인터벌 시간에 호스트가 등시성 IN 전송을 요청하는 모습

그림 5-95를 보면 총 3번의 등시성 IN 전송 요청을 볼 수 있다. 등시성 전송 요청은 항상 시퀀스 순서 번호 #0으로 시작한다. 새로운 전송 요청이 발생할 때마다 순서 번호는 #0으로 리셋된다. 매번 호스트는 NumP(2)를 사용해서 Burst 전송을 요청하고 있다. 두 번째 등시성 IN 전송 요청에 대해 디바이스가 ZLP를 호스트로 올려보내고 있다. 데이터가 없는 경우이다. 기존의 컨트롤, 벌크, 인터럽트 전송에서는 NRDY TP를 사용했던 것과 사뭇 다르다. 마지막 등시성 IN 전송 요청에 디바이스는 하나의 데이터만 호스트로 올려보내고 있다. LPF 플래그가 사용되지 않았기 때문에 다음 서비스 인터벌 시간에 호스트가 요구하는 ACK TP의 시퀀스 순서 번호가 #1을 사용한다.

5.2.10.6.1.1 등시성 IN 전송에 대한 디바이스의 반응

표 5-46 등시성 IN 전송에 대한 디바이스의 반응

디바이스가 잘못된 ACK TP를 받으면	디바이스가 데이터를 보낼 준비가 돼 있는지	디바이스의 반응
예	상관없다	아무런 반응도 보이지 않는다.
아니오	아니오	ZLP(Zero Length Packet)를 보낸다.
아니오	예	Burst 전송의 경우, 마지막 패킷을 제외한 나머지 데이터는 반드시 1024 바이트의 데이터를 호스트로 보내야 한다. 전송이 요구하는 마지막 데이터패킷은 반드시 LPF 플래그가 TRUE여야 한다.

표 5-46을 보면 등시성 IN 전송 요청에 대해서 디바이스가 어떻게 반응해야 하는지를 알 수 있다. 특히 보낼 데이터가 준비되지 않았을 때 디바이스는 ZLP패킷을 호스트로 보낸다. 항상 전송의 마지막 데이터패킷은 LPF 플래그를 사용한다.

그리고 Burst 전송 시 마지막 패킷을 제외한 나머지 데이터패킷은 항상 1024바이트여야 한다. 왜냐하면 Burst 전송을 사용하는 목적이 가능한 빨리 많은 데이터를 받고자 하는 데 있기 때문이다. 그것이 아니라면 호스트는 구태여 Burst 전송을 요청하지 않았을 것이다.

5.2.10.6.1.2 등시성 IN 전송에 대한 호스트의 처리

표 5-47 등시성 IN 전송에 대한 호스트의 처리

데이터가 깨지면	호스트가 데이터를 받을 수 있는지	호스트의 반응
예	상관없다	수신한 데이터를 버린다.
아니오(단, 시퀀스순서 번호가 예상된 번호인 경우)	예	데이터를 수신한다.
아니오(단, 시퀀스순서 번호가 예상된 번호가 아닌 경우)	예	수신한 데이터를 버린다.

표 5-47처럼, 등시성 IN 전송을 통해서 디바이스로부터 호스트로 전달된 데이터패킷이 깨지면 단순히 호스트는 데이터를 버린다. 또한 깨지지 않은 데이터패킷이라고 하더라도 시퀀스 순서 번호가 예상과 다르면 역시 버린다. 등시성 전송이 Handshake 절차를 사용하지 않는 것을 잘 알 수 있다.

5.2.10.6.2 등시성 OUT 전송

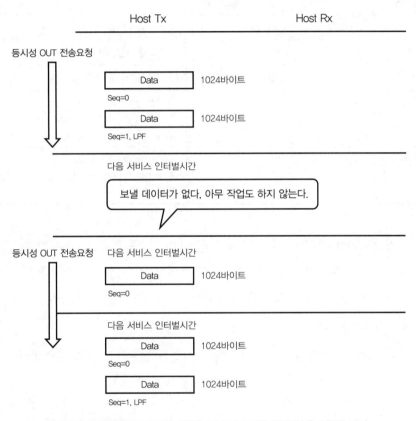

그림 5-96 매번 서비스 인터벌 시간에 호스트가 등시성 OUT 전송을 요청하는 모습

그림 5-96을 보면 총 2번의 등시성 OUT 전송 요청을 볼 수 있다. 등시성 전송 요청은 항상 시퀀스 순서 번호 #0으로 시작한다. 새로운 전송 요청이 발생할 때마다 순서 번호는 #0으로 리셋된다. 호스트가 디바이스로 전송하는 데이터패킷에 대해서 디바이스는 그

어떤 응답도 없다. LPF 플래그를 사용해서 새로운 전송이 시작되는지 아닌지를 디바이스에게 알린다.

5.2.10.6.2.1 등시성 OUT 전송에 대한 디바이스의 반응

표 5–48 등시성 OUT 전송에 대한 디바이스의 반응

데이터가 깨지면	예상된 시퀀스 순서	디바이스가 데이터를 받을 수 있는 상태	디바이스의 반응
예	상관없다	상관없다	수신한 데이터를 버린다.
아니오	예	예	데이터를 수신한다.
아니오	예	아니오	수신한 데이터를 버린다.
아니오	아니오	아니오	수신한 데이터를 버린다. 현재 서비스 인터벌에 전송되는 추가 데이터 역시 버린다.
아니오	아니오	예	수신한 데이터를 버린다. 현재 서비스 인터벌에 전송되는 추가 데이터 역시 버린다.

표 5–48처럼 등시성 OUT 전송의 경우 호스트가 디바이스로 전송한 데이터가 깨지면 디바이스는 단지 데이터를 버린다. 아무런 반응도 보이지 않는다. 데이터에 포함된 시퀀스 순서 번호가 틀리면 역시 데이터를 버린다. 디바이스가 데이터를 받을 수 없는 상태에서도 역시 데이터를 버린다.

결국 디바이스가 데이터를 받을 수 있을 때만 데이터를 수용한다는 결과를 얻었다.

06

USB 전원 관리

6장에서는 전원 관리, 전력관리, 전원절약 등의 단어를 혼용해서 사용한다는 점을 참고하길 바란다.

노트북 PC에 USB 이동식 디스크를 꽂은 상태로 장시간 USB 이동식 디스크를 사용하지 않고 다른 작업을 하고 있었다고 가정해보자. 그 동안 USB 버스로 불필요한 전력이 낭비되는 결과가 발생했다. 그렇지 않아도 배터리가 부족한 상황이라면 노트북 PC 사용자에게 이런 낭비는 심각한 문제가 아닐 수 없다. USB 버스는 전력공급에 있어서 공격적으로 사용되는 전력을 절약할 수 있는 방법을 연구하고 제시한다.

6장에서는 USB 2와 USB 3 각각에서 버스전력 사용을 최소화하는 요소들과 관련된 내용을 살펴본다. 그리고 최근 이슈가 되고 있는 USB Type-C와 전원 관리에 대해서 배워보도록 하겠다.

6.1 버스 리즘과 서스펜드

USB 버스의 전력사용을 최소화하는 방법은 당연히 사용 중인 USB 디바이스를 제거하는 것이다. 다시 디바이스를 사용해야 할 때 USB 디바이스를 호스트(허브)에 연결하면 된다. 이것만큼 가장 확실하게 버스의 전력사용량을 줄이는 방법은 없다.

물론 물리적으로 디바이스를 제거하지 않더라도 USB 호스트 컨트롤러에게 제공되는 전력을 끊어버리면 이 역시 같은 결과를 가져오게 될 것이다. 물리적으로 디바이스를 제거하지 않는 상황에서 USB 호스트 컨트롤러에게 제공되는 전력을 끊어버리는 상황은 컴퓨터를 최대 절전모드로 전환하는 작업과 동일하다는 것을 예상할 수 있다.

6장에서는 이와 같은 내용을 설명하려는 것이 아니다. 버스에 물리적으로 연결되는 상황 혹은 호스트 컨트롤러에게 제공하던 전력을 그대로 유지하는 상황에서 필요에 따라 적극적인 방법을 사용해 디바이스에게 전력을 경제적으로 공급할 수 있도록 하는 것이 목적이다. 당연히 정상동작을 하고 있는 디바이스에게 악영향을 끼쳐서도 안 된다. 호스트 입장에서 USB 디바이스의 전력공급을 당분간 줄여도 무방할 것이라는 정확한 판단이 필요하다.

USB 디바이스의 전력공급을 최대한 줄이는 상황을 서스펜드^{Suspend} 상태라고 부른다.

USB 디바이스에게 공급되던 전력을 줄이면 줄일수록 좋겠지만, 다시 원래대로 환원하는 데 걸리는 시간이 전력을 줄이는 양만큼 오래 걸린다.

결국 전력을 줄이면 복원하는 데 오랜 시간이 걸린다는 뜻이다. 이것이 가장 중요한 문제가 되기 때문에 효과적이고 공격적인 전력공급 정책이 필요하다.

서스펜드 상태의 버스전력공급 상태를 원래의 상태로 복원하는 작업을 리즘^{Resume}이라고 부른다.

USB에서 정의하는 서스펜드는 크게 2가지로 나뉜다. 하나는 전역^{Global} 서스펜드고 다른 하나는 선택적^{Selective} 서스펜드다.

호스트 컨트롤러에게 공급되는 전력을 줄이지 않고, 사용 중인 USB 디바이스를 호스트에서 제거하지 않은 상태로 서스펜드시키는 방법은 USB 2, USB 3 각각에서 약간의 차이는 있지만 공통적인 방법이 사용된다. 버스상에 어떤 의미있는 패킷도 송수신되지 않을 때, 이 시간이 지정된 시간보다 오랫동안 지속되면 호스트와 디바이스는 현재 버스의 전력공급상태를 서스펜드시킬 수 있다.

예를 들어, USB 2에서는 3ms 동안 호스트와 디바이스 간에 송수신되는 패킷이 없다면 버스 상태를 서스펜드로 전환한다. 보통 서스펜드된 버스는 디바이스에게 거의 최소화된 전력만 사용하는 것을 허용한다. 왜냐하면 마우스, 키보드 등과 같은 입력장치들은 오랜 시간 사용되지 않고 있다가도 사용자가 디바이스를 움직이는 행동을 함으로써 곧바로 해당하는 디바이스를 다시 사용할 수 있는 상황^{Remote Wakeup}으로 전환해야 하기 때문이다. 이와 같은 상황을 호스트가 인식할 수 있도록 디바이스는 최소한의 전력만 버스를 통해서 공급받아 사용하게 될 것이다.

디바이스 입장에서 전역 서스펜드와 선택적 서스펜드는 크게 다르지 않다. 전역 서스펜드는 호스트 컨트롤러가 자신에게 붙어있던 모든 루트 허브 측으로 주기적으로 전송하던 모든 패킷(SOF 포함)을 일정 시간 보내지 않는 상황을 통해서 진입된다.

일정 시간 호스트가 그 어떤 패킷도 연결된 버스로 보내지 않기 때문에 호스트에 연결된 모든 허브, 모든 디바이스는 전부 서스펜드 상태로 전환하게 된다. 하지만 이와 같은 방식은 사용하기에 현실적이지 못하다는 지적이 있다. 대부분의 운영체제도 이 방식을 지원하지 않기 때문에 이보다는 선택적 서스펜드를 지원한다.

선택적 서스펜드는 특정 디바이스에게 전달되던 패킷을 일정 시간 막는 행위로 인해 해당하는 디바이스가 연결된 버스 상태만 서스펜드 상태로 전환하는 것을 의미한다. 이런 방법을 지원하려면 당연히 허브가 이와 같은 서스펜드를 지원해야 한다. 호스트 컨트롤러는 허브에게 명령어를 전송해 허브의 특정 포트가 서스펜드 상태로 전환할 수 있도록 요청한다.

선택적 서스펜드와 관련해 디바이스가 서스펜드 상태를 원하지 않는다면 다시 리쥼 절차를 통해 버스의 상태가 서스펜드 상태로 전환되지 않도록 막기도 한다. 시중에 있는 디바이스 중에는 이와 같이 버스가 서스펜드 상태로 전환되지 않도록 조치하는 디바이스가 있다. 이와 같은 디바이스의 행동은 USB 버스가 요구하는 기본적인 전원 관리방법을 무시하는 행동이다. 따라서 운영체제가 요구하는 USB 인증 프로그램 혹은 USB ORG 협회에서 제공하는 인증 프로그램은 이런 행동을 금지하고 있다(인증을 받지 못한다는 의미다).

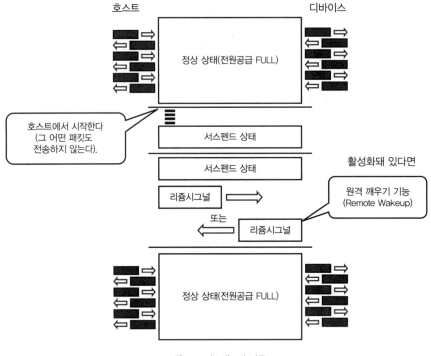

그림 6-1 서스펜드와 리줌

그림 6-1을 보면 서스펜드 상태의 버스를 정상 상태로 전환하는 리줌시그널이 호스트 혹은 디바이스에게 요구되는 것을 알 수 있다. 이때 디바이스가 리줌시그널을 요구하는 상황을 원격 깨우기 기능이라고 부른다. 원격 깨우기 기능Remote Wakeup이 없는 디바이스는 호스트에 의해서만 리줌시그널이 발생될 수 있다.

6.2 USB 2 전원 관리

USB 2는 서스펜드 상태의 버스가 원래대로 전력 사용량을 복원하는 데 걸리는 시간을 효율적으로 관리하고자 버스의 전력 사용 상태를 몇 가지 단계로 나눠서 설명한다.

6.2.1 LPM(Link Power Management)

USB 2는 다음과 같은 4가지의 전원 관리(전력공급) 상태를 규정하고 있다.

표 6-1 USB Link Power Management 상태

LPM 상태	설명
L0(On)	버스의 전력이 정상적으로 공급되는 상태
L1(Sleep)	L0 상태보다 적은 양의 전력만 사용하는 상태. 디바이스가 VBUS 시그널로부터 공급되는 전력을 어느 정도까지만 끌어 사용해야 하는지 정의돼 있지 않다. 리셋신호, 호스트 리줌신호, 디바이스 Remote Wakeup 등에 의해서 깨어날 수 있다.
L2(Suspend)	L1 상태보다 적은 양의 전력만 사용하는 상태. 디바이스가 VBUS 시그널로부터 공급되는 전력을 끌어 사용할 수 있는 제한이 스펙 내부에 명시돼 있다. 리셋신호, 호스트 리줌신호, 디바이스 Remote Wakeup 등에 의해서 깨어날 수 있다.
L3(Off)	버스에 전원공급이 전혀 없는 상태. 디바이스가 호스트에서 제거된 상태. 사용금지된 상태. 리셋신호에 의해서만 L0 상태로 복원될 수 있다.

L1 상태와 L2 상태는 전력소비량만 상대적으로 다른 상태다. L1 상태에서 L0 상태로 복원하는 데 걸리는 시간은 L2 상태에서 L0 상태로 복원하는 데 걸리는 시간보다 짧다. L3 상태에서 L0 상태로 복원하는 과정은 리셋신호에 의해서만 이뤄진다.

그림 6-2는 LPM에서 규정한 4가지 상태 간의 전환과 사건을 명시하고 있다.

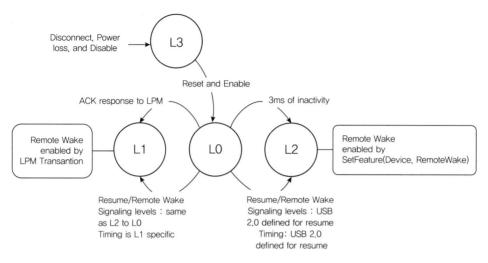

그림 6-2 LPM 상태 전환 다이어그램(출처: usb.org)

그림 6-2를 보면 각각의 상태가 어떻게 진입되고 빠져나오는지 알 수 있다.

L0을 제외한 나머지 모든 상태는 복원 상태로 전환할 때 L0 상태로만 복원할 수 있다(L1 → L0, L2 → L0, L3 → L0).

표 6-2 L1 상태와 L2 상태의 비교

	L1(Sleep)	**L2(Suspend)**
진입하기	LPM 확장 트랜잭션을 사용	3ms 동안 패킷전송이 없다.
빠져나가기	호스트리줌과 원격 디바이스 깨우기 기능(LPM 트랜잭션을 통해서 활성화/비활성화됨)	호스트리줌과 원격 디바이스 깨우기 기능(소프트웨어를 통해서 활성화/비활성화됨)
사용되는 신호	LS, FS Idle 시그널을 유지한다.	LS, FS Idle 시그널을 유지한다.
진입과 빠져나가는 지연 시간	진입: 최대 10us 빠져나가기: 최대 70us에서 1ms	진입: 최대 3ms 빠져나오기: 최소 30ms 이상
링크 전력소비량	최대 0.6mW	최대 0.6mW
디바이스 전력소비량	스펙에서 미정의됨	500uA 또는 2.5mA 이하
디바이스 강제 제거 인식	인식할 수 있다.	인식할 수 있다.

HS 디바이스가 서스펜드되면 항상 FS 상태로 우선 전환된 뒤에 서스펜드된다(3장 참고).

6.2.1.1 프로토콜

LPM 확장 트랜잭션은 호환성을 위해 기존에 사용되던 USB 2 트랜잭션의 모습을 그대로
유지하면서 확장된 프로토콜을 사용한다.

표 6-3 PID 유형

PID 유형	PID 이름	PID 값(4비트)	설명
토큰(Token)	OUT	0001B	호스트에서 디바이스로 데이터를 전송
	IN	1001B	디바이스에서 호스트로 데이터를 전송
	SOF	0101B	Start Of Frame 신호로 사용
	SETUP	1101B	컨트롤 파이프의 Setup 명령을 디바이스로 전송
데이터(Data)	DATA0	0011B	짝수 데이터패킷
	DATA1	1011B	홀수 데이터패킷
	DATA2	0111B	고대역폭 등시성 전송에서 사용됨
	MDATA	1111B	Split과 고대역폭 등시성 전송에서 사용됨
Handshake	ACK	0010B	데이터를 정상으로 수신했다.
	NAK	0101B	데이터를 받거나 보낼 수 없다.
	STALL	1110B	엔드포인트가 정지(Halt)됐다.
	NYET	0110B	데이터를 수신했지만, 아직 처리 중이다.
특별한 목적	PRE	1100B	토큰으로 사용됨. Low Speed에 사용됨.
	ERR	1100B	Handshake에 사용됨. Split 전송 에러
	SPLIT	1000B	토큰으로 사용됨. Split 전송에 사용
	PING	0100B	High Speed 컨트롤, 벌크 엔드포인트 흐름 제어목적으로 사용됨.
	EXT	**0000B**	예약됨. LPM에서 사용하고 있음.

표 3-6을 보면 USB 2에서 사용되는 모든 패킷 ID(PID)를 보여주고 있다. 가장 마지막
항목인 EXT PID 값은 0000B로서 그 값에서 알 수 있듯이 원래는 사용되지 않는 값이다.
하지만 LPM은 이 값을 선택해 자신의 프로토콜에 사용하기로 결정했다.

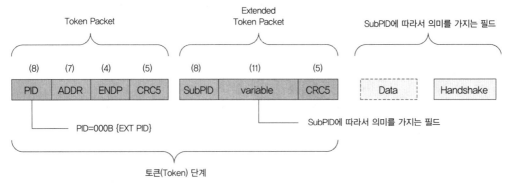

그림 6-3 EXT PID를 사용한 트랜잭션(출처: usb.org)

그림 6-3을 보면 EXT PID를 시작으로 사용하는 토큰패킷과 이어지는 확장된 토큰패킷, 파라미터를 알 수 있다. 이와 같은 방법을 사용하기 때문에 기존에 USB 2를 지원하는 디바이스가 맨 앞에 전달되는 PID를 확인해 EXT PID를 발견하고 디바이스 자신이 LPM을 지원한다면 이와 같은 트랜잭션을 올바르게 처리하게 된다. 현재 사용하는 SubPID 값은 이진수 0011B 값만 정의돼 사용되고 있다.

표 6-4 그림 6-3의 SubPID를 위한 Variable 필드의 정의

비트	필드	설명
10:9	사용 안 됨	
8	bRemoteWake	원격 깨우기 기능 활성화 여부 1: 활성화 0: 금지
7:4	HIRD	호스트가 L1 상태에서 L0 상태로 리줌시그널을 유지하는 시간 (Host Initiated Resume Duration) 값　　유지시간 0000B　50us 0001B　125us 0010B　200us 0011B　275us .. 1111B　1.2ms

366

비트	필드	설명
3:0	bLinkState	해당하는 트랜잭션에 대해서 디바이스가 ACK 패킷으로 응답하는 경우에 디바이스는 다음의 상태로 전환돼야 한다. **값 설명** 0001B L1(Sleep)

표 6-4에서 HIRD값 4비트가 사용되고 있다. L1 상태에 있는 버스 상태를 L0 상태로 전환하는 작업을 호스트가 요구하는 경우 호스트는 리쥼시그널을 일정 시간 유지하게 된다. 이때 사용되는 유지시간 정보를 HIRD라고 부른다. 디바이스는 이 값을 사전에 확인해 사용하기에 무리가 있다면 절대로 LPM EXT PID 트랜잭션에 대해서 ACK 패킷을 응답하면 안 된다.

표 6-4를 보면 LPM이 규정하고 있는 bLinkState는 L1 상태만임을 알 수 있다. L1 상태는 LPM EXT PID를 통해서 진입할 수 있기 때문이다.

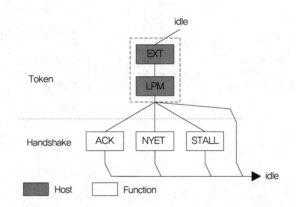

그림 6-4 EXT PID를 사용한 트랜잭션에 대한 디바이스의 응답(출처: usb.org)

그림 6-4는 EXT PID에 대한 디바이스의 가능한 응답패킷을 보여주고 있다. ACK 패킷으로 응답하는 경우는 해당하는 트랜잭션을 받아들인다는 의미가 된다. 이 경우 디바이스는 곧바로 L1 상태로 전환하지 않고 스펙에서 정의한 기준 시간만큼은 기다려야 한다. 왜냐하면 HS 속도를 사용하는 경우에는 곧바로 L1 상태가 되는 것이 아니라, FS 속도로 먼저 버스 상태가 전환된 뒤에 L1 상태가 되기 때문이다. 표 6-2에서 봤던대로 L1 상태

에서는 FS Idle 상태를 유지한다.

NYET 패킷으로 응답하는 경우는 아직 트랜잭션을 받아들이기 어렵다는 의미로 다른 데이터패킷 트랜잭션이 아직 진행 중인 경우가 된다. STALL 패킷으로 응답하는 경우는 해당하는 트랜잭션을 지원하지 않는다는 뜻이다.

6.2.1.2 LPM을 정의하는 USB 디바이스 프레임워크

USB 2에서 정의하고 있는 디스크립터^{Descriptor} 중에는 USB 2.0 확장 디스크립터^{Extension Descriptor}가 있다. LPM은 이것을 사용해서 디바이스의 LPM 지원 여부를 호스트에 알리고 있다.

표 6-5 USB 2.0 확장 디스크립터

오프셋	필드	크기(바이트)	값	설명
0	bLength	1	수	디스크립터 크기(바이트)
1	bDescriptorType	1	상수	DEVICE CAPABILITY Type(0)
2	bDevCapabilityType	1	상수	USB 2.0 EXTENSION Type(2)
3	bmAttributes	4	비트맵	파라미터 **비트 설명** 1 LPM. LPM 지원 여부 나머지 사용 안 함(0)

USB 2.0은 Binary Device Object Store^{BOS} 디스크립터를 정의하고 있다. LPM은 BOS 디스크립터 내의 USB 2.0 확장 디스크립터를 사용한다. BOS 디스크립터 자체는 컨트롤 명령(GET_DESCRIPTOR)을 통해서 얻을 수 있지만, 이와 같은 BOS 디스크립터 내부의 다른 디스크립터는 직접 얻는 명령어가 없다. 사용자는 BOS 디스크립터를 모두 읽어서 해석^{Parsing}하는 과정을 통해 USB 2.0 확장 디스크립터의 존재를 확인할 수 있다(8장 참고).

표 6-5처럼 디바이스는 USB 2.0 확장 디스크립터^{Extension Descriptor}를 사용해 LPM 기능을

지원하는지 여부를 호스트에게 알려야 한다. BOS 디스크립터를 지원하는 디바이스는 반드시 디바이스 디스크립터^{Device Descriptor}의 bcdUSB 필드의 값이 0x0201 이상의 값을 사용해야 한다.

6.2.1.3 허브와 LPM

호스트 컨트롤러가 특정 디바이스의 버스공급 상태를 L1 상태로 전환하거나 L0 상태로 복원하는 작업은 허브가 가진 기능을 이용해서 이뤄진다.

때문에 허브는 LPM 기능을 지원해야 하는 허브여야 하며, LPM과 관련돼 호스트가 전달하는 명령어(허브 전용 명령어)를 해석할 수 있어야 한다.

6.2.1.3.1 L0 → L1

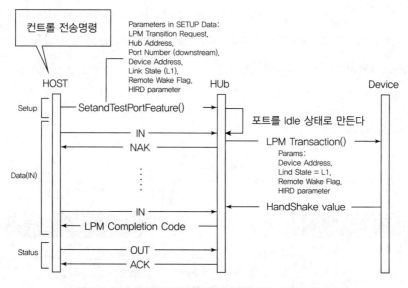

그림 6-5 호스트가 컨트롤 전송 명령을 통해 EXT PID 트랜잭션하는 모습

그림 6-5를 보면 호스트 컨트롤러에서 허브로 컨트롤 전송 명령(SetandTestPortFeature)을 전송하고 있다. 이 명령어는 관련된 파라미터를 담고 있다. 허브는 디바이스가 연결된

포트를 Idle 상태로 전환한 다음 LPM 트랜잭션을 시작한다. 디바이스가 응답패킷을 응답하면, 허브는 LPM Completion 코드를 사용해서 호스트에게 결과를 알려주고 있는 모습이다.

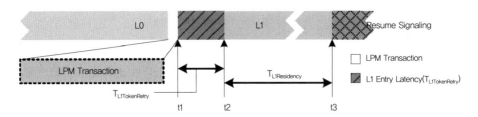

t1부터 t2까지는 시간은 디바이스가 기다려줘야 하는 시간이다. 이 시간동안 호스트는 HS에서 FS로 전환한다.

그림 6-6 LPM 트랜잭션을 사용해 L0 상태에서 L1 상태로 전환하는 모습

그림 6-6을 보면 LPM 트랜잭션을 통해서 L0 상태에서 L1 상태로 전환하는 모습과 그에 따른 지연 시간 정보를 보여주고 있다. TL1TokenRetry 값은 디바이스가 응답패킷을 호스트(허브)로 올려주는 한계시간을 정의한다. 이 시간은 최소 8us에서 최대 10us 이내로 정의된다. TL1Residency값은 최소한 디바이스가 유지해야 하는 L1 시간을 정의한다. 이 시간은 최소 50us 이상으로 정의된다.

6.2.1.3.2 L1 → L0

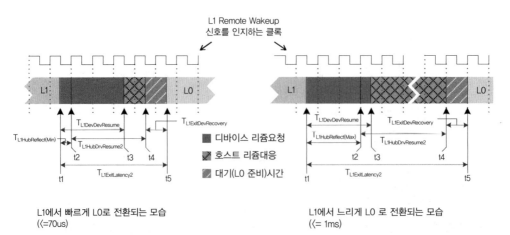

그림 6-7 디바이스 측에서 원격 깨우기 기능을 사용해서 L1 상태에서 L0 상태로 전환하는 모습

그림 6–7을 보면 L1 상태의 디바이스 측에서 원격 깨우기^{Remote Wakeup} 기능을 사용해서 버스 상태를 L0 상태로 전환하는 모습을 보여주고 있다. 이런 요청에 대해 빠르게 전환되는 모습과 느리게 전환되는 모습을 모두 보여주고 있다. 스펙에서는 이와 같은 상태 전환에 따른 시간상수를 다음과 같이 정의한다.

- TL1HubDrvResume1값은 최소 50us에서 최대 1200us– 이내로 정의된다.
- TL1DevDrvResume값은 최소 50us만 정의된다.
- TL1ExitDevRecovery값은 최소 10us만 정의된다.
- TL1ExitLatency1값은 최소 60us에서 최대 1210us– 이내로 정의된다.
- TL1ExitLatency2값은 최소 70us에서 최대 1000us– 이내로 정의된다.
- TL1HubDrvResume2값은 최소 60us에서 최대 990us 이내로 정의된다.
- TL1HubReflect값은 최대 48us만 정의된다.

6.2.1.3.3 허브가 지원하는 전용 명령

LPM 기능을 지원하는 허브는 다음과 같은 허브 전용 명령어를 지원할 수 있어야 한다.

▶ CLEAR_PORT_FEATURE/ SET_PORT_FEATURE

Feature Selector를 사용해서 기능을 활성화하거나 해제하는 명령어를 지원한다.

표 6–6 허브가 지원하는 Feature Selector

Feature Selector	대상(Recipient)	값(Value)
C_HUB_LOCAL_POWER	허브	0
C_HUB_OVER_CURRENT	허브	1
PORT_CONNECTION	포트	0
PORT_ENABLE	포트	1
PORT_SUSPEND(L2)	포트	2
PORT_OVER_CURRENT	포트	3
PORT_RESET	포트	4

Feature Selector	대상(Recipient)	값(Value)
PORT_POWER	포트	8
PORT_LOW_SPEED	포트	9
PORT_L1	포트	10
C_PORT_CONNECTION	포트	16
C_PORT_ENABLE	포트	17
C_PORT_SUSPEND	포트	18
C_PORT_OVER_CURRENT	포트	19
C_PORT_RESET	포트	20
PORT_TEST	포트	21
PORT_INDICATOR	포트	22
C_PORT_L1	포트	23

대부분 Feature Selector는 USB 2 허브에서 정의하고 있는 값이다. 이중에 LPM은 PORT_L1과 C_PORT_L1을 추가로 정의해서 사용한다. PORT_L1은 L1 상태로 전환시키는 호스트의 명령어에 사용된다. C_PORT_L1은 PORT_L1 상태가 변했는지 여부를 기록하는 Selector이다.

▸ GET_PORT_STATUS

포트의 상태를 확인하는 명령어를 지원한다.

표 6-7 허브가 지원하는 Port Status

비트	설명
0	Current Connect Status. 포트에 디바이스가 연결돼 있는지 여부 0 = 현재 포트에는 디바이스가 연결되지 않았다. 1 = 현재 포트에는 디바이스가 연결됐다.
1	Port Enabled/Disabled. 소프트웨어에 의해서 포트가 사용 가능/사용 불가능 여부 0 = 현재 포트가 사용 불가능 상태 1 = 현재 포트가 사용 가능 상태

비트	설명
2	Suspend. 0 = 현재 포트가 서스펜드되지 않았다. 1 = 현재 포트가 서스펜드됐다.
3	Over current. 0 = 현재 포트의 과잉전류신호가 발견되지 않았다. 1 = 현재 포트의 과잉전류신호가 발견됐다.
4	Reset. 0 = 현재 포트의 리셋신호가 발견되지 않았다. 1 = 현재 포트의 리셋신호가 발견됐다.
5	L1. 0 = 현재 디바이스와 연결된 버스 상태가 L1 상태가 아니다. 1 = 현재 디바이스와 연결된 버스 상태가 L1 상태이다.
6–7	사용 안 함
8	Port Power. 0 = 현재 포트가 Power Off 상태이다. 1 = 현재 포트가 Power Off 상태가 아니다.
9	Low Speed Device Attached 0 = Full Speed/High Speed 디바이스가 연결됐다. 1 = Low Speed 디바이스가 연결됐다.
10	High Speed Device Attached 0 = Full Speed 디바이스가 연결됐다. 1 = High Speed 디바이스가 연결됐다.
11	Port Test Mode. SetPortFeature/ClearPortFeature 명령어에 의해 포트 테스트 모드에 진입한 여부를 확인 0 = 포트 테스트 모드 상태가 아니다. 1 = 포트 테스트 모드 상태이다.
12	Port Indicator Control. 포트의 상태를 표시하는 불빛 표시 기능을 컨트롤 0 = 디폴트 색상을 사용한다. 1 = 소프트웨어가 컨트롤하는 색상을 사용한다.
13–15	사용하지 않는다.

표 6-7은 USB 2 허브가 지원하는 포트상태 값이다. 이중에 LPM은 비트 5를 추가 정의
해서 사용하고 있다.

표 6-8 허브가 지원하는 Port Change Status

비트	설명
0	Connect Status Change 0 = Current Connect Status가 변하지 않았다. 1 = Current Connect Status가 변했다.
1	Port Enabled/Disable Change. 포트가 Port_Error 조건에 의해서 사용 불가능할 때만 리셋된다.
2	Suspend Change 0 = Suspend 상태가 변하지 않았다. 1 = Suspend 상태가 변했다.
3	Over Current Indicator Change. 0 = 현재 포트의 Over Current 상태가 변하지 않았다. 1 = 현재 포트의 Over Current 상태가 변했다.
4	Reset Change. 포트의 리셋과정이 모두 끝났는지 여부 0 = 현재 포트의 리셋신호가 발견되지 않았다. 1 = 현재 포트의 리셋신호가 발견됐다. 이후 과정이 모두 끝났다.
5	L1 Change. L1상태였던 현재의 포트가 지금은 어떤 상태인지를 알린다 0 = 여전히 변하지 않았다. 1 = L1 상태를 빠져 나갔다(L0 상태가 됐다).
6-15	사용 안 함

표 6-8은 USB 2 허브가 지원하는 포트 상태가 변할 때 값이다. 이중에 LPM은 비트 5를 추가 정의해서 사용하고 있다. 표 6-7의 필드의 내용이 변했는지를 확인하는 용도로 사용되고 있다.

▶ SET_AND_TEST

표 6-9 SET_AND_TEST 명령어 포맷

bmRequestType	bRequet	wValue	wIndex	wLength	Data
10100011B	SET_ AND_ TEST	PORT_ L1 Feature Selector	비트 3..0 Port 7..4 HIRD 14..8 Device Address 15 Remote Wakeup Enable	1	00H ACK 10H NYET 11H 타임아웃

호스트 컨트롤러는 허브에게 표 6-9와 같은 컨트롤 명령을 전송해 LPM L1 상태로 버스의 상태를 전환시킨다.

6.3 USB 3 전원 관리

6.3.1 USB 3 전원 관리의 개요

USB 3은 USB 2보다 다음과 같은 특징을 통해서 효과적인 전원 관리가 이뤄지도록 수정됐다.

- 반복적인 폴링^{Polling}작업을 줄였다. 반복적인 폴링작업은 디바이스가 준비된 상태인지를 확인하는 대표적인 USB 버스의 특징이다. USB 3은 폴링작업을 하지 않아도 되도록 프로토콜을 수정했다. 폴링작업은 불필요한 전력낭비를 가져온다.
- 허브를 통해서 브로드캐스팅되는 패킷 수를 줄였다. ITP 패킷(U0 상태의 링크에게만 전송됨)을 제외하면 더 이상 호스트는 브로드캐스팅 형태의 패킷 전달방법을 사용하지 않는다. 이제 Route Address 정보를 사용해 호스트가 통신을 원하는 디바이스에게만 정확하게 패킷을 전송할 수 있게 됐다.
- 버스가 사용되고 있지 않을 때 디바이스와 호스트는 적극적으로 전력사용량을 줄일 수 있게 됐다.
- 호스트와 디바이스는 양쪽이 모두 전력사용량을 줄이는 요청을 할 수 있게 됐다. USB 2에서 이와 같은 요청은 호스트의 전유물이었다.
- 디바이스 수준과 펑션 수준 각각에서 서스펜드 요청을 할 수 있도록 정교한 전원 관리가 가능해졌다.

6.3.1.1 링크 전원 관리

USB 3은 링크 수준에서 전원을 관리하는 프로토콜을 정의하고 있다. 링크 상태는 Upstream Port와 Downstream Port 각각의 상태가 함께 정의한다. U0부터 U3까지 모두 4가지 상태를 정의하고 있다.

표 6-10 링크 상태

링크 상태	요약	설명
U0	링크 활성화	동작이 가능한 평상시 상태
U1	링크 Idle(빠른 나가기)	Rx, Tx 회로가 거부됨
U2	링크 Idle(느린 나가기)	클록발생회로가 거부됨
U3	링크 서스펜드	인터페이스 전력 제거됨

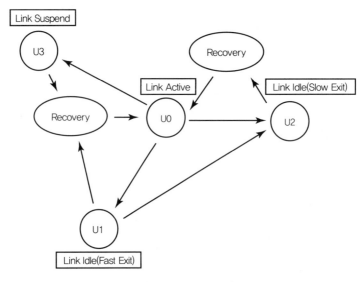

그림 6-8 U0, U1, U2, U3

그림 6-8에서 U0 상태는 링크가 정상적으로 Rx, Tx를 수행할 수 있는 상태를 의미한다. 모든 USB 3 SS 패킷이 송수신될 수 있다.

U1, U2 상태는 링크 Idle 상태로 U1 상태가 U2 상태보다는 전력사용이 높고 U1 상태는 U2 상태로 전환될 수 있다. 이런 작업은 미리 링크 파트너 양쪽에서 정의하고 있는 타임 아웃값에 따라서 자동으로 전환된다. 이런 경우를 제외한 모든 상황에서 U1, U2, U3 상태는 Recovery 상태를 거쳐서 U0 상태로만 전환될 수 있다. 물론 U0 상태는 U1, U2, U3 상태로 곧바로 전환될 수도 있다. Recovery 상태는 Retraining 과정을 통해서 링크의 상태를 U0 상태로 전환 할 수 있는지를 확인한다.

설명을 위해서 Recovery 상태는 생략한다. 특별한 설명을 하지 않더라도 U1, U2, U3 상태가 U0 상태로 전환하기 위해서는 LFPS 시그널을 거친 뒤에 반드시 Recovery 상태로 먼저 전환된 후에 U0 상태가 된다는 사실을 기억하길 바란다.

6.3.1.1.1 U0 – 링크 활성화 상태

완전한 동작이 가능한 링크 상태로 USB 패킷이 송수신될 수 있다.

6.3.1.1.2 U1 – 링크 Idle(빠른 나가기) 상태

링크 파트너는 각각 U0에서 U1 상태로의 전환을 거절하거나 수용할 수 있다. 전환 명령은 LGO_U1 링크 명령어에 의해서 요청된다. 거절할 때는 LXU, 수용할 때는 LAU 링크 명령어에 의해서 대응된다. U2 상태보다는 U0 상태로 빠져 나가는 시간이 빠르다.

다음과 같은 파라미터를 중요하게 다룬다.

- U1DevExitLat: 디바이스가 U1 상태에서 U0 상태로 전환하는 데 걸리는 시간 정보를 의미한다. 디바이스가 호스트에게 보고한다.
- PORT_U1_TIMEOUT: 링크의 Downstream Port가 사용하는 타임아웃 값으로써 PORT_U1_TIMEOUT 기능을 사용하는 경우 U0 상태의 링크는 내부적으로 타이머를 구동한다. 타이머 값은 U0 상태의 링크에서 어떤 패킷이라도 송수신이 발생하면 다시 리셋된다. 타이머 값이 PORT_U1_TIMEOUT 값이 되면 Downstream Port는 링크 파트너^{Upstream Port}에게 U1 상태로의 전환을 명령한다.

- U1_Enable: 링크의 Upstream Port가 호스트 측으로 U0 상태에서 U1 상태로 전환하는 요청을 발생시키는 기능 여부를 나타낸다.

표 6-11 U1 상태로 진입을 요청하는 파라미터값

PORT_U1_TIMEOUT	U1_Enable	전환 요청하는 포트
01H – FEH	금지됨	Downstream Port
FFH	허용됨	Upstream Port
01H – FEH	허용됨	DP 또는 UP
0H 또는 FFH	금지됨	사용할 수 없다.

표 6-11을 보면 PORT_U1_TIMEOUT 값이 사용되면서 U1_Enable 기능이 허용되면 링크 양쪽 파트너는 어느 쪽이든 U0 상태의 링크를 U1 상태로 전환하는 요청을 먼저 할 수 있다는 것을 알 수 있다. PORT_U1_TIMEOUT 값이 사용되면서 U1_Enable 기능이 금지되면, U0 상태의 링크를 U1 상태로 전환하는 요청은 호스트(허브, DP)에서만 하게 된다.

U1 상태는 U0 상태로 전환하거나 U2 상태로 전환될 수 있다. U1 상태는 LFPS^{Low Frequency Periodic Signal}에 의해서 U0 상태로 전환된다(4장 참고). 예를 들어, 링크 상태가 U1 상태에 있을 때, 디바이스가 호스트로 엔드포인트의 준비 상태를 알리기 위해서 ERDY 패킷을 보내고자 한다면, 먼저 링크의 상태가 U0 상태로 전환돼야 한다. 이런 경우 LFPS 시그널을 사용해서 U0 상태로의 전환을 요청하게 된다.

U1 상태는 특별한 조건에 의해서 U2 상태로 전환될 수 있다. 더 깊은 잠들기 상태로 전환되는 것을 의미한다.

이런 조건은 PORT_U2_TIMEOUT 값을 링크 파트너 양쪽이 서로 기억하고 있어야 한다. U1 상태에 진입한 상태부터 링크 파트너 양쪽은 특별한 타이머를 사용해야 한다. 이 타이머는 U1 상태에 얼마나 체류하고 있는지를 나타낸다. 이 값이 PORT_U2_ TIMEOUT 값이 되면 링크 파트너 양쪽은 별도의 패킷 교환작업 없이 U2 상태로 전환

한다. 왜냐하면 이미 U1 상태에서는 별도의 패킷을 송수신할 방법이 없기 때문이다.

6.3.1.1.3 U2 – 링크 Idle(느린 나가기) 상태

링크 파트너는 각각 U0에서 U2 상태로의 전환을 거절하거나 수용할 수 있다. 전환 명령은 LGO_U2 링크 명령어에 의해서 요청된다. 거절할 때는 LXU, 수용할 때는 LAU 링크 명령어에 의해서 대응된다. U1 상태보다는 U0 상태로 빠져 나가는 시간이 느리다.

다음과 같은 파라미터를 중요하게 다룬다.

- U2DevExitLat: 디바이스가 U2 상태에서 U0 상태로 전환하는 데 걸리는 시간 정보를 의미한다. 디바이스가 호스트에게 보고한다.
- PORT_U2_TIMEOUT: 링크의 Downstream Port가 사용하는 타임아웃값으로 PORT_U2_TIMEOUT 기능을 사용하는 경우 U0 상태의 링크는 내부적으로 타이머를 구동한다. 타이머 값은 U0 상태의 링크에서 어떤 패킷이라도 송수신이 발생하면 다시 리셋된다. PORT_U1_TIMEOUT 타이머 값이 사용되지 않고, PORT_U2_TIMEOUT 타이머 값을 사용하는 경우 내부 타이머 값이 PORT_U2_TIMEOUT가 되면 Downstream Port는 링크 파트너^{Upstream Port}에게 U2 상태로의 전환을 명령한다. 또한 U1 상태에서 U2 상태로 전환하는 경우에는 링크 파트너 각각의 내부 타이머의 의해 조건이 만족되면 자동으로 U2 상태로 전환된다.
- U2_Enable: 링크의 Upstream Port가 호스트 측으로 U0 상태에서 U2 상태로 전환하는 요청을 발생시키는 기능 여부를 나타낸다.

표 6-12 U2 상태로 진입을 요청하는 파라미터값

PORT_U2_TIMEOUT	U2_Enable	전환 요청하는 포트
01H – FEH	금지됨	Downstream Port
FFH	허용됨	Upstream Port
01H – FEH	허용됨	DP 또는 UP

PORT_U2_TIMEOUT	U2_Enable	전환 요청하는 포트
0H 또는 FFH	금지됨	사용할 수 없다.

표 6-12를 보면 PORT_U2_TIMEOUT값이 사용되면서 U2_Enable 기능이 허용되면 링크 양쪽 파트너는 어느 쪽이든 U0 상태의 링크를 U2 상태로 전환하는 요청을 먼저 할 수 있다는 것을 알 수 있다. PORT_U2_TIMEOUT값이 사용되면서 U2_Enable 기능이 금지되면 U0 상태의 링크를 U2 상태로 전환하는 요청은 호스트(허브, DP)에서만 하게 된다.

U1 상태는 U2 상태로 자동으로 전환될 수 있다.

링크의 상태가 U1 상태로 진입하면 링크 파트너 내부의 U2 타이머가 동작을 시작한다. 이 타이머의 값이 PORT_U2_TIMEOUT 값과 같아지면, 링크는 자동으로 U1 상태에서 U2 상태로 전환된다.

U2 상태는 LFPS^{Low Frequency Periodic Signal}에 의해서 U0 상태로 전환된다(4장 참고).

6.3.1.1.4 U3 – 링크 서스펜드 상태

U3 상태는 서스펜드 상태라고 부른다. 가장 깊은 전력소비량이 적은 상태로 이 상태에 들어간 링크는 다음과 같은 일을 위해서만 전력을 사용할 수 있다.

- Upstream 포트는 Warm 리셋 시그널이 언제든지 들어오면 감지할 수 있어야 한다.
- Upstream 포트는 호스트에서 요청하는 Wakeup 시그널(LFPS)을 감지할 수 있어야 한다.
- Upstream 포트는 원할 때 Remote Wakeup 시그널을 발생시킬 수 있어야 한다. (기능을 가진 경우)
- Downstream 포트는 필요할 때 Warm 리셋 시그널을 만들 수 있어야 한다.
- Downstream 포트는 디바이스가 제거되는 시그널을 감지할 수 있어야 한다.

- Downstream 포트는 디바이스에서 요청하는 Remote Wakeup 시그널을 감지할 수 있어야 한다.
- Downstream 포트는 필요할 때 디바이스로 Wakeup 시그널(LFPS)을 전송할 수 있어야 한다.

U3 상태라 하더라도 VBUS는 활성화 상태로 유지돼야 한다. 다만 전력 소비량을 최소화해야 한다.

U0 상태에서 U3 상태로 전환하는 작업은 호스트 측의 소프트웨어에 의해서만 가능하다. 호스트 소프트웨어는 허브에게 전용 명령어를 전송한다. 허브는 링크 파트너에게 LGO_U3 링크 명령어를 발생시킨다. 디바이스 측의 Upstream 포트는 이와 같은 LGO_U3 명령어를 거절할 수 없다.

U3 상태에서 U0 상태로 전환하는 작업은 크게 두 가지의 경우로 나뉜다.

호스트는 U3 상태의 링크를 U0 상태로 전환하기 위해서 소프트웨어를 사용해서 허브에게 전용 명령어(SetPortFeature)를 전송한다. 이 명령어를 받으면 허브는 링크 파트너 측으로 LFPS 시그널을 사용해서 U0 상태로 전환한다. 디바이스는 U3 상태의 링크를 U0 상태로 전환하기 위해서 LFPS 시그널을 전송한 뒤, Function Wake Device Notification 패킷(USB 3의 원격 깨우기 기능으로 사용됨)을 호스트로 전송한다.

6.3.1.1.5 링크 파워관리에 있어서 허브의 역할

허브는 링크 파워관리와 관련해서 다음과 같은 3가지 주요한 역할을 수행해야 한다.

첫째, 허브는 포트의 링크 파트너^{Upstream Port}의 상태를 감시하고 있어야 한다.

허브는 디바이스로부터 U1, U2, U3 상태를 U0 상태로 전환하고자 한다는 요청(Upstream 포트로부터)을 받으면 이를 자동으로 처리하면서 동시에 허브의 Downstream 포트 역시 U0 상태로 전환해야 한다.

그리고 U0 상태가 아닌 링크 측으로 전송해야 하는 패킷이 호스트로부터 도착하면 패킷이 향해야 하는 Downstream 포트를 선택하고 링크의 상태를 U0 상태로 전환하도록 디바이스 측에 요청한다.

둘째, 허브는 U0 상태가 아닌 링크 측으로 패킷을 전송해야 하는 경우 지연관리[Deferring] 메커니즘을 사용해야 한다.

허브는 U0 상태가 아닌 링크로 전달해야 하는 패킷을 호스트로부터 받으면, 이런 흐름을 막지 않고 자연스럽게 링크의 상태를 U0 상태로 전환함과 동시에 호스트가 다음 작업을 진행할 수 있도록 유도하는 지연관리 메커니즘을 사용한다. 자세한 내용은 7장에서 살펴본다.

셋째, 허브는 Downstream 포트의 Inactivity Timer(U1, U2)를 관리해야 한다.

호스트의 소프트웨어는 다음 5가지 인터페이스를 사용해 허브의 전원 관리기능을 조절한다.

1) PORT_LINK_STATE Feature: 대표적으로 Ux 상태 간의 전환을 요청하는 기능이다. 보통 U0 → U3, U3 → U0으로 직접 전환하는 데 사용된다. U1, U2에 대한 전환은 타임아웃에 의해서 수행된다.

2) PORT_REMOTE_WAKE_MASK Feature: 링크에 연결된 파트너 측으로부터 요청되는 원격 깨우기 기능을 금지하는 기능을 가지고 있다.

3) C_PORT_LINK_STATE Port Change: 링크의 상태가 U3 상태에서 U0 상태로 전환됐는지를 확인하는 용도로 사용되는 기능을 제공한다.

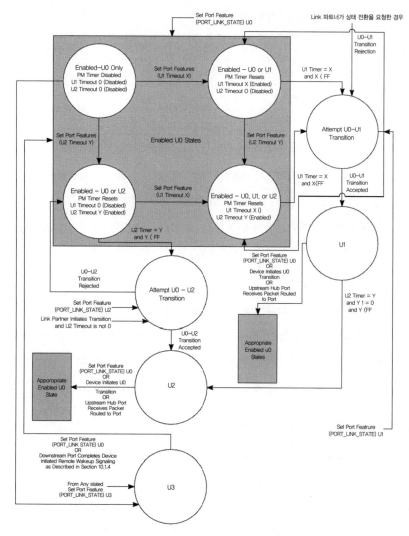

그림 6-9 허브 입장에서 PORT_U1_TIMEOUT vs PORT_U2_TIMEOUT과 상태 전환(출처: usb.org)

4) 허브 입장에서 PORT_U1_TIMEOUT Feature : 링크의 상태를 U1 상태로 전환하는 요청을 허브가 링크 파트너에게 할 것인지 아닌지를 결정한다. 이런 상태 전환이 가능한 경우에는 내부 타이머에 의해서 전환작업이 진행된다. 금지된 경우에는 조건에 따라 링크 파트너에 의해서만 전환 요청이 발생될 수 있거나 전혀 상태 전환이 불가능한 경우가 있다.

표 6-13 PORT_U1_TIMEOUT 기능과 U1 상태 전환 특성

PORT_U1_TIMEOUT	U1 전환 특성	전환 요청
00H	요청, 수용 모두 금지됨	상관없다.
01H – FEH	허용됨	지정된 타임아웃을 사용
FFH	수용만 허용됨	상관없다.

PORT_U1_TIMEOUT값이 00H인 경우 해당하는 링크는 U1 상태로 전환될 수 없다. PORT_U1_TIMEOUT 값이 FFH인 경우 해당하는 링크는 링크 파트너가 요구하는 경우에만 U1 상태로 전환될 수 있다. 나머지의 경우는 타임아웃이 발생하면 U1 상태로 전환 요청을 할 수 있다.

5) 허브 입장에서 PORT_U2_TIMEOUT Feature: 링크의 상태를 U2 상태로 전환하는 요청을 허브가 링크 파트너에게 할 것인지 아닌지를 결정한다.

이런 상태 전환이 가능한 경우에는 내부 타이머에 의해서 전환작업이 진행된다. 이런 상태 전환이 금지된 경우에는 조건에 따라 링크 파트너에 의해서만 전환 요청이 발생될 수 있거나 전혀 상태 전환이 불가능한 경우가 있다.

표 6-14 PORT_U2_TIMEOUT 기능과 U2 상태 전환 특성

PORT_U2_TIMEOUT	U2 전환 특성	전환 요청
00H	요청, 수용 모두 금지됨	상관없다
01H – FEH	허용됨	지정된 타임아웃을 사용
FFH	수용만 허용됨	상관없다

PORT_U2_TIMEOUT 값이 00H인 경우 해당하는 링크는 U2 상태로 전환될 수 없다. PORT_U2_TIMEOUT 값이 FFH인 경우 해당하는 링크는 링크 파트너가 요구하는 경우에만 U0 상태에서 U2 상태로 전환될 수 있다. 이때 U1 상태에서 U2 상태로 전환하는 작업은 불가능하다.

나머지의 경우는 타임아웃이 발생하면 U2 상태로 전환 요청을 할 수 있다.

6.3.1.2 디바이스 전원 관리

USB 3에서 전원 관리는 링크 전원 관리와 디바이스 전원 관리Device Power Management로 구분된다. 하지만 디바이스 전원 관리는 링크 전원 관리의 U0 상태와 U3 (서스펜드)상태에서 논의되는 모든 기술적인 내용을 공유한다.

디바이스 전원 관리 디바이스 전원 관리는 이를 지원할 수 있는 하드웨어 메커니즘과 소프트웨어의 적당한 제어 아래에서 관리된다.

6.3.1.2.1 Function Suspend

하나의 디바이스에 복수 개의 펑션Function을 가지고 있는 복합장치Composite Device의 경우 각각의 펑션이 서스펜드 상태에 들어가는 상황을 소개하고 있다.

USB 3에서는 펑션 수준의 서스펜드를 지원한다. 복합장치내의 복수 개의 펑션중에 어느 한 가지만 서스펜드 상태로 진입한다면 당연히 디바이스의 Upstream 포트는 여전히 U0 상태를 유지해야 한다. 다른 펑션들이 아직도 활성화 중인 상태이기 때문이다.

하지만 메커니즘적으로 볼 때 특정 펑션이 서스펜드 상태에 진입한 것은 인정하기 때문에 이와 같이 서스펜드 상태에 들어가 있는 펑션이 리즘요청Function Remote Wakeup을 보낼 수 있는 TPFunction Wake Device Notification를 정의하고 있다.

펑션이 서스펜드에 진입하기 위해서 FUNCTION_SUSPEND Feature를 사용한다. 이것은 펑션 원격 깨우기 기능을 활성화하는 용도로도 사용된다.

6.3.1.2.2 Device Suspend

디바이스 서스펜드는 링크 상태가 U3 상태로 전환되는 것을 의미한다. 개별적인 펑션들의 서스펜드 상태와 상관없이 디바이스는 원할 때 디바이스 서스펜드 상태로 전환될 수 있다.

6.3.1.2.3 호스트에서 요청하는 Suspend

호스트는 디바이스를 다음과 같은 순서로 서스펜드 상태로 전환시킬 수 있다.

1) 필요하다면 디바이스가 원격 깨우기 기능을 사용할 수 있도록 활성화시킨다.

2) 호스트로부터 허브 전용(SetPortFeature, PORT_LINK_STATE, U3) 명령어가 허브의 Downstream 포트로 전달된다.

3) 허브의 Downstream 포트는 LGO_U3 링크 명령어를 링크 파트너에게 전송한다.

4) 링크 파트너(디바이스)는 U3 상태로 전환을 허용한다는 의미로 LAU 링크 명령어를 허브에게 응답으로 전송한다.

5) 허브의 Downstream 포트는 디바이스로 U3 상태로 전환한다는 신호로 LPMA 링크 명령어를 보낸다.

6) 링크 파트너 양쪽은 그들의 Transceiver와 Receiver를 정기적으로 Idle 상태로 전환시키고 U3 상태로 전환한다.

7) 하나의 허브가 가진 모든 Downstream 포트의 링크(연결된 모든 디바이스의 상태가 서스펜드됨)가 서스펜드된다면, 허브의 Upstream 포트는 자신의 링크를 서스펜드 상태로 전환시킨다.

6.3.1.2.4 호스트에서 요청하는 Wakeup 신호

호스트가 서스펜드된 링크의 상태를 U0 상태로 전환하려면 허브 전용 명령어를 사용해서 서스펜드된 포트 측으로 PORT_LINK_STATE(U0) 명령을 전송한다. 허브의 포트는 자신의 상태를 U0 상태로 전환한 뒤, 허브에게 C_PORT_LINK_STATE Port Status Change 사실을 인터럽트 파이프를 통해서 알린다. 허브가 가지고 있는 다른 서스펜드된 모든 포트의 상태를 U0 상태로 전환하는 경우가 아니라면 호스트가 요청하던 Wakeup 작업을 마친다.

6.3.1.2.5 디바이스에서 요청하는 Wakeup 신호

서스펜드(U3)된 디바이스가 요청하는 Wakeup 신호를 원격 깨우기[Remote Wakeup] 신호라고 부른다(U1, U2 상태에서는 원격 깨우기 신호를 사용하지 않는다). 이 신호는 다음과 같은 순서대로 처리된다.

1) 디바이스는 링크 파트너에게 LFPS Wakeup 시그널을 발생시킨다.

2) 원격 깨우기 신호는 루트 허브에게까지 전달돼야 하기 때문에 링크 파트너(허브)는 자신이 받은 LFPS Wakeup 시그널을 재귀적인 방법으로 루트 허브에게까지 전달한다. 루트 허브는 디바이스로부터 받은 LPFS 신호를 그대로 다시 처음 디바이스로부터 LFPS 신호를 받았던 외장 허브의 Downstream Port에게 내려보낸다. 호스트에서 디바이스까지의 모든 링크 상태가 U0 상태로 전환된다.

3) 링크 상태가 U0 상태로 전환되면 디바이스내의 펑션은 Function Wake Device Notification TP 패킷을 호스트로 전송 요청한다.

6.3.1.3 플랫폼 전원 관리

LTM^Latency Tolerance Message 기능은 플랫폼이 별도의 추가 비용없이 전력소비량과 성능요구량 간의 적절한 저울질을 할 수 있도록 허용하는 기능이다. 전력소비량을 올리면 당연히 성능이 가장 좋아지는 것이 일반적이다. 하지만 어느 정도 성능을 포기한다면 상당한 양의 전력소비량을 줄일 수 있는 상황이 발생할 수 있다. 이와 같은 상황을 효과적으로 관리할 수 있도록 지원하는 방법이 LTM 기능이다.

LTM 메시지는 TP 프로토콜 형식을 사용해서 디바이스가 호스트로 전송한다. Latency Tolerance라는 단어를 우리식으로 풀어서 설명한다면 어떻게 표현할 수 있을까?

"지연을 참는 정도?", "지연을 얼마나 참을 수 있을까?" 이런 식으로 설명할 수 있는데 용어의 뜻이 이해된다면 영문 그대로 사용하려고 한다.

이때 LTM 메시지에 포함하는 파라미터 값을 BELT^Best Effort Latency Tolerance라고 부른다. BELT는 말 그대로 가장 효과가 좋은 Latency Tolerance을 의미한다. 효과가 좋다는 것은 디바이스 입장에서 가장 효과가 좋은 값으로 이 값(BELT)을 선택했다는 뜻이다.

BELT 값은 상황에 따라서 자주 바뀌기 때문에 호스트는 디바이스로부터 전달되는 BELT

값을 항상 감시하고 있어야 한다. BELT 값의 디폴트는 1ms 시간을 사용한다.

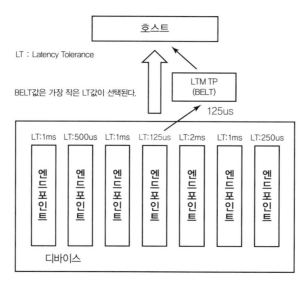

그림 6-10 BELT와 디바이스

그림 6-10을 보면 LTM 기능을 지원하는 디바이스 내의 7개의 엔드포인트들이 각각의 자신의 형편에 맞는 LT^Latency Tolerance 값을 제공하고 있다. 디바이스는 이중에서 가장 작은 값(125us)을 선택했다. 이 값은 호스트에 LTM(BELT) 패킷의 형태로 전달되고 있다.

가장 작은 값이 BELT가 되는 이유는 간단하다.

LT 값이란 디바이스가 호스트로 특정 응답을 바라는 패킷을 송신하는 경우 이에 관한 응답패킷이 호스트로부터 지정된 LT 시간 안에만 디바이스로 전달되면 동작에는 큰 문제가 없다. LT는 디바이스가 인정하는 호스트의 최대 지연 시간이 된다.

그렇다면 그림 6-10에서 가장 큰 값(2ms LT)을 사용하는 엔드포인트 입장에서는 호스트가 반응을 최대한 2ms 내에만 해주면 동작에는 문제가 없다는 뜻을 알린 셈이 된다.

반면 가장 작은 값(125us)을 사용하는 엔드포인트 입장에서는 호스트가 반응을 최대한 125us 이내에만 해주면 동작에는 문제가 없다는 뜻을 알린 셈이 되므로 이중에서 작은 값이 채택돼야 두 가지 엔드포인트 모두에 있어서 문제가 되지 않는다.

호스트는 BELT값을 사용해서 현재 디바이스가 얼만큼의 시간 동안 별다른 반응이 없어도 무관한지를 확인해, 필요하다면 현재의 링크 상태를 U1 또는 U2 상태로 전환할 수 있다. 이것은 적극적인 링크에 대한 전원 관리 방법이라고 볼 수 있다.

6.3.1.3.1 System Exit Latency와 BELT

디바이스가 BELT값을 통해서 적극적인 전원 관리를 돕는다. 호스트는 System Exit Latency값을 디바이스로 전송해 적당한 BELT값이 계산될 수 있도록 돕는다.

System Exit Latency란 U1SEL과 U2SEL을 의미한다. 이 값은 컨트롤 전송 명령(SET_SEL)을 통해서 호스트에서 디바이스로 전달된다.

표 6-15 SET_SEL 명령어와 U1SEL, U2SEL, U1PEL, U2PEL

bmRequestType	bRequest	wValue	wIndex	wLength	Data
00000000B	SET_SEL	0	0	6	아래를 참조

오프셋	이름	의미
0	U1SEL	U1 System Exit Latency Time(us)
1	U1PEL	U1 Device to Host Exit Latency Time(us)
2	U2SEL	U2 System Exit Latency Time(us)
4	U2PEL	U2 Device to Host Exit Latency Time(us)

표 6-15를 보자. U1PEL과 U2PEL 값은 각각 U1, U2 상태의 디바이스가 U0 상태로 전환하고자 하는 요청을 하는 경우 U0 상태로 링크가 전환되는 데 소요되는 시간을 의미한다.

사실 링크의 상태가 U0 상태로 전환되는 것도 중요하지만, U0 상태로 전환된 뒤에 디바이스와 호스트가 통신을 재개할 수 있어야 하는 것도 중요하다. 이처럼 링크가 U0 상태가 된 뒤, 디바이스와 호스트가 정상적인 통신을 재개할 수 있는 데까지 소요되는 시간을 U1SEL, U2SEL 값이라고 부른다.

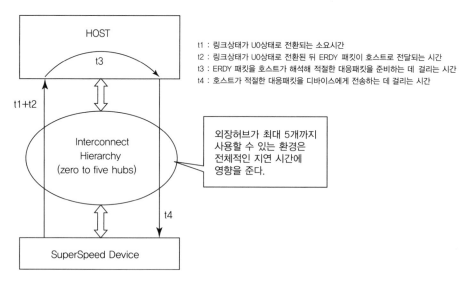

그림 6-11 링크가 U0 상태로 전환되고 디바이스가 호스트로부터 응답패킷을 받는 그림

그림 6-11을 보자. U1PEL과 U2PEL이 다루는 시간은 t1 시간을 의미한다. U1SEL과 U2SEL이 다루는 시간은 t1 + t2 + t4 시간을 의미한다. 이와 같은 상황은 링크의 상태가 U1, U2 상태에 있는 상황에서 디바이스가 호스트와 통신을 재개할 필요가 있을 때 고려 해야 하는 시간 정보를 보여주고 있다.

호스트는 SET_SEL 컨트롤 전송 명령을 사용해 이와 같은 시간 정보를 디바이스에게 전 달하고, 디바이스는 이 값을 사용해서 적당한 BELT 값을 만드는 데 사용해야 한다.

BELT = 엔드포인트가 실제로 기다릴 수 있는 LT - U1SEL(U2SEL)이라는 간단한 공식 을 사용할 수 있다(사실은 더 복잡하지만 여기서는 간단하게 사용한다).

이 공식의 의미대로라면 디바이스가 최적의 호스트 반응 지연 시간(BELT) 값을 계산할 때 반드시 디바이스(엔드포인트)가 실제로 기다릴 수 있는 LT 값에서 U1SEL 혹은 U2SEL 값 을 빼야 한다는 것이다. 그렇지 않으면 호스트가 가진 지연 시간을 충분히 고려하지 못 해 실제로 디바이스가 요구하는 BELT 값보다 더 긴 시간의 지연이 발생할 수 있으며 이 런 경우 디바이스는 오동작을 일으키는 상황이 될 수 있다. 호스트가 예상하는 BELT 값 의 의미는 이와 같이 엔드포인트가 실제로 기다릴 수 있는 LT값을 의미하는 것이 아니라 이 값에서 시스템이 링크 상태 U1, U2에서 U0으로 전환하는 데 소요하는 지연 시간 (System Exit Latency)을 뺀 값을 기대한다는 것을 유념해야 한다.

6.3.1.3.2 Maximum Exit Latency와 PING

등시성 전송을 사용하는 경우 정확한 시간에 맞춰서 전송을 해야 하기 때문에 특히 버스의 전원공급 상태는 더 중요하게 다뤄야 한다. 그렇다고 항상 링크 상태를 U0 상태로 유지하는 것은 전력낭비가 크다. 따라서 적당한 시간동안 U1, U2 상태로 링크 상태를 전환하는 것이 필요하다.

등시성 전송을 사용하는 링크의 상태가 U1, U2 상태로 들어가지 않고 일정 시간 U0 상태를 유지할 수 있도록 사용하는 것이 PING, PING_RESPONSE 프로토콜이다.

호스트가 PING 패킷을 디바이스로 전송하면 디바이스는 지정된 시간안에 PING_RESPONSE 패킷을 호스트로 응답해야 한다. 이후 지정된 시간 혹은 호스트가 최초로 전송하는 패킷이 발생될 때까지 링크 상태는 U0 상태를 유지하게 된다.

호스트가 PING 패킷을 디바이스로 전송한 뒤 디바이스로부터 PING_RESPONSE 패킷이 호스트로 전송되는 데까지 걸리는 지연 시간을 Maximum Exit Latency라고 부른다.

호스트가 PING 패킷을 디바이스로 전송할 당시 링크의 상태가 U1, U2 상태였다면 링크의 상태가 우선 U0 상태로 전환된다. 이후에 디바이스가 PING 패킷을 해석하게 된다.

따라서 Maximum Exit Latency 값은 이와 같이 링크의 상태가 U1, U2 상태에 있는 저전력링크 상태를 사용하는 디바이스 측으로 PING 패킷을 보낸 뒤, 디바이스로부터 응답 패킷 PING_RESPONSE을 받을 때까지 소요될 것으로 예상되는 최대 지연 시간이 된다.

Maximum Exit Latency 값을 크게 4가지 상태 값으로 나눠 설명한다.

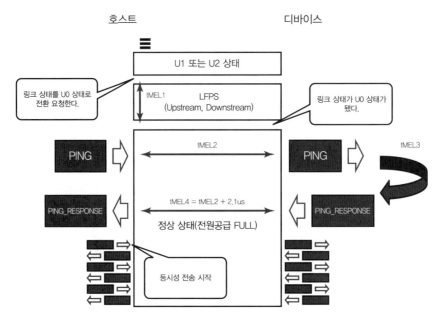

그림 6-12 PING과 PING_RESPONSE 사이의 시간지연

- Maximum Exit Latency t1(tMEL1): tMEL1은 U1, U2 상태의 링크를 U0 상태로 전환하는 데 걸리는 시간을 의미한다.

- Maximum Exit Latency t2(tMEL2): tMEL2는 호스트와 디바이스 간의 연결된 외장 허브의 모든 경로를 포함해서 PING 패킷이 디바이스로 전송되는 데 걸리는 시간을 의미한다.

- Maximum Exit Latency t3(tMEL3): tMEL3은 PING 패킷을 수신한 디바이스가 이것을 처리해서 PING_RESPONSE 응답패킷을 만들어내는 데 걸리는 시간을 의미한다.

- Maximum Exit Latency t4(tMEL4): tMEL4는 디바이스가 호스트로 PING_RESPONSE 패킷을 올려보내는 데 걸리는 시간을 의미한다. 이 시간은 tMEL2와 비슷한 경로를 사용하지만 조금 더 걸릴 수 있는 상황을 예상할 수 있다. 디바이스에서 호스트로 전송하는 모든 패킷들은 허브의 Upstream Port를 공유하기 때문에 상황에 따라서 혼잡한 트래픽이 발생될 수 있다. 때문에 올라가는 패킷들은 나름대로 우선순위를 부여하고 있다. DP와 TP가 함께 발생되는 경우에

는 항상 DP가 먼저 올라간다. 이런 상황으로 인해 TP 형태로 사용되는 PING_RESPONSE 패킷은 잠시 전송이 지연될 수 있다.

6.3.2 U1, U2 Exit Latency 시간 계산

U1, U2 상태의 링크를 U0 상태로 전환하는 데 걸리는 시간을 계산할 때 디바이스(허브)의 반응시간 정보를 사용할 수 있다. 실제 U1 상태의 링크를 U0 상태로 전환한 뒤 링크상의 유효한 패킷을 송수신할 수 있어야 하지만(System Exit Latency), 여기서는 이 부분을 생각하지 않고 순수하게 호스트 지연 시간을 제외하고 디바이스와 관련된 상태 전환하는 시간을 추정해보도록 하자.

호스트 시스템 설계자는 이와 같은 계산방법을 통해서 대략 어느 정도 시간이 소요돼야 링크 U1, U2 상태가 U0 상태로 전환될 수 있는지를 계산해야 한다.

허브와 디바이스는 각각 U1DEL, U2DEL값을 제공한다. 이 값은 Binary Device Object Store(BOS) 디스크립터 내의 SuperSpeed Device Capability 디스크립터를 통해서 호스트에 제공한다.

표 6-16 SuperSpeed Device Capability Descriptor

오프셋	필드	크기 바이트	값	설명
0	bLength	1	숫자	디스크립터 크기
1	bDescriptorType	1	상수	DEVICE_CAPABILITY
2	bDevCapabilityType	1	상수	SUPERSPEED_USB
3	bmAttributes	1	비트맵	**비트** **설명** 1 LTM 기능을 사용함 나머지 사용 안 함
4	wSpeedsSupported	2	비트맵	**비트** **설명** 0 LowSpeed 속도 1 FullSpeed 속도 2 HighSpeed 속도 3 SuperSpeed(Gen1) 나머지 사용 안 함

오프셋	필드	크기 바이트	값	설명
6	bFunctionalitySupport	1	숫자	사용자에게 모든 기능이 허용되는 가장 낮은 속도를 지정함. 보통 wSpeedsSupported값을 그대로 사용함
7	**bU1DevExitLat**	1	숫자	U1 Device Exit Latency. 디바이스가 링크 U1 상태를 U0 상태로 전환하는 데 소요될 것으로 추정되는 가장 긴 시간 **값** **의미** 00H 0 01H 1us 이하 02H 2us 이하 03H 3us 이하 04H 4us 이하 …. 0AH 10us 이하 0BH–FFH 사용 안 함
8	**bU2DevExitLat**	2	숫자	U2 Device Exit Latency. 디바이스가 링크 U2 상태를 U0 상태로 전환하는 데 소요될 것으로 추정되는 가장 긴 시간 **값** **의미** 0000H 0 0001H 1us 이하 0002H 2us 이하 0003H 3us 이하 0004H 4us 이하 …. 07FFH 2047us 이하 0800H–FFFFH 사용 안 함

표 6-16을 보면 bU1DevExitLat 값과 bU2DevExitLat 값을 제공하고 있다. 이 값이 U1DEL, U2DEL로 사용된다.

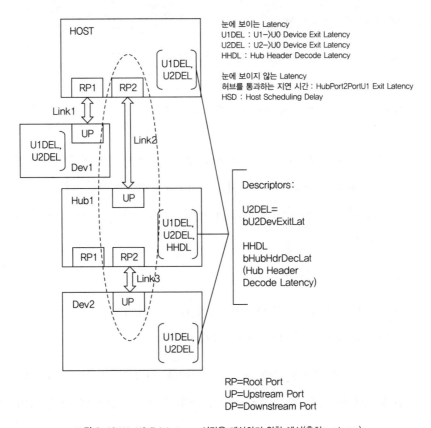

그림 6-13 U1, U2 Exit Latency 시간을 계산하기 위한 예시(출처: usb.org)

그림 6-13을 잠시 살펴보자. 호스트는 2개의 허브 포트(RP1, RP2)를 가지고 있다. 이중에 RP2 포트는 Hub1과 연결돼 링크2(Link2)를 구성하고 있다. Hub1은 2개의 허브 포트(DP1, DP2)를 가지고 있다. Hub1의 DP2 포트는 Dev2와 링크3(Link3)을 구성하고 있다. 결국 Dev2와 호스트 사이에 Hub1이 존재하는 상황이다. 현재 Link2, Link3는 모두 U1(또는 U2) 상태에 있다고 가정한다.

6.3.2.1 호스트가 Link2, Link3을 U0으로 전환을 요청하는 시간 계산

호스트가 Dev2에게 패킷을 전송하기 위해서는 Link2와 Link3을 모두 U0 상태로 전환해야 한다.

다음과 같은 세부시간으로 나눈다.

- Link2를 U1 → U0로 전환하는 데 소요되는 시간: MAX(RP2's U1DEL, Hub1's U1DEL)

- HSD, Host Scheduling Delay: 호스트가 패킷을 준비해서 전송 요청하는 데 소요되는 시간

- HHDL, Hub Hdr Decode Latency: 호스트로부터 전달받은 패킷의 Route String을 해석해 DP2 포트로 패킷을 보내도록 준비하는 지연 시간

- Link3을 U1 → U0으로 전환하는 데 소요되는 시간: MAX(Hub1's U1DEL, Dev2's U1DEL)

결국 전체 지연 시간은 다음과 같다.

MAX(RP2's U1DEL, Hub1's U1DEL) + HSD + HHDL +

MAX(Hub1's U1DEL, Dev2's U1DEL)

MAX(A, B)는 둘 중에 가장 큰 값을 취한다는 뜻이다. 여기서는 두 개의 U1DEL 값 중에서 큰 값을 선택하는 용도로 사용되고 있다. 가장 큰 지연 시간이 선택되는 것이 당연하다.

6.3.2.2 디바이스(Dev2)가 Link3, Link2를 U0으로 전환을 요청하는 시간 계산

디바이스가 호스트에게 패킷을 전송하기 위해서는 Link3와 Link2를 모두 U0 상태로 전환해야 한다. 동시에 복수 작업이 진행될 수 있기 때문에 시간 계산에 주의해야 한다.

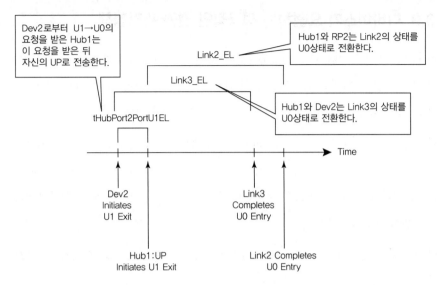

그림 6-14 디바이스(Dev2)가 Link3, Link2를 U0로 전환하는 시간(출처: usb.org)

그림 6-14를 보면 동시에 두 가지 이상의 작업이 가능하다는 것을 알 수 있다.

Hub1은 Dev2로부터 U0 상태로의 전환 명령(LFPS)을 받으면 Hub1의 UP으로 전송한다. 이때 지연 시간은 HubPort2PortU1EL로 표기한다. HubPort2PortU1EL 시간이 지나면 곧바로 Hub1의 UP와 RP2와의 Link3의 상태가 U0 상태로 전환하는 요청을 시작한다. 디바이스에서 호스트로 전달하는 패킷은 Route String을 사용하지 않기 때문에 주소해석과 관련된 별도의 추가 시간은 필요하지 않다.

Link3의 상태가 U0 상태로 전환되기 이전에 먼저 Link2의 상태가 U0 상태로 전환될 것이다.

결국 Link3, Link2의 상태가 U0 상태로 전환되는 시간은 다음과 같이 계산된다.

> MAX(tHubPort2PortU1EL, MAX(RP2's U1DEL, Hub1's U1DEL),
> MAX(Hub1's U1DEL, Dev2's U1DEL))

3가지의 시간 중에서 가장 긴 시간이 최종적인 지연 시간으로 계산된다.

6.3.3 디바이스가 요청하는 적극적인 전원 관리정책

전원 관리정책이 잘 적용되는 노트북은 그렇지 않은 노트북에 비해 평균 15% 이상 배터리의 수명이 길다. 따라서 적극적인 전원 관리정책이 필요하다. 링크의 Downstream 포트와 Upstream 포트는 각각 U0 상태에서 U1, U2 상태로 전환 요청을 할 수 있다.

Downstream 포트는 Inactivity Timer를 사용해서 U1, U2 상태로 전환 요청을 할 수 있다. 타임아웃 값은 소프트웨어에 의해서 지정된다. Upstream 포트는 U2 상태로의 전환을 위해서 Inactivity Timer를 사용한다. 또한 추가적인 정보를 사용해서 적극적으로 상태 전환을 요청할 수 있다.

이번 절에서는 디바이스가 U0 상태의 링크를 U1, U2 상태로 전환 요청하는 정책을 배운다.

6.3.3.1 디바이스가 U0 상태의 링크를 U1, U2 상태로 전환하는 데 사용되는 배경정보

허브의 Downstream 포트가 Inactivity Timer에 의해서 전환 요청하는 작업만 기다린다는 것은 디바이스가 소극적인 전원 관리정책을 펼치는 대표적인 상황이다.

등시성 전송을 지원하는 디바이스의 경우 서비스 인터벌 시간 내에 전송에 사용하지 않는 시간 동안 링크 상태를 U1 상태로 전환하는 것은 대표적인 적극적인 전원 관리정책을 보여준다.

디바이스는 다음과 같은 정보들을 사용해서 적극적인 전원 관리정책을 세울 수 있다.

- 벌크 엔드포인트에 사용되는 Packet Pending 플래그
- 인터럽트 엔드포인트에 사용되는 End Of Burst(EOB) 플래그
- 등시성 엔드포인트에 사용되는 Last Packet 플래그(LPF)
- 데이터 준비가 될 때까지 기다리는 데 사용하는 NRDY 응답패킷
- U1, U2의 링크 상태를 U0 상태로 전환하는 U1PEL, U2PEL 시간(SET_SEL 컨트롤 전송명령)

6.3.3.2 링크 상태를 U0 상태에서 U1, U2 상태로 전환하는 조건

디바이스는 자신이 가진 모든 엔드포인트의 상태가 Idle 상태가 되면 링크 상태를 U1 또는 U2 상태로 전환 요청할 수 있다. 디바이스가 오랫동안 데이터 통신을 하지 않는 경우로 예측된다면 디바이스는 링크 상태를 U1 상태보다는 U2 상태로 전환할 수도 있다.

디바이스가 U1 상태 혹은 U2 상태 중 어느 상태로 전환 요청할 것인지는 당시에 호스트가 전달해준 U1PEL, U2PEL 값을 참고할 수 있다. 물론 디바이스는 U1_Enable, U2_Enable(Feature Selector) 기능이 활성화돼 있어야 전환 요청을 할 수 있다.

6.3.3.2.1 컨트롤 엔드포인트

디바이스는 컨트롤 엔드포인트에 대해 다음과 같은 조건이 만족되면 Idle 상태로 간주한다.

- 디바이스가 셋업Configured돼 있다.
- 디바이스가 컨트롤 전송의 데이터 Stage 단계에 있지 않다.
- NRDY 패킷이 전송됐거나 호스트로부터 받은 마지막 ACK 패킷의 Packet Pending 플래그가 0인 상태다.
- 디바이스가 ERDY 패킷을 호스트로 전송할 계획이 없다.

6.3.3.2.2 벌크 엔드포인

디바이스는 벌크 엔드포인트에 대해 다음과 같은 조건이 만족되면 Idle 상태로 간주한다.

NRDY 패킷이 전송됐거나 호스트로부터 받은 마지막 ACK 패킷의 Packet Pending 플래그가 0인 상태다. 디바이스가 ERDY 패킷을 호스트로 전송할 계획이 없다.

6.3.3.2.3 인터럽트 엔드포인트

디바이스는 인터럽트 엔드포인트에 대해 다음과 같은 조건이 만족되면 Idle 상태로 간주한다.

NRDY 패킷이 전송됐거나 호스트로부터 받은 마지막 ACK 패킷의 Packet Pending 플래그가 0인 상태다. 디바이스가 ERDY 패킷을 호스트로 전송할 계획이 없다.

6.3.3.2.4 등시성 엔드포인트

Last Packet 플래그가 사용되고 서비스 인터벌 시간에 전송할 데이터를 모두 전송하면 다음 전송이 발생될 때까지 링크 상태를 U1 상태로 전환할 수 있다.

너무 잦은 U1 상태와 U0 상태의 전환은 등시성 엔드포인트의 실시간 전송률을 낮추는 요인으로 작용될 수 있다. 따라서 디바이스는 PING 패킷을 사용해 필요한 경우 링크의 상태를 U0 상태로 유지할 필요가 있다.

6.3.3.2.5 타임스탬프(ITP)패킷 사용

디바이스가 IT P패킷을 사용하려는 경우 링크가 U0 상태가 돼야 ITP패킷이 전송되기 때문에 디바이스는 링크의 상태를 U1, U2 상태에서 U0 상태로 전환하는 작업이 필요하다.

이때 버스 인터벌(125us) 시간을 고려해 다음 버스 인터벌 시간 이전에 U0 상태로 전환해야 다음 버스 인터벌 경계에서 ITP 패킷을 받을 수 있다.

6.3.4 Latency Tolerance Message(LTM)의 실제 구현 예시

보통 컴퓨터가 Idle 상태에서 대기중이라 하더라도 디바이스는 언제든지 서비스를 수행할 준비가 돼 있기를 원한다. 이와 같은 상황은 전원을 불필요하게 낭비하는 요인이 될 수도 있다. LTM은 USB 디바이스가 서비스 수행을 준비하는 데 시간이 좀 더 걸리더라도 전원낭비를 줄이는 메커니즘을 제공한다.

성능과 전원 사용량은 비례하지만 전원을 줄이는 양에 비해 성능이 조금만 떨어진다면 LTM은 효과적인 전원 관리방법을 제공한다고 할 수 있다. LTM은 별도의 하드웨어를 구성할 필요 없이 USB가 사용하는 프로토콜을 그대로 활용하면서 이 기능을 사용할 수 있다. LTM을 활용하는 방법은 스펙에 준하지 않은 여러가지 모델로 나타날 수 있다.

이번 절에서는 LTM을 활용하는 특별한 예제 모델을 소개하면서 LTM을 어떤 식으로 모델링해 응용할 수 있는지를 소개하려고 한다. 이 방식을 참고해 자신만의 특별한 LTM 모델을 구상해보는 것도 재미있는 일이 될 것이다.

이번에 제시하는 모델은 두 개의 LTM 상태$^{LTM\text{-}state}$를 소개한다. LTM-active와 LTM-idle 상태로 각각 자신에게 맞는 BELT$^{Best Effort Latency Tolerance}$ 값을 사용한다. 두 가지 상태 모두 전원을 완전하게 사용하는 상태는 아니다(호스트의 반응지연 혹은 반응지연 시간이라는 단어를 사용하는 것이 조금 어색하다. 따라서 영문 그대로 Latency Tolerance 또는 LT라고 사용하겠다).

6.3.4.1 Device 상태머신 구현 예제

두 가지 LTM 상태를 정의해보자. LT-idle 상태는 디바이스가 idle 상태고 비교적 긴 LT를 사용할 수 있다. LT-active 상태는 디바이스가 호스트와 데이터 통신을 해야 할 필요가 있다고 결정한 상태고 비교적 짧은 LT를 사용한다.

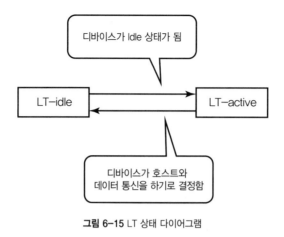

그림 6-15 LT 상태 다이어그램

LT-idle 상태에서 LTM BELT값의 최솟값은 1ms로 정하고 LT-active 상태에서 LTM BELT값의 최솟값은 125us로 정한다.

6.3.4.1.1 LT 상태 변화

디바이스는 LT 상태가 바뀌는 상황이 되면, 가능한 빠른 시간 안에 수정된 BELT 값을 담은 LTM TP를 만들어 호스트로 전송해야 한다.

6.3.4.1.1.1 LT-idle 상태에서 LT-active 상태로 변화

디바이스가 벌크 혹은 인터럽트 전송 등을 해야 할 때 LT-idle 상태는 LT-active 상태로 전환한다. 다음 상황에서 이와 같은 상황이 발생할 수 있다.

USB 이동식 디스크를 장시간 사용하고 있지 않을 때 호스트가 벌크 OUT 트랜잭션 (Packet Pending비트가 TRUE)을 시작한다. 이런 경우 디바이스는 LT-idle 상태를 LT-active 상태로 전환하고 곧바로 적당한 BELT 값을 호스트로 전송한다.

네트워크 카드가 장시간 사용되지 않고 있다가, 특정 데이터가 외부로부터 카드로 들어왔다. 카드는 호스트와 통신해야 하기 때문에 디바이스의 현재 상태 LT-idle을 LT-active 상태로 전환한 다음 호스트로 ERDY 패킷과 함께 BELT값을 호스트로 보낸다.

멀티터치 Digitizer가 장시간 사용되지 않고 있다가 사용자가 터치를 건드렸다. 터치는 데이터가 발생했기 때문에 디바이스의 현재 상태 LT-idle을 LT-active로 바꾼 뒤 ERDY 패킷과 함께 BELT 값을 호스트로 보낸다.

디바이스가 LT-idle 상태에서 LT-active 상태로 전환할 때 디바이스는 호스트로 적당한 BELT 값을 담은 LTM TP를 보낸다.

6.3.4.1.1.2 LT-active 상태에서 LT-idle 상태로 변화

디바이스는 장시간 사용되지 않거나 이를 예상할 때 디바이스의 현재 상태 LT-active를 LT-idle 상태로 전환한다. 상태를 전환한 뒤 적당한 BELT 값을 TP에 담아서 호스트로 전송한다. 필요에 따라서 링크의 상태를 U1 또는 U2 상태로 전환할 수도 있다.

링크의 상태가 이미 U1 상태에 있는 경우 U2 상태로 전환하려는 상황이 발생할 때는 다음과 같은 순서를 따른다.

1) 링크의 상태를 U1 상태에서 U0 상태로 전환한다(TP를 보내기 위해서).
2) U0 상태에서 적당한 BELT 값을 준비해서 호스트로 전달한다.
3) 링크의 상태를 U0 상태에서 U2 상태로 전환한다.

6.4 USB Type-C와 전원공급

USB 3.1 표준에서 사용되는 표준 연결 커넥터Connector보다 작고 얇고 강인한 커넥터와 케이블을 제공하는 USB Type-C 스펙을 소개하려고 한다. 커넥터는 리셉터클Receptacle과 플러그Plug를 포함하는 용어로 사용된다.

USB Type-C 환경 아래에서 많이 사용되는 전원공급 프로토콜은 USB Power Delivery Specification 2.0(줄여서 USB PD 2.0)이다. USB PD 아래에서 최대 전압 50V, 최대 전류 5A까지 공급하는 USB 환경에서 사용할 수 있다.

6.4.1 소개

USB Type-C는 3가지의 구성 요소를 정의한다.

- USB 2.0, USB 3.1을 지원하는 USB Type-C 리셉터클
- USB Full Feature Type-C 플러그
- USB 2.0 Type-C 플러그

이 절에서는 USB 2.0 Type-C 플러그와 관련된 내용은 생략한다.

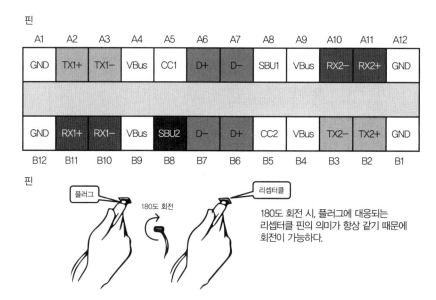

그림 6-16 USB Type-C 리셉터클 인터페이스(전면부에서 바라볼 때) (출처: usb.org)

그림 6-16을 보면 Type-C 리셉터클의 핀^{Pin} 용도를 알 수 있다.

사용자가 케이블의 플러그를 리셉터클에 연결할 때 180도 회전할 수 있다. 이와 같은 이유는 리셉터클의 핀의 의미가 정의돼 있는 모습이 서로 대칭적이기 때문이다.

주의할 점은 이런 대칭적인 핀이 동시에 사용되는 경우는 없다는 점이다. TX1+, TX1−가 사용되면 항상 TX2+, TX2−, RX2+, RX2−가 사용되지 않는다. RX1+, RX1−가 사용되면 항상 RX2+, RX2−, TX2+, TX2−가 사용되지 않는다. 결국 총 24개의 핀이 존재

하지만 해당하는 핀이 동시에 모두 사용될 수 없다는 점이다.

어떤 핀이 사용될 것인지는 연결하는 케이블과 케이블 끝에 붙어있는 플러그, 플러그에 연결되는 상대방 파트너 리셉터클의 연결 상태에 따라 결정된다.

SBU1, SBU2 핀은 Side Band로 불리며 보조로 사용될 수 있다.

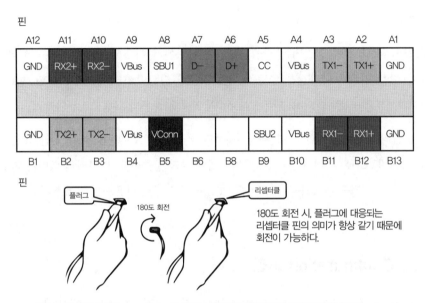

그림 6-17 USB Full Feature Type-C 플러그 인터페이스(전면부에서 바라볼 때) (출처: usb.org)

그림 6-17을 보면 리셉터클에 연결하는 플러그의 핀 용도를 알 수 있다. 리셉터클은 회전이 불가능하지만 플러그는 회전이 가능하다는 점에서 플러그에만 있는 몇 가지 특징이 존재한다.

- B6, B7핀은 사용되지 않는다. 반면에 여기에 대칭되는 A6, A7핀만 사용된다.
- B5핀은 VConn(VConnector)의 의미다. 이곳에 대칭되는 A5핀은 CC의 의미로 사용된다. 그림 6-16을 보면 원래 이곳은 CC1, CC2로 사용되는 리셉터클이 대응되는 핀이다.

이렇게 두 가지의 특징을 조금 정확하게 이해할 필요가 있다.

CC핀은 Configuration Channel의 약어로 사용된다. 리셉터클은 두 개의 CC핀을 준비하고 있지만, 케이블의 끝에 달려있는 플러그는 하나의 CC핀만 사용한다. 반면 사용되지 않는 플러그의 나머지 핀은 VConn의 용도로 사용된다.

이와 같은 특징은 회전이 가능하다는 케이블의 특성으로 인해 원래 방향인지 아니면 회전한 것인지를 구분할 방법이 필요하다. 따라서 특정 핀(CC)을 사용해 이와 같은 상황을 판단한다.

플러그의 A5(CC)핀이 연결되는 리셉터클의 해당하는 핀이 A5(CC1)인 경우 리셉터클의 B5핀(CC2)은 의미가 달라진다. 이곳에 연결되는 플러그의 B5핀의 의미가 VConn이기 때문이다. 결국 리셉터클의 B5핀은 VConn의 역할로 사용되도록 조정된다.

반면에 플러그의 A5(CC)핀이 연결되는 리셉터클에 해당하는 핀이 B5(CC2)인 경우 리셉터클의 A5핀(CC1)은 의미가 달라진다. 이곳에 연결되는 플러그의 B5핀의 의미가 VConn이기 때문이다. 결국 리셉터클의 A5핀은 VConn의 역할로 사용되도록 조정된다.

6.4.2 Configuration 과정

USB Type-C에서 사용되는 CC^{Configuration Channel}핀은 크게 5가지 목적에서 사용된다.

첫째, DFP^{Downstream Facing Port}와 UFP^{Upstream Facing Port} 간의 연결과 제거를 검출하는 과정에서 사용된다. 둘째, 플러그의 방향이 바뀌거나 케이블이 꼬인 상태로 리셉터클에 연결되는 상태를 검출하는 과정에서 사용된다. 셋째는 호스트와 디바이스의 역할 결정과 전원공급자를 검출하는 과정에서 사용되는데, 호스트와 디바이스의 역할을 결정하는 데는 다음과 같은 3가지 모드가 있다.

1) 호스트 전용 모드: 플러그가 연결되는 양쪽 포트 중 어느 하나의 포트가 호스트(DFP)로 사용되도록 정해지는 모드다.
2) 디바이스 전용 모드: 플러그가 연결되는 양쪽 포트 중 어느 하나의 포트가 디바이스(UFP)로 사용되도록 정해지는 모드다.

3) 양쪽 모드(Dual Role): 플러그가 연결되는 양쪽 포트 중 어느 하나의 포트가 양쪽 모드로 사용될 수 있는 모드이다.

처음 플러그가 리셉터클에 연결될 때 사용되는 CC핀의 생산자(Source) 역할을 담당하는 곳이 호스트(DFP)가 되고, 소비자(Sink)역할을 담당하는 리셉터클이 디바이스(UFP)가 된다.

호스트 전용 모드, 디바이스 전용 모드에서는 해당하는 포트의 CC핀의 상태가 생산자인지 소비자인지가 이미 결정된 상태를 나타낸다.

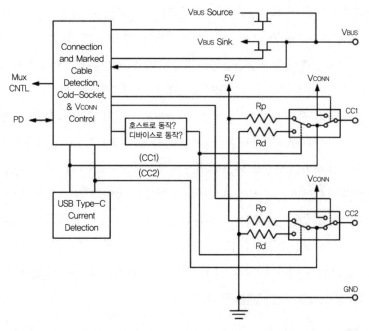

그림 6-18 DRP(Dual Role Port) 포트가 모드에 따라서 CC1, CC2를 사용하는 모습(출처: MSDN)

그림 6-18처럼 이중 역할을 수행하는 포트는 Rp(PullUp 저항)에 CC를 연결하면 데이터 호스트, Rd(PullDown 저항)에 CC를 연결하면 데이터 디바이스로 동작하게 된다.

▶ USB Type-C VBus 전류 검출과정

USB PD^{Power Delivery} 프로토콜의 적용과정은 가장 많은 전력을 호스트가 디바이스에게 제공할 수 있는 프로토콜로서 CC핀 혹은 VBus(USB 2.0)핀을 사용해 전력을 제공하는 호스트와 소비하는 디바이스를 결정하는 과정이다. USB PD 프로토콜을 사용하면 다음과 같은 역할을 결정한다.

1) 누가 데이터 호스트(DFP)인가? 누가 데이터 디바이스(UFP)인가?: 누가 USB 호스트의 역할을 수행하는가를 결정한다. 이와 같은 역할은 동적으로 서로 바뀔 수 있으며, 이를 데이터 역할 스왑Data Role Swap이라고 부른다.

2) 누가 전원(전원공급) 호스트Power Source인가? 누가 전원 소비자Power Sink인가?: VBus를 제공하는 측을 결정한다. USB Type-C에서는 데이터 호스트와 전원 호스트가 동일할 필요는 없다. 이와 같은 역할은 동적으로 서로 바뀔 수 있으며, 이를 전원 역할 스왑Power Role Swap이라고 부른다. 통상적으로 데이터 호스트의 역할을 수행하는 측이 전원을 공급하는 공급자 역할을 수행한다. 이것은 Power Role Swap 명령어에 의해서 공급자와 소비자의 역할을 바꿀 수 있다.

3) 누가 VConn 전원(전원공급) 호스트(Power Source)인가? 누가 VConn 전원 소비자 (Power Sink)인가?: VConn을 제공하는 측을 결정한다. USB Type-C에서는 플러그Plug가 소비하는 전원을 VConn이라고 부르고 VBus와 다른 개념의 전원공급을 제공한다. USB Type-C를 지원하는 케이블의 플러그Plug는 내부에 컨트롤러를 내장하고 있는데, 이와 같은 컨트롤러가 동작할 수 있도록 지원하는 전력공급원을 VConn이라고 부른다. 이와 같이 컨트롤러가 내장된 케이블을 'Electronically Marked Cable'이라고 부른다. EMC 케이블은 데이터 송수신 시 발생되는 데이터 왜곡현상을 보정하는 데 탁월하다.

표 6-17 전원공급 상태의 옵션

동작모드	명목상의 전원	최대 전류
USB 2.0	5V	500mA
USB 3.0	5V	900mA
USB BC(Battery Charging) 1.2	5V	최대 1.5A
USB Type-C Current@1.5A	5V	1.5A

동작모드	명목상의 전원	최대 전류
USB Type-C Current@3.0A	5V	3A
USB PD	20V까지 프로그래밍 가능	5A까지 프로그래밍 가능

표 6-17에 따르면 USB 3.0 표준에 있어서 전원(5V)과 최대 전류(900mA)를 곱하면 전력량 4.5W가 된다. 이것이 표면상 최대 공급전력량이 된다. 그외 나머지 동작모드는 이보다 더 많은 전력량을 제공하는 것을 허용한다. USB PD 모드에서 제공하는 최대 전원(20V), 최대 전류(5A)는 최대 공급전력량 100W가 된다. 보통 LCD 모니터(30W), 태블릿 PC(1W)의 전력을 소비하는 것을 보면 대단한 용량임에는 틀림없다.

하나의 PC가 USB PD를 사용해 직렬로 두 대의 모니터(30W * 2 = 60W)를 충분히 구동시킬 수 있다는 결론이 나온다.

6.4.3 USB PD

좁은 의미의 USB PD^{Power Delivery}는 USB Type-C의 CC^{Configuration Channel} 핀 또는 VBus핀을 데이터핀처럼 사용해서 커넥터 양쪽 끝에 연결된 포트 중 누가 전원을 공급할 것인지 결정하는 프로토콜이다. 넓은 의미로는 기존에 사용되는 모든 USB 인프라^{Infra}의 수정을 최소화하면서 가장 적절한 전원공급 방법을 호스트와 디바이스가 협상할 수 있도록 허용하는 프로토콜을 의미한다.

USB에서 전원공급이 가능한 디바이스는 USB 호스트, USB 디바이스, USB 허브 그리고 USB 충전기가 있다.

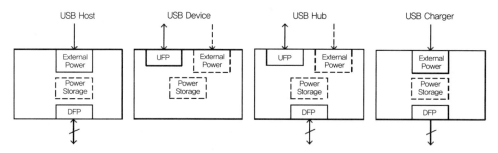

그림 6-19 USB에서 전원공급이 가능한 디바이스(출처: usb.org)

6.4.3.1 플러그 프로토콜 개요

영문 그대로 Electronically Marked Cable이라는 용어가 사용된다. 이것은 USB Type-C 케이블의 특성을 잘 보여주는데 케이블 양쪽의 플러그 내부에 전원공급에 의해서 동작하는 IC$^{Integrated\ Circuit}$가 내장된 경우를 의미한다. 이와 같이 플러그^{Plug} 내부에 IC를 내장하고 있기 때문에 USB Type-C에서는 이와 같은 IC를 위해서 별도의 전원을 공급해줘야 한다. 이 기능은 VConn핀이 수행한다.

플러그 프로토콜을 SOP*$^{Start\ Of\ Packet}$라고 부른다. SOP*는 대상의 종류에 따라서 SOP, SOP', SOP"로 구분된다. SOP는 DFP$^{Downstream\ Facing\ Port}$와 UFP$^{Upstream\ Facing\ Port}$ 간의 프로토콜을 규정한다. SOP'는 DFP 또는 VConn을 공급하는 공급자(Source)와 리셉터클에 연결된 플러그와의 프로토콜을 규정한다. SOP"는 DFP 또는 VConn을 공급하는 공급자와 케이블의 가장 끝단의 플러그와의 프로토콜을 규정한다.

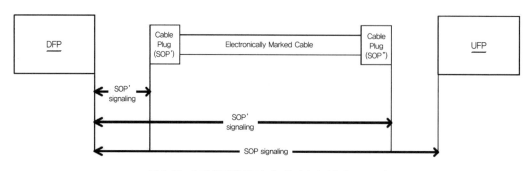

그림 6-20 USB에서 전원공급이 가능한 디바이스(출처: usb.org)

그림 6-20을 보면 SOP, SOP', SOP" (합쳐서 SOP*)의 대상을 잘 보여준다. 이들 프로토콜은 CC핀 또는 VBus(USB 2.0)을 데이터 경로로 사용하는 프로토콜을 규정한다. SOP* 프로토콜에서 사용되는 패킷은 물리층Physical Layer과 프로토콜층Protocol Layer에서 다루는 각각의 데이터를 규정하고 있다. 이 중에서 물리층에서 수행하는 수신작업을 위한 Training 작업에 사용되는 데이터(Preemable)를 제외한 나머지 모든 데이터가 4b5b 알고리즘에 의해 인코딩된다.

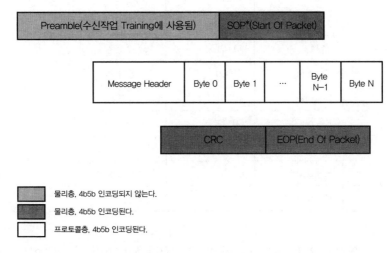

그림 6-21 USB Power Delivery Packet 포맷

표 6-18 4b5b 심볼 인코딩 테이블

심볼 이름	4b	5b	설명
0	0000	11110	16진수 0
1	0001	01001	16진수 1
2	0010	10100	16진수 2
3	0011	10101	16진수 3
4	0100	01010	16진수 4
5	0101	01011	16진수 5
6	0110	01110	16진수 6
7	0111	01111	16진수 7

심볼 이름	4b	5b	설명
8	1000	10010	16진수 8
9	1001	10011	16진수 9
A	1010	10110	16진수 A
B	1011	10111	16진수 B
C	1100	11010	16진수 C
D	1101	11011	16진수 D
E	1110	11100	16진수 E
F	1111	11101	16진수 F
Sync-1	K-code	11000	시작동기 #1
Sync-2	K-code	10001	시작동기 #2
RST-1	K-code	00111	Hard 리셋 #1
RST-2	K-code	11001	Hard 리셋 #2
EOP	K-code	01101	End Of Packet
Sync-3	K-code	00110	시작동기 #3

표 6-18은 어떻게 4b의 문자를 5b의 데이터로 변환하는지 보여준다. 이중에서 SOP*에 사용되는 시작동기 문자는 Sync-1, Sync-2, Sync-3이다. 이들은 다음과 같은 형태로 조합돼 4개의 문자로 함께 사용된다.

표 6-19 SOP 순서열 문자

K-code 순서	테이블 속에 K-code 문자
1	Sync-1
2	Sync-1
3	Sync-1
4	Sync-2

SOP 신호는 4개의 문자(Sync-1, Sync-1, Sync-1, Sync-2)가 순서대로 이어지는 형태의 데이터를 사용한다.

표 6-20 SOP" 순서열 문자

K-code 순서	테이블 속에 K-code 문자
1	Sync-1
2	Sync-3
3	Sync-1
4	Sync-3

SOP" 신호는 4개의 문자(Sync-1, Sync-3, Sync-1, Sync-3)가 순서대로 이어지는 형태의 데이터를 사용한다. 그외에 Hard 리셋(RST-1, RST-1, RST-1, RST-2), 케이블 리셋(RST-1, Sync-1, RST-1, Sync-3) 등의 명령어도 사용된다. 이들은 CRC와 EOP가 사용되지 않는다.

사용되는 모든 데이터 시그널은 CC핀 또는 VBus핀을 데이터처럼 사용하는데, 이들은 각각 Binary Frequency Shift Keyed(BFSK), BMC(Biphase Mark Coding) 알고리즘을 사용해서 인코딩된다.

6.4.3.2 디바이스 정책과 정책엔진

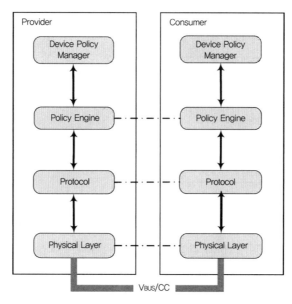

그림 6-22 USB Power Delivery 프로토콜 스택(출처: usb.org)

그림 6-22를 보자. 디바이스 정책관리자Device Policy Manager는 포트를 위한 정책엔진과의 인터페이스를 제공한다. 포트에 대한 로컬정책을 관리하고 포트에 케이블이 연결되는 상황을 감시한다. 전원공급에 있어서 공급자 포트와 소비자 포트를 제어한다.

디바이스 정책관리자가 공급자 포트를 관리하는 경우 공급자 포트를 위한 전원공급을 관리한다. 디바이스 정책관리자가 소비자 포트를 관리하는 경우 소비자 포트를 위한 전원 소비정보를 제공한다. 정책엔진Policy Engine은 각각의 포트에 대한 로컬정책을 구현한다. 이 과정은 프로토콜층이 가진 메시지 교환 기능을 사용하고, 프로토콜Protocol층은 DFP와 UFP간의 메시지 교환을 책임진다.

물리Physical층은 데이터 시그널에 대한 인코딩과 전송을 책임진다.

6.4.3.2.1 정책엔진과 메시지 시퀀스(Message Sequence)

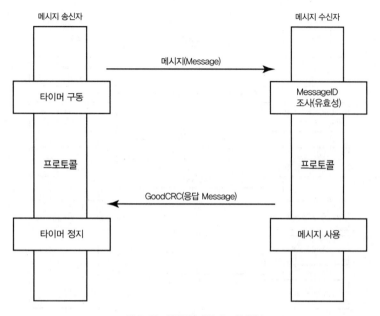

그림 6-23 기본적인 메시지 교환 방식

그림 6-23을 보자. 메시지 요청 측의 정책엔진Policy Engine은 프로토콜층으로 'Send Message' 명령을 사용해 메시지 전송을 요청한다. 이 요청은 수신 측의 프로토콜층으로 전송되고 이렇게 전송된 메시지는 메시지 수신 측의 정책엔진에게 전달된다. 이어서 메시지를 잘 받았다는 'GoodCRC' 응답패킷이 전송된다. 이것은 메시지를 잘 받았다는 의미이지 요청한 메시지를 처리했다는 뜻이 아니다.

이와 같은 메시지 전달과정 중에 메시지 송신 프로토콜층은 'CRCReceiveTimer' 타이머를 설치해 응답시간까지 기다리는 작업을 수행한다. 또한 메시지 전달이 성공하면 내부적으로 유지하는 MessageIDCounter 값을 증가시킨다. 메시지 수신 프로토콜층은 전달받은 메시지 내부의 MessageID 값을 보관한다. 이하의 설명에서는 전원을 공급하는 공급자를 소스Source라고 부르고, 소비하는 소비자를 싱크Sink라고 부르도록 하겠다.

이후 과정에서는 간단하게 메시지가 전달되는 모습만 보여준다.

6.4.3.2.2 전원공급 협상(Power Negotiation)

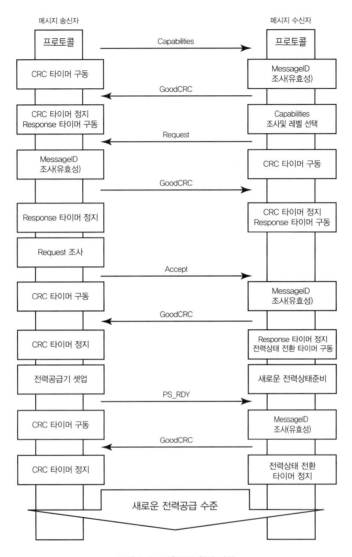

그림 6-24 전원공급 협상 과정

그림 6-24를 보자. Source와 Sink간의 전원공급을 위한 협상과정은 다음으로 구분된다.

1) Source는 자신의 전원 특성 정보[Source_Capabilities]를 위한 'Capabilities' 메시지를 Sink로 전송한다.

2) Sink는 특성 정보를 확인하고 자신이 사용하려는 전원공급 수준을 선택해 'Request' 메시지를 Source로 전송한다.

3) Source는 수신한 'Request' 메시지의 내용을 확인하고 수용하겠다는 뜻의 'Accept' 메시지를 Sink 측으로 전송한다.

4) Source는 Sink가 요구했던 전원공급 수준으로 현재 상태를 전환하고 Sink로 'PS_RDY' 메시지를 전송한다.

5) Sink는 새로운 전원공급 수준을 사용하기 시작한다.

6.4.3.2.3 Soft 리셋

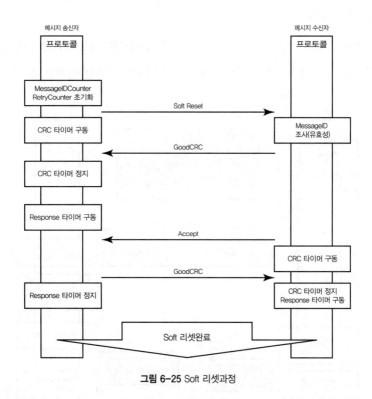

그림 6-25 Soft 리셋과정

그림 6-25를 보자. Reset 요청자와 수신자간의 Soft 리셋[Reset]과정은 다음으로 구분된다.

1) 요청자 정책엔진은 프로토콜층으로 'Soft_Reset' 메시지를 전송하도록 요청한다.

2) 프로토콜은 내부에서 관리하는 MessageIDCounter 변수와 RetryCounter 변수 값을 초기화한다.

3) 프로토콜은 상대방 측으로 'Soft_Reset' 메시지를 전송한다.

4) 수신자는 'GoodSRC' 응답 메시지를 송신자 측으로 전송한다.

5) Reset 수신자는 송신자가 요청했던 메시지를 수락한다는 의미로 'Accept' 메시지를 Reset 송신자로 전송한다.

6) 송신자는 'Accept' 메시지를 잘 받았다는 의미로 'GoodCRC' 응답 메시지를 Reset 수신자에게 전송한다.

6.4.3.2.4 Hard 리셋

Hard 리셋[Reset]명령은 USB Power Delivery의 동작 상태를 처음 상태로 되돌린다. 이와 같은 상태는 Dual Role의 경우 디폴트 Role로 전환하는 결과를 가져오고, 디폴트 전원,

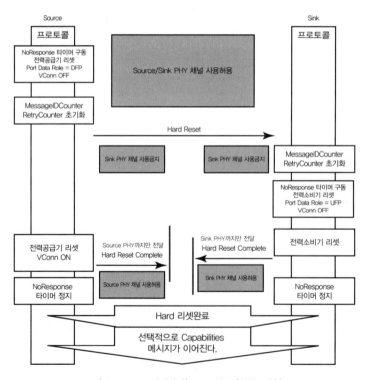

그림 6-26 Hard 리셋과정(Source가 요청하는 경우)

전류 등의 공급 및 소비 상태로 전환한다. 이와 같은 리셋은 Source 측에서 요청하는 경우와 Sink 측에서 요청하는 경우로 나뉜다.

그림 6-26을 보자. Reset 요청자(Source)와 수신자(Sink) 간의 리셋과정은 다음과 같이 구분된다.

1) 요청자 정책엔진은 프로토콜층으로 'Hard_Reset' 메시지를 전송하도록 요청한다. 또한 내부적으로 NoResponseTimer 타이머 루틴을 설정한다. 그리고 정책 관리자에게 현재 전원공급 상태를 USB Default 동작을 위한 상태로 초기화하도록 요청한다. 사용되는 커넥터가 USB Type-C이고 VConn이 사용되는 상태였다면 VConn의 전원공급을 끄도록 요청한다.

2) 프로토콜은 내부에서 관리하는 MessageIDCounter 변수와 RetryCounter 변수 값을 초기화한다.

3) 프로토콜은 물리 측으로 'Hard_Reset' 메시지를 전송한다.

4) 요청자 측의 물리층은 'Hard_Reset' 메시지를 상대방 물리층으로 전송한다. 이어서 채널 사용을 금지(Disable)시킨다. 이후 'Hard_Reset_Complete' 메시지가 사용될 때까지 유지된다.

5) 이와 같은 작업은 수신자 측에서도 마찬가지로 이뤄진다.

6) 수신자 정책엔진은 송신자 정책엔진과 마찬가지로 초기화 작업을 수행한 뒤 'Power_Sink_Reset' 요청을 프로토콜층으로 보낸다. 이 명령은 수신자 측의 물리층까지만 전송하는 명령으로 'Hard_Reset_Complete' 메시지가 사용된다. 물리층은 금지된 채널사용을 다시 허용시킨다.

7) 송신자는 적당한 시간이 지난 뒤 전원공급기Power Supply의 상태가 초기화되면 송신자의 물리층까지 전송할 'Power_Supply_Reset' 명령을 발생시킨다. 이 명령은 'Hard_Reset_Complete' 메시지 형태로 물리층까지만 전송된다. 이 메시지에 의해 물리층은 금지된 채널 사용을 다시 허용한다.

Hard 리셋과정 이후에는 전원공급 협상과정이 이어질 수 있다.

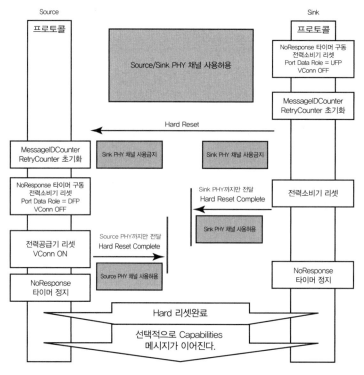

그림 6-27 Hard 리셋과정(Sink가 요청하는 경우)

그림 6-27을 보자. Reset 요청자(Sink)와 수신자(Source) 간의 리셋과정은 그림 6-26의 과정과 방향만 반대인 동일한 과정으로 진행된다.

6.4.3.2.5 Type-A/B 관련 메시지 처리 순서

USB 전원공급기는 USB Type-C뿐만 아니라 이전 스펙을 사용하는 USB 2.0도 지원된다.

정책엔진은 USB 2.0을 사용하는 경우를 따로 정의하고 있다. USB 2.0에서 전원공급기 데이터는 VBus핀을 사용한다.

6.4.3.2.5.1 Type-A/B 전원공급 역할 교환

전원공급자^{Power Source}를 결정하는 프로토콜을 보여준다. 이 프로토콜은 USB 버스의

VBus 전원을 제공하는 공급자를 결정한다. 또한 전원공급자의 역할을 교환하기도 한다. 전원공급자는 전원소비자Power Sink, 전원소비자는 전원공급자가 된다.

6.4.3.2.5.1.1 이어지는 전원협상이 없는 Type-A/B 전원공급 역할 교환(Source가 요청하는)

전원공급 역할을 교환한 뒤 별다른 전원협상을 하지 않는 프로토콜을 보여준다.

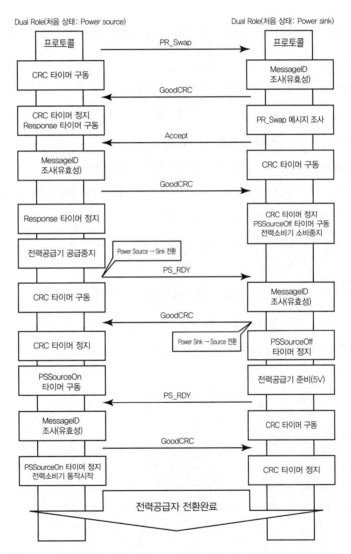

그림 6-28 전원공급 역할 교환과정(Source가 요청하는 경우, 이어지는 전원협상이 없다)

그림 6-28을 보자. 요청자가 현재 전원공급자이고 요청자는 전원공급자 역할을 교환하기를 요청하는 그림이다.

1) 요청자(Source)는 'PR_Swap'(Power Role) 메시지를 수신자에게 전송하고 역할 교환을 요청한다.
2) 수신자(Sink)는 'GoodCRC' 응답 메시지를 요청자에게 전송한다. 역할 교환 명령을 수신했다는 의미다.
3) 수신자는 'Accept' 메시지를 송신자에게 전송한다. 역할 교환을 허락하겠다는 의미다.
4) 요청자는 'GoodCRC' 응답 메시지를 수신자에게 전송한다.
5) 요청자는 'PD_RDY' 메시지를 수신자에게 전송한다. 요청자는 VBus의 전원은 최소화시킨다. 요청자가 전원소비자가 됐다.
6) 수신자는 'GoodCRC' 응답 메시지를 요청자에게 전송한다.
7) 수신자는 'PD_RDY' 메시지를 요청자에게 전송한다. 수신자는 VBus의 전원을 최대화시킨다. 수신자가 전원공급자가 됐다.
8) 요청자는 'GoodCRC' 응답 메시지를 수신자에게 전송한다.

6.4.3.2.5.1.2 Type-A/B 전원공급역할 교환 후 전원협상하지 않은 프로토콜

이번에는 이어지는 전원협상이 없는 Type-A/B 전원공급역할 교환(Sink가 요청하는)을 한 후 별다른 전원협상을 하지 않는 프로토콜을 보여준다.

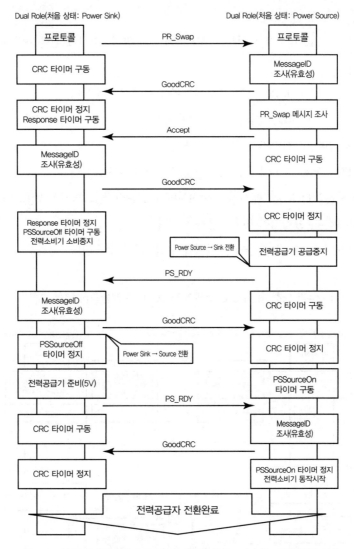

Dual Role(처음 상태: Power Sink)   Dual Role(처음 상태: Power Source)

| 프로토콜 | PR_Swap → | 프로토콜 |

CRC 타이머 구동   MessageID 조사(유효성)

← GoodCRC

CRC 타이머 정지 Response 타이머 구동   PR_Swap 메시지 조사

← Accept

MessageID 조사(유효성)   CRC 타이머 구동

GoodCRC →

Response 타이머 정지 PSSourceOff 타이머 구동 전력소비기 소비중지   CRC 타이머 정지

Power Source → Sink 전환   전력공급기 공급중지

← PS_RDY

MessageID 조사(유효성)   CRC 타이머 구동

GoodCRC →

PSSourceOff 타이머 정지   Power Sink → Source 전환   CRC 타이머 정지

전력공급기 준비(5V)   PSSourceOn 타이머 구동

PS_RDY →

CRC 타이머 구동   MessageID 조사(유효성)

← GoodCRC

CRC 타이머 정지   PSSourceOn 타이머 정지 전력소비기 동작시작

전력공급자 전환완료

그림 6-29 전원공급역할 교환과정(Sink)가 요청하는 경우, 이어지는 전원협상이 없다)

그림 6-29를 보자. 요청자가 현재 전원소비자고 요청자는 전원공급자 역할을 교환하기를 요청하고 있다.

1) 요청자(Sink)는 'PR_Swap'(Power Role) 메시지를 수신자에게 전송하고 역할 교환을 요청한다.

2) 수신자(Source)는 'GoodCRC' 응답 메시지를 요청자에게 전송한다. 역할 교환 명

령을 수신했다는 의미다.

3) 수신자는 'Accept' 메시지를 요청자에게 전송한다. 역할 교환을 허락하겠다는 의미다.

4) 요청자는 'GoodCRC' 응답 메시지를 수신자에게 전송한다.

5) 수신자는 'PD_RDY' 메시지를 요청자에게 전송한다. 수신자는 VBus의 전원을 최소화시킨다. 수신자가 전원소비자가 됐다.

6) 요청자는 'GoodCRC' 응답 메시지를 수신자에게 전송한다.

7) 요청자는 'PD_RDY' 메시지를 수신자에게 전송한다. 요청자는 VBus의 전원을 최대화시킨다. 요청자가 전원공급자가 됐다.

8) 수신자는 'GoodCRC' 응답 메시지를 수신자에게 전송한다.

6.4.3.2.5.1.3 Source가 요청하는 Hard 리셋과 Type-A/B 전원공급 역할 교환

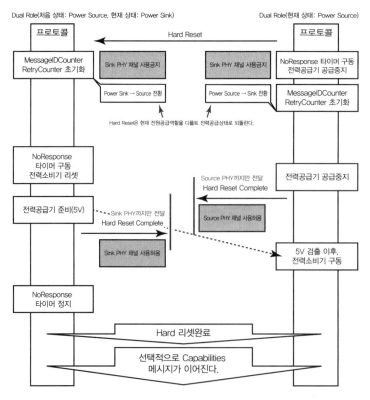

그림 6-30 Source가 요청하는 Hard 리셋과 함께 수행되는 전원공급역할 교환과정

Hard 리셋메시지를 수행할 때 전원공급자 역할이 이전에 이미 스왑Swap된 상태였다면 원래의 디폴트 상태로 전환된다.

1) 요청자(Source)는 'Hard_Reset' 메시지를 수신자에게 전송한다.
2) 'Hard_Reset' 메시지가 전달되는 과정 중에 요청자와 수신자 측의 물리층의 동작이 금지된다.
3) 요청자와 수신자(Sink)는 각각 전원공급 역할을 스왑(Swap)한다. 디폴트 전원공급 역할자가 결정된다.
4) 수신자는 전원공급자의 역할을, 요청자는 전원소비자의 역할을 수행한다.
5) 요청자와 수신자는 각각 'Hard_Reset_Complete' 메시지를 통해서 모든 준비를 마쳤음을 각각의 물리층에게 알린다.
6) 각각의 물리층의 동작이 재개된다.

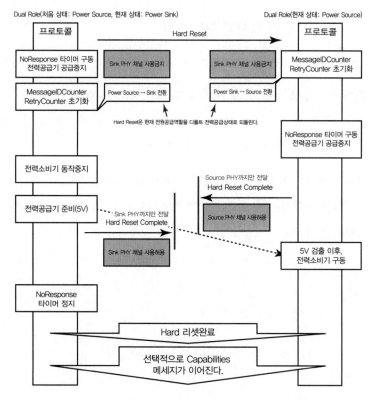

그림 6-31 Source가 요청하는 Hard 리셋과 함께 수행되는 전원공급역할 교환과정

Hard 리셋 메시지를 수행할 때 전원공급자 역할이 이전에 이미 스왑^{Swap}된 상태였다면, 원래의 디폴트 상태로 전환된다.

1) 요청자(Sink)는 'Hard_Reset' 메시지를 수신자에게 전송한다.
2) 'Hard_Reset' 메시지가 전달되는 과정중에 요청자와 수신자 측의 물리층의 동작이 금지된다.
3) 요청자와 수신자(Source)는 각각 전원공급 역할을 스왑한다. 디폴트 전원공급역할자가 결정된다.
4) 요청자는 전원공급자의 역할을, 수신자는 전원소비자의 역할을 수행한다.
5) 요청자와 수신자는 각각 'Hard_Reset_Complete' 메시지를 통해서 모든 준비를 마쳤음을 각각의 물리층에게 알린다.
6) 각각의 물리층의 동작이 재개된다.

6.4.3.2.6 Type-C 관련 메시지 처리 순서

USB Type-C에서 USB 전원공급기 데이터는 CC$^{Configuration\ Channel}$핀을 사용한다.

정상동작 중에 각각의 포트 측의 리셉터클 CC핀에 연결되는 저항은 전원공급자의 경우 풀업저항(Rp), 전원소비자의 경우 풀다운저항(Rd)을 사용한다. 이런 연결 상태를 스왑할 수 있는 경우 전원공급자 역할 스왑기능을 사용할 수 있다.

Type-C 메시지 교환은 전원공급자의 역할을 교환하는 메시지$^{Power\ Role\ Swap}$, VConn 전원공급자의 역할을 교환하는 메시지$^{VConn\ Role\ Swap}$ 그리고 Data 역할을 교환하는 메시지 $^{Data\ Role\ Swap}$ 등이 존재한다.

6.4.3.2.6.1 Source 측에서 요청하는 Type-C 전원공급역할 교환

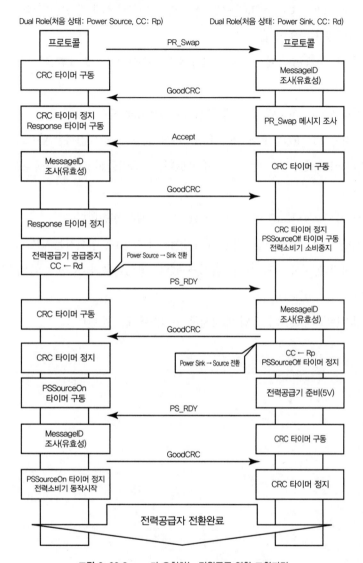

Dual Role(처음 상태: Power Source, CC: Rp)　　　　Dual Role(처음 상태: Power Sink, CC: Rd)

프로토콜	PR_Swap →	프로토콜
CRC 타이머 구동		MessageID 조사(유효성)
	← GoodCRC	
CRC 타이머 정지 Response 타이머 구동		PR_Swap 메시지 조사
	← Accept	
MessageID 조사(유효성)		CRC 타이머 구동
	GoodCRC →	
Response 타이머 정지		CRC 타이머 정지 PSSourceOff 타이머 구동 전력소비기 소비중지
전력공급기 공급중지 CC ← Rd	Power Source → Sink 전환	
	PS_RDY →	
CRC 타이머 구동		MessageID 조사(유효성)
	← GoodCRC	
CRC 타이머 정지	Power Sink → Source 전환	CC ← Rp PSSourceOff 타이머 정지
PSSourceOn 타이머 구동		전력공급기 준비(5V)
	← PS_RDY	
MessageID 조사(유효성)		CRC 타이머 구동
	GoodCRC →	
PSSourceOn 타이머 정지 전력소비기 동작시작		CRC 타이머 정지
	전력공급자 전환완료	

그림 6-32 Source가 요청하는 전원공급 역할 교환과정

그림 6-32를 보자. 요청자가 현재 전원공급자이고 요청자는 전원공급자 역할을 교환하기를 요청한다.

　1) 요청자(Source)는 'PR_Swap'(Power Role) 메시지를 수신자에게 전송하고 역할 교

환을 요청한다.

2) 수신자(Sink)는 'GoodCRC' 응답 메시지를 요청자에게 전송한다. 역할 교환 명령을 수신했다는 의미다.

3) 수신자는 'Accept' 메시지를 송신자에게 전송한다. 역할 교환을 허락하겠다는 의미다.

4) 요청자는 'GoodCRC' 응답 메시지를 수신자에게 전송한다.

5) 요청자는 'PD_RDY' 메시지를 수신자에게 전송한다. 요청자는 VBus의 전원은 최소화시키며 요청자가 전원소비자가 됐다. 리셉터클의 CC핀은 풀다운 저항이 연결된다.

6) 수신자는 'GoodCRC' 응답 메시지를 요청자에게 전송한다.

7) 수신자는 'PD_RDY' 메시지를 요청자에게 전송한다. 수신자는 VBus의 전원을 최대화시킨다. 수신자가 전원공급자가 됐다. 리셉터클의 CC핀은 풀업저항이 연결된다.

8) 요청자는 'GoodCRC' 응답 메시지를 수신자에게 전송한다.

6.4.3.2.6.2 Sink 측에서 요청하는 Type-C 전원공급 역할 교환

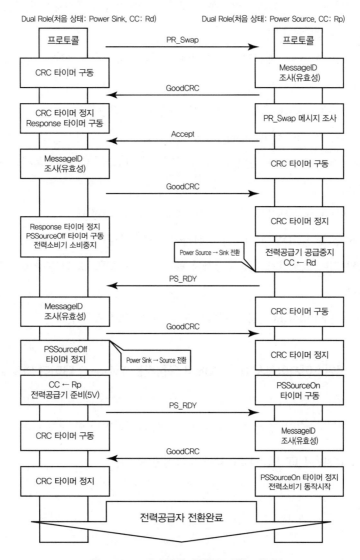

Dual Role(처음 상태: Power Sink, CC: Rd)   Dual Role(처음 상태: Power Source, CC: Rp)

그림 6-33 Sink가 요청하는 전원공급 역할 교환과정

그림 6-33을 보자. 요청자가 현재 전원소비자고 요청자는 전원공급자 역할 교환을 요청
한다.

1) 요청자(Sink)는 'PR_Swap'(Power Role) 메시지를 수신자에게 전송한다. 역할 교환

을 요청한다.

2) 수신자(Source)는 'GoodCRC' 응답 메시지를 요청자에게 전송한다. 역할 교환 명령을 수신했다는 의미다.

3) 수신자는 'Accept' 메시지를 요청자에게 전송한다. 역할 교환을 허락하겠다는 의미다.

4) 요청자는 'GoodCRC' 응답 메시지를 수신자에게 전송한다.

5) 수신자는 'PD_RDY' 메시지를 요청자에게 전송한다. 수신자는 VBus의 전원을 최소화시키며 수신자가 전원소비자가 됐다. 리셉터클의 CC핀은 풀다운 저항이 연결된다.

6) 요청자는 'GoodCRC' 응답 메시지를 수신자에게 전송한다.

7) 요청자는 'PD_RDY' 메시지를 수신자에게 전송한다. 요청자는 VBus의 전원을 최대화시키며 요청자가 전원공급자가 됐다. 리셉터클의 CC핀은 풀업 저항이 연결된다.

8) 수신자는 'GoodCRC' 응답 메시지를 수신자에게 전송한다.

6.4.3.2.6.3 전원소비자이면서 UFP 측에서 요청하는 Type-C 데이터 역할 교환

전원을 소비하는 포트가 UFP로 사용되는 경우 UFP 측에서 데이터 역할을 교환을 요청할 수 있다. 전원공급자 역할은 그대로 유지하면서 데이터 역할만 교환한다.

데이터 역할 교환은 UFP 또는 DFP 측에서 요청할 수 있다.

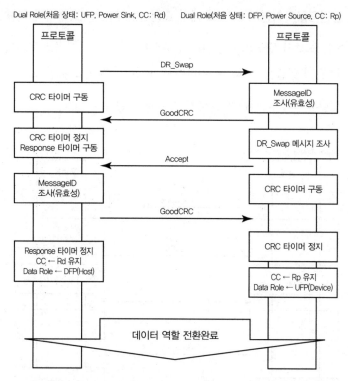

Dual Role(처음 상태: UFP, Power Sink, CC: Rd)   Dual Role(처음 상태: DFP, Power Source, CC: Rp)

프로토콜   프로토콜

DR_Swap →

| CRC 타이머 구동 | | MessageID 조사(유효성) |

← GoodCRC

| CRC 타이머 정지 Response 타이머 구동 | | DR_Swap 메시지 조사 |

← Accept

| MessageID 조사(유효성) | | CRC 타이머 구동 |

GoodCRC →

| Response 타이머 정지 CC ← Rd 유지 Data Role ← DFP(Host) | | CRC 타이머 정지 |

| | CC ← Rp 유지 Data Role ← UFP(Device) |

데이터 역할 전환완료

그림 6-34 전원소비자이면서 UFP 측에서 요청하는 Type-C 데이터 역할 교환과정

그림 6-34를 보자. 요청자가 현재 전원소비자고 요청자는 데이터 역할 교환을 요청한다. 전원공급자 역할은 그대로 유지한다.

1) 요청자는 'DR_Swap'(Data Role) 메시지를 수신자에게 전송한다. 역할 교환을 요청한다.

2) 수신자는 'GoodCRC' 응답 메시지를 요청자에게 전송한다. 역할 교환 명령을 수신했다는 의미다.

3) 수신자는 'Accept' 메시지를 요청자에게 전송한다. 역할 교환을 허락하겠다는 의미다.

4) 요청자는 'GoodCRC' 응답 메시지를 수신자에게 전송한다.

전원공급관계는 그대로 유지된다. 수신자가 UFP, 요청자가 DFP가 됐다.

6.4.3.2.6.4 전원공급자이면서 UFP 측에서 요청하는 Type-C 데이터 역할 교환

전원을 공급하는 포트가 UFP로 사용되는 경우 UFP 측에서 데이터 역할 교환을 요청할 수 있다. 전원공급자 역할은 그대로 유지하면서 데이터 역할만 교환한다.

데이터 역할 교환은 UFP 또는 DFP 측에서 요청할 수 있다.

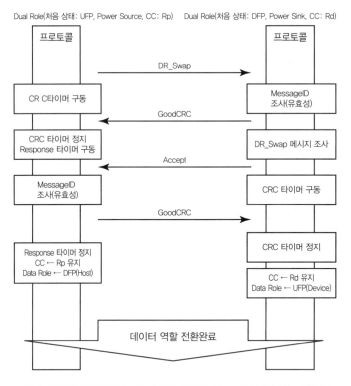

그림 6-35 전원공급자이면서 UFP 측에서 요청하는 Type-C 데이터 역할 교환과정

그림 6-35를 보자. 요청자가 현재 전원공급자고, 요청자는 데이터 역할 교환을 요청한다. 전원공급자 역할은 그대로 유지한다.

1) 요청자는 'DR_Swap'(Data Role) 메시지를 수신자에게 전송하고 역할 교환을 요청한다.

2) 수신자는 'GoodCRC' 응답 메시지를 요청자에게 전송한다. 역할 교환 명령을 수신했다는 의미다.

3) 수신자는 'Accept' 메시지를 요청자에게 전송한다. 역할 교환을 허락하겠다는 의미다.

4) 요청자는 'GoodCRC' 응답 메시지를 수신자에게 전송한다. 전원공급관계는 그대로 유지된다. 수신자가 UFP, 요청자가 DFP가 됐다.

6.4.3.2.6.5 전원제공자이면서 DFP 측에서 요청하는 Type-C 데이터 역할 교환

전원을 제공하는 포트가 DFP로 사용되는 경우 DFP 측에서 데이터 역할 교환을 요청할 수 있다. 전원공급자 역할은 그대로 유지하면서 데이터 역할만 교환한다. 데이터 역할 교환은 UFP 또는 DFP 측에서 요청할 수 있다.

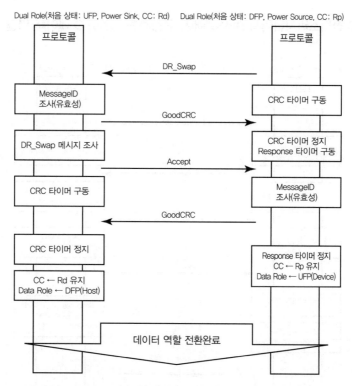

그림 6-36 전원제공자이면서 DFP 측에서 요청하는 Type-C 데이터 역할 교환과정

그림 6-36을 보자. 요청자가 현재 전원제공자고 요청자는 데이터 역할 교환을 요청한다.

전원공급자 역할은 그대로 유지한다.

1) 요청자는 'DR_Swap'(Data Role) 메시지를 수신자에게 전송하고 역할 교환을 요청한다.

2) 수신자는 'GoodCRC' 응답 메시지를 요청자에게 전송한다. 역할 교환 명령을 수신했다는 의미다.

3) 수신자는 'Accept' 메시지를 요청자에게 전송한다. 역할교환을 허락하겠다는 의미다.

4) 요청자는 'GoodCRC' 응답 메시지를 수신자에게 전송한다. 전원공급관계는 그대로 유지된다. 수신자가 DFP, 요청자가 UFP가 됐다.

6.4.3.2.6.6 전원소비자이면서 DFP 측에서 요청하는 Type-C 데이터 역할 교환

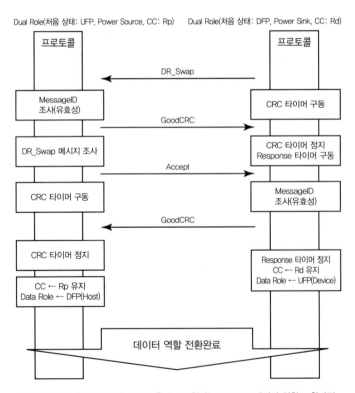

그림 6-37 전원소비자이면서 DFP 측에서 요청하는 Type-C 데이터 역할 교환과정

전원을 소비하는 포트가 DFP로 사용되는 경우 DFP 측에서 데이터 역할 교환을 요청할 수 있다. 전원공급자 역할은 그대로 유지하면서 데이터 역할만 교환한다.

데이터 역할 교환은 UFP 또는 DFP 측에서 요청할 수 있다.

그림 6-37을 보자. 요청자가 현재 전원소비자인데 요청자는 데이터 역할 교환을 요청하는 그림이다. 전원공급자 역할은 그대로 유지한다.

1) 요청자는 'DR_Swap'(Data Role) 메시지를 수신자에게 전송하고 역할 교환을 요청한다.
2) 수신자는 'GoodCRC' 응답 메시지를 요청자에게 전송한다. 역할 교환 명령을 수신했다는 의미다.
3) 수신자는 'Accept' 메시지를 요청자에게 전송한다. 역할 교환을 허락하겠다는 의미다.
4) 요청자는 'GoodCRC' 응답 메시지를 수신자에게 전송한다. 전원공급관계는 그대로 유지된다. 수신자가 DFP, 요청자가 UFP가 됐다.

6.4.3.2.6.7 VConn 전원제공자이면서 DFP 측에서 요청하는 Type-C VConn 전원 공급역할 교환

DFP 측에서 VConn을 제공하고 있던 상황에서 DFP 측이 VConn 전원공급 역할 교환을 요청하는 과정을 보여준다. 데이터 역할 교환은 DFP 측에서만 요청할 수 있다.

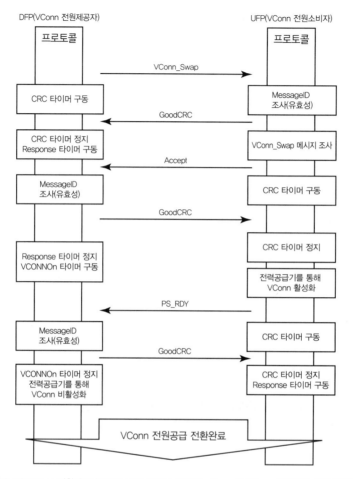

DFP(VConn 전원제공자)

UFP(VConn 전원소비자)

프로토콜		프로토콜

VConn_Swap →

| CRC 타이머 구동 | | MessageID
조사(유효성) |

← GoodCRC

| CRC 타이머 정지
Response 타이머 구동 | | VConn_Swap 메시지 조사 |

← Accept

| MessageID
조사(유효성) | | CRC 타이머 구동 |

GoodCRC →

| Response 타이머 정지
VCONNOn 타이머 구동 | | CRC 타이머 정지 |

| | | 전력공급기를 통해
VConn 활성화 |

← PS_RDY

| MessageID
조사(유효성) | | CRC 타이머 구동 |

GoodCRC →

| VCONNOn 타이머 정지
전력공급기를 통해
VConn 비활성화 | | CRC 타이머 정지
Response 타이머 구동 |

VConn 전원공급 전환완료

그림 6-38 VConn 전원제공자이면서 DFP 측에서 요청하는 Type-C VConn 전원공급 역할 교환과정

그림 6-38을 보자. 요청자(DFP)가 현재 VConn 전원공급자고 요청자가 VConn 전원공급자 역할 교환을 요청한다.

1) 요청자는 'VConn_Swap'(VConn Role) 메시지를 수신자에게 전송하고 역할 교환을 요청한다.

2) 수신자는 'GoodCRC' 응답 메시지를 요청자에게 전송한다. 역할 교환 명령을 수신했다는 의미다.

3) 수신자는 'Accept' 메시지를 요청자에게 전송한다. 역할 교환을 허락하겠다는 의미다.

436

4) 요청자는 'GoodCRC' 응답 메시지를 수신자에게 전송한다.

5) 수신자는 전력공급기를 통해 VConn 공급을 시작한다. 이어서 'PS_RDY' 메시지를 요청자에게 전송한다.

6) 요청자는 응답으로 'GoodCRC' 응답 메시지를 수신자에게 전송한다. 이어서 요청자는 전력공급기를 통해 VConn 공급을 끊어버린다. DFP가 VConn 전력소비자가 됐다.

6.4.3.2.6.8 VConn 전원소비자이면서 DFP 측에서 요청하는 Type-C VConn 전원 공급역할 교환

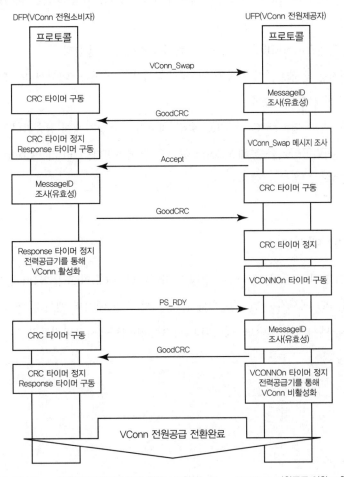

그림 6-39 VConn 전원소비자이면서 DFP 측에서 요청하는 Type-C VConn 전원공급 역할 교환과정

DFP 측에서 VConn을 소비하고 있던 상황에서 DFP 측이 VConn 전원공급 역할 교환을 요청하는 과정을 보여준다. 데이터 역할 교환은 DFP 측에서만 요청할 수 있다.

그림 6-39를 보자. 요청자(DFP)가 현재 VConn 전원소비자고 요청자가 VConn 전원공급자 역할 교환을 요청한다.

1) 요청자는 'VConn_Swap'(VConn Role) 메시지를 수신자에게 전송하고 역할 교환을 요청한다.

2) 수신자는 'GoodCRC' 응답 메시지를 요청자에게 전송한다. 역할 교환 명령을 수신했다는 의미다.

3) 수신자는 'Accept' 메시지를 요청자에게 전송한다. 역할 교환을 허락하겠다는 의미다.

4) 요청자는 'GoodCRC' 응답 메시지를 수신자에게 전송한다.

5) 요청자는 전력공급기를 통해 VConn 공급을 시작한다. 이어서 'PS_RDY' 메시지를 수신자에게 전송한다.

6) 수신자는 응답으로 'GoodCRC' 응답 메시지를 요청자에게 전송한다. 이어서 수신자는 전력공급기를 통해 VConn 공급을 끊어버린다. DFP가 VConn 전력공급자가 됐다.

6.4.3.3 PD 메시지

USB Power Delivery에 사용되는 명령과 파라미터는 CC핀 또는 VBus핀을 사용해서 송수신된다. PD 메시지는 컨트롤 메시지Control Message와 데이터 메시지Data Message로 구분된다. 컨트롤 메시지는 16비트, 데이터 메시지는 48비트에서 240비트다.

6.4.3.3.1 메시지 구성

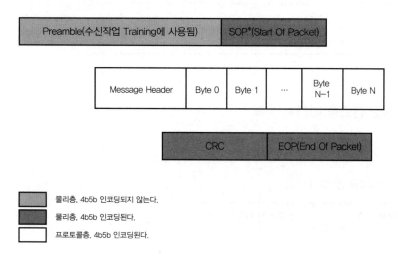

그림 6-40 USB Power Delivery Packet 포맷

그림 6-40은 USB PD 패킷의 포맷을 보여준다. 사용되는 메시지 헤더^{Message Header}는 표 6-21과 같이 사용된다.

표 6-21 메시지 헤더 구성

비트	필드 이름
15	사용 안 함
14..12	Data Objects의 개수(Message Header를 따르는 데이터) 컨트롤 메시지: 값 = 0, 데이터 메시지: 값 != 0
11..9	Message ID
8	리셉터클 ↔ 리셉터클: Power Power Role
	리셉터크 ↔ 플러그, 원격 플러그: Cable Plug
7..6	스펙버전 00b: 버전 1.0 01b: 버전 2.0
5	Port Data Role 0b: UFP 1b: DFP

비트	필드 이름
4	사용 안 함
3..0	Message Type

6.4.3.3.2 컨트롤 메시지 종류

Message Type에 따라서 메시지의 의미가 결정된다.

표 6-22 메시지 유형, 컨트롤 메시지

비트 3..0	메시지 유형
0000	사용 안 함
0001	GoodCRC
0010	GotoMin
0011	Accept
0100	Reject
0101	Ping
0110	PS_RDY
0111	Get_Source_Cap
1000	Get_Sink_Cap
1001	DR_Swap
1010	PR_Swap
1011	VCONN_Swap
1100	Wait
1101	Soft_Reset
1110 - 1111	사용 안 함

6.4.3.3.2.1 GoodCRC 메시지

GoodCRC 메시지는 이전에 받은 메시지에 대한 수신 여부를 송신자에게 알려주는 역할로 사용된다. 이전에 받은 메시지의 Message ID가 그대로 사용된다.

6.4.3.3.2.2 GotoMin 메시지

GotoMin 메시지는 전력을 소비하는 소비자에게 전달되는 메시지로 스펙에서 정의하는 최소한의 전력만 소비하도록 지시한다.

6.4.3.3.2.3 Accept 메시지

Accept 메시지는 이전에 받았던 메시지 요청(PR_Swap, DR_Swap, VCONN_Swap, Soft_Reset)에 대해서 수용한다는 의미로 사용된다.

6.4.3.3.2.4 Reject 메시지

Accept 메시지는 이전에 받았던 메시지 요청(PR_Swap, DR_Swap, VCONN_Swap, Get_Sink_Cap, Get_Source_Cap)에 대해서 거절한다는 의미로 사용된다.

6.4.3.3.2.5 Ping 메시지

USB Type-A, B에서만 사용되는 메시지이다. Source에서 Sink로 주기적으로 전송된다. Sink가 존재하는지를 확인하는 목적으로 사용된다.

6.4.3.3.2.6 PS_RDY 메시지

전원공급기의 역할을 수행하는 포트 측에서 전원공급 준비를 마쳤다는 의미로 사용하는 메시지다.

6.4.3.3.2.7 Get_Source_Cap 메시지

현재 연결된 케이블의 Source 측 포트의 특성 정보를 얻는 데 사용된다. Dual Role이 아닌 Sink 측의 포트는 Reject 메시지를 응답한다. 자세한 특성 정보는 6.4.3.3.3절을 참고한다.

6.4.3.3.2.8 Get_Sink_Cap 메시지

현재 연결된 케이블의 Sink 측 포트의 특성 정보를 얻는 데 사용된다. Dual Role이 아닌 Source 측의 포트는 Reject 메시지를 응답한다. 자세한 특성 정보는 6.4.3.3.3절을 참고한다.

6.4.3.3.2.9 DR_Swap 메시지

DR_Swap 메시지는 데이터 역할$^{Data\ Role}$을 교환하는 데 사용된다. 해당하는 메시지를 수신하는 수신 측에서 다음과 같은 응답 메시지가 사용될 수 있다.

Accept 메시지는 DR_Swap 요청을 수용한다는 의미이며 Reject 메시지는 DR_Swap 요청을 거절한다는 의미다. Wait 메시지는 DR_Swap 요청을 당장 수용하지 않지만 가까운 시간안에 수용할 때를 알려주겠다는 의미이다.

DR_Swap 메시지가 수용돼도 VBus, VConn 공급자의 역할은 그대로 유지된다.

6.4.3.3.2.10 PR_Swap 메시지

PR_Swap 메시지는 전원공급 역할$^{Power\ Role}$을 교환하는 데 사용된다. 해당하는 메시지를 수신하는 수신 측에서 다음과 같은 응답 메시지가 사용될 수 있다.

Accept 메시지는 PR_Swap 요청을 수용한다는 의미고 Reject 메시지는 PR_Swap 요청을 거절한다는 의미다. Wait 메시지는 PR_Swap 요청을 당장 수용하지 않지만 가까운 시간 안에 수용할 때를 알려주겠다는 의미다. PR_Swap 메시지가 수용돼도 Data Role, VConn 공급자의 역할은 그대로 유지된다. 양쪽 파트너의 포트는 각각 자신의 MessageIDCounter, RetryCounter값을 초기화한다.

6.4.3.3.2.11 VCONN_Swap 메시지

VCONN_Swap 메시지는 VConn 전원공급 역할^{VConn Role}을 교환하는 데 사용된다. 해당하는 메시지를 수신하는 수신 측에서 다음과 같은 응답 메시지가 사용될 수 있다.

Accept 메시지는 VCONN_Swap 요청을 수용한다는 의미고 Reject 메시지는 VCONN_Swap 요청을 거절한다는 의미다. Wait 메시지는 VCONN_Swap 요청을 당장 수용하지 않지만 가까운 시간 안에 수용할 때를 알려주겠다는 의미다.

VCONN_Swap 메시지가 수용돼도 Data Role, VBus 공급자의 역할은 그대로 유지된다.

6.4.3.3.2.12 Wait 메시지

Wait 메시지는 Request, PR_Swap, DR_Swap, VCONN_Swap 메시지에 대한 응답으로 사용될 수 있다. 곧바로 요청하는 메시지에 대한 처리를 할 수 없을 때 응답으로 사용된다.

6.4.3.3.2.13 Soft_Reset 메시지

프로토콜 영역의 에러를 회복하고 Message Counter의 상태를 알려진 초기 상태로 되돌린다. 전력공급 상태는 그대로 유지한다.

Soft_Reset 메시지가 성공적으로 수행되면 포트는 선택적으로 전력공급협상을 다시 진행할 수 있다. Soft_Reset 메시지가 실패하면 Hard_Reset 시그널링 작업이 진행된다. Hard_Reset 시그널링은 메시지 형태를 사용하지 않고 순서열을 사용한다.

표 6-23 Hard_Reset 순서열 문자

K-code 순서	테이블 속에 K-code 문자
1	RST-1
2	RST-1
3	RST-1

K-code 순서	테이블 속에 K-code 문자
4	RST-2

6.4.3.3.3 데이터 메시지 종류

메시지 형태에 따라서 메시지의 의미가 결정된다.

표 6-24 표 6-22의 메시지 유형(메시지 형태), 데이터 메시지

비트 3..0	메시지 유형
0000	사용 안 함
0001	Source_Capabilities
0010	Request
0011	BIST
0100	Sink_Capabilities
0101 – 1111	사용 안 함

표 6-25는 데이터 메시지로 사용되는 메시지 유형 값을 보여준다.

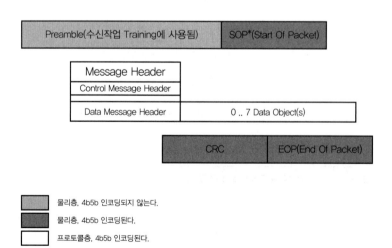

그림 6-41 메시지 Payload를 포함하고 있는 USB PD 패킷 포맷

그림 6-41을 보면, Message Header(Control Message 또는 Data Message)와 뒤에 이어지는 최대 8개의 Data Object를 보여준다. Data Object는 Data Message에 사용되는 필드다.

Data Object의 길이는 Message Header의 Data Object 개수를 나타내는 필드에 따라 가변적인 크기를 가진다.

6.4.3.3.3.1 Capabilities 메시지

Source_Capabilities와 Sink_Capabilities가 여기에 해당하며 포트의 특성 정보를 제공하는 데 사용된다. 여기에 사용되는 Data Object를 Power Data Object[PDO]라고 부른다.

Capabilities 메시지는 최소한 하나 이상의 Data Object(5V 고정 전원공급기 Object)를 가진다. 추가로 가질 수 있는 Data Object는 다음과 같다.

5V 이외에 다른 고정 전원공급기(fixed Supply) Object를 표현하고 낮은 수준에서 높은 수준의 순서대로 표현한다. 배터리 전원공급기 Object를 표현하고 낮은 수준에서 높은 수준의 순서대로 표현한다. 고정 혹은 배터리가 아닌 다른 방식의 전원공급기 Object를 표현하고 낮은 수준에서 높은 수준의 순서대로 표현한다.

표 6-25 일반적인 Power Data Object의 포맷

비트	설명	
B31..30	값	파라미터
	00b	고정 전원공급기
	01b	배터리 전원공급기
	10b	그외 전원공급기
	11b	사용 안 함
B29..0	PDO의 종류에 따라서 가변	

표 6-25를 보면 3가지 형식의 PDO가 사용하는 비트맵 정보를 설명하고 있다.

Capabilities 메시지가 포함하는 Data Object는 가장 앞부분에 고정 전원공급기 PDO를 시작으로 배터리, 그외 전원공급기 PDO 정보가 선택적으로 따라온다.

6.4.3.3.3.1.1 고정 전원공급기 PDO(Power Source의 경우)

고정 전원공급기 PDO는 표 6-26과 같은 포맷을 사용한다.

표 6-26 고정 전원공급기 Power Data Object의 포맷

비트	설명
B31..30	고정 전원공급기
B29	이중 역할 전력(Dual Role Power) PW_Swap 메시지 처리 능력을 가지고 있는지 여부를 알려준다.
B28	USB 서스펜드 지원 여부 USB에서 정의하고 있는 서스펜드 환경을 그대로 지원하는지 여부를 알려준다.
B27	외부 전력공급 여부
B26	USB 통신 기능 포함 여부
B25	데이터 역할 교환 가능 여부
B24..22	사용 안 함
B21..20	최대 전류(Peak Current). 디폴트 0. 짧은 시간 동안 과도한 전류를 제공할 필요가 있는 경우에 사용됨
B19..10	제공하는 50mV 단위의 전압량
B9..0	제공하는 10mA 단위의 최대 전류량

6.4.3.3.3.1.2 배터리 전원공급기 PDO(Power Source의 경우)

배터리 전원공급기 PDO는 표 6-27과 같은 포맷을 사용한다.

표 6-27 배터리 전원공급기 Power Data Object의 포맷

비트	설명
B31..30	배터리 전원공급기
B29..20	제공하는 50mV 단위의 최대 전압량

비트	설명
B19..10	제공하는 50mV 단위의 최소 전압량
B9..0	허용하는 250mW 단위의 최대 전력량

6.4.3.3.3.1.3 그외 전원공급기 PDO(Power Source의 경우)

그외 전원공급기 PDO는 표 6-28과 같은 포맷을 사용한다.

표 6-28 그외 전원공급기 Power Data Object의 포맷

비트	설명
B31..30	그외 전원공급기
B29..20	제공하는 50mV 단위의 최대 전압량
B19..10	제공하는 50mV 단위의 최소 전압량
B9..0	제공하는 10mA 단위의 최대 전류량

6.4.3.3.3.1.4 고정 전원소비기 PDO(Power Sink의 경우)

고정 전원소비기 PDO는 표 6-29와 같은 포맷을 사용한다.

표 6-29 그외 전원공급기 Power Data Object의 포맷

비트	설명
B31..30	고정 전원소비기
B29	이중 역할 전력(Dual Role Power) PW_Swap 메시지 처리 능력을 가지고 있는지 여부를 알려준다.
B28	5V이상의 전압을 요구하는 Sink의 특성을 가지고 있는지 알려준다.
B27	외부 전력공급 여부
B26	USB 통신 기능 포함 여부
B25	데이터 역할 교환 가능 여부
B24..20	사용 안 함

비트	설명
B19..10	소비하는 50mV 단위의 전압량
B9..0	동작 가능한 10mA 단위의 전류량

6.4.3.3.3.1.5 배터리 전원소비기 PDO(Power Sink의 경우)

배터리 전원소비기 PDO는 표 6-30과 같은 포맷을 사용한다.

표 6-30 배터리 전원소비기 Power Data Object의 포맷

비트	설명
B31..30	배터리 전원소비기
B29..20	소비하는 50mV단위의 최대 전압량
B19..10	소비하는 50mV단위의 최소 전압량
B9..0	동작가능한 250mW단위의 전력량

6.4.3.3.3.1.6 그외 전원소비기 PDO(Power Sink의 경우)

그외 전원소비기 PDO는 표 6-31과 같은 포맷을 사용한다.

표 6-31 그외 전원소비기 Power Data Object의 포맷

비트	설명
B31..30	그외 전원소비기
B29..20	소비하는 50mV 단위의 최대 전압량
B19..10	소비하는 50mV 단위의 최소 전압량
B9..0	동작가능한 10mA 단위의 전류량

6.4.3.3.3.2 Request 메시지

Source_Capabilities 메시지는 Power Source 측에서 Sink 측으로 전송하는 특성 정

보를 알려주는 용도로 사용되는 메시지다. 반면 Request 메시지는 Power Sink 측에서 Source 측으로 사용하려는 전력 제공을 요청하는 메시지다. Request 메시지에서 사용하는 Object Position 값은 가장 최근에 Power Source가 제공한 Source_Capabilities 메시지와 함께 전달된 PDO의 인덱스를 지칭하는 데 사용된다. 이 값은 최솟값 1부터 시작한다. 이 값을 지정하는 데 Source_Capabilities 메시지가 전달해준 PDO 정보가 완전하게 부합할 필요는 없다. Sink가 소비하는 전력을 충분하게 표현하는 PDO가 있으면 해당하는 항목을 가리키는 값으로 사용된다.

Request 메시지가 사용하는 Data Object의 형태는 크게 2가지 형태를 사용한다. 하나는 고정 전원 Power Data Object와 가변 전원 Power Data Object가 공유하는 형태이고, 다른 하나는 배터리 전원 Power Data Object를 위한 형태다.

표 6-32 고정 및 가변 전원 Power Data Object의 포맷(GiveBack 플래그가 0인 경우)

비트	설명
B31	사용 안 함
B30..28	Object Position(최솟값 1)
B27	GiveBack 플래그(0)
B26	Capability Mismatch
B25	USB 통신 기능 포함 여부
B24	USB Suspend 지원 안 함
B23..20	사용 안 함
B19..10	동작에 필요한 10mA단위의 필요 전류량
B9..0	10mA단위의 최대 필요 전류량

표 6-33 고정 및 가변 전원 Power Data Object의 포맷(GiveBack 플래그가 1인 경우)

비트	설명
B31	사용 안 함
B30..28	Object Position(최솟값 1)

비트	설명
B27	GiveBack 플래그(1)
B26	Capability Mismatch
B25	USB 통신 기능 포함 여부
B24	USB Suspend 지원 안 함
B23..20	사용 안 함
B19..10	동작에 필요한 10mA단위의 필요 전류량
B9..0	10mA단위의 최대 필요 전류량

표 6-34 배터리 전원 Power Data Object의 포맷(GiveBack 플래그가 0인 경우)

비트	설명
B31	사용 안 함
B30..28	Object Position(최솟값 1)
B27	GiveBack 플래그(0)
B26	Capability Mismatch
B25	USB 통신 기능 포함 여부
B24	USB Suspend 지원 안 함
B23..20	사용 안 함
B19..10	동작에 필요한 250mW단위의 필요 전력량
B9..0	250mW단위의 최대 필요 전력량

표 6-35 배터리 전원 Power Data Object의 포맷(GiveBack 플래그가 1인 경우)

비트	설명
B31	사용 안 함
B30..28	Object Position(최솟값 1)
B27	GiveBack 플래그(1)
B26	Capability Mismatch

비트	설명
B25	USB 통신 기능 포함 여부
B24	USB Suspend 지원 안 함
B23..20	사용 안 함
B19..10	동작에 필요한 250mW 단위의 필요 전력량
B9..0	250mW 단위의 최대 필요 전력량

여기서는 표 6-32에서 표 6-35까지 나타난 필드 중 몇 가지를 부연 설명하도록 한다.

- GiveBack 플래그: 해당하는 기능이 활성화되면 Power Source는 Sink 측으로 최소전력사용 상태로 전환하라는 의미로 'GotoMin' 메시지를 사용할 수 있다. 전력공급을 받던 Sink는 특별한 사정으로 인해 Source로부터 전력공급량이 최소화될 수 있다. 이와 같은 상황은 Source에게 받던 전력공급량을 되돌려준다 (GiveBack)는 의미로 해석하게 된다.
- Capabilities Mismatch: Power Source가 제공하는 전원공급 조건은 그 어떤 것도 Sink가 사용하기에 적합하지 않다는 의미로 셋(1)된다. 이런 경우 Power Sink는 'Sink_Capabilities' 메시지를 통해서 요구하는 전원소비 조건을 Source 에게 알려야 한다.
- USB 통신 기능: USB 스펙에서 규정하는 Suspend, Resume 기능에 동작을 하는지 여부를 알려준다.

6.4.3.3.3.3 BIST 메시지

포트가 물리영역 테스트 모드로 진입하는 데 사용하는 메시지다.

6.4.3.4 실예를 통해 USB PD를 이해하기

실전에서 어떤 식으로 PD 메시지가 송수신되고 이에 따라서 전력소비가 어떻게 결정되는지 몇 가지 예를 들어 설명한다.

6.4.3.4.1 데이터 역할과 전원공급 역할이 같은 경우의 예시

데이터 역할과 전원공급 역할은 통상적으로 같은 경우가 일반적이다. USB Type-C는 이와 같은 상황을 바꿀 수 있다.

먼저 일반적인 상황으로 데이터 역할과 전원공급 역할이 동일한 환경의 예시를 통해서 USB PD가 어떤 형태로 메시지를 교환하는지 알아보자.

그림 6-42를 보자. 노트북에 모니터1를 하나 연결하고 전원과 데이터가 케이블을 통해서 전달된다. 노트북은 모니터1 측으로 30W 전력을 공급해야 하고 모니터1의 내부에는 허브가 있다. 이 허브의 포트를 통해서 모니터2와 또다시 연결된다. 모니터1은 모니터2 측으로 30W 전력을 공급해야 한다.

결과적으로 노트북은 모니터1 측으로 60W의 전력을 공급해야 한다.

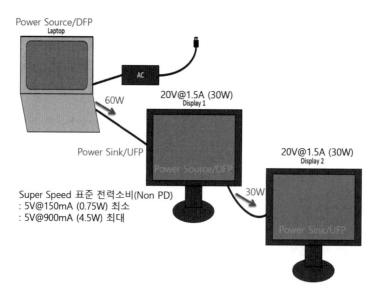

그림 6-42 하나의 노트북 + 두 개의 모니터(Data Role = Power Role) (출처: usb.org)

표 6-36 그림 6-42 환경에서 전원공급과 PD 메시지가 전달되는 과정

단계	노트북	모니터1	모니터2	전력사용 가능(W)
모니터 1				
1	AC 전원공급			0
2	VBus 제공	연결됨 5V@150mA 사용		0.75
3	Source Caps 메시지 전달 5V@2A(10W) 12V@3A(36W) 20V@3A(60W)	Source Cap 메시지 수신		0.75
4	Request 메시지 수신	Request 메시지 전달 20V@1.5A(30W)		0.75
5	Accept 메시지 전달	Accept 메시지 수신		0.75
6	PS_RDY 메시지 전달	PS_RDY 메시지 수신 20V@1.5A(30W) 사용		30
모니터 2				
7		모니터2 연결 확인	연결됨 VBus 제공 안 됨	30
8	Request 메시지 수신	Request 메시지 전달 20V@1.73A(34.6W)	VBus 제공 안 됨	30
9	Accept 메시지 전달	Accept 메시지 수신	VBus 제공 안 됨	30
10	PS_RDY 메시지 전달	PS_RDY 메시지 수신	VBus 제공 안 됨	34.6
11		VBus 제공	5V@150mA 사용	34.6
12		Source Caps 메시지 전달 5V@0.9A(4.5W)	Source Cpas 메시지 수신	34.6
13		Request 메시지 수신	Request 메시지 전달 5V@0.15A(0.75W) + Capability Mismatch	34.6

단계	노트북	모니터1	모니터2	전력사용 가능(W)
14		Accept 메시지 전달	Accept 메시지 수신	34.6
15		PS_RDY 메시지 전달	PS_RDY 메시지 수신	34.6
16		Get Sink Caps 메시지 전달	Get Sink Caps 메시지 수신	34.6
17		Sink Caps 메시지 수신	Sink Caps 메시지 전달 20V@1.5A	34.6
18	Request 메시지 수신	Request 메시지 전달 20V@3A(60W)		34.6
19	Accept 메시지 전달	Accept 메시지 수신		34.6
20	PS_RDY 메시지 전달	PS_RDY 메시지 수신		60
21		Source Caps 메시지 전달 5V@0.9A(4.5W) 20V@1.5A(30W)	Source Cpas 메시지 수신	60
22		Request 메시지 수신	Request 메시지 전달 20V@1.5A(30W)	60
23		Accept 메시지 전달	Accept 메시지 수신	60
24		PS_RDY 메시지 전달	PS_RDY 메시지 수신 20V@1.5A(30W) 사용	60

부가적인 설명은 다음과 같다.

- 4: 모니터1은 노트북 측으로 20V@1.5A(30W)의 전력 제공을 요청한다.
- 8: 모니터1은 노트북 측으로 20V@1.73A(34.6W)의 전력 제공을 요청한다. 이 값은 기존의 30W + 약 4.5W를 포함하는 크기값으로 USB Super Speed 포트 하나가 정상적으로 동작하는 데 필요한 최대 전력(PD를 사용하지 않는 경우)량이다.
- 13: 모니터2는 모니터1 측으로 5V@0.15A(0.75W)의 전력 제공을 요청하면서 Capability Mismatch 파라미터를 기록한다. 이 크기는 USB Super Speed 포트

에 연결되는 디바이스가 요구하는 최소 전력(PD를 사용하지 않는 경우)량이다.

- 17: 모니터2는 모니터1 측으로 Sink Caps 메시지(20V@1.5A)를 전달한다. 30W 를 사용한다는 것을 알린다.
- 18: 모니터1은 모니터2로부터 요구되는 전력량 30W를 고려해 노트북 측으로 20V@3A(60W)의 전력 제공을 요청한다.
- 20: 노트북은 이제 60W의 전력이 사용되는 것을 허락한 상태다.
- 21: 노트북으로부터 요구된 60W의 전력 사용을 허락받은 뒤 모니터1은 모니터 2 측으로 새로운 전력공급특성 정보를 제공한다.
- 22: 모니터2는 모니터1 측으로 20V@1.5A(30W)의 전력 제공을 요청한다.

6.4.3.4.2 데이터 역할과 전원공급 역할이 다른 경우의 예시

데이터 역할Data Role과 전원공급 역할Power Role이 다른 경우를 살펴보자. 처음 상태는 이들의 역할이 같은 상태에서 시작하지만 필요에 의해서 전원공급 역할 교환Power Role Swap이 이뤄진다.

그림 6-43를 보면 AC 전원을 공급받는 모니터2가 있다. 모니터2에 모니터1을 하나 연결한다. 모니터2는 모니터1 측으로 30W 전력을 공급해야 한다. 모니터1의 내부에는 허브가 있다. 이 허브의 포트를 통해서 태블릿과 또다시 연결된다. 모니터1은 태블릿 측으로 12W 전력을 공급해야 한다. 태블릿은 충전까지 가능한 상태다.

결과적으로 모니터2는 모니터1 측으로 42W의 전력을 공급해야 한다.

데이터 역할Data Role에 있어 태블릿은 모니터1을 위해, 모니터1은 모니터2를 위해 각각 호스트의 역할을 수행한다. 하지만 전원공급 방향은 반대 방향이다. 태블릿의 DFP가 초반에 전원공급 Source 역할로 정해져 있었다고 가정하면 전원이 공급됨과 동시에 PW_ Swap 메시지에 의해서 태블릿의 DFP와 모니터1의 UFP는 서로의 전력공급 역할을 교환해야 한다. 초기에 태블릿이 전원공급 역할을 수행하지만 잠시 후 태블릿은 전원소비 역할로 전환된다.

태블릿은 12V@0.2A(2.4W)의 전력이 제공되면 동작이 가능하다고 가정한다. 또한 12V@1A(12W)의 전력이 제공되면 충전도 가능하다고 가정한다. 이 시나리오에서는 처음에는 동작이 가능한 2.4W의 전력이 제공되고 이후에 충전이 가능한 12W의 전력이 제공되는 형태로 진행해본다.

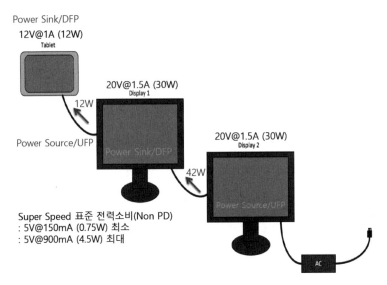

그림 6-43 하나의 태블릿 + 두 개의 모니터(Data Role != Power Role) (출처: usb.org)

표 6-37 그림 6-43 환경에서 전원공급과 PD 메시지가 전달되는 과정

단계	태블릿	모니터1	모니터2	전력사용 가능(W)
모니터 1				
1			AC전원공급	0
2		모니터2에 연결됨	모니터1이 연결됨	0
3		아무런 반응이 없다.	아무런 반응이 없다.	0
4			모니터1 측으로 전력 제공 5V@150mA(0.75W)	0.75

단계	태블릿	모니터1	모니터2	전력사용 가능(W)
5		Source Caps 메시지 수신	Source Caps 메시지 전달 5V@2A(10W) 12V@3A(36W) 20V@3A(60W)	0.75
6		Request 메시지 전달 20V@1.5A(30W)	Request 메시지 수신	0.75
7		Accept 메시지 수신	Accept 메시지 전달	0.75
8		PS_RDY 메시지 수신	PS_RDY 메시지 전달	30
태블릿 - Power Role Swap(전력 역할 교환)				
9	태블릿이 모니터1에 연결됨. VBus 제공	태블릿에서 VBus 제공됨		30
10	Source Caps 메시지 전달 5V@0.5A(2.5W)	Source Caps 메시지 수신		30
11	Request 메시지 수신	Request 메시지 전달 5V@0A(0W)		30
12	Accept 메시지 전달	Accept 메시지 수신		30
13	PS_RDY 메시지 전달	PS_RDY 메시지 수신		30
14	Get Sink Caps 메시지 수신	Get Sink Caps 메시지 전달		30
15	Sink Caps 메시지 전달 12V@0.2A(2.4W)	Sink Caps 메시지 수신		30
16		모니터2 측으로 Request 메시지 전달 20V@1.62A(32.4W)	Request 메시지 수신	30
17		Accept 메시지 수신	Accept 메시지 전달	30
18		PS_RDY 메시지 수신	PS_RDY 메시지 전달	32.4
19	PR_Swap 메시지 수신	PR_Swap 메시지 전달	Sink Caps 메시지 전달 20V@1.5A	32.4

단계	태블릿	모니터1	모니터2	전력사용 가능(W)
20	Accept 메시지 전달 VBus 전원공급 해제	Accept 메시지 수신		32.4
21	PS_RDY 메시지 전달	PS_RDY 메시지 수신		32.4
22	PS_RDY 메시지 수신	PS_RDY 메시지 전달		32.4
23	Source Cpas 메시지 수신	Source Caps 메시지 전달 5V@0.48A(2.4W) 12V@0.2A(2.4W) 20V@0.12A(2.4W)		32.4
24	Request 메시지 전달 12V@0.2(2.4W)	Request 메시지 수신		32.4
25	Accept 메시지 수신 Accept 메시지 전달	Accept 메시지 전달		32.4
26	PS_RDY 메시지 수신 12V@0.2A(2.4W) 사용	PS_RDY 메시지 전달		32.4

태블릿 – 충전가능 상태로 진입(2.4W → 12W)

단계	태블릿	모니터1	모니터2	전력사용 가능(W)
27	Request 메시지 전달 12V@0.2(2.4W)+ Capability Mismatch	Request 메시지 수신		32.4
28	Accept 메시지 수신	Accept 메시지 전달		32.4
29	PS_RDY 메시지 수신	PS_RDY 메시지 전달		32.4
30	Get Sink Caps 메시지 수신	Get Sink Caps 메시지 전달		32.4
31	Sink Caps 메시지 전달 12V@1A(12W)	Sink Caps 메시지 수신		32.4
32		Request 메시지 전달 20V@2.1A(42W)	Request 메시지 수신	32.4
33		Accept 메시지 수신	Accept 메시지 전달	42
34		PS_RDY 메시지 수신	PS_RDY 메시지 전달	42
35		Source Caps 메시지 수신	Source Caps 메시지 전달 5V@2A(10W) 12V@3A(36W) 20V@3A(60W)	42

단계	태블릿	모니터1	모니터2	전력사용 가능(W)
36		Request 메시지 전달 20V@2.1A(42W)	Request 메시지 수신	42
37		Accept 메시지 수신	Accept 메시지 전달	42
38		PS_RDY 메시지 수신	PS_RDY 메시지 전달	42
39	Source Caps 메시지 수신	Source Caps 메시지 전달 5V@0.5A(2.5W) 12V@1A(12W) 20V@0.6(12W)		42
40	Request 메시지 전달 12V@1A(12W)	Request 메시지 수신		42
41	Accept 메시지 수신	Accept 메시지 전달		42
42	PS_RDY 메시지 수신	PS_RDY 메시지 전달		42

6.4.4 USB Type-C Packet Protocol Analyzing 예시

최근 Type-C 커넥터는 USB 프로토콜뿐만 아니라 썬더볼트(Thunderbolt 3)에서도 사용하고 있다. 이 책에서는 USB 프로토콜을 사용하는 Type-C까지 다룬다.

그림 6-44는 USB Type-C 장치를 호스트에 연결할 때 캡처되는 패킷을 보여준다.

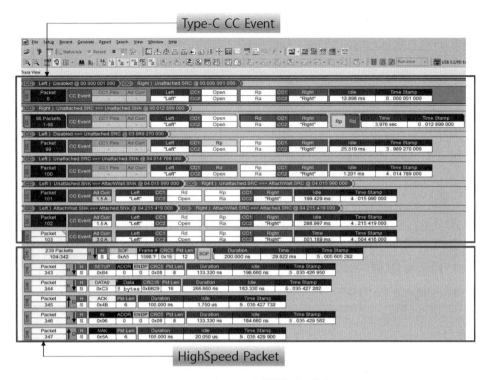

그림 6-44 USB Type-C 장치와 USB 패킷

그림 6-44는 High Speed를 사용하는 USB Type-C 디바이스를 호스트에 연결할 때 발생되는 패킷의 일부분을 보여준다.

처음에 디바이스를 호스트에 연결할 때 여러 개의 CC 이벤트패킷이 발생되는 것이 보인다. 데이터 호스트와 디바이스 그리고 전원공급자를 선택하는 작업이 이 부분에서 이뤄진다. 현재 사용하는 디바이스는 Power Delivery 기능을 지원하지 않는 디바이스이기 때문에 별도로 PD 패킷은 발견되지 않고 있다. 초반에 CC 패킷의 전송이 끝나면 그림처럼 통상적인 USB 패킷이 내려오는 것을 알 수 있다.

07

허브(HUB)

7.1 USB 2 HUB

7.1.1 개요

7.1.1.1 허브 아키텍처

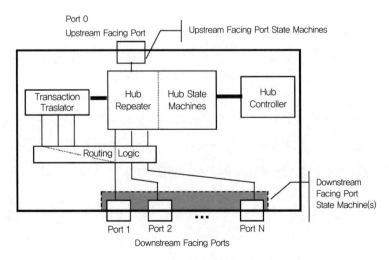

그림 7-1 허브 아키텍처(출처: usb.org)

그림 7-1을 보면 허브와 허브가 가진 업 스트림 포트^{Upstream Port}, 다운 스트림 포트 ^{Downstream Port}를 볼 수 있다. 허브는 허브리피터, 허브 컨트롤러 그리고 트랜잭션 번역기로 구성돼 있다. 허브는 Upstream 포트(UP)가 High Speed(HS)에 연결돼 있을 때는 HS로 동작하고, UP가 Full Speed(FS)에 연결돼 있을 때는 FS로 동작한다.

허브리피터는 UP와 DP 간의 HS, FS, LS 등의 서로 다른 속도의 연결을 관리한다. 트랜잭션 번역기는 HS 분할 트랜잭션^{Split Transaction}을 사용하고, 이것들을 FS/LS 트랜잭션으로 변환하는 역할을 수행한다.

7.1.1.2 허브 연결

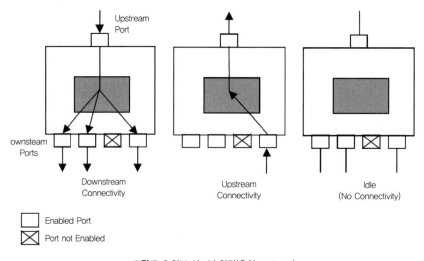

ownsteam Ports

Downstream Connectivity

Upstream Connectivity

Idle (No Connectivity)

Enabled Port
Port not Enabled

그림 7-2 허브 시그널 연결(출처: usb.org)

그림 7-2를 보면 허브 내의 UP와 DP가 서로 데이터 신호를 주고 받는 것을 볼 수 있다. UP에서 DP로 전송되는 패킷(시그널)은 동시에 여러 개의 DP로 브로드캐스팅되고 있다. 반면 DP에서 UP로 올라가는 패킷은 유니캐스팅되고 있다.

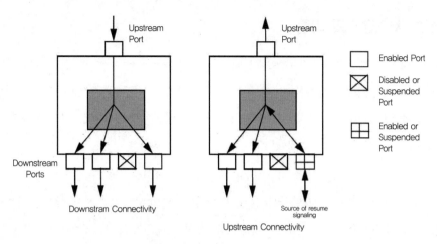

그림 7-3 허브가 리쥼시그널을 받아서 처리하는 모습(출처: usb.org)

그림 7-3에서 서스펜드돼 있던 허브가 자신의 UP로부터 리쥼^Resume 시그널을 받으면 이 신호는 그대로 허브의 모든 DP(Enable돼 있는 포트)로 브로드캐스팅돼 전달된다.

서스펜드돼 있던 허브가 자신의 DP로부터 리쥼(Remote Wakeup)시그널을 받으면 이 신호는 그대로 허브의 UP으로 전달됨과 동시에 또다시 허브의 모든 DP(Enable돼 있는 포트)로 브로드캐스팅돼 전달된다. 왜냐하면 허브가 서스펜드돼 있었다는 것은 그아래 모든 DP에 연결된 디바이스도 서스펜드돼 있었다는 뜻이기 때문이다.

리쥼시그널은 금지된 포트와 서스펜드된 포트로는 전달되지 않는다.

7.1.2 허브 프레임(Frame)/마이크로 프레임(uFrame)

허브는 호스트에 의해서 발생되는 Start Of (micro) Frame(SOF) 패킷과 동기화를 유지하는, 허브 내부 클록에 의해 관리되는 (micro) Frame 타이머를 가지고 있다. 허브가 가진 타이머는 호스트가 전달하는 프레임 패킷신호를 감지하고 추적한다. FS, LS 속도를 지원하는 프레임과 HS 속도를 지원하는 마이크로 프레임을 구분한다. FS, LS 속도를 지원하는 프레임은 1ms의 주기를 가지고, HS 속도를 지원하는 마이크로 프레임은 125us의 주기를 지원한다.

7.1.3 서스펜드와 리쥼

허브는 전역 서스펜드Global Suspend와 선택적 서스펜드Selective Suspend 그리고 전역 리쥼Resume과 선택적 리쥼을 지원한다. 서스펜드는 버스상에 그 어떤 패킷도 송수신되는 행위가 없는 경우(심지어는 SOF 패킷도 발견되지 않는 경우)가 일정시간 지속되면 약속에 의해 버스 상태는 서스펜드 상태로 전환된다.

전역 서스펜드, 리쥼은 그 어떤 허브의 DP의 상태와 상관없이 전체 버스를 서스펜드, 리쥼시키는 것을 의미하고, 선택적 서스펜드, 리쥼은 허브의 특정 DP를 서스펜드, 리쥼시키는 것을 의미한다(윈도우 운영체제는 글로벌 서스펜드를 사용하지 않는다. 선택적 서스펜드만 지원하고 있다).

전역 서스펜드, 리쥼은 호스트 컨트롤러의 루트포트가 기능을 제공하고, 선택적 서스펜드, 리쥼은 호스트가 허브에게 허브 전용 명령을 전송해 허브가 이를 수행된다. 선택적 리쥼과 같은 개념의 리쥼을 디바이스가 요청하는 경우를 원격 깨우기(Remote Wakeup) 리쥼이라고 부른다.

HS 속도의 디바이스가 서스펜드되면 항상 FS 속도의 디바이스로 변한 상태에서 일정시간 Idle 상태를 유지하다가 서스펜드된다. 또다시 이 디바이스가 리쥼이 되는 경우에는 FS 서스펜드 상태에서 곧바로 리쥼시그널에 의해 HS Idle 상태로 전환한다.

- HS Idle → Suspended → FS Idle → FS Suspended Idle: Suspend 과정
- FS Suspended Idle → Resume(Remote Wakeup or Host Initiated Resume) → HS Idle: Resume 과정

7.1.4 허브 리셋 행동

허브를 리셋하는 시그널링은 다운 스트림 방향으로만 가능하다. 허브의 UP가 이와 같은 리셋신호를 받게 된다.

서스펜드된 허브는 리셋신호를 통해서 리쥼될 수 있다. 리셋신호가 인지되면 리쥼되고 리셋신호가 끝나는 타이밍에 리셋처리를 완료해야 한다.

리셋처리를 완료한 허브는 다음과 같은 상태를 가진다.

- 허브 컨트롤러는 디폴트 주소 0을 가진다.
- 허브의 상태 변경 비트들은 모두 0으로 초기화 된다.
- 허브의 Transmitter는 비활성화^{Inactive} 상태가 된다
- 허브의 모든 DP는 셋업되지 않은 상태^{Not Configured}가 유지되고, 포트는 SE0 시그널을 가진다.

7.1.5 허브 포트 전원 관리

허브는 자체적으로 전원을 공급할 수 있는 허브^{Self-powered 허브}와 VBUS 시그널을 통해서 전원을 공급받아야 동작할 수 있는 허브^{Bus-powered 허브}로 구분된다.

Self-powered 허브는 자신의 DP 방향으로 전원공급을 차단하거나 허용시키는 별도의 파워 스위치를 가질 수 있지만 필수적인 요건은 아니다. 반면 Bus-powered 허브는 무조건 파워 스위치를 가져야 한다. 파워 스위치가 외부에서 보이는 기계적이고 사람의 조작을 필요로 하는 그런 스위치가 아니라 회로 내부적으로 스위칭 기능을 가지고 있는 것을 의미한다. 파워 스위치에 의해 허브의 모든 DP가 전역적으로 혹은 개별적으로 전원 공급을 할 수 있다. 허브는 허브가 제공하는 디스크립터 내에 wHubCharacteristics 필드를 통해 파워 스위치를 가지고 있는지 아닌지를 호스트에게 알린다.

허브가 포트 각각을 위한 파워 스위치를 가지고 있는 경우에는 허브 전용 명령^{SetPortFeature,} ^{PORT_POWER}에 의해 해당하는 포트의 전원이 공급된다.

비록 Self-powered 허브가 파워 스위치를 가질 필요는 없지만 모든 DP에 대해 Power Off 상태를 가질 수 있어야 한다.

7.1.6 허브 컨트롤러

7.1.6.1 엔드포인트와 허브

그림 7-4를 보면 허브 컨트롤러의 내부 조직을 가장 엔드포인트와 포트의 관점으로 나타내고 있다.

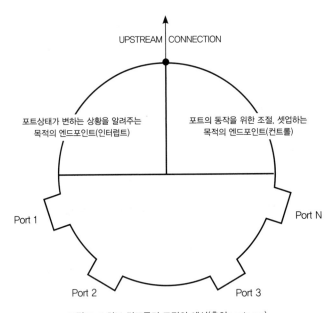

그림 7-4 허브 컨트롤러 조직의 예시(출처: usb.org)

외장 허브는 2개의 엔드포인트를 가지고 있다. 이중 하나는 인터럽트 엔드포인트로서 포트의 상태가 바뀌는 상황으로 호스트에게 보고하는 용도로 사용된다. 또 다른 하나는 컨트롤 엔드포인트로서 각각의 포트의 동작을 조절하는 용도로 사용된다.

7.1.6.2 호스트와 허브가 제공하는 정보를 사용하는 허브의 모습

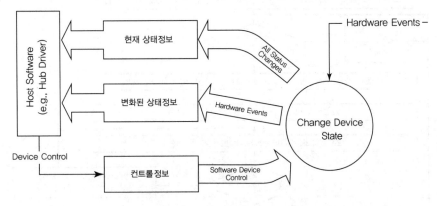

그림 7-5 허브와 상태정보와 컨트롤정보의 전달(출처: usb.org)

그림 7-5를 보면 허브 포트의 현재 상태와 상태가 바뀔 때 알려주는 변화된 상태정보는 호스트로 컨트롤정보는 호스트에서 허브로 전달되는 정보이다.

호스트는 허브로부터 전달되는 포트의 상태정보 혹은 변화된 상태정보에 따라서 디바이스의 연결 혹은 제거상태를 인식할 수 있다. 허브리셋 혹은 허브 전용 명령ClearPortFeature에 의해 변화된 상태정보는 리셋되고 그외에는 항상 변화된 상태를 유지한다.

7.1.6.3 허브가 제공하는 변화된 상태정보를 처리하는 과정

허브가 제공하는 변화된 상태정보를 통해 포트의 상태가 변하는 것을 호스트가 인식할 수 있다. 이와 같은 상태 값은 반드시 호스트에 의해서 리셋돼야 다음 번에 발생하는 다른 상태가 이전에 발생한 상태와 혼동하는 문제를 피할 수 있다.

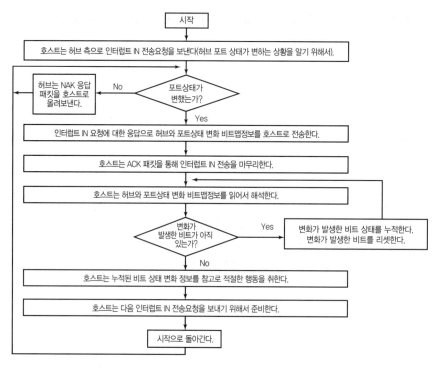

그림 7-6 포트의 상태 변화를 다루는 방법

7.1.6.4 허브가 제공하는 변화된 상태정보 비트맵

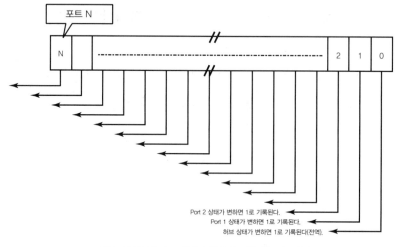

그림 7-7 허브의 포트 상태가 변할 때 기록되는 비트맵정보

그림 7-7을 보면 허브가 가진 각각의 포트 상태가 변했다는 의미를 알려주는 인터럽트 전송에서 사용되는 비트맵정보를 보여주고 있다. 물론 이 정보만으로는 어떻게 변했는지를 알 수는 없다. 호스트는 이 비트맵정보를 통해서 무엇인가 포트의 상태가 변했다는 정보만 얻을 수 있다. 호스트는 이후 컨트롤 전송을 사용해서 구체적인 포트 상태 정보를 읽는다.

7.1.6.5 허브가 포트에 연결된 디바이스를 인식하는 과정

디바이스가 허브의 포트에 연결되면 디바이스 연결 이벤트Attach Event가 허브에 의해서 인식된다. 허브는 호스트가 요청한 인터럽트 IN 요청에 대한 응답으로 해당하는 포트의 변화하는 사실을 비트맵정보로 호스트에 보고한다. 호스트는 포트가 변했다는 정보를 얻은 뒤 컨트롤 전송을 통해 구체적으로 지금의 이벤트가 디바이스 연결 이벤트라는 사실을 인지한다.

이후 호스트는 컨트롤 전송 명령(PORT_RESET)을 사용해서 허브가 가진 포트를 리셋하라는 요청을 허브에게 보낸다. 허브의 포트는 리셋과정을 진행한다.

리셋과정이 끝나면 호스트는 디바이스가 어떤 속도(LS, FS, HS)를 지원하는지에 대한 정보를 얻게 된다.

7.1.7 허브 컨피규레이션(셋업)

허브는 일반 USB 디바이스와 마찬가지로 표준 USB 디바이스 컨피규레이션 명령어 Configuration Command를 사용해서 셋업된다. 허브가 파워 스위칭 기능을 가지고 있는 경우 셋업되기 이전에 허브의 모든 DP 포트는 전원공급이 차단된다. 셋업과정은 인터럽트 엔드포인트의 동작을 활성화시킨다.

호스트는 허브가 제공하는 디스크립터를 통해서 허브의 특성을 파악한다. Self-powered 허브인지 아니면 Bus-powered 허브인지를 확인하고 허브의 전력요구 상태를 조사한다.

허브가 제공하는 컨피규레이션 디스크립터^{Configuration Descriptor} 내의 bMaxPower 필드는 VBUS핀을 통해 허브가 어느 정도의 전력을 끌어 사용하는지를 알린다. 이때 허브가 가진 DP에 연결된 디바이스가 현재 있더라도 허브가 제공하는 디스크립터는 허브에 대한 소비정보만 명시한다. 허브에 연결된 디바이스가 사용하는 전력량은 별도로 호스트에 의해서 열거된다.

USB 2 버스를 사용하는 디바이스는 최소 100mA에서 최대 500mA까지 VBUS의 전력을 끌어 사용할 수 있다. USB 3 버스를 사용하는 디바이스는 최소 150mA에서 최대 900mA까지 VBUS의 전력을 끌어 사용할 수 있다.

허브는 디바이스에게 전원을 공급하는 역할을 담당한다. 디바이스가 어느 정도 전력을 사용해야 하는지에 따라서 Self-powered 허브 혹은 Bus-powered 허브 중 하나를 선택해야 한다.

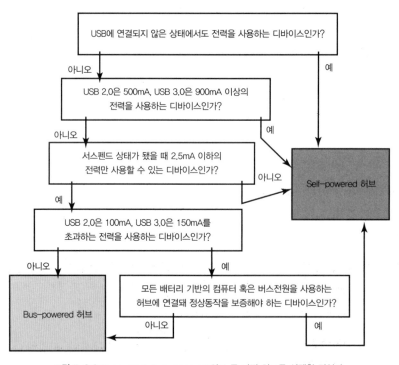

그림 7-8 Self-powered, Bus-powered 허브 중 어떤 허브를 선택할 것인가

그림 7-8을 보면 디바이스의 전력요구량에 따라서 어떤 허브를 사용하는 것이 안전한지를 알 수 있다. USB 2.0과 USB 3.0에서 각각 지정한 최소 전력 100mA, 150mA보다 낮은 전력을 사용하지 않는 경우 그림에서는 마지막 선택의 기회를 한 번 더 가진다.

컴퓨터 사용자가 하나의 USB 디바이스만 사용하는 환경이라면 Bus-powered 허브를 사용해도 무방할 수 있지만, 현실적으로 여러 개의 디바이스를 허브에 연결해서 사용하는 상황에서는 전력공급 문제의 한계가 나타날 수 있다.

왜냐하면 Bus-powered 허브가 제공할 수 있는 최대 전력은 USB 2.0은 500mA, USB 3.0은 900mA(사실 허브가 사용하는 전력은 제외했다)이며, 모든 DP에 연결된 디바이스가 이 전력을 나눠 사용해야 하기 때문이다. 그런 이유로 가능하다면 Self-powered 허브 환경이 더 안전한 USB 통신을 보장하게 된다.

7.1.8 트랜잭션 번역기

허브는 자신이 HS 속도에서 동작하고 있을 때 이보다 낮은 속도(FS, LS)에서 동작하는 디바이스가 허브의 DP에 연결돼 있는 경우 책임감을 가져야 한다. 이것은 HS와 FS, LS는 프레임주기시간도 다르고 패킷교환시간도 서로 다르기 때문이다. 특히 허브가 두 개의 서로 다른 DP를 가지고 있을 때 포트 중 하나는 HS, 다른 하나는 LS의 디바이스가 연결돼 있는 상황을 생각해보자. LS 디바이스와 호스트가 트랜잭션을 수행하는 과정이 너무 느리기 때문에 이로 인해 HS 디바이스와 호스트의 트랜잭션이 지연되는 문제를 가져올 수 있다.

7.1.8.1 개요

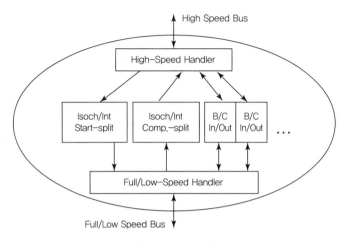

그림 7-9 트랜잭션 번역기 개요(출처: usb.org)

그림 7-9를 보면 트랜잭션 번역기의 내부 구조를 알 수 있다. 트랜잭션 번역기의 역할은 한마디로 HS 속도로 동작하는 허브의 동작에 영향을 미치지 않고, 허브가 가진 DP에 연결된 디바이스의 속도를 지원하는 기능이다. 이 경우 허브의 DP 연결된 디바이스가 LS, FS일 때 전혀 이와 같은 번역기가 동작하는 환경임을 알지 못해야 한다.

트랜잭션 번역기에서 허브의 UP는 여전히 HS 속도로 호스트와 통신한다. 따라서 하나의 HS 핸들러 그리고 DP에 연결돼 있는 디바이스가 FS, LS인 경우에 트랜잭션 번역기가 동작하므로 이들을 위한 FS, LS 핸들러를 가지고 있다. 또한 엔드포인트의 종류에 따라서 특성있는 버퍼를 가지고 있다.

하나의 DP 포트당 하나의 트랜잭션 번역기(TT)를 가지는 허브를 MTT[Multiple TT] 허브라고 부른다. 반면 허브가 가진 모든 DP 포트가 단 하나의 트랜잭션 번역기만 사용하는 허브를 STT[Single TT] 허브라고 부른다.

등시성 엔드포인트와 인터럽트 엔드포인트는 주기적인 통신을 필요로 한다. 이들을 위해서 분할시작 버퍼와 분할완료 버퍼를 공유한다.

반면 벌크 엔드포인트와 컨트롤 엔드포인트는 하나 이상의 버퍼를 공유하며, 복수 개의 버퍼가 존재하면 존재할수록 성능이 좋아질 수 있다. 물론 단 하나의 버퍼만 사용해서 무방하다.

7.1.8.2 트랜잭션 번역기의 스케줄링

HS 핸들러가 분할전송을 시작할 때 FS, LS 트랜잭션정보와 OUT 방향의 엔드포인트를 위한 데이터 그리고 IN 방향의 트랜잭션 정보들은 버퍼링돼 보관될 수 있다. 호스트는 주기적인 통신을 요구하는 엔드포인트와 그렇지 않은 엔드포인트 간의 서로 다른 방식으로 스케줄링scheduling을 진행한다.

7.1.8.2.1 주기적인 통신을 요구하는 엔드포인트를 위한 스케줄링

주기적인 전송은 FS, LS 디바이스와 통신할 때 보다 더 엄격한 타이밍 시간을 요구한다.

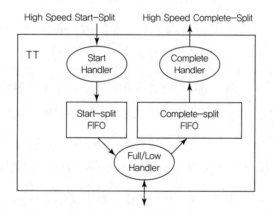

그림 7-10 분할 트랜잭션의 파이프라인(출처: usb.org)

그림 7-10에서 주기적인 전송을 위한 TT는 분할시작 핸들러Start Handler와 분할완료 핸들러Complete Handler를 사용한다. 분할시작 핸들러는 분할시작버퍼(FIFO)를 사용해서 FS, LS 핸들러에게 데이터를 전송하고, FS, LS 핸들러는 분할완료버퍼(FIFO)를 사용해서 분할완료 핸들러에게 데이터를 전송한다. 여기서 해당하는 엔드포인트는 인터럽트 엔드포인트와 등시성 엔드포인트다.

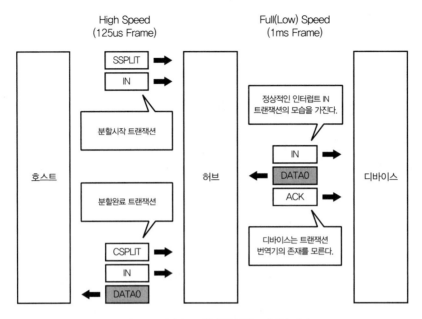

그림 7-11 인터럽트 IN을 위한 분할 트랜잭션 예시

그림 7-11을 보자. 왼쪽은 High Speed 버스, 오른쪽은 Full(Low) Speed 버스다. 서로 다른 속도이며 서로 다른 프레임주기를 사용한다.

핵심은 호스트와 허브 간의 트랜잭션이 분할되는 점이다. 이렇게 분할돼 두 개의 트랜잭션으로 나눠지지 않고 오른쪽처럼 하나의 트랜잭션을 가진다면, 고스란히 디바이스에서 응답이 호스트에 올라올 때까지 다른 트랜잭션을 허브가 받을 수 없게 된다. 따라서 이와 같이 분할 트랜잭션을 사용해서 두 개로 나눠 호스트와 허브가 통신한다.

호스트와 허브가 주고 받는 두 개의 트랜잭션은 각각 분할시작-SSPLIT^{Start of Split}, 분할완료-CSPLIT^{Complete of Split}을 의미한다. 디바이스가 올려주는 인터럽트 IN 데이터패킷은 분할완료 트랜잭션(CSPLIT)에서 호스트로 보고가 된다.

7.1.8.2.1.1 인터럽트 OUT 분할 트랜잭션

호스트와 허브가 인터럽트 OUT 분할 트랜잭션을 수행하는 순서와 패킷을 살펴보자.

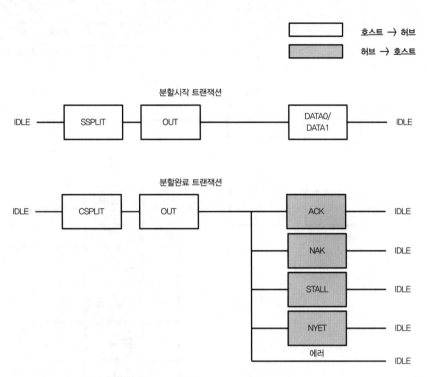

분할시작 트랜잭션

IDLE —— SSPLIT —— OUT —— DATA0/DATA1 —— IDLE

분할완료 트랜잭션

IDLE —— CSPLIT —— OUT

ACK —— IDLE

NAK —— IDLE

STALL —— IDLE

NYET —— IDLE

에러 —— IDLE

그림 7-12 인터럽트 OUT 분할 트랜잭션 시퀀스

그림 7-12를 보자. 분할시작 트랜잭션에서 호스트는 SSPLIT 패킷과 OUT 토큰패킷을 허브로 전송한다. 이어서 디바이스로 보내고자 하는 데이터패킷을 허브로 전송한다. 분할완료 트랜잭션에서 호스트는 CSPLIT 패킷과 OUT 토큰패킷을 허브로 전송한다. 이어서 허브는 디바이스에 올라온 상태패킷을 호스트로 전송한다.

7.1.8.2.1.2 인터럽트 IN 분할 트랜잭션

호스트와 허브가 인터럽트 IN 분할 트랜잭션을 수행하는 순서와 패킷을 살펴보자.

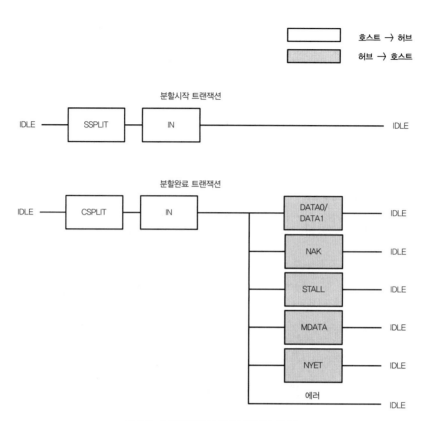

그림 7-13 인터럽트 IN 분할 트랜잭션 시퀀스

그림 7-13을 보자. 분할시작 트랜잭션에서 호스트는 SSPLIT패킷과 IN 토큰패킷을 허브로 전송한다. 분할완료 트랜잭션에서 호스트는 CSPLIT패킷과 IN 토큰패킷을 허브로 전송한다. 이어서 허브는 디바이스에 올라온 데이터패킷 또는 상태패킷을 호스트로 전송한다.

허브와 디바이스가 사용하는 통신속도보다 호스트 컨트롤러와 허브가 사용하는 통신속도가 더 빠르다. 따라서 한번의 분할완료 트랜잭션으로 호스트로 전송되는 데이터 크기가 디바이스가 허브에게 응답한 데이터 크기보다 작은 경우, 호스트는 여러 번의 분할완료 트랜잭션을 통해서 수신된 부분 데이터들을 모아서 하나의 온전한 데이터패킷을 구성한다.

허브는 호스트에게 이와 같은 작업을 지시하기 위해서 MDATA 패킷을 통해 또다른 분할완료 트랜잭션을 호스트와 허브가 진행하기를 희망한다.

즉 하나의 온전한 데이터(DATA) = MDATA + MDATA + MDATA + DATA0/1과 같은 형태로 조립될 수 있다는 의미다.

7.1.8.2.1.3 등시성 OUT 분할 트랜잭션

호스트와 허브가 등시성 OUT 분할 트랜잭션을 수행하는 순서와 패킷을 살펴보자.

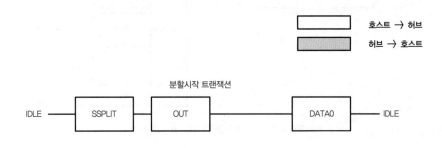

그림 7-14 등시성 OUT 분할 트랜잭션 시퀀스

그림 7-14를 보자. 분할시작 트랜잭션에서 호스트는 SSPLIT패킷과 OUT 토큰패킷을 허브로 전송한다. 이어서 디바이스로 전송할 데이터패킷(DATA0)을 허브로 전송한다. 등시성 전송은 상태패킷을 사용하지 않기 때문에 분할완료 트랜잭션은 존재하지 않는다.

7.1.8.2.1.4 등시성 IN 분할 트랜잭션

호스트와 허브가 등시성 IN 분할 트랜잭션을 수행하는 순서와 패킷을 살펴보자.

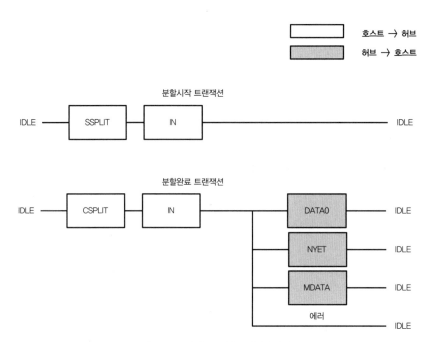

분할시작 트랜잭션

IDLE — SSPLIT — IN — IDLE

분할완료 트랜잭션

IDLE — CSPLIT — IN — DATA0 — IDLE

NYET — IDLE

MDATA — IDLE

에러 — IDLE

그림 7-15 등시성 IN 분할 트랜잭션 시퀀스

그림 7-15를 보자. 분할시작 트랜잭션에서 호스트는 SSPLIT패킷과 IN 토큰패킷을 허브로 전송한다. 분할완료 트랜잭션에서 호스트는 CSPLIT 패킷과 IN 토큰패킷을 허브로 전송한다. 이어서 허브는 디바이스로부터 전달된 데이터패킷(DATA0) 또는 상태패킷을 호스트로 전송한다.

허브는 호스트에게 이와 같은 작업을 지시하기 위해서 MDATA 패킷을 통해 또다른 분할완료 트랜잭션을 호스트와 허브가 진행하기를 희망한다. 즉 하나의 온전한 데이터(DATA) = MDATA + MDATA + MDATA + DATA0과 같은 형태로 조립될 수 있다는 의미다.

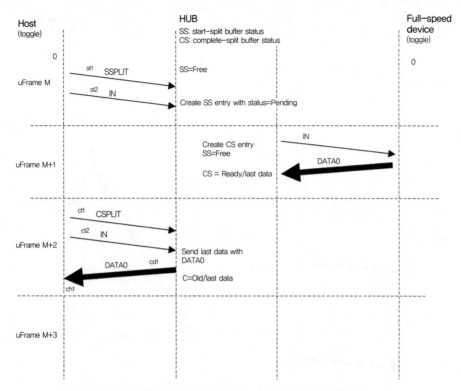

그림 7-16 HS 마이크로 프레임의 경계를 유지하는 등시성 IN 분할 트랜잭션(출처: usb.org)

그림 7-16을 보자. 호스트와 허브는 마이크로 프레임(uFrame, 125us)을 사용하고 허브와 디바이스(FS)는 프레임(1ms)을 사용한다. 8개의 마이크로 프레임이 1개의 프레임이다.

그림 7-17을 보면 호스트가 하나의 분할완료 트랜잭션을 통해서 DATA0을 수신하고 있다. 이 데이터는 디바이스가 허브에게 전송한 데이터와 동일한 크기의 데이터이기 때문에 더 이상의 추가적인 분할완료 트랜잭션이 없다.

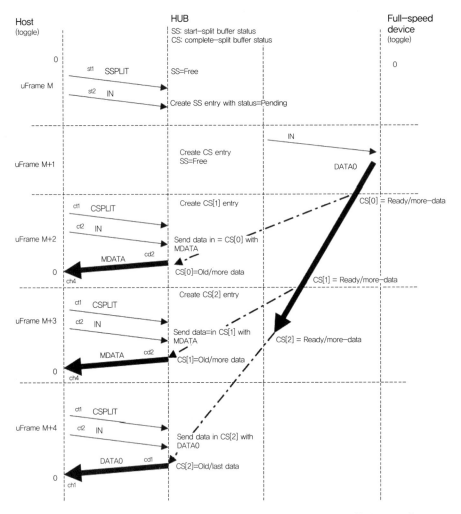

그림 7-17 HS 마이크로 프레임의 경계를 유지하지 않는 등시성 IN 분할 트랜잭션(출처: usb.org)

그림 7-17을 보자. 호스트와 허브는 총 3번의 분할완료 트랜잭션을 사용한다. 디바이스가 허브에게 올려준 하나의 데이터(DATA0)는 3번의 분할완료 트랜잭션을 통해서 MDATA, MDATA, DATA0으로 나눠져 전송된다.

7.1.8.2.2 비주기적인 통신을 요구하는 엔드포인트를 위한 스케줄링

주기적인 통신에 비해서 타이밍은 비교적 엄격하지 않은 스케줄링을 사용한다.

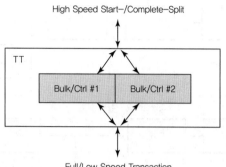

High Speed Start-/Complete-Split

TT

Bulk/Ctrl #1 Bulk/Ctrl #2

Full/Low Speed Transaction

그림 7-18 분할 트랜잭션의 파이프라인(출처: usb.org)

그림 7-18에서 비주기적인 전송을 위한 TT는 벌크와 컨트롤 엔드포인트를 구분하지 않고 하나의 버퍼(FIFO)를 사용해서 HS 핸들러와 FS, LS Handler가 데이터를 송수신한다. 이와 같은 버퍼는 양방향으로 사용되고 버퍼는 최소한 하나 이상을 가진다. 그림 7-18에서는 2개의 버퍼를 사용하고 있는 모습이다. 컨트롤 전송은 벌크 전송과 크게 다르지 않기 때문에 벌크 전송에 대해서만 설명한다.

7.1.8.2.2.1 벌크 OUT 분할 트랜잭션

호스트와 허브가 벌크 OUT 분할 트랜잭션을 수행하는 순서와 패킷을 살펴보자.

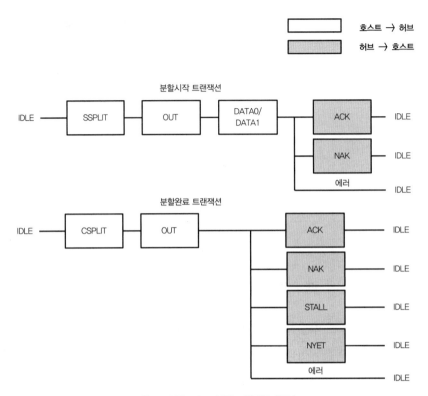

분할시작 트랜잭션

| IDLE | SSPLIT | OUT | DATA0/DATA1 | ACK | IDLE |

NAK IDLE

에러 IDLE

분할완료 트랜잭션

CSPLIT OUT

ACK IDLE

NAK IDLE

STALL IDLE

NYET IDLE

에러 IDLE

그림 7-19 벌크 OUT 분할 트랜잭션 시퀀스

그림 7-19를 보자. 분할시작 트랜잭션에서 호스트는 SSPLIT 패킷과 OUT 토큰패킷을 허브로 전송한다. 디바이스로 보내고자 하는 데이터패킷을 허브로 전송하고 허브로부터 수신 상태를 알려주는 상태패킷이 호스트로 전송된다. 분할완료 트랜잭션에서 호스트는 CSPLIT 패킷과 OUT 토큰패킷을 허브로 전송하고 허브는 디바이스에 올라온 상태패킷을 호스트로 전송한다.

7.1.8.2.2.2 벌크 IN 분할 트랜잭션

호스트와 허브가 벌크 IN 분할 트랜잭션을 수행하는 순서와 패킷을 살펴보자.

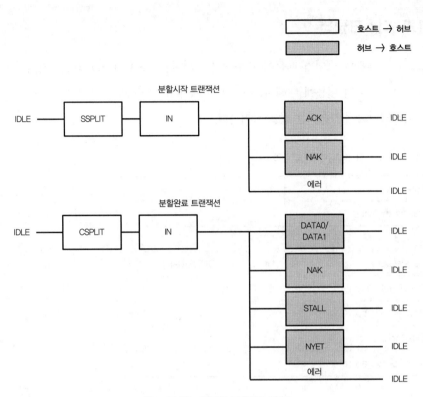

호스트 → 허브
허브 → 호스트

분할시작 트랜잭션

IDLE — SSPLIT — IN — ACK — IDLE

NAK — IDLE

에러 — IDLE

분할완료 트랜잭션

IDLE — CSPLIT — IN — DATA0/DATA1 — IDLE

NAK — IDLE

STALL — IDLE

NYET — IDLE

에러 — IDLE

그림 7-20 벌크 IN 분할 트랜잭션 시퀀스

그림 7-20을 보자. 분할시작 트랜잭션에서 호스트는 SSPLIT 패킷과 IN 토큰패킷을 허브로 전송하고 허브로부터 수신 상태를 알려주는 상태패킷이 호스트로 전송된다. 이것은 IN 패킷에 대한 데이터패킷이 허브에 준비가 돼있는지를 알려주는 상태패킷이다. 분할완료 트랜잭션에서 호스트는 CSPLIT 패킷과 IN 토큰패킷을 허브로 전송하고 허브는 디바이스에 올라온 데이터패킷 또는 상태패킷을 호스트로 전송한다. 데이터패킷은 허브버퍼에 보관돼 있다.

버퍼가 크면 클수록 미리 데이터를 디바이스로부터 허브로 가져올 수 있기 때문에 유리하다. 따라서 비주기 전송에서는 복수 개의 TT를 위한 버퍼가 있으면 유리하다.

7.1.9 디스크립터

허브도 USB 디바이스이기 때문에 표준에서 정의하는 USB 디스크립터를 가져야 한다. 표준 디스크립터의 내용에 대해서는 8장에서 자세히 설명하므로 여기서는 허브가 사용하는 디스크립터에 사용되는 값을 살펴본다.

표 7-1 허브를 위한 디바이스 디스크립터(FS)

bLength	12H
bDescriptorType	1
bcdUSB	0200H
bDeviceClass	HUB_CLASSCODE(09H)
bDeviceSubClass	0
bDeviceProtocol	0
bMaxPacketSize0	64
bNumConfiguration	1

표 7-2 허브를 위한 컨피규레이션 디스크립터(FS)

bLength	09H
bDescriptorType	2
wTotalLength	N
bNumInterfaces	1
bConfigurationValue	X
iConfiguration	Y
bmAttributes	Z
bMaxPower	허브가 사용하는 버스전력

표 7-3 허브를 위한 인터럽트 디스크립터(FS, LS)

bLength	09H

bDescriptorType	4
bInterfaceNumber	0
bAlternateSetting	0
bNumEndpoints	1
bInterfaceClass	HUB_CLASCODE(09H)
bInterfaceSubClass	0
bInterfaceProtocol	0
iInterface	I

표 7-4 허브를 위한 엔드포인트 디스크립터(FS, LS)

bLength	07H
bDescriptorType	5
bEndpointAddress	방향 비트 7: 1, 엔드포인트 넘버: X
bmAttributes	인터럽트
wMaxPacketSize	Y
bInterval	FFH(최댓값)

표 7-5 허브를 위한 디바이스 디스크립터(HS)

bLength	12H
bDescriptorType	1
bcdUSB	0200H
bDeviceClass	HUB_CLASSCODE(09H)
bDeviceSubClass	0
bDeviceProtocol	1(STT), 2(MTT)
bMaxPacketSize0	64
bNumConfiguration	1

표 7-6 허브를 위한 컨피규레이션 디스크립터(HS)

bLength	09H
bDescriptorType	2
wTotalLength	N
bNumInterfaces	1
bConfigurationValue	X
iConfiguration	Y
bmAttributes	Z
bMaxPower	허브가 사용하는 버스전력

표 7-7 허브를 위한 인터럽트 디스크립터(HS)

bLength	09H
bDescriptorType	4
bInterfaceNumber	0
bAlternateSetting	0
bNumEndpoints	1
bInterfaceClass	HUB_CLASCODE(09H)
bInterfaceSubClass	0
bInterfaceProtocol	1(STT), 2(MTT)
iInterface	I

표 7-8 허브를 위한 엔드포인트 디스크립터(HS)

bLength	07H
bDescriptorType	5
bEndpointAddress	방향 비트 7: 1, 엔드포인트 넘버: X
bmAttributes	인터럽트
wMaxPacketSize	Y
bInterval	FFH(최댓값)

표 7-9 허브를 위한 허브디스크립터

오프셋	필드	크기 (바이트)	설명
0	bDescLength	1	디스크립터 크기(바이트)
1	bDescriptorType	1	29H(허브디스크립터타입)
2	bNbrPorts	1	Downstream Port 개수
3	wHubCharacteristics	2	D1..D0: Logical Power Switching Mode 　00: Ganged Power Switching 　　(한번에 모든 포트가 동시에 컨트롤됨) 　01: 개별적인 Power Switching D2: 복합장치 여부(1: 복합장치) D4..D3: 과전류 방지모드 　00: 전역 과전류 방지 　01: 개별보트 과전류 방지 　1X: 기능 사용 안 함 D6..D5: TT Think Time 　00: 8 FS 비트타임 　01: 16 FS 비트타임 　10: 24 FS 비트타임 　11: 32 FS 비트타임 D7: 포트지시자 지원 여부 　0: 지원하지 않음 　1: 지원함(SetPortFeature 명령어에 의해 기능 　　사용 및 색상 지정)
5	bPwrOn2PwrGood	1	2ms 단위, 파워공급 이후 포트에 접근해도 되는 시간
6	bHubContrCurrent	1	현재 요구되는 허브 컨트롤러 전력(mA)
7	DeviceRemovable	포트수에 따라 가변	포트 – 비트 1부터 N까지(비트 0 사용 안 함) 값 0: 연결된 디바이스 제거 가능 값 1: 연결된 디바이스 제거 불가능
가변	PowerPwrCtrlMask	포트수에 따라 가변	포트 – 비트 1부터 N까지(비트 0 사용 안 함). 현재 모 두 값 1로만 사용됨

과전류 방지 기능은 Self-Powered 허브의 경우에 필수적으로 가져야 하는 기능이다.

7.1.10 허브 전용 명령

허브도 USB 디바이스의 한 종류이기 때문에 컨트롤 전송을 통해서 표준 명령어와 허브 전용 명령어를 사용할 수 있다. 다른 디바이스와 중복되는 명령어 사용 용례는 8장을 참고하고 여기서는 허브만 사용하는 용례를 살펴본다.

표 7-10 허브 클래스 Feature Selector

	대상(Recipient)	값
C_HUB_LOCAL_POWR	허브	0
C_HUB_OVER_CURRENT	허브	1
PORT_CONNECTION	포트	0
PORT_ENABLE	포트	1
PORT_SUSPEND	포트	2
PORT_OVER_CURRENT	포트	3
PORT_RESET	포트	4
PORT_POWER	포트	8
PORT_LOW_SPEED	포트	9
C_PORT_CONNECTION	포트	16
C_PORT_ENABLE	포트	17
C_PORT_SUSPEND	포트	18
C_PORT_OVER_CURRENT	포트	19
C_PORT_RESET	포트	20
PORT_TEST	포트	21
PORT_INDICATOR	포트	22

앞으로 사용되는 Feature Selector는 표 7-10을 참고한다. 모든 허브 전용 명령어는 사용할 수 있는 상황과 그렇지 않은 상황을 구분하고 있다. 다음 몇 가지 상태를 규정한다.

USB 디바이스가 호스트에 연결된 상태를 Attached 상태라고 부른다. USB 디바이스가 허브에 의해서 전원이 공급된 상태를 Powered 상태라고 부른다. USB 디바이스가 전원이 공급된 뒤에 주소를 할당받기 이전까지의 상태를 Default 상태라고 부른다. 컨트롤 전송 명령 SET_ADDRESS를 사용한 후의 디바이스 프레임워크 상태를 Addressed 상태 라고 부른다. 컨트롤 전송 명령 SET_CONFIGURATION을 사용한 후의 디바이스 프레 임워크 상태를 Configured 상태라고 부른다.

이와 같은 5가지의 상태를 규정하는 이유는 허브 전용 명령어가 동작을 보증하는 상태가 구분되기 때문이다.

7.1.10.1 Clear Hub Feature

표 7-11 Clear Hub Feature 명령 포맷

bmRequestType	bRequest	wValue	wIndex	wLength	Data
00100000B	CLEAR_FEATURE	Feature Selector	0	0	사용 안 함

허브에 대한 표 7-10 Feature Selector에 해당하는 기능을 해제한다. Configured 상태 이후에 동작한다.

7.1.10.2 Clear Port Feature

표 7-12 Clear Port Feature 명령 포맷

bmRequestType	bRequest	wValue	wIndex	wLength	Data
00100011B	CLEAR_FEATURE	Feature Selector	Selector|Port	0	사용 안 함

포트에 대한 표 7-10 Feature Selector에 해당하는 기능을 해제한다. 또는 현재 포트의 상태값에서 Feature Selector 의미 비트 값을 리셋한다.

Configured 상태 이후에 동작한다.

7.1.10.3 Clear TT Buffer

표 7-13 Clear TT Buffer 명령 포맷

bmRequestType	bRequest	wValue	wIndex	wLength	Data
00100011B	CLEAR_TT_BUFFER	Device Address, Endpoint Number	TT_port	0	사용 안 함

TT^{Transaction Translator} 버퍼를 지운다. Configured 상태 이후에 동작한다.

7.1.10.4 Get Hub Descriptor

표 7-14 Get Hub Descriptor 명령 포맷

bmRequestType	bRequest	wValue	wIndex	wLength	Data
10100000B	GET_DSCRIPTOR	Descriptor Type과 Index	0	Descriptor 길이	디스크립터

허브 디스크립터를 읽는다. Configured 상태 이후에 동작한다.

7.1.10.5 Get Hub Status

표 7-15 Get Hub Status 명령 포맷

bmRequestType	bRequest	wValue	wIndex	wLength	Data
10100000B	GET_STATUS	0	0	4	허브 상태와 변화 상태

허브 상태와 변화 상태를 읽는다. 데이터는 4바이트로 구성된다. 상위 2바이트가 허브 상태고 하위 2바이트가 변화 상태를 나타낸다. 허브 상태는 다음과 같이 사용된다.

- 비트 0: Local Power Source, 허브전력이 외부 소스에서 제공되는지 아니면 VBUS에서 제공되는지를 알린다. 0(Local Power Source를 사용한다), 1(Local Power Source를 사용하지 않는다).

- 비트 1: 과전류 상태, 0(과전류 상태가 아니다), 1(과전류 상태).

변화 상태는 다음과 같이 사용된다.

- 비트 0: Local Power Source Change, (C_HUB_LOCAL_POWR), local Power Source가 변했는지 여부를 알림. 0(바뀌지 않았다), 1(바뀌었다).

- 비트 1: 과전류 상태 Change, 과전류 상태로 바뀌었는지 여부를 알림. 0(바뀌지 않았다), 1(바뀌었다).

Configured 상태 이후에 동작한다.

7.1.10.6 Get Port Status

표 7-16 Get Port Status 명령 포맷

bmRequestType	bRequest	wValue	wIndex	wLength	Data
10100011B	GET_STATUS	0	Port	4	포트 상태와 변화 상태

허브 상태와 변화 상태를 읽으며 데이터는 4바이트로 구성된다. 상위 2바이트가 포트 상태이고, 하위 2바이트가 변화 상태를 나타낸다. 포트 상태는 다음과 같이 사용된다.

표 7-17 포트 상태

비트	설명
0	Current Connect Status(PORT_CONNECTION). 포트에 디바이스가 연결된 상태 0 = 디바이스가 연결되지 않았다. 1 = 디바이스가 연결됐다.
1	Port Enable/Disable(PORT_ENABLE). 포트가 허용돼 있는지 상태 0 = 포트가 금지됐다. 1 = 포트가 허용됐다.
2	Suspend(PORT_SUSPEND). 포트가 서스펜드됐는지 상태 0 = 포트가 서스펜드돼 있지 않다. 1 = 포트가 서스펜드돼 있다.
3	Over0current(PORT_OVER_CURRENT). 포트의 과전류 상태 여부 0 = 포트가 과전류 상태가 아니다. 1 = 포트가 과전류 상태다.

비트	설명
4	Reset(PORT_RESET). 포트에 리셋신호가 전달됐는지 여부 0 = 포트에 리셋신호가 전달되지 않았다. 1 = 포트에 리셋신호가 전달됐다.
5–7	사용 안 함
8.	Port Power(PORT_POWER). 포트에 파워가 공급됐는지 여부 0 = 포트가 Power Off 상태다. 1 = 포트가 Power Off 상태가 아니다.
9	Low Speed Device Attached(PORT_LOW_SPEED). 포트에 LS 디바이스가 연결돼는지 여부 0 = FS 또는 HS 디바이스가 연결돼 있다. 1 = LS 디바이스가 연결돼 있다.
10	High Speed Device Attached(PORT_HIGH_SPEED). 포트에 HS 디바이스가 연결돼는지 여부 0 = FS 디바이스가 연결돼 있다. 1 = HS 디바이스가 연결돼 있다.
11	Port Test Mode(PORT_TEST). 포트가 테스트 모드 상태인지 여부 0 = 포트가 테스트모드가 아니다. 1 = 포트가 테스트모드 상태다.
12	Port Indicator Control(PORT_INDICATOR). 포트의 램프색상 결정 0 = 기본 색상 1 = 소프트웨어에 의해서 색상이 결정된다.
13–15	사용 안 함

변화 상태는 다음과 같이 사용된다.

표 7-18 포트 변화 상태

비트	설명
0	Connect Status Change(C_PORT_CONNECTION) 상태가 변했는지 살펴본다.
1	Port Enable/Disable Change(C_PORT_ENABLE) 상태가 변했는지 살펴본다.
2	Suspend Change(C_PORT_SUSPEND) 상태가 변했는지 살펴본다.
3	Over–Current Indicator Change(C_PORT_OVER_CURRENT) 상태가 변했는지 살펴본다.
4	Reset Change(C_PORT_RESET) 상태가 변했는지 살펴본다.
5–15	사용 안 함

Configured 상태 이후에 동작한다.

7.1.10.7 Get TT State

표 7-19 Get TT State 명령 포맷

bmRequestType	bRequest	wValue	wIndex	wLength	Data
10100011B	GET_TT_STATE	TT_Flags	TT_Port	TT 상태 길이	TT 상태

트랜잭션번역기(TT)의 상태를 구한다. 구체적인 상태값은 제조사에서 정의한다. Configured 상태 이후에 동작한다.

7.1.10.8 Reset TT

표 7-20 Reset TT 명령 포맷

bmRequestType	bRequest	wValue	wIndex	wLength	Data
00100011B	RESET_RR	0	TT_Port	0	사용 안 함

트랜잭션 번역기를 리셋한다. Configured 상태 이후에 동작한다.

7.1.10.9 Set Hub Descriptor

표 7-21 Set Hub Descriptor 명령 포맷

bmRequestType	bRequest	wValue	wIndex	wLength	Data
00100000B	SET_ DESCRIPTOR	Descriptor Type과 Index	0	Descriptor 길이	Descriptor

허브 디스크립터의 내용을 변경하며 Configured 상태 이후에 동작한다.

7.1.10.10 Stop TT

표 7-22 Stop TT 명령 포맷

bmRequestType	bRequest	wValue	wIndex	wLength	Data
00100011B	STOP_TT	0	TT_Port	0	사용 안 함

트랜잭션 번역기의 동작을 중지하며 Configured 상태 이후에 동작한다.

7.1.10.11 Set Hub Feature

표 7-23 Set Hub Feature 명령 포맷

bmRequestType	bRequest	wValue	wIndex	wLength	Data
00100000B	SET_FEATURE	Feature Selector	0	0	사용 안 함

허브에 대한 표 7-10 Feature Selector에 해당하는 기능을 설정한다. Configured 상태 이후에 동작한다.

7.1.10.12 Set Port Feature

표 7-24 Set Port Feature 명령 포맷

bmRequestType	bRequest	wValue	wIndex	wLength	Data
00100011B	SET_FEATURE	Feature Selector	Selector|Port	0	사용 안 함

포트에 대한 표 7-10 Feature Selector에 해당하는 기능을 설정하며 Configured 상태 이후에 동작한다.

494

7.2 USB 3 허브

USB 3 허브는 내부적으로 USB 2 허브와 Super Speed(+) 허브로 구성돼 있다. 따라서 7.1절에서 배웠던 모든 내용은 그대로 USB 2 허브와 호환성을 가진다. 따라서 이번 절에서는 Super Speed 허브와 관련된 내용을 설명하겠다.

7.2.1 허브 특징 요약

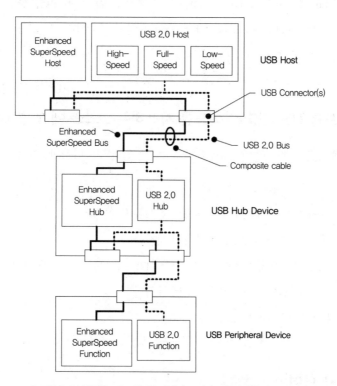

그림 7-21 간단한 USB 허브와 디바이스 간의 토폴로지(출처: usb.org)

그림 7-21을 보면 USB 3 버스를 사용하는 토폴로지를 보여준다. 여기서는 허브가 내부적으로 USB 2와 Super Speed 허브로 나눠져 사용되고 있으며, 허브와 디바이스 간의 링크 역시 물리적으로 USB 2와 Super Speed가 분리돼 있다.

7.2.1.1 허브를 Super Speed 속도를 사용하는 호스트에 연결하기

허브가 전원을 가진 루트 허브의 DP^{Downstream Port}에 연결되면 다음과 같은 순서로 작업된다.

1) 허브의 UP^{Upstream Port}는 링크 파트너와 협상을 통해서 가장 빠른 최적의 속도의 링크를 구성한다(Training 작업).
2) 허브는 자신의 모든 DP^{Downstream Port}와 각각의 포트의 링크 파트너 간의 협상을 통해서 가장 빠른 최적의 속도의 링크를 구성한다(Training 작업).
3) 허브의 DP 링크속도가 UP 링크속도보다 빠르면 안 된다. 이런 경우 DP는 보다 낮은 속도를 사용하도록 또다시 Training 작업이 시작된다.
4) 허브의 DP에 연결된 디바이스를 검색한다.

7.2.1.2 허브를 USB 2(HS) 속도를 사용하는 호스트에 연결하기

허브가 전원을 가진 루트 허브의 DP^{Downstream Port}에 연결되면 다음과 같은 순서의 작업이 이어진다.

1) 허브는 VBUS를 검색한 뒤 HS 속도의 허브로서 연결된다.
2) 호스트는 HS 속도로 허브 열거과정을 시작한다.
3) 허브는 소프트웨어에 요청에 의해 자신의 DP 측으로 전원을 공급한다.
4) 허브에 연결된 디바이스가 HS 속도로 동작한다.
5) 호스트는 연결된 디바이스의 정보를 수집한다.

7.2.1.3 허브 연결

허브는 업스트림 방향으로 연결된 하나의 UP와 하나 이상의 DP로 구성된다. 업스트림 연결은 호스트를 향하고 다운스트림 연결은 디바이스를 향한다.

7.2.1.3.1 주소 정보

허브의 UP에 도착한 패킷은 20비트의 주소정보^{Route String}를 패킷 헤더에 담고 있다. 허브의 깊이에 따라서 해당하는 Route Sting의 4비트 Nibble(5개)이 선택된다. Route String 값은 호스트에서 디바이스 방향으로 내려가는 패킷에만 사용된다.

허브의 깊이는 허브가 열거과정 중에 호스트로부터 적당한 깊이 값을 지정 받아야 한다. 이 과정은 허브 전용 명령어^{Set Hub Depth}에 의해서 수행된다.

허브깊이가 지정되지 않고 허브의 셋업^{Configuration}되지 않은 상태에서 UP에 도착한 패킷은 무시된다. 허브는 하나의 UP를 포트번호 #0, 나머지 모든 DP를 각각 #1부터 이어지는 일련순서를 가지도록 정한다.

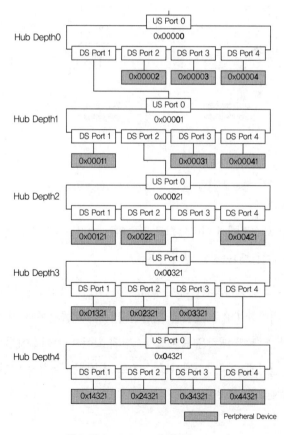

그림 7-22 Route String 예제(출처: usb.org)

패킷 헤더의 Route String 필드는 UP 방향으로 전송할 때는 Super Speed에서는 사용되지 않고, Super Speed Plus에서만 허브의 무게[weight Of HUB] 값이 기록돼 전달된다.

그림 7-22를 보자. 최대 5개의 외장 허브를 직렬로 연결할 수 있다. 호스트에서 디바이스로 전달되는 패킷의 헤더에 Route String 정보를 기록해 해당하는 패킷이 정확한 경로로 전달될 수 있도록 한다.

7.2.1.3.2 허브를 통한 패킷 전송 시그널링

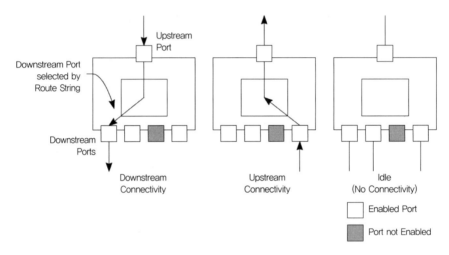

그림 7-23 Super Speed 허브 시그널링(출처: usb.org)

그림 7-23을 보면 호스트에서 디바이스로 전송되는 패킷과 디바이스에서 호스트로 전송되는 패킷이 어떻게 전달되는지를 알 수 있다.

호스트에서 디바이스로 전송되는 패킷에 있어서 허브의 UP로 전달된 패킷의 Route String을 분석해 적당한 DP로 패킷을 전달한다. 프로토콜단에서 사용되는 패킷 중에 ITP[Isochronous Timestamp Packet] 패킷은 브로드캐스팅돼 모든 디바이스에게 전달된다(U0 링크가 형성된 경우만). 반면에 디바이스에서 호스트로 전송되는 패킷에 있어서 허브의 DP로 전달된 패킷은 그대로 UP로 전달한다.

7.2.1.4 리줌 연결

허브는 자신의 DP 중에서 서스펜드된 포트가 아니면 리줌신호를 보내지 않는다.

만일 허브의 UP가 서스펜드 상태에 있고 허브가 자신의 서스펜드된 DP로부터 리줌신호
를 받으면 허브는 리줌신호를 UP로 전송한다. 허브의 다른 DP로(심지어는 원래 리줌신호를
요청했던 DP를 포함해서) 리줌신호를 보내지 않는다. 현재 허브의 UP가 서스펜드 상태라면
이것은 상위의 외장 허브 역시 어떤 상태를 가지고 있을지 모르기 때문이다.

만일 허브의 UP가 서스펜드 상태에 있지 않고 허브가 자신의 서스펜드된 DP로부터 리
줌신호를 받으면 허브는 모든 DP로 리줌신호를 보낸다. 허브의 UP는 허브의 모든 DP
가 전부 서스펜드되지 않으면 절대 UP 혼자서 서스펜드되지 않는다.

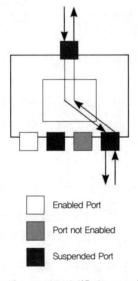

□ Enabled Port

■ Port not Enabled

■ Suspended Port

그림 7-24 리줌 연결(출처: usb.org)

7.2.1.5 허브 버퍼 아키텍처

허브는 하나의 UP$^{Upstream\ Port}$와 복수 개의 DP$^{Downstream\ Port}$를 위해 각각 헤더(패킷)버퍼를
가지고 있다. 헤더버퍼는 TP$^{Transaction\ Packet}$, LMP$^{Link\ Management\ Packet}$, DPH$^{Data\ Packet\ Header}$,

ITP^{Isochronous Timestamp Packet}를 담는다. 이와 같은 데이터를 헤더패킷이라고 부른다.

또한 데이터(DPP)를 위해서 Upstream 방향과 Downstream 방향을 위해 각각 데이터패킷버퍼를 가지고 있다.

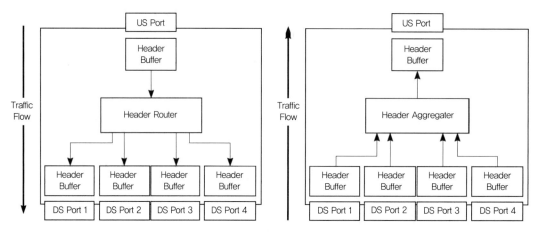

그림 7-25 전형적인 Super Speed 허브의 헤더버퍼 아키텍처(출처: usb.org)

그림 7-25를 보면 호스트에서 디바이스로 전송하는 헤더패킷이 어떻게 UP를 거쳐서 DP로 전송되는지를 알 수 있다. 각각의 포트는 저마다 자신들을 위한 헤더버퍼를 가지고 있는 모습을 알 수 있다.

헤더패킷을 담고 있는 버퍼는 헤더패킷을 링크 파트너에게 전송하더라도 곧바로 헤더패킷을 버퍼에서 지우지 않는다. 링크 파트너로부터 LGOOD_n 링크 명령어가 들어오면 그때 헤더패킷을 버퍼에서 지운다. 이는 재전송 요청을 할 수 있도록 하기 위함이다. LGOOD_n 링크 명령어는 패킷을 잘 받았다는 링크 파트너의 응답 명령이다. 등시성 전송에서는 재전송 요청이 없다.

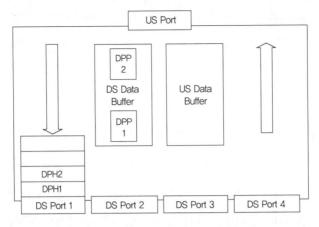

그림 7-26 Super Speed 허브의 데이터 버퍼와 헤더패킷버퍼(출처: usb.org)

그림 7-26에서 현재 2개의 데이터패킷헤더(DPH1, DPH2)가 Downstream 방향의 DP에 대기 중이다. 또한 관련된 데이터패킷(DPP1, DPP2)도 역시 데이터 버퍼에 대기 중이다. Super Speed에서는 최대 4개의 헤더패킷을 담는다. 속도를 위해 Super Speed Plus는 더 많은 DP를 담을 수 있다.

7.2.2 허브 전원 관리

허브는 UP과 DP 모두 U0, U1, U2 그리고 U3 상태를 지원해야 한다. 자세한 내용은 6장을 참고한다.

7.2.2.1 허브 Downstream Port U1/U2 타이머

허브는 Downstream Port의 U1, U2를 위한 Inactivity 타이머를 가지고 있다. 타임아웃값은 호스트 소프트웨어에 의해서 지정된다. 타임아웃값 0(디폴트)을 사용하는 것은 타이머 기능을 사용하지 않겠다는 의미다. 링크는 PowerOn Reset 신호를 받거나 허브의 UP가 링크 명령어 SetPortFeature에 의해 리셋되면 타임아웃값은 디폴트값으로 리셋된다.

타임아웃 값으로 지정된 시간 동안 포트가 ITP 패킷을 제외하고 그 어떤 USB 패킷도 링크 파트너와 송수신하지 않으면 링크 파트너는 상대방에게 링크의 현재 U0 상태를 U1 혹은 U2 상태로 진입 요청한다.

7.2.2.2 Downstream Port, Upstream Port 링크 상태 전환

허브는 보유하고 있는 DP 중에 가장 높은 링크 상태와 같은 상태로 UP를 유지한다. 예를 들어, 4개의 DP 포트를 가진 허브가 있다고 가정하자. 각각의 DP 포트의 링크 상태가 U1, U2, U2, U3이라면 허브는 자신의 UP의 링크 상태를 U1로 유지한다.

허브는 데이터 송수신이 없는 상태가 지속되면 가능하면 포트의 링크 상태를 낮은 레벨의 링크 상태로 전환한다. 불필요한 전력소비를 줄이기 위해서다. 모든 UP, DP 포트의 상태가 저전력 상태일 때 특정 DP가 U0 상태로 전환되고 DP의 링크 파트너로부터 데이터패킷이 허브로 도착하면, 허브는 자신의 UP 상태를 U0 상태로 전환하려는 요청을 UP의 링크 파트너에게 보낸다.

7.2.3 Port 상태머신(포트의 방향에 따른)

7.2.3.1 Port 전송(Tx) 상태머신

포트의 UP과 DP는 각각 데이터를 각자의 링크 파트너에게 전송(Tx)하는 상태를 상태 다이어그램으로 관리한다.

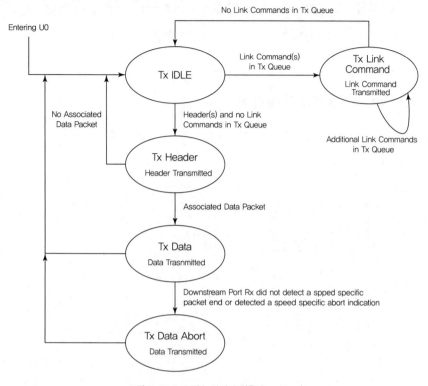

그림 7-27 Port 전송 상태머신(출처: usb.org)

그림 7-27은 허브의 포트가 각자의 링크 파트너에게 패킷을 전송하는 데 사용하는 상태 머신을 보여준다. 링크 상태는 U0 상태를 유지한다.

상태머신은 다음과 같은 5가지 상태를 정의한다.

- Tx IDLE 상태: 송신할 데이터가 없이 대기하는 상태. 전송 큐에 링크 명령어 혹은 헤더패킷이 있는지를 조사한다. 이 상태에서 포트는 Idle 심볼Symbol을 전송한다. 전송 상태머신의 디폴트 상태.
- Tx Link Command 상태: 전송 큐에 링크 명령어가 들어있다면 이 명령어를 전송하는 상태
- Tx Header 상태: 전송 큐에 헤더패킷이 들어있다면 헤더패킷을 전송하는 상태
- TxData 상태: Tx Header 상태에서 전송한 헤더패킷이 DPH^{Data Packet Header}인 경우, DPP^{Data Packet Payload}를 전송하는 상태

- Tx Data Abort 상태: TxData 상태에서 전송한 DPP 데이터를 취소하는 상태. 이 상태는 DPPABORT 순서열 시퀀스 문자열을 사용한다.

7.2.3.2 Port 수신(Rx) 상태머신

포트의 UP과 DP는 각각 데이터가 각자의 링크 파트너로부터 수신(Rx)되는 상태를 상태 다이어그램으로 관리한다.

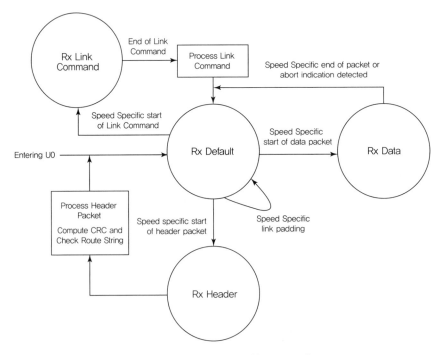

그림 7-28 Port 수신 상태머신(출처: usb.org)

그림 7-28에서 허브의 포트가 각자의 링크 파트너로부터 패킷을 수신하는 데 사용하는 상태머신을 보여준다. 링크 상태는 U0 상태를 유지하며 상태머신은 다음과 같은 4가지 상태를 정의한다.

- Rx Default 상태: 수신할 데이터 또는 링크 명령어(심볼)를 기다리는 상태. 수신 상태머신의 디폴트 상태

504

- Rx Header 상태: 수신 큐에 헤더패킷을 읽어서 처리하는 상태
- Rx Data 상태: 수신 큐에 들어있는 DPP를 읽는 상태
- Rx Link Command 상태: 수신 큐에 들어있는 링크 명령어를 읽어서 처리하는 상태

표 7-25 UP 포트에서 수신된 특정 헤더패킷에 따른 처리방식

LTSSM 상태	패킷 유형		
	ITP(Isochronous Timestamp Packet)	PING	그외 TPs/DPH
U0	큐잉	큐잉	큐잉
U1/U2	무시됨	큐잉	큐잉
Recovery	큐잉	큐잉	큐잉
그 밖에	무시됨	무시됨	무시됨

7.2.3.2.1 Upstream Port에서 수신한 헤더패킷을 처리하는 절차

1) ITP, PING을 제외한 헤더패킷의 경우, U1, U2 링크 상태의 DP 포트로 라우팅된다.

2) PING 헤더패킷의 경우 U0, U1, U2, Recovery 링크 상태의 DP 포트로 라우팅된다.

3) ITP, PING을 제외한 헤더패킷의 경우 U0, Recovery 링크 상태의 DP 포트로 라우팅된다.

4) ITP 헤더패킷의 경우 U0, Recovery 링크 상태가 아닌 DP 포트로는 라우팅되지 않고 조용히 버려진다.

5) 헤더패킷이 금지된 DP 포트, 존재하지 않는 DP 포트, U0, U1, U2, Recovery 상태에 있지 않은 DP 포트로 전달되려는 경우에는 Rx 큐에서 제거된 뒤, 조용히 헤더패킷이 버려진다.

6) 정상적으로 DP 포트로 라우팅된 경우 Rx 큐에서 제거된 뒤 허브 컨트롤러에 의해서 처리된다.

이후 필요하다면 DP 포트의 링크로부터 올라오는 응답패킷(헤더패킷에 대한)이 존재한다면 UP 포트로 큐잉한다.

7.2.3.2.2 Downstream Port에서 수신한 헤더패킷을 처리하는 절차

UP 포트의 큐가 풀^{Full} 상태라면 헤더패킷은 여전히 DP 포트의 큐에서 대기해야 한다. 하나의 DP 포트만 사용하는 경우 허브는 UP 큐가 풀 상태에서 DP 큐에서 대기중인 데이터패킷과 헤더패킷이 있다면 먼저 대기하는 패킷을 순서대로 처리한다. 둘 이상의 DP 포트를 사용하는 경우 허브는 UP 큐가 풀 상태에서 DP 큐에서 대기중인 데이터패킷과 헤더패킷이 있다면 헤더패킷을 먼저 처리한다.

7.2.4 Port 상태머신(포트의 종류에 따른)

포트의 종류란 UP와 DP를 의미한다. 각각의 포트는 패킷의 전송 방향과 무관하게 UP와 DP 각각의 성격에 따라 서로 다른 상태머신을 운영한다.

표 7-26 포트 상태머신에서 사용되는 용어

용어(Notation)	필드이름	설명
PP	PORT_POWER	포트에 전원이 공급된 상태 (1=전원공급 상태, 0=전원미공급 상태)
CCS	PORT_CONNECTION	포트에 디바이스가 연결된 상태 (1=디바이스가 연결된 상태, 0=디바이스가 연결되지 않은 상태)
PR	PORT_RESET	포트가 리셋과정을 진행하는지 여부 (1=포트가 리셋을 진행하고 있다. 0=포트가 리셋과정에 들어가 있지 않다)
PLS	PORT_LINK_STATE	포트링크 상태(LTSSM)가 어떤 상태인지를 나타냄 0-3 = U0-U3 4=eSS.Disabled, 5=Rx.Detect, 6=eSS.Inactive 7=Polling, 8=Recovery, 9=Hot Reset 10=Compliance Mode, 11=Loopback

용어(Notation)	필드이름	설명
PE	PORT_ENABLE	포트가 사용 허용된 상태인지를 나타냄 (1=사용이 허용됨, 0=사용이 금지됨)

7.2.4.1 허브의 Downstream Port 상태머신

허브의 Downstream Port(DP)는 상태 다이어그램을 지켜서 정상적인 동작을 보증하고 있다.

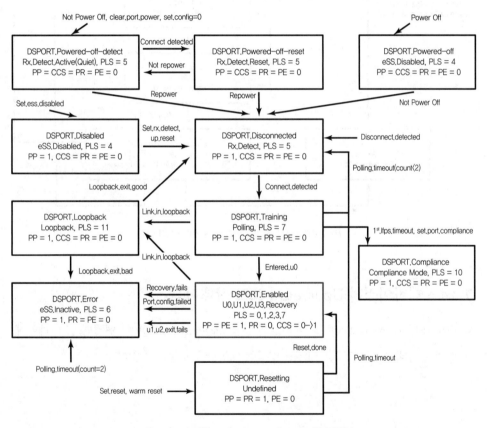

그림 7-29 허브의 Downstream Port(DSPORT) 상태머신

7.2.4.2 허브의 Upstream 포트 상태머신

허브의 Upstream Port(UP)는 상태 다이어그램을 지켜서 정상적인 동작을 보증하고 있다.

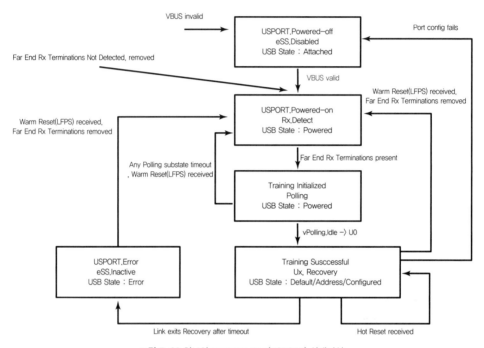

그림 7-30 허브의 Upstream Port(USPORT) 상태머신

7.2.4.3 디바이스의 Upstream 포트 상태머신

디바이스의 Upstream Port(UP)는 허브의 Downstream Port(DP)와 연결돼 있기 때문에 이에 맞는 상태 다이어그램을 지켜서 정상적인 동작을 보증하고 있다.

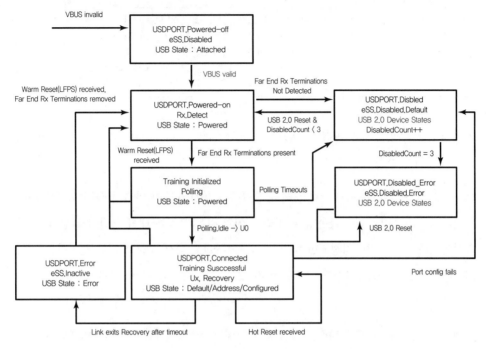

VBUS invalid

USDPORT.Powered-off
eSS.Disabled
USB State : Attached

VBUS valid

Warm Reset(LFPS) received,
Far End Rx Terminations removed

Far End Rx Terminations
Not Detected

USDPORT.Powered-on
Rx.Detect
USB State : Powered

USB 2.0 Reset &
DisabledCount < 3

USDPORT.Disbled
eSS.Disabled.Default
USB 2.0 Device States
DisabledCount++

Warm Reset(LFPS)
received

Far End Rx Terminations present

DisabledCount = 3

Training Initialized
Polling
USB State : Powered

Polling Timeouts

USDPORT.Disabled_Error
eSS.Disabled.Error
USB 2.0 Device States

Polling.Idle -> U0

USB 2.0 Reset

USDPORT.Error
eSS.Inactive
USB State : Error

USDPORT.Connected
Training Susccessful
Ux, Recovery
USB State : Default/Address/Configured

Port config fails

Link exits Recovery after timeout

Hot Reset received

그림 7-31 디바이스의 Upstream Port(USDPORT) 상태머신

7.2.5 허브와 전원 관리

7.2.5.1 허브 Downstream Port(DP) 전원 관리

표 7-27 U0 링크 상태의 Downstream Port의 상태 전환

U1_TIMEOUT = 0, U2_TIMEOUT = 0	디폴트값 링크 파트너로부터 요청되는 U1, U2 진입 요청을 거부함 타이머기능 금지
U1_TIMEOUT > 0, U2_TIMEOUT = 0	링크 파트너로부터 요청되는 U1 진입 요청만 허용 U1_TIMEOUT 값이 0xFF이면, 타이머기능 금지 U1_TIMEOUT 값에 따라 U1 진입 요청을 링크 파트너에게 보냄
U1_TIMEOUT = 0, U2_TIMEOUT > 0	링크 파트너로부터 요청되는 U2 진입 요청만 허용 U2_TIMEOUT 값이 0xFF이면, 타이머기능 금지 U2_TIMEOUT 값에 따라 U2 진입 요청을 링크 파트너에게 보냄

U1_TIMEOUT > 0,	링크 파트너로부터 요청되는 U1, U2 진입 요청을 허용
U2_TIMEOUT > 0	U1_TIMEOUT 값이 0xFF이면, U1 타이머기능 금지
	U2_TIMEOUT 값이 0xFF이면, U2 타이머기능 금지
	U1_TIMEOUT 값에 따라 U1 진입 요청을 링크 파트너에게 보냄
	U2_TIMEOUT 값에 따라 U2 진입 요청을 링크 파트너에게 보냄

허브의 DP는 허브 전용 명령 SetPortFeature(PORT_U1/U2_TIMEOUT) 명령어에 의해서 타임아웃 값을 지정할 수 있다.

U0 링크 상태의 링크를 U1, U2 상태로 진입하는 요청은 링크 파트너 양쪽이 모두 가능하지만 허브의 DP는 타임아웃 값에 따라서 이와 같은 요청에 대한 조건이 설정된다. 타임아웃 값으로 0x00이 지정되면 해당하는 타이머에 의해서 링크 상태로 진입하는 행위가 금지된다. DP 포트 자신도 요청을 하지 않을 뿐만 아니라 링크 파트너로부터의 요청도 거부한다.

타임아웃 값으로 0xFF가 지정되면 해당하는 링크 상태로 진입하는 타이머기능이 금지된다. DP 포트 자신이 진입요청을 하지 않지만 링크 파트너로부터의 요청은 수락한다. 허브 전용 명령어 SetPortFeature(PORT_LINK_STATE) U1, U2, U3 명령어에 의해 DP는 링크 파트너에게 U1, U2, U3 진입 요청을 보낼 수 있다. 하지만 테스트 목적 이외에는 허브 전용 명령어 SetPortFeature(PORT_LINK_STATE)에 의해서 U1, U2 링크 상태로 진입하는 작업은 하지 않는다.

DP 포트의 링크 상태가 U1 상태로 진입되면 DP 포트의 U2 타이머가 동작을 시작한다 (허용하는 조건이라면). 타이머에 의한 타임아웃이 발생할 때까지 별다른 패킷이 DP 포트의 링크로 송수신되지 않으면 특별한 작업없이 자동으로 DP 포트의 링크 상태가 U2 상태로 변한다.

7.2.5.2 허브 Upstream Port(UP) 전원 관리

표 7-28 U0 링크 상태의 Upstream Port의 상태 전환

U1_ENABLE = 0, U2_ENABLE = 0	디폴트값 링크 파트너로 U1, U2 진입요청을 하지 않는다. U2 타이머기능 금지
U1_ENABLE = 1, U2_ENABLE = 0	링크 파트너로 U1 진입요청을 하는 것이 허용됨. U2 금지 U2 타이머기능 금지
U1_ENABLE = 0, U2_ENABLE = 1	링크 파트너로 U2 진입요청을 하는 것이 허용됨. U1 금지 U2 타이머기능 금지(U1 상태에서 U2 상태로 진입하는 것은 허용)
U1_ENABLE = 1, U2_ENABLE = 1	링크 파트너로 U1, U2 진입요청을 하는 것이 허용됨. U2 타이머기능 금지(U1 상태에서 U2 상태로 진입하는 것은 허용)

허브의 UP는 허브 전용 명령 SetFeature(U1/U2_ENABLE) 명령어에 의해서 진입 요청 기능을 허용할지 아닐지를 지정할 수 있다.

U0 링크 상태의 링크를 U1, U2 상태로 진입하는 요청은 링크 파트너 양쪽이 모두 가능하다. 하지만 허브의 UP는 U1_ENABLE, U2_ENABLE Feature 기능의 사용 유무에 따라서 이와 같은 요청에 대한 조건이 설정된다.

UP 포트의 링크 상태가 U1 상태로 진입되면 UP 포트의 U2 타이머가 동작을 시작한다 (UP 포트의 링크 파트너로부터 U2_Timeout 값이 사전에 제공돼 있어야 한다. LMP U2 Inactive Timeout 패킷). 타이머에 의한 타임아웃이 발생할 때까지 별다른 패킷이 UP 포트의 링크로 송수신되지 않으면 특별한 작업없이 자동으로 UP 포트의 링크 상태가 U2 상태로 변한다.

7.2.6 디스크립터

외장 허브도 USB 디바이스의 일종이기 때문에 대부분의 디스크립터^{Descriptor}는 USB 디바이스 프레임워크를 따른다.

USB 디바이스 프레임워크^{Device Framework}는 다음과 같은 디스크립터를 정의하고 있다.

- Device Descriptor
- Configuration Descriptor
- Interface Descriptor
- Endpoint Descriptor
- String Descriptor

외장 허브는 이외에 추가적인 디스크립터를 제공한다.

7.2.6.1 허브 클래스를 위한 표준 디스크립터

다음은 Super Speed 허브를 위한 디스크립터 예시다.

표 7-29 허브를 위한 디바이스 디스크립터(SS)

bLength	12H
bDescriptorType	1
bcdUSB	0310H 또는 0300H
bDeviceClass	HUB_CLASSCODE(09H)
bDeviceSubClass	0
bDeviceProtocol	3
bMaxPacketSize0	9
bNumConfiguration	1

표 7-30 허브를 위한 디바이스 디스크립터(SS+)

bLength	12H
bDescriptorType	1
bcdUSB	0310H
bDeviceClass	HUB_CLASSCODE(09H)

bDeviceSubClass	0
bDeviceProtocol	3
bMaxPacketSize0	9
bNumConfiguration	1

표 7-31 허브를 위한 BOS 디스크립터(SS, SS+)

bLength	5
bDescriptorType	BOS Descriptor Type
wTotlaLength	73
bNumDeviceCaps	3

표 7-32 허브를 위한 USB 2.0 Extension(SS, SS+)

bLength	7
bDescriptorType	DEVICE_CAPABILITY Descriptor Type
bDevCapabilityType	USB 2.0 EXTENSION
bmAttributes	2

표 7-33 허브를 위한 Super Speed USB Device Capability(SS, SS+)

bLength	7
bDescriptorType	DEVICE_CAPABILITY Descriptor Type
bDevCapabilityType	SUPERSPEED_USB
bmAttributes	제조사 정의
wSpeedsSupported	14
bFuncionalitySupport	1
bU1DevExitLat	제조사 정의
wU2DevExitLat	제조사 정의

표 7-34 허브를 위한 Super Speed Plus USB Device Capability(SS+)

bLength	28
bDescriptorType	DEVICE_CAPABILITY Descriptor Type
bDevCapabilityType	SUPERSPEED_PLUS
bReserved	0
bmAttributes	13H
wFuncionalitySupport	1
wReserved	0
bmSublinkSpeedAttr[0]	00050030H
bmSublinkSpeedAttr[1]	000500B0H
bmSublinkSpeedAttr[2]	000A4031H
bmSublinkSpeedAttr[3]	000A40B1H

표 7-35 허브를 위한 ContainerID(SS, SS+)

bLength	20
bDescriptorType	DEVICE_CAPABILITY Descriptor Type
bDevCapabilityType	CONTAINER_ID
bReserved	0
ContainerID	제조사정의

표 7-36 허브를 위한 Precision Time Measurement(SS+)

bLength	3
bDescriptorType	DEVICE_CAPABILITY Descriptor Type
bDevCapabilityType	PRECISION_TIME_MEASUREMENT

표 7-37 허브를 위한 컨피규레이션 디스크립터(SS, SS+)

bLength	09H

514

bDescriptorType	2
wTotalLength	31
bNumInterfaces	1
bConfigurationValue	X
iConfiguration	Y
bmAttributes	Z
bMaxPower	허브가 사용하는 버스전력

표 7-38 허브를 위한 인터럽트 디스크립터(SS, SS+)

bLength	09H
bDescriptorType	4
bInterfaceNumber	0
bAlternateSetting	0
bNumEndpoints	1
bInterfaceClass	HUB_CLASCODE(09H)
bInterfaceSubClass	0
bInterfaceProtocol	0
iInterface	I

표 7-39 허브를 위한 엔드포인트 디스크립터(SS, SS+)

bLength	07H
bDescriptorType	5
bEndpointAddress	방향 비트 7: 1, 엔드포인트 넘버: X
bmAttributes	인터럽트
wMaxPacketSize	2
bInterval	8

표 7-40 허브를 위한 엔드포인트 Companion 디스크립터(SS, SS+)

bLength	06H
bDescriptorType	SUPERSPEED_USB_ENDPOINT_COMPANION
bMaxBurst	0
bmAttributes	0
wBytesPerInterval	2

표 7-41 허브를 위한 허브디스크립터

오프셋	필드	크기(바이트)	설명
0	bDescLength	1	디스크립터 크기(바이트)
1	bDescriptorType	1	2AH(SS 허브디스크립터 타입)
2	bNbrPorts	1	Downstream Port 개수
3	wHubCharacteristics	2	D1..D0: Logical Power Switching Mode 　00: Ganged Power Switching(한번에 모든 포트가 동시에 컨트롤됨) 　01: 개별적인 Power Switching D2: 복합장치 여부(1: 복합장치) D4..D3: 과전류 방지모드 　00: 전역 과전류 방지 　01: 개별 보트 과전류 방지 　1X: 기능사용 안 함
5	bPwrOn2PwrGood	1	2ms 단위, 파워공급 이후 포트에 접근해도 되는 시간
6	bHubContrCurrent	1	현재 요구되는 허브컨트롤러 전력(mA)
7	bHubHdrDecLat	1	Header Packet을 해석하는 지연 시간 **값** 00H 0.1us 이하 01H 0.1us 02H 0.2us 03H 0.3us 04H 0.4us 05H 0.5us 06H 0.6us 07H 0.7us 08H 0.8us 09H 0.9us 0AH 1.0us

오프셋	필드	크기(바이트)	설명
8	wHubDelay	2	ns초 단위의 허브 최대 지연 시간
10	DeviceRemovable	2	포트 – 비트 1부터 15까지(비트 0 사용 안 함) 값 0: 연결된 디바이스 제거 가능 값 1: 연결된 디바이스 제거 불가능

과전류 방지 기능은 Self-Powered 허브의 경우에 필수적인 기능이다.

7.2.7 허브 명령어

7.2.7.1 표준 명령어

외장 허브도 USB 디바이스이기 때문에 표 7-42와 같이 표준 명령어의 지원 여부를 알 수 있다.

표 7-42 외장 허브가 지원하는 표준 명령어

bRequest	허브의 반응
CLEAR_FEATURE	표준
GET_CONFIGURATION	표준
GET_DESCRIPTOR	표준
GET_INTERFACE	사용 안 함
GET_STATUS	표준
SET_ADDRESS	표준
SET_CONFIGURATION	표준
SET_DESCRIPTOR	선택적
SET_FEATURE	표준
SET_INTERFACE	사용 안 함
SET_ISOCH_DELAY	표준

bRequest	허브의 반응
SET_SEL	표준
SYNCH_FRAME	사용 안 함

7.2.7.2 허브 전용 명령어

표 7-43 허브 클래스 명령 코드

bRequest	값
GET_STATUS	0
CLEAR_FEATURE	1
SET_FEATURE	2
GET_DESCRIPTOR	6
SET_DESCRIPTOR	7
SET_HUB_DEPTH	12
GET_PORT_ERR_COUNT	13

표 7-44 허브 클래스 Feature Selector

	대상(Recipient)	값
C_HUB_LOCAL_POWR	허브	0
C_HUB_OVER_CURRENT	허브	1
PORT_CONNECTION	포트	0
PORT_OVER_CURRENT	포트	3
PORT_RESET	포트	4
PORT_LINK_STATE	포트	5
PORT_POWER	포트	8
C_PORT_CONNECTION	포트	16
C_PORT_OVER_CURRENT	포트	19

	대상(Recipient)	값
C_PORT_RESET	포트	20
PORT_U1_TIMEOUT	포트	23
PORT_U2_TIMEOUT	포트	24
C_PORT_LINK_STATE	포트	25
C_PORT_CONFIG_ERROR	포트	26
PORT_REMOTE_WAKE_MASK	포트	27
BH_PORT_RESET	포트	28
C_BH_PORT_RESET	포트	29
FORCE_LINKPM_ACCEPT	포트	30

앞으로 사용되는 Feature Selector는 표 7-44를 참고한다. 모든 허브 전용 명령어는 사용할 수 있는 상황과 그렇지 않은 상황을 구분하고 있다. 다음 몇 가지 상태를 규정한다.

- USB 디바이스가 호스트에 연결된 상태를 Attached 상태라고 부른다.
- USB 디바이스가 허브에 의해서 전원이 공급된 상태를 Powered 상태라고 부른다.
- USB 디바이스가 전원이 공급된 뒤에 주소를 할당받기 이전까지의 상태를 Default 상태라고 부른다.
- 컨트롤 전송 명령 SET_ADDRESS를 사용한 후의 디바이스 프레임워크 상태를 Addressed 상태라고 부른다.
- 컨트롤 전송 명령 SET_CONFIGURATION을 사용한 후의 디바이스 프레임워크상태를 Configured 상태라고 부른다.

이와 같은 5가지의 상태를 규정하는 이유는 허브 전용 명령어가 동작을 보증하는 상태로 구분되기 때문이다.

7.2.7.2.1 Clear Hub Feature

표 7-45 Clear Hub Feature 명령 포맷

bmRequestType	bRequest	wValue	wIndex	wLength	Data
00100000B	CLEAR_ FEATURE	Feature Selector	0	0	사용 안 함

허브에 대한 표 7-44 Feature Selector에 해당하는 기능을 해제한다. Configured 상태 이후에 동작한다.

7.2.7.2.2 Clear Port Feature

표 7-46 Clear Port Feature 명령 포맷

bmRequestType	bRequest	wValue	wIndex	wLength	Data
00100011B	CLEAR_ FEATURE	Feature Selector	Selector|Port	0	사용 안 함

포트에 대한 표 7-44 Feature Selector에 해당하는 기능을 해제한다. 또는 현재 포트의 상태값에서 Feature Selector 의미 비트값을 리셋한다. Configured 상태 이후에 동작한다.

7.2.7.2.3 Get Hub Descriptor

표 7-47 Get Hub Descriptor 명령 포맷

bmRequestType	bRequest	wValue	wIndex	wLength	Data
10100000B	GET_ DSCRIPTOR	Descriptor Type과 Index	0	Descriptor 길이	디스크립터

허브 디스크립터를 읽는다. Configured 상태 이후에 동작한다.

7.2.7.2.4 Get Hub Status

표 7-48 Get Hub Status 명령 포맷

bmRequestType	bRequest	wValue	wIndex	wLength	Data
10100000B	GET_STATUS	0	0	4	허브 상태와 변화 상태

허브 상태와 변화 상태를 읽는다. 데이터는 4바이트로 구성되며 상위 2바이트가 허브 상태고 하위 2바이트가 변화 상태를 나타낸다. 허브 상태는 다음과 같이 사용된다.

- 비트 0: Local Power Source, 허브전력이 외부 소스에서 제공되는지 아니면 VBUS에서 제공되는지를 알린다(0(Local Power Source를 사용한다), 1(Local Power Source를 사용하지 않는다)).
- 비트 1: 과전류 상태, 0(과전류 상태가 아니다), 1(과전류 상태)

변화 상태는 다음과 같이 사용된다.

- 비트 0: Local Power Source Change, (C_HUB_LOCAL_POWR), local Power Source가 변했는지 여부를 알림. 0(바뀌지 않았다), 1(바뀌었다).
- 비트 1: 과전류 상태 Change, 과전류 상태가 바뀌었는지 여부를 알림. 0(바뀌지 않았다), 1(바뀌었다).

Configured 상태 이후에 동작한다.

7.2.7.2.5 Get Port Error Count

표 7-49 Get Port Error Count 명령 포맷

bmRequestType	bRequest	wValue	wIndex	wLength	Data
10100011B	GET_PORT_ERR_COUNT	0	Port	2	링크에러값

포트의 에러상태값을 구한다. Configured 상태 이후에 동작한다.

7.2.7.2.6 Get Port Status

표 7-50 Get Port Status 명령 포맷

bmRequestType	bRequest	wValue	wIndex	wLength	Data
10100011B	GET_STATUS	Port 상태 유형	Port	요구 길이	포트 상태

wValue 값에 따른 적당한 포트 상태를 구한다.

표 7-51 Get Port Status(Port 상태 유형)

Port 상태 유형	값	요구길이(바이트)	설명
PORT_STATUS	00H	4	포트 상태정보
PD_STATUS	01H	8	포트의 PD(Power Delivery) 상태정보
EXT_PORT_STATUS	02H	8	확장된 포트 상태정보

USB 3 허브는 표 7-51에서 보여주는 3가지 형태의 상태정보를 얻을 수 있다.

PD_STATUS와 관련된 구체적인 내용은 USB Power Delivery Specification Revision 2.0, Version 1.1 스펙과 6장을 참고한다.

각각의 상태정보는 다음과 같다.

표 7-52 포트 상태정보(PORT_STATUS 하위 2바이트)

비트	설명
0	Current Connect Status(PORT_CONNECTION). 포트에 디바이스가 연결됐는지 여부 **값 의미** 0 디바이스가 연결돼 있지 않다. 1 디바이스가 연결돼 있다.

비트	설명
1	Port Enabled/Disabled. 포트의 사용 허용/금지 여부 **값 의미** 0 금지 1 허용
3	Over-Current(PORT_OVER_CURRENT). 포트에 과전류가 흐르는지 여부 **값 의미** 0 포트에 과전류가 흐르지 않는다. 1 포트에 과전류가 흐른다.
4	Reset(PORT_RESET). 포트를 대상으로 리셋과정이 진행 중인지 여부 **값 의미** 0 리셋과정이 진행 중이지 않음 1 리셋과정이 진행 중
5-8	Port Link State(PORT_LINK_STATE). 포트에 의한 링크의 현재 LTSSM 상태 **값 의미** 0 U0 1 U1 2 U2 3 U3 4 eSS.Disabled 5 Rx.Detect 6 eSS.Inactive 7 Polling 8 Recovery 9 Hot Reset 10 Compliance Mode 11 Loopback
9	Port Power(PORT_POWER). 포트에 전원이 공급된 상태인지 여부 **값 의미** 0 Powered-off 상태 1 Powered-off 상태가 아님
10-12	Speed(PORT_SPEED). 포트에 연결된 디바이스와 연결된 속도 **값 의미** 0 Enhanced Super Speed

표 7-53 포트 변화 상태정보(PORT_STATUS 상위 2바이트)

비트	설명
0	Current Connect Status Change(C_PORT_CONNECTION). PORT_CONNECTION 변화 여부 **값 의미** 0 PORT_CONNECTION 상태가 변하지 않았다. 1 PORT_CONNECTION 상태가 변했다.
3	Over-Current Change(C_PORT_OVER_CURRENT). PORT_OVER_CURRENT 변화 여부 **값 의미** 0 PORT_OVER_CURRENT 상태가 변하지 않았다. 1 PORT_OVER_CURRENT 상태가 변했다.
4	Reset Change(C_PORT_RESET). PORT_RESET 변화 여부 **값 의미** 0 포트 Reset 완료가 되지 않았다. 1 포트 Reset 완료가 됐다.
5	Reset Change(C_BH_PORT_RESET). Warm 리셋 상태 변화 여부 **값 의미** 0 Warm Reset 완료가 되지 않았다. 1 Warm Reset 완료가 됐다.
6	Port Link State Change(C_PORT_LINK_STATE). 포트에 의한 링크의 현재 LTSSM 상태가 변했는지 여부 **값 의미** 0 LTSSM 상태가 변하지 않았다. 1 LTSSM 상태가 변했다.
7	Port Config Error(C_PORT_CONFIG_ERROR). 포트 링크 셋업과정의 성공 여부 **값 의미** 0 성공적인 셋업 1 셋업과정이 실패했다.

표 7-54 확장된 포트 상태정보

비트	설명
0-3	Rx Sublink Speed ID(RX_SUBLINK_SPEED_ID). Super Speed Plus Capability Descriptor에서 정의한 제조사 정의 속도 ID

비트	설명
4~7	Tx Sublink Speed ID(TX_SUBLINK_SPEED_ID). Super Speed Plus Capability Descriptor에서 정의한 제조사 정의 속도 ID
8~11	Rx Lane Count(RX_LANE_COUNT). Rx Lane 개수
12~15	Tx Lane Count(TX_LANE_COUNT). Tx Lane 개수

표 7-54는 Super Speed Plus에서 사용되는 속도정보를 보여준다. Super Speed Plus 는 복수 개의 Lane을 지원할 수 있도록 향상된 속도를 보여줄 수 있다. 제조사는 자신이 정의한 Tx, Rx Lane 정보를 토대로 자신이 규정하는 속도 ID를 명시할 수 있다. 8장을 참고한다.

Configured 상태 이후에 동작한다.

7.2.7.2.7 Set Hub Descriptor

표 7-55 Set Hub Descriptor 명령 포맷

bmRequestType	bRequest	wValue	wIndex	wLength	Data
00100000B	SET_ DESCRIPTOR	Descriptor Type과 Index	0	Descriptor 길이	Descriptor

허브디스크립터의 내용을 변경한다. Configured 상태 이후에 동작한다.

7.2.7.2.8 Set Hub Depth

표 7-56 Set Hub Depth 명령 포맷

bmRequestType	bRequest	wValue	wIndex	wLength	Data
00100000B	SET_HUB_DEPTH	Hub Depth	0	0	사용 안 함

외장 허브의 Hub Depth를 설정한다. 헤더패킷의 Route String을 해석하는 데 사용된다.

Configured 상태 이후에 동작한다.

7.2.7.2.9 Set Hub Feature

표 7-57 Set Hub Feature 명령 포맷

bmRequestType	bRequest	wValue	wIndex	wLength	Data
00100000B	SET_FEATURE	Feature Selector	0	0	사용 안 함

허브에 대한 표 7-4 4Feature Selector에 해당하는 기능을 설정한다. Configured 상태
이후에 동작한다.

7.2.7.2.10 Set Port Feature

표 7-58 Set Port Feature 명령 포맷

bmRequestType	bRequest	wValue	wIndex		wLength	Data
00100011B	SET_FEATURE	Feature Selector	Selector 또는 Timeout 또는 Remote Wake Mask	Port	0	사용 안 함

포트에 대한 표 7-44 Feature Selector에 해당하는 기능을 설정한다. 표 7-58에
서 wIndex 상위(1바이트)에 사용하는 값중에서 Timeout 값은 Feature Selector 중에
PORT_U1_TIMEOUT, PORT_U2_TIMEOUT에서 사용되는 시간 정보값이다. 이 값은
다음과 같이 정의돼 사용된다.

표 7-59 PORT_U1_TIMEOUT

값	설명
00H	0 (디폴트)
01H	1us
02H	2us
03H	3us
...	
7FH	127us
80-FEH	사용 안 함
FFH	무제한

표 7-60 PORT_U2_TIMEOUT

값	설명
00H	0 (디폴트)
01H	256us
02H	512us
03H	768us
...	
FEH	65.024ms
FFH	무제한
FFH	무제한

표 7-58에서 wIndex 상위(1바이트)에 사용하는 값중에서 Remote Wake Mask 값은 다음과 같이 정의돼 사용된다.

표 7-61 Downstream Port Remote Wake Mask 인코딩

비트	설명
0	Conn_RWEnable. Suspend 상태에 있던 허브로 해당하는 DP에서 Connect 사건이 발생하는 경우 허브의 UP으로 Remote Wakeup 시그널을 발생시킬 것인가 여부 값　의미 0　금지한다. 1　허용한다.
1	Disconn_RWEnable. Suspend 상태에 있던 허브로 해당하는 DP에서 Disconnect 사건이 발생하는 경우 허브의 UP로 Remote Wakeup 시그널을 발생시킬 것인가 여부 값　의미 0　금지한다. 1　허용한다.
2	OC_RWEnable. Suspend 상태에 있던 허브로 해당하는 DP에서 과전류 사건이 발생하는 경우 허브의 UP로 Remote Wakeup 시그널을 발생시킬 것인가 여부 값　의미 0　금지한다. 1　허용한다.

허브의 Downstream Port(DP)에서 발생하는 사건을 허브의 Upstream Port(UP)로 Remote Wakeup Signal 형태로 보고할 수 있는 기능을 제공한다. 이 값은 기본적으로 0이기 때문에 디폴트로 금지돼 있다.

DP에 대해서 해당하는 사건이 발생하는 경우 허브는 UP로 Remote Wakeup Signal을 올려보낸다. 이것은 호스트까지 전달될 것이다.

특별히 Feature Selector 값이 PORT_LINK_STATE 값로 사용되는 경우 함께 전달되는 파라미터중에서 wIndex의 상위 8비트부터 15비트까지의 값은 호스트가 현재 허브의 포트의 상태를 특정 LTSSM의 상태로 진입시키고자 할 때 사용한다. 이 값은 0부터 11까지의 값을 가진다.

표 7-62 Feature Selector 값이 PORT_LINK_STATE 값일 경우, wIndex의 비트 15..8

값	현재 포트가 가지기를 원하는 LTSSM 상태
0	U0
1	U1
2	U2
3	U3
4	SS_DISABLED
5	RX_DETECT
6	SS_INACTIVE
7	POLLING
8	RECOVERY
9	HOT_RESET
10	COMPLIANCE MODE
11	LOOPBACK

Configured 상태 이후에 동작한다.

08

USB 디바이스 프레임워크

8장에서 다룰 내용은 디바이스 프레임워크이다. 말 그대로 호스트보다는 디바이스 쪽에 펌웨어를 개발하는 개발자가 반드시 알아야 하는 내용이다. 하지만 호스트에서 컨트롤 전송을 하고자 하는 개발자 역시 디바이스 프레임워크를 잘 이해해야 한다. 컨트롤 전송은 디바이스 프레임워크의 각 상태를 전환하는 가장 중요한 수단으로 사용되기 때문이다. 먼저 USB 2 디바이스 프레임워크를 배운 다음 USB 3에서 추가된 내용 위주의 디바이스 프레임워크를 살펴보도록 하겠다.

8.1 USB 2 디바이스 프레임워크

8.1.1 USB 디바이스 상태

USB 디바이스가 호스트에게 보여지는 상태는 그림 8-1과 같다.

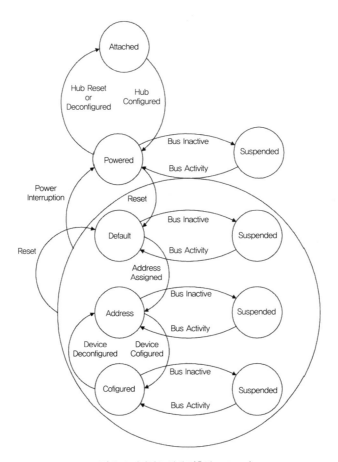

그림 8-1 디바이스 상태도(출처: usb.org)

USB 디바이스는 Upstream Port(UP)에 전달되는 리셋신호(Hub Reset)에 대응해 리셋과 정을 진행한다.

그림 8-1을 보면 디바이스가 호스트(허브)에 연결되는 Attached 상태에서 호스트에 의해서 셋업되는 Configured 상태까지 어떤 사건에 의해서 상태가 변하는지를 보여준다.

특히 Powered 상태부터 Configured 상태까지 이동되는 경로 중에는 조건에 따라 Suspeded 상태로 전환되기도 한다는 점을 유의해서 보자.

디바이스 내에 존재하는 컨트롤 엔드포인트를 제외한 모든 엔드포인트는 Configured 상태가 되기 전까지는 동작을 멈춰 있어야 한다. 이들은 Configured 상태가 된 이후부터 동작을 하게 되며 디바이스가 허브로부터 끌어 사용하는 전력도 이때부터 많아지는 것이 허용된다.

디바이스가 진행하는 리셋과정은 전원공급이 된 Powered 상태에서 시작한다. 리셋과정 중에 호스트는 디바이스가 지원하는 속도^{Speed}를 검출하게 된다. 이후 디폴트 디바이스 주소(0)를 사용하는 디폴트 상태로 전환한다.

8.1.2 일반적인 USB 디바이스 동작

일반적인 USB 디바이스가 수행하는 작업은 다음과 같이 7가지 작업이 있다.

8.1.2.1 동적연결 및 제거

언제든지 USB 디바이스는 사용 중에 호스트(허브)에서 제거될 수 있다. 물론 다시 연결 될 수도 있다. 이 말은 펌웨어를 작성할 때 이와 같은 상황에 대비해 작성해야 한다는 점 이다.

호스트는 디바이스가 허브에 발견되면 디바이스를 리셋한다. 리셋과정을 통해서 디바이 스가 지원하는 속도를 검출한다. 사용 중에 디바이스가 허브에서 제거되면 허브는 사용 하던 포트를 일시적으로 사용중지^{Disable} 상태로 만든 뒤 호스트에게 보고한다.

8.1.2.2 주소할당

USB 디바이스가 연결된 뒤 호스트는 디바이스를 대상으로 리셋과정을 진행한다. 리셋과 정이 완료된 후 디바이스는 호스트에 의해서 새로운 주소$^{Device\ Address}$를 할당받게 된다.

USB 2 호스트는 모든 토큰패킷$^{Token\ Packet}$을 브로드캐스팅 방법으로 모든 디바이스에 게 전달하기 때문에 이와 같이 주소가 할당된 후로는 USB 디바이스는 자신의 주소 가 실려있는 토큰패킷을 받을 때만 이에 반응해야 한다. 이렇게 주소가 할당된 상태를

Addressed 상태라고 부른다. 이것은 컨트롤 전송명령(요청) SET_ADDRESS에 의해서 진행된다.

8.1.2.3 셋업

정식 용어는 셋업이 아니라 컨피규레이션^{Configuration}이라고 불러야 한다. 하지만 필자는 이보다 셋업이라는 용어가 더 자연스럽게 느껴져서 앞으로 '셋업'이라는 용어를 사용하겠다.

USB 디바이스는 내부의 펑션^{Function}이 동작을 하기 위해서 우선 셋업과정을 거쳐야 한다. 호스트는 USB 디바이스의 셋업과정을 진행할 책임을 가지고 있다. 호스트는 USB 디바이스가 가지고 있는 디스크립터를 읽어서 디바이스의 특성을 파악한 뒤 호스트가 지원이 가능한 디바이스의 특성이라면 셋업과정을 진행한다. 디바이스는 호스트에게 셋업 설정으로 복수 개를 제시할 수 있다. 호스트는 이중에서 가장 적당한 셋업 설정을 선택한다. 이 과정은 컨트롤 전송명령(요청) SET_CONFIGURATION에 의해서 진행된다.

하나의 셋업 설정(Configuration) 안에 디바이스는 복수 개의 인터페이스를 가질 수 있다. 각각의 인터페이스는 하나의 기능 혹은 하나의 펑션^{Function}을 호스트에게 제공하는 엔드포인트 집합을 가진다. 게다가 하나의 인터페이스는 선택 가능한 대체 인터페이스 세팅을 가질 수 있다. 이런 경우 디바이스는 컨트롤 전송명령 GET_INTERFACE/SET_INTERFACE를 지원해야 한다. 호스트는 GET_INTERFACE 명령을 통해서 특정 인터페이스가 어떤 대체 인터페이스를 사용하는지를 알 수 있고, SET_INTERFACE 명령을 통해서 특정 인터페이스가 가진 대체 인터페이스중에 어느 하나를 지정할 수도 있다.

SET_CONFIGRUATION 명령 이후에 SET_INTERFACE 명령을 사용하지 않는 경우 모든 인터페이스의 대체 인터페이스는 0을 사용하는 것으로 약속된다.

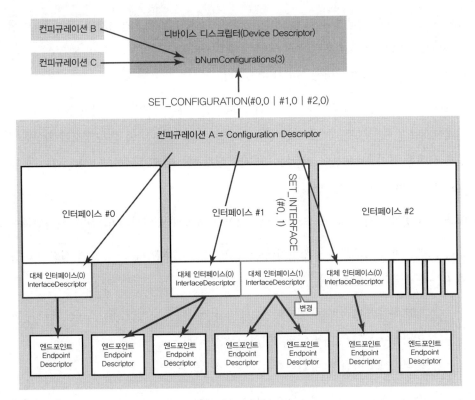

그림 8-2 인터페이스 설정

그림 8-2를 보면 셋업과정이 어떤 의미를 부여하는지를 보충 설명하고 있다.

USB 디바이스는 표준 명령어 중에 SET_CONFIGURATION(필수)과 SET_INTERFACE(선택) 두 가지 중에 하나 혹은 둘 다 지원하고 있다.

하나의 디바이스는 복수 개의 컨피규레이션(그림에서는 총 3개- A, B, C)을 가질 수 있다. 각각의 컨피규레이션은 Configuration Descriptor를 통해서 자신을 설명하고 있다. 하나의 컨피규레이션은 복수 개의 인터페이스를 가질 수 있다. 각각의 인터페이스는 대체 인터페이스를 하나 이상 가지고 있다. 이와 같은 대체 인터페이스는 Interface Descriptor를 통해서 설명된다.

각각의 대체 인터페이스는 제로, 하나 혹은 하나 이상의 엔드포인트를 가지고 있다. 엔드포인트는 Endpoint Descriptor를 통해서 설명된다.

그림 8-2와 같은 경우를 예를 들어 설명하면, USB 디바이스가 3개의 컨피규레이션을 가지고 있다. 호스트가 이중에 하나(A)를 선택해서 셋업한다면 이 과정은 SET_CONFIGURATION 명령어에 의해서 수행된다.

호스트가 셋업과정을 진행했다는 것은 해당하는 컨피규레이션이 포함하고 있는 모든 인터페이스와 엔드포인트 정보를 확인했다는 의미다. 호스트는 이와 같은 정보를 확인한뒤 현재 선택한 컨피규레이션이 적합하다고 판단했기 때문에 SET_CONFIGRUATION 명령어를 디바이스로 전송한 것이다.

이와 같이 셋업이 되면 디폴트로 모든 인터페이스 내에 대체 인터페이스(0)가 선택된다.

이로 인해 그림 8-2처럼 총 3개의 인터페이스는 각각 대체 인터페이스(0)가 선택돼 다음과 같은 선택결과가 나타난다.

> 인터페이스 #0은 대체 인터페이스(0)가 선택됐다.
> 인터페이스 #1은 대체 인터페이스(0)가 선택됐다.
> 인터페이스 #2은 대체 인터페이스(0)가 선택됐다.

이후 호스트는 SET_INTERFACE 명령어를 사용해서 원하는 인터페이스의 대체 인터페이스를 변경할 수 있다. 그림 8-2에서는 인터페이스 #1의 대체 인터페이스를 0에서 1로 변경했다. 그 결과 인터페이스 #1은 대체 인터페이스(1)가 선택됐다.

선택된 모든 인터페이스는 각각 필요에 따라 엔드포인트 디스크립터를 가리키고 있다.

8.1.2.4 데이터통신

엔드포인트는 데이터를 생성하거나 소비하는 주체다. 이와 같은 엔드포인트와 호스트는 데이터패킷을 사용해서 서로 대화를 수행한다. 따라서 디바이스는 호스트와 데이터를 통신하는 작업이 가장 중요하다.

8.1.2.5 전원 관리

USB 디바이스는 호스트로부터 최소 100mA에서 최대 500mA까지의 전력을 끌어 사용할 수 있다. 또한 서스펜드Suspend 상태에서 최소한의 전력을 끌어 사용할 수 있도록 스펙에서 규정하고 있다.

서스펜드 상태에서 원격 깨우기 기능을 구현하기 위해서 디바이스는 이에 필요한 최소한의 전력을 요구할 수 있다.

8.1.2.6 명령(요청) 처리와 지연 시간

하나의 컨트롤 전송명령은 2단계 혹은 3단계로 나눠진다.

- SETUP 단계(Stage): SETUP 명령어를 호스트가 디바이스에 전달하는 목적을 가진다.
- DATA 단계(Stage): 필요에 따라서 추가되는 단계로 데이터패킷이 호스트와 디바이스 간에 송수신 될 필요가 있을 때 사용된다.
- STATUS 단계(Stage): 모든 컨트롤 전송명령은 STATUS 단계를 통해서 최종 결과를 얻는다.

USB 디바이스는 컨트롤 전송명령을 처리하는 데 있어서 SETUP 단계를 마치자마자 해당하는 요청에 대한 내부 처리를 시작한다. 이런 처리과정은 사용되는 명령에 따라서 요구되는 시간의 길이가 서로 다르다. USB 표준에서는 가능하면 빨리 처리할 수 있어야 한다고 규정하고 있다.

8.1.2.6.1 최대 지연 시간

USB 표준에서는 USB 디바이스가 컨트롤 전송명령을 처리 완료하는 최대 시간을 5초로 지정하고 있다. 이것은 무조건 시간으로 지정된 것이 아니라 다음에 이어지는 상황을 예외사항으로 규정한다.

8.1.2.6.2 리셋과 리쥼 회복시간

호스트가 리셋시그널과 리쥼시그널을 디바이스로 전송하는 경우 디바이스가 이후 10ms 시간 동안 회복시간을 가질 수 있도록 보장한다.

따라서 리셋시그널과 리쥼시그널이 디바이스로 전송된 후 10ms 이내에 도착하는 그 어떤 패킷도 무시될 수 있다.

8.1.2.6.3 SET_ADDRESS

SET_ADDRESS 명령어는 50ms 이내에 디바이스가 STATUS 단계를 마쳐야 한다. 이후 호스트와 디바이스는 2ms 동안 준비시간을 보장해야 한다. 이 시간 안에 호스트가 디바이스로 전송하는 그 어떤 토큰패킷도 무시될 수 있다.

8.1.2.6.4 표준 명령어

표준 명령어는 DATA 단계를 사용하지 않는 경우와 사용하는 경우에 따라서 스펙에서 규정하는 처리시간이 다르다.

DATA 단계를 사용하지 않는 표준 명령어는 50ms 이내에 처리 완료돼야 한다.

DATA 단계를 사용하는 경우 데이터가 디바이스에서 호스트로 전송되는 명령어의 경우 500ms 이내에 첫 번째 데이터패킷을 디바이스가 호스트로 전송해야 한다. 이어서 나머지 패킷이 있다면 계속해서 이전에 데이터패킷을 전송한 시간 이후 500ms 이내에 전송해야 한다.

디바이스는 마지막 데이터패킷을 호스트로 전송한 뒤 호스트가 요청하는 STATUS 단계를 50ms 이내에 ACK할 수 있어야 한다.

DATA 단계를 사용하는 경우 데이터가 호스트에서 디바이스로 전송되는 명령어의 경우 5초 이내에 모든 과정을 마칠 수 있어야 한다.

8.1.2.7 에러처리

디바이스가 예상할 수 없거나 준비가 되지 못한 상황에서 호스트에 의해 요청되는 컨트롤 전송의 경우 디바이스는 에러로 명령을 처리해야 한다. 이것은 STALL PID 패킷을 사용해서 응답하는 것을 원칙으로 한다.

8.1.3 USB SETUP 명령 포맷

표 8-1 USB 표준 Device 요청에 사용되는 Setup 데이터패킷 구조(8바이트)

오프셋	필드	크기 (바이트)	값	설명	
0	bmRequest	1	비트맵	비트맵 설명	
				D7	이어지는 추가 데이터의 전송 방향 0 = 호스트 → 디바이스 1 = 디바이스 → 호스트
				D6…5	명령 유형 0 = 표준 1 = 클래스 2 = 제조사 정의 3 = 예약
				D4…0	명령 대상 0 = 디바이스 1 = 인터페이스 2 = 엔드포인트 3 = 그밖에 나머지 = 예약
1	bRequest	1	값	표 8-2 참조	
2	wValue	2	값	표 8-3 참조	
4	wIndex	2	Index 또는 오프셋	표 8-3 참조	
6	wLength	2	길이	이어지는 추가 데이터의 바이트 길이	

표 8-2 USB 표준 Device 요청값

요청(bRequest)	값(Value), 10진수
GET_STATUS	0
CLEAR_FEATURE	1
예약	2
SET_FEATURE	3
예약	4
SET_ADDRESS	5
GET_DESCRIPTOR	6
SET_DESCRIPTOR	7
GET_CONFIGURATION	8
SET_CONFIGURATION	9
GET_INTERFACE	10
SET_INTERFACE	11
SYNCH_FRAME	12

표 8-3 USB 표준 Device 요청과 구조체 필드(8바이트)

BmRequest (1Byte)	bRequest (1Byte)	wValue (2Byte)	wIndex (2Byte)	wLength (2Byte)	Data(wLength에 따라 가변)
00000000B 00000001B 00000010B	CLEAR_FEATURE	Feature Selector	0 Interface Endpoint	0	사용 안 함
10000000B	GET_ CONFIGURATION	0	0	1	Configuration Value
10000000B	GET_ DESCRIPTOR	Descriptor Type, Index	0 또는 Language ID	Descriptor 길이	Descriptor
10000001B	GET_INTERFACE	0	Interface	1	Alternate Interface

BmRequest (1Byte)	bRequest (1Byte)	wValue (2Byte)	wIndex (2Byte)	wLength (2Byte)	Data(wLength에 따라 가변)
10000000B 10000001B 10000010B	GET_STATUS	0	0 Interface Endpoint	2	Device, Interface 또는 Endpoint Status
00000000B	SET_ADDRESS	Device Address	0	0	사용 안 함
00000000B	SET_ CONFIGURATION	Configuration Value	0	0	사용 안 함
00000000B	SET_ DESCRIPTOR	Descriptor Type, Index	0 또는 Language ID	Descriptor 길이	Descriptor
00000000B 00000001B 00000010B	SET_FEATURE	Feature Selector	0 Interface Endpoint	0	사용 안 함
00000001B	SET_INTERFACE	Alternate Setting	Interface	0	사용 안 함
10000010B	SYNCH_FRAME	0	Endpoint	2	Frame Number

USB SETUP 명령은 표 8–1처럼 8바이트 데이터를 사용한다. 스펙에서 규정한 형태를 반드시 지켜야 한다.

표 8-4 표준 Feature Selector

Feature Selector	대상(Recipient)	값
DEVICE_REMOTE_WAKEUP	디바이스	1
ENDPOINT_HALT	엔드포인트	0
TEST_MODE	디바이스	2

8.1.4 USB 표준 명령어

8.1.4.1 CLEAR_FEATURE

표 8-5 CLEAR_FEATURE 명령 포맷

bmRequestType	bRequest	wValue	wIndex	wLength	Data
00000000B 00000001B 00000010B	CLEAR_ FEATURE	Feature Selector	0 Interface Endpoint	0	None

표 8-4에 있는 Feature Selector의 기능을 해제하거나 지우는 명령이다.

Default 상태의 디바이스는 이 명령을 처리하는 방법이 규정돼 있지 않다.

Addressed 상태의 디바이스는 디바이스 혹은 엔드포인트(0)를 대상으로 이 명령어를 사용할 수 있다. 그외에는 에러 처리된다(STALL).

Configured 상태의 디바이스는 이 명령을 사용할 수 있다.

8.1.4.2 GET_CONFIGURATION

표 8-6 GET_CONFIGURATION 명령 포맷

bmRequestType	bRequest	wValue	wIndex	wLength	Data
10000000B	GET_ CONFIGURATION	0	0	1	Configuration Value

현재 디바이스가 셋업^{Configured}된 컨피규레이션 식별자(ID)를 리턴한다. 컨피규레이션 식별자는 Configuration Descriptor 내에 명시된 것을 사용한다.

Default 상태의 디바이스는 이 명령을 처리하는 방법이 규정돼 있지 않다. Addressed 상태의 디바이스는 값 0(셋업된 컨피규레이션이 없다는 뜻)을 리턴한다. Configured 상태의 디바이스는 이 명령을 사용할 수 있다.

8.1.4.3 GET_DESCRIPTOR

표 8-7 GET_DESCRIPTOR 명령 포맷

bmRequestType	bRequest	wValue	wIndex	wLength	Data
10000000B	GET_DESCRIPTOR	Type and Index	0 또는 Language ID	Descriptor 길이	Descriptor

디바이스가 가지고 있는 디스크립터(wType에 따른)를 호스트로 전송하는 명령이다. 디스크립터 Type은 다음과 같다.

표 8-8 디스크립터 유형(DESCRIPTOR Types)

디스크립터 유형	값
DEVICE	1 (GET_DESCRIPTOR 명령에 의해 직접 얻을 수 있다)
CONFIGURAION	2 (GET_DESCRIPTOR 명령에 의해 직접 얻을 수 있다)
STRING	3 (GET_DESCRIPTOR 명령에 의해 직접 얻을 수 있다)
INTERFACE	4 (CONFIGURAION 디스크립터 내부에서 파싱을 통해 얻을 수 있다)
ENDPOINT	5 (CONFIGURAION 디스크립터 내부에서 파싱을 통해 얻을 수 있다)
DEVICE_QUALIFIER	6 (GET_DESCRIPTOR 명령에 의해 직접 얻을 수 있다)
OTHER_SPEED_CONFIGURATION	7 (GET_DESCRIPTOR 명령에 의해 직접 얻을 수 있다)

표 8-8에서 보여주는 유형의 디스크립터를 직접 지정해서 GET_DESCRIPTOR 명령어에 사용할 수 없다. GET_DESCRIPTOR 명령은 이중에 다음과 같은 유형만 파라미터로 사용할 수 있다.

DEVICE, CONFIGURATION, STRING, DEVICE_QUALIFIER,
OTHER_SPEED_CONFIGURATION

나머지 디스크립터는 CONFIGURATION 디스크립터를 읽을 때 많은 양을 읽어들여서

파싱Parsing하면서 검색해야 찾을 수 있다. Default 상태의 디바이스는 이 명령을 사용할 수 있으며 Addressed 상태의 디바이스는 이 명령을 사용할 수 있다. Configured 상태의 디바이스는 이 명령을 사용할 수 있다.

8.1.4.4 GET_INTERFACE

표 8-9 GET_INTERFACE 명령 포맷

bmRequestType	bRequest	wValue	wIndex	wLength	Data
10000001B	GET_ INTERFACE	0	Interface	1	Alternate Setting

wIndex로 지정한 인터페이스가 사용하는 대체 인터페이스 넘버를 리턴한다.

Default 상태의 디바이스는 이 명령을 처리하는 방법이 규정돼 있지 않다.

Addressed 상태의 디바이스는 에러값을 리턴한다(STALL).

Configured 상태의 디바이스는 이 명령을 사용할 수 있다.

8.1.4.5 GET_STATUS

표 8-10 GET_STATUS 명령 포맷

bmRequestType	bRequest	wValue	wIndex	wLength	Data
10000000B 10000001B 10000010B	GET_STATUS	0	0 Interface Endpoint	2	Device, Interface 또는 Endpoint 특성 설정 상태

디바이스, 인터페이스 혹은 엔드포인트의 현재 특성 설정 상태를 알려준다.

표 8-11 GET_STATUS에 의해 보고되는 특성 설정 상태(bmRequestType = 10000000B, 디바이스)

비트7	비트6	비트5	비트4	비트3	비트2	비트1	비트0
사용 안 함(0)						Remote Wakeup	Self Powered
비트15	비트14	비트13	비트12	비트11	비트10	비트9	비트8
사용 안 함(0)							

비트 0(Self Powered)의 특성은 읽기전용으로서 다른 명령어에 의해서 리셋될 수 없다. 자체 전원을 가진 디바이스인지를 나타낸다.

비트 1(Remote Wakeup)의 특성은 SET_FEATURE 명령에 의해 활성화되고 CLEAR_FEATURE 명령에 의해 리셋된다. Remote Wakeup 기능이 허용되는지 여부를 나타낸다.

bmRequestType 값이 10000001B를 사용하는 경우는 현재 아직 정의되지 않았다.

표 8-12 GET_STATUS에 의해 보고되는 특성 설정 상태(bmRequestType = 10000010B, 엔드포인트)

비트7	비트6	비트5	비트4	비트3	비트2	비트1	비트0
사용 안 함(0)							Halt
비트15	비트14	비트13	비트12	비트11	비트10	비트9	비트8
사용 안 함(0)							

비트 0(Halt) 특성은 엔드포인트를 위한 특성으로 사용된다. 현재 지정한 엔드포인트가 정지(Halt) 상태인지를 확인하는 용도로 사용된다. CLEAR_FEATURE 명령에 의해 Halt된 엔드포인트의 상태는 리셋될 수 있다. 디폴트 엔드포인트가 Halt된 경우, CELAR_FEATURE 명령어가 사용되지 않는다. 대신, 이어지는 다음 컨트롤 전송명령어가 사용될 때, 자동으로 Halt 상태가 리셋된다.

Default 상태의 디바이스는 이 명령을 처리하는 방법이 규정돼 있지 않다. Addressed 상태의 디바이스는 디바이스 혹은 엔드포인트(0)를 대상으로 이 명령어를 사용할 수 있고 그외에는 에러 처리된다(STALL). Configured 상태의 디바이스는 이 명령을 사용할 수 있다. 존재하지 않는 인터페이스 혹은 엔드포인트를 사용하는 경우 에러 처리된다 (STALL).

8.1.4.6 SET_ADDRESS

표 8-13 SET_ADDRESS 명령 포맷

bmRequestType	bRequest	wValue	wIndex	wLength	Data
00000000B	SET_ADDRESS	Device Address	0	0	None

호스트는 디바이스에게 wIndex로 사용된 Device Address 주소를 할당한다. Default 상태의 디바이스는 이 명령을 사용할 수 있다. Addressed 상태의 디바이스는 Device Address 주소 값으로 0을 사용하는 경우 Default 상태로 돌아간다. Configured 상태의 디바이스는 이 명령을 처리하는 방법이 규정돼 있지 않다.

8.1.4.7 SET_CONFIGURATION

표 8-14 SET_CONFIGURATION 명령 포맷

bmRequestType	bRequest	wValue	wIndex	wLength	Data
00000000B	SET_ CONFIGURATION	Configuration Value	0	0	None

wValue로 지정하는 컨피규레이션 식별자(ID)를 사용하는 컨피규레이션을 사용하도록 셋업된다. 컨피규레이션 식별자는 Configuration Descriptor 내에 명시된 것을 사용한다. SET_CONFIGURATION 명령어가 수행되면 디바이스 내의 모든 인터페이스는 자신이 드러내는 Alternatting 인터페이스 중 0번 인터페이스가 선택된 것으로 가정한다. 이후 필요하다면 호스트는 특정 인터페이스의 Alternatting 인터페이스를 다른 번호로 지정할 수 있다. 이 작업은 SET_INTERFACE 명령어에 의해서 수행된다.

Default 상태의 디바이스는 이 명령을 처리하는 방법이 규정돼 있지 않다. Addressed 상태의 디바이스는 이 명령을 사용할 수 있다. wValueIndex가 0이면 상태를 그대로 유지하고 wValueIndex 값과 일치하는 컨피규레이션 식별자가 존재하지 않으면 에러 처리된다(STALL).

Configured 상태의 디바이스는 이 명령을 사용할 수 있다. wValueIndex가 0이면 상태를 그대로 유지한다. wValueIndex 값과 일치하는 컨피규레이션 식별자가 존재하지 않으면 에러 처리된다(STALL).

8.1.4.8 SET_DESCRIPTOR

표 8-15 SET_DESCRIPTOR 명령 포맷

bmRequestType	bRequest	wValue	wIndex	wLength	Data
00000000B	SET_DESCRIPTOR	Type and Index	0 또는 Language ID	Descriptor 길이	Descriptor

호스트가 지정하는 디스크립터(Type에 따른)를 디바이스로 전송하는 명령이다. 이 명령은 디스크립터의 내용을 변경하는 용도로 사용된다. 변경할 수 있는 디스크립터는 Device, Configuration 그리고 String Descriptor만 해당한다.

Default 상태의 디바이스는 이 명령을 처리하는 방법이 규정돼 있지 않다. Addressed 상태의 디바이스를 지원한다면 이 명령을 사용할 수 있다.

Configured 상태의 디바이스를 지원한다면 이 명령을 사용할 수 있다.

8.1.4.9 SET_FEATURE

표 8-16 SET_FEATURE 명령 포맷

bmRequestType	bRequest	wValue	wIndex		wLength	Data
00000000B 00000001B 00000010B	SET_ FEATURE	Feature Selector	Test_ Selector	0 Interface Endpoint	0	None

표 8-4에 있는 Feature Selector의 기능을 설정하거나 셋(TRUE)하는 명령이다. Feature Selector 값이 TEST_MODE인 경우 Test_Selector 값에 따라 필요한 시그널테스트를 지시한다.

표 8-17 Test Mode Selector

값	설명
01H	Test_J 시그널
02H	Test_K 시그널
03H	Test_SE0_NAK 시그널
04H	Test_Packet
05H	Test_Force_Enable

Defaut 상태의 디바이스는 TEST_MODE를 사용하는 경우만 유효하다. Addressed 상태의 디바이스는 디폴트 엔드포인트를 사용하는 경우만 이 명령을 사용할 수 있다. Configured 상태의 디바이스는 이 명령을 사용할 수 있다.

8.1.4.10 SET_INTERFACE

표 8-18 SET_INTERFACE 명령 포맷

bmRequestType	bRequest	wValue	wIndex	wLength	Data
00000001B	SET_INTERFACE	Alternate Setting	Interface	0	None

wIndex 값으로 지정하는 인터페이스를 wValue 값으로 지정하는 대체 인터럽트로 지정하겠다는 의미다. Default 상태의 디바이스는 이 명령을 처리하는 방법이 규정돼 있지 않으며 Addressed 상태의 디바이스는 이 명령을 처리하는 방법이 규정돼 있지 않다. Configured 상태의 디바이스는 이 명령을 사용할 수 있다.

8.1.4.11 SYNCH_FRAME

표 8-19 SYNCH_FRAME 명령 포맷

bmRequestType	bRequest	wValue	wIndex	wLength	Data
10000010B	SYNCH_FRAME	0	Endpoint	2	Frame Number

호스트와 디바이스가 등시성 전송을 할 때 사전에 약속된 프레임에 전송하는 패킷에 특별한 의미를 부여하는 경우 사용한다. Full Speed에서 사용되고 호스트가 디바이스에게 약속된 의미있는 프레임넘버를 알려준다.

Default 상태의 디바이스는 이 명령을 처리하는 방법이 규정돼 있지 않으며 Addressed 상태의 디바이스는 이 명령을 처리하는 방법이 규정돼 있지 않다. Configured 상태의 디바이스는 이 명령을 사용할 수 있다.

8.1.5 USB 표준 디스크립터

USB 2.0 표준에서는 다음 7가지 디스크립터를 정의하고 있다.

- Device Descriptor
- Device_Qualifier Descriptor
- Configuration Descriptor
- Other_Speed_Configuration Descriptor
- Interface Descriptor

- Endpoint Descriptor
- String Descriptor

Device_Qualifier Descriptor와 Other_Speed_Configuration Descriptor는 같은 성격을 가지는 디스크립터로서 High Speed를 지원하는 디바이스가 낮은 스피드 FS에서 동작하게 됐을 때 별도로 호스트에게 디바이스가 High Speed의 능력을 가지고 있음을 알리는 용도로 사용된다.

8.1.5.1 Device Descriptor

하나의 USB 디바이스는 하나의 Device Descriptor만 호스트에게 제공할 수 있다.

표 8-20 Device 디스크립터의 구성

오프셋	필드	크기 (바이트)	값	설명
0	bLength	1	숫자	디스크립터 길이
1	bDescriptorType	1	상수	DEVICE Descriptor Type
2	bcdUSB	2	BCD	USB 버전
4	bDeviceClass	1	클래스(Class)	
5	bDeviceSubClass	1	서브클래스(SubClass)	
6	bDeviceProtocol	1	프로토콜(Protocol)	
7	bMaxPacketSize0	1	숫자	디폴트 엔드포인트 최대 데이터패킷 크기
8	idVendor	2	ID	제조사ID
10	idProduct	2	ID	제품ID
12	bcdDevice	2	BCD	제품 릴리스 버전
14	iManufacturer	1	인덱스(Index)	스트링 인덱스
15	iProduct	1	인덱스(Index)	스트링 인덱스
16	iSerialNumber	1	인덱스(Index)	스트링 인덱스

오프셋	필드	크기 (바이트)	값	설명
17	bNumConfigurations	1	숫자	준비된 Configuration 개수

만일 USB 호스트가 FS를 지원한다면 HS 디바이스는 FS로 동작해야 한다. 이런 경우 디바이스가 호스트에게 제공하는 Device Descriptor는 FS를 위한 디스크립터의 내용으로 작성돼 있어야 한다. 디바이스는 Device_Qualifier Descriptor를 통해서 High Speed의 능력을 가지고 있다는 사실을 호스트에게 알릴 수 있다.

FS 속도의 디바이스는 Device Descriptor의 bMaxPacketSize0 값이 8, 16, 32 또는 64 어떤 값을 가져도 상관없다. HS 속도의 디바이스는 bMaxPacketSize0 값이 64만 가지도록 허용된다. bDeviceClass, SubClass, Protocol 필드의 값은 USB-IF^{Implementers} ^{Forum}에서 규정하고 있는 디바이스 유형값이다(표 8-24 참고).

8.1.5.2 Device_Qualifier Descriptor

High Speed를 지원할 수 있는 디바이스가 FS를 사용하는 USB 호스트에 연결되는 경우, Device Descriptor는 FS를 지원하는 모습으로 작성돼 호스트에 보고된다. 이때 Device_Qualifier Descriptor를 통해서 디바이스가 High Speed를 지원할 수 있다는 사실을 호스트에 보고한다.

표 8-21 Device_Qualifier 디스크립터의 구성

오프셋	필드	크기 (바이트)	값	설명
0	bLength	1	숫자	디스크립터 길이
1	bDescriptorType	1	상수	DEVICE QUALIFIER Type
2	bcdUSB	2	BCD	USB 버전
4	bDeviceClass	1	클래스(Class)	

오프셋	필드	크기 (바이트)	값	설명
5	bDeviceSubClass	1	서브클래스(SubClass)	
6	bDeviceProtocol	1	프로토콜(Protocol)	
7	bMaxPacketSize0	1	숫자	디폴트 엔드포인트 최대데이터패킷 크기
8	bNumConfigurations	1	숫자	준비된 Configuration 개수
9	bReserved	1	0	

8.1.5.3 Configuration Descriptor

하나의 USB 디바이스는 복수 개의 Configuration을 선택적으로 가질 수 있다. 호스트는 이중에 하나를 선택한다. 호스트는 GET_DESCRIPTOR 명령을 통해 디바이스가 가지고 있는 모든 Configuration Descriptor를 읽은 다음 가장 적절한 대상을 선택해 셋업(SET_ CONFIGURATION)한다.

표 8-22 Configuration 디스크립터(헤더)의 구성

오프셋	필드	크기 (바이트)	값	설명
0	bLength	1	숫자	디스크립터 헤더 길이
1	bDescriptorType	1	상수	CONFIGURATION Type
2	wTotalLength	2	숫자	Configuration 디스크립터의 전체 길이
4	bNumInterfaces	1	숫자	준비된 Interface 개수
5	bConfigurationValue	1	숫자	현재 Configuration 식별자 ID
6	iConfiguration	1	인덱스(Index)	스트링 인덱스
7	bmAttributes	1	비트맵	속성
8	bMaxPower	1	mA	요구 전력 정보

Configuration Descriptor는 기본적인 헤더^{Header}와 나머지 내용으로 나눠 생각해볼 수 있다. 나머지 내용에 포함되는 데이터는 Interface Descriptor, Endpoint Descriptor 가 해당한다.

Interface Descriptor, Endpoint Descriptor는 직접 지정해서 읽을 수 있는 방법이 없기 때문에 호스트는 Configuration Descriptor(또는 Other_Speed_Configuration Descriptor) 의 내용을 충분하게 많은 양을 읽어들여서 Interface Descriptor, Endpoint Descriptor 내용을 포함한 디스크립터를 얻어야 한다(그림 8-2 참고).

표 8-21에서 wTotalLength 필드의 값은 Configuration Descriptor 전체의 크기를 알려준다. bmAttributes 필드는 Configuration의 속성을 나타낸다.

비트 6: 값 1이면 Self-powered 디바이스를 의미한다. 값 0이면 Bus-powered 디바이스를 의미한다. 비트 5: 값 1이면 Remote Wakeup 기능을 가졌다는 것을 의미한다. bMaxPower 필드는 Configuration이 요구하는 전력정보를 의미한다. 값은 2mA 단위로 사용된다. 예를 들어, 값 50 = 100mA를 의미한다.

8.1.5.4 Other_Speed_Configuration Descriptor

표 8-23 Other_Speed_Configuration 디스크립터(헤더)의 구성

오프셋	필드	크기 (바이트)	값	설명
0	bLength	1	숫자	디스크립터 헤더 길이
1	bDescriptorType	1	상수	OTHER_SPEED_CONFIG Type
2	wTotalLength	2	숫자	Configuration 디스크립터의 전체 길이
4	bNumInterfaces	1	숫자	준비된 Interface 개수
5	bConfigurationValue	1	숫자	현재 Configuration 식별자 ID
6	iConfiguration	1	인덱스(Index)	스트링 인덱스
7	bmAttributes	1	비트맵	속성

오프셋	필드	크기 (바이트)	값	설명
8	bMaxPower	1	단위 mA	요구 전력 정보

High Speed를 지원할 수 있는 디바이스가 FS를 사용하는 USB 호스트에 연결되는 경우 Configuration Descriptor는 FS 속도를 지원하는 모습으로 호스트에 보고된다. 디바이스는 Other_Speed_Configuration Descriptor를 준비해 호스트에게 High Speed를 지원할 수 있다는 사실을 알릴 수 있다.

8.1.5.5 Interface Descriptor

Configuration Descriptor(또는 Other_Speed_Configuration Descriptor)에 포함된 형태로 존재한다. USB 디바이스가 구체적으로 어떤 통신방식(인터페이스)을 사용해서 호스트와 데이터패킷을 송수신할 수 있는지를 알린다. 복수 개의 Endpoint Descriptor를 포함한다.

표 8-24 Interface 디스크립터의 구성

오프셋	필드	크기 (바이트)	값	설명
0	bLength	1	숫자	디스크립터 길이
1	bDescriptorType	1	상수	INTERFACE Type
2	bInterfaceNumber	1	숫자	Interface 수
3	bAlternateSetting	1	숫자	대체할 Interface 수
4	bNumEndpoints	1	숫자	현재 Interface가 포함하는 엔드 포인트 수(디폴트는 제외)
5	bInterfaceClass	1	클래스(Class)	
6	bInterfaceSubClass	1	서브클래스 (SubClass)	

오프셋	필드	크기 (바이트)	값	설명
7	bInterfaceProtocol	1	프로토콜 (Protocol)	
8	iInterface	1	인덱스(Index)	스트링 인덱스

bInterfaceClass, SubClass, Protocol 필드의 값은 USB-IF(Implementers Forum)에서 규정하고 있는 인터페이스 유형 값이다.

표 8-25 USB-IF에서 규정하고 있는 Class, SubClass, Protocol 값(디바이스 유형과 인터페이스 유형)

Class	구분	SubClass	Protocol	설명
00h	디바이스	00h	00h	Interface Descriptor에 명시된 내용을 그대로 적용한다.
01h	인터페이스	상관없다	상관없다	오디오 장치(Audio Device)
02h	양쪽모두	상관없다	상관없다	통신 장치 (Communication Device Class)
03h	인터페이스	상관없다	상관없다	HID 클래스
05h	인터페이스	상관없다	상관없다	물리적 디바이스 클래스
06h	인터페이스	01h	01h	STILL 이미징 장치
07h	인터페이스	상관없다	상관없다	프린터 장치
08h	인터페이스	상관없다	상관없다	Mass 스토리지 장치
09h	디바이스	00h	00h	Full Speed 허브
			01h	High Speed 허브(STT)
			02h	High Speed 허브(MTT)
0Ah	인터페이스	상관없다	상관없다	통신 데이터 장치(CDC Data)
0Bh	인터페이스	상관없다	상관없다	스마트 카드 장치
0Dh	인터페이스	00h	00h	콘텐츠 보안 장치
0Eh	인터페이스	상관없다	상관없다	비디오 장치
0Fh	인터페이스	상관없다	상관없다	개인 헬스케어(Healthcare) 장치

Class	구분	SubClass	Protocol	설명
10h	인터페이스	01h	00h	오디오/비디오 장치(AVControl)
		02h	00h	오디오/비디오 장치 (AVData Video Streaming Interface)
		03h	00h	오디오/비디오 장치 (AVData Audio Streaming Interface)
11h	디바이스	00h	00h	빌보드 장치
DCh	양쪽 모두	01h	01h	USB 2 테스트 Compliance 장치
		02h	00h	디버그 제조사 정의 장치
			01h	GNU 원격 디버그 장치
		03h	00h	사용 안 함
			01h	제조사 정의 Trace 프로토콜(DbC)
		04h	00h	사용 안 함
			01h	제조사 정의 Dfx 프로토콜(DbC)
		05h	00h	제조사 정의 GP Endpoint 기반 위에 Trace 프로토콜
			01h	GP Endpoint 기반 위에 GNU 프로토콜
		06h	00h	사용 안 함
			01h	제조사 정의 Dfx 프로토콜(DvC)
		07h	00h	사용 안 함
			01h	제조사정의 Trace 프로토콜(DvC)
		08h	00h	사용 안 함
E0h	인터페이스	01h	01h	블루투스 프로그래밍 인터페이스
			02h	UWB Radio 컨트롤 인터페이스
			03h	RNDIS 인터페이스
			04h	블루투스 AMP 컨트롤러
		02h	01h	Host Wire Adapter Control/Data 인터페이스
			02h	Device Wire Adapter Control/Data 인터페이스
			03h	Device Wire Adapter 등시성 인터페이스

Class	구분	SubClass	Protocol	설명
EFh	양쪽모두	01h	01h	Active Sync Device
			02h	Palm Sync
		02h	01h	IAD(Interface Association Desc)
			02h	Wire Adapter 멀티펑션
		03h	01h	케이블 기반 Association 프레임워크
		04h	01h	RNDIS Over Ethernet
			02h	RNDIS Over WiFi
			03h	RNDIS Over WiMAX
			04h	RNDIS Over WWAN
			05h	RNDIS for Raw IPv4
			06h	RNDIS for Raw IPv6
			07h	RNDIS for GPRS
		05h	00h	USB 3 Vision Control 인터페이스
			01h	USB 3 Vision 이벤트 인터페이스
			02h	USB 3 Vision 스트림 인터페이스
		06h	01h	STEP(Stream Transport Efficient Protocol)
FEh	인터페이스	01h	01h	DFU(Device Firmware Upgrade)
		02h	00h	IRDA 브릿지 장치
		03h	00h	USB Test, 측정 장치
			01h	USB Test, 측정 장치(USB488)
FFh	양쪽모두	상관없음	상관없음	제조사 정의

8.1.5.6 Endpoint Descriptor

Configuration Descriptor(또는 Other_Speed_Configuration Descriptor)에 포함된 형태로 존재한다.

표 8-26 Endpoint 디스크립터의 구성

오프셋	필드	크기바이트	값	설명
0	bLength	1	숫자	디스크립터 길이
1	bDescriptorType	1	상수	ENDPOINT Type
2	bEndpointAddress	1	엔드포인트	엔드포인트 주소(방향+엔드포인트 식별자)
3	bmAttributes	1	비트맵	속성
4	wMaxPacketSize	2	숫자	엔드포인트가 다룰 수 있는 최대 데이터패킷 크기
6	bInterval	1	숫자	주기적인 엔드포인트의 경우 주기 시간을 지정

USB 디바이스가 가지고 있는 엔드포인트(데이터패킷을 만들거나 소비하는 주체)를 설명하는 디스크립터를 제공한다. 해당하는 디스크립터가 가리키는 엔드포인트는 SET_ CONFIGURATION 과정이 끝나면 동작을 시작한다(전력을 끌어 사용함).

bEndpointAddress 필드는 비트 7과 비트 3-0으로 구성된다. 비트 7은 방향을 나타내며 값이 0이면 OUT, 값이 1이면 IN 방향이다. 방향이 OUT이라는 뜻은 데이터패킷이 호스트에서 디바이스로 향한다는 뜻이고 다른 말로 데이터를 소비한다고 말한다. 방향이 IN이라는 뜻은 데이터패킷이 디바이스에서 호스트로 향한다는 뜻이고 다른 말로 데이터를 생산한다고 말한다.

비트 3-0(총 4비트)은 엔드포인트 넘버(Number)를 의미한다. 총 0부터 15까지 16가지의 수를 사용할 수 있다. 0 값은 디폴트 엔드포인트를 위해서 예약돼 있기 때문에 여기서는 1부터 15까지를 사용할 수 있다. 디폴트 엔드포인트는 특별히 명시하지 않는다. 다만 Device Descriptor의 bMaxPacketSize0 필드에서 디폴트 엔드포인트의 데이터패킷 크기를 지정한다. bmAttributes 필드는 엔드포인트의 속성을 의미한다.

표 8-27 bmAttributes(Endpoint 디스크립터)의 의미

비트	필드	설명
1..0	엔드포인트 전송 유형	00 = 컨트롤 전송 01 = 등시성 전송 10 = 벌크 전송 11 = 인터럽트 전송
3..2	동기화 유형(등시성)	00 = 동기화 사용 안 함 01 = 비동기적임 10 = 복합적임 11 = 동기적임
5..4	동기화 세부 유형(등시성)	00 = 데이터 엔드포인트 01 = 피드백 엔드포인트 10 = 암묵된 피드백 엔드포인트

표 8-27을 보면 등시성 전송의 경우 비트 2부터 비트 5까지 모두 4비트를 할여하고 있는 것을 알 수 있다. 등시성 전송의 경우 비트 5, 비트 4를 통해서 일반 데이터 엔드포인트인지 아니면 피드백 엔드포인트인지를 알리고 있다. 피드백 엔드포인트(비트 5, 4 = 01)의 경우 비트(1, 0) = 01(등시성), 비트(3, 2) = 00(동기화사용 안 함)을 가져야 한다.

피드백 엔드포인트는 등시성 전송에서 버퍼 오버플로^{Overflow} 혹은 언더플로^{Underflow}가 발생하지 않도록 적당한 전송량을 알리는 용도로 사용된다. 보통 USB 호스트보다는 USB 디바이스의 자원 사용이 제한되기 때문에 호스트에서 디바이스로 데이터를 전송하는 OUT 방향의 등시성 전송에서 피드백이 사용된다. 이런 경우 피드백 엔드포인트의 방향은 IN 방향이 된다.

wMaxPacketSize 필드는 엔드포인트가 다룰 수 있는 최대 데이터패킷의 크기를 설명한다. 통상 하나의 트랜잭션에 사용할 수 있는 최대 데이터패킷 크기라고 볼 수 있다. 보통의 경우 비트0부터 비트10까지 총 11비트를 사용한다. 따라서 가질 수 있는 데이터패킷의 크기는 2^11 = 2048바이트다. 실제로 1024까지 사용한다(USB 2).

인터럽트 전송과 등시성 전송은 대개 하나의 프레임(마이크로 프레임) 속에 하나의 트랜잭션만 사용하는 것이 일반적이지만 고대역 전송을 지원하는 USB 2.0 HS 엔드포인트의

경우 하나의 마이크로 프레임(uFrame) 속에 복수 개의 트랜잭션을 넣을 수 있다. 이런 경우 wMaxPacketSize의 비트 11, 12(2비트)를 사용해서 몇 개의 트랜잭션을 넣을 수 있는지를 명시한다.

최대 3개까지만 지원한다.

> 00 = 1 uFrame 속에 하나의 트랜잭션
>
> 01 = 1 uFrame 속에 두 개의 트랜잭션
>
> 10 = 1 uFrame 속에 세 개의 트랜잭션

bInterval 필드는 서비스 인터벌Service Interval 값을 계산하는 파라미터로 사용된다.

표 8-28 bInterval(Endpoint 디스크립터)의 의미

속도	전송유형	설명
FS/LS	등시성 전송	범위 1-16. LS/FS: $2^{(bInterval-1)}$ms HS: $2^{(bInterval-1)} * 125$us
FS/LS	인터럽트 전송	범위 1-255 ms
HS	인터럽트 전송	범위 1-16 HS: $2^{(bInterval-1)} * 125$us
HS	벌크, 컨트롤 전송	범위 0-255 값 0: 디바이스가 NAK를 발생하지 않는다. 그외 값 * 125us마다 최소한 하나 이상의 NAK를 발생한다.

표 8-27을 보면, bInterval의 의미가 LS, FS, HS마다 서로 다르게 해석된다.

예를 들어 bInterval 값이 4인 경우,

> FS/LS 등시성 전송: $2^{(4-1)}$ms = 8ms
>
> HS 등시성 전송: $2^{(4-1)} * 125$us = 1ms
>
> FS/LS 인터럽트 전송: 4ms
>
> HS 인터럽트 전송: $2^{(4-1)} * 125$us = 1ms

HS 벌크, 컨트롤 전송: 4 * 125us = 500us. 최소한 500us마다 하나 이상의 NAK를 발생한다.

8.1.5.7 String Descriptor

USB 디바이스가 담고 있는 문자열 리소스를 설명하고 있다. 제조사 이름, 제품 이름, 인터페이스 이름 등을 나타낸다. 시리얼 넘버를 표현할 수 있기 때문에 항상 같은 디바이스로 인스턴스를 나타낼 수 있다.

표 8-29 언어코드 지원배열

오프셋	필드	크기(바이트)	값	설명
0	bLength	1	N+2	디스크립터 크기
1	bDescriptorType	1	상수(3)	STRING Type
2	wLANGID[0]	2	수	Language ID Code 0
...	...	...	...	...
N	wLANGID[x]	2	수	Language ID x

문자열 리소스를 가지고 있는 디바이스는 호스트가 GET_DESCRIPTOR 명령을 통해서 언어코드 지원배열 정보를 달라고 할 때 반드시 표 8-29와 같은 형태의 정보를 제공해야 한다.

호스트는 GET_DESCRIPTOR(wValue = 0x0300, wIndex = 0x0000)명령을 통해서 이와 같은 정보를 얻는다. 표 8-28에서 얻는 Language ID Code는 2바이트의 코드로서 USB-IF에서 정의하고 있다. 코드값 0x0409는 미국 영어, 0x0004 는 중국 간체자, 0x0412 한국어를 의미한다. 보통 0x0409 값을 사용한다.

표 8-30 유니코드 문자열 리소스 정보

오프셋	필드	크기(바이트)	값	설명
0	bLength	1	수	디스크립터 크기

오프셋	필드	크기(바이트)	값	설명
1	bDescriptorType	1	상수(3)	STRING Type
2	bString	N	수	유니코드 문자열(널문자는 없다)
...	...	...	...	...

표 8–30은 호스트가 GET_DESCRIPTOR(wValue = 0x03XX, wIndex != Language ID Code) 명령을 통해서 얻는 리소스 정보이다. wValue에 사용되는 0x03XX에서 하위 XX 바이트 값은 String Index 값을 사용한다.

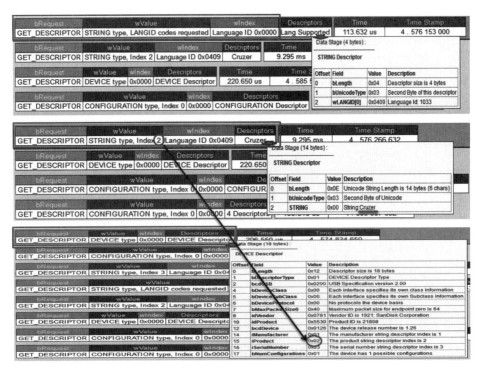

그림 8–3 호스트가 String Descriptor를 가져가는 모습

그림 8–3을 보자. Device Descriptor에 포함된 iProduct 값이 그림과 같이 0x02라고 가정했을 때 이 값은 스트링 인덱스String Index 값으로 사용된다. 호스트는 iProduct 값 (0x02)을 사용해서 해당하는 문자열 리소스를 달라고 디바이스에게 요청할 수 있다. 그

림 8-3처럼 디바이스는 호스트에게 "Cruzer"라는 문자열이 담겨진 리소스를 전달하고 있다.

8.1.6 USB 추가 디스크립터

초창기 USB 2.0 스펙에서는 표준화되지 않았던 몇 가지 디스크립터가 이후 릴리스에서 표준화로 지정됐다. 대표적인 디스크립터가 IAD이다.

8.1.6.1 IAD

IAD$^\text{Interface Association Descriptor}$는 복수 개의 인터페이스를 하나의 기능$^\text{Function}$으로 묶는 용도로 사용된다.

표 8-31 Interface Association Descriptor의 구성

오프셋	필드	크기바이트	값	설명
0	bLength	1	숫자	디스크립터 길이
1	bDescriptorType	1	상수	IAD Type(11)
2	bFirstInterface	1	숫자	시작 Interface Number
3	bInterfaceCount	1	숫자	이어지는 Interface 개수
4	bFunctionClass	1	숫자	표 8-24 참고
5	bFunctionSubClass	1		
6	bFunctionProtocol	1		
7	iFunction	1	인덱스(Index)	스트링 인덱스

만일 디바이스가 #0, #1, #2 총 3개의 인터페이스를 사용한다고 가정해보자.

이 경우 #0과 #1 인터페이스가 하나의 기능$^\text{Function}$으로 묶여야 한다면 IAD는 이와 같은 상황을 위해서 표 8-31의 bFirstInterface 값은 0, bInterfaceCount 값은 2를 가져야 한다.

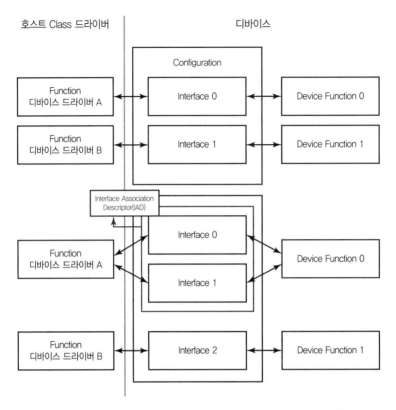

그림 8-4 IAD를 사용해서 인터페이스 0과 1을 하나의 Function으로 묶은 모습

그림 8-4를 보자. 하나의 인터페이스를 하나의 Function으로 사용하는 모습이고, 아래 그림은 인터페이스 0과 1을 하나의 Function으로 묶은 모습이다.

아래 그림은 총 3개의 인터페이스를 가지고 있지만 2개의 Function이 활성화되는 모습이다. 이와 같이 2개 이상의 Function을 가지고 있는 디바이스를 복합장치^{Composite Device}라고 부른다.

그림 8-5는 IAD를 사용하는 조금 더 복잡한 복합장치의 디스크립터 열거과정이다.

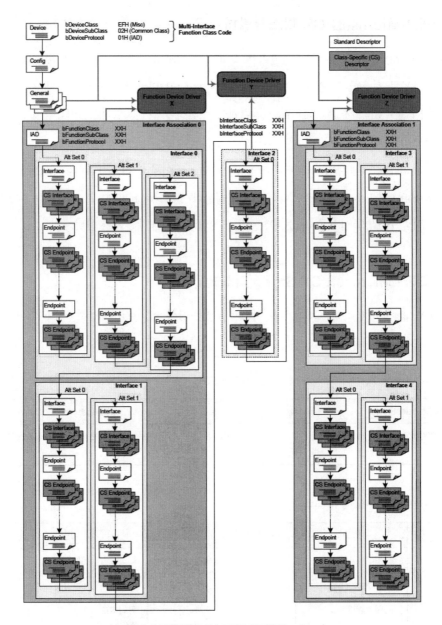

그림 8-5 복합장치의 디스크립터 열거(출처: usb.org)

8.1.6.2 Microsoft OS 디스크립터

제조사는 Microsoft OS 디스크립터를 사용해서 디바이스(휨웨어) 내부에 정보를 저장하는 용도로 사용한다. 윈도우^{Windows} 운영체제는 USB 디바이스가 연결될 때 사용자에 의해 어떤 반응을 기다릴 필요없이 드라이버를 설치하거나 셋업하는 용도로 이와 같은 Microsoft OS 디스크립터를 읽는다.

Microsoft OS 디스크립터는 하나의 Microsoft OS String 디스크립터와 하나 이상의 Microsoft OS Feature 디스크립터들로 구성된다. Microsoft OS 디스크립터를 제공하려는 제조사는 반드시 Microsoft OS String Descriptor를 제공해야 한다.

8.1.6.2.1 Microsoft OS String 디스크립터

디바이스에서 Microsoft OS String 디스크립터는 항상 String Index 값 0xEE에 해당하는 리소스 형태로 준비된다.

표 8-32 Microsoft OS String 디스크립터를 가져오는 SETUP 명령어

bmRequestType	bRequest	wValue	wIndex	wLength	Data
10000000B	GET_ DESCRIPTOR	0x03EE	0x0000	0x12	표 8-32 참고

표 8-33 Microsoft OS String 디스크립터의 구성

오프셋	필드	크기(바이트)	값	설명
0	bLength	1	숫자	디스크립터 길이(18)
1	bDescriptorType	1	상수	STRING Type(3)
2	qwSignature	14	숫자	유니코드 'MSFT100'
16	bMS_VendorCode	1	숫자	OS Feature Descriptor를 가져오는 데 사용한다.
17	bPadding	1	숫자	0

표 8-32를 보면 Microsoft OS String 디스크립터의 구조를 알 수 있다. 이 값은 GET_
DESCRIPTOR를 통해서 얻어오는 정보이다. bMS_VendorCode 값은 Microsoft
OS Feature 디스크립터를 가져오는 데 사용하는 한 바이트값이다. 호스트는 bMS_
VendorCode 값을 표 8-33 SETUP 명령어의 bRequest 값으로 사용해서 Feature
Descriptor를 가져온다.

표 8-34 Microsoft OS Feature 디스크립터를 가져오는 SETUP 명령어

bmRequestType	bRequest	wValue	wIndex	wLength	Data
11000000B	bMS_ VendorCode	Interface|Page#	Feature Index	길이	Feature 디스크립터

wValue 값의 상위 바이트는 인터페이스 넘버를 사용한다. 보통 0을 사용하는데 복합
장치의 경우 적당한 Function의 시작 인터페이스 넘버를 사용하며 wLength 값은 최대
64KBytes를 넘지 못한다.

wValue 값의 하위 바이트는 0부터 255까지 증가하는 숫자를 기록한다. 이 값은 wIndex
로 지정하는 Feature의 디스크립터 길이가 64KBytes를 넘는 경우마다 1씩 증가한다. 결
국 Microsoft OS Feature 디스크립터의 전체 길이는 64KBytes * 256 = 16Mbytes를
최대 길이로 사용한다.

8.1.6.2.2 Microsoft OS Feature 디스크립터

Microsoft OS Feature 디스크립터 구조체는 크게 헤더와 내용(Body)으로 나뉜다. 헤더
의 내용은 Feature의 종류에 따라서 다르게 정의된다. 가져오는 Feature Index는 다음
과 같은 종류가 있다.

▶ EXTENDED_COMPATIBLE_ID

디바이스가 운영체제에게 제공하는 Plug And Play 호환 ID를 보관한다. 예를 들어, 윈
도우 운영체제에서는 "WINUSB" 이름을 보관하는 경우 해당하는 디바이스가 PC에 연결

되면 디바이스는 윈도우가 제공하는 WINUSB 디바이스 드라이버에 의해서 관리된다.

표 8-35 EXTENDED_COMPATIBLE_ID Feature 디스크립터 헤더

오프셋	필드	크기(바이트)	값	설명
0	dwLength	4	DWORD	전체 Feature 디스크립터 길이
4	bcdVersion	2	BCD	버전(1.0 = 0100H)
6	wIndex	2	WORD	Feature Index. 0x0004
8	bCount	1	BYTE	이어지는 Feature 디스크립터 Body 레코드(섹션) 수
9	Reserved	7		0

표 8-36 EXTENDED_COMPATIBLE_ID Feature 디스크립터 Body

오프셋	필드	크기(바이트)	값	설명
0	bFirstInterfaceNumber	1	DWORD	시작 인터페이스 넘버
1	bInterfaceCount	1	BCD	이어지는 인터페이스 개수
2	compatibleID	8	WORD	문자열 ID
10	subCompatibleID	8	BYTE	문자열 ID
18	Reserved	6		0

표 8-35를 보자. compatibleID, subCompatibleID 필드를 통해서 윈도우 운영체제에게 예약된 호환 ID를 제공할 수 있다.

▶ EXTENDED_PROPERTIES

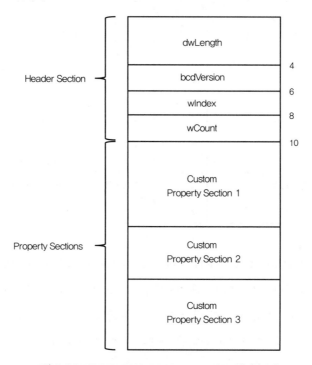

그림 8-6 EXTENDED_PROPERTIES Feature 디스크립터의 모습

해당하는 디바이스가 윈도우 운영체제에서 인식되면 자동으로 시스템 레지스트리(System Registry)에 특정 변수와 값이 기록되도록 할 때, 디바이스는 EXTENDED_PROPERTIES 값을 저장한다.

표 8-37 EXTENDED_PROPERTIES Feature 디스크립터 헤더

오프셋	필드	크기(바이트)	값	설명
0	dwLength	4	DWORD	전체 Feature 디스크립터 길이
4	bcdVersion	2	BCD	버전(1.0 = 0100H)
6	wIndex	2	WORD	Feature Index, 0x0005
8	bCount	2	WORD	이어지는 Feature 디스크립터 Body 레코드(섹션) 수

표 8-38 EXTENDED_PROPERTIES Feature 디스크립터 Body(Property Section)

오프셋	필드	크기 (바이트)	값	설명
0	dwSize	4	DWORD	현재 Feature 디스크립터Body 레코드(섹션) 길이
4	dwPropertyDataType	4	BCD	표 8-38 참고
8	wPropertyNameLength	2	WORD	bPropertyName 바이트 길이
10	bPropertyName	X	WCHAR[]	NULL 문자로 끝나는 유니코드 문자열
50	dwPropertyDataLength	4	DWORD	bPropertyData 길이
54	bPropertyData	78		데이터

표 8-37은 EXTENDED_PROPERTIES Feature 디스크립터의 구조를 보여준다. 디바이스는 윈도우 운영체제가 설치된 PC에 연결되면 EXTENDED_PROPERTIES 디스크립터를 사용해서 시스템 레지스트리의 변수와 값을 기록할 수 있다. bPropertyData 형태는 표 8-39에서 정의되는 형태 중에 하나를 사용한다. 이 형태는 시스템 레지스트리의 변수 타입으로 사용된다.

표 8-39 EXTENDED_PROPERTIES Feature 디스크립터 Body의 dwPropertyDataType

값	설명
1	REG_SZ, 널문자로 끝나는 유니코드 문자열
2	REG_EXPAND_SZ, 널문자로 끝나는 환경변수를 포함하는 유니코드 문자열
3	REG_BINARY, 자유 형식
4	REG_DWORD_LITTLE_ENDIAN, 32비트 Little Endian
5	REG_DWORD_BIG_ENDIAN, 32비트 Big Endian
6	REG_LINK, 심볼릭링크를 나타내는 널문자로 끝나는 유니코드 문자열
7	REG_MULTI_SZ, 다중 유니코드 문자열(널문자로 끝남)

EXTENDED_PROPERTIES Feature 디스크립터를 사용하는 예시를 하나 들어보자.

다음은 HID를 지원하는 USB 디바이스가 제공하는 EXTENDED_PROPERTIES Feature 디스크립터의 예시 데이터다.

표 8-40 EXTENDED_PROPERTIES Feature 디스크립터 헤더(HID)

오프셋	필드	크기(바이트)	값	설명
0	dwLength	4	0x0000004C	전체 Feature Descriptor 길이
4	bcdVersion	2	0x0100	버전(1.0 = 0100H)
6	wIndex	2	0x0005	Feature Index. 0x0005
8	bCount	2	0x0001	이어지는 Feature Descriptor Body 레코드(섹션) 수

표 8-41 EXTENDED_PROPERTIES Feature 디스크립터 Body(HID)

오프셋	필드	크기(바이트)	값	설명
0	dwSize	4	0x00000042	현재 Feature Descriptor Body 레코드(섹션) 길이
4	dwPropertyDataType	4	0x00000004	REG_DWORD_LITTLE_ENDIAN
8	wPropertyNameLength	2	0x0030	bPropertyName 바이트 길이
10	bPropertyName	48		"SelectiveSuspendEnabled" 유니코드
50	dwPropertyDataLength	4	0x00000004	bPropertyData 길이
54	bPropertyData	4	0x00000001	데이터

윈도우 운영체제에서는 HID 디바이스에 대해서 다른 디바이스와 다르게 선택적 서스펜드(Selective Suspend, 6장 참고) 기능을 사용하지 않는 것을 기본 정책으로 삼고 있다. HID 마우스, 키보드, 터치패드 등과 같은 디바이스는 사용자가 갑자기 조작하는 행위가 시스템 전체의 반응시간으로 연결되는 특징을 가지기 때문에 HID 디바이스는 이를 위해 서스펜드되는 행위를 금지시킨다.

하지만 필요에 따라서 제조사는 자신의 HID 디바이스에 한해서 서스펜드를 허용할 수 있다. 제조사가 별도의 드라이버를 제공해 드라이버를 설치하는 경우라면 설치 파일(INF)을 사용해서 서스펜드 기능을 활성화할 수도 있지만, 윈도우 운영체제가 드라이버를 제공하는 경우에는 제조사가 드라이버 설치 파일을 제공할 방법이 없기 때문에 표 8-39와 표 8-40과 같은 디스크립터를 준비해서 운영체제에게 알려준다.

결국 이 값에 따르면 시스템 레지스트리(디바이스를 위한 하드웨어 키) 내부에 "Device Parameters" 키를 두고, 그 아래에 "SelectiveSuspendEnabled" 변수와 값(1)을 기록하는 결과를 가져온다.

> "HKLM\SYSTEM\CurrentControlSet\Enum\USB\〈DeviceVID&PID〉
> \〈DeviceInstance〉\Device Parameters" – 하드웨어 키

이렇게 함으로써 해당하는 디바이스는 윈도우 운영체제가 제공하는 HID 드라이버를 사용하면서 서스펜드 기능까지 사용될 수 있게 된다.

8.2 USB 3 디바이스 프레임워크

USB 3 디바이스 프레임워크^{Device Framework}는 기본적으로 USB 2 디바이스 프레임워크의 대부분의 기능을 포함해야 한다. 여기서는 USB 2 디바이스 프레임워크와 달라지는 부분과 새롭게 USB 3에서 추가된 내용을 위주로 설명하려고 한다. 중복되는 내용은 8.1절을 참고한다.

이곳에서 USB 3은 SS 또는 SS+를 언급하는 내용이다.

8.2.1 USB 디바이스 상태

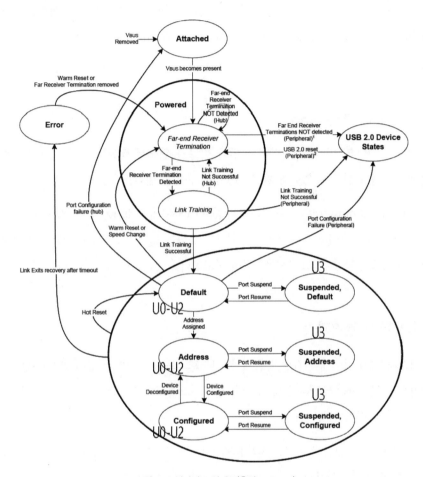

그림 8-7 디바이스 상태도(출처: usb.org)

8.2.1.1 디바이스 상태

USB 3 디바이스 상태Powered State는 USB 2 디바이스 상태와 외관상으로는 크게 다르지 않다. 다른 점은 디바이스 상태가 두 가지 내부 상태로 나뉜다는 점이다. 전원이 인가된 디바이스는 정상적인 USB 패킷을 송수신하기 위해서 PHY층과 LINK층 모두가 준비돼는 시간을 필요로 한다.

8.2.1.1.1 Far-end Receiver Termination

Super Speed 리시버Receiver는 스펙에서 규정한 특별한 저항Termination 회로를 가지고 있다. 링크 파트너는 각자 상대방이 가진 Receiver Termination을 검출하는 과정을 진행한다.

8.2.1.1.2 Link Training

LTSSMLink Training and Status State Machine 모델을 따르기 위해서 링크가 모든 준비를 마치고 USB 패킷을 송수신할 수 있는 단계로 진입하는 준비를 한다.

이것을 Link Training이라고 부르며 이 과정은 LTSSM의 Polling 상태에서 이뤄진다. 이 과정 중에 에러가 발생하면 USB 3를 지원하지 못하는 디바이스로 판단하고 USB 2의 디바이스 상태로 전환한다. LTSSM은 4장을 참고한다.

8.2.1.2 버스 열거과정

디바이스가 USB 버스에 연결되거나 제거될 때 호스트는 디바이스 상태 변화를 관리하고 디바이스를 인식하는 열거과정을 거친다. 디바이스가 전력이 공급되는 포트에 연결되면 다음과 같은 과정이 진행된다.

1) 디바이스가 연결된 허브는 호스트에게 인터럽트 파이프를 통해 포트의 상태가 변했다는 것을 알린다.
2) 호스트는 허브에게 디바이스가 연결된 포트에 대한 추가적인 정보를 얻는다.
3) 호스트는 원한다면 허브 포트를 리셋한다. 리셋이 끝나면 포트는 Enable 상태로 전환된다.
4) 디바이스는 디폴트Default 상태가 되고 150mA 이하의 전력을 버스로부터 끌어 사용할 수 있다.
5) 호스트는 디바이스에게 고유한 주소를 할당해 디바이스를 Addressed 상태로 전환시킨다.

6) 호스트가 패킷을 전송하는 시간부터 디바이스가 수신하는 시간까지의 지연 시간을 디바이스에게 알리기 위해서 지연 시간을 지정한다(등시성 전송).

7) 호스트는 디바이스에게 SET_SEL 컨트롤 전송 명령을 사용해서 System Exit 지연 시간 정보를 전달한다. 디바이스가 LTM^{Latency Tolerance Message} 기능을 가지고 있다면 SET_SEL 명령을 받아들인다.

8) 호스트는 디바이스가 가진 모든 컨피규레이션^{Configuration} 정보를 읽는다.

9) 호스트는 U1/U2 타임아웃을 허브 포트(DP)에게 지정한다.

   이것은 SetPortFeature컨트롤 명령(PORT_U1_TIMEOUT/PORT_U2_TIMEOUT)을 사용해서 이뤄진다.

10) 컨피규레이션 정보를 선택하고 호스트는 SET_CONFIGURATION 컨트롤 전송 명령을 사용해서 디바이스를 셋업한다. 이 과정은 디바이스의 상태를 Configured 상태로 전환시킨다. 이제 디바이스는 포트로부터 VBUS 전력을 끌어서 사용할 수 있다. 요구하는 전력정보는 Configuration Descriptor에 기록한다.

디바이스가 포트에서 제거되면 허브는 호스트에게 사건(Notification Event) 정보를 인터럽트 파이프를 통해서 알린다. 사용하던 포트는 Disable 상태로 전환되고 이어서 Disconnected 상태로 전환된다.

8.2.2 일반적인 USB 디바이스 동작

일반적인 USB 디바이스가 수행하는 작업은 USB 2에서와 동일하다. 다만 전원 관리, 명령 처리지연 시간 정보가 조금 다르다.

8.2.2.1 전원 관리

USB 디바이스는 호스트로부터 최소 150mA에서 최대 900mA까지의 전력을 끌어 사용할 수 있다.

디바이스 전원 관리는 디바이스 서스펜드Device Suspend와 펑션 서스펜드Function Suspend로 구성된다. 디바이스 서스펜드는 디바이스의 Upstream Port(UP) 링크 상태가 U3 상태로 전환될 때 디바이스 전체로 영향을 미치는 서스펜드를 의미한다.

펑션 서스펜드는 디바이스가 가지고 있는 내부 펑션Function이 개별적으로 서스펜드를 요청하는 개념을 소개한다. 디바이스 서스펜드는 디바이스가 가진 모든 펑션이 펑션 서스펜드돼 있는 상황을 만든다.

8.2.2.1.1 Function Suspend

하나의 디바이스가 복수 개의 펑션을 가지고 있을 때, 개별적인 펑션이 사용하는 전력소비를 각각 줄이는 것은 전체 디바이스의 전력소비를 다루는 것보다 훨씬 유리하다.

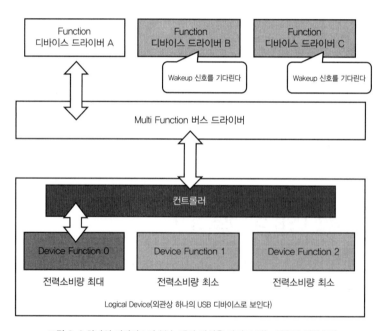

그림 8-8 하나의 디바이스가 복수 개의 펑션을 가지고 있는 경우의 전력소비

외관상 하나의 USB 디바이스로 보이는 복합장치Composite Device는 호스트에서 볼 때 하나의 디바이스로 보이기 때문에 디바이스 서스펜드 정책을 사용하는 것이 정상이다. 그림

8-8과 같이 Function 디바이스 드라이버가 A, B, C 모두 3개 사용되는 상황이라면 이 야기는 달라진다.

Device Function 1, 2의 전력소비량이 최소 상태인 경우 이를 다루는 호스트 측의 디바 이스 드라이버 B, C 역시 동작을 멈추고 Wakeup 신호를 기다리는 상태가 되는 것이 불 필요한 전력소비를 줄이는 결과를 가져올 수 있다. 그림 8-8에서 Device Function 0이 정상적인 전력을 소비하는 상태라고 해서 외관상 하나의 디바이스이기 때문에 호스트에 서 디바이스 드라이버 B, C를 모두 깨우는 것은 무의미한 시간낭비와 전력낭비를 가져 온다.

USB 3은 이와 같은 상황을 위해 Function Suspend 기능을 제공해 Function의 개별 적인 전력소비량을 관리하는 것을 허용한다. Function Suspend 기능을 지원하기 위해 서 디바이스는 Function Remote Wakeup 기능을 제공한다. 호스트는 FUNCTION_ SUSPEND Feature Selector(표 8-42)를 사용해 디바이스의 특정 Function의 상태를 서스펜드 상태로 전환(SET_FEATURE)시킨다. 디바이스의 Function은 Function Wake Notification(TP)를 호스트로 전송해 Remote Wakeup 시나리오를 진행한다.

표 8-42 SET_FEATURE 명령 포맷

bmRequestType	bRequest	wValue	wIndex		wLength	데이터
00000000B 00000001B 00000010B	SET_ FEATURE	Feature Selector 표 8-42	Option	0 Interface Endpoint	0	None

표 8-43 표준 Feature Selector

Feature Selector	대상(Recipient)	값
ENDPOINT_HALT	엔드포인트	0
FUNCTION_SUSPEND	인터페이스	0
DEVICE_REMOTE_WAKEUP	디바이스	1
U1_ENABLE	디바이스	48

Feature Selector	대상(Recipient)	값
U2_ENABLE	디바이스	49
LTM_ENABLE	디바이스	50

8.2.2.2 명령(요청) 처리와 지연 시간

8.2.2.2.1 최대 지연 시간

USB 표준에서는 USB 디바이스가 컨트롤 전송 명령을 처리 완료하는 최대 시간을 5초로 지정하고 있다. 이것은 무조건 시간으로 지정된 것이 아니라 다음에 이어지는 상황을 그 예외사항으로 규정한다.

8.2.2.2.2 리셋과 리줌 회복시간

호스트가 리셋시그널과 리줌시그널을 디바이스로 전송하는 경우 디바이스가 이후 10ms 시간 동안 회복시간을 가질 수 있도록 보장한다. 따라서 리셋시그널과 리줌시그널이 디바이스로 전송된 이후 10ms 이내에 도착하는 그 어떤 패킷도 무시될 수 있다.

8.1.2.2.3 SET_ADDRESS

SET_ADDRESS 명령어는 50ms 이내에 디바이스가 STATUS 단계를 마쳐야 한다. 이후 호스트와 디바이스는 2ms 동안 준비시간을 보장해야 한다. 이 시간 안에 호스트가 디바이스로 전송하는 그 어떤 Transaction Packet도 무시될 수 있다.

8.2.2.2.4 표준 명령어

표준 명령어는 DATA 단계를 사용하지 않는 경우와 사용하는 경우에 따라서 스펙에서 규정하는 처리시간이 서로 다르다. DATA 단계를 사용하지 않는 표준 명령어는 50ms 이내에 처리 완료돼야 한다. DATA 단계를 사용하는 경우 데이터가 디바이스에서 호스트로 전송되는 명령어는 500ms 이내에 첫 번째 데이터패킷을 디바이스가 호스트로 전송해야 한다. 이어서 나머지 패킷이 있다면 계속해서 이전에 데이터패킷을 전송한 시간이후 500ms 이내에 전송해야 한다.

디바이스는 마지막 데이터패킷을 호스트로 전송한 뒤 호스트가 요청하는 STATUS 단계를 50ms 이내에 완료할 수 있어야 한다. DATA 단계를 사용하는 경우 데이터가 호스트에서 디바이스로 전송되는 명령어는 5초 이내에 모든 과정을 마칠 수 있어야 한다.

8.2.3 USB SETUP 명령

표 8-44 USB 표준 Device 요청에 사용되는 Setup 데이터패킷 구조(8바이트)

오프셋	필드	크기 (바이트)	값	설명	
0	bmRequest	1	비트맵	비트맵 설명	
				D7	이어지는 추가 데이터의 전송 방향 0 = 호스트 → 디바이스 1 = 디바이스 → 호스트
				D6···5	명령 유형 0 = 표준 1 = 클래스 2 = 제조사 정의 3 = 예약
				D4···0	명령 대상 0 = 디바이스 1 = 인터페이스 2 = 엔드포인트 3 = 그밖에 나머지 = 예약
1	bRequest	1	값	표 8-44 참조	
2	wValue	2	값	표 8-45 참조	
4	wIndex	2	Index 또는 오프셋	표 8-45 참조	
6	wLength	2	길이	이어지는 추가 데이터의 바이트 길이	

표 8-45 USB 표준 Device 요청 값

요청(bRequest)	값(Value), 10진수
GET_STATUS	0
CLEAR_FEATURE	1
예약	2
SET_FEATURE	3
예약	4
SET_ADDRESS	5
GET_DESCRIPTOR	6
SET_DESCRIPTOR	7
GET_CONFIGURATION	8
SET_CONFIGURATION	9
GET_INTERFACE	10
SET_INTERFACE	11
SYNCH_FRAME	12
SET_SEL	48
SET_ISOCH_DELAY	49

표 8-46 USB 표준 디바이스 요청과 구조체필드(굵은 표기는 USB 3에서 수정 또는 추가됨)

BmRequest (1Byte)	bRequest (1Byte)	wValue (2Byte)	wIndex (2Byte)	wLength (2Byte)	데이터 (wLength에 따라 가변)
00000000B 00000001B 00000010B	**CLEAR_ FEATURE**	Feature Selector	0 Interface Endpoint	0	사용 안 함
10000000B	GET_ CONFIGURATION	0	0	1	Configuration Value
10000000B	GET_ DESCRIPTOR	Descriptor Type, Index	0 또는 Language ID	Descriptor 길이	Descriptor
10000001B	GET_INTERFACE	0	Interface	1	Alternate Interface

BmRequest (1Byte)	bRequest (1Byte)	wValue (2Byte)		wIndex (2Byte)		wLength (2Byte)	데이터 (wLength에 따라 가변)
10000000B 10000001B 10000010	**GET_STATUS**	0	Status Type	0 Interface Endpoint		Status Type 길이	Device, Interface 또는 Endpoint Status
00000000B	SET_ADDRESS	Device Address		0		0	사용 안 함
00000000B	SET_ CONFIGURATION	Configuration Value		0		0	사용 안 함
00000000B	SET_ DESCRIPTOR	Descriptor Type, Index		0 또는 Language ID		Descriptor 길이	Descriptor
00000000B 00000001B 00000010B	**SET_FEATURE**	Feature Selector		Options	0 Interface Endpoint	0	사용 안 함
00000001B	SET_INTERFACE	Alternate Setting		Interface		0	사용 안 함
00000000B	**SET_ISOCH_ DELAY**	Delay in ns		0		0	사용 안 함
00000000B	**SET_SEL**	0		0		6	Exit Latency Values
10000010B	SYNCH_FRAME	0		Endpoint		2	Frame Number

USB SETUP 명령은 표 8–43처럼 8바이트 데이터를 사용한다. 이것은 스펙에서 규정한 형태를 반드시 지켜야 한다. 대부분의 명령은 USB 2와 동일한 용례로 사용되므로 여기서는 추가된 명령만 설명한다. 나머지는 8.1.4절을 참고하도록 한다.

8.2.3.1 CLEAR_FEATURE

표 8-47 CLEAR_FEATURE 명령 포맷

bmRequestType	bRequest	wValue	wIndex	wLength	데이터
00000000B 00000001B 00000010B	CLEAR_ FEATURE	Feature Selector	0 Interface Endpoint	0	None

표 8-48에 있는 Feature Selector의 기능을 해제하거나 지우는 명령이다. Feature Selector는 다음과 같다.

표 8-48 표준 Feature Selector(굵은 표기는 USB 3에서 수정 또는 추가됨)

Feature Selector	대상(Recipient)	값
ENDPOINT_HALT	엔드포인트	0
FUNCTION_SUSPEND	인터페이스	0
DEVICE_REMOTE_WAKEUP	디바이스	1
U1_ENABLE	디바이스	48
U2_ENABLE	디바이스	49
LTM_ENABLE	디바이스	50

FUNCTION_SUSPEND는 Function Suspend 상태로 전환시키는 데 사용하는 Feature Selector이며 U1_ENABLE은 디바이스의 Upstream Port(UP)가 링크 상태를 U1 상태로 전환하는 요청을 발생시키는 용도로 사용하는 Feature Selector이다. U2_ENABLE은 디바이스의 Upstream Port(UP)가 링크 상태를 U1 상태로 전환하는 요청을 발생할 수 있도록 하는 용도로 사용하는 Feature Selector이며 LTM_ENABLE은 디바이스가 LTM 메시지를 발생시키는 것을 허용하는 용도로 사용하는 Feature Selector이다.

Default 상태의 디바이스는 이 명령을 처리하는 방법이 규정돼 있지 않다. Addressed 상태의 디바이스는 디바이스 혹은 엔드포인트(0)를 대상으로 이 명령어를 사용할 수 있고 그외에는 에러 처리된다(STALL). Configured 상태의 디바이스는 이 명령을 사용할 수 있다.

8.2.3.2 GET_STATUS

표 8-49 GET_STATUS 명령 포맷

bmRequestType	bRequest	wValue	wIndex	wLength	데이터
10000000B 10000001B 10000010B	GET_ STATUS	0	Status Type Interface Endpoint	Status Type 길 이	Device, Interface 또는 Endpoint 특성 설정 상태

디바이스, 인터페이스 혹은 엔드포인트의 현재 특성 설정 상태를 알려준다.

표 8-50 GET_STATUS 에 의해 보고되는 특성 설정 상태(bmRequestType = 10000000B, 디바이스)

비트7	비트6	비트5	비트4	비트3	비트2	비트1	비트0
사용 안 함(0)			LTM Enable	U2 Enable	U1 Enable	Remote Wakeup	Self Powered
비트15	비트14	비트13	비트12	비트11	비트10	비트9	비트8
사용 안 함(0)							

비트 0(Self Powered) 특성은 읽기 전용으로 다른 명령어에 의해서 리셋될 수 없다. 자체 전원을 가진 디바이스인지를 나타낸다. 비트 1(Remote Wakeup) 특성은 SET_FEATURE 명령에 의해 활성화되고 CLEAR_FEATURE 명령에 의해 리셋된다. Remote Wakeup 기능이 허용되는지 여부를 나타낸다.

비트 2(U1 Enable) 특성은 SET_FEATURE 명령에 의해 활성화되고 CLEAR_FEATURE 명령에 의해 리셋된다. 디바이스가 링크 상태를 U1 상태로 전환하는 요청을 발생시킬 수 있는지 여부를 나타낸다. 비트 3(U2 Enable) 특성은 SET_FEATURE 명령에 의해 활성화되고 CLEAR_FEATURE 명령에 의해 리셋된다. 디바이스가 링크 상태를 U2 상태로 전

환하는 요청을 발생시킬 수 있는지 여부를 나타낸다. 비트 4(LTM Enable) 특성은 SET_
FEATURE 명령에 의해 활성화되고 CLEAR_FEATURE 명령에 의해 리셋된다. 디바이스
가 LTM 메시지를 발생시킬 수 있는지 여부를 나타낸다.

표 8-51 GET_STATUS 에 의해 보고되는 특성 설정 상태(bmRequestType = 10000001B, 인터페이스)

비트7	비트6	비트5	비트4	비트3	비트2	비트1	비트0
사용 안 함(0)						Function Remote Wakeup	Function Remote Wakeup Capable
비트15	비트14	비트13	비트12	비트11	비트10	비트9	비트8
사용 안 함(0)							

비트 0(Function Remote Wakeup Capable) 특성은 읽기 전용으로 인터페이스가 Function 원
격 깨우기 기능을 가지고 있는지 여부를 나타낸다. 비트 1(Function Remote Wakeup) 특성
은 SET_FEATURE 명령에 의해 활성화되고 CLEAR_FEATURE 명령에 의해 리셋된다.
Function Remote Wakeup 기능이 허용되는지 여부를 나타낸다.

표 8-52 GET_STATUS 에 의해 보고되는 특성 설정 상태(bmRequestType = 10000010B, 엔드포인트)

비트7	비트6	비트5	비트4	비트3	비트2	비트1	비트0
사용 안 함(0)							Halt
비트15	비트14	비트13	비트12	비트11	비트10	비트9	비트8
사용 안 함(0)							

비트 0(Halt) 특성은 엔드포인트를 위한 특성으로 사용된다. 현재 지정한 엔드포인트가
정지(Halt) 상태인지를 확인하는 용도로 사용된다. CLEAR_FEATURE 명령에 의해 Halt
된 엔드포인트의 상태는 리셋될 수 있다. 디폴트 엔드포인트가 Halt된 경우 CELAR_
FEATURE 명령어가 사용되지 않는다. 대신 이어지는 다음 컨트롤 전송 명령어가 사용될
때 자동으로 Halt 상태가 리셋된다.

Default 상태의 디바이스는 이 명령을 처리하는 방법이 규정돼 있지 않다. Addressed 상태의 디바이스는 디바이스 혹은 엔드포인트(0)를 대상으로 이 명령어를 사용할 수 있다. 그외에는 에러 처리된다(STALL). Configured 상태의 디바이스는 이 명령을 사용할 수 있으며 존재하지 않는 인터페이스 혹은 엔드포인트를 사용하는 경우 에러 처리된다 (STALL).

8.2.3.3 SET_FEATURE

표 8-53 SET_FEATURE 명령 포맷

bmRequestType	bRequest	wValue	wIndex		wLength	데이터
00000000B 00000001B 00000010B	SET_ FEATURE	Feature Selector	Option 표 8-53	0 Interface Endpoint	0	None

표 8-47에 있는 Feature Selector의 기능을 설정하거나 셋(TRUE)하는 명령이다.

표 8-54 Option(Suspend Option)

비트	설명	
0	**값**	**의미**
	0	정상 상태(Function Suspend에서 정상 상태로 돌아옴)
	1	저전력 서스펜드 상태(Function Suspend로 전환함)
1	**값**	**의미**
	0	Function Remote Wake Disable(원격 깨우기 기능 금지)
	1	Function Remote Wake Enable(원격 깨우기 기능 허용)
2-7	사용 안 함	

Function Suspend의 용도로 사용되는 경우 표 8-53의 옵션값을 사용할 수 있다.

Default 상태의 디바이스는 TEST_MODE를 사용하는 경우만 유효하다. Addressed 상태의 디바이스는 디폴트 엔드포인트를 사용하는 경우만 이 명령을 사용할 수 있다.

Configured 상태의 디바이스는 이 명령을 사용할 수 있다.

8.2.3.4 SET_ISOCH_DELAY

표 8-55 SET_ISOCH_DELAY 명령 포맷

bmRequestType	bRequest	wValue	wIndex	wLength	데이터
00000000B	SET_ISOCH_DELAY	Delay (단위 ns)	0	0	None

등시성 전송을 사용하는 경우 호스트에서 디바이스까지 전달하는 패킷의 지연 시간을 설정할 수 있다. 이 값은 0부터 65535까지의 값을 사용할 수 있다. 호스트에서 디바이스까지 전달하는 패킷의 지연 시간은 호스트와 디바이스의 사이에 존재하는 외장 허브의 개수에 의해서 결정된다.

이 값은 다음과 같은 공식으로 얻을 수 있다.

> wValue = 모든 허브의 wHubDelay 값의 합계 + (tTPTransmissionDelay
> * (허브개수 + 1)

tTPTransmissionDelay 값은 허브가 TP를 전송하는 데 사용되는 소프트웨어 지연 시간이다. 40ns로 사용된다. Default 상태의 디바이스는 이 명령을 사용할 수 있으며 Addressed 상태의 디바이스는 이 명령을 사용할 수 있다. Configured 상태의 디바이스는 이 명령을 사용할 수 있다.

8.2.3.5 SET_SEL

표 8-56 SET_SEL 명령 포맷

bmRequestType	bRequest	wValue	wIndex	wLength	데이터
00000000B	SET_SEL	0	0	6	Exit 지연 시간 정보

LTM 메시지를 사용하려는 디바이스는 호스트가 전송해주는 SET_SEL 명령어와 함께 전달되는 Exit 지연 시간 정보를 사용할 수 있다.

표 8-57 Exit 지연 시간 정보

오프셋	이름	의미
0	U1SEL	U1 상태의 디바이스가 U0 상태로 회복한 뒤 호스트로부터 응답패킷을 최초 수신할 때까지 걸리는 시간(us)
1	U1PEL	U1 상태의 디바이스가 U0 상태로 회복하는 데 소요되는 링크 회복시간 (us)
2	U2SEL	U2 상태의 디바이스가 U0 상태로 회복한 뒤 호스트로부터 응답패킷을 최초 수신할 때까지 걸리는 시간(us)
4	U2PEL	U2 상태의 디바이스가 U0 상태로 회복하는 데 소요되는 링크 회복시간 (us)

U3 상태는 서스펜드 상태이기 때문에 이 상태를 오랜 시간 채류하는 것이 크게 문제가 되지 않지만, U1, U2 상태의 디바이스는 수시로 U0 상태로 전환하는 작업을 하게 된다. U1, U2 상태에 있던 디바이스(디바이스의 UP 링크)가 U0 상태로 링크 상태를 전환한 뒤 성공적인 패킷을 호스트로부터 수신할 때까지 걸리는 시간 정보는 크게 4가지로 나눈다.

- t1: 호스트와 디바이스 간에 연결된 모든 허브를 포함한 전체 링크의 상태가 U0 상태로 전환하는 데 걸리는 시간
- t2: 링크의 상태가 U0 상태로 전환된 후 디바이스에서 호스트로 ERDY TP 패킷을 요청했으며, 이 패킷이 호스트에게 전달되는 데 걸리는 시간
- t3: 호스트가 ERDY TP 패킷을 수신한 뒤 이를 해석하고 대응되는 응답패킷을 만들어내는 데 걸리는 시간
- t4: 호스트가 만들어낸 응답패킷을 모든 허브를 거친 뒤 디바이스로 전달하는 데 걸리는 시간

엄밀하게 말하면 U1, U2 상태에 있던 디바이스가 U0 상태로 전환하는 데 걸리는 순수시간은 t1이다. 하지만 디바이스 입장에서는 ERDY 패킷을 호스트로 전송하고 이에 대한

대응패킷을 받아야 현재 상태가 온전하게 U0 상태로 회복됐다고 볼 수도 있다. 이런 경우에는 t1 + t2 + t3 + t4 시간이 전체 회복시간이라고 볼 수 있다.

현실적으로 t3 시간은 정확하게 산정하기 어렵기 때문에 호스트는 SET_SEL 명령을 통해서 표 8-56과 같은 정보를 디바이스에게 제공한다.

$$\text{U1SEL} = t1 + t2 + t4 \; (\text{U1} \rightarrow \text{U0})$$

$$\text{U1PEL} = t1 \; (\text{U1} \rightarrow \text{U0})$$

$$\text{U2SEL} = t1 + t2 + t4 \; (\text{U2} \rightarrow \text{U0})$$

$$\text{U2PEL} = t1 \; (\text{U2} \rightarrow \text{U0})$$

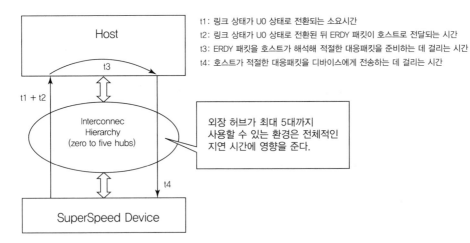

t1: 링크 상태가 U0 상태로 전환되는 소요시간
t2: 링크 상태가 U0 상태로 전환된 뒤 ERDY 패킷이 호스트로 전달되는 시간
t3: ERDY 패킷을 호스트가 해석해 적절한 대응패킷을 준비하는 데 걸리는 시간
t4: 호스트가 적절한 대응패킷을 디바이스에게 전송하는 데 걸리는 시간

외장 허브가 최대 5대까지 사용할 수 있는 환경은 전체적인 지연 시간에 영향을 준다.

그림 8-9 디바이스 입장에서 U1, U2 상태의 링크를 U0 상태로 회복하기를 기다리는 시간

8.2.4 USB 3 디스크립터

표 8-58 디스크립터 유형(DESCRIPTOR Types)

디스크립터 유형	값
DEVICE	1(GET_DESCRIPTOR 명령에 의해 직접 얻을 수 있다.)
CONFIGURAION	2(GET_DESCRIPTOR 명령에 의해 직접 얻을 수 있다.)

디스크립터 유형	값
STRING	3(GET_DESCRIPTOR 명령에 의해 직접 얻을 수 있다.)
INTERFACE	4(CONFIGURAION 디스크립터 내부에서 파싱을 통해 얻을 수 있다.)
ENDPOINT	5(CONFIGURAION 디스크립터 내부에서 파싱을 통해 얻을 수 있다.)
INTERFACE_ ASSOCIATION	11(CONFIGURAION 디스크립터 내부에서 파싱을 통해 얻을 수 있다.)
BOS	15(GET_DESCRIPTOR 명령에 의해 직접 얻을 수 있다.)
DEVICE_CAPABILITY	16(BOS 내부에서 파싱을 통해 얻을 수 있다.)
SUPERSPEED_USB_ ENDPOINT_COMPANION	48(CONFIGURAION 디스크립터 내부에서 파싱을 통해 얻을 수 있다.)
SUPERSPEEDPLUS_ ISOCHRONOUS_ ENDPOINT_COMPANION	49(CONFIGURAION 디스크립터 내부에서 파싱을 통해 얻을 수 있다.)

8.2.4.1 디바이스 디스크립터

하나의 USB 디바이스는 하나의 디바이스 디스크립터만 호스트에게 제공할 수 있다.

표 8-59 Device 디스크립터의 구성

오프셋	필드	크기 (바이트)	값	설명
0	bLength	1	숫자	디스크립터 길이
1	bDescriptorType	1	상수	DEVICE Descriptor 타입
2	bcdUSB	2	BCD	USB 버전
4	bDeviceClass	1	클래스(Class)	
5	bDeviceSubClass	1	서브 클래스 (SubClass)	
6	bDeviceProtocol	1	프로토콜 (Protocol)	

오프셋	필드	크기 (바이트)	값	설명
7	bMaxPacketSize0	1	숫자	디폴트 엔드포인트 최대 데이터패킷 크기. 값 9를 가진다. (2^9 = 512바이트)
8	idVendor	2	ID	제조사ID
10	idProduct	2	ID	제품ID
12	bcdDevice	2	BCD	제품 릴리스버전
14	iManufacturer	1	인덱스(Index)	스트링 인덱스
15	iProduct	1	인덱스(Index)	스트링 인덱스
16	iSerialNumber	1	인덱스(Index)	스트링 인덱스
17	bNumConfigurations	1	숫자	준비된 Configuration 개수

bDeviceClass, SubClass, Protocol 필드의 값은 USB−IF[Implementers Forum]에서 규정하고 있는 디바이스 유형값이다(표 8−24 참고).

8.2.4.2 Binary Device Object Store(BOS)

디바이스는 특성 정보만을 규칙성있게 관리하는 저장공간을 준비하고 있는데 이것을 BOS 또는 BOS 디스크립터라고 부른다. BOS는 디바이스 수준에서 제공할 수 있는 다양한 특성 정보(Device Capability)를 포함하는 큰 컨테이너(Container) 역할을 수행한다.

호스트는 디바이스의 개별적인 특성 정보를 직접 디바이스로부터 읽는 (GET_DESCRIPTOR 명령을 통해) 방법이 없다. 다만 BOS를 충분한 크기만큼 크게 읽어서 이곳에 포함된 Device Capability 정보를 파싱[Parsing]을 통해서 찾아야 한다.

표 8−60 BOS 디스크립터(헤더)의 구성

오프셋	필드	크기(바이트)	값	설명
0	bLength	1	숫자	디스크립터 헤더 길이

오프셋	필드	크기(바이트)	값	설명
1	bDescriptorType	1	상수	BOS Type
2	wTotalLength	2	숫자	BOS 디스크립터의 전체 길이(모든 Device Capability를 포함하는 크기)
4	bNumDeviceCaps	1	숫자	포함하고 있는 특성 정보 개수

표 8-61 특성 정보 종류

정보 코드	값	설명
Wireless_USB	01H	무선 USB 특성 정보
USB 2.0 EXTENSION	02H	USB 2.0 확장 특성 정보
SUPERSPEED_USB	03H	Super Speed USB 특성 정보
CONTAINER_ID	04H	고유 인스턴스 ID 특성 정보
PLATFORM	05H	특별한 플랫폼/운영체제에게 사용되는 특성 정보
POWER_DELIVERY_ CAPABILITY	06H	PD(Power Delivery) 특성 정보
BATTERY_INFO_ CAPABILITY	07H	배터리지원 특성 정보
PD_CONSUMER_PORT_ CAPABILITY	08H	PD 소비자 특성 정보
PD_PROVIDER_PORT_ CAPABILITY	09H	PD 생산자 특성 정보
SUPERSPEED_PLUS	0AH	Super Speed Plus USB 특성 정보
PRECISION_TIME_ MEASUREMENT	0BH	PTM(Precision Time Measurement) 특성 정보
Wiress_USB_Ext	0CH	확장된 무선 USB 특성 정보

BOS에 포함된 모든 특성 정보 디스크립터는 bDevCapabilityType 값을 통해서 구체적인 특성 종류를 설명한다.

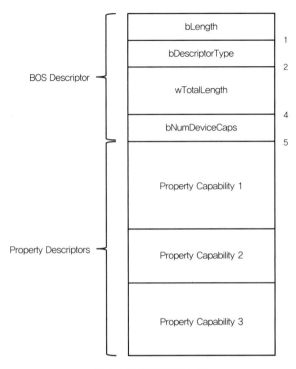

그림 8-10 BOS와 디바이스 정보

8.2.4.2.1 USB 2.0 Extension

USB 2.0에서 사용되던 확장 디스크립터다. 현재 LPM^{Link Power Management} 관련된 필드만 정의돼 사용되고 있다.

표 8-62 USB 2.0 Extension의 구성

오프셋	필드	크기(바이트)	값	설명
0	bLength	1	숫자	디스크립터 헤더 길이
1	bDescriptorType	1	상수	디바이스 정보 타입
2	bDevCapabilityType	1	상수	USB 2.0 EXTENSION (표 8-60 참고)
3	bmAttributes	4	비트맵	비트 1: LPM 지원 상태 여부 나머지 비트: 사용 안 함

8.2.4.2.2 SuperSpeed USB 디바이스 정보

Super Speed USB가 제공하는 특성 정보중 일부분을 표 8-62에서 보여준다.

표 8-63 SuperSpeed USB Device Capability의 구성

오프셋	필드	크기(바이트)	값	설명
0	bLength	1	숫자	디스크립터 헤더 길이
1	bDescriptorType	1	상수	디바이스 정보 타입
2	bDevCapabilityType	1	상수	SUPERSPEED_USB (표 8-60 참고)
3	bmAttributes	1	비트맵	비트 1: LTM 지원 상태 여부 나머지 비트: 사용 안 함
4	wSpeedSupported	2	비트맵	비트　의미(지원 속도) 0　　Low Speed 1　　Full Speed 2　　High Speed 3　　Super Speed
6	bFunctionalitySupport	1	숫자	wSpeedSupported와 같은 비트 의미가 사용됨 지원 가능한 최소 속도
7	bU1DevExitLat	1	숫자	U1 Device Exit 지연 시간 값　　의미 00H　　0 01H　　1us 이하 02H　　2us 이하 03H　　3us 이하 04H　　4us 이하 ...　　... 0AH　　10us 이하 허브의 경우 UP, DP 모두 해당한다.

오프셋	필드	크기(바이트)	값	설명
8	bU2DevExitLat	2	숫자	U2 Device Exit 지연 시간 값 의미 0000H 0 0001H 1us 이하 0002H 2us 이하 0003H 3us 이하 0004H 4us 이하 ... ... 07FFH 2047us 이하 허브의 경우 UP, DP 모두 해당한다.

bU1DevExitLat, bU2DevExitLat는 디바이스가 호스트에게 제공하는 시간 정보로서 U1, U2 상태에서 U0 상태로 전환하는 데 걸리는 가장 긴 소요 시간 정보이다. 자세한 내용은 6장을 참고한다.

8.2.4.2.3 Container ID

디바이스의 종류를 설명하는 고유한 GUID(Global Unique ID)를 담고 있다.

표 8-64 Container ID의 구성

오프셋	필드	크기(바이트)	값	설명
0	bLength	1	숫자	디스크립터 헤더 길이
1	bDescriptorType	1	상수	디바이스 정보 타입
2	bDevCapabilityType	1	상수	CONTAINER_ID (표 8-60 참고)
3	bReserved	1	숫자	사용 안 함
4	ContainerID	16	UUID	128비트 GUID를 사용한다.

8.2.4.2.4 플랫폼 디스크립터

특별한 플랫폼 혹은 운영체제에서 요구하는 정보를 보관하고 있다. 이 정보는 GUID와 값으로 구분된다.

표 8-65 플랫폼 디스크립터의 구성

오프셋	필드	크기(바이트)	값	설명
0	bLength	1	숫자	디스크립터 헤더 길이
1	bDescriptorType	1	상수	디바이스 정보 타입
2	bDevCapabilityType	1	상수	PLATFORM (표 8-60 참고)
3	bReserved	1	숫자	사용 안 함
4	PlatformCapabilityUUID	16	UUID	128비트 GUID를 사용한다.
20	CapabilityData	가변	Binary	PlatformCapabilityUUID에 따라서 의존적인 데이터

8.2.4.2.5 SuperSpeedPlus USB 디바이스 정보

Super Speed Plus USB가 제공하는 특성 정보 중 일부분을 표 8-65에서 보여준다.

Super Speed USB 특성 정보는 8.2.4.2.2절을 참고한다.

표 8-66 SuperSpeedPlus USB 디바이스 정보의 구성

오프셋	필드	크기 (바이트)	값	설명
0	bLength	1	숫자	디스크립터 헤더 길이
1	bDescriptorType	1	상수	디바이스 정보 타입
2	bDevCapabilityType	1	상수	SUPERSPEED_PLUS (표 8-60 참고)
3	bReserved	1	숫자	사용 안 함

오프셋	필드	크기 (바이트)	값	설명	
4	bmAttributes	4	비트맵	**비트**	**의미**
				4:0	Sublink Speed 속성 카운트 (SSAC). 실제 Sublink Speed 속성 개수 = SSAC + 1
				8:5	Sublink Speed ID 카운트 (SSIC) 실제 Sublink Speed ID 개수 = SSIC+1
8	wFunctionalitySupport	2	비트맵	**비트**	**의미**
				3:0	Sublink Speed 속성 ID(SSID). 가지고 있는 Sublink중에서 가장 낮은 속도를 나타내는 속성 ID
				11:8	최소 수신 Lane 카운트
				15:2	최소 송신 Lane 카운트
10	bReserved	2	숫자	사용 안 함	
12	bmSublinkSpeedAttr[0]	4	비트맵	SSAC + 1만큼 존재하는 Sublink 속도 정보(표 8-66 참고)	
12+(4* SSAC)	bmSublinkSpeedAttr [1-SSAC]	4*SSAC	비트맵	bmSublinkSpeedAttr[0] 같은 내용	

표 8-67 SuperSpeedPlus USB Sublink Speed 속성의 구성

비트	이름	설명
3:0	Sublink Speed Attribute ID(SSID)	제조사가 정의하는 ID
5:4	Lane Speed Exponent(LSE)	LSM 값을 위한 단위 값 0 bps 1 Kbps 2 Mbps 3 Gbps

비트	이름	설명
7:6	Sublink Type(ST)	송수신 Sublink의 속도와 Lane 수의 특성 **비트 의미** 6 값 0: Symmetric, 값 1: Asymmetric 7 값 0: Sublink가 수신모드의 경우 　　　 값 1: Sublink가 송신모드의 경우
13:8	Reserved	사용 안 함
15:14	Link Protocol(LP)	링크의 USB 속도 타입 **값 의미** 0 SuperSpeed 1 SuperSpeedPlus
31:16	Lane Speed Mantissa(LSM)	Lane의 속도값. 단위는 LSE를 사용한다.

디바이스는 링크를 구성하는 Upstream 포트가 사용하는 Link 내부의 Tx Sublink, Rx Sublink 각각을 구성하는 Lane 수와 속도 정보를 호스트로 보고한다. 보통 Tx Sublink 와 Rx Sublink 각각의 Lanes 수는 1이다(하나의 Lanes은 두 개의 Line을 가진다).

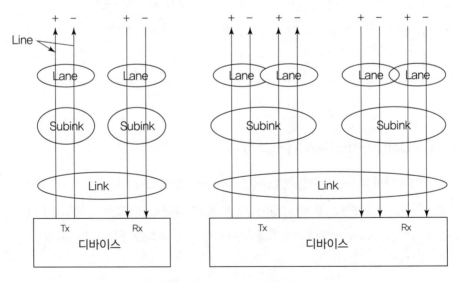

그림 8-11 Link, Sublink, Lane, Line

표 8-66을 보면 속도 정보를 호스트로 보고할 때 사용되는 파라미터를 보여준다. 하나의 Lane의 속도(bps)는 LSM * 1000^PSE로 구한다. Tx 혹은 Rx(서브링크)는 Lane 수에 따라서 속도가 배가 될 수밖에 없다. 서브링크 속도 = (Lanes + 1) * 하나의 Lane의 속도(bps)로 구한다.

8.2.4.2.6 Precision Time Measurement

USB SuperSpeedPlus가 제공하는 기능으로서 정밀한 시간 정보를 호스트와 디바이스가 공유해야 할 때 사용하는 기능을 PTM이라고 부른다. 디바이스가 PTM 기능을 지원할 수 있는지 여부를 알릴 때 사용되는 디스크립터다. LMP^{Link Management Packet} TP를 사용해서 호스트와 디바이스는 보다 정확한 허브 지연 관리(HDM), 링크 지연 관리(LDM) 기능을 사용할 수 있다.

표 8-68 Precision Time Measurement의 구성

오프셋	필드	크기(바이트)	값	설명
0	bLength	1	숫자	디스크립터 헤더 길이
1	bDescriptorType	1	상수	디바이스 정보 타입
2	bDevCapabilityType	1	상수	PRECISION_TIME_MEASUREMENT (표 8-60 참고)

8.2.4.3 Configuration 디스크립터

하나의 USB 디바이스는 복수 개의 Configuration을 선택적으로 가질 수 있다. 호스트는 이중에 하나를 선택한다. 호스트는 GET_DESCRIPTOR 명령을 통해 디바이스가 가지고 있는 모든 Configuration 디스크립터를 읽은 다음 가장 적절한 대상을 선택해 셋업(SET_CONFIGURATION) 한다.

표 8-69 Configuration 디스크립터(헤더)의 구성

오프셋	필드	크기 (바이트)	값	설명
0	bLength	1	숫자	디스크립터 헤더 길이
1	bDescriptorType	1	상수	CONFIGURATION Type
2	wTotalLength	2	숫자	Configuration 디스크립터의 전체 길이
4	bNumInterfaces	1	숫자	준비된 Interface 개수
5	bConfigurationValue	1	숫자	현재 Configuration 식별자 ID
6	iConfiguration	1	인덱스(Index)	스트링 인덱스
7	bmAttributes	1	비트맵	속성
8	bMaxPower	1	mA	요구 전력 정보

Configuration 디스크립터는 기본적인 헤더^{Header}와 나머지 내용으로 나눠 생각해볼 수 있다.

나머지 내용에 포함되는 데이터는 인터페이스 디스크립터, Endpoint 디스크립터가 여기에 해당한다.

인터페이스 디스크립터, 엔드포인트 디스크립터는 직접 지정해서 읽을 수 있는 방법이 없기 때문에 호스트는 Configuration 디스크립터(또는 Other_Speed_Configuration 디스크립터)의 내용을 충분하게 많은 양을 읽어들여서 인터페이스 디스크립터, 엔드포인트 디스크립터 내용을 포함한 디스크립터를 얻어야 한다(그림 8-2 참고). 표 8-68에서 wTotalLength 필드의 값은 Configuration 디스크립터 전체의 크기를 알려준다. bmAttributes 필드는 Configuration의 속성을 나타낸다.

비트 6: 값 1이면 Self-powered 디바이스를 의미한다. 값 0이면 Bus-powered 디바이스를 의미한다. 비트 5: 값 1이면 Remote Wakeup 기능을 가졌다는 것을 의미한다. bMaxPower 필드는 Configuration이 요구하는 전력 정보를 의미한다. 값은 2mA 단위로 사용된다. 예를 들어, 값 50 = 100mA를 의미한다.

8.2.4.4 인터페이스 디스크립터

Configuration 디스크립터에 포함된 형태로 존재한다. USB 디바이스가 구체적으로 어떤 통신방식(인터페이스)을 사용해서 호스트와 데이터패킷을 송수신할 수 있는지를 알린다. 복수 개의 엔드포인트 디스크립터를 포함한다.

표 8-70 인터페이스 디스크립터의 구성

오프셋	필드	크기 (바이트)	값	설명
0	bLength	1	숫자	디스크립터 길이
1	bDescriptorType	1	상수	인터페이스 타입
2	bInterfaceNumber	1	숫자	Interface 수
3	bAlternateSetting	1	숫자	대체할 인터페이스 수
4	bNumEndpoints	1	숫자	현재 인터페이스가 포함하는 엔드포인트수(디폴트는 제외)
5	bInterfaceClass	1	클래스(Class)	
6	bInterfaceSubClass	1	서브 클래스(SubClass)	
7	bInterfaceProtocol	1	프로토콜(Protocol)	
8	iInterface	1	인덱스(Index)	스트링 인덱스

bInterfaceClass, SubClass, Protocol 필드의 값은 USB-IF[Implementers Forum]에서 규정하고 있는 인터페이스 유형값이다. 이 값은 표 8-24를 참고한다.

8.2.4.5 엔드포인트 디스크립터

Configuration 디스크립터에 포함된 형태로 존재한다.

표 8-71 엔드포인트 디스크립터의 구성

오프셋	필드	크기 (바이트)	값	설명
0	bLength	1	숫자	디스크립터 길이
1	bDescriptorType	1	상수	엔드포인트 타입
2	bEndpointAddress	1	엔드포인트	엔드포인트 주소(방향+엔드포인트 식별자)
3	bmAttributes	1	비트맵	속성
4	wMaxPacketSize	2	숫자	엔드포인트가 다룰 수 있는 최대 데이터패킷 크기
6	bInterval	1	숫자	주기적인 엔드포인트의 경우 주기시간을 지정

USB 디바이스가 가지고 있는 엔드포인트(데이터패킷을 만들거나 소비하는 주체)를 설명하는 디스크립터를 제공한다. 해당하는 디스크립터가 가리키는 엔드포인트는 SET_CONFIGURATION 과정이 끝나면 동작을 시작한다(전력을 끌어 사용함).

bEndpointAddress 필드는 비트 7과 비트 3-0으로 구성된다. 비트 7은 방향을 나타내며 값이 0이면 OUT, 값이 1이면 IN 방향이다. 방향이 OUT이라는 뜻은 데이터패킷이 호스트에서 디바이스로 향한다는 뜻이고 다른 말로 데이터를 소비한다고 말한다. 방향이 IN이라는 뜻은 데이터패킷이 디바이스에서 호스트로 향한다는 뜻이고 다른 말로 데이터를 생산한다고 말한다.

비트 3-0(총 4비트)은 엔드포인트 넘버[Number]를 의미한다. 총 0부터 15까지 16가지의 수를 사용할 수 있다. 0 값은 디폴트 엔드포인트를 위해서 예약돼 있기 때문에 여기서는 1부터 15까지를 사용할 수 있다. 디폴트 엔드포인트는 특별히 명시하지 않는다. 다만 디바이스 디스크립터의 bMaxPacketSize0 필드에서 디폴트 엔드포인트의 데이터패킷크기를 지정한다. bmAttributes 필드는 엔드포인트의 속성을 의미한다.

표 8-72 bmAttributes(Endpoint 디스크립터)의 의미

비트	필드	설명
1..0	엔드포인트 전송 유형	00 = 컨트롤 전송 01 = 등시성 전송 10 = 벌크 전송 11 = 인터럽트 전송
3..2	동기화 유형(등시성)	00 = 동기화 사용 안 함 01 = 비동기적임 10 = 복합적임 11 = 동기적임
5..4	동기화 세부 유형(등시성)	00 = 데이터 엔드포인트 01 = 피드백 엔드포인트 10 = 암묵된 피드백 엔드포인트

표 8-71을 보면 등시성 전송의 경우 비트 2부터 비트 5까지 모두 4비트를 할여하고 있는 것을 알 수 있다. 등시성 전송의 경우 비트 5, 비트 4를 통해서 일반 데이터 엔드포인트인지 아니면 피드백 엔드포인트인지를 알리고 있다. 피드백 엔드포인트(비트 5, 4 = 01)의 경우, 비트(1, 0) = 01(등시성), 비트(3, 2) = 00(동기화사용 안 함)을 가져야 한다. 피드백 엔드포인트는 등시성 전송에서 버퍼 오버플로Overflow 혹은 언더플로Underflow가 발생하지 않도록 적당한 전송량을 알리는 용도로 사용된다.

wMaxPacketSize 필드는 엔드포인트가 다룰 수 있는 최대 데이터패킷의 크기를 설명한다. 통상 하나의 트랜잭션에 사용할 수 있는 최대 데이터패킷 크기라고 볼 수 있다. USB 3 벌크 엔드포인트는 1024 값을 사용한다. USB 3 인터럽트 엔드포인트는 Burst 전송을 사용하지 않는 경우 최소 1부터 최대 1024 값을 사용한다. Burst 전송을 사용하는 경우 1024 값을 사용한다. USB 3 등시성 엔드포인트는 Burst 전송을 사용하지 않는 경우, 최소 0부터 최대 1024 값을 사용한다. Burst 전송을 사용하는 경우 1024 값을 사용한다.

bInterval 필드는 서비스 인터벌Service Interval 값을 계산하는 파라미터로 사용된다.

표 8-73 bInterval(Endpoint 디스크립터)의 의미(USB 3)

속도	전송 유형	설명
SS	인터럽트 전송 등시성 전송	범위 1-16. SS: 2^(bInterval-1) * 125us
SS	벌크 전송	사용 안 함

표 8-72를 보자. 예를 들어, bInterval 값이 4인 경우 SS 인터럽트 전송, 등시성 전송: 8 * 125us = 1ms 서비스 주기Service Interval를 설정한다.

8.2.4.6 String 디스크립터

USB 디바이스가 담고 있는 문자열 리소스를 설명하고 있다. 제조사 이름, 제품 이름, 인터페이스 이름 등을 나타낸다. 시리얼넘버를 표현할 수 있기 때문에 항상 같은 디바이스로서 인스턴스를 나타낼 수 있다.

표 8-74 언어코드 지원 배열

오프셋	필드	크기(바이트)	값	설명
0	bLength	1	N+2	디스크립터 크기
1	bDescriptorType	1	상수(3)	STRING Type
2	wLANGID[0]	2	수	Language ID Code 0
...	...	...	...	...
N	wLANGID[x]	2	수	Language ID x

문자열 리소스를 가지고 있는 디바이스는 호스트가 GET_DESCRIPTOR 명령을 통해서 언어코드 지원 배열 정보를 달라고 할 때 반드시 표 8-73과 같은 형태의 정보를 제공해야 한다.

호스트는 GET_DESCRIPTOR(wValue = 0x0300, wIndex = 0x0000) 명령을 통해서 이와 같은 정보를 얻는다. 표 8-73에서 얻는 Language ID 코드는 2바이트의 코드로서 USB-

IF에서 정의하고 있다. 코드값 0x0409는 미국 영어, 0x0004는 중국 간체자, 0x0412 한국어를 의미한다. 보통 0x0409 값을 사용한다.

표 8-75 유니코드 문자열 리소스 정보

오프셋	필드	크기(바이트)	값	설명
0	bLength	1	수	디스크립터 크기
1	bDescriptorType	1	상수(3)	STRING Type
2	bString	N	수	유니코드 문자열(널문자는 없다)
...	...	...	...	...

표 8-74는 호스트가 GET_DESCRIPTOR(wValue = 0x03XX, wIndex != Language ID Code) 명령을 통해서 얻는 리소스 정보다. wValue에 사용되는 0x03XX에서 하위 XX 바이트값은 String Index 값을 사용한다.

8.2.4.7 SuperSpeed Endpoint Companion 디스크립터

Configuration 디스크립터에 포함된 형태로 존재한다. SuperSpeed에서 사용되는 엔드포인트는 Burst 전송 방식을 지원하고 있다.

표 8-76 SuperSpeed Endpoint Companion 디스크립터의 구성

오프셋	필드	크기(바이트)	값	설명
0	bLength	1	수	디스크립터 크기
1	bDescriptorType	1	상수	SUPERSPEED_USB_ENDPOINT_ COMPANION Type(표 8-57 참고)
2	bMaxBurst	1	수	하나의 Burst 전송에서 엔드포인트가 보내거나 받을 수 있는 최대 패킷 개수 - 1. 최솟값 0(1개), 최댓값 15(16개)를 사용한다.
3	bmAttributes	1	비트맵	표 8-76 참고

오프셋	필드	크기(바이트)	값	설명
4	wBytesPerInterval	2	수	등시성 엔드포인트와 인터럽트 엔드포인트에서 사용된다. 엔드포인트가 서비스 인터벌(Service Interval)마다 전송하거나 받을 수 있는 데이터 총량을 의미한다. 등시성 엔드포인트의 경우 bmAttributes의 비트 7이 FALSE일 때만 의미를 가진다.

bMaxBurst 값이 0인 경우 Burst 전송을 사용하지 않는 경우로 간주한다.

표 8-77 SuperSpeed Endpoint bmAttributes의 구성

엔드포인트 종류	비트	설명
벌크	4:0	엔드포인트가 지원하는 스트림 최대 수 값 0: 스트림 전송을 지원하지 않음 값 N: 2^N개의 스트림을 지원함. N 최댓값 16
	7:5	사용 안 함
인터럽트	7:0	사용 안 함
등시성	1:0	엔드포인트가 하나의 서비스 인터벌에서 몇 개의 Burst 트랜잭션을 사용할 수 있는지를 알림
	6:2	사용 안 함
	7	SuperSpeedPlus Isochronous Endpoint Companion 디스크립터가 이어진다는 뜻(값 = 1)

8.2.4.8 SuperSpeedPlus Isochronous Endpoint Companion 디스크립터

Configuration 디스크립터에 포함된 형태로 존재한다. 등시성 엔드포인트의 경우 필요에 따라서 추가로 설명하는 내용을 담는다.

표 8-78 SuperSpeedPlus Isochronous Endpoint Companion 디스크립터의 구성

오프셋	필드	크기(바이트)	값	설명
0	bLength	1	수	디스크립터 크기
1	bDescriptorType	1	상수	SUPERSPEEDPLUS_ ISOCHRONOUS_ENDPOINT_ COMPANION Type(표 8-57 참고)
2	wReserved	2	수	사용 안 함
3	dwBytesPerInterval	4	수	등시성 엔드포인트가 Service Interval 마다 전송하거나 받을 수 있는 데이터 총량을 의미한다.

8.2.4.9 IAD(Interface Association Descriptor)

8.1.6.1절을 참고한다.

8.2.4.10 Microsoft OS Descriptor

8.1.6.2절을 참고한다.

2부

USB 호스트 컨트롤러와 프로토콜

존재하는 USB 설비를 효과적으로 사용하는 가상 USB 호스트 인터페이스와 현업에서 사용중인 xHCI Exteneded Host Controller Interface를 함께 살펴보면서 효과적인 호스트 컨트롤러 인터페이스를 설계하는 아이디어를 얻도록 한다.

09

MA USB(Media-Agnostic USB)

유선으로 구성되는 기존의 USB 버스 설비환경을 최대한 이용하면서 무선 또는 IP 링크 등을 사용하는 원격지 간의 가상 USB 환경을 구성하는 프로토콜(MA USB)을 소개하려고 한다.

[글을 읽기 전에 잠시 확인하자!] – 저자의 한마디

9장에서 서술하는 개념을 파악하는 데 있어서 오해하기 쉬운 용어가 몇 가지 있기 때문에 사전에 이 용어의 의미를 파악하고 본론으로 들어가는 것이 유리하다.

- MA USB 호스트: MA USB 버스에서 호스트를 규정하는 개념
- MA USB 디바이스: MA USB 버스에서 디바이스를 규정하는 개념
- MA USB 허브: MA USB 디바이스중에서 USB 2.0 허브 또는 USB 3.1 허브를 내부에 포함하고 있는 디바이스
- EP 핸들: EP(Endpoint)의 핸들. MA USB 디바이스내에 엔드포인트를 구분하는 핸들
- USB 어드레스: 7비트로 구성된 USB 버스가 사용하는 디바이스 주소
- USB 디바이스 핸들: MA USB 디바이스내에 가려진 실제 USB 디바이스를 구분하는 핸들
- MA USB 디바이스 어드레스: 8비트로 구성된 MA USB 버스가 사용하는 디바이스 주소

- MA USB 서브셋(MSS: Service Set): MA USB 호스트와 MA USB 디바이스가 연결돼 있는 도메인 집합. MA USB 디바이스 Address 값은 MSS 내부에서 고유한 주소 값이어야 한다.
- MA 링크: MA USB 호스트와 MA USB 디바이스 또는 MA USB 허브의 연결

9.1 아키텍처

9.1.1 아키텍처 구성 요소

9.1.1.1 MA USB 호스트

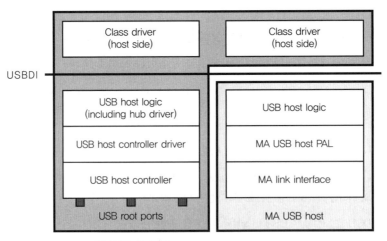

그림 9-1 MS USB 호스트와 기존 USB 설비환경 간의 관계(출처: usb.org)

그림 9-1을 보자. 좌측의 기존 USB 설비환경은 익숙한 모습이다. 가장 아래쪽에 호스트 컨트롤러가 있고, 그 위로 컨트롤러 드라이버와 호스트를 유지하기 위한 호스트로직(시스템프로토콜)과 가장 상단에 클래스 드라이버가 존재한다.

MA USB 호스트는 가장 상단에 있는 클래스 드라이버를 사용하는 것이 목적이다. 윈도우, 리눅스 등과 같은 대표적인 운영체제들은 내부에 다양한 종류의 클래스 드라이버를 포함하고 있다. HID 클래스, 이동식 디스크 클래스, MTP 클래스, NCM 클래스, RNDIS 클래스 등이 해당한다.

MA USB 호스트는 이와 같은 클래스를 그대로 사용할 수 있다는 장점을 활용한다. 이를 위해 MA USB 호스트 PAL^Protocol Abstraction Layer 프로토콜을 제공한다. 그림 9-1처럼 MA USB 호스트는 크게 USB Host Logic(운영체제 의존적인), MA USB 호스트 PAL 그리고 링크 인터페이스를 위한 MA 링크 인터페이스로 구성돼 있다.

9.1.1.2 MA USB 디바이스

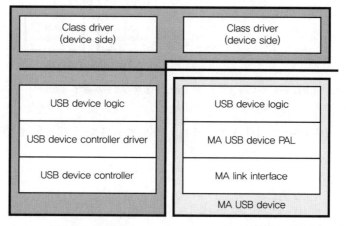

기존 USB 설비환경

그림 9-2 MS USB 디바이스와 기존 USB 설비환경 간의 관계(출처: usb.org)

그림 9-2를 보자. 좌측의 기존 USB 설비환경은 일반적인 USB 디바이스를 구성하는 제조사에서 많이 보았던 익숙한 모습이다. 가장 아래쪽에 디바이스 컨트롤러가 있고, 그 위로 컨트롤러 드라이버와 디바이스를 유지하기 위한 디바이스 로직과 가장 상단에 클래스 드라이버(평션 드라이버라고 부른다)가 존재한다. 이와 같은 설비 중에 가장 상위 클래스 드라이버를 재활용할 수 있다는 점이 MA USB 디바이스의 특징이다. 이를 위해 MA USB

디바이스 PAL^{Protocol Abstraction Layer} 프로토콜을 제공한다. 그림 9-2처럼 MA USB 호스트는 크게 USB 호스트 로직(운영체제 의존적인), MA USB 호스트 PAL 그리고 링크 인터페이스를 위한 MA 링크 인터페이스로 구성돼 있다.

9.1.1.3 MA USB Hub

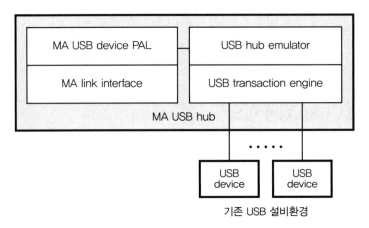

그림 9-3 MS USB 허브와 기존 USB 설비환경 간의 관계(출처: usb.org)

그림 9-3은 기존 USB 설비환경 속에서 MA USB 허브가 어떤 내용을 포함하는지 보여준다.

9.1.2 MA USB 토폴로지

MA USB 토폴로지^{Topology}는 실제 USB 토폴로지와 외관상 크게 다르지 않다. 단지 각각의 링크가 유선뿐만 아니라 무선을 사용할 수도 있다는 점이 다르다.

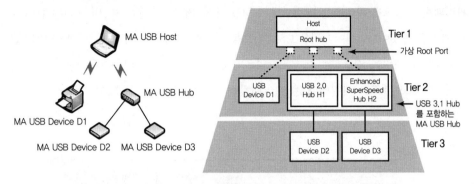

그림 9-4 MA USB 서브셋(MSS)와 MA USB 토폴로지(출처: usb.org)

그림 9-4를 보면 MA USB 서브셋을 사용한 연결 방식과 USB 토폴로지 형태의 연결 방식을 비슷한 관점으로 보여주고 있다.

9.1.3 MA USB 커뮤니케이션 모델

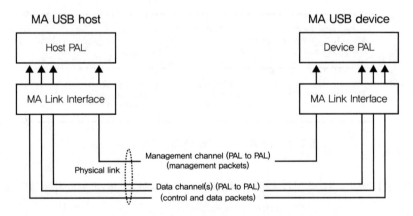

그림 9-5 MA USB 커뮤니케이션 모델(출처: usb.org)

그림 9-5를 보자. 채널Channel이라는 용어는 USB 링크와 링크 사이의 연결을 설명할 때 자주 언급되는 용어다. 채널을 통해서 MA USB 호스트와 디바이스가 주고 받는 패킷은 크게 관리패킷Management Packet, 제어패킷Control Packet, 데이터패킷Data Packet으로 구분된다.

관리패킷은 링크를 관리하는 패킷으로서 링크 생성, 제거, 장치 열거, 버스 전원 관리 등과 관련된 패킷이다. 제어패킷은 USB 컨트롤 전송에 사용되는 패킷이다. 데이터패킷은 순수 데이터패킷을 전송하는 데 사용하는 패킷이다. 관리패킷을 송수신하는 채널을 관리채널이라고 부르고 데이터패킷, 제어패킷을 송수신하는 채널을 데이터채널이라고 부른다.

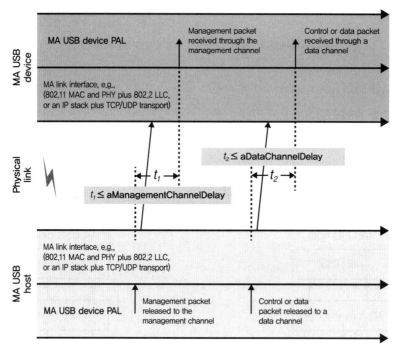

그림 9-6 관리채널과 데이터채널의 지연 시간(출처: usb.org)

그림 9-6을 보면, 관리채널과 데이터채널의 패킷 송수신 지연 시간의 가능성을 보여주고 있다.

MA USB에서는 상수값을 aXXXX 형태로 정의해서 사용한다. 그림 9-6은 MA USB 호스트 에서 MA USB 디바이스로 패킷을 송신하는 경우만 예로 보여주고 있다. 그림 9-6에서 사용되는 상수를 보자.

aManagementChannelDelay는 MA USB 호스트에서 관리패킷을 링크 채널에 실어보낸 뒤 이 패킷을 MA USB 디바이스가 수신할 때까지의 지연 시간을 보여준다. aData ChannelDelay는 MA USB 호스트에서 제어, 데이터패킷을 링크 채널에 실어보낸 뒤, 이 패킷을 MA USB 디바이스가 수신할 때까지의 지연 시간을 보여준다.

MA USB 호스트와 MA USB 디바이스 간의 링크가 무선링크일 경우를 생각해보면 이와 같은 지연 시간은 중요한 상수값이라고 볼 수 있다.

9.1.4 MA USB 주소 관리

9.1.4.1 MA USB 디바이스 주소

MA USB 디바이스 자체를 가리키는 용도로 사용되는 주소를 의미한다. 이 주소는 8비트로 구성되고 MA USB 호스트가 주소 값을 할당한다. 이 값 중에 0x00(할당되지 않은 상태)과 0xFF(모든 디바이스)를 제외한 나머지 값, 254가지가 주소 값으로 사용된다.

9.1.4.2 디바이스 핸들

하나의 MA USB 디바이스는 복수 개의 USB 디바이스를 숨길 수 있다. 이와 같은 MA USB 디바이스는 내부에 각각의 USB 디바이스를 지칭하는 구분자로 디바이스 핸들을 사용한다. 디바이스 핸들은 16비트로 구성된다. 이 값 중에 0x0000(할당되지 않은 상태)과 0xFFFF(모든 디바이스)를 제외한 나머지 값, 65534가지가 주소 값으로 사용된다. 특별한 경우가 아니면 하나의 디바이스 핸들^{Device Handle}을 사용한다.

9.1.4.3 엔드포인트 핸들

MA USB 디바이스가 가지고 있는 엔드포인트를 지칭하는 구분자로 사용되는 것이 엔드포인트 핸들^{Endpoint Handle}이다. 16비트로 구성된다.

9.1.4.4 컨테이너 ID

같은 MA USB 디바이스가 USB 2.0, USB 3.1 등과 같이 서로 다른 버스에 연결될 수 있다. 이런 경우 MA USB 디바이스를 서로 다른 디바이스로 인지하지 않고 같은 디바이스로 사용될 수 있도록 하기 위해서 MA USB 디바이스는 컨테이너 ID^{Container ID, GUID}를 가질 수 있다.

9.2 데이터흐름 모델

MA USB 호스트와 MA USB 디바이스가 어떻게 동작하는지를 구체적으로 파악하려면 데이터흐름 모델^{Data Flow Model}을 사용하는 편이 유리하다.

9.2.1 프로토콜 개관

프로토콜을 개관적으로 살펴보면 패킷들이 링크 파트너 사이에 교환되는 모습과 지연 시간 그리고 Ping 명령에 의해 링크 확인 작업, 그외 필요한 다양한 데이터 송수신 등의 모습으로 압축할 수 있다.

9.2.1.1 패킷교환과 지연 시간

패킷을 MA USB 링크가 서로 주고 받는 데 있어서 지연 시간을 유추하는 것은 중요하다. 특히 무선링크를 사용하는 경우에는 연결이 끊어질 수 있으며 다른 특별한 이유로 인해서 패킷을 잃어버릴 수도 있기 때문에 무한정 응답을 기다리는 것은 위험하다. 패킷교환에 따른 지연 시간은 MA USB 프로토콜에서 정의해 사용하고 있다.

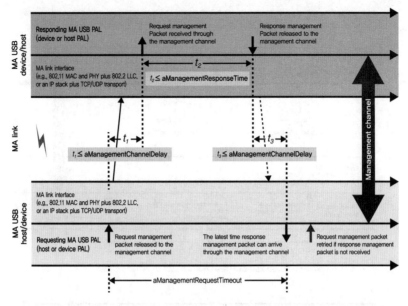

aManagementRequestTimeout 〉 (aManagementResponseTime + 2 * aManagementChannelDelay)

그림 9-7 관리채널에서 패킷교환과 지연 시간(출처: usb.org)

그림 9-7을 보면 관리패킷을 전달한 뒤 응답을 받을 때까지 소요되는 시간을 추정하고 있다.

이 시간(aManagementRequestTimeout)은 채널 지연 시간(aManagementChannelDelay)의 두 배와 관리패킷 응답시간(aManagementResponseTime)을 합한 결과를 사용하고 있다.

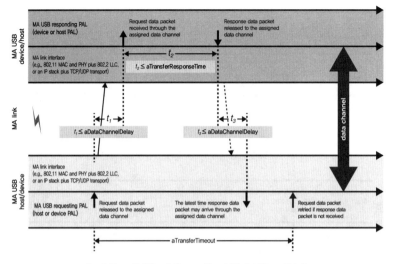

aTransferTimeout ⟩ (aTransferResponseTime + 2 * aDataChannelDelay)

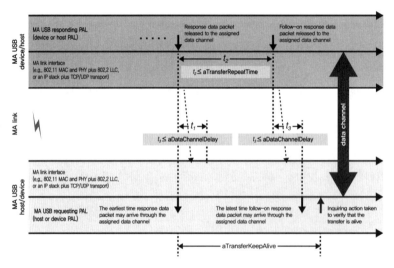

aTransferKeepAlive ⟩ (aTransferRepeatTime + aDataChannelDelay)

그림 9-8 데이터채널에서 패킷교환과 지연 시간(출처: usb.org)

그림 9-8을 보면 데이터채널상에 데이터패킷을 전달한 뒤 응답을 받을 때까지 소요되는 시간을 추정하고 있다. 데이터 전송 타임아웃시간(aTransferTimeout)은 채널 지연 시간(aDataChannelDelay)의 두 배와 데이터 응답시간(aTransferResponseTime)을 합한 결과를 사용하고 있다.

이어지는 반복 데이터 전송을 기대하는 시간(aTransferKeepAlive)은 전송 반복시간
(aTransferRepeatTime)과 채널 지연 시간(aDataChannelDelay)을 합한 결과를 사용하고
있다.

MA USB 프로토콜에서는 프로토콜 내에서 사용되는 고정상수와 가변상수, 변수값을 사
전에 정의하고 있다. 상수는 링크를 구성하는 매체의 특성에 따라서 가변적인 값도 있으
며 그와 관련없이 고정적인 값도 정의돼 있다. 변수값은 최댓값을 정의해 사용하고 있다.

표 9-1 MA USB 프로토콜 상수

프로토콜 상수	값
aDataChannelDelay	링크 매체 의존적
aManagementChannelDelay	링크 매체 의존적
aMaxIsochLinkDelay	링크 매체 의존적
aMaxFrameDistance	895 프레임
aManagementResponseTime	5ms
aManagementRequestTimeout	aManagementResponseTime + 2 * aManagementChannelDelay
aTransferResponseTime	10ms
aTransferTimeout	aTransferResponseTime + 2 * aDataChannelDelay
aTransferKeepAlive	aTransferResponseTime + aDataChannelDelay
aDefaultKeepAliveDuraion	0
aMaxTransferLifeTime	1s
aTransferRepeatTime	10ms
aMaxMediaTimeError	10us
aMaxMediaTimeSamplingError	10us
aMaxTransmissionDelayError	10us
aMinTSynchFrequencyActive	20ms
aMinTSynchFrequencyIdle	1s
aMaxRequestID	$2^8 - 1$

프로토콜 상수	값
aMaxSequenceNumber	$2^{24} - 1$
aMaxDialogToken	$2^{10} - 1$
aMinControlTransferBufferSize	4104바이트

표 9-2 MA USB 프로토콜 변수

프로토콜 변수	값
aBulkTransferRetries	최소 5회 이하
aControlTransferRetries	최소 5회 이하
aInterruptTransferRetries	최소 3회 이하
aManagementRetries	최소 4회 이하
aTransferSetupRetries	최소 4회 이하

9.2.1.2 Ping 프로토콜

MA USB 링크를 구성하는 양쪽 파트너(Host, Device) 간의 연결을 확인하거나 재설정하는 작업을 가능하게 하는 프로토콜이 Ping 프로토콜이다. 이 프로토콜은 두 개의 관리패킷이 사용된다. 하나는 PingReq(Ping 요청) 패킷이고 다른 하나는 PingResp(Ping 응답) 패킷이다.

각각의 패킷은 MA USB 디바이스 Address(8비트) 필드를 가지고 있다. 호스트가 PingReq 패킷을 디바이스로 전송할 때만 이 값이 0xFF(모든 디바이스) 값을 가질 수 있다. 물론 그외의 값도 호스트가 전송하는 PingReq 패킷은 가질 수 있으며 디바이스가 발생하는 PingReq 패킷은 항상 0xFF 값을 가질 수 없다.

링크 파트너는 한쪽에서 PingReq 패킷을 전송하면 다른 한쪽에서 PingResp 패킷을 응답해 서로간의 연결을 확인하는 파라미터를 교환한다. PingReq 패킷을 전송하는 측에서는 aManagementRequestTimeout 시간 이내에 응답패킷이 돌아오지 않으면 자신의 세션^{Session}을 다운^{Down} 상태로 전환한다. 이것은 소위 연결이 끊어졌다고 가정하는 상태이다.

9.2.1.3 데이터 전송

실제 USB 전송에서는 다양한 속도와 다양한 엔드포인트의 종류에 따라서 스펙에서 규정하는 패킷 크기가 사용된다. 이에 비해서 MA USB는 보다 유연성을 제공한다.

모든 MA USB 전송^{Transfer}은 항상 MA USB 호스트에 의해서 요청된다. 이런 요청은 보통 USBDI$^{USB\ Bus\ Driver\ Interface}$ 인터페이스를 통해서 읽기, 쓰기 등의 요청 형태로 클라이언트^{Client}로부터 MA USB 호스트로 접수된다. MA USB 호스트는 각각의 읽기, 쓰기 요청을 각각의 MA USB 전송으로 다룬다. MA USB 전송과 관련해서 전송하려는 데이터 크기 등은 구현하는 당사자에 따라서 충분히 바뀔 수 있다. 각각의 MA USB 전송은 전송 요청 ID(Transfer Request ID, 줄여서 Request ID)에 의해서 구분된다. 같은 MA USB 전송에 속하는 모든 MA USB 패킷은 같은 Request ID 값을 사용한다. 하나의 MA USB 디바이스내에 특정 엔드포인트가 서로 다른 Request ID 값을 사용한다면 동시에 수행될 수 없다. 이런 경우는 보통 속도 개선을 위해서 더블 버퍼링$^{Double\ Buffering}$ 등의 방법을 사용하는 클라이언트가 복수 개의 MA USB 전송을 사전에 접수하려는 시도가 있는 경우에 흔히 발생할 수 있는 상황이다.

9.2.2 전송 모델

MA USB 호스트와 디바이스가 어떻게 데이터를 주고받는지를 구체적으로 살펴보자.

링크를 구성하는 호스트와 디바이스는 큰 개념으로 봤을 때 IN 전송, OUT 전송으로 구분되는 전송 프로토콜을 사용한다.

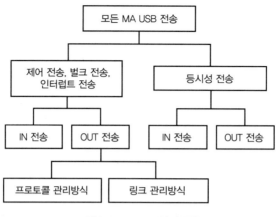

그림 9-9 MA USB 전송의 분류

그림 9-9를 보면 MA USB 전송을 크게 2가지 IN, OUT 전송으로 나누는 것을 알 수 있다. 특히 제어 전송Control Transfer과 벌크 전송, 인터럽트 전송에서 사용되는 OUT 전송의 경우 프로토콜 관리 방식과 링크 관리 방식으로 나누는 것을 볼 수 있다. 등시성 전송은 실시간 전송이라는 특성과 비교적 신뢰성이 약하다는 이유로 흐름 제어에서는 자유롭지만 나머지 전송은 흐름 제어를 고려할 수밖에 없다.

흐름 제어Flow Control란 호스트가 디바이스로 데이터를 전송하는 데 있어서 미처 디바이스가 준비되지 못한 상황에서 무리하게 데이터를 전송해 데이터 넘침Overflow 또는 데이터 유실 등의 문제가 발생하지 않도록 조절하는 것을 의미한다.

흐름 제어가 호스트에서 디바이스로 데이터를 전송하는 상황에서만 사용되는 이유는 호스트가 모든 전송 요청을 시작한다는 점에서 항상 호스트는 디바이스에 비해서 모든 준비가 다 돼있다고 가정하기 때문이다. 또한 실제 USB 디바이스는 MS USB 디바이스 측에서 연결돼 관리되기 때문에 이와 같은 OUT 전송에 있어서 흐름 제어는 무척 중요하다.

9.2.3 IN 전송

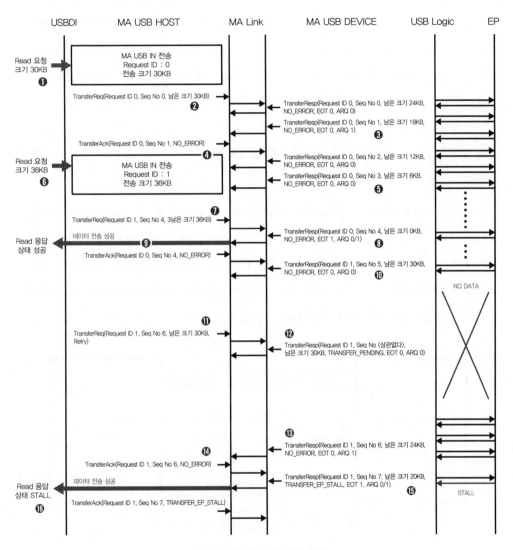

그림 9-10 MA USB IN 전송 예시

그림 9-10을 보자. MA USB IN 전송이 어떤 식으로 MA USB 호스트와 MA USB 디바이스 간에 패킷 교환을 수행하는지를 보여주고 있다.

MA USB 호스트와 MA USB 디바이스 간의 링크 사이에서 주고받는 패킷은 TransferReq

패킷과 TransferResp 패킷 그리고 TransferAck 패킷뿐이다. MA USB IN 전송에서는 TransferReq 패킷은 데이터를 달라는 요청을 하고 TransferResp 패킷은 요구하는 데 이터 혹은 처리 상태 결과를 담고 있다. MA USB 호스트는 MA USB 디바이스가 전송하 는 TransferResp 패킷의 내용에 따라서 필요하면 TransferAck 패킷을 디바이스로 전송 한다. 그림 9-10에서는 Request ID 값을 0과 1로 사용하는 두 개의 MA USB IN 전송 을 보여준다. 처음 IN 전송은 30킬로바이트 데이터를 읽는 요청이고 두 번째 IN 전송은 36킬로바이트 데이터를 읽는 요청이다. 그림에서 EP^{Endpoint}는 실제로 MA USB 디바이스 에 연결돼 있는 USB 디바이스가 가진 엔드포인트를 의미한다. MAUSB 링크상의 기본 전송은 6킬로바이트로 이뤄져 있다.

❶에서 요청된 IN 전송 요청은 ❾에서 완료(성공)됐다. ❻에서 요청된 IN 전송 요청은 ⓰ 에서 완료(에러, STALL)됐다. 이런 상황은 동일한 엔드포인트를 대상으로 두 번에 걸쳐서 요청된 IN 전송 요청이 어떻게 순서대로 처리되는지를 보여준다. ❻에서 새로운 IN 전송 요청이 접수됐지만, 아직 MA USB 링크는 이전에 ❶에서 받았던 IN 전송 요청이 아직 끝나지 않았기 때문에 ❻에서 접수된 IN 전송 요청은 지연돼 처리된다.

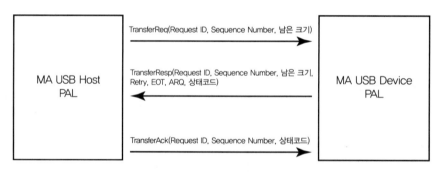

그림 9-11 MA USB IN 전송에서 사용되는 데이터패킷

그림 9-11과 같이 TansferReq 패킷, TransferResp 패킷 그리고 TransferAck 패킷은 데이터채널을 사용하는 데이터패킷이다.

다음과 같은 형태로 구성돼 있다.

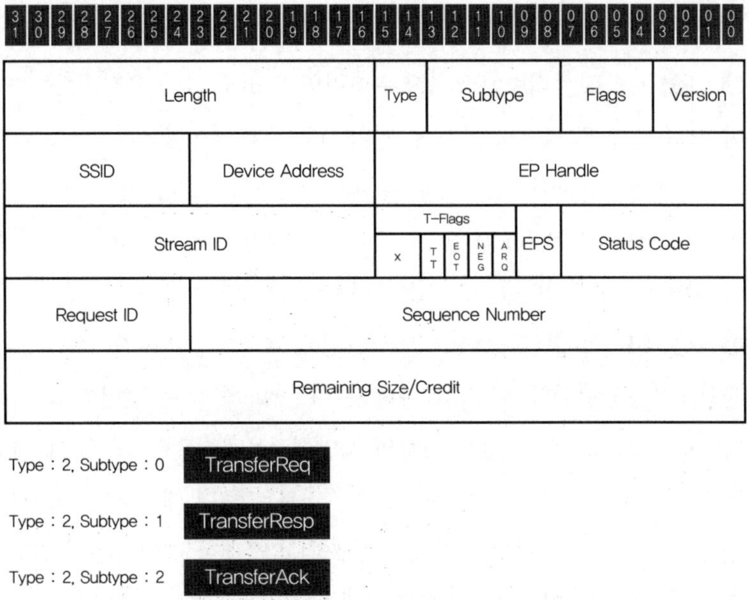

그림 9-12 TransferReq 패킷, TransferResp 패킷, TransferAck 패킷의 구조

그림 9-10을 쉽게 이해하려면 TransferReq 패킷, TransferResp 패킷, TransferAck 패킷에서 사용되는 파라미터를 조금은 이해할 필요가 있다.

Sequence Number는 세션이 열린 뒤부터 MA USB 호스트와 MA USB 디바이스 간의 링크를 기준으로 단위 패킷 전송 시마다 계속 증가하는 값이다. 이 값은 다음 번 패킷이 사용할 시퀀스 순서를 가리키고 Request ID 값에 무관하게 계속 증가한다.

Retry는 재전송 요청을 의미한다. EOT는 End Of Transfer의 약자로 전송이 완료됐다는 것을 의미한다. 완료란 전송 요청에 대해 성공 혹은 실패한 경우를 의미한다. ARQ는 Ack Request의 약자로 MA USB 디바이스가 MA USB 호스트에게 확인 패킷(TransferAck 패킷)을 전송해달라고 요청하는 의미로 사용된다. EOT가 1(셋, TRUE)인 TransferResp 패킷을 호스트가 받으면 ARQ의 값이 어떤 값이든지 상관없이 TransferAck 패킷을 디바이스로 전송한다.

그림 9-10을 구체적으로 살펴보자.

- ❷ - ❸: 호스트는 디바이스 측으로 한번의 TransferReq 요청패킷을 보낸다. 디바이스는 호스트 측으로 연속 두 번의 TransferResp 응답패킷을 보낸다(꼭 이렇게 해야 하는 것은 아니다). 이 패킷은 데이터를 담고 있다. 이때 마지막 Transfer Resp 응답패킷은 ARQ 값을 1을 가진다. 두 번의 TransferResp 응답패킷은 각각 6KBytes의 데이터를 호스트로 전송한 결과이다.

- ❹ - ❺: ❸에서 수신한 ARQ 값으로 인해, 호스트는 디바이스로 TransferAck 확인패킷을 전송한다. 이후 디바이스는 이번에도 역시 두 번의 TransferResp 응답패킷을 호스트로 보낸다. 각각의 응답패킷은 6킬로바이트의 데이터를 호스트로 전송했다. 지금까지 디바이스가 호스트로 보낸 데이터는 24킬로바이트가 됐다. 원래 호스트가 디바이스에게 읽으려고 요청한 데이터는 30킬로바이트였으며 ❺에서 디바이스가 호스트로 응답한 패킷은 EOT, ARQ값이 0이므로 아직 전송이 끝나진 않았다는 것을 알 수 있다.

- ❻ - ❼: 갑자기 호스트에서 또 하나의 IN 전송 요청이 접수됐다. MA USB 호스트는 이 요청을 디바이스에게 전달한다. Request ID값이 1이라는 사실을 유념하자. Sequence Number 값은 4를 사용한다. 왜냐하면 ❺에서 Sequence Number 값 3을 받았기 때문이다. 새로운 IN 전송 요청이 요구하는 데이터 요청 크기는 36킬로바이트다. 디바이스는 이전에 받았던 IN 전송 요청을 끝내기 위해서 USB 디바이스로부터 6킬로바이트를 더 읽어야 하는 상황이다.

- ❽ - ❾: MA USB 디바이스는 USB 디바이스로부터 6킬로바이트를 읽었다. 이제 결과를 호스트로 보내고 있다. Request ID 값이 0, Sequence Number 값이 4이고 EOT 값이 1인 것을 유념하자. 상태값도 NO_ERROR(성공)인 것을 확인하자. 호스트는 데이터 전송이 성공했다는 응답을 가지고 클라이언트에게 첫 번째 IN 전송 요청의 완료 사실을 알린다. 이어서 ❽에서 수신한 패킷의 EOT 값이 1이기 때문에 호스트는 디바이스 측으로 TransferAck 확인패킷을 전송하고 있다.

- **⑩**: MA USB 디바이스는 두 번째로 요청됐던 (Request ID = 1) IN 전송 요청을 처리한다. USB 디바이스부터 6킬로바이트 데이터를 읽어서 호스트로 응답하고 있다.

  지금부터 일정시간 동안 USB 디바이스가 그 어떤 데이터를 MA USB 디바이스에게 올려주지 않고 있다. 이런 상황은 연출된 상황이다. 이럴 때 MA USB 디바이스와 MA USB 호스트는 어떤 식으로 프로토콜을 진행하는지 보도록 한다.

- **⑪ - ⑫**: 한참동안 MA USB 디바이스로부터 응답패킷이 전송되지 않았다면, 호스트는 Retry 비트값을 사용해서 재전송 요청(TransferReq)을 디바이스로 전송한다. 아직 MA USB 디바이스는 그 어떤 데이터를 USB 디바이스로부터 읽지 못한 상황이다. 응답패킷 속에 상태 코드 값이 TRANSFER_PENDING이라는 점을 주목하자. 이 코드를 MA USB 디바이스가 MA USB 호스트에게 전송하는 것은 이유가 있다. 앞으로 특별한 일이 없으면 더 이상 재전송을 요청하지 말라고 명령하는 것이다.

- **⑬ - ⑭**: 얼마쯤의 시간이 흐른 뒤, USB 디바이스가 MA USB 디바이스에게 데이터를 올려줬다. 이제 MA USB 디바이스는 MA USB 호스트에게 올려줄 데이터가 준비된 상황이다. 응답패킷과 함께 데이터를 호스트로 전송한다. 이때 남은 크기가 24킬로바이트인 점과 시퀀스 넘버가 6인 것을 확인하자. ARQ 값을 1로 사용했다. 호스트는 확인패킷을 사용해서 디바이스에게 응답을 보낸다. 이제 두 번째 IN 전송 요청(총 36킬로바이트)중에서 12킬로바이트를 읽은 상태다.

- **⑮**: 갑자기 USB 디바이스는 엔드포인트의 특정한 문제가 발생했기 때문에 STALL 응답패킷을 MA USB 디바이스에게 올려보낸다. MA USB 디바이스는 이 응답을 사용해서 호스트에게 응답패킷을 전송한다. 이때 TRANSFER_EP_ STALL 상태 코드를 사용한다.

- **⑯**: MA USB 호스트는 MA USB 디바이스가 올려준 상태 코드를 확인한 뒤 클라이언트에게 두 번째 IN 전송 요청의 완료 사실을 알린다. 물론 STALL 상태를 보고해야 한다.

9.2.4 프로토콜 관리방식 OUT 전송

MA USB 호스트가 MA USB 디바이스에게 전송하는 데이터는 자칫하면 MA USB 디바이스로 하여금 버퍼넘침^{Buffer Overflow} 문제를 가져올 수 있다. 이와 같은 문제를 해결하기 위해서 흐름 제어 알고리즘을 사용해야 하는데 MA USB 프로토콜에서 흐름 제어를 책임지는 방식을 프로토콜 관리방식 OUT 전송이라고 부른다.

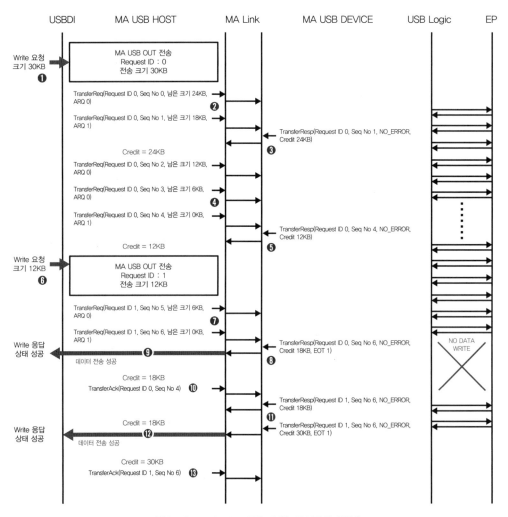

그림 9-13 MA USB OUT 전송 예시(프로토콜 관리방식)

그림 9-13을 보자. 프로토콜 관리방식 MA USB OUT 전송이 어떤 식으로 MA USB 호스트와 MA USB 디바이스 간에 패킷 교환을 수행하는지를 보여주고 있다.

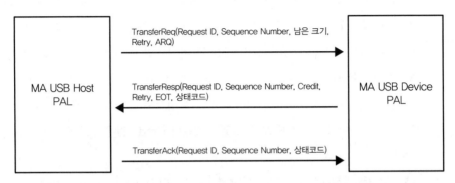

그림 9-14 MA USB OUT 전송에서 사용되는 데이터패킷(프로토콜 관리방식)

MA USB 호스트와 MA USB 디바이스 간의 링크 사이에서 주고받는 패킷은 TransferReq 패킷과 TransferResp 패킷 그리고 TransferAck 패킷뿐이다. MA USB OUT 전송에서는 TransferReq 패킷은 데이터를 기록하라는 요청과 함께 데이터를 담는다. TransferResp 패킷은 요구하는 처리 상태 결과를 담고 있다. MA USB 호스트는 MA USB 디바이스가 전송하는 TransferResp 패킷의 내용에 따라서 필요하면 TransferAck 패킷을 디바이스로 전송한다. 그림 9-14에서는 Request ID 값을 0과 1로 사용하는 두 개의 MA USB OUT 전송을 보여준다. 처음 OUT 전송은 30킬로바이트 데이터를 기록하는 요청이고 두 번째 OUT 전송은 12킬로바이트 데이터를 읽는 요청이다. 그림 속에서 EP(Endpoint)는 실제로 MA USB 디바이스에 연결돼 있는 USB 디바이스가 가진 엔드포인트를 의미한다. MAUSB 링크상의 기본 전송은 6킬로바이트로 이뤄지고 있다.

프로토콜 관리방식에서 흐름 제어는 Credit을 사용한다. Credit은 남아있는 수신 측 버퍼의 크기를 나타낸다. OUT 전송에서 수신 측이란 결국 MA USB 디바이스에 해당한다. 호스트가 디바이스로 데이터를 전송할 때 데이터 넘침 상황을 피하기 위해서 이와 같이 Credit 값에 의해서 서로가 데이터송신을 하게 된다. 그림에서 처음 상태에 Credit 값은 30킬로바이트로 보인다.

- **❷ - ❸**: 호스트는 디바이스 측으로 두 번의 TransferReq 요청패킷을 연달아서 보낸다. 마지막으로 요청하는 TransferReq 요청패킷은 ARQ 값이 1이다. 이로 인해 디바이스는 호스트 측으로 TransferResp 응답패킷을 보낸다. 이때 Credit 값은 24킬로바이트로 기록한다. Credit 값의 의미가 수신 측의 버퍼 여유공간 이라는 점을 생각해보면, 처음에는 30킬로바이트의 여유공간을 가지고 있었던 MA USB 디바이스는 두 번의 TransferReq 요청 중에 처음 요청은 처리를 완료했지만, 두 번째 요청은 아직 처리되지 않은 상태로 보인다. 때문에 6킬로바이트의 내용이 아직도 버퍼에 보관돼 있기 때문에 Credit 값은 24킬로바이트 값을 나타낸다.

- **❹ - ❺**: ❸ 과정에서 호스트는 디바이스로 세 번의 TransferReq 요청패킷을 디바이스로 보낸다. 마지막 TransferReq 요청패킷은 ARQ 값이 1이다. 이로 인해 디바이스는 호스트 측으로 TransferResp 응답패킷과 Credit 값을 보낸다. 이때 Credit 값이 12킬로바이트라는 것을 보면 버퍼에 아직 18킬로바이트의 데이터가 남아있다는 뜻이다. 현재까지 호스트가 디바이스로 요청한 작업은 총 5번이므로 5 * 6킬로바이트 데이터를 모두 디바이스로 전송한 상태다. 디바이스의 Credit 값이 12킬로바이트이므로 현재 12킬로바이트만큼만 처리를 완료했다(18킬로바이트만큼 처리가 남아있다)는 뜻이 된다. 아직 전송 요청 (Request ID 0, 30KB) 이 끝나진 않았다는 것을 알 수 있다.

- **❻ - ❼**: 호스트는 아직 처리가 완료되지 않은 상태지만 갑자기 새로운 OUT 전송 요청이 접수됐다. MA USB 호스트는 이 요청을 디바이스에게 전달한다. Request ID 값이 1이라는 사실을 유념하자. Sequence Number 값은 5를 사용한다. 왜냐하면 ❺에서 Sequence Number 값 4을 받았기 때문이다. 새로운 OUT 전송 요청이 요구하는 데이터 요청 크기는 12킬로바이트다.

- **❽ - ❾**: MA USB 디바이스는 응답으로 TransferResp 응답패킷을 호스트로 보낸다. 이때 Request ID 값이 0, Sequence Number 값이 6이고 EOT 값이 1인 것을 유념하자. 상태값도 NO_ERROR(성공)인 것을 확인하자. 처음 요청했던 OUT 전송이 모두 끝났다는 뜻이다. Credit 값이 18킬로바이트이다. 버퍼에는

아직 12킬로바이트의 데이터가 보관돼 있다는 뜻이다. 이것은 ❼에서 받았던 두 번의 TransferReq 요청패킷 처리가 아직 안 됐다는 것을 의미한다.

- ❿: MA USB 디바이스가 ❽에서 EOT 값이 1이기 때문에 호스트는 TransferAck 확인패킷을 디바이스로 보내고 있다. 이때 Request ID 값이 0이고, Sequence Number 값이 4라는 사실을 유념하자. 왜냐하면 ❹ 과정 중에 마지막으로 전송했던 내용에 대한 확인패킷이기 때문이다.

- ⓫ - ⓬: 한참동안 MA USB 디바이스는 실제 USB 디바이스로 데이터를 전송하지 못했다. 다시 전송이 가능했기 때문에 데이터를 전송하면서 수신 버퍼를 비우고 있다. ❼에서 호스트가 디바이스로 전송했던 마지막 요청패킷의 ARQ 값이 1이기 때문에 이것에 대한 응답으로 TransferResp 응답패킷을 디바이스가 호스트로 전송하고 있다. 이후 이어지는 두 번째 TransferResp 응답패킷은 전송이 끝났기 때문에 발생하는 응답패킷이다. 응답패킷의 Request ID 값이 1이고 마지막 응답패킷의 EOT 값이 1, Credit 값이 30킬로바이트인 것을 유의하자. 버퍼가 깨끗하게 비워져 있다는 뜻이다. ⓬에서 두 번째 OUT 전송 요청이 모두 끝났다고 보고하고 있다.

- ⓭: 호스트는 EOT 값이 1인 ⓫ 과정의 응답패킷으로 인해 확인패킷을 디바이스로 전송한다. 이때 Request ID 값이 1이고 Sequence Number 값이 6인 것을 확인하자. 이것은 ❼에서 마지막 요청패킷의 Sequence Number 값이 6이기 때문이다.

9.2.5 링크 관리 방식 OUT 전송

MA USB 호스트가 MA USB 디바이스에게 전송하는 데이터는 자칫하면 MA USB 디바이스로 하여금 버퍼 넘침Buffer Overflow 문제를 가져올 수 있다. 이와 같은 문제를 해결하기 위해서 흐름 제어 알고리즘을 사용해야 하는데 MA USB 링크에서 흐름 제어를 책임지는 방식을 링크 관리 방식 OUT 전송이라고 부른다. 이 방식은 MA USB 링크로 사용하는 메커니즘에서 흐름 제어를 알고리즘을 제공해야 한다는 점에서 지원가능성 유무가 중요하다. 현업에서 사용되는 MA USB 링크 중에서는 흐름 제어를 지원하지 못하는 링크가 존재할 수 있기 때문이다. 이와 같은 링크는 프로토콜 관리 방식 OUT 전송을 사용해야 한다.

링크 관리 방식의 OUT 전송은 사용하려는 링크에 따라서 흐름 제어를 다르게 사용할 수 있기 때문에 여기서는 설명을 생략한다.

9.2.6 제어 전송

제어 전송Control Transfer은 3가지 단계Stage로 나뉜다.

- Setup 단계: 8바이트 데이터 Payload(Setup Data)를 디바이스로 전송하는 단계
- Data 단계: Setup 데이터에 포함된 데이터 바이트 전송 수만큼 호스트와 디바이스 간의 데이터 전송을 수행하는 단계. 생략 가능.
- Status 단계: 제어 전송의 결과를 확인하는 단계

그림 9-15를 보면 MA USB 제어 전송이 어떤 식으로 진행되는지 알 수 있으며 제어 쓰기 요청과 제어 읽기 요청을 보여주고 있다. 두 가지 요청 모두 데이터 단계를 가지는 경우이다.

그림 9-15에서 사용하는 데이터패킷은 TransferReq 요청패킷, TransferResp 응답패킷 그리고 TransferAck 확인패킷이다. 모든 제어 쓰기와 읽기 요청은 각자의 Setup 단계에서 Sequence Number 값을 0부터 시작한다. Setup 단계에서 Setup_Data는 8바이트를 사용하며 Request ID는 다른 전송들과 마찬가지로 세션이 유지되면 계속 증가한다. 그림 9-15에서의 ❶ 단계와 ❽ 단계에서 Payload란 데이터를 담고 있는 경우를 의미한다.

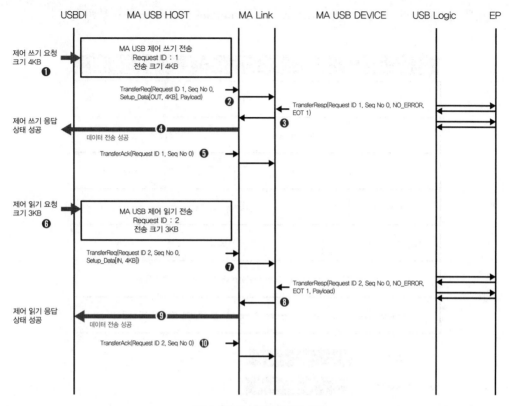

그림 9-15 MA USB 제어 전송 예시

9.2.7 벌크 전송과 인터럽트 전송

벌크 전송과 인터럽트 전송은 크게 차이가 없으므로 9.2.3절과 9.2.4절의 내용을 그대로 사용한다.

9.2.8 등시성 전송

9.2.8.1 명령패킷 구조

IsochTransferReq 패킷, IsochTransferResp 패킷은 공통적으로 그림 9-16과 같은 헤

더를 가지고 있다. 이들을 모두 Isochronous Data Packet Header라고 부른다.

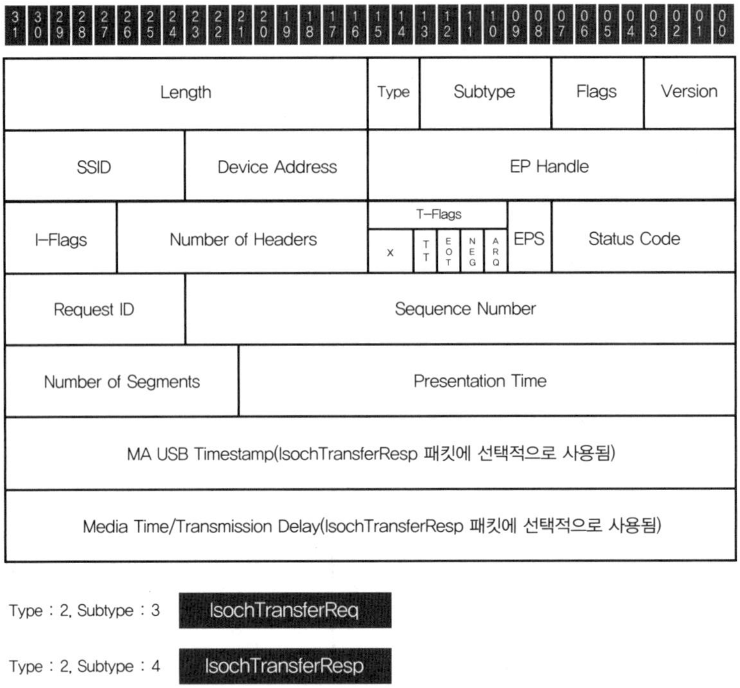

3 1	3 0	2 9	2 8	2 7	2 6	2 5	2 4	2 3	2 2	2 1	2 0	1 9	1 8	1 7	1 6	1 5	1 4	1 3	1 2	1 1	1 0	0 9	0 8	0 7	0 6	0 5	0 4	0 3	0 2	0 1	0 0

Length	Type	Subtype	Flags	Version
SSID	Device Address	EP Handle		
I-Flags	Number of Headers	T-Flags (X / TT / EOT / NEG / ARQ)	EPS	Status Code
Request ID	Sequence Number			
Number of Segments	Presentation Time			
MA USB Timestamp(IsochTransferResp 패킷에 선택적으로 사용됨)				
Media Time/Transmission Delay(IsochTransferResp 패킷에 선택적으로 사용됨)				

Type : 2, Subtype : 3   IsochTransferReq

Type : 2, Subtype : 4   IsochTransferResp

그림 9-16 IsochTransferReq 패킷, IsochTransferResp 패킷의 구조

그림 9-16은 등시성 전송에 사용하는 MA USB 데이터패킷의 구조를 보여준다. 등시성 전송은 제어 전송, 벌크 전송, 인터럽트 전송과는 다른 데이터패킷을 사용한다. 요청에 사용하는 패킷은 IsochTransferReq 패킷이고, 응답에 사용하는 패킷은 IsochTransferResp 패킷이다. 등시성 OUT 전송은 IsochTransferReq 패킷에 데이터 Payload가 포함되고, 등시성 IN 전송은 IsochTransferResp 패킷에 데이터 Payload가 포함된다. 구조체의 필드 내용중 등시성 전송과 관련된 특화된 부분만 설명한다.

표 9-3 I-Flags 필드

비트	오프셋(DW:bit)	설명
1	2:28	MTD 유효. Media Tim/Transmission Delay 필드를 사용하는지 여부

비트	오프셋(DW:bit)	설명
2	2:29	Isochronous Header Format. Isochronous Header에 적용되는 경우 **값 의미** 0 짧은 포맷(Short Format) 1 표준 포맷 2 긴 포맷 Isochronous Read Size(IRS)에 적용되는 경우 **값 의미** 0 짧은 포맷(Short Format) 1 표준 포맷
1	2:31	ASAP. As Soon As Possible. Presentation Time 필드의 값의 유무에 상관없이 전송이 가능하면 빠른 서비스 인터벌 시간을 채택하라는 의미

표 9-4 Presentation Time 필드

비트	오프셋(DW:bit)	설명
3	4:0	Microframe Number. 125us 단위의 순서 번호
17	4:3	Frame Number. 1ms 단위의 순서 번호

표 9-4는 등시성 전송에서 아주 중요한 전송 시작 시간을 의미한다. 표 9-3에서 ASAP 필드를 사용하지 않는 경우 Presentation Time 필드는 MA USB 디바이스가 전송을 시작하는 기준 시간으로 삼는다. 등시성 OUT 전송에서 Microframe Number 값은 0을 사용한다.

▶ **Number Of Segments**

12비트의 세그먼트 개수를 의미한다. 하나의 세그먼트는 하나의 서비스 인터벌^{Service} Interval, SI 시간 동안 전송할 데이터를 의미한다. 예를 들어 Number Of Segments 값이 10이면, 이 등시성 전송은 10번의 서비스 인터벌 시간 동안 수행될 전송 요청에 해당한다. MA USB Endpoint의 서비스 인터벌 시간이 4ms라고 가정한다면, 40ms 시간 동안 수행될 전송 요청이라는 의미가 된다.

세그먼트는 하나의 서비스 인터벌(SI) 동안에 수행할 작업의 데이터 크기다. MA USB 호스트는 등시성 OUT, IN 전송을 수행할 때 하나의 세그먼트가 다루게 되는 최대 데이터를 추정해야 한다. 이것은 몇 가지 변수들에 의해서 추정할 수 있다. 응용프로그램이 4개의 세그먼트를 MA USB 디바이스로부터 읽으려는 요청을 하려고 한다고 가정해보자. 이것은 4번의 서비스 인터벌마다 데이터를 읽는다는 뜻이다. 총 얼마큼의 버퍼가 마련돼 있어야 할까? 예를 들어, 다음과 같은 조건을 가정한다. 해당하는 MA USB 엔드포인트(등시성)의 서비스 인터벌 시간이 4ms이다.

MA USB 엔드포인트(등시성)는 실제 USB 디바이스의 등시성 엔드포인트와 연결된다. Super Speed를 사용하는 엔드포인트이기 때문에 하나의 데이터패킷은 최대 1024바이트의 데이터를 담을 수 있다. Super Speed 등시성 엔드포인트는 한번의 서비스 인터벌에서 최대 16개(Burst)의 트랜잭션을 가질 수 있다. Super Speed 등시성 Endpoint Companion 디스크립터에서 bmAttributes 값이 2이다(3번의 Burst 전송이 가능하다). 결국 3 * 16 = 48번의 트랜잭션을 하나의 서비스 인터벌에서 수행할 수 있다는 의미다. 하나의 서비스 인터벌은 4ms = 1024바이트 * 48 = 48킬로바이트가 된다. 결국 4개의 세그먼트는 4번의 서비스 인터벌 시간, 즉 16ms 동안 이뤄지는 전송이 되며 총 데이터 크기는 최대 48 * 4 = 192킬로바이트를 다룰 수 있게 된다.

▶ MA USB Timestamp

32비트의 시간 정보로서 IsochTransferReq 요청패킷 내부에 포함되는 시간 정보를 제공한다.

표 9-5 MA USB Timestamp 필드

비트	오프셋(DW:bit)	설명
3	5:0	Delta. 125us 단위 시간을 넘는 지연 시간. 단위 1/60 us
19	5:3	Nominal 버스 인터벌. 125us 단위의 프레임 시간

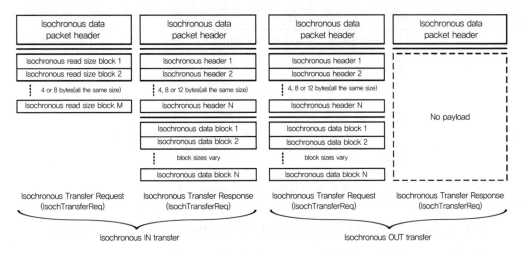

그림 9-17 등시성 IN, OUT 전송에서 사용되는 패킷(출처: usb.org)

그림 9-17을 보면 등시성 IN 전송과 등시성 OUT 전송에서 어떤 패킷이 사용되는지를 알 수 있다. 모든 등시성 전송은 IsochTransferReq 패킷과 IsochTransferResp 패킷으로 구성된다. 각각의 패킷은 헤더(Isochronous Data Packet Header)와 나머지 부분으로 구성된다. 등시성 IN 전송은 IsochTransferReq 패킷을 통해서 읽으려는 크기 정보를 호스트가 디바이스로 전송한다. 디바이스는 IsochTransferResp 패킷을 통해서 읽은 데이터를 호스트로 전송한다. 등시성 OUT 전송은 IsochTransferReq 패킷을 통해서 기록하려는 데이터를 호스트가 디바이스로 전송한다. 디바이스는 IsochTransferResp 패킷을 통해서 기록 작업의 결과를 호스트에게 보고한다. 이와 같은 작업을 위해서 사용되는 세부 구조체는 다음과 같다.

> Isochronous Read Size Block, Isochronous Header, Isochronous Data Block

이렇게 3가지를 파악해야 한다.

Isochronous Read Size Block은 읽으려는 데이터에 대한 정보를 제공한다. Isochronous Header는 데이터를 담고 있는 Isochronous Data Block에 대한 정보를 제공한다. Isochronous Data Block은 실제 데이터를 담고 있다.

4바이트 포멧

8바이트 포멧

그림 9-18 Isochronous Read Size Block 구조체

Isochronous Read Size Block 구조체는 크기가 4바이트(짧은 포멧) 그리고 8바이트(표준 포멧) 형태를 가진다(표 9-3 참고).

포맷의 차이를 보면 짧은 포맷은 세그먼트 길이가 1메가바이트, 긴 포맷은 4기가바이트까지 표현할 수 있음을 알 수 있다. 현실적으로 Super Speed 등시성 전송의 하나의 세그먼트가 가질 수 있는 최대 데이터 크기는 48킬로바이트다.

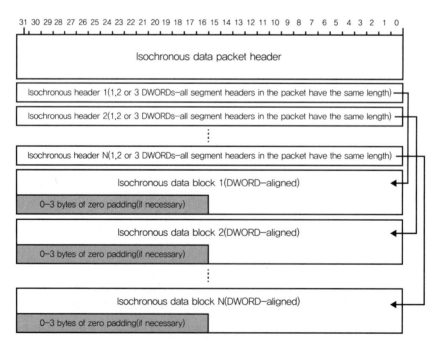

그림 9-19 Isochronous 헤더와 Isochronous 데이터 블록 구조체 관계(출처: usb.org)

그림 9-19를 보자. Isochronous 헤더와 Isochronous 데이터 블록은 함께 붙어 있는 형태를 가진다. Isochronous 헤더는 짧은 포맷(1 DWORD), 표준 포맷(2 DWORD) 그리고 긴 포맷(3 DWORD) 형태를 가지고 있다. Isochronous 헤더는 이어지는 데이터 스트림 Isochronous Data Block에 대한 정보를 제공한다.

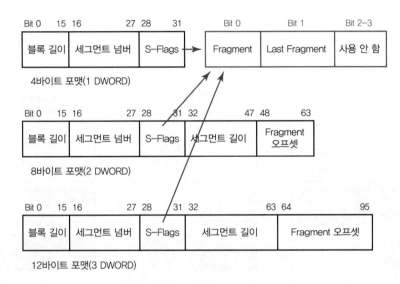

그림 9-20 Isochronous 헤더 구조체

그림 9-20을 보면 3가지의 형태(1 DWORD, 2 DWORD, 3 DWORD)를 가진 Isochronous 헤더 구조체의 모습을 알 수 있다(표 9-3 참고). 블록 길이는 현재 Isochronous 헤더에 대응되는 Isochronous 데이터 블록에 포함된 데이터의 크기를 나타낸다.

세그먼트 넘버Segment Number는 0부터 시작되는 세그먼트 순서 번호로 서비스 인터벌마다 증가한다. 세그먼트길이는 해당하는 세그먼트의 원래 데이터 크기를 나타낸다. 블록은 세그먼트의 일부분일 수 있기 때문에 블록 길이와 다르게 원래 세그먼트의 크기를 가진다. Fragment 오프셋은 현재 블록이 특정 세그먼트의 일부분일 때 원래 세그먼트데이터의 얼마큼 떨어진 위치의 데이터인지를 나타낸다. S-Flgas는 2개의 필드로 구성되며 Fragment 필드는 현재 블록이 다른 세그먼트의 일부분인지를 나타낸다. Last Fragment 필드는 현재 블록이 다른 세그먼트의 마지막 Fragment인지를 나타낸다.

9.2.8.2 세그먼트와 Fragment

하나의 MA USB 등시성 데이터패킷은 복수 개의 블록을 담을 수 있다. 이들은 특정 세그 먼트를 모두 포함할 수도 있으며, 세그먼트의 일부분(Fragment)을 포함할 수도 있다.

하나의 등시성 데이터패킷 내부의 몇 개의 서로 다른 세그먼트를 위한 Fragment를 포 함할 것인가는 선택적이다. 그림 9-21을 보면 3가지 형태로 Fragment를 사용하는 MA USB 등시성 데이터패킷의 모습을 비교해 보여주고 있다.

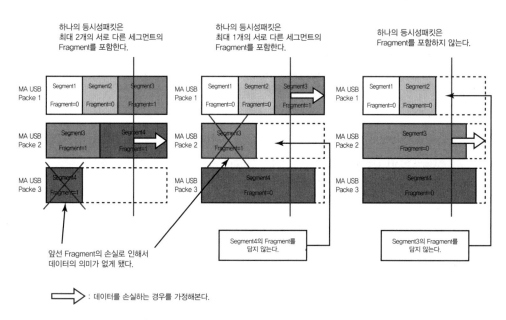

그림 9-21 3가지 형태로 Fragment 패키징한 등시성 데이터패킷

그림 9-21을 보자. 여유 공간이 충분히 있다고 하더라도 다른 세그먼트의 Fragment를 포함하는 경우를 3가지의 경우로 나눠 설명하고 있다. 데이터가 손실되는 경우를 크게 문제 삼지 않는 경우라고 했을 때 등시성 데이터패킷의 뒷부분이 수시로 깨지는 상황이 라면, 그림에서 가장 오른쪽의 경우에는 Segment3의 뒷부분만 버리고 나머지는 모두 수 용할 수 있다. 하지만 가장 왼쪽의 그림은 Segment4를 버리면 자연스럽게 이어지는 MA USB Packet 3의 Segment4 Fragment도 버려야 한다. 가운데 그림에서는 Segment3의 일부분이 깨지면 이어지는 MA USB Packet 2의 Segment3 Fragment를 버려야 한다.

638

이와 같은 상황에서는 가장 오른쪽 그림과 같은 모델링이 유리하다고 볼 수 있다. 물론 이와 같은 유리함은 상황에 따라서 다르므로 개발자가 가장 적합한 방식을 선택해야 한다.

9.2.8.3 MA USB 등시성 IN 전송

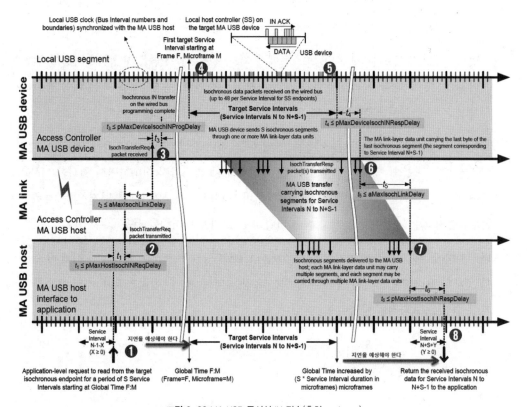

그림 9-22 MA USB 등시성 IN 전송(출처: usb.org)

그림 9-22는 조금 복잡해보이지만 핵심은 간단하다.

클라이언트가 MA USB 호스트에게 등시성 IN 전송을 요청하는 시간(❶), MA USB 호스트가 MA USB 디바이스에게 요청을 전송하는 시간(❷), MA USB 디바이스가 이런 요청을 받는 시간(❸), MA USB 디바이스가 실제 USB 디바이스와 통신하는 시간(❹), MA

USB 디바이스가 실제 USB 디바이스와 통신을 끝내는 시간(❺), MA USB 디바이스가 모든 통신을 끝내고 MA USB 호스트에게 응답하는 시간(❻), MA USB 호스트가 응답패킷을 수신하는 시간(❼), 마지막으로 MA USB 호스트가 응답을 받은 뒤 클라이언트에게 돌아가는 시간(❽)을 확인하면 된다. 복수 개의 세그먼트를 사용하는 경우에 ❹ 과정에서 ❺ 과정 사이에는 복수 개의 ❻ 과정이 존재할 수 있다.

그림에서 알 수 있듯이 각각의 단계는 일정시간만큼 지연 요소가 있다. 이와 같은 지연 시간과 관련된 상수들은 스펙에 정의돼 있다(표 9-1 참고).

무엇보다 클라이언트가 MA USB 호스트에게 최초로 등시성 전송을 요청한 이후, 이 전송이 끝났다는 사실을 인지할 때까지 지연 시간이 예상된다. 문제는 이어지는 다음 등시성 전송은 이전 등시성 전송의 지연 요소를 충분히 숙지해야 한다는 점이다.

보통 등시성 전송은 이와 같은 이유로 인해 더블 버퍼링Double Buffering 혹은 트리플 버퍼링Tripple Buffering 등의 방식을 사용한다. ❹ 과정부터 ❺ 과정까지 진행하면서 결과를 MA USB 호스트에 보고하는 데 걸리는 시간이 서비스 인터벌 시간의 1배를 넘지 않는 경우 2배를 넘지 않는 경우에는 각각 더블 버퍼링 혹은 트리플 버퍼링을 사용할 수 있다.

더블 버퍼링 혹은 트리플 버퍼링을 사용해 MA USB 링크가 가지는 물리적인 지연 요소를 충분히 고려해서 사전에 복수 개의 전송 요청을 할 수 있다. 이렇게 되면 지연 요소를 가릴 수 있는 효과적인 방법이 될 수 있다.

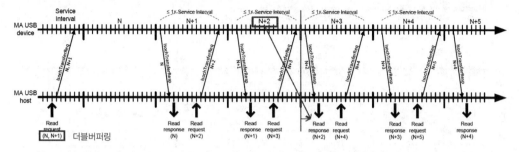

(a) MA USB 디바이스가 호스트로 보고하는 시간이 하나의 서비스 인터벌 시간을 넘지 않는 경우(더블버퍼링)

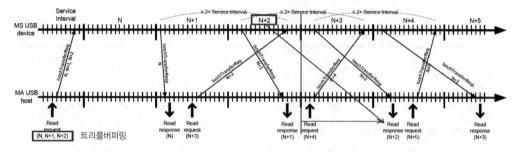

(b) MA USB 디바이스가 호스트로 보고하는 시간이 두 번의 서비스 인터벌 시간을 넘지 않는 경우(트리플버퍼링)

그림 9-23 MA USB 등시성 IN 전송에서 더블 버퍼링과 트리플 버퍼링을 사용하는 모습(출처: usb.org)

9.2.8.4 MA USB 등시성 OUT 전송

등시성 OUT 전송은 MA USB 호스트에서 MA USB 디바이스로 복수 개의 IsochTransfer
Req 패킷이 전송되는 프로토콜을 사용한다.

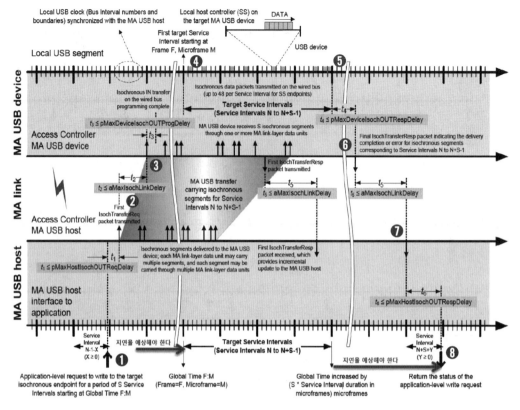

그림 9-24 MA USB 등시성 OUT 전송(출처: usb.org)

그림 9-24를 보자. 클라이언트가 MA USB 호스트에게 등시성 OUT 전송을 요청하는 시간(❶), MA USB 호스트가 MA USB 디바이스에게 요청을 전송하는 시간(❷)과 같이 이런 요청은 반복된다. MA USB 디바이스가 이런 요청을 받는 시간(❸), MA USB 디바이스가 실제 USB 디바이스와 통신하는 시간(❹), MA USB 디바이스가 실제 USB 디바이스와 통신을 끝내는 시간(❺), MA USB 디바이스가 모든 통신을 끝내고 MA USB 호스트에게 응답하는 시간(❻), MA USB 호스트가 응답패킷을 수신하는 시간(❼), 마지막으로 MA USB 호스트가 응답을 받은 뒤 클라이언트에게 돌아가는 시간(❽)을 확인하면 된다. 복수 개의 세그먼트를 사용하는 경우에 ❹ 과정에서 ❺ 과정 사이에는 복수 개의 ❸ 과정이 존재할 수 있다.

등시성 OUT 전송 요청 역시 지연을 예상해야 한다. 보통 등시성 IN 전송은 더블 버퍼링 혹은 트리플 버퍼링 방식을 사용하지만, 등시성 OUT 전송은 MA USB 디바이스의 수신 버퍼가 여유롭다면 최대한 미리 호스트가 디바이스에게 데이터를 보낸다. 그런 이유로 대개 ASAP^{As Soon As Possible} 속성을 사용하는데 가능하면 가장 빨리 전송하라는 속성이다 (표 9-3 참고).

수신 버퍼는 MA USB 엔드포인트 디스크립터에 기술된 Buffer Size 값을 최댓값 으로 정한다. 이 값을 최대 여유 크기로 정한 뒤 매 전송마다 전송이 완료돼 Isoch TransferResp 패킷으로 보고된 데이터 처리 결과 혹은 이미 시간을 전송 예상 시간을 초 과한 데이터 요청에 포함된 데이터 크기 중에 가장 큰 값을 Buffer Size 값에서 빼가면서 버퍼의 여유 공간을 수시로 확인해야 한다.

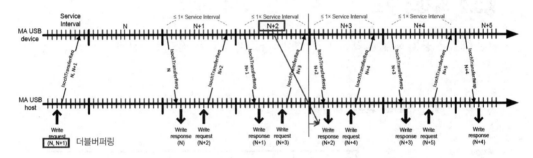

(a) MA USB 디바이스가 호스트로 보고하는 시간이 하나의 서비스 인터벌 시간을 넘지 않는 경우(더블 버퍼링)

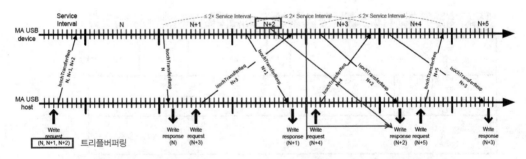

(b) MA USB 디바이스가 호스트로 보고하는 시간이 두 번의 서비스 인터벌 시간을 넘지 않는 경우(트리플 버퍼링)

그림 9-25 MA USB 등시성 OUT 전송에서 더블 버퍼링과 트리플 버퍼링을 사용하는 모습(출처: usb.org)

9.3 프로토콜

9.3.1 패킷 유형

MA USB 프로토콜에서 사용되는 패킷은 모두 3가지 유형으로 나눈다.

- Management Packet: MA USB 링크를 관리하는 목적
- Control Packet: 제어패킷, 컨트롤 전송과 관련된 패킷
- Data Packet: 데이터패킷, 모든 데이터를 담고 있는 패킷. 등시성, 비등시성 전송이 모두 포함된다.

9.3.2 패킷의 구조

모든 패킷은 공통 헤더 필드Common Header Field와 그렇지 않은 필드로 구분된다.

9.3.2.1 공통 헤더 필드

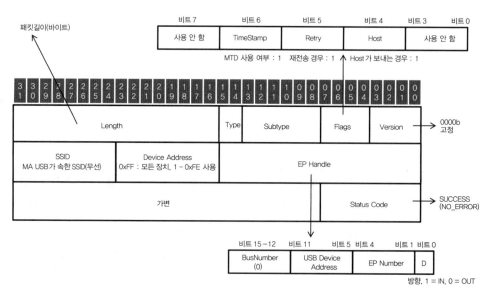

그림 9-26 MA USB 패킷의 공통 헤더 필드

그림 9-26은 MA USB에서 사용되는 모든 패킷이 공통으로 가지는 필드에 대한 설명을 하고 있다.

이중에서 Type 필드와 SubType 필드에 의해서 패킷의 유형이 결정된다. 패킷 유형은 다음과 같다.

표 9-6 Type 필드와 SubType 필드에 따른 패킷의 유형

Type	구분	SubType	패킷 전체 이름	패킷 요약 이름
00b	Management	000000b	MA USB Capability Request	CapReq
00b	Management	000001b	MA USB Capability Response	CapResp
00b	Management	000010b	USB Device Handle Request	USBDeviceHandleReq
00b	Management	000011b	USB Device Handle Response	USBDeviceHandleResp
00b	Management	000100b	Endpoint Handle Request	EPHandleReq
00b	Management	000101b	Endpoint Handle Response	EPHandleResp
00b	Management	000110b	Endpoint Activate Request	EPActivateReq
00b	Management	000111b	Endpoint Activate Response	EPActivateResp
00b	Management	001000b	Endpoint Inactivate Request	EPInactivateReq
00b	Management	001001b	Endpoint Inactivate Response	EPInactivateResp
00b	Management	001010b	Endpoint Reset Request	EPResetReq
00b	Management	001011b	Endpoint Reset Response	EPResetResp
00b	Management	001100b	Endpoint Clear Transfer Request	EPClearTransferReq
00b	Management	001101b	Endpoint Clear Transfer Response	EPClearTransferResp

Type	구분	SubType	패킷 전체 이름	패킷 요약 이름
00b	Management	001110b	Endpoint Handle Delete Request	EPHandleDeleteReq
00b	Management	001111b	Endpoint Handle Delete Response	EPHandleDeleteResp
00b	Management	010000b	MA USB 디바이스 Reset Request	DevResetReq
00b	Management	010001b	MA USB 디바이스 Reset Response	DevResetResp
00b	Management	010010b	Modify EP0 Request	ModifyEP0Req
00b	Management	010011b	Modify EP0 Response	ModifyEP0Resp
00b	Management	010100b	Set USB Device Address Request	SetUSBDevAddrReq
00b	Management	010101b	Set USB Device Address Response	SetUSBDevAddrResp
00b	Management	010110b	Update Device Request	UpdateDevReq
00b	Management	010111b	Update Device Response	UpdateDevResp
00b	Management	011000b	USB Device Disconnect Request	USBDevDisconnectReq
00b	Management	011001b	USB Device Disconnect Response	USBDevDisconnectResp
00b	Management	011010b	USB Suspend Request	USBSuspendReq
00b	Management	011011b	USB Suspend Response	USBSuspendResp
00b	Management	011100b	USB Resume Request	USBResumeReq
00b	Management	011101b	USB Resume Response	USBResumeResp
00b	Management	011110b	Remote Wake Request	RemoteWakeReq
00b	Management	011111b	Remote Wake Response	RemoteWakeResp
00b	Management	100000b	Ping Request	PingReq
00b	Management	100001b	Ping Response	PingResp
00b	Management	100010b	MA USB 디바이스 Disconnect Request	DevDisconnectReq

Type	구분	SubType	패킷 전체 이름	패킷 요약 이름
00b	Management	100011b	MA USB 디바이스 Disconnect Response	DevDisconnectResp
00b	Management	100100b	MA USB 디바이스 Initiated Disconnect Request	DevInitDisconnectReq
00b	Management	100101b	MA USB 디바이스 Initiated Disconnect Response	DevInitDisconnectResp
00b	Management	100110b	Synchronization Request	SynchReq
00b	Management	100111b	Synchronization Response	SynchResp
00b	Management	101000b	Cancel Transfer Request	CancelTransferReq
00b	Management	101001b	Cancel Transfer Response	CancelTransferResp
00b	Management	101010b	Endpoint Open Stream Request	EPOpenStreamReq
00b	Management	101011b	Endpoint Open Stream Response	EPOpenStreamResp
00b	Management	101100b	Endpoint Close Stream Request	EPCloseStreamReq
00b	Management	101101b	Endpoint Close Stream Response	EPCloseStreamResp
00b	Management	101110b	USB Device Reset Request	USBDevResetReq
00b	Management	101111b	USB Device Reset Response	USBDevResetResp
00b	Management	110000b	Device Notification Request	DevNotificationReq
00b	Management	110001b	Device Notification Response	DevNotificationResp
00b	Management	110010b	Endpoint Set Keep–Alive Request	EPSetKeepAliveReq
00b	Management	110011b	Endpoint Set Keep–Alive Response	EPSetKeepAliveResp
00b	Management	110100b	Get Port Bandwidth Request	GetPortBWReq

Type	구분	SubType	패킷 전체 이름	패킷 요약 이름
00b	Management	110101b	Get Port Bandwidth Response	GetPortBWResp
00b	Management	110110b	Sleep Request	SleepReq
00b	Management	110111b	Sleep Response	SleepResp
00b	Management	111000b	Wake Request	WakeReq
00b	Management	111001b	Wake Response	WakeResp
00b	Management	111110b	Vendor Specific Request	VendorSpecificReq
00b	Management	111111b	Vendor Specific Response	VendorSpecificResp
01b	Control	000000b	Transfer Setup Request	TransferSetupReq
01b	Control	000001b	Transfer Setup Response	TransferSetupResp
01b	Control	000010b	Transfer Tear Down Confirmation	TransferTearDownConf
10b	Data	000000b	Transfer Request	TransferReq
10b	Data	000001b	Transfer Response	TransferResp
10b	Data	000010b	Transfer Acknowledgement	TransferAck
10b	Data	000011b	Isochronous Transfer Request	IsochTransferReq
10b	Data	000100b	Isochronous Transfer Response	IsochTransferResp

표 9-7 Status 코드의 값

값	설명
0	SUCCESS(NO_ERROR)
128	UNSUCCESSFUL
129	INVALID_MA_USB_SESSION_STATE
130	INVALID_DEVICE_HANDLE
131	INVALID_EP_HANDLE

값	설명
132	INVALID_EP_HANDLE_STATE
133	INVALID_REQUEST
134	MISSING_SEQUENCE_NUMBER
135	TRANSFER_PENDING
136	TRANSFER_EP_STALL
137	TRANSFER_SIZE_ERROR
138	TRANSFER_DATA_BUFFER_ERROR
139	TRANSFER_BABBLE_DETECTED
140	TRANSFER_TRANSACTION_ERROR
141	TRANSFER_SHORT_TRANSFER
142	TRANSFER_CANCELLED
143	INSUFFICIENT_RESOURCES
144	NOT_SUFFICIENT_BANDWIDTH
145	INTERNAL_ERROR
146	DATA_OVERRUN
147	DEVICE_NOT_ACCESSED
148	BUFFER_OVERRUN
149	BUSY
150	DROPPED_PACKET
151	ISOCH_TIME_EXPIRED
152	ISOCH_TIME_INVALID
153	NO_USB_PING_RESPONSE
154	NOT_SUPPORTED
155	REQUEST_DENIED

표 9-7에서 정의된 상수들은 에러 값 또는 상태값을 나타낸다.

9.3.3 관리패킷

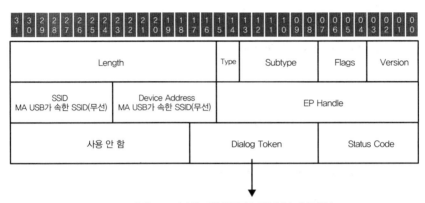

응답(Response)이 있는 요청패킷의 경우, 전송시마다 1씩 증가한다.
CapReq 패킷과 CapResp 패킷의 파라미터를 통해서 협상됨

그림 9-27 MA USB 관리 패킷의 헤더 필드

그림 9-27은 공통 헤더 내에서 관리패킷의 경우 추가되는 Dialog Token 필드를 보여주고 있다.

9.3.3.1 MA USB Capability Request(CapReq)

MA USB 호스트는 대상이 되는 MA USB 디바이스에게 디바이스의 특성 정보(Capability)를 요구한다. Type 값은 0(Management), SubType 값은 0(CapReq), Status Code 값은 0(NO_ERROR)을 사용한다.

CapReq 패킷 이후에 추가로 따라오는 데이터 구조를 가진다.

표 9-8 MA USB Capability Request 필드

비트	오프셋(헤더 시작부터), DW:bit	설명
12	3:0	Number of Outstanding Management Requests. MA USB 디바이스가 요청할 수 있는 관리패킷의 최대 수
20	3:12	사용 안 함

표 9-8의 정보 뒤에 MA USB 호스트 Capability Descriptor 정보가 따라온다.

호스트는 CapReq 패킷을 통해서 호스트의 특성 정보를 디바이스에게 알리는 역할도 수행한다.

표 9-9 MA USB 호스트 Capability Descriptor의 포맷

비트	오프셋(내용 시작부터), DW:bit	설명
8	N:n	Length. 디스크립터 길이
8	N:n+8	MA Host Capability Type. 디스크립터 유형(표 9-10 참고)
가변	N:n+16	Descriptor Specific Format. 디스크립터 유형에 따른 파라미터 정보

표 9-9를 보면 몇 가지 디스크립터가 CapReq 패킷 뒤에 데이터로 사용되는 것을 유추할 수 있다.

이런 디스크립터 유형은 다음과 같다.

표 9-10 MA Host Capability Type 값

Type	값	설명
Synchronization Capability	3	동기화에 관련된 특성 정보
Link Sleep Capability	5	링크 세션의 상태를 중지(Suspend)시키는 특성 정보

표 9-10을 보면 크게 2가지 특성 유형이 존재하는 것을 알 수 있다. 각각의 특성 유형에 따라서 가변적인 데이터 디스크립터가 따라온다.

표 9-11 Synchronization Capability Descriptor

비트	오프셋	설명
8	N:n	Length. 디스크립터 길이 바이트(3)
8	N:n+8	MA Host Capability Type. (3)

비트	오프셋	설명
1	N:n+16	Media Time Available. MA USB 호스트가 동기화된 미디어 타임(Media Time)을 접근했는지 여부 **값 의미** 0 MA USB 호스트가 미디어 타임에 접근하지 않았다. 1 MA USB 호스트가 미디어 타임에 접근했다.
7	N:n+17	사용 안 함

표 9-12 Link Sleep Capability Descriptor

비트	오프셋	설명
8	N:n	Length. 디스크립터 길이 바이트(3)
8	N:n+8	MA Host Capability Type. (5)
1	N:n+16	Link Sleep Capable. MA USB 호스트가 Sleep 요청패킷을 MA USB 디바이스로부터 받을 때 디바이스를 서스펜드시킬 것인지 여부 **값 의미** 0 Sleep 요청패킷을 전송하려면 우선 MA USB 디바이스를 서스펜드 시킨다. 1 Sleep 요청패킷을 받아도 MA USB 디바이스를 서스펜드 시키지 않는다.
7	N:n+17	사용 안 함

9.3.3.2 MA USB Capability Response(CapResp)

CapReq 요청패킷에 대한 응답패킷으로 사용되며 디바이스의 Capability 특성 정보를 호스트에게 제공한다.

Type 값은 0(Management), SubType 값은 2(CapResp), Status Code 값은 적당한 상태 코드를 담는다.

CapResp 패킷 이후에 추가로 따라오는 데이터 구조를 가진다.

표 9-13 MA USB Capability Response 필드

비트	오프셋(헤더 시작부터), DW:bit	설명
16	3:0	Number of Endpoints. MA USB 디바이스가 지원하는 엔드포인트 최대 수
8	3:16	Number of Devices. MA USB 디바이스(Hub)가 지원하는 디바이스 최대 수
5	3:24	Number of Streams(NS). 2^{NS} MA USB 디바이스가 지원하는 스트림 최대 수
3	3:29	Device Type. MA USB 디바이스가 허브인지 아닌지를 알림 값 의미 0 허브가 아님 1 USB 2.0 Hub를 지원하는 허브 2 USB 3.1 Hub를 지원하는 허브 3-8 사용 안 함
8	4:0	Descriptor Count. MA USB 디바이스가 제공하는 Capability Descriptor의 개수
24	4:8	Descriptor Length. MA USB 디바이스가 제공하는 Capability Descriptor들의 전체 크기
16	5:0	Number of Outstanding Transfer Requests. MA USB 호스트가 전송한 요청패킷중에 현재 진행 중인 요청 개수
12	5:16	Number of Outstanding Management Requests. MA USB 호스트가 전송한 관리요청패킷중에 현재 진행 중인 요청 개수
4	5:28	사용 안 함

표 9-14 MA USB 디바이스 Capability Descriptor의 포맷

비트	오프셋(내용 시작부터), DW:bit	설명
8	N:n	Length. 디스크립터 길이
8	N:n+8	MA Device Capability Type. 디스크립터 유형(표 9-15 참고)
가변	N:n+16	Descriptor Specific Format. 디스크립터 유형에 따른 파라미터 정보

표 9-15를 보면, 몇 가지 디스크립터가 CapResp 패킷 뒤에 데이터로 사용되는 것을 유추할 수 있다. 이런 디스크립터 유형은 다음과 같다.

표 9-15 MA Device Capability Type 값

Type	값	설명
Speed Capability	0	MA USB 디바이스가 숨기는 USB 디바이스 속도 특성 정보
P-Managed OUT Capability	1	프로토콜 흐름 제어를 사용하는 OUT 전송 특성 정보
Isochronous Capability	2	등시성 전송 특성 정보
Synchronization Capability	3	동기화 특성 정보
Container ID Capability	4	Container ID(GUID) 특성 정보
Link Sleep Capability	5	MA USB 링크의 세션 상태가 Active에서 Inactive로 전환되는 특성 정보

표 9-16 Speed Capability Descriptor의 포맷

비트	오프셋(내용 시작부터), DW:bit	설명
8	N:n	Length. 디스크립터 길이
8	N:n+8	MA Device Capability Type. (0)
4	N:n+16	사용 안 함
4	N:n+20	Speed. 숨겨진 USB 디바이스의 속도 값　의미 0　Low Speed 1　Full Speed 2　High Speed 3　Super Speed 4　Super Speed Plus 5-15 사용 안 함
4	N:n+24	사용 안 함
2	N:n+28	Lane Speed Exponent(LSE). (5.2.5.6.4절 참고)
2	N:n+30	Sublink Type(ST). (5.2.5.6.4절 참고)
2	N:n+32	사용 안 함

비트	오프셋(내용 시작부터), DW:bit	설명
4	N:n+34	Lane Count(5.2.5.6.4절 참고)
2	N:n+38	Link Protocol(5.2.5.6.4절 참고)
16	N:n+40	Lane Speed Mantissa(LSM)(5.2.5.6.4절 참고)

표 9-17 P-Managed OUT Capability Descriptor의 포맷

비트	오프셋(내용 시작부터), DW:bit	설명
8	N:n	Length. 디스크립터 길이
8	N:n+8	MA Device Capability Type. (1)
8	N:n+16	P-Managed OUT Capability Bitmap(표 9-18 참고).

표 9-18 P-Managed OUT Capability Bitmap의 포맷

비트	오프셋(내용 시작부터), DW:bit	설명
1	N:n+16	Elastic Buffer Capability. 프로토콜 관리 방식 OUT 전송에서 디바이스가 보고하는 Credit 값을 초과하는 전송을 허용할지 여부 값　의미 0　허용하지 않음 1　허용함
1	N:n+17	Drop Notification. MA USB 디바이스가 패킷 넘침이 발생되면 DROPPED_PACKET 상태 코드를 리턴할 수 있는지 여부 값　의미 0　DROPPED_PACKET 상태 코드를 사용할 수 없다. 1　DROPPED_PACKET 상태 코드를 사용할 수 있다.
6	N:n+18	사용 안 함

표 9-18은 프로토콜 관리 방식 OUT 전송에서 사용될 수 있는 특성 정보를 보여준다.

표 9-19 Isochronous Capability 디스크립터의 포맷

비트	오프셋(내용 시작부터), DW:bit	설명
8	N:n	Length. 디스크립터 길이. (3)
8	N:n+8	MA Device Capability Type. (2)
1	N:n+16	Isochronous Payload Alignment. MA USB 디바이스가 등시성 전송을 할 때 송수신하는 데이터의 크기가 4바이트 경계인지 1바이트 경계인지를 알림. 값 의미 0 1바이트 경계 1 4바이트 경계
7	N:n+17	사용 안 함

표 9-20 Synchronization Capability Descriptor의 포맷

비트	오프셋(내용 시작부터), DW:bit	설명
8	N:n	Length. 디스크립터 길이. (3)
8	N:n+8	MA Device Capability Type. (3)
1	N:n+16	Media Time Available. MA USB 디바이스가 동기화된 Media Time에 접근했는지 여부를 알림 값 의미 0 접근하지 않음 1 접근함
1	N:n+17	Timestamp Request. MA USB 디바이스가 호스트로부터 패킷을 받을 때 항상 MA USB Timestamp 값을 받기를 원하는지 여부 값 의미 0 등시성 엔드포인트가 사용될 때만 원함 1 무조건 원함
6	N:n+18	사용 안 함

표 9-21 Container ID Capability Descriptor의 포맷

비트	오프셋(내용 시작부터), DW:bit	설명
8	N:n	Length. 디스크립터 길이 (18)
8	N:n+8	MA Device Capability Type (4)
128	N:n+16	Container ID. 디바이스를 구분하는 GUID

표 9-22 Link Sleep Capability Descriptor의 포맷

비트	오프셋(내용 시작부터), DW:bit	설명
8	N:n	Length. 디스크립터 길이 (3)
8	N:n+8	MA Device Capability Type (5)
1	N:n+16	Link Sleep Capable. Sleep 요청 명령을 호스트로부터 받을 때 USB 디바이스의 상태가 서스펜드된 상태여야 하는지를 알림 값 의미 0 디바이스의 상태가 서스펜드일 때만 받을 수 있다. 1 디바이스의 상태가 서스펜드가 아닐 때도 받을 수 있다.
7	N:n+17	사용 안 함

표 9-22는 Sleep 명령어를 MA USB 호스트가 디바이스에게 전송할 때 우선 디바이스의 상태를 서스펜드 상태로 전환해야 하는지 여부와 관련된 특성 정보를 보여주고 있다.

9.3.3.3 USB Device Handle Request(USBDevHandleReq)

MA USB 호스트는 대상이 되는 MA USB 디바이스에게 디바이스 핸들값을 제공하라는 요청을 보낸다. Type 값은 0(Management), SubType 값은 2(USBDevHandleReq), Status Code 값은 0(NO_ERROR)을 사용한다.

표 9-23 USB Device Handle Request 필드

비트	오프셋(헤더시작부터), DW:bit	설명
20	3:0	MA USB Route String. 20비트 라우트 주소정보
4	3:20	Speed. USB 디바이스의 속도 값 의미 0 Low Speed 1 Full Speed 2 High Speed 3 Super Speed 4 Super Speed Plus 5-15 사용 안 함
8	3:24	사용 안 함
16	4:0	Hub. MA USB Hub 내부에 숨겨진 허브를 위한 디바이스 핸들
16	4:16	사용 안 함
16	5:0	Parent HS Hub. 현재 디바이스가 LS, FS 속도를 지원하고 부모허브가 HS 허브인 경우, 허브의 디바이스 핸들
4	5:16	Parent HS Hub Port. 현재 디바이스가 LS, FS 속도를 지원하고 부모 허브가 HS 허브인 경우 허브의 포트 번호
1	5:20	MTT(Multiple Transaction Translators). 현재 디바이스가 LS, FS 속도를 지원하고 부모 허브가 HS 허브인 경우, 허브가 MTT를 지원하는지 여부
15	5:21	사용 안 함
2	6:4	Lane Speed Exponent(LSE). (5.2.5.6.4절 참고)
2	6:6	Sublink Type(ST). (5.2.5.6.4절 참고)
2	6:8	사용 안 함
4	6:10	Lane Count. (5.2.5.6.4절 참고)
2	6:14	Link Protocol. (5.2.5.6.4절 참고)
16	6:16	Lane Speed Mantissa(LSM). (5.2.5.6.4절 참고)

9.3.3.4 USB Device Handle Response(USBDevHandleResp)

USBDevHandleReq 요청패킷에 대한 응답패킷으로 사용된다. 디바이스의 디바이스 핸들값을 호스트에게 제공한다.

Type 값은 0(Management), SubType 값은 3(USBDevHandleResp), Status Code 값은 적당한 상태 코드를 담는다.

표 9-24 USB Device Handle Response 필드

비트	오프셋(헤더시작부터), DW:bit	설명
16	3:0	USB Device Handle. 디바이스 핸들
16	3:16	사용 안 함

9.3.3.5 Endpoint Handle Request(EPHandleReq)

MA USB 호스트는 대상이 되는 MA USB 디바이스에게 엔드포인트 핸들값을 얻어달라는 요청을 보낸다. Type 값은 0(Management), SubType 값은 4(EPHandleReq), Status Code 값은 0(NO_ERROR)을 사용한다.

표 9-25 Endpoint Handle Request 필드

비트	오프셋(헤더 시작부터), DW:bit	설명
5	3:0	Number of EP Descriptors. 얻고자 하는 엔드포인트를 설명하는 디스크립터의 개수
6	3:5	Size of EP Descriptor. 엔드포인트 디스크립터의 크기. 항상 DWORD-Align을 위한 패딩바이트가 포함된다.
21	3:11	사용 안 함

표 9-25는 EPHandleReq 요청패킷과 함께 전달되는 엔드포인트 디스크립터 정보를 소개하고 있다.

Size of EP Descriptor의 필드값은 다음과 같은 조건에 따라서 정의된 상수값이 사용된다. LS, FS, HS 속도의 디바이스가 가진 엔드포인트를 위한 디스크립터는 8바이트(1바이트 패딩)이며 Super Speed(Plus) 속도의 디바이스가 가진 엔드포인트(등시성 전송 제외)를 위한 디스크립터는 16바이트(3바이트 패딩)이다. Super Speed Plus 속도의 디바이스가 가진 엔드포인트 중 등시성 엔드포인트를 가진 경우 디스크립터는 24바이트(3바이트 패딩)이다.

표 9-26 Endpoint Descriptor(EP Descriptor) 필드

바이트	오프셋(내용 시작부터), DW:bit	설명
7	N:0	Standard Endpoint Descriptor
6	N+1:24	Super Speed Endpoint Companion Descriptor
8	N+3:8	Super Speed Plus Isochronous Endpoint Companion Descriptor
가변	가변	DWORD-Align을 위한 0 패딩

9.3.3.6 Endpoint Handle Response(EPHandleResp)

EPHandleReq 요청패킷에 대한 응답패킷으로 사용된다. 디바이스의 엔트포인트 핸들값을 호스트에게 제공한다. Type 값은 0(Management), SubType 값은 5(EPHandleResp), Status Code 값은 적당한 상태 코드를 담는다.

표 9-27 Endpoint Handle Response 필드

비트	오프셋(헤더 시작부터), DW:bit	설명
5	3:0	Number of MA USB EP Descriptors. 포함된 MA USB EP Descriptor의 개수
27	3:5	사용 안 함

표 9-27 EPHandleResp 응답패킷 뒤에 복수 개의 MA USB EP 디스크립터가 따라온다. MA USB EP 디스크립터와 USB 엔드포인트 디스크립터는 서로 다르므로 유의해야 한다.

표 9-28 MA USB EP Descriptor 포맷

비트	오프셋(내용 시작부터), DW:bit	설명
16	N:0	EP Handle. MA USB EP 핸들
1	N:16	Direction. 엔드포인트의 데이터 방향 **값 의미** 0 컨트롤(제어) 또는 OUT 엔드포인트 1 IN 엔드포인트
1	N:17	Isochronous. 등시성 엔드포인트 여부 **값 의미** 0 등시성 엔드포인트가 아님 1 등시성 엔드포인트
1	N:18	L-Managed. 링크 계층에서 흐름 제어를 관리하는 여부 **값 의미** 0 링크 계층은 지원하지 않는다. 1 링크계층은 지원한다.
1	N:19	Valid. 엔드포인트 핸들이 유효한지 여부 **값 의미** 0 유효함 1 유효하지 않음
12	N:20	사용 안 함
16	N+1:0	Credit Consumption Unit(CCU). 컨트롤 전송 또는 비등시성 전송의 OUT 방향의 엔드포인트가 프로토콜 관리 흐름 제어 방식을 사용하는 경우, 호스트로부터 데이터를 받을 수 있는 수신 버퍼의 크기(Credit)
16	N+1:16	사용 안 함
32	N+2:0	Buffer Size. 컨트롤 전송 또는 OUT 방향의 엔드포인트가 처리 가능한 버퍼 크기. IN 방향은 사용 안 됨

비트	오프셋(내용 시작부터), DW:bit	설명
16	N+3:0	Isochronous Programming Delay. MA USB 호스트가 MA USB 디바이스에게 IsochTransferReq 요청패킷을 전송한 뒤부터 실제 USB 디바이스로 등시성 전송 요청을 시작하는 데까지 걸리는 시간(단위 us)
16	N+3:16	Isochronous Response Delay. MA USB 디바이스가 실제 USB디바이스와 전송을 마친 뒤부터 그 결과로서 IsochTransferResp 응답패킷을 링크에 전송하기 시작하는 시간까지의 지연 시간(단위 us)

9.3.3.7 Endpoint Activate Request(EPActivateReq)

MA USB 호스트는 대상이 되는 MA USB 디바이스에게 지정된 엔드포인트 핸들(배열)에 해당하는 엔드포인트의 상태를 Activate 상태로 전환하라는 요청을 보낸다. Type 값은 0(Management), SubType 값은 6(EPActivateReq), Status Code 값은 0(NO_ERROR)을 사용한다.

표 9-29 Endpoint Activate Request 필드

비트	오프셋(헤더 시작부터), DW:bit	설명
5	3:0	Number of EP Handles. EPActivateReq 요청패킷과 함께 전달하는 EP Handle 배열에 포함된 핸들 개수
27	3:5	사용 안 함
가변	4:0	EP Handle List. Activate되려는 EP Handle을 담은 배열

9.3.3.8 Endpoint Activate Response(EPActivateResp)

EPActivateReq 요청패킷에 대한 응답패킷으로 사용되며 디바이스의 처리 결과를 호스트에게 제공한다. Type 값은 0(Management), SubType 값은 7(EPActivateResp), Status

Code 값은 적당한 상태 코드를 담는다.

표 9-30 Endpoint Activate Response 필드

비트	오프셋(헤더 시작부터), DW:bit	설명
5	3:0	Number of EP Handles With Error. EPActivateReq 요청패킷에 대해서 처리 실패된 핸들의 개수
27	3:5	사용 안 함
가변	4:0	EP 핸들 리스트. 처리 실패된 EP 핸들을 담은 배열

9.3.3.9 Endpoint Inactivate Request(EPInactivateReq)

MA USB 호스트는 대상이 되는 MA USB 디바이스에게 지정된 엔드포인트 핸들(배열)에 해당하는 엔드포인트의 상태를 Inactivate 상태로 전환하라는 요청을 보낸다. Type 값은 0(Management), SubType 값은 8(EPInactivateReq), Status Code 값은 0(NO_ERROR)을 사용한다.

표 9-31 Endpoint Inactivate Request 필드

비트	오프셋(헤더 시작부터), DW:bit	설명
5	3:0	Number of EP Handles. EPInactivateReq 요청패킷과 함께 전달하는 EP 핸들 배열에 포함된 핸들 개수
1	3:5	Suspend Flag. EPInactivateReq 요청패킷이 발생할 당시에 해당하는 엔드포인트의 Suspend 상태를 나타냄 값 의미 0 서스펜드되지 않았다. 1 서스펜드됐다.
26	3:6	사용 안 함
가변	4:0	EP 핸들 리스트. Inactivate되려는 EP 핸들을 담은 배열

9.3.3.10 Endpoint Inactivate Response(EPInactivateResp)

EPInactivateReq 요청패킷에 대한 응답패킷으로 사용되며 디바이스의 처리 결과를 호스트에게 제공한다. Type 값은 0(Management), SubType 값은 9(EPInactivateResp), Status Code 값은 적당한 상태 코드를 담는다.

표 9-32 Endpoint Inactivate Response 필드

비트	오프셋(헤더 시작부터), DW:bit	설명
5	3:0	Number of EP Handles With Error. EPInactivateResp 요청패킷에 대해서 처리 실패된 핸들의 개수
27	3:5	사용 안 함
가변	4:0	EP Handle List. 처리실패된 EP Handle을 담은 배열

9.3.3.11 Endpoint Reset Request(EPResetReq)

MA USB 호스트는 대상이 되는 MA USB 디바이스에게 지정된 엔드포인트 핸들에 해당하는 엔드포인트의 상태를 Halt 상태에서 Inactivate 상태로 전환하라는 요청을 보낸다. Type 값은 0(Management), SubType 값은 10(EPResetReq), Status Code 값은 0(NO_ERROR)을 사용한다.

표 9-33 Endpoint Reset Request 필드

비트	오프셋(헤더 시작부터), DW:bit	설명
5	3:0	Number of EP Reset Information Blocks. EPResetReq 요청패킷과 함께 전달하는 리셋 정보 배열에 포함된 항목 개수
27	3:5	사용 안 함

표 9-33의 EP Reset Information Block은 리셋 대상의 EP 핸들과 리셋 이후 해당하는 엔드포인트가 대응하는 패킷에 포함되는 Data Toggle(USB 2), Sequence Number(USB

3)의 상태를 초기화할지 여부를 담고 있다.

표 9-34 EP Reset Information Block 필드

비트	오프셋(내용 시작부터), DW:bit	설명
16	N:0	EP 핸들. 엔드포인트 핸들
1	N:16	Reset 이후 엔드포인트의 토글 또는 Sequence Number 초기화 여부 값 의미 0 초기화한다. 1 초기화하지 않는다(기존 상태를 유지).
15	N:17	사용 안 함

9.3.3.12 Endpoint Reset Response(EPResetResp)

EPResetReq 요청패킷에 대한 응답패킷으로 사용되며 디바이스의 처리 결과를 호스트에게 제공한다. Type 값은 0(Management), SubType 값은 11(EPResetResp), Status Code 값은 적당한 상태 코드를 담는다.

표 9-35 Endpoint Reset Response 필드

비트	오프셋(헤더 시작부터), DW:bit	설명
5	3:0	Number of EP Handles With Error. EPResetResp 요청패킷에 대해서 처리 실패된 핸들의 개수
27	3:5	사용 안 함
가변	4:0	EP 핸들 리스트. 처리 실패된 EP 핸들을 담은 배열

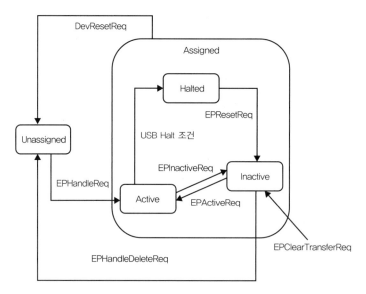

그림 9-28 MA USB Endpoint 핸들 상태 다이어그램

그림 9-28을 보면, MA USB 엔드포인트(핸들)의 상태가 다양한 사건(패킷)에 의해서 어떻게 변하는지를 보여주고 있다.

9.3.3.13 Endpoint Clear Transfer Request(EPClearTransferReq)

MA USB 호스트는 대상이 되는 MA USB 디바이스에게 지정된 엔드포인트 핸들과 관련해서 현재 진행중인 모든 전송을 취소하는 요청을 보낸다. Type 값은 0(Management), SubType 값은 12(EPClearTransferReq), Status Code 값은 0(NO_ERROR)을 사용한다.

표 9-36 Endpoint Clear Transfer Request 필드

비트	오프셋(헤더 시작부터), DW:bit	설명
5	3:0	Number of EP Handles. EPClearTransferReq 요청패킷과 함께 전달하는 대상 엔드포인트 핸들의 개수
27	3:5	사용 안 함
가변	4:0	EP Handle List. 엔드포인트 핸들이 포함된 배열리스트

666

9.3.3.14 Endpoint Clear Transfer Response(EPClearTransferResp)

EPClearTransferReq 요청패킷에 대한 응답패킷으로 사용되며 디바이스의 처리 결과를 호스트에게 제공한다. Type 값은 0(Management), SubType 값은 13(EPClearTransferResp), Status Code 값은 적당한 상태 코드를 담는다.

표 9-37 Endpoint Clear Transfer Response 필드

비트	오프셋(헤더 시작부터), DW:bit	설명
5	3:0	Number of EP Handles With Error. EPClearTransferReq 요청패킷에 대해서 처리 실패된 핸들의 개수
27	3:5	사용 안 함
가변	4:0	EP 핸들 리스트. 처리 실패된 EP 핸들을 담은 배열

9.3.3.15 Endpoint Handle Delete Request(EPHandleDeleteReq)

MA USB 호스트는 대상이 되는 MA USB 디바이스에게 지정된 엔드포인트 핸들을 삭제하는 요청을 보낸다. Type 값은 0(Management), SubType 값은 14(EPHandleDeleteReq), Status Code 값은 0(NO_ERROR)을 사용한다.

표 9-38 Endpoint Handle Delete Request 필드

비트	오프셋(헤더 시작부터), DW:bit	설명
5	3:0	Number of EP Handles. EPHandleDeleteReq 요청패킷과 함께 전달하는 대상 엔드포인트 핸들의 개수
27	3:5	사용 안 함
가변	4:0	EP 핸들 리스트. 엔드포인트 핸들이 포함된 배열리스트

9.3.3.16 Endpoint Handle Delete Response(EPHandleDeleteResp)

EPHandleDeleteReq 요청패킷에 대한 응답패킷으로 사용되며 디바이스의 처리 결과를
호스트에게 제공한다. Type 값은 0(Management), SubType 값은 15(EPHandleDeleteResp),
Status Code 값은 적당한 상태 코드를 담는다.

표 9-39 Endpoint Handle Delete Response 필드

비트	오프셋(헤더 시작부터), DW:bit	설명
5	3:0	Number of EP Handles With Error. EPHandleDeleteReq 요청패킷에 대해서 처리 실패된 핸들의 개수
27	3:5	사용 안 함
가변	4:0	EP 핸들 리스트. 처리 실패된 EP 핸들을 담은 배열

9.3.3.17 MA USB Device Reset Request(DevResetReq)

MA USB 호스트는 대상이 되는 MA USB 디바이스에게 지정된 엔드포인트 핸들을 삭제
하는 요청을 보낸다. Type 값은 0(Management), SubType 값은 16(DevResetReq), Status
Code 값은 0(NO_ERROR)을 사용한다.

9.3.3.18 MA USB Device Reset Response(DevResetResp)

DevResetReq 요청패킷에 대한 응답패킷으로 사용되며 디바이스의 처리 결과를 호스
트에게 제공한다. Type 값은 0(Management), SubType 값은 17(DevResetResp), Status
Code 값은 적당한 상태 코드를 담는다.

9.3.3.19 Modify EP0 Request(ModifyEP0Req)

MA USB 호스트는 대상이 되는 MA USB 디바이스에게 디폴트 엔드포인트에 대한 파라

미터 변경을 지시하거나 수정된 디폴트 엔드포인트 핸들을 얻는 데 사용된다. Type 값은 0(Management), SubType 값은 18(ModifyEP0Req), Status Code 값은 0(NO_ERROR)을 사용한다.

표 9-40 Modify EP0 Request 필드

비트	오프셋(헤더 시작부터), DW:bit	설명
16	3:0	EP0 Handle. 디폴트 엔드포인트의 핸들
16	3:16	Max Packet Size. 수정하고자 하는 디폴트 엔드포인트의 MaxPacketSize 값

9.3.3.20 Modify EP0 Response(ModifyEP0Resp)

ModifyEP0Req 요청패킷에 대한 응답패킷으로 사용되며 디바이스의 처리 결과를 호스트에게 제공한다. Type 값은 0(Management), SubType 값은 19(ModifyEP0Resp), Status Code 값은 적당한 상태 코드를 담는다.

표 9-41 Modify EP0 Response 필드

비트	오프셋(헤더 시작부터), DW:bit	설명
16	3:0	EP0 Handle. 수정된 디폴트 엔드포인트의 핸들
16	3:16	사용 안 함

9.3.3.21 Set USB Device Address Request(SetUSBDevAddrReq)

MA USB 호스트는 대상이 되는 MA USB 디바이스에게 USB 주소를 지정한다. Type 값은 0(Management), SubType 값은 20(SetUSBDevAddrReq), Status Code 값은 0(NO_ERROR)을 사용한다.

주소 값은 그림 9-27의 Device Address 필드를 사용한다.

표 9-42 Set USB Device Address Request 필드

비트	오프셋(헤더 시작부터), DW:bit	설명
16	3:0	Response Timeout. ms 단위로 지정한 타임아웃값. 해당하는 시간 안에 MA USB 디바이스는 주소 지정을 완료해야 한다.
16	3:16	사용 안 함

9.3.3.22 Set USB Device Address Response(SetUSBDevAddrResp)

SetUSBDevAddrReq 요청패킷에 대한 응답패킷으로 사용되며 디바이스의 처리 결과를 호스트에게 제공한다. Type 값은 0(Management), SubType 값은 21(SetUSBDevAddrResp), Status Code 값은 적당한 상태 코드를 담는다.

표 9-43 Set USB Device Address Response 필드

비트	오프셋(헤더 시작부터), DW:bit	설명
7	3:0	USB Device Address. 지정된 디바이스 주소
25	3:7	사용 안 함

9.3.3.23 Update Device Request(UpdateDevReq)

MA USB 호스트는 대상이 되는 MA USB 디바이스에게 디바이스를 위한 파라미터를 변경요청한다. Type 값은 0(Management), SubType 값은 22(UpdateDevReq), Status Code 값은 0(NO_ERROR)을 사용한다.

표 9-44 Update Device Request 필드

비트	오프셋(헤더 시작부터), DW:bit	설명
16	3:0	Max Exit Latency. MA USB 디바이스가 허브인 경우, 절전 링크 상태에서 회복하는 데까지 허브 내부에서 지연하는 최대 시간을 나타낸다.

비트	오프셋(헤더 시작부터), DW:bit	설명
1	3:16	Hub. MA USB 디바이스가 허브인지 아닌지 여부 **값 의미** 0 디바이스 1 허브
4	3:17	Number of Ports. MA USB 허브의 경우, 지원하는 포트 수
1	3:21	MTT(Multiple Transaction Translators). 허브가 MTT를 지원하는지 여부 **값** 0 MTT를 지원하지 않음 1 MTT를 지원함
2	3:22	TTT(Transaction Translator Think Time). 허브의 경우 사용되는 값. HS 트랜잭션을 FS, LS 트랜잭션 트랜 변경할 때 내부적으로 지연하는 시간 정보 **값 의미** 0 8 FS 비트타임 1 16 FS 비트타임 2 24 FS 비트타임 3 32 FS 비트타임
1	3:24	Integrated Hub Latency. Max Exit Latency 필드를 사용하는 여부 **값** 0 사용하지 않음 1 사용함
7	3:25	사용 안 함

UpdateDevReq 요청패킷은 마지막 부분에 표준 Device Descriptor 구조체를 첨부한다.

표 9-45 Update Device Request가 사용하는 Device Descriptor 구조체

바이트	오프셋(헤더 시작부터), DW:bit	설명
18	4:0	표준 Device Descriptor
2	8:16	사용 안 함

9.3.3.24 Update Device Response(UpdateDevResp)

UpdateDevReq 요청패킷에 대한 응답패킷으로 사용되며 디바이스의 처리 결과를 호스트에게 제공한다. Type 값은 0(Management), SubType 값은 23(UpdateDevResp), Status Code 값은 적당한 상태 코드를 담는다.

9.3.3.25 USB Device Disconnect Request(USBDevDisconnectReq)

MA USB 호스트는 대상이 되는 MA USB 디바이스에게 모든 연결 상태 정보를 삭제하고 처음 상태로 되돌리는 요청을 보낸다. Type 값은 0(Management), SubType 값은 24(USBDevDisconnectReq), Status Code 값은 0(NO_ERROR)을 사용한다.

9.3.3.26 USB Device Disconnect Response(USBDevDisconnectResp)

USBDevDisconnectReq 요청패킷에 대한 응답패킷으로 사용된다. 디바이스의 처리 결과를 호스트에게 제공한다. Type 값은 0(Management), SubType 값은 25(USBDevDisconnectResp), Status Code 값은 적당한 상태 코드를 담는다.

9.3.3.27 USB Device Suspend Request(USBSuspendReq)

MA USB 호스트는 대상이 되는 MA USB 디바이스에게 현재 연결 상태를 Suspend 상태로 전환하는 요청을 보낸다. Type 값은 0(Management), SubType 값은 26(USBSuspendReq), Status Code 값은 0(NO_ERROR)을 사용한다.

9.3.3.28 USB Device Suspend Response(USBSuspendResp)

USBSuspendReq 요청패킷에 대한 응답패킷으로 사용되며 디바이스의 처리 결과를 호스트에게 제공한다. Type 값은 0(Management), SubType 값은 27(USBSuspendResp), Status Code 값은 적당한 상태 코드를 담는다.

9.3.3.29 USB Resume Request(USBResumeReq)

MA USB 호스트는 대상이 되는 MA USB 디바이스에게 현재 Suspend된 연결 상태를 Resume 상태로 전환하는 요청을 보낸다. Resume 요청은 호스트가 시작하는 경우와 디바이스가 시작하는 경우로 나뉜다. USBResumeReq 요청은 호스트가 Resume 요청을 하는 경우이다. Type 값은 0(Management), SubType 값은 28(USBResumeReq), Status Code 값은 0(NO_ERROR)을 사용한다.

9.3.3.30 USB Resume Response(USBResumeResp)

USBResumeReq 요청패킷에 대한 응답패킷으로 사용되며 디바이스의 처리 결과를 호스트에게 제공한다. Type 값은 0(Management), SubType 값은 29(USBResumeResp), Status Code 값은 적당한 상태 코드를 담는다.

9.3.3.31 Remote Wake Request(RemoteWakeReq)

MA USB 디바이스는 MA USB 호스트에게 현재 Suspend된 연결 상태를 Resume 상태로 전환하는 요청을 보낸다. 디바이스가 호스트에게 Resume 요청을 하는 경우다. Type 값은 0(Management), SubType 값은 30(RemoteWakeReq), Status Code 값은 0(NO_ ERROR)을 사용한다.

표 9-46 Remote Wake Request 필드

비트	오프셋(헤더 시작부터), DW:bit	설명
1	3:0	USB Device Resumed. MA USB 디바이스의 링크 상태가 현재 어떤 상태에 있는지를 알림 값　의미 0　현재 서스펜드돼 있다. 1　현재 서스펜드돼 있지 않다.
31	3:1	사용 안 함

9.3.3.32 Remote Wake Response(RemoteWakeResp)

RemoteWakeReq 요청패킷에 대한 응답패킷으로 사용되며 호스트의 처리 결과를 디바이스에게 제공한다. Type 값은 0(Management), SubType 값은 31(RemoteWakeResp), Status Code 값은 적당한 상태 코드를 담는다.

9.3.3.33 Ping Request(PingReq)

MA USB 호스트는 대상이 되는 MA USB 디바이스에게 현재 연결 상태를 Suspend 상태로 전환하는 요청을 보낸다. Device Address 값은 대상이 되는 디바이스의 주소 혹은 0xFF(모든 디바이스) 값을 사용한다. Device Handle 값은 사용되지 않는다.

Type 값은 0(Management), SubType 값은 32(PingReq), Status Code 값은 0(NO_ERROR)를 사용한다.

9.3.3.34 Ping Response(PingResp)

PingReq 요청패킷에 대한 응답패킷으로 사용되며 디바이스의 처리 결과를 호스트에게 제공한다. Device Handle 값은 사용되지 않는다. Type 값은 0(Management), SubType 값은 33(PingResp), Status Code 값은 적당한 상태 코드를 담는다.

9.3.3.35 MA USB Device Disconnect Request(DevDisconnectReq)

MA USB 호스트는 대상이 되는 MA USB 디바이스에게 세션을 끊어버리는 상태(Session Down)로 전환하도록 요청을 보낸다. Device Handle 값은 사용되지 않는다. Type 값은 0(Management), SubType 값은 34(DevDisconnectReq), Status Code 값은 0(NO_ERROR)을 사용한다.

9.3.3.36 MA USB Device Disconnect Response(DevDisconnectResp)

DevDisconnectReq 요청패킷에 대한 응답패킷으로 사용되며 디바이스의 처리 결과를 호스트에게 제공한다. Device Handle 값은 사용되지 않는다. Type 값은 0(Management), SubType 값은 35(DevDisconnectResp), Status Code 값은 적당한 상태 코드를 담는다.

9.3.3.37 MA USB Device Initiated Disconnect Reques (DevInitDisconnectReq)

MA USB 디바이스는 MA USB 호스트에게 세션을 끊어버리는 상태(Session Down)로 전환하도록 요청을 보낸다. Device Handle 값은 사용되지 않는다. Type 값은 0(Management), SubType 값은 36(DevInitDisconnectReq), Status Code 값은 0(NO_ERROR)을 사용한다.

9.3.3.38 MA USB Device Initiated Disconnect Response (DevInitDisconnectResp)

DevInitDisconnectReq 요청패킷에 대한 응답패킷으로 사용되며 호스트의 처리 결과를 디바이스에게 제공한다. Device Handle 값은 사용되지 않는다. Type 값은 0(Management), SubType 값은 37(DevInitDisconnectResp), Status Code 값은 적당한 상태 코드를 담는다.

9.3.3.39 Synchronization Request(SynchReq)

MA USB 호스트는 MA USB 디바이스에게 MA USB Global Time(MGT) 정보를 제공할 수 있다. 파라미터중에서 Response를 요구하는 필드의 값이 사용되는 경우 대응되는 디바이스는 응답을 보여줘야 한다. Type 값은 0(Management), SubType 값은 38(SynchReq), Status Code 값은 0(NO_ERROR)을 사용한다.

표 9-47 Synchronization Request/Response 필드

비트	오프셋(헤더 시작부터), DW:bit	설명
1	3:0	MTD(Media Time/Transmission Delay) Valid.
1	3:1	Reponse Required. 이 패킷을 수신하는 디바이스의 응답이 필요한 경우를 알린다.
30	3:2	사용 안 함
32	4:0	MA USB Timestamp.
32	5:0	Media Time/Transmission Delay.

9.3.3.40 Synchronization Response(SynchResp)

SynchReq 요청패킷에 대한 응답패킷으로 사용되며 디바이스의 처리 결과를 호스트에게 제공한다. Device Handle 값은 사용되지 않는다. Type 값은 0(Management), SubType 값은 39(SynchResp), Status Code 값은 적당한 상태 코드를 담는다.

9.3.3.41 Cancel Transfer Request(CancelTransferReq)

MA USB 호스트는 MA USB 디바이스에게 이전에 요청했던 전송 요청을 취소하라는 요청을 보낸다. Type 값은 0(Management), SubType 값은 40(CancelTransferReq), Status Code 값은 0(NO_ERROR)을 사용한다.

표 9-48 Cancel Transfer Request 필드

비트	오프셋(헤더 시작부터), DW:bit	설명
16	3:0	EP 핸들. 전송 요청을 취소할 대상의 엔드포인트 핸들
16	3:16	Stream ID. Super Speed 스트림전송을 사용하는 경우 취소할 대상의 스트림 ID
8	4:0	Request ID. 취소할 Request ID

676

비트	오프셋(헤더 시작부터), DW:bit	설명
24	4:8	사용 안 함

9.3.3.42 Cancel Transfer Response(CancelTransferResp)

CancelTransferReq 요청패킷에 대한 응답패킷으로 사용되며 디바이스의 처리 결과를 호스트에게 제공한다. Type 값은 0(Management), SubType 값은 41(CancelTransferResp), Status Code 값은 적당한 상태 코드를 담는다.

표 9-49 Cancel Transfer Response 필드

비트	오프셋(헤더 시작부터), DW:bit	설명
16	3:0	EP 핸들. 전송 요청이 취소대상의 엔드포인트 핸들
16	3:16	Stream ID. Super Speed 스트림전송을 사용하는 경우 취소 대상의 스트림 ID
8	4:0	Request ID. 취소 대상 Request ID
2	4:8	Cancellation Status. 취소 처리 상태 여부 값 의미 0 성공 1 마지막 전송이 수행되지 않고 취소됐다. 2 마지막 전송이 수행된 뒤, 취소됐다. 3 취소할 대상 요청이 발견되지 않음
22	4:10	사용 안 함
24	5:0	Delivered Sequence Number. OUT 전송이 취소되는 경우 마지막으로 사용된 시퀀스 넘버. IN 전송에서는 사용되지 않음
8	5:24	사용 안 함
32	6:0	Delivered Byte Offset. OUT 전송이 취소되는 경우 마지막으로 전송된 전송량. IN 전 송에서는 사용되지 않음

9.3.3.43 Endpoint Open Streams Request(EPOpenStreamReq)

MA USB 호스트는 MA USB 디바이스에게 스트림 열기를 요청한다. 스트림에 사용될 벌크 엔드포인트 핸들을 제공해야 한다. Type 값은 0(Management), SubType 값은 42(EPOpenStreamReq), Status Code 값은 0(NO_ERROR)을 사용한다.

표 9–50 Endpoint Open Streams Request 필드

비트	오프셋(헤더 시작부터), DW:bit	설명
16	3:0	EP 핸들. 스트림전송 대상의 엔드포인트 핸들
16	3:16	Number of Streams. 얻으려 하는 스트림 개수
16	4:0	Stream ID Index. 생성하려는 스트림 ID의 최솟값 Open Stream 필드의 값이 1인 경우에만 사용됨
1	4:16	Allocation mode. 스트림 ID 생성 규칙 Number of Streams 값이 256보다 작은 경우 이 필드의 값은 1만 사용될 수 있다. 값 의미 0 특별한 규칙이 없다. 1 값 1부터 시작되는 순서를 가진다.
1	4:17	Open Stream. 새로운 스트림을 얻는 경우인지 여부 값 의미 0 기존에 열린 스트림을 얻어오는 경우 1 새로운 스트림을 얻는 경우
1	4:18	사용 안 함

9.3.3.44 Endpoint Open Streams Response(EPOpenStreamResp)

EPOpenStreamReq 요청패킷에 대한 응답패킷으로 사용되며 디바이스의 처리 결과를 호스트에게 제공한다. Type 값은 0(Management), SubType 값은 43(EPOpenStreamResp), Status Code 값은 적당한 상태 코드를 담는다.

표 9-51 Endpoint Open Streams Response 필드

비트	오프셋(헤더 시작부터), DW:bit	설명
16	3:0	Number of Streams. 얻어진 스트림 개수
16	3:16	Number of Stream ID blocks. 얻어진 스트림을 설명하는 ID 블록 개수

표 9-51에서 사용된 Stream ID block은 다음과 같은 필드를 가지고 이어진다.

표 9-52 Stream ID block 필드

비트	오프셋(내용 시작부터), DW:bit	설명
16	N:0	First Stream ID. 첫 번째 스트림 ID
16	N:16	Last Stream ID. 마지막 스트림 ID

예를 들어, 호스트가 요구하는 스트림 개수가 100개라고 가정해보자. 디바이스가 100개의 스트림을 할당한다. 하지만 디바이스가 스트림 ID 1부터 60까지를 하나의 Group으로 스트림 ID 61부터 100까지를 다른 하나의 Group으로 관리한다면 호스트는 2번에 걸쳐서 Stream ID Block을 가져와야 한다.

첫 번째 EPOpenStreamReq는 100개를 요청한다. Open Stream 값을 1로 사용하는데 새로 생성하라는 의미이다. 디바이스가 100개를 생성한 뒤 60개만 Stream ID block [1,60]에 담아서 호스트에게 응답한다.

두 번째 EPOpenStreamReq는 40개만 요청한다. 이미 60개를 얻었기 때문이다. 이때 Open Stream 값을 0으로 사용하는데 이미 생성된 스트림 ID를 달라는 뜻이다. 동시에 Stream ID Index 값으로 61 값을 사용한다. 디바이스는 40개에 대한 Stream ID block [61, 100]을 준비해서 호스트에게 응답한다. 이와 같이 총 100개의 스트림 ID에 대한 열기 작업은 두 번에 걸쳐서 수행하게 된다.

9.3.3.45 Endpoint Close Streams Request(EPCloseStreamReq)

MA USB 호스트는 MA USB 디바이스에게 스트림 닫기를 요청한다. 닫으려 하는 스트림 ID를 파라미터로 제공한다. Type 값은 0(Management), SubType 값은 44(EPCloseStreamReq), Status Code 값은 0(NO_ERROR)을 사용한다.

표 9-53 Endpoint Close Streams Request 필드

비트	오프셋(헤더 시작부터), DW:bit	설명
16	3:0	EP 핸들. 스트림 전송 대상의 엔드포인트 핸들
1	3:16	Close All. 스트림 ID 닫기 모드 **값** 0 파라미터로 제공하는 대상의 스트림만 닫는다. 1 모든 스트림을 닫는다.
15	3:17	사용 안 함
16	4:0	Number of stream ID blocks. 스트림 ID를 담은 배열
16	4:16	사용 안 함

9.3.3.46 Endpoint Close Streams Response(EPCloseStreamResp)

EPCloseStreamReq 요청패킷에 대한 응답패킷으로 사용된다. 디바이스의 처리 결과를 호스트에게 제공한다. Type 값은 0(Management), SubType 값은 45(EPCloseStreamResp), Status Code 값은 적당한 상태 코드를 담는다.

9.3.3.47 USB Device Reset Request(USBDevResetReq)

MA USB 호스트는 대상이 되는 MA USB 디바이스에게 리셋명령을 보낸다. Device Handle 값은 사용되지 않는다. Type 값은 0(Management), SubType 값은 46(USBDev ResetReq), Status Code 값은 0(NO_ERROR)을 사용한다.

9.3.3.48 USB Device Reset Response(USBDevResetResp)

USBDevResetReq 요청패킷에 대한 응답패킷으로 사용되며 디바이스의 처리 결과를 호스트에게 제공하며 Device Handle 값은 사용되지 않는다. Type 값은 0(Management), SubType 값은 47(USBDevResetResp), Status Code 값은 적당한 상태 코드를 담는다.

9.3.3.49 Device Notification Request(DevNotificationReq)

MA USB 디바이스는 MA USB 호스트에게 사건 요청을 보낸다. USB 3에서 정의되고 있는 Transaction Packet(DEV_NOTIFICATION)과 관련된 사건을 정의한다. Type 값은 0(Management), SubType 값은 48(DevNotificationReq), Status Code 값은 0(NO_ERROR)을 사용한다.

표 9-54 Device Notification Request 필드

비트	오프셋(헤더 시작부터), DW:bit	설명
16	3:0	사용 안 함
4	3:4	Notification Type. 값 0000b 사용 안 함 0001b FUNCTION_WAKE 0010b LATENCY_TOLERANCE_MESSAGE 0011b BUS_INTERVAL_ADJUSTMENT_MESSAGE 0100b HOST_ROLE_REQUEST 0101b SUBLINK_SPEED
56	3:8	Notification Type Specific Data 스펙에서 정의된 파라미터

9.3.3.50 Device Notification Response(DevNotificationResp)

DevNotificationReq 요청패킷에 대한 응답패킷으로 사용되며 호스트의 처리 결과를 디바이스에게 제공한다. Type 값은 0(Management), SubType 값은 49(DevNotificationResp),

Status Code 값은 적당한 상태 코드를 담는다.

9.3.3.51 Endpoint Set Keep-Alive Request(EPSetKeepAliveReq)

MA USB 디바이스는 Keep Alive 시간 정보를 MA USB 호스트에게 보낸다. TRANFER_
PENDING 상태 코드를 리턴받은 호스트는 Req 요청을 다시 재전송하는데 Keep Alive 시
간만큼 대기한다. Type 값은 0(Management), SubType 값은 50(EPSetKeepAliveReq),
Status Code 값은 0(NO_ERROR)을 사용한다.

표 9-55 Endpoint Set Keep-Alive Request 필드

비트	오프셋(헤더 시작부터), DW:bit	설명
16	3:0	Keep-alive duration. 디바이스가 호스트에게 알려주는 Keep-Alive 시간
16	3:16	사용 안 함

9.3.3.52 Endpoint Set Keep-Alive Response(EPSetKeepAliveResp)

EPSetKeepAliveReq 요청패킷에 대한 응답패킷으로 사용되며 호스트의 처리 결과를 디바
이스에게 제공한다. Type 값은 0(Management), SubType 값은 51(EPSetKeepAliveResp),
Status Code 값은 적당한 상태 코드를 담는다.

표 9-56 Endpoint Set Keep-Alive Response 필드

비트	오프셋(헤더 시작부터), DW:bit	설명
16	3:0	Old Keep-Alive Duration. 이전에 사용되던 Keep-Alive 시간
8	3:16	Start Request ID. Keep-Alive가 영향을 미칠 Request ID를 알려준다.
8	3:24	사용 안 함

9.3.3.53 Get Port Bandwidth Request(GetPortBWReq)

MA USB 호스트는 MA USB 허브에게 허브가 가진 포트 각각의 대역폭을 퍼센트로 알려 달라는 요청을 한다. Type 값은 0(Management), SubType 값은 52(GetPortBWReq), Status Code 값은 0(NO_ERROR)을 사용한다.

표 9-57 Get Port Bandwidth Request 필드

비트	오프셋(내용 시작부터), DW:bit	설명
4	3:0	Speed. 숨겨진 USB 디바이스의 속도 값 의미 0 Low Speed 1 Full Speed 2 High Speed 3 Super Speed 4 Super Speed Plus 5-15 사용 안 함
32	3:4	사용 안 함
2	4:4	Lane Speed Exponent(LSE). (5.2.5.6.4절 참고)
2	4:6	Sublink Type(ST). (5.2.5.6.4절 참고)
2	4:8	사용 안 함
4	4:10	Lane Count. (5.2.5.6.4절 참고)
2	4:14	Link Protocol. (5.2.5.6.4절 참고)
16	4:16	Lane Speed Mantissa(LSM). (5.2.5.6.4절 참고)

9.3.3.54 Get Port Bandwidth Response(GetPortBWResp)

GetPortBWReq 요청패킷에 대한 응답패킷으로 사용되며 허브의 처리 결과를 호스트 에게 제공한다. Type 값은 0(Management), SubType 값은 53(GetPortBWResp), Status Code 값은 적당한 상태 코드를 담는다.

표 9-58 Get Port Bandwidth Response 필드

비트	오프셋(내용 시작부터), DW:bit	설명
8	3:0	Number of Ports. 허브가 지원하는 포트의 수
24	3:8	사용 안 함
가변	4:0	8비트 단위로 이어지는 포트의 대역폭(0-100)

9.3.3.55 Sleep Request(SleepReq)

MA USB 호스트와 MA USB 디바이스는 서로에게 필요할 때 세션을 Active 상태에서 세션을 Inactive 상태로 전환하는 요청을 한다. Type 값은 0(Management), SubType 값은 54(SleepReq), Status Code 값은 0(NO_ERROR)을 사용한다.

표 9-59 Sleep Request 필드

비트	오프셋(내용 시작부터), DW:bit	설명
32	3:0	Management Request Timeout. Session 상태가 Inactive 상태일 때 관리패킷을 처리하는 지연 최대시간(ms)
32	4:0	Data Request Timeout. Session 상태가 Inactive 상태일 때 데이터패킷을 처리하는 지연 최대시간(ms)

9.3.3.56 Sleep Response(SleepResp)

SleepReq 요청패킷에 대한 응답패킷으로 사용된다. SleepReq 요청패킷에 대해 수용할 수 없으면 REQUEST_DENIED 상태 코드로 응답할 수 있다. Type 값은 0(Management), SubType 값은 55(SleepResp), Status Code 값은 적당한 상태 코드를 담는다.

9.3.3.57 Wake Request(WakeReq)

MA USB 호스트와 MA USB 디바이스는 서로에게 필요할때 세션을 Inactive 상태에서 세션을 Active상태로 전환하는 요청을 한다. Type 값은 0(Management), SubType 값은 56(WakeReq), Status Code 값은 0(NO_ERROR)을 사용한다.

9.3.3.58 Wake Response(WakeResp)

WakeReq 요청패킷에 대한 응답패킷으로 사용된다. Type 값은 0(Management), SubType 값은 57(WakeResp), Status Code 값은 적당한 상태 코드를 담는다.

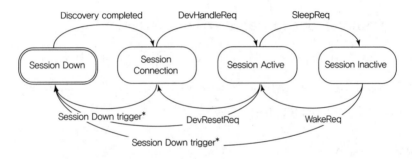

그림 9-29 MA USB 세션 상태 다이어그램(출처: usb.org)

그림 9-29를 보면 세션Session이 어떻게 연결되고, Active, Inactive 상태를 전환하는지와 세션이 끊어지는Session Down 상황을 보여주고 있다.

9.3.4 제어패킷

제어패킷Control Packets은 데이터채널을 사용하는 패킷 중 하나다. 제어패킷은 링크 관리 흐름 제어에서 사용된다. 링크 관리 흐름 제어는 이 책의 범위를 벗어나므로 설명을 생략한다.

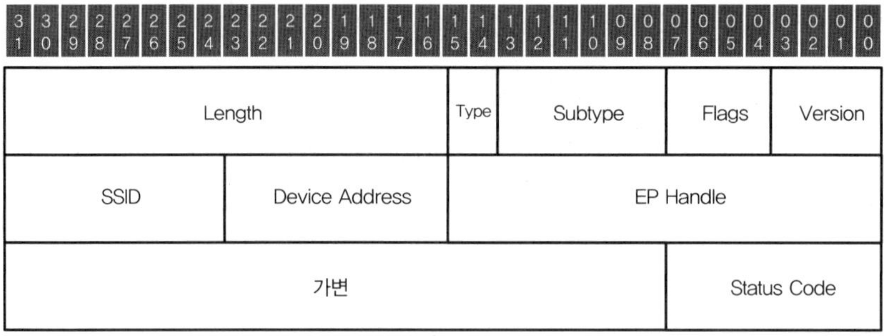

3 3	2 2	2 2	2 2	2 2	2 2	1 1	1 1	1 1	1 1	1 1	0 0	0 0	0 0	0 0	0 0
1 0	9 8	7 6	5 4	3 2	1 0	9 8	7 6	5 4	3 2	1 0	9 8	7 6	5 4	3 2	1 0

Length	Type	Subtype	Flags	Version
SSID	Device Address	EP Handle		
가변		Status Code		

그림 9-30 MA USB 제어패킷의 헤더 필드

그림 9-30은 제어패킷이 사용하는 공통 필드를 보여준다.

9.3.4.1 Transfer Setup Request(TransferSetupReq)

MA USB 호스트는 대상이 되는 MA USB 디바이스에게 링크 관리 흐름 제어 OUT 전송의 Setup 전송의 시작을 알린다. Type 값은 1(Control), SubType 값은 0(TransferSetupReq), Status Code 값은 0(NO_ERROR)을 사용한다.

표 9-60 Transfer Setup Request 필드

비트	오프셋(내용 시작부터), DW:bit	설명
8	2:8	Link Type. 링크의 유형 값 의미 0 사용 안 함 1 IEEE 802.11 링크(802.11모드)
가변	2:16	Connection ID. 링크 관리 흐름 제어 OUT 전송에서 사용됨

9.3.4.2 Transfer Setup Response(TransferSetupResp)

TransferSetupReq 요청패킷에 대한 응답패킷으로 사용되며 디바이스의 처리 결과를 호스트에게 제공한다. Type 값은 1(Control), SubType 값은 1(TransferSetupResp),

Status Code 값은 적당한 상태 코드를 담는다.

9.3.4.3 Transfer Tear Down Confirmation(TransferTearDownConf)

링크 관리 흐름 제어 OUT 전송을 마치도록 요청하는 패킷이다. Type 값은 1(Control), SubType 값은 2(TransferTearDownConf), Status Code 값은 적당한 상태 코드를 담는다.

9.3.5 데이터패킷

데이터패킷은 데이터채널을 사용하는 패킷 중 하나다. 데이터패킷은 등시성 전송과 비등시성 전송에 사용되는 형태가 다르다.

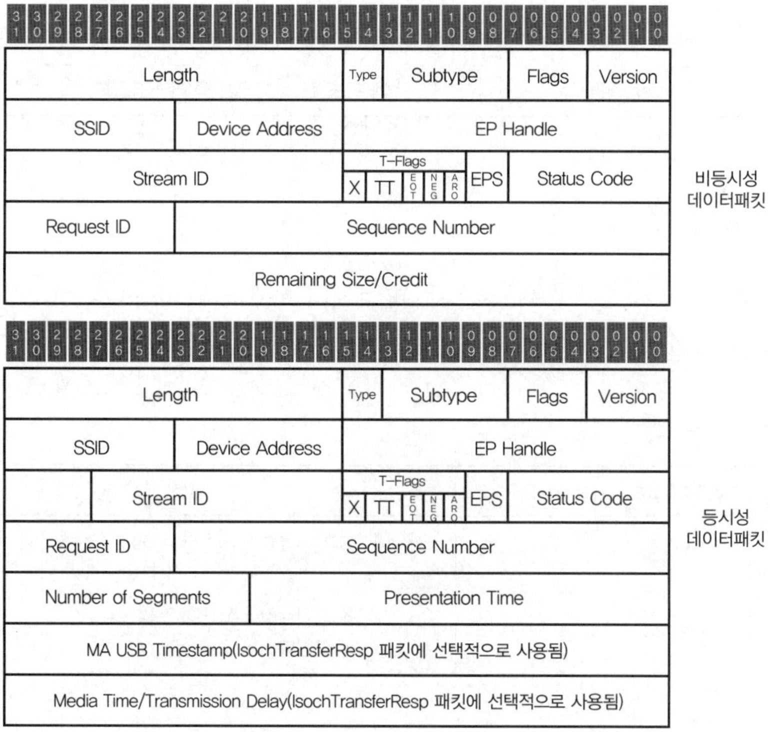

그림 9-31 등시성 전송과 비등시성 전송 데이터패킷의 헤더 필드

그림 9-31을 보면 등시성 전송과 비등시성 전송에 사용되는 데이터패킷의 형태를 알 수 있다.

9.3.5.1 공통 필드

9.3.5.1.1 EPS(Endpoint Status)

오프셋 DW2:8의 2비트 EPS(EP Status)는 데이터패킷을 담고 있는 EP 핸들의 상태를 나타낸다.

표 9-61 EPS 필드값

값	설명
00b	Unassigned. 해당하는 EP 핸들이 어느 엔드포인트에도 연결돼 있지 않다.
01b	Active. 해당하는 EP 핸들이 특정 엔드포인트에 연결돼 데이터 전송이 성공적으로 이뤄지고 있다.
10b	Inactive. 해당하는 EP 핸들이 특정 엔드포인트에 연결돼 있지만, 활동하지 않은 상태이다.
11b	Halted. 해당하는 EP 핸들이 연결된 엔드포인트의 상태가 정지(Halt)됐다.

9.3.5.1.2 T-Flags

오프셋 DW2:10의 6비트 T-Flags는 데이터패킷의 흐름을 제어하거나 응답패킷을 요구하는 용도로 사용된다.

표 9-62 T-Flags 필드값

비트	오프셋(내용 시작부터), DW:bit	설명
1	2:10	ARQ(Acknowledgement Request). ACK 확인을 요청함 값　의미 0　　ACK 확인패킷을 요구하지 않는다. 1　　ACK 확인패킷을 요구한다.

비트	오프셋(내용 시작부터), DW:bit	설명
1	2:11	NEG(Nagative Credit). Credit 값을 음수로 사용할 여부 값　의미 0　양수로 사용한다. 0 에서 $2^{\wedge}$ Credit − 1 1　음수로 사용한다. −1 에서 $-2^{\wedge}$ Credit
1	2:12	EOT(End of Transfer). 마지막 전송임을 알림
2	2:13	Transfer Type(TT). 전송 유형을 알림 값　의미 00b　제어 전송 01b　등시성 전송 10b　벌크 전송 11b　인터럽트 전송
1	2:15	사용 안 함

9.3.5.1.3 Stream ID(비등시성 전송)

오프셋 DW2:16의 16비트 Stream ID는 Super Speed 스트림 전송에 사용되는 스트림 ID다.

9.3.5.1.4 Sequence Number

오프셋 DW3:0의 24비트 Sequence Number는 연속적인 데이터패킷 전송 시 흐름 제어에 사용된다.

9.3.5.1.5 Request ID

오프셋 DW3:24의 8비트 Request ID는 MA USB 호스트에 의해서 할당되는 작업 ID 이다. 요청패킷과 응답패킷은 같은 Request ID를 사용해서 같은 전송에 관련돼 있음을 알린다.

9.3.5.1.6 Remaining Size/Credit(비등시성 전송)

오프셋 DW4:0의 32비트 Remaining Size/Credit는 남아있는 전송량 또는 수신 버퍼의 여유 공간 정보(Credit)를 알린다.

9.3.5.1.7 Number of Headers(등시성 전송)

오프셋 DW2:16의 12비트 Number of Headers는 이어지는 등시성 전송 헤더의 개수를 나타낸다.

9.3.5.1.8 I-Flags(등시성 전송)

오프셋 DW2:28의 4비트 I-Flags는 등시성 전송을 위해 사용되는 옵션을 정의하고 있다.

표 9-63 I-Flags 필드값

비트	오프셋(내용 시작부터), DW:bit	설명
1	2:28	MTD Valid. Media Time/Transmission Delay 필드 사용 여부
2	2:29	Isochronous Header Format. 등시성헤더의 포맷의 종류 값　의미 0　짧은 포맷 1　표준 포맷 2　긴 포맷
1	2:31	ASAP(As Soon As Possible). 등시성 전송을 가능하면 빨리 시작하라는 옵션

9.3.5.1.9 Presentation Time(등시성 전송)

오프셋 DW4:0의 20비트 Presentation Time은 등시성 전송을 시작하는 프레임 정보를 제공한다.

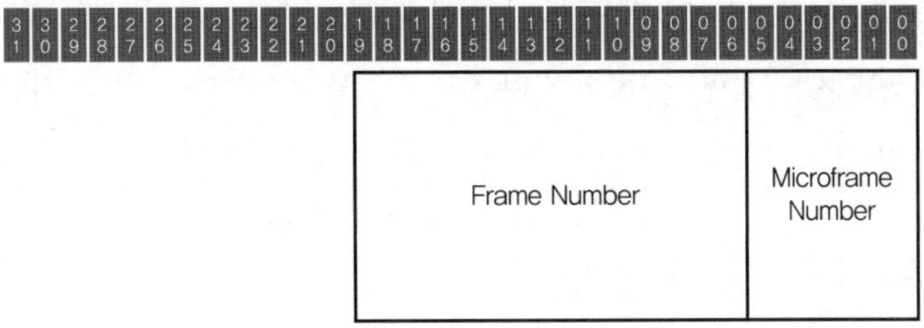

그림 9-32 Presentation Time 필드 포맷

그림 9-32를 보자. 오프셋 DW4:0의 3비트 Microframe Number는 125us 단위로 기술된 순서 번호이며 오프셋 DW4:3의 17비트 Frame Number는 1ms 단위로 기술된 순서 번호이다.

9.3.5.1.10 Number of Segments(등시성 전송)

오프셋 DW4:20의 12비트 Number of Segments는 등시성 데이터 전송패킷 내부에 몇 개의 세그먼트를 포함하는지를 기술한다(9.2.8절 참고). 세그먼트는 하나의 서비스 인터벌 (SI)에서 송수신할 데이터를 의미한다. 결국 몇 개의 서비스 인터벌을 사용하는 등시성 전송인지를 결정한다.

9.3.5.1.11 MA USB Timestamp(등시성 전송)

오프셋 DW5:0의 32비트 MA USB Timestamp는 현재 시간 정보(MGT)를 기술한다. IsochTransferReq 요청패킷에는 무조건 포함된다. IsochTransferResp 응답패킷에는 선택적 사용이 가능하다.

9.3.5.1.12 Media Time/Transmission Delay(등시성 전송)

오프셋 DW6:0의 32비트 Media Time/Transmission Delay는 IsochTransferReq 요청 패킷에는 무조건 포함된다. IsochTransferResp 응답패킷에는 선택적 사용이 가능하다. 이 시간은 정교한 Media Time을 사용하는 경우 혹은 그렇지 않은 경우에는 패킷의 MA

USB Timestamp 필드에 기술된 시간 이후 실제 Media Time/Transmission Delay 필드가 물리적인 매체로 실리는 시간까지의 지연 시간을 기록한다. 정밀한 지연 시간을 사용하는 경우에 필요하다. Transmission Delay의 의미로 사용되는 경우 단위 시간은 ns이다. Media Time은 링크가 가지는 고유한 속성으로 인해 발생되는 지연 요소를 기록하는 용도로 사용된다.

9.3.5.2 Transfer Request(TransferReq)

MA USB 호스트는 비등시성 전송 IN, OUT의 시작을 위해 이 패킷을 사용한다. 특히 전송 OUT의 경우 필요한 데이터 Payload가 패킷 내부에 포함된다. Type 값은 2(Data), SubType 값은 0(TransferReq), Status Code 값은 0(NO_ERROR)을 사용한다. Remaining Size/Credit 필드는 남아있는 전송량 또는 IN 전송을 위해서 디바이스가 전송하려고 남겨둔 데이터의 크기를 나타낸다.

9.3.5.3 Transfer Response(TransferResp)

MA USB 디바이스는 비등시성 전송 IN, OUT의 응답을 위해 이 패킷을 사용한다. 특히 전송 IN의 경우 필요한 데이터 Payload가 패킷 내부에 포함된다. Type 값은 2(Data), SubType 값은 1(TransferReq), Status Code 값은 적당한 값이 사용된다.

Remaining Size/Credit 필드는 남아있는 전송량 또는 OUT 전송을 위해서 디바이스가 수신하는 수신 버퍼의 남은 크기 공간 정보(Credit)을 나타낸다.

9.3.5.4 Transfer Acknowledgement(TransferAck)

MA USB 호스트는 MA USB 디바이스의 응답패킷 내부의 확인패킷 요청(ARQ)이 있는 경우 TransferAck 확인패킷을 디바이스로 전송한다. 시퀀스 넘버를 사용해서 정확한 전송 상태를 알려주는 목적으로 사용된다. Type 값은 2(Data), SubType 값은

2(TransferReq), Status Code 값은 적당한 값이 사용된다. TransferResp 응답패킷의
Status Code 값이 TRANSFER_PENDING인 경우 이어지는 TransferAck 확인패킷의
Status Code 값도 역시 TRANFER_PENDING 값을 사용해야 한다.

9.3.5.5 Isochronous Transfer Request(IsochTransferReq)

MA USB 호스트는 등시성 전송 OUT, IN을 위해서 IsochTransferReq 요청패킷을 사용
한다. OUT 전송의 경우 데이터 Payload가 포함된다. Type 값은 2(Data), SubType 값
은 3(TransferReq), Status Code 값은 0(NO_ERROR)을 사용한다.

9.3.5.6 Isochronous Transfer Response(IsochTransferResp)

MA USB 디바이스는 등시성 전송 OUT, IN을 위해서 IsochTransferResp 요청패킷을
사용한다. IN 전송의 경우 데이터 Payload가 포함된다. Type 값은 2(Data), SubType
값은 4(IsochTransferResp)을 사용한다.

9.4 MA USB 디바이스 프레임워크

9.4.1 디바이스 상태

디바이스 상태는 MA USB 호스트와 MA USB 디바이스 사이에 형성되는 링크의 세션 상
태와 동일하다(9.5절 참고).

9.4.2 엔드포인트 핸들 상태

엔드포인트 핸들은 그림 9-33과 같은 상태 다이어그램을 유지한다.

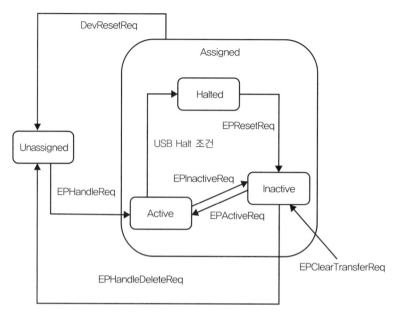

그림 9-33 MA USB Endpoint 핸들 상태 다이어그램

9.4.2.1 Active

Endpoint 핸들의 상태가 Active 상태로 진입하는 경우는 다음과 같다.

MA USB 호스트가 디바이스로 EPHandleReq 요청패킷을 전송해 적당한 엔드포인트 핸들을 할당받는 경우에 진입한다. 엔드포인트의 상태가 Inactive 상태에 있을 때 호스트가 전송하는 EPActiveReq 요청패킷에 의해서 진입한다.

Endpoint 핸들의 상태가 Active 상태에서 빠져나가는 경우는 다음과 같다.

- 전송 중에 엔드포인트가 정지 상태(Halt)를 만나는 경우
- MA USB 디바이스가 호스트로부터 EPInactiveReq 요청패킷을 수신하는 경우
- MA USB 디바이스가 호스트로부터 DevResetReq 요청패킷을 수신하는 경우

9.4.2.2 Halted

Endpoint 핸들의 상태가 Halted 상태로 진입하는 경우는 다음과 같다. Active 상태에 있는 Endpoint 핸들의 상태에서 USB 전송 중에 정지 상태(Halt)를 만나는 경우에 진입한다.

Endpoint 핸들의 상태가 Halted 상태에서 빠져나가는 경우는 다음과 같다. MA USB 디바이스가 호스트로부터 EPResetReq 요청패킷을 수신하는 경우와 MA USB 디바이스가 호스트로부터 DevResetReq 요청패킷을 수신하는 경우이다.

9.4.2.3 Inactive

Endpoint 핸들의 상태가 Inactive 상태로 진입하는 경우는 다음과 같다. Active 상태에서, 만일 MA USB 디바이스가 MA USB 호스트로부터 EPInactiveReq 요청패킷을 수신하는 경우에 진입한다. Halted 상태에서 MA USB 디바이스가 MA USB 호스트로부터 EPResetReq 요청패킷을 수신하는 경우에 진입한다.

Endpoint 핸들의 상태가 Inactive 상태에서 빠져나가는 경우는 다음과 같다. MA USB 디바이스가 호스트로부터 EPActiveReq 요청패킷을 수신하는 경우와 MA USB 디바이스가 호스트로부터 EPHandleDeleteReq 요청패킷을 수신하는 경우, MA USB 디바이스가 호스트로부터 DevResetReq 요청패킷을 수신하는 경우이다.

9.4.2.4 Unassigned

Endpoint 핸들의 상태가 Unassigned 상태로 진입하는 경우는 다음과 같다.

Power On Reset 작업이 시작되면 진입한다. 어떤 상태에서라도 MA USB 디바이스가 MA USB 호스트로부터 DevResetReq 요청패킷을 수신하는 경우에 진입한다. Inactive 상태에서 MA USB 디바이스가 MA USB 호스트로부터 EPHandleDeleteReq 요청패킷을 수신하는 경우에 진입한다. 만일 MA USB 디바이스가 MA USB 호스트로부터 EP 핸들이 속해 있는 디바이스와 연관되는 USBDevDisconnect 요청패킷을 수신하는 경우에 진입한다. MA USB 디바이스가 MA USB 호스트로부터 DevDisconnectReq 요청패킷을 수신하는 경우에 진입한다.

Endpoint 핸들의 상태가 Unassigned 상태에서 빠져나가는 경우는 MA USB 디바이스가 호스트로부터 EPHandleReq 요청패킷을 수신하는 때이다.

9.4.3 디바이스 준비 상태

9.4.3.1 탐색 메커니즘

MA USB 호스트와 디바이스는 서로 간의 링크가 제공하는 저급 수준의 탐색 메커니즘 Discovery Mechanism을 사용해서 서로를 검색한다. 이 부분은 책의 범위를 벗어나므로 설명을 생략한다.

9.4.3.2 MA USB 디바이스 열거 과정(RootHub를 통해 열거된 경우)

MA USB 디바이스 열거과정은 보통 USB 디바이스 열거 과정과 비슷한 모습으로 진행된다. 열거 과정 중에 나타나는 행동은 다음과 같이 정리할 수 있다.

표 9-64 MA USB 디바이스 열거 과정에 나타날 수 있는 행동(Action)

행동(Action)	설명
Open USB Device (장치 열기)	USB 디바이스가 허브의 포트에 연결되면 USB 호스트 소프트웨어는 해당하는 디바이스와 송수신할 수 있는 문맥(Context)을 생성한다. xHCI에서 사용되는 Device Slot이 대표적인 예이다.
USB Device Removal (장치 제거)	허브의 포트에 연결돼있던 디바이스가 제거되면 USB 호스트 소프트웨어는 사용하던 모든 리소스를 해제한다.
Open EP (엔드포인트 열기)	USB 호스트 소프트웨어는 해당하는 디바이스의 엔드포인트를 사용하기 위한 문맥(Endpoint Context)을 생성한다. 디폴트 엔드포인트의 경우에는 별도의 행동 작업이 따라오지 않지만 그외에 엔드포인트를 사용하는 경우에는 Configure Device 행동이 따라온다.

행동(Action)	설명
Modify EP0 (디폴트 파이프 수정)	USB Full Speed의 경우 디폴트 엔드포인트의 MaxPacketSize 값은 8, 16, 32, 64 중에 어떤 값을 사용해도 무방하다. 하지만 USB 호스트는 디바이스가 연결되면 무조건 이 값이 8이라고 가정한다. 따라서 실제 Full Speed의 경우 디폴트 엔드포인트의 MaxPacketSize 값을 읽어서 수정해야 한다.
Address Device (주소지정)	USB 디바이스가 사용할 주소를 할당한다. USB 스펙에 의하면 전원이 인가되는 포트에 연결되는 디바이스는 디폴트 주소(0)을 가진다. 이후 호스트의 시스템 소프트웨어에 의해서 적당한 주소가 할당된다.
Evaluate Device (디바이스 파라미터 수정)	열거 과정을 마치고 나서 새롭게 얻은 정보를 바탕으로 디바이스의 현재 상태를 변경한다.
Configure Device (셋업)	디바이스의 엔드포인트를 사용하기 위한 Open EP 행동 내부에서 발생하는 행동. 호스트에 있는 USB 클라이언트 소프트웨어는 SetConfiguration 명령을 사용해서 디바이스를 셋업한다.
Port Manipulation (허브 포트 관리)	허브 디바이스는 포트의 변화를 감시한다. 이와 같은 감시 행동은 호스트 시스템에게 전달된다. 이렇게 전달된 변화는 호스트로 하여금 그에 따른 적절한 행동을 가져온다.

열거과정중에 나타나는 사건은 다음과 같이 정리할 수 있다.

표 9-65 MA USB 디바이스 열거 과정에 나타날 수 있는 사건(Event)

사건(Event)	설명
Port Status Change (포트 상태 변경)	허브의 포트는 상태가 변경되는 상황을 감시한다. 포트의 상태가 변경되면 이 사건은 호스트에게 전달된다.

그림 9-34를 보면 MA USB 디바이스가 열거되는 과정 중에 발생될 수 있는 행동들을 나타낸다.

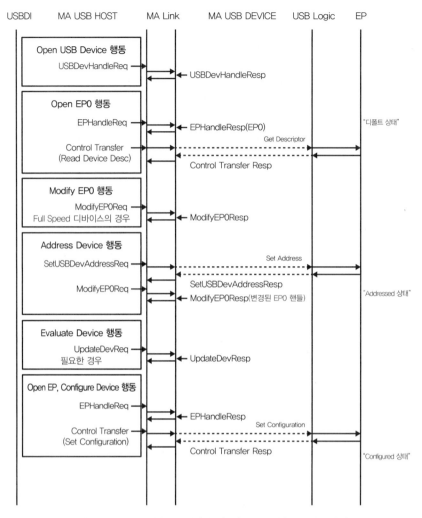

그림 9-34 MA USB 디바이스 열거 과정(외장 허브를 사용하지 않는 경우)

9.4.3.2.1 USB 디바이스 핸들 할당

Open Device 행동은 MA USB 호스트가 디바이스에게 USB 디바이스 핸들 요청
(USBDevHandleReq)패킷을 전송하게 한다. 이 패킷은 USB 3의 경우 적당한 Route String
과 허브에 연결돼있는 포트 번호 그리고 특성 정보 교환을 통해서 얻은 속도 정보를 포함
하고 있다.

USBDevHandleReq 패킷을 받은 디바이스는 성공적인 처리 결과를 호스트에게 알리기 위해서 USBDevHandleResp 패킷을 발생시키고 있다. 디바이스는 반드시 한번에 하나 이상의 USBDevHandleReq 패킷에 대한 TRANSFER_PENDING 응답을 사용하지 않아야 한다.

9.4.3.2.2 엔드포인트 핸들 할당

Open EP와 Configure Device 행동은 MA USB 호스트가 MA USB 디바이스에게 EP 핸들 요청(EPHandleReq)을 하도록 만든다. EPHandleReq 요청패킷은 USB 디바이스 핸들이 성공적으로 할당된 이후에만 의미를 가진다.

Open EP 단독행동에 의해서 발생되는 EPHandleReq 요청패킷은 디폴트 엔드포인트를 대상으로 한다. 반면 Open EP 행동과 Configure Device 행동이 함께 발생하거나 단독으로 Configure Device 행동이 사용되는 경우에 발생되는 EPHandleReq 요청패킷은 디폴트 엔드포인트를 제외한 나머지 엔드포인트를 대상으로 한다. 이것은 Set Configuration 과정을 발생시킨다.

9.4.3.2.3 EP0 엔드포인트 파라미터 변경

Full Speed를 사용하는 디바이스의 경우 Device Descriptor에 기술된 MaxPacket Size0 값에 의해서 엔드포인트의 파라미터가 변경돼야 한다. 호스트는 이런 요청을 시작하고 디바이스가 반영해야 한다. 또한 Address Device 행동에 의해서 EP0 핸들이 변경될 수 있다. 호스트는 이와 같은 변경된 EP0 값을 확인해야 한다.

9.4.3.2.4 USB 디바이스 주소 할당

Address Device 행동은 MA USB 호스트가 MA USB 디바이스에게 대상이 되는 실제 USB 디바이스의 주소를 할당하도록 요청한다. 이 작업은 SetUSBDevAddrReq 패킷에 의해서 수행된다.

9.4.3.2.5 USB 디바이스 파라미터 변경

열거 과정을 마치면 얻어지는 정보들을 사용해서 최종적으로 디바이스의 파라미터를 변경한다. 구체적인 파라미터는 9.3.3.23절을 참고한다.

9.4.3.3 MA USB 디바이스를 열거하는 과정(외장 허브를 사용해서 열거된 경우)

외장 허브도 일종의 MA USB 디바이스다. 외장 허브에 연결돼 있는 디바이스를 열거하는 경우는 그림 9-34의 과정과 대부분의 작업을 공유한다. 단지 외장 허브가 디바이스의 존재를 인식하기 때문에 앞부분의 내용이 조금 다르게 진행된다.

그림 9-35를 보면, 외장 허브를 사용하는 경우 허브 포트에 디바이스가 연결돼 있는 상황이 발견되는 상황부터 디바이스가 열거되는 과정을 보여주고 있다. 대부분의 과정은 그림 9-34와 같지만 처음 부분에서 외장 허브를 통해서 디바이스의 연결 정보를 얻는 과정(Port Status)이 포함된다.

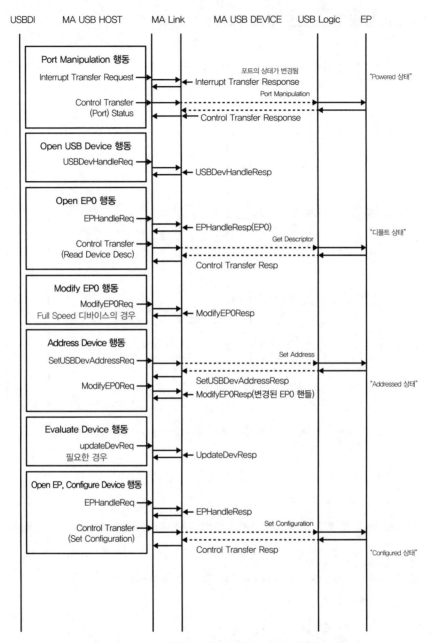

USBDI   MA USB HOST   MA Link   MA USB DEVICE   USB Logic   EP

Port Manipulation 행동
Interrupt Transfer Request ─→
포트의 상태가 변경됨
◀─ Interrupt Transfer Response   "Powered 상태"
Control Transfer ─→ ┄┄┄ Port Manipulation
(Port) Status
◀─ Control Transfer Response

Open USB Device 행동
USBDevHandleReq ─→
◀─ USBDevHandleResp

Open EP0 행동
EPHandleReq ─→
◀─ EPHandleResp(EP0)   "디폴트 상태"
Control Transfer ─→ ┄┄┄ Get Descriptor
(Read Device Desc)
◀─ Control Transfer Resp

Modify EP0 행동
ModifyEP0Req ─→
Full Speed 디바이스의 경우
◀─ ModifyEP0Resp

Address Device 행동
SetUSBDevAddressReq ─→   Set Address
┄┄┄
ModifyEP0Req ─→   SetUSBDevAddressResp   "Addressed 상태"
◀─ ModifyEP0Resp(변경된 EP0 핸들)

Evaluate Device 행동
updateDevReq ─→
필요한 경우
◀─ UpdateDevResp

Open EP, Configure Device 행동
EPHandleReq ─→
◀─ EPHandleResp   Set Configuration
Control Transfer ─→ ┄┄┄
(Set Configuration)
◀─ Control Transfer Resp   "Configured 상태"

그림 9-35 MA USB 디바이스 열거 과정(외장 허브를 사용하는 경우)

9.4.3.4 스트림 프로토콜과 MA USB

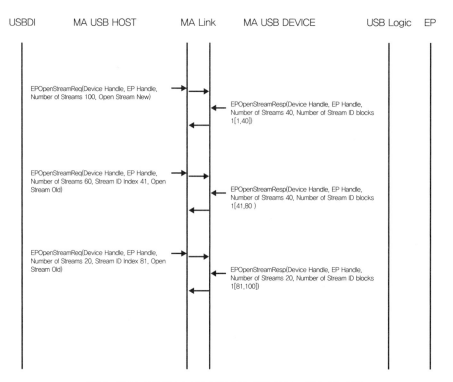

그림 9-36 MA USB에서 스트림 프로토콜을 사용해서 스트림을 여는 작업

그림 9-36은 호스트가 100개의 스트림 ID를 얻는 모습이다. 호스트는 총 3번에 걸쳐서 EPOpenSreamReq 패킷을 사용하고 있다. 디바이스는 3개의 Group으로 구분된 스트림 ID 정보(Block)을 호스트에게 올려주고 있다. 처음 EPOpenSreamReq 패킷을 사용할 때만 Open Stream New 필드를 사용하고, 나머지 두 개의 EPOpenSreamReq 패킷을 사용할 때는 Open Stream Old 필드를 사용하는 것을 유념하자.

9.4.3.5 MA USB 디바이스 리셋

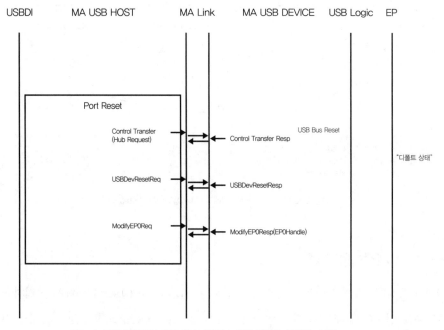

그림 9-37 MA USB에서 디바이스 리셋 명령을 수행하는 작업

MA USB 호스트는 MA USB 디바이스(허브 포함)에게 리셋 명령을 요청한다. 리셋 명령을
수용한 디바이스는 Default 상태로 전환된다.

9.5 MA USB 호스트 구현

9.5.1 세션 관리

9.5.1.1 세션 상태

MA USB 호스트와 디바이스는 각각 동일한 세션 상태를 유지해야 한다. 세션은 그림
9-38과 같다.

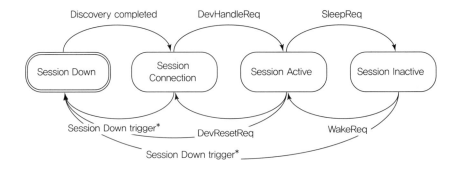

Session Down Trigger :
– Management Packet 전송 실패
– DevDisconnectResp 패킷 전송

그림 9-38 MA USB 세션 상태 다이어그램(출처: usb.org)

9.5.1.1.1 세션다운 상태

세션다운 상태^{Session Down State}로 진입하는 경우는 Power On Reset에 의해서 진입하거나 관리패킷 전송이 실패했을 때 진입한다. DevDisconnectReq 요청패킷에 의해서 진입한다. 세션다운 상태는 MA USB 호스트, 디바이스가 링크 계층으로부터 각각 연결된 상태 파트너를 검출했을 때 빠져나간다.

9.5.1.1.2 세션 연결중 상태

세션 연결중 상태^{Session Connecting State}로 진입하는 경우는 MA USB 호스트, 디바이스가 링크 계층에서 수행된 탐색 작업(Discovery)이 완료했다는 신호를 받으면 진입하고 Active 상태에서 MA USB 호스트가 DevResetReq 요청패킷을 전송할 때 진입한다.

세션 연결중 상태를 빠져나가는 경우는 MA USB 호스트가 성공적으로 USBDev HandleReq 요청패킷을 전송할 때 빠져나가거나 관리패킷 전송이 실패할 때 빠져나간다. 그리고 DevDisconnectReq 요청패킷이 전송될 때 빠져나간다.

9.5.1.1.3 세션 활성화 상태

세션 활성화 상태^{Session Active State}로 진입하는 경우는 MA USB 호스트가 성공적으로 USBDevHandleReq 요청패킷을 전송할 때 진입하거나 WakeReq 요청패킷이 전송될 때 진입한다.

세션 Active 상태를 빠져나가는 경우는 다음과 같다. MA USB 호스트가 성공적으로 DevResetReq 요청패킷을 전송할 때 빠져나가거나 관리패킷 전송이 실패할 때 빠져나간다. DevInitDisconnectReq 요청패킷이 전송될 때 빠져나가거나 SleepReq 요청패킷이 전송될 때 빠져나간다.

9.5.1.1.4 세션 비활성화 상태

SleepReq 요청패킷이 전송될 때 세션 비활성화 상태^{Session Inactive State}로는 진입한다.

세션 비활성화 상태를 빠져나가는 경우는 링크 영역에서 연결이 끊어진 상태를 확인하면 빠져나가거나 관리패킷 전송이 실패할 때 빠져나간다. 그리고 WakeReq 요청패킷이 전송될 때 빠져나간다.

9.5.1.2 세션 셋업

탐색 과정^{Device Discovery} 성공적으로 마친 링크는 MA USB 호스트와 디바이스 간의 세션 연결^{Session Setup}을 시도한다. 세션 셋업 작업은 MA USB 디바이스 리셋과 특성^{Capability} 정보 교환 작업을 수행하는 작업이다.

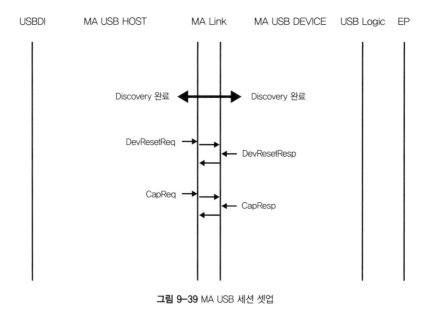

USBDI　　MA USB HOST　　MA Link　　MA USB DEVICE　　USB Logic　　EP

Discovery 완료　　　　　　　　　Discovery 완료

DevResetReq

DevResetResp

CapReq

CapResp

그림 9-39 MA USB 세션 셋업

9.5.1.2.1 MA USB 디바이스 리셋

MA USB 호스트는 디바이스에게 MA USB 디바이스 리셋 요청(DevResetReq)패킷을 전송한다. 대상이 되는 디바이스는 MA USB 호스트와 연결되기를 거부할 수 있다. 무선설정을 사용하는 링크의 경우 패킷을 수용하는 디바이스는 호스트가 사용하는 무선 설정 (MSS)에 연결Join하게 된다.

9.5.1.2.2 특성 정보 교환 작업

CapReq 요청패킷과 CapResp 응답패킷을 통해서 MA USB 호스트와 디바이스는 특성 정보를 교환한다. 특성 정보를 통해서 MA USB 디바이스는 지원 가능한 실제 연결 가능한 디바이스의 수와 엔드포인트의 수를 호스트에게 보고한다.

9.5.1.3 세션 종료

링크상의 데이터 교환 작업이 더 이상 유효하지 않을 때 MA USB 세션은 종료된다. 세션 종료^{Session Tear Down} 작업의 시작은 MA USB 호스트 또는 디바이스에서 발생될 수 있다.

MA USB 호스트 또는 디바이스가 세션을 종료하기로 결정하는 경우 드러나는 세션 종료 작업^{Explicit Session Tear Down}이 수행된다. 이런 작업은 실제 USB 디바이스가 제거되는 작업이 포함된다. 반면에 MA USB 호스트와 MA USB 디바이스 사이의 통신이 허용되지 않는 상황일 때 숨겨진 세션 종료 작업^{Implicit Session Tear Down}이 수행된다.

드러나는 세션 종료 작업의 예로는 사용자가 직접 연결을 끊는 경우를 들 수 있다. 이런 경우 연결을 끊으려하는 측은 반드시 파트너에게 MA USB 세션이 끊어지는 상황을 알려야 한다.

MA USB 디바이스가 허브인 경우와 연결된 실제 USB 디바이스가 제거되는 경우 MA USB 디바이스(허브)는 호스트에게 세션이 끊어지는 상황을 알려야 한다.

반면에 숨겨진 세션 종료 작업은 파트너 양쪽의 연결이 끊어지거나 데이터통신이 불가능한 상황이므로 MA USB 호스트와 디바이스는 각각 내부적인 세션 종료에 필요한 작업을 수행한다. 이 상황은 실제 USB 디바이스가 제거되는 상황과 관련없이 발생된다.

9.5.1.3.1 숨겨진 세션 종료 작업

MA USB 호스트는 숨겨진 세션 종료 작업을 수행하는 데 있어서 필요하다면 드러나는 세션 종료 작업과 동일한 상황을 흉내내는 작업을 수행한다. 허브에 연결돼 있던 디바이스가 제거될 때 수행되는 절차를 모두 흉내내고 MA USB 디바이스가 응답을 보여야 하는 부분마저도 흉내를 낸다. 이런 작업은 MA USB 디바이스도 마찬가지이다.

MA USB 호스트와 디바이스는 각각 내부적으로 사용되던 연결에 필요한 모든 자원을 해제한다.

9.5.1.3.2 MA USB 호스트가 시작하는 세션 종료

호스트가 시작하는 세션 종료는 실제 USB 디바이스가 제거된 상황이 아니다. 호스트상의 응용프로그램이나 사용자에 의해서 세션 종료가 시작되는 경우가 여기에 해당한다.

호스트는 허브의 연결된 실제 USB 디바이스가 제거된 상황과 마찬가지의 상황이 되도록 포트 상태 변경 행동을 흉내 낸다. 포트 상태 변경 행동에 의해서 USB 디바이스 제거 사건이 발생한 것처럼 이어지며 이로 인해 MA USB 호스트와 디바이스 간의 디바이스 제거 절차를 시작한다.

디바이스 제거 절차는 9.5.1.3.4절에서 소개한다. 호스트는 MA USB 디바이스 제거 요청(DevDisconnectReq)패킷을 디바이스로 보낸다. 디바이스는 DevDisconnectResp 응답 패킷을 호스트로 전송한다. 호스트와 디바이스는 세션을 닫는다.

호스트와 디바이스는 사용된 모든 리소스를 반납한다.

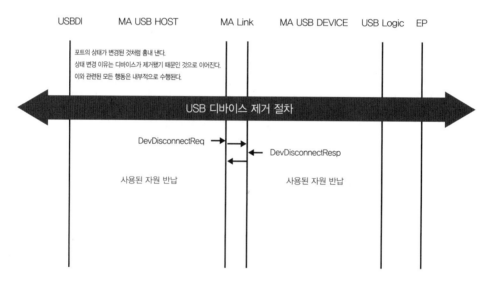

그림 9-40 호스트가 시작하는 세션 종료(MA USB 디바이스가 허브가 아닌 경우)

9.5.1.3.3 MA USB 디바이스가 시작하는 세션 종료

MA USB 디바이스가 시작하는 세션 종료는 실제로 사용되던 USB 디바이스가 제거되거나 이에 상응되는 행동이 발생하는 경우다. MA USB 디바이스는 MA USB 호스트에게 세션을 종료하기를 요청한다. 이것은 DevInitDisconnectReq 요청패킷에 의해서 수행된다. 호스트는 DevInitDisconnectResp 응답패킷을 사용해서 디바이스에게 응답하고 이어서 세션 종료 작업을 시작한다. 호스트가 수행하는 세션 종료 작업은 앞서 봤던 MA USB 호스트가 시작하는 세션 종료 작업과 같은 작업을 수행한다.

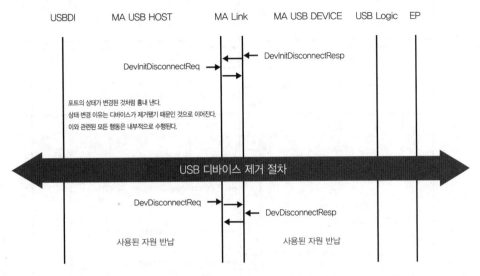

그림 9-41 디바이스가 시작하는 세션 종료(MA USB 디바이스가 허브가 아닌 경우)

MA USB 디바이스가 허브인 경우 허브에 연결된 디바이스가 제거된 상황은 통상적인 포트 상태 변경 사건을 처리하는 행동으로 이어진다.

9.5.1.3.4 USB 디바이스 제거 절차

MA USB가 사용하던 세션을 종료하기 위해서 반드시 사용되던 MA USB 전송과 관련된 모든 행동들이 취소되고 핸들은 삭제돼야 한다. 이와 같은 작업을 USB 디바이스 제거 절차라고 부르고 작업은 모두 4가지 과정으로 나눠 수행된다.

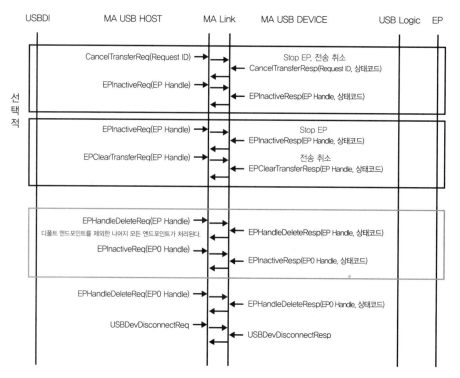

그림 9-42 USB 디바이스 제거 절차

1) MA USB 링크상에서 사용 중인 전송들을 취소하거나 해제해야 한다. 이 작업은 크게 2가지 중에 한 가지 작업을 시작하면서 진행될 수 있다. 하나는 CancelTransfer Req 패킷을 사용해서 전송 중인 작업을 취소하거나 EPInactivateReq 패킷을 사용해서 사용 중인 엔드포인트(핸들)의 상태를 비활성화 상태로 전환시킨다.

2) MA USB 호스트는 사용하던 디폴트 엔드포인트 핸들을 제외하고 나머지 엔드포인트 핸들을 제거하도록 요청한다.

3) MA USB 호스트는 디폴트 엔드포인트 핸들을 제거하도록 요청한다.

4) MA USB 호스트는 USBDevDisconnectReq 요청패킷을 디바이스로 전송한다. 디바이스는 실제 USB 디바이스에 사용되던 리소스를 제거하고, 디바이스 핸들을 제거한다.

9.5.2 전원 관리와 MA USB

MA USB가 사용하는 전원 관리에 있어 전원이 충분히 공급되는 상태를 세션 활성화 상태Session Active State라고 부르고 전원공급이 줄어든 상태를 세션 비활성화 상태Session Inactive State라고 부른다.

MA USB 호스트와 디바이스는 각각 자신의 상황에 따라서 세션 상태를 활성화, 비활성화상태로 전환하는 요청을 할 수 있다.

9.5.2.1 세션 비활성화 상태로 전환 요청하기

세션을 비활성화 상태로 전환한다는 의미는 두 가지를 포함하고 있다. 하나는 실제로 연결된 USB의 상태를 서스펜드시키는 작업이다. 두 번째는 MA USB 호스트와 디바이스가 연결돼 있는 링크 자체를 서스펜드시키는 작업이다.

9.5.2.1.1 MA USB 호스트가 요청하기

MA USB 호스트가 세션 상태를 비활성화 상태로 전환하도록 요청하는 이유는 링크에 당분간 사용될 패킷이 없을 것으로 예상하기 때문이다. 이런 상태에서는 필요하다면 실제 디바이스의 상태를 서스펜드시킬 수도 있다. MA USB 호스트가 세션 비활성화 상태로 전환 요청하는 순서는 다음과 같이 정리될 수 있다.

1) MA USB 디바이스와 사용 중이던 모든 엔드포인트 핸들을 비활성화 상태로 전환 요청한다.

2) MA USB 디바이스 뒤에 숨겨져 있는 실제 USB 디바이스의 상태를 서스펜드시킨다.

3) SleepReq 요청패킷을 MA USB 디바이스로 전송한다.

4) MA USB 호스트는 세션을 비활성화 상태로 전환한다.

5) MA USB 호스트와 디바이스는 각각 자신의 링크 상태를 저전력 상태로 전환한다.

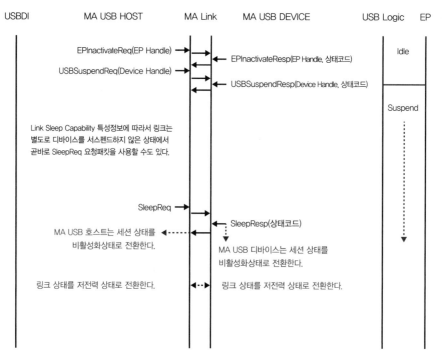

그림 9-43 MA USB 호스트가 세션 비활성화 상태로 전환 요청하기

9.5.2.1.2 MA USB 디바이스가 요청하기

MA USB 디바이스가 세션 상태를 비활성화 상태로 전환하는 요청을 하는 상황은 MA USB 호스트가 요청하는 상황과 조금 다른 시작을 보일 수 있다. MA USB 전송은 모든 시작을 MA USB 호스트가 주도한다. 따라서 호스트 입장에서 세션 상태를 비활성화 상태로 전환하는 상황과 달리 디바이스가 요청하는 상황에서는 여전히 특정 엔드포인트가 사용 중(PENDING)일 수 있기 때문이다.

MA USB 디바이스는 컨트롤 엔드포인트 또는 비등시성 IN 엔드포인트만 가지고 있는 경우 해당하는 엔드포인트로 요청된 전송 요청에 대해서 TRANSFER_PENDING 상태 코드가 디바이스에 의해 호스트로 전송된 상태에서는 특별한 작업 없이, 곧바로 MA USB 디바이스는 세션 상태를 비활성화 상태로 전환하는 요청을 할 수 있다. 이와 같이 TRANSFER_PENDING된 엔드포인트 핸들이 존재하는 상황에서는 호스트가 요청하는 상황과 다르게 디바이스의 상태를 서스펜드 상태로 전환하면 안 된다. 진행 중인 엔드포인트가 여전히 존재하기 때문이다. 그림 9-44처럼 디바이스는 SleepReq패킷을 호스트로 전송하고 그 응답패킷 SleepResp를 받으면 곧바로 세션 상태를 비활성화 상태로 전환한다. 세션 상태는 비활성화 상태, 링크 상태는 저전력 상태이지만 실제 디바이스의 상태는 서스펜드 상태가 아니라는 점을 유의하자.

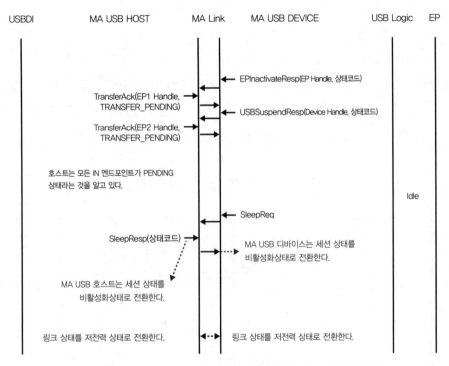

그림 9-44 MA USB 디바이스가 세션 비활성화 상태로 전환 요청하기

9.5.2.2 세션 활성화 상태로 전환 요청하기

9.5.2.2.1 MA USB 호스트가 요청하기

세션이 비활성화된 상태에 있도록 요구한 주체가 MA USB 호스트인 경우 비활성화 상태에서 활성화 상태로 전환하는 요청은 MA USB 호스트와 디바이스가 모두 시작할 수 있다.

MA USB 호스트 측에서 세션 상태를 활성화 상태로 전환하는 작업 순서는 다음과 같다.

1) MA USB 호스트 측의 저전력 링크 상태를 정상 상태로 전환한다. 이 작업은 당연히 링크의 상대방 파트너(MA USB 디바이스)에게 링크가 가진 고유한 방법에 의해서 전달되고 링크 상태가 정상 상태가 된다.

2) MA USB 호스트는 WakeReq 요청패킷을 디바이스로 전송한다. MA USB 디바이스는 WakeResp 응답패킷을 호스트로 보낸다.

3) MA USB 호스트와 디바이스는 각각 적당한 시간에 세션 상태를 활성화 상태로 전환한다.

4) MA USB 호스트는 MA USB 디바이스에 연결된 실제 디바이스의 서스펜드 상태를 회복하기 위해서 USBResumeReq 요청패킷을 전송한다. 이후 엔드포인트 핸들을 다시 사용할 수 있도록 EPActivateReq 요청패킷을 전송한다.

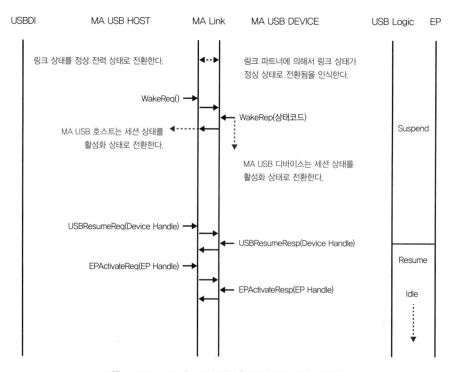

그림 9-45 MA USB 호스트가 세션 활성화 상태로 전환 요청하기

9.5.2.2.2 MA USB 디바이스가 요청하기

비활성화 상태의 세션이 활성화 상태로 전환하는 요청을 MA USB 디바이스는 몇 가지
상황에서 시작한다.

9.5.2.2.2.1 MA USB 디바이스가 WakeReq패킷을 호스트로 전송하는 경우

실제 디바이스의 상태가 서스펜드 상태가 아닌 경우에 MA USB 디바이스는 링크의 상
태를 정상 전력 공급상태로 전환한 뒤 MA USB 호스트에게 WakeReq 패킷을 전송한다.
이후 MA USB 호스트는 WakeResp 응답패킷을 디바이스로 전송한다. MA USB 호스트
와 디바이스는 모두 세션의 상태를 활성화 상태로 전환한다.

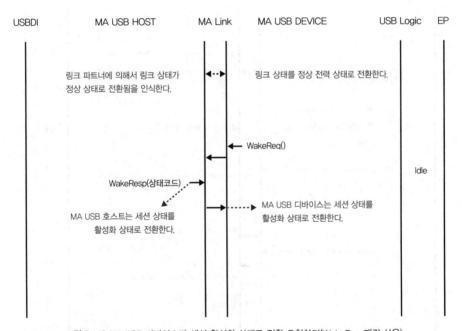

그림 9-46 MA USB 디바이스가 세션 활성화 상태로 전환 요청하기(WakeReq 패킷 사용)

9.5.2.2.2.2 실제 USB 디바이스가 원격 깨우기 기능을 사용하는 경우

실제 USB 디바이스가 원격 깨우기 기능을 사용하면 MA USB 디바이스는 이 신호를 감
지한다. 링크의 전력 공급 상태를 정상 상태로 되돌린 후 MA USB 호스트로 Remote

WakeReq 요청패킷을 전송한다. 호스트는 세션의 상태를 활성화 상태로 전환한 뒤 디바이스 측으로 RemoteWakeResp 응답패킷을 전송한다.

MA USB 디바이스가 요청했던 RemoteWakeReq 요청패킷 내부의 USB Device Resumed 필드값이 1인 상태, 즉 MA USB 호스트로 하여금 이어지는 USBResumeReq 요청패킷을 하도록 하는 상태였다면 이어서 호스트는 USBResumeReq 요청패킷을 디바이스로 전송한다. 디바이스로부터 USBResumeResp 응답패킷을 수신한 호스트는 이어서 엔드포인트(핸들)의 상태를 활성화 상태로 전환하도록 EPActivateReq 요청패킷을 디바이스로 전송한다.

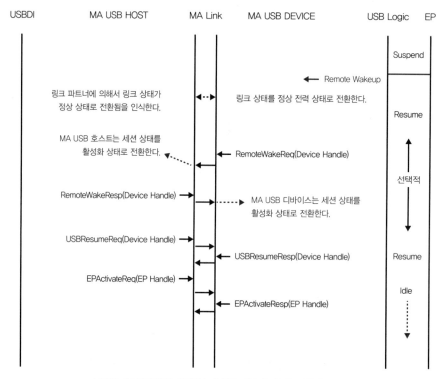

그림 9-47 실제 USB 디바이스가 원격 깨우기 기능을 사용하는 경우

9.5.2.2.2.3 실제 USB 디바이스에서 데이터가 올라온 경우

그림 9-44에서 봤던 상황을 다시 한번 살펴보자.

디바이스가 사용하는 엔드포인트가 비등시성 IN 방향의 엔드포인트이거나 컨트롤 엔드
포인트만 사용하는 상황이다. 이때 TRANSFER_PENDING 상태 코드에 의해 현재 전송
요청이 대기 중인 상황에서 세션의 상태가 비활성화 상태로 전환됐다면 실제 USB 디바
이스에서 엔드포인트에 대한 데이터가 발생하는 상황을 통해서 자연스럽게 세션 상태가
활성화 상태로 전환될 수 있다.

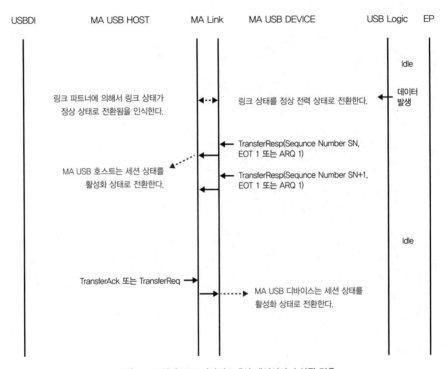

그림 9-48 실제 USB 디바이스에서 데이터가 수신된 경우

실제 디바이스에서 데이터가 발생되면 MA USB 디바이스는 링크 상태의 정상 상태로 전
환한 뒤 TransferResp 응답패킷을 호스트로 전송한다. 이 작업은 여러 번 반복 요청될
수 있다. MA USB 호스트는 응답패킷을 디바이스로부터 수신하고 세션의 상태를 활성화
상태로 전환한 뒤 응답으로 TransferAck 확인패킷 또는 필요에 따라서 다음 전송을 위
해서 TransferReq 요청패킷을 MA USB 디바이스로 전송할 수 있다. 이때 MA USB 디
바이스의 세션 상태가 활성화 상태로 전환된다.

10

xHCI(eXtensible Host Controller Interface)

USB 호스트 시스템^{Host System}은 많은 수의 하드웨어와 소프트웨어 영역으로 구성된다.

그림 10-1은 개념적인 호스트 시스템을 구성하는 각종 영역이 어떻게 연결되는지를 보여주는 블록 다이어그램이다.

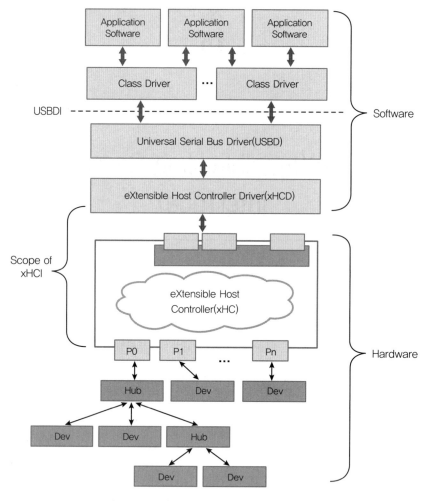

그림 10-1 USB 3.0 시스템 블록 다이어그램(출처: usb.org)

응용프로그램 소프트웨어^{Application Software}는 클래스 드라이버에 의해서 제공되는 표준화된 인터페이스를 통해서 USB 디바이스와 데이터를 송수신한다. 클래스 드라이버 소프트웨어^{Class Driver Software}는 USB 디바이스의 소위 클래스(Mass Storage, Human Interface, Audio 등)에 대응하는 호스트의 소프트웨어를 의미한다. 클래스 드라이버는 대개 운영체제가 제공하는 드라이버와 제조사가 USB 디바이스와 함께 제공하는 드라이버로 구분된다.

USB 드라이버[USBD]는 시스템 소프트웨어 버스 드라이버이다. 복수 개의 호스트 컨트롤러 드라이버와 복수 개의 클래스 드라이버 간의 연결을 책임진다. USBD가 제공하는 인터페이스를 USB Driver Interface[USBDI]라고 부른다.

호스트 컨트롤러 드라이버[xHCD]는 호스트 컨트롤러 하드웨어와 USBD 사이에 존재하는 소프트웨어 영역을 제공한다. 호스트 컨트롤러(xHC)는 보통 Low Speed, Full Speed, High Speed, Super Speed를 지원하는 USB 3.0 호스트 컨트롤러를 의미한다. 호스트 컨트롤러가 호스트 컨트롤러 드라이버와 대화하는 방식을 호스트 컨트롤러 인터페이스 (xHCI)라고 부른다.

USB 디바이스(USB Device)는 호스트 컨트롤러 하드웨어가 통신하는 대상의 디바이스를 USB 디바이스라고 부른다. 이것은 허브 디바이스를 포함한다.

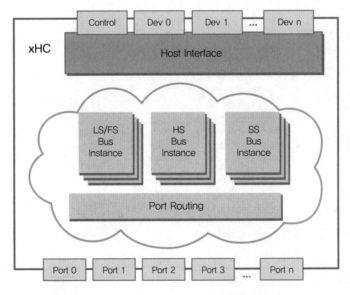

그림 10-2 USB 3.0 eXtensible Host Controller(출처: usb.org)

그림 10-2는 호스트 컨트롤러의 내부를 블록 다이어그램으로 보여주고 있다.

USB 3.0 호스트 컨트롤러는 Low Speed, Full Speed, High Speed, Super Speed 인터페이스를 모두 지원한다. 그리고 복수 개의 Down Stream Port를 가지며, 루트 허브

의 역할을 수행한다.

10장에서 중요하게 다룰 부분은 Host Interface[xHCI]이다. 호스트 컨트롤러[xHC]는 xHCI를 통해서 호스트 컨트롤러 드라이버와 대화하며 채널이라고도 부른다.

10.1 아키텍처 개관

10.1.1 인터페이스 아키텍처

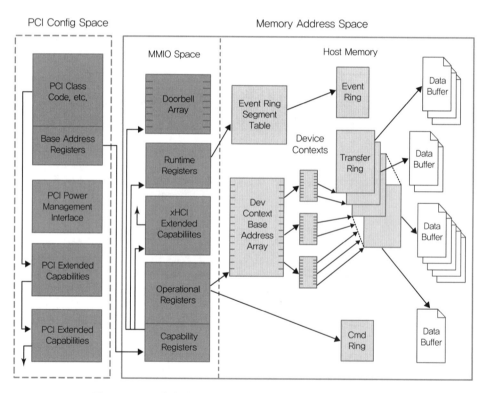

그림 10-3 호스트 컨트롤러 인터페이스(xHCI)의 일반적인 아키텍처(출처: usb.org)

그림 10-3을 보면 크게 3개의 인터페이스 공간을 정의하고 있다.

호스트 컨피규레이션 영역Host Configuration Space에서 xHC는 PCI Config Space라고 불리는 공간을 사용해서 열거된다. 이 공간은 내부 레지스터를 접근하기 위한 Base Address들과 PCI Extended Capability 특성 정보를 포함하고 있다.

메모리 맵드 영역Memory Mapped IO Space, MMIO에서 xHC는 시스템 소프트웨어에게 메모리 맵드 형태의 레지스터를 제공한다. 이 공간은 일반적인 xHC의 동작과 관련된 레지스터들과 실시간 제어 상태 레지스터Runtime Control Status Register와 도어벨Doorbell 배열 등을 제공한다.

호스트 메모리 공간Host Memory Space에서 xHC는 램RAM 메모리 공간의 트리에 리스트List 자료 구조를 구성한다. 이것은 실시간으로 xHC에 의해서 업데이트되고 참조되는 공간이다. 시스템 소프트웨어는 모든 전송 작업(컨트롤 전송, 인터럽트 전송, 벌크 전송, 등시성 전송)에 관계된 전송 요청 블록을 호스트 메모리 공간에 존재하는 트리 혹은 리스트의 항목(트랜잭션 환형버퍼) 내부로 추가 기술하고 xHC는 이것을 참고해 트랜잭션을 시작한다.

10.1.2 xHCI 데이터 자료 구조

xHCI는 호스트 메모리 공간에 다양한 자료 구조를 정의해 시스템 소프트웨어와 대화를 한다. 여기에 사용되는 자료 구조는 다음과 같다.

10.1.2.1 Device Context Base Address Array

호스트에 연결되는 모든 USB 디바이스는 각각 Device Context 자료 구조를 사용해서 대화한다. Device Context를 보관하고 있는 배열 정보를 Device Context Base Address Array(줄여서 DCBAA)라고 부른다. DCBAA의 배열의 특정 항목을 담는 공간을 디바이스 슬롯Slot이라고 부른다. 이곳에 Device Context가 보관된다.

10.1.2.2 Device Context

하나의 Device Context는 하나의 USB 디바이스와 대화를 하기 위한 자료 구조이다. Device Context는 32개의 배열로 구성된다. 이 중 첫 번째 항목(인덱스 = 0)을 Slot Context라고 부르고 나머지 항목들(인덱스 = 1~31)을 Endpoint Context라고 부른다.

10.1.2.3 Slot Context

Device Context와 Input Context의 멤버로서 사용되는 Slot Context는 디바이스 혹은 디바이스가 가진 모든 엔드포인트에게 영향을 미치거나 현재의 상태를 알려주는 파라미터들로 구성된다.

Slot Context는 사용되는 목적에 따라서 크게 2가지로 구분된다. 각각의 목적에 따라서 사용되는 Slot Context는 존재하는 위치가 서로 다르다.

- Device Context의 멤버로 사용되는 경우, 시스템 소프트웨어에게 현재 디바이스 혹은 디바이스가 가진 모든 엔드포인트에게 영향을 미치는 현재 파라미터값을 보고하는 용도로 사용된다. 이런 경우 Output Slot Context라고도 부른다. 이것을 통상 Slot Context라고 생각한다.
- Input Context의 멤버로 사용되는 경우, 시스템 소프트웨어는 xHC에게 디바이스 혹은 디바이스가 가진 엔드포인트에게 영향을 미칠 수 있는 파라미터 값을 전달하는 용도로 사용된다. 이런 경우 Input Slot Context라고도 부른다. 이것은 Device Context가 가지는 32개 배열의 첫 번째 항목이 아니다.

10.1.2.4 Endpoint Context

Device Context와 Input Context의 멤버로서 사용되는 Endpoint Context는 디바이스가 가진 각각의 엔드포인트에게 영향을 미치거나 현재의 상태를 알려주는 파라미터로 구성된다. Endpoint Context는 사용되는 목적에 따라서 크게 2가지로 구분된다. 각각의 목적에 따라서 사용되는 Endpoint Context는 존재하는 위치가 서로 다르다.

Device Context의 멤버로 사용되는 경우 시스템 소프트웨어에게 현재 디바이스가 가진 특정 엔드포인트의 현재 파라미터값을 보고하는 용도로 사용된다. 이런 경우 Output Endpoint Context라고도 부른다. 이것을 통상 Endpoint Context라고 생각한다. Device Context가 가지는 32개 배열의 인덱스 1–31까지의 항목이 여기에 해당한다.

Input Context의 멤버로 사용되는 경우 시스템 소프트웨어는 xHC에게 디바이스가 가진 특정 엔드포인트에게 영향을 미칠 수 있는 파라미터 값을 전달하는 용도로 사용된다. 이런 경우 Input Endpoint Context라고도 부른다. 이것은 Device Context가 가지는 32개의 배열에 포함되는 항목이 아니다.

10.1.2.5 Input Context

디바이스의 파라미터 혹은 디바이스가 가진 엔드포인트를 위한 파라미터를 변경하는 요청을 하려할 때 시스템 소프트웨어는 Input Context의 내용을 변경한다. Input Context는 Slot Context와 Endpoint Context를 포함하고 있다. 이것들은 모두 변경하고자 하는 파라미터 값을 기록하는 데 사용된다.

Input Context는 Input Control Context자료 구조를 추가로 정의하고 있다. Input Control Context는 지정하는 엔드포인트를 현재 사용중인 Device Context로 추가 혹은 변경 요청하는 'Add' 계열과 사용 중인 엔드포인트를 Device Context에서 제거하는 'Drop' 계열로 구분된다.

10.1.2.6 Ring

Ring은 환형버퍼 자료 구조로 구현된다. xHC는 몇 개의 Ring을 통해서 시스템 소프트웨어에 의해서 전송 요청을 접수하거나 결과를 시스템 소프트웨어에게 보고한다.

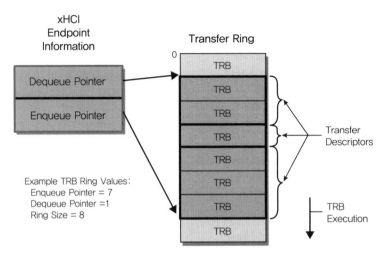

그림 10-4 Transfer Ring의 구조(출처: usb.org)

명령 Ring^{Command Ring}에서 xHC는 하나의 명령 Ring을 가지고 있다. 이곳을 통해서 수용하는 명령어는 xHC에게 영향을 미치는 명령들이다. 이 명령은 10.1.3절에서 소개한다.

이벤트 Ring^{Event Ring}에서 인터럽트 신호와 관련된 사건(결과)을 보고하는 용도로 사용하는 Ring을 의미한다. xHC 가 하나의 인터럽트를 사용하는 경우에는 하나의 이벤트 Ring을 가진다. 효과적인 동작을 위해서 MSI^{Message Signaled Interrupt}를 지원하는 경우에는 해당하는 메시지의 개수만큼 이벤트 Ring을 가진다.

전송 Ring^{Transfer Ring}에서 컨트롤 전송 요청, 인터럽트 전송 요청, 벌크 전송 요청 그리고 등시성 전송 요청을 위해서 사용되는 Ring 자료 구조로서 엔드포인트마다 하나씩 가지고 있다.

그림 10-4를 보면 Ring은 복수 개의 TRB^{Transfer Request Block}로 구성된다. TRB는 단독으로 혹은 복수 개가 하나의 Transfer 디스크립터로 의미를 가진다. Ring은 환형 버퍼이기 때문에 넣는 위치(Enqueue Pointer)와 뽑아내는 위치(Dequeue Pointer)가 있다. 시스템 소프트웨어는 이 Ring의 Enqueue Pointer를 사용해서 새로운 TRB를 추가한다. xHC는 Dequeue Pointer를 사용해서 하나씩 TRB를 끄집어 내어 실행한다.

10.1.2.7 Transfer Request Block(TRB)

TRB는 물리적으로 연속적인 메모리 블록의 주소, 크기와 추가적인 제어 정보 등을 포함한다. TRB가 표현하는 메모리 블록의 최대 크기는 64KBytes이다.

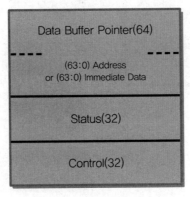

그림 10-5 Transfer Ring의 구조(출처: usb.org)

10.1.2.8 Scatter/Gather 전송

가상 메모리 환경은 불연속적인 물리 메모리 페이지들이 마치 연속적인 것처럼 보이게 하는 기능을 가지고 있다. xHC는 하드웨어이기 때문에 이런 가상 메모리 환경을 사용하지 못한다. 불연속적인 물리 메모리 페이지를 효과적으로 사용할 수 있도록 xHC는 Scatter/Gather 전송 방법을 사용할 수 있다.

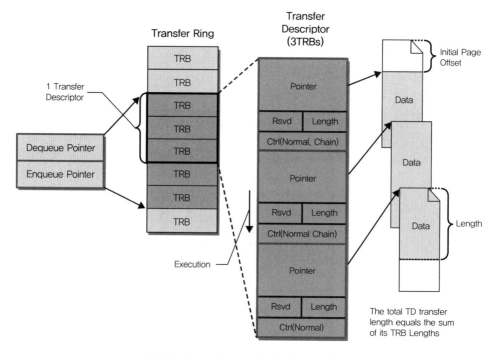

그림 10-6 Scatter/Gather 전송 예시(출처: usb.org)

그림 10-6을 보자. Transfer Ring 속에는 3개의 TRB가 발견되고 있다. 그런데 이들 각각의 Ctrl 필드를 보면 Chain의 의미를 가진 2개의 TRB가 보인다. 이것은 전체적으로 3개가 하나의 전송을 표현한다는 의미로 사용된다.

10.1.2.9 제어 전송

USB 제어 전송은 총 3가지 단계(Setup 단계, 데이터 단계 그리고 Status 단계)로 구성된다. Setup 단계를 위해서 하나의 Setup 단계 TDT^transfer Descriptor를 준비한다. 이것은 8바이트 셋업 데이터를 담는다. 이어서 필요에 따라서 데이터 단계를 위한 데이터 단계 TD를 준비한다. 마지막으로 처리 결과를 위한 Status 단계 TD를 준비한다.

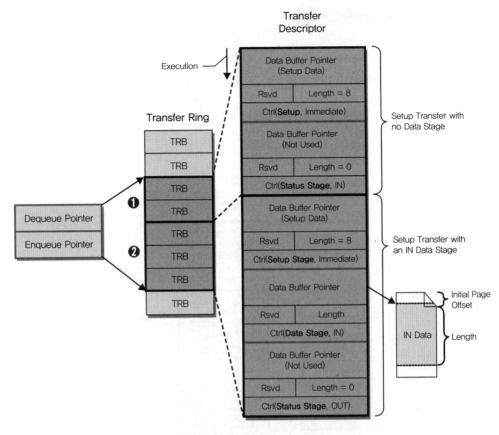

그림 10-7 제어 전송 예시(출처: usb.org)

그림 10-7을 보자. 그림 속에서 두 개의 제어 전송 ❶, ❷를 볼 수 있다. ❶ 제어 전송은 별도의 데이터 단계를 가지지 않는다. ❷ 제어 전송은 IN 방향을 가지는 데이터 단계를 가지고 있다.

두 가지 전송 모두 Setup 단계와 Status 단계를 위한 각각의 TRB를 가지고 있으며, Setup 단계는 8바이트 데이터(Setup 데이터)를 정의하고 있다. 특별히 Setup 단계에 사용되는 Immediate 상수는 8바이트 Setup 데이터를 별도의 데이터 버퍼를 준비하지 않고 TRB 내부의 필드를 그대로 사용한다는 의미로 사용된다. 때문에 데이터 단계 때 사용되는 데이터를 위한 별도의 TRB를 가지지 않고 8바이트 Setup 데이터를 Setup TRB에 포함할 수 있다.

10.1.2.10 벌크, 인터럽트 전송

벌크와 인터럽트 전송은 일반적인 TRB 형태를 그대로 사용한다. 제어 전송에서 사용되던 데이터 단계에서 나타나는 TRB 구조를 그대로 사용한다.

10.1.2.11 등시성 전송

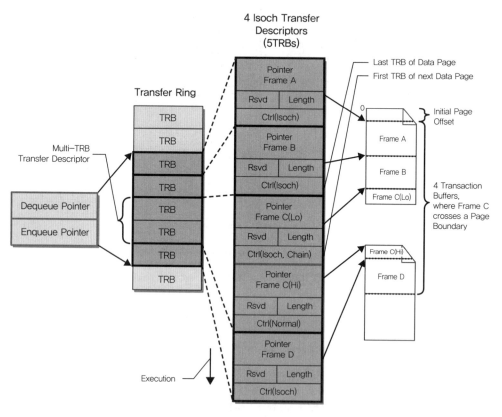

그림 10-8 등시성 전송 예시(출처: usb.org)

그림 10-8은 등시성 전송의 예시를 보여준다. 하나의 TD$^{\text{Transfer Descriptor}}$는 하나 혹은 복수 개의 TRB로 구성될 수 있다. 등시성 전송에서는 하나의 TD는 TRB의 Ctrl 필드가 가리키는 Frame ID(ms 단위의 시간) 시간에 전송을 시작하는 데이터 읽기 혹은 쓰기 요청을 표현한다.

10.1.3 명령 인터페이스

xHC는 연결되는 USB 디바이스를 관리하기 위해서 Command Ring 인터페이스를 사용한다. xHC가 가지는 Command Ring은 오직 한 개다. 이곳에 기록되는 내용을 Command Descriptor(CD)라고 부른다. Command Descriptor는 다양한 종류의 명령어를 포함하고 있다.

모든 명령은 처리가 완료될 때 Event Ring 속에 Command Completion Event를 만들어서 보관한다. 시스템 소프트웨어는 이것을 읽어봐 명령의 처리 상태를 확인한다. Command 디스크립터를 구성하는 TRB는 다음과 같은 명령어에 따라서 가변적인 파라미터를 가지고 있다.

10.1.3.1 No Op

해당하는 명령어는 xHC와 USB 디바이스에게 아무런 영향을 미치지 않는 테스트 용도의 명령어다.

10.1.3.2 Enable 슬롯

시스템 소프트웨어는 xHCI를 사용해서 새로운 디바이스 슬롯을 예약한다. 슬롯을 예약하는 이유는 예약된 슬롯 공간에 Device Context 자료 구조를 만들어서 담기 위해서이다. 작업은 새로운 USB 디바이스가 USB 호스트 시스템에서 탐지됐기 때문이다.

10.1.3.3 Disable 슬롯

사용이 끝난 Device Context를 메모리에서 해제하고 나면 더 이상 디바이스 슬롯을 사용할 필요가 없다. 이런 경우 시스템 소프트웨어는 xHCI를 사용해서 더 이상 사용하지 않는 슬롯을 해제하도록 요청한다.

10.1.3.4 Address 디바이스

USB 디바이스는 리셋 이후 디폴트 주소를 사용한다. 이후 호스트에 의해서 적당한 주소가 지정돼야 한다. 호스트에서 USB 디바이스에게 주소를 지정하는 방법은 제어 전송 명령을 사용하는 방법과 Address 디바이스 명령어를 사용하는 TD를 작성해서 Command Ring을 사용하는 방법으로 나뉜다. 여기서는 Address 디바이스 명령어를 사용하는 방법을 말한다.

10.1.3.5 Configure Endpoint

USB 디바이스는 적당한 주소가 지정된 이후 엔드포인트의 활성화를 위해서 셋업 Configuration 돼야 한다. 이 작업은 제어 전송 명령을 사용하는 방법과 Configure Endpoint 명령어를 사용하는 TD를 작성해서 Command Ring을 사용하는 방법으로 나뉜다. 여기서는 Configure Endpoint 명령어를 사용하는 방법을 말하고 있다.

10.1.3.6 Evaluate Context

Full Speed를 사용하는 USB 디바이스의 경우 디폴트 엔드포인트의 MaxPacketSize 값 8, 16, 32, 64 중 한 가지를 사용할 수 있다. 하지만 호스트에서는 이 값이 8이라고 가정한다. 따라서 시스템 소프트웨어는 디바이스로부터 Device 디스크립터를 읽은 뒤 이곳에 기술된 MaxPacketSize 값을 확인해 이 값이 8이 아닌 경우 적당한 값으로 Device Context의 내용을 수정해야 한다.

또한 디바이스로부터 얻은 정보들(예, Max Exit Latency)을 사용해서 현재 Device Context의 내용을 수정해야 한다. 이와 같은 작업을 하기 위해서 Evaluate Context 명령어를 사용한다.

10.1.3.7 Reset Endpoint

USB 디바이스의 엔드포인트가 정지^{Halt}된 경우 해당하는 엔드포인트의 정지 상태를 회복하는 데 사용하는 명령어다.

10.1.3.8 Stop Endpoint

USB 디바이스의 엔드포인트와 대화를 하는 xHC로 하여금 잠시동안 이런 대화를 중지 또는 취소하라는 요청의 의미로 사용되는 명령어다. Endpoint가 중지되면 관련된 Transfer Ring의 동작이 중지된다. 이때 시스템 소프트웨어는 보다 우선순위가 높은 TD$^{\text{Transfer Descriptor}}$를 준비해서 Transfer Ring의 Dequeue Pointer로 옮길 수 있다.

10.1.3.9 Set TR Dequeue Pointer

xHCI에서 사용되는 엔드포인트를 위한 Transfer Ring의 Dequeue Pointer의 값을 변경하는 명령어다. 보통 Stop Endpoint 명령어를 사용한 뒤에 이 명령어를 사용할 수 있다.

10.1.3.10 Reset Device

시스템 소프트웨어는 xHC에게 특정 디바이스의 상태가 리셋됐다는 사실을 이 명령어를 통해서 알린다. 이 명령을 받은 xHC는 디바이스를 위해서 사용되던 Device 슬롯의 정보를 초기화한다. 다음은 초기화하는 정보에 대한 내용이다.

> 슬롯 상태$^{\text{Slot State}}$ = Default
> USB Device Address = 0

Default Endpoint를 제외한 나머지 엔드포인트를 위한 Endpoint Context 슬롯 상태 = Disabled이다.

10.1.3.11 Force Event

가상 머신 관리자Virtual Machine Manager, VMM의 기능을 사용해서 실제 존재하지 않는 USB 디바이스가 존재하는 것처럼 흉내내도록 하는 명령어로 사용된다. 이 기능은 xHC가 가지고 있는 가상머신 기능이 활성화된 경우에만 선택적으로 사용된다.

10.1.3.12 Negotiation Bandwidth

루트 허브가 사용하는 대역폭에 대한 사용 정도를 변경하는 데 사용하는 선택적인 명령어다.

10.1.3.13 Set Latency Tolerance Value

USB 3.0에서 소개된 효과적인 전원 관리 방법으로 사용되는 LTMLatency Tolerance Message은 디바이스로 하여금 호스트에게 적당한 BELTBest Effort Latency Tolerance 값을 알리도록 권장한다. 이런 기능을 사용하는 USB 디바이스와 xHC가 대화를 하기 위해서는 디바이스가 알려주는 BELT 값이 호스트에 의해서 사용돼야 한다. 시스템 소프트웨어는 디바이스가 전달하는 LTM 메시지를 수신해 이 속에 들어 있는 BELT 값을 읽어서 향후 xHC가 디바이스와 대화를 할 때 참고할 수 있도록 xHC에게 알려줘야 한다. 이때 사용하는 명령어다.

10.1.3.14 Get Port Bandwidth

루트 허브가 현재 사용하고 있는 각각의 포트가 연결돼 사용 중일 때, 연결된 디바이스의 속도와 관련해서 전체적인 대역폭의 몇 퍼센트씩 포트가 사용하고 있는지를 확인할 때 사용하는 명령어다.

10.1.3.15 Force 헤더

USB 3.0에서 사용되는 프로토콜 패킷 중에서 TP^{Transaction Packet}, LMP^{Link Management Packet}
등과 같은 Header 패킷을 디바이스로 강제로 전송하고자 할 때 사용한다.

10.2 동작 모델

이번 절에서는 시스템 소프트웨어가 어떤 식으로 xHC를 초기화하고, 이후 USB 디바이
스가 USB 호스트에서 검색된 이후 진행하는 작업 순서, USB 디바이스가 제거될 때 수행
하는 작업 등을 살펴보도록 한다.

10.2.1 명령어 동작

xHC는 하나의 Command Ring을 가지고 있다. Command Ring을 제어하는 데 사용하
는 레지스터는 Operational Register 공간 안에서 찾을 수 있다(그림 10-3 참고).

10.2.2 호스트 컨트롤러 초기화

호스트 컨트롤러 초기화 과정은 전원이 xHC에 인가된 이후 최초에 수행돼야 하는 작업
이다. 또한 새로운 USB 디바이스가 검색되기 전에 반드시 먼저 수행돼야 하는 작업이기
도 하다.

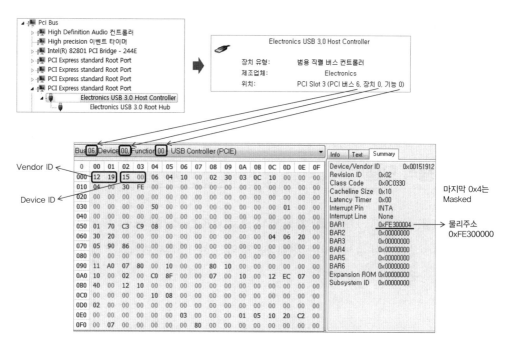

그림 10-9 xHC 호스트 컨트롤러 PCI Configuration Space

그림 10-9는 실제 xHCI 인터페이스를 충실하게 따르는 알려진 호스트 컨트롤러 하드웨어를 사용해서 실전에서 어떻게 PCI(PCIe) 버스에서 사용되는지를 보여주는 그림이다.

그림 10-9를 보면 xHC 하드웨어가 제공하는 BAR1의 값이 0xFE300004(메모리 주소로는 0xFE300000)인 것을 알 수 있다. 호스트 컨트롤러를 초기화하려면 주소를 먼저 할당받아야 한다. 그림에서 이 주소는 0xFE300000번지가 된다. 레지스터맵에 대한 구체적인 내용은 이후에 다시 설명할 예정이지만 이번 절에서 초기화 과정을 설명하는 데 필요한 부분만큼 미리 설명하도록 하겠다.

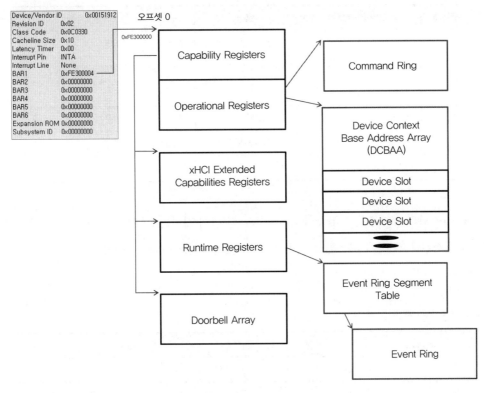

그림 10-10 xHCI 레지스터맵의 개요

그림 10-10을 보자. BAR 기준 주소 0xFE300000번지를 따라가면 제일 먼저 Capability Registers와 이어지는 Operational Registers가 나타난다. 이후 나머지 레지스터들과 자료 구조들은 포인터들에 의해서 찾아가게 된다.

표 10-1 Capability Registers

오프셋	크기(바이트)	별칭	이름
00h	1	CAPLENGTH	Capability Register Length
01h	1	사용 안 함	
02h	2	HCIVERSION	Interface Version Numbre
04h	4	HCSPARAMS1	자료 구조 파라미터
08h	4	HCSPARAMS2	자료 구조 파라미터

오프셋	크기(바이트)	별칭	이름
0Ch	4	HCSPARAMS3	자료 구조 파라미터
10h	4	HCCPARAMS1	Capability 파라미터
14h	4	DBOFF	Doorbell 오프셋
18h	4	RTSOFF	런타임 레지스터 공간 오프셋
1Ch	4	HCCPARAMS2	Capability 파라미터
20h	CAPLENGTH − 20h	사용 안 함	

표 10-1에서 보여주는 Capability Registers의 전체 길이는 CAPLENGTH 필드에 의해서 결정된다. 이곳에 기록된 크기만큼 Capability Registers가 존재한 뒤 Operational Registers가 나타난다.

표 10-2 Operational Registers

오프셋	별칭	이름
00h	USBCMD	USB Command
04h	USBSTS	USB Status
08h	PAGESIZE	Page Size
0Ch–13h	사용 안 함	
14h	DNCTRL	Device Notification Control
18h	CRCR	Command Ring Control
20h–2Fh	사용 안 함	
30h	DCBAAP	Device Context Base Address Array Pointer
38h	CONFIG	Configure
3Ch–3FFh	사용 안 함	
400h–13FFh		Port Register 집합 1부터 MaxPorts까지 기술됨

표 10-3 Port Register(Host Controller USB Port Register 집합)

오프셋	별칭	이름
00h	PORTSC	Port 상태와 제어
04h	PORTPMSC	Port 전원 관리 상태와 제어
08h	PORTLI	Port 링크 정보
0Ch	PORTHLPMC	Port 하드웨어 LPM 제어

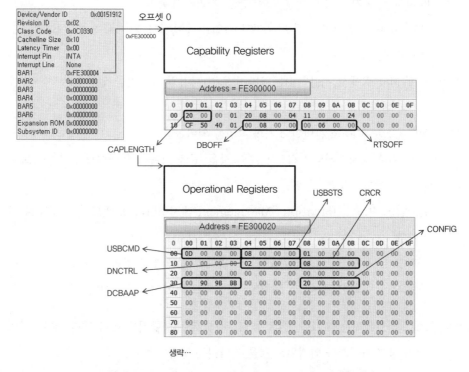

그림 10-11 Capability Registers와 Operational Registers의 내용, 예시

그림 10-11은 표 10-1, 표 10-2에서 보여준 레지스터중에서 중요한 것들을 선택적으로 보여주고 있다.

1) 전원이 공급된 이후 USBSTS 레지스터의 CNR[Controller Not Ready] 플래그의 값이 '0'이 될 때까지 기다려야 한다.

2) CONFIG 레지스터의 MaxSlotsEn 필드의 값을 ENABLE 값으로 기록해 시스템 소프트웨어가 앞으로 Device 슬롯을 사용할 수 있도록 한다.

3) Device Context Base Address Array Pointer(DCBAAP) 레지스터의 값을 적당한 메모리 주소 값으로 기록한다. 기록된 공간은 앞으로 Device 슬롯을 위한 공간으로 사용된다.

4) Command Ring Control Register(CRCR)를 프로그래밍해 Command Ring Dequeue Pointer가 적당한 메모리 주소 값을 가리키도록 한다. 이곳은 Command Ring의 첫 번째 TRB^{Transfer Request Block}를 가리키게 된다.

5) MSI, MSI-X 인터럽트 관련 초기화 작업을 수행한다(관련 내용은 PCI 스펙을 참고 한다).

6) MSI, MSI-X에서 사용하려는 인터럽트 메시지의 개수만큼 인터럽터^{Interrupter}를 초기화 한다.

이 작업은 Event Ring 관련된 초기화 작업을 의미한다.

7) USBCMD 레지스터의 INTE 필드의 값을 '1'로 기록해 인터럽트를 가능하도록 한다.

8) 런타임 레지스터, Interrupter Management 레지스터의 IE 필드의 값을 '1'로 기록한다.

9) USBCMD 레지스터의 Run/Stop(R/S) 필드의 값을 '1'로 기록해 호스트 컨트롤러가 동작을 시작하도록 하고, 도어벨^{Doorbell} 참조가 가능하도록 한다.

이제 호스트 컨트롤러는 초기화 됐다. 루트 허브 포트도 함께 준비가 된다. 루트 허브는 포트에 특정 디바이스가 연결되는 것을 기다리는 상황이 됐다. 표 10-3을 보면 루트 허브와 관련된 레지스터 정보를 확인할 수 있다. 루트 허브 정보는 허브가 지원하는 포트 수에 따라서 가변적인 크기를 가지고 있으며 하나의 포트는 16바이트의 정보로 구성된다.

표 10-4는 허브 포트 레지스터 중에서 본절을 설명하는 데 필요한 레지스터만 간추려서 정리했다. 대부분의 내용은 USB 3.0, USB 2.0 스펙에서 설명하는 내용이므로 중복 설명은 피하도록 하겠다.

표 10-4 포트 상태와 제어 레지스터(PORTSC)

8–5			4	3	2	1	0
PLS			PR	OCA	사용 안 함	PED	CCS

15–14	13–10			9	이어짐
PIC	Port Speed			PP	

23	22	21	20	19	18	17	16
CEC	PLC	PRC	OCC	WRC	PEC	CSC	LWS

31	30	29–28		27	26	25	24
WPR	DR	사용 안 함		WOE	WDE	WCE	CAS

요약 이름	전체 이름	값	의미	
CCS	Current Connect Status	0	포트에 디바이스가 연결돼 있지 않다.	
		1	포트에 디바이스가 연결돼 있다.	
PED	Port Enabled/ Disabled	0	포트가 사용 금지돼 있다.	
		1	포트가 사용 허용돼 있다.	
OCA	Over Current Active	0	포트가 과전류 상태가 아니다.	
		1	포트가 과전류 상태다.	
PR	Port Reset	0	포트가 리셋 과정 중이 아니다.	
		1	포트가 리셋 과정 중이다.	
PLS	Port Link State	0	읽기	링크 상태가 U0 상태임
			쓰기	링크 상태를 U0 상태로 전환
		1	읽기	링크 상태가 U1 상태임
			쓰기	사용 안 함
		2	읽기	링크 상태가 U2 상태임
			쓰기	USB2에서만 사용 링크 상태를 U2 상태로 전환
		3	읽기	링크 상태가 U3 상태임
			쓰기	링크 상태를 U3 상태로 전환

요약 이름	전체 이름	값		의미
PLS	Port Link State	4	읽기	링크 상태가 U0 상태임
			쓰기	사용 안 함
		5	읽기	링크 상태가 RxDetect 상태임
			쓰기	USB3에서만 사용 링크 상태를 RxDetect 상태, Port 상태를 Disconnected 상태로 전환
		6	읽기	링크 상태가 Inactive 상태임
			쓰기	사용 안 함
		7	읽기	링크 상태가 Polling 상태임
			쓰기	사용 안 함
		8	읽기	링크 상태가 Recovery 상태임
			쓰기	사용 안 함
		9	읽기	링크 상태가 Hot Reset 상태임
			쓰기	사용 안 함
		10	읽기	링크 상태가 Compliance 상태임
			쓰기	USB3에서만 사용 링크 상태를 Compliance 상태로 전환
		11	읽기	링크 상태가 Test Mode 상태임
			쓰기	사용 안 함
		12	읽기	사용 안 함
			쓰기	사용 안 함
		13	읽기	사용 안 함
			쓰기	사용 안 함
		14	읽기	사용 안 함
			쓰기	사용 안 함
		15	읽기	링크 상태가 Resume 상태임
			쓰기	USB2에서만 사용 링크 상태를 U3 상태, Port 상태를 Resume 상태로 전환

요약 이름	전체 이름	값	의미
PP	Port Power	0	Port 상태가 Power Off 상태
		1	Port 상태가 Power Off 상태가 아님
Port Speed	Port Speed	0	사용 안 함
		1-15	Protocol Speed ID(PSI) 값
PIC	Port Indicator Control	0	Port Indicators(PIND) Off
		1	Amber
		2	Breen
		3	사용 안 함
LWS	Port Link State Write Strobe	0	PLS 필드의 내용을 변경하는 것을 금지
		1	PLS 필드의 내용을 변경하는 것을 허용
CSC	Connect Status Change	0	CCS 필드 값이 변하지 않았다.
		1	CCS 필드 값이 변함 1을 기록하면 클리어됨
PEC	Port Enabled/ Disabled Change	0	PED 필드 값이 변하지 않았다.
		1	PED 필드 값이 변함 1을 기록하면 클리어됨
WRC	Warm Port Reset Change	0	Warm Reset 과정이 진행 중이지 않다.
		1	Warm Reset 과정이 끝났다. 1을 기록하면 클리어됨
OCC	Over Current Change	0	OCA 필드 값이 변하지 않았다.
		1	OCA 필드 값이 변함 1을 기록하면 클리어됨
PRC	Port Reset Change	0	PR 필드 값이 변하지 않았다.
		1	PR 필드 값이 변함 1을 기록하면 클리어됨

요약 이름	전체 이름	값	의미
PLC	Port Link State Change	0	PLS 필드 값이 변하지 않았다.
		1	PLS 필드 값이 다음의 조건으로 변함 U3 → Resume Resume → Recovery → U0 Resume → U0 U3 → Recovery → U0 U3 → U0 U2 → U0 U1 → U0 Any State → Inactive Any State → U3 1을 기록하면 클리어됨
CEC	Port Config Error Change	0	링크 파트너 설정 상태 변화 없음
		1	링크 파트너 설정 상태 에러 발생 1을 기록하면 클리어됨
CAS	Cold Attach Status	0	변화 없음
		1	링크상의 Far End Receiver Termincation이 발견됨 (Super Speed Transmitter 발견됨)
WCE	Wake on Connect Enable	0	기능을 사용 안 함
		1	디바이스 연결 시, 시스템 깨우기 기능 활성
WDE	Wake on Disconnect Enable	0	기능을 사용 안 함
		1	디바이스 제거 시, 시스템 깨우기 기능 활성
WOE	Wake on Over Current Enable	0	기능을 사용 안 함
		1	과전류 시, 시스템 깨우기 기능 활성
DR	Device Removable (읽기전용)	0	연결된 디바이스를 제거할 수 없는 상태
		1	연결된 디바이스를 제거할 수 있는 상태
WPR	Warm Port Reset	0	기능을 사용 안 함
		1	USB3에서만 사용 Warm Reset 기능을 시작한다.

표 10-5 Port 상태와 제어 레지스터(PORTSC)

31-17	16	15-8	7-0
사용 안 함	FLA	U2 Timeout	U1 Timeout

U1 Timeout - Super Speed Link U1 Timeout 값. 단위 us

사용범위 00h - 7Fh, FFh: 무한시간

U2 Timeout - Super Speed Link U2 Timeout 값. 단위 256us

사용범위 00h - FEh, FFh: 무한시간

FLA - Force Link PM Accept.

* 값 0: 루트 허브는 연결된 디바이스로 Set Link Function LPM 패킷을 전송할 때, Force_LinkPM_Accept 비트를 '0'으로 사용한다.
* 값 1: 루트 허브는 연결된 디바이스로 Set Link Function LPM 패킷을 전송할 때, Force_LinkPM_Accept 비트를 '1로 사용한다.

10.2.3 특정 디바이스가 허브에 연결될 때 수행하는 작업

본 절에서는 특정 디바이스가 루트 허브에 연결될 때 수행하는 작업에 초점을 맞춘다. HCRST 필드의 값이 '1'이거나 PLS 필드의 값이 'RxDetect'인 상태에서 루트 허브의 모든 포트는 Disconnect 상태를 유지한다. 이때는 PP 필드의 값이 '1'이고 디바이스가 포트에 연결되는 상태를 기다리는 상황이다.

디바이스가 포트에 연결되는 상황은 USB3과 USB2가 조금 다르게 시작한다. USB3, 루트 허브의 포트가 Polling 상태가 된다. Polling 작업이 성공적으로 끝나면 포트는 Enabled 상태가 되고 CCS와 CSC는 모두 '1' 값을 가진다. * USB2, 루트 허브의 포트는 Disabled 상태가 된다. CCS와 CSC는 모두 '1' 값을 가진다. 포트의 상태가 Disabled 상태가 된다는 의미는 USB3과 USB2가 다른 의미로 해석된다. USB3에서 포트가 Disabled 상태가 되면 포트 상태 다이어그램의 DSPORT.Disabled 상태를 의미한다.

다음 이어지는 과정은 디바이스가 연결된 이후에 호스트 측면에서 수행하는 작업이다.

1) 디바이스가 허브의 포트에 연결되면, CCS와 CSC 필드의 값이 '1'이 된다. CSC 필드의 값이 '0'에서 '1'로 바뀌면 xHC는 Port Status Change Event를 발생시킨다.

2) Port Status Change Event가 발생하면 시스템 소프트웨어는 이벤트를 발생시킨 포트를 확인한다(Port ID).

3) 시스템 소프트웨어는 이벤트를 발생시킨 포트의 PORTSC 레지스터 값을 읽는다. CCS 값이 '1'인지 '0'인지를 확인해 디바이스가 연결된 상태를 확인한다.

- USB3에서, 포트의 상태는 자동으로 Enabled 상태로 바뀐다. PED 필드의 값은 '1'이 되고 PR 필드의 값은 '0', PLS 필드의 값은 '0'이 된다. 연결된 디바이스의 상태는 Default 상태가 된다. 에러가 발생하면 포트의 상태는 자동으로 Disconnected 상태로 바뀐다. PED 필드의 값은 '0', PR 필드의 값은 '0', PLS 필드의 값은 '5'(RxDetect)가 된다. 에러가 발생해도 연결된 디바이스에게 전원을 계속 공급한다.

- USB2에서 시스템 소프트웨어는 포트를 리셋한다. 이 작업은 포트의 상태를 Enabled 상태로 바꾸고 디바이스의 상태를 Powered 상태에서 Default 상태로 바꾸게 된다. 연결이 성공하면 PED와 PR 필드의 값은 모두 '0'이 되고 PLS 필드의 값이 '7'(Polling)이 된다. 시스템 소프트웨어는 포트를 리셋한 뒤, PRC 필드의 값이 바뀌는 이벤트로 인해 Port Status Change Event가 발생하기를 기다린다. 포트리셋 과정이 끝나면 PRC와 PED 필드의 값은 모두 '1'이 되고 PR 필드의 값은 '0', PLS 필드의 값은 '0'(U0) 상태가 된다. PRC 필드의 값이 '0'에서 '1'로 바뀌면 xHC는 Port Status Change Event 사건을 발생시킨다. 리셋 과정은 USB2 디바이스의 상태를 Default 상태로 만들고, SET_ADDRESS 명령을 기다리게 한다.

4) 포트의 상태가 성공적으로 Enabled 상태가 되면 시스템 소프트웨어는 Enable Slot Command(Command Ring) 명령을 사용해서 새로운 디바이스 슬롯을 얻는다.

5) 디바이스 슬롯을 얻은 뒤 시스템 소프트웨어는 슬롯과 관련된 모든 자료 구조를 준비한다.

디바이스 슬롯과 관련된 자료 구조를 준비하는 과정을 좀 더 세부적으로 살펴보도록 한다.

5-1) Input Context를 위한 메모리를 할당하고 값은 '0'으로 초기화 한다.

5-2) Input Context의 Input Control Context의 A0, A1 필드의 값을 '1'로 기록한다. 이것은 Input Context의 내용중에서 Slot Context와 디폴트 엔드포인트 Context만 변경하도록 요청한다.

5-3) Slot Context 자료 구조의 내용을 초기화한다.

5-4) 디폴트 엔드포인트를 위한 Transfer Ring을 할당하고 초기화한다.

5-5) 디폴트 엔드포인트 Context를 초기화한다.

5-6) Output Device Context 자료 구조를 할당하고 값 '0'으로 초기화한다.

6) 슬롯을 위한 자료 구조들의 초기화 과정이 끝나면 시스템 소프트웨어는 Address Device Command(Command Ring) 명령을 사용해서 연결된 디바이스에게 주소를 할당한다.

7) LS, HS, SS 디바이스의 디폴트 엔드포인트의 MaxPacketSize는 각각 8, 64, 512를 사용한다. 하지만 FS의 값은 8, 16, 32, 64중에 임의의 값을 사용하기 때문에 적당한 값을 얻어내기 위해 FS의 디바이스는 시스템 소프트웨어로부터 GET_DSCRIPTOR 명령을 통해 Device 디스크립터를 제공한다. 이곳에 기록된 MaxPacketSize0 필드의 값을 읽은 시스템 소프트웨어는 이 값을 사용해서 xHC의 디바이스 슬롯 정보를 변경 요청한다. 이런 변경 요청은 Evaluate Context Command(Command Ring) 명령어에 의해서 수행된다.

8) 디바이스의 상태를 Configured 상태로 바꾸기 위해서 시스템 소프트웨어는 디바이스로부터 필요로 하는 모든 디스크립터 정보를 충분하게 얻는다. 여기에는 Configuration Descriptor가 포함된다.

9) 시스템 소프트웨어는 Evaluate Context Command(Command Ring) 명령어를 사용해서 추가적으로 변경할 디바이스 슬롯 자료를 준비한다. 여기에는 Max Exit Latency 시간 정보가 포함된다.

10) 보통 여기서부터는 시스템 소프트웨어보다는 클래스 드라이버Class Driver가 작업을 주도하는 것이 일반적이다(리눅스 운영체제는 이 작업 역시 시스템 소프트웨어가 처리한다).

클래스 드라이버는 Configure Endpoint Command(Command Ring) 명령어를 사용해서 xHC가 디바이스로 SET_CONFIGURATION 명령을 전달하도록 요청한다. 이 작업을 통해 디바이스의 상태는 Addressed 상태에서 Configured 상태로 전환된다.

11) 클래스 드라이버는 선택적으로 Alternate Interface를 지정하는 작업을 요구할 수 있다.

10.2.4 특정 디바이스가 허브에서 제거될 때 수행하는 작업

본 절에서는 루트 허브에 연결된 특정 디바이스가 제거되는 작업에 초점을 맞춘다. 디바이스가 Root Hub Port로부터 제거될 때 PORTSC의 CCS 필드는 값 '0'으로 초기화될 것이다. 그리고 CSC 필드는 값 '1'로 기록될 것이다. PSCEG 필드의 값 '0'이 값 '1'로 바뀌면 xHC는 Port Status Change Event를 통해서 변화 사실을 알릴 것이다. 디바이스가 제거된 것을 인식하면 시스템 소프트웨어는 Disable Slot Command 명령어(Command Ring을 사용)를 사용해서 디바이스 슬롯을 금지시킬 것이다.

10.2.5 디바이스 슬롯 관리

xHCI 인터페이스는 최대 255개의 디바이스를 지원한다. 각각의 디바이스는 Device Slot 값을 할당받는다. 디바이스 슬롯은 크게 3부분으로 나눠진다. Device Context Base Address Array, Device Context 그리고 Doorbell Array이다.

Device Context Base Address Array는 USB 디바이스 혹은 허브를 최대 255개까지 지원할 수 있다. 각각의 항목 배열은 Device Context를 가리키는 64비트 포인터를 가진다.

슬롯 ID란 Device Context Base Address Array의 인덱스를 나타낸다. 슬롯 ID를 사용해서 Device Context를 가져오거나 Doorbell Register에 접근할 수 있다.

Device Context 자료 구조는 호스트 컨트롤러에 연결된 각각의 USB 디바이스의 특성과 현재 상태를 설명한다. Device Context는 32개의 Context 자료 구조의 배열로 구성된다. 각각의 배열은 첫 번째 항목을 Slot Context라고 부르며 나머지 배열 1-31을 Endpoint Context 자료 구조라고 부른다. 시스템 소프트웨어가 Device Context 자료 구조를 할당하면 모든 필드의 값을 '0'으로 기록한다.

Device Context의 첫 번째 배열 내용을 Slot Context라고 부른다. 이것은 디바이스를 전체적인 관점에서 바로 보는 경우와 전체 엔드포인트에게 영향을 미칠 수 있는 정보를 정의하고 있다.

각각의 엔드포인트를 위한 Endpoint Context 자료 구조는 엔드포인트의 특성을 정의한다. 엔드포인트의 특성은 엔드포인트의 유형, 방향, 요구하는 대역폭, Transfer Ring의 포인터 또는 Stream Context(벌크엔드포인트의 경우) 배열의 포인터를 나타낸다. Endpoint Context는 디바이스의 엔드포인트를 위해서 존재한다. 예를 들어, Endpoint Context 0은 디폴트 엔드포인트와 관련된 정보를 사용한다.

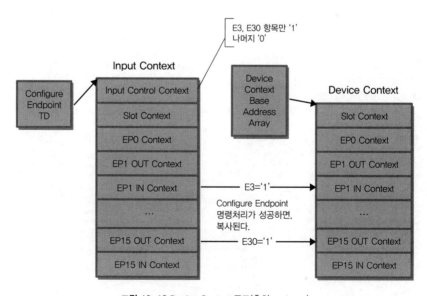

그림 10-12 Device Context 구조(출처: usb.org)

10.2.5.1 Device Context Index(DCI)

DCI는 Device Context 내부에서 각각의 Context 자료 구조를 접근하는 데 사용되는 인 덱스를 의미한다. DCI의 값은 '0'부터 '31'까지 가진다.

DCI의 값이 '0'인 경우 Slot Context라고 부른다. 벌크, 등시성, 인터럽트 전송을 위한 엔 드포인트를 위해 DCI 값은 다음과 같은 공식으로 정의된다.

DCI = (Endpoint Number * 2) + Direction

Direction = 0, OUT 방향

Direction = 1, IN 방향

예를 들어, Endpoint Address 0x82(벌크)의 경우, Endpoint Number는 0x02, 전송 유 형은 벌크, 방향은 IN이기 때문에, DCI = (0x02 *2) + 1 = 5가 된다.

Device Context 내의 5번째 인덱스 배열 항목이 해당하는 엔드포인트를 위한 Endpoint Context가 된다.

10.2.5.2 슬롯 상태

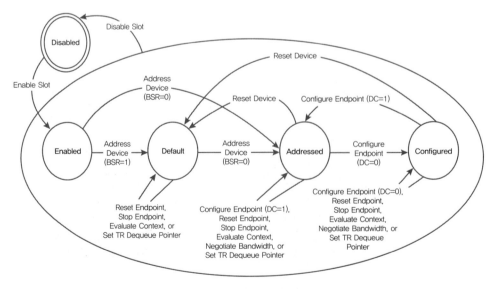

그림 10-13 슬롯 상태 다이어그램(출처: usb.org)

그림 10-13을 보면 디바이스 슬롯의 상태가 어떤 사건에 따라서 변하는지를 알 수 있다.

10.2.5.2.1 Disabled 상태

디바이스 슬롯의 상태가 Disabled되면 슬롯을 위한 Doorbell 레지스터도 사용 금지되고, Device Context의 내용은 의미를 가지지 못한다. 반드시 Enable Slot 명령에 의해서만 슬롯 상태가 Enabled 상태로 전환된다.

10.2.5.2.2 Enabled 상태

이 상태는 Enable Slot 명령에 의해서 Device Slot이 할당되지만 아직까지 Device Context의 내용과 Doorbell 레지스터는 의미가 없다. 이 상태는 Address Device 명령어와 Disable Slot 명령어만 수행될 수 있다. 시스템 소프트웨어가 Address Device 명령어를 사용할 때 Block Set Address Request(BSR) 필드의 값을 '1'로 사용하면 상태는 Default 상태로 전환된다. BSR 필드의 값을 '0'으로 사용하면 상태는 Addressed 상태로 전환된다.

10.2.5.2.3 Default 상태

이때 USB 디바이스는 Default 상태가 된다. Device Slot의 내용 중에 Slot Context와 디폴트 엔드포인트를 위한 Endpoint Context의 내용이 유효하다. 또한 디폴트 엔드포인트를 위한 Doorbell 레지스터가 유효한 상태가 된다. 이 상태에서는 Address Device 명령어(BSR필드의 값이 '0'), Reset Endpoint, Stop Endpoint, Set TR Dequeue Pointer, Disable Slot 명령만 처리될 수 있다.

Address Device 명령어(BSR필드의 값이 '0')에 의해서 상태는 Addressed 상태로 전환된다. Disable Slot 명령어에 의해서 상태는 Disabled 상태로 전환된다. 나머지 명령어는 상태를 변화시키지 않는다.

10.2.5.2.4 Addressed 상태

이 상태에는 USB 디바이스의 상태가 Addressed 상태가 된다. 이 상태에서는 Evaluated Context, Configure Endpoint, Reset Endpoint, Stop Endpoint, Negotiate Bandwidth, Reset Device, Set TR Dequeue Pointer, Disable Slot 명령만 처리될 수 있다.

Configure Endpoint 명령어(Deconfigure – DC 필드의 값이 '0')에 의해서 상태는 Configured 상태로 전환된다. Reset Device 명령어에 의해서 상태는 Default 상태로 전환되며 Disable Slot 명령어에 의해서 상태는 Disabled 상태로 전환된다. 나머지 명령어는 상태를 변화시키지 않는다.

10.2.5.2.5 Configured 상태

이 상태에는 USB 디바이스의 상태가 Configured 상태가 된다. 사실상 Device Context 에 보관된 모든 의미있는 내용들이 유효하다. 실제로 사용되는 엔드포인트(1~15)를 위한 Endpoint Context가 모두 유효하다. 이 상태에서는 Evaluate Context, Configure Endpoint, Reset Endpoint, Stop Endpoint, Negotiate Bandwidth, Reset Device, Set TR Dequeue Pointer, Disable Slot 명령만 처리될 수 있다.

Configure Endpoint 명령어(Deconfigure – DC 필드의 값이 '1')에 의해서 상태는 Addressed 상태로 전환된다. Reset Device 명령어에 의해서 상태는 Default 상태로 전환된다. Disable Slot 명령어에 의해서 상태는 Disabled 상태로 전환되고 나머지 명령어는 상태를 변화시키지 않는다.

10.2.5.3 USB 표준명령과 xHCI 명령의 관계

USB 표준명령은 제어 전송을 사용하는 전송으로서 Setup TD 형태로 xHCI를 사용하는 대표적인 명령어다. 이 말은 시스템 소프트웨어에 의해서 소프트웨어적으로 이런 명령을 발생시킨다는 의미다. 하지만 SET_CONFIGURATION 명령과 SET_ADDRESS 명령은 xHCI가 자체적으로 지원하는 Command Ring을 통한 지원요소와 중복되는 특징이 있다.

Address Device 명령어: BSR = 0 명령어를 사용하면 xHC는 Device Context에 기록된 디바이스 주소를 사용하고 자체적으로 SET_ADDRESS 명령어를 만들어서 디바이스에게 전송한다. Configure Endpoint 명령어: DC = 0 명령어를 사용하면 xHC는 자체적으로 SET_CONFIGURATION 명령어를 만들어서 디바이스에게 전송한다.

10.2.6 Command 인터페이스

Command Ring은 하나의 xHC에 하나만 존재한다. 시스템 소프트웨어는 Command Ring을 사용하는 TRB를 제공하는 제공자이고 xHC는 이것을 소비하는 소비자로 동작한다.

초기에 시스템 소프트웨어는 Command Ring의 Command Ring Dequeue Pointer 레지스터의 초깃값을 설정한다. 이것은 Command Ring Control Register(CRCR)를 사용한다. Command Ring Running 필드의 값이 '0'인 경우에만 시스템 소프트웨어는 Command Ring Dequeue Pointer의 값을 변경할 수 있다.

시스템 소프트웨어가 새로운 Command를 xHC에게 전송하려면 명령과 관련된 TRB를 준비한 뒤 해당하는 TRB를 Command Ring에 넣는다. 준비가 끝나면 xHC의 Doorbell 레지스터를 기록한다.

Doorbell 레지스터를 기록하는 작업을 '초인종을 울린다!'로 해석하는 편이 더 편하게 들린다. Command를 위해 초인종을 울리는 작업은 Doorbell Register 배열의 첫 번째 항목에 들어있는 xHC Doorbell 레지스터를 기록한다는 의미이다.

이후 xHC는 해당하는 명령을 해석한다. 해석이 끝나면 Command Completion Event 사건을 발생시킨다. 사건과 함께 xHC는 사건이 관련된 TRB를 Command TRB Pointer 필드를 사용해서 시스템 소프트웨어에게 알려준다.

xHC는 Command Ring이 비워지거나 멈추는 요청이 있을 때까지 계속해서 Command Ring 속에 TRB를 끄집어내면서 해석을 계속한다. 해석되는 순서는 TRB가 접수되는 순서를 그대로 사용하고 복수 개의 TRB가 동시에 접수되는 것도 허용된다.

Command Ring Control Register(CRCR)의 Command Stop(CS) 필드의 값을 '1'로 기록하는 행동은 현재 동작 중인 Command Ring의 동작을 멈추는 결과를 가져온다. Command Ring Control Register(CRCR)의 Command Abort(CA) 필드의 값을 '1'로 기록하는 행동은 현재 동작 중인 Command의 해석이 취소되는 결과를 가져온다. Command Completion Event 사건이 발생되면 Command Ring의 Dequeue Pointer는 이어지는 다음 TRB를 가리키도록 옮겨진다.

10.2.6.1 No Op

Command Ring의 동작을 확인하는 목적으로 사용하는 명령어다. xHC는 해당하는 명령을 담은 TRB를 Command Ring에서 끄집어 낸 뒤 별다른 해석없이 Command Completion Event를 발생시킨다. 테스트 용도이다.

표 10-6 No Op 명령 처리 방식

시스템 소프트웨어가 준비하는 방법	TRB Type = No Op 명령 나머지 TRB 필드 = '0' Cycle 비트 = Command Ring의 PCS 플래그 [Host Controller Doorbell] DB Target = Host Controller Command
xHC 가 반응하는 방법	Command Completion Event → Event Ring Command TRB Pointer = No Op Command TRB Completion Code = 성공 나머지 TRB 필드 = '0' Cycle 비트 = Event Ring의 PCS 플래그

10.2.6.2 Enable Slot

Enable Slot 명령어는 사용가능한 디바이스 슬롯^{Device Slot}을 할당하는 명령이다. 할당된 디바이스 슬롯의 상태가 Disable 상태에서 Enable 상태로 전환된다. 이 명령을 받은 xHC는 사용가능한 디바이스 슬롯을 찾는다. 해당하는 슬롯을 발견하면 선택된 슬롯을 찾을 수 있는 인덱스(ID)가 Command Completion Event에 Slot ID 필드에 담겨져 리턴된다.

시스템 소프트웨어는 얻어진 슬롯 인덱스를 사용해서 Device Context Base Address Array 배열에 해당하는 위치를 찾아서 새로 준비한 Device Context 구조체의 주소를 기입한다.

표 10-7 Enable Slot 명령 처리 방식

시스템 소프트웨어가 준비하는 방법	TRB Type = Enable Slot 명령 Slot Type = '0' 나머지 TRB 필드 = '0' Cycle 비트 = Command Ring의 PCS 플래그 [Host Controller Doorbell] DB Target = Host Controller Command
xHC가 반응하는 방법	Command Completion Event → Event Ring Command TRB Pointer = Enable Slot Command TRB 나머지 TRB 필드 = '0' Cycle 비트 = Event Ring의 PCS 플래그 [성공] Slot ID = 사용가능한 Device Slot ID Completion Code = 성공 [실패] Slot ID = 0 Completion Code = No Slots Avaliable 상태 코드

10.2.6.3 Disable Slot

Disable Slot 명령어는 사용하던 디바이스 슬롯의 상태를 Disabled 상태로 전환한다. 보통 사용 중인 USB 디바이스를 호스트에서 제거할 때 이와 같은 명령어가 사용될 것이다.

해당하는 명령을 받으면 xHC는 다음과 같이 행동할 것이다. 사용 중인 슬롯을 위한 Doorbell 레지스터를 사용 금지시키고 디바이스의 주기적인 통신을 요구하는 엔드포인 트에게 할당된 대역폭을 제거한다. 해당하는 디바이스와 통신 중인 그 어떤 패킷 전송도 전부 종료시키고 슬롯과 관련된 모든 내부 자원을 해제한다.

표 10-8 Disable Slot 명령 처리 방식

시스템 소프트웨어가 준비하는 방법	TRB Type = Disable Slot 명령 Slot ID = 해제할 디바이스 슬롯 ID 나머지 TRB 필드 = '0' Cycle 비트 = Command Ring의 PCS 플래그 [Host Controller Doorbell] DB Target = Host Controller Command
xHC가 반응하는 방법	Command Completion Event → Event Ring Command TRB Pointer = Disable Slot Command TRB 나머지 TRB 필드 = '0' Slot ID = 해제 요청한 디바이스 슬롯 ID Cycle 비트 = Event Ring의 PCS 플래그 [성공] Completion Code = 성공 [실패] Completion Code = Slot Not Enabled 상태 코드

10.2.6.4 Address Device

Address Device 명령어는 디바이스 슬롯에 연결된 디바이스의 상태를 BSR^Block Set Address Request의 값에 따라서 Enabled 상태에서 Default 상태 혹은 Addressed 상태로 전 환하거나 Default 상태에서 Addressed 상태로 전환한다.

함께 사용하는 Block Set Address Register(BSR) 필드의 값에 따라서 xHC의 동작이 달 라진다.

만일 BSR 필드의 값이 '1'인 경우 디바이스의 상태는 Enabled 상태에서 Default 상태로 전환된다. 이때 xHC는 별다른 실제 패킷을 만들어서 디바이스에게 전송하지 않는다. 이

경우 디바이스의 주소는 값 '0'으로 간주된다.

BSR 필드의 값이 '0'인 경우 디바이스의 상태는 Addressed 상태로 전환된다. 이때 xHC
는 SET_ADDRESS 명령어를 만들어서 디바이스에게 전송하고 적당한 디바이스의 주소
값이 할당된다.

이 명령어가 성공적으로 처리되면 디폴트 엔드포인트는 xHC의 엔드포인트 스케줄
링 리스트에 포함되고 늘 사용할 수 있도록 준비된다. 디폴트 엔드포인트의 Endpoint
Context Doorbell을 사용할 수 있도록 허용된다.

표 10-9 Address Device 명령 처리 방식

시스템 소프트웨어가 준비하는 방법	TRB Type = Address Device 명령 Slot ID = 디바이스 슬롯 ID Input Context Pointer = Input Context 구조체 주소 나머지 TRB 필드 = '0' Cycle 비트 = Command Ring의 PCS 플래그 [Host Controller Doorbell] DB Target = Host Controller Command
xHC가 반응하는 방법	Command Completion Event → Event Ring Command TRB Pointer = Address Device Command TRB 나머지 TRB 필드 = '0' Slot ID = 디바이스 슬롯 ID Cycle 비트 = Event Ring의 PCS 플래그 <BSR 플래그 = 1 의 경우> [성공] 모든 Input Slot Context의 내용이 Output Slot Context로 복사됨 Input Endpoint 0 Context의 내용이 Output Endpoint 0 Context로 복사됨 Output Endpoint 0 Context의 Endpoint State(EP State) 값이 Running 상태로 기록됨 Output Slot Context의 Slot State 값이 Default 상태로 기록됨 Output Slot Context의 USB Device Address 필드값이 '0'으로 기록됨 Completion Code = 성공 [실패] Completion Code = Context State Error 상태 코드

xHC가 반응하는 방법	\<BSR 플래그 = 0의 경우\> 대상의 디바이스에게 할당할 적당한 주소 값이 준비 SET_ADDRESS 명령어 준비(bmRequestType, wValue(주소), wIndex, wValue) Input Slot Context로부터 Route String 가져오기 SET_ADDRESS 명령어를 디바이스로 전송 [성공] 모든 Input Slot Context의 내용이 Output Slot Context로 복사됨 Input Endpoint 0 Context의 내용이 Output Endpoint 0 Context로 복사됨 Output Endpoint 0 Context의 Endpoint State(EP State) 값이 Running 상태로 기록됨 Output Slot Context의 Slot State 값이 Addressed 상태로 기록됨 Output Slot Context의 USB Device Address 필드값이 적당한 주소 값으로 기록됨 Completion Code = 성공 [실패] Completion Code = Context State Error 상태 코드

10.2.6.5 Configure Endpoint

Configure Endpoint 명령어는 연결된 디바이스를 셋업Configuring하거나 반대로 Deconfiguring하는 명령어이다. 파라미터로 함께 사용되는 DC(Deconfigure) 필드의 값이 '1' 인 경우 xHC는 연결된 디바이스를 대상으로 Deconfiguring 작업을 시도한다.

셋업Configuring 작업은 디바이스가 준비하고 있는 엔드포인트가 실제로 활성화되는 과정이기 때문에 시스템 소프트웨어는 이 명령어를 사용할 때 디바이스가 준비한 엔드포인트중에서 사용하고자 하는 엔드포인트와 사용하지 않으려 하는 엔드포인트 정보를 구분해야한다.

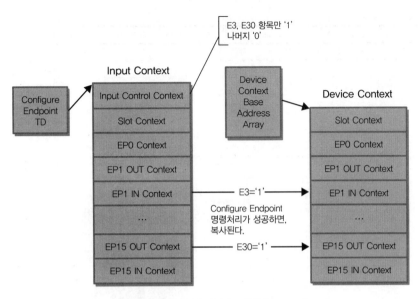

그림 10-14 슬롯 상태 다이어그램(출처: usb.org)

그림 10-14를 보자.

Input Context의 내용은 Device Context와 비교해서 앞부분의 내용(Input Control Context)이 다르다. 이곳에는 비트맵 형태의 배열이 존재한다. 디바이스가 가지는 엔드포인트는 디폴트 엔드포인트와 나머지 엔드포인트(1-15, 양방향 모두)를 합쳐서 모두 31개이다. 이들에 대한 비트맵 정보가 존재하는데 그림에서는 이중에서 Endpoint 3(주소는 0x81)과 Endpoint 30(주소는 0x0F)에 대해서만 값 '1'을 기록하고 나머지 값 '0'을 기록하고 있다. 해당하는 두 개의 엔드포인트만 사용하는 명령어를 작성하기 때문이다.

Configure Endpoint 명령어의 처리가 성공하면 각각의 엔드포인트를 설명하는 Endpoint Context의 값이 Device Context 내부로 복사되는 것을 알 수 있다.

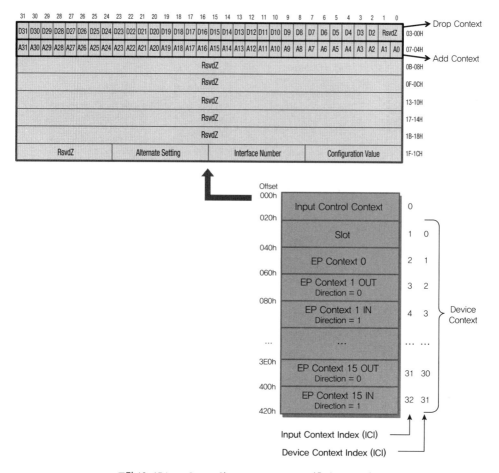

그림 10-15 Input Context와 Input Control Context(출처: usb.org)

그림 10-15를 보면 Input Control Context의 내용을 알 수 있다. Drop Context는 Device Context 내용 중에서 사용하지 않을 Context를 지정하고 Add Context는 새롭게 사용하거나 변경할 Context를 지정한다. Add Context로 지정되는 Context의 값은 명령어가 성공적으로 처리되면 Device Context로 복사된다. Add Context로 지정가능한 비트맵과 Drop Context로 지정가능한 비트맵이 조금 다른 것을 알 수 있다. A0 필드는 Slot Context, A1 필드는 디폴트 엔드포인트를 나타낸다. 이것들은 Drop될 수 없는 종류의 것들로 정의해놓았기 때문이다.

Configure Endpoint 명령어가 SET_INTERFACE 명령어로 사용되는 경우, 그림 10-15 의 Input Control Context의 Interface Number, Alternate Setting 값이 사용될 수 있다.

다만, 이런 경우 반드시 Operational Registers 중에서 Config 레지스터의 Configuration Information Enable(CIE) 필드의 값을 '1'로 기록해야 한다.

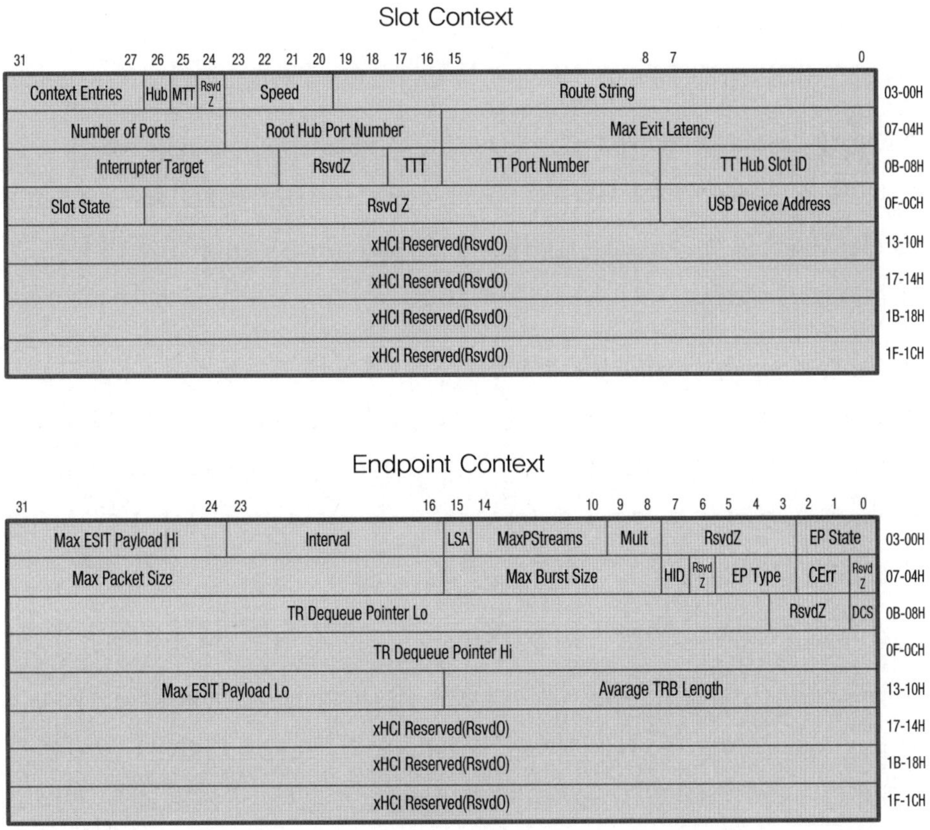

Slot Context

31	27 26 25 24	23 22 21 20 19 18 17 16 15	8 7	0	
Context Entries	Hub MTT RsvdZ	Speed	Route String		03-00H
Number of Ports		Root Hub Port Number	Max Exit Latency		07-04H
Interrupter Target		RsvdZ TTT	TT Port Number	TT Hub Slot ID	0B-08H
Slot State		Rsvd Z		USB Device Address	0F-0CH
xHCI Reserved(RsvdO)					13-10H
xHCI Reserved(RsvdO)					17-14H
xHCI Reserved(RsvdO)					1B-18H
xHCI Reserved(RsvdO)					1F-1CH

Endpoint Context

31	24 23	16 15 14	10 9 8	7 6 5 4 3	2 1 0	
Max ESIT Payload Hi	Interval	LSA MaxPStreams	Mult	RsvdZ	EP State	03-00H
Max Packet Size		Max Burst Size	HID RsvdZ	EP Type	CErr RsvdZ	07-04H
TR Dequeue Pointer Lo				RsvdZ	DCS	0B-08H
TR Dequeue Pointer Hi						0F-0CH
Max ESIT Payload Lo			Avarage TRB Length			13-10H
xHCI Reserved(RsvdO)						17-14H
xHCI Reserved(RsvdO)						1B-18H
xHCI Reserved(RsvdO)						1F-1CH

그림 10-16 Slot Context와 Endpoint Context(출처: usb.org)

그림 10-16을 보자. Slot Context는 디바이스 전체적으로 영향을 미칠 수 있는 속성을 정의하고 있다. Endpoint Context는 사용하는 엔드포인트와 관련된 속성만 정의하고 있다.

대부분의 필드는 USB3, USB2 스펙에서 언급되는 내용이므로 관련된 내용은 1부를 참고하도록 한다.

[Slot Context]에서 Max Exit Latency는 us초 단위의 지연 시간. 디바이스가 사용하는 현재 링크의 상태가 저전력 상태에서 정상 상태로 회복하는 데 소요되는 최대 지연 시간을 의미한다. Root Hub Port Number는 해당하는 디바이스가 연결된 최상위 포트(루트 허브 포트)의 값을 의미한다. Number of Ports는 해당하는 디바이스가 외장 허브인 경우, 허브가 지원하는 포트 개수를 의미하고 Interrupter Target은 해당하는 디바이스 슬롯에서 발생하는 이벤트의 ID를 의미한다.

Slot Stat는 Disabled/Enabled (0), Default (1), Addressed (2), Configured (3)과 같이 디바이스 슬롯의 상태를 나타낸다. [Endpoint Context]에서 Endpoint State(EP State)는 Disabled (0), Running (1), Halted (2), Stopped (3), Error (4)와 같이 엔드포인트의 상태를 나타낸다.

Mult는 USB Super Speed 등시성 전송에서 사용되는 Burst 개수를 의미한다. 값이 '0'이면 하나, 값이 '1'이면 둘, 값이 '2'이면 셋을 의미한다. Super Speed 등시성 전송은 하나의 서비스 인터벌 안에서 하나의 Burst당 최대 16개의 패킷을 전송할 수 있기 때문에 최대 Burst 개수로 값 '2' 즉 셋을 사용하면 3 * 16 = 48개의 패킷을 하나의 서비스 인터벌 안에서 전송할 수 있다.

Max Primary Streams(MaxPStream)는 USB Super Speed 벌크 전송에서 해당하는 벌크 엔드포인트가 스트림 전송을 사용하는 경우 TR Dequeue Pointer 필드는 Primary Stream Context Array를 가리키게 된다. 지원가능한 스트림 수를 결정한다. 값 '0'은 사용하지 않는다는 의미이고, 값 '1'부터 '15'까지 사용할 수 있다. 사용되는 값을 N이라고 하면 Primary Stream Context Array 배열은 $2^{(N+1)}$의 크기를 가진다.

Linear Stream Array(LSA)는 보조 Stream Array의 사용 유무를 결정한다. 이 값이 '1'이면 보조 Stream Array를 사용하지 않는다. 이 값이 '0'이면 보조 Stream Array을 사용한다.

Host Initiated Disable(HID)은 Host가 시작 요청하는 스트림 데이터 전송 명령의 사용 유무를 결정한다. 이 값이 '1'이면 사용 금지이다. USB 3 스펙에서 정의되는 General Stream Protocol State Machine(SPSM)에서 정의된 'Idle' 상태에서 'Data Move' 상태로 전환 요청을 호스트가 시작하는 기능을 허용할지 여부를 결정한다. 보통 하드웨어 자원이 추가적으로 요청되는 기능이기 때문에 특별한 경우를 제외하고는 이 기능을 사용하지 않는다. 이 말은 기본적으로 HID 값이 '1'인 것으로 간주한다는 뜻이다. Max Burst Size는 서비스 인터벌 안에 수행할 수 있는 Burst 데이터패킷 수다.

Dequeue Cycle State(DCS)는 TR Deque Pointer가 가리키는 TRB의 xHC 소비자 Cycle 상태값을 나타낸다. TR Dequeue Pointer에서 Endpoint Context가 Input 용도로 사용되는 경우, MaxPStream 값이 사용되면 이 필드는 Stream Context Array 배열을 가리키고, 그렇지 않으면 Transfer Ring의 주소를 가리킨다.

Endpoint Context가 Output 용도로 사용되는 경우 MaxPStream 값이 사용되면 이 필드는 Stream Context Array 배열을 가리킨다. 그렇지 않으면 TR Dequeue Pointer는 대부분 의미없는 값으로 사용되지만 해당하는 엔드포인트의 상태가 멈추거나 에러가 발생하면 그 당시에 Endpoint를 위한 Transfer Ring의 Dequeue Pointer 위치 정보를 제공하는 목적으로 사용된다.

- Average TRB Length에서 해당하는 엔드포인트에 의해서 실행되는 TRB의 평균 데이터 바이트 크기를 나타낸다. 이 값은 System Bus Bandwidth 정보에 사용된다.

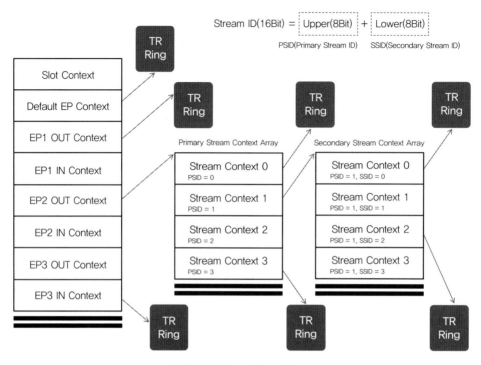

그림 10-17 Stream Context Array

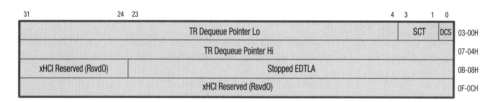

Stream Context(출처: usb.org)

그림 10-17을 보면 Stream Context Array가 Primary와 Secondary로 나눠 사용되는 경우를 알 수 있다. 이렇게 나눠 사용되지 않고 Primary Stream Context Array만 사용되는 경우를 Linear Stream Array(LSA)라고 부른다.

Stream Context 구조체에는 PSID, SSID 필드가 없다. 이것은 논리적으로 판단해야 하는 ID 값이다. 시스템 소프트웨어는 계층적인 방식의 Stream Array를 사용하는 경우 PSID 8비트와 SSID 8비트의 인덱스 위치를 계산해서 Stream ID 값으로 사용해야 한다.

Stream Context 구조체의 필드는 다음과 같은 의미로 사용된다.

- TR Dequeue Pointer: SCT 값이 '0' 또는 '1'의 경우, Stream Context가 Input 용도로 사용되는 경우, Stream을 위한 Transfer Ring의 주소를 가리킨다. Stream Context가 Output 용도로 사용되는 경우 대부분 의미없는 값으로 사용되지만 해당하는 엔드포인트의 상태가 멈추거나 에러가 발생하면 그 당시에 Stream을 위한 Transfer Ring의 Dequeue Pointer 위치 정보를 제공하는 목적으로 사용된다. SCT 값이 '0' 또는 '1' 이 아닌 경우 Secondary Stream Array 의 주소를 담는다.

- SCT(N): Stream Context Type, Stream Context가 Primary 혹은 Secondary 에 속한 것인지 정보를 제공한다. 값 0: Secondary Stream Array에 속하고 값 1 .. 7: Primary Stream Array에 속한다. TR Dequeue Pointer의 의미는 SCT 값(N-1) * 8개의 Stream Context를 가지는 Seconary Stream Array의 주소를 담는다.

- DCS: Dequeue Cycle State, xHC가 해석하는 용도로 사용하는 TRB의 Consumer Cycle State(CCS) 값으로 사용된다.

- Stopped EDTLA: xHC는 스트림의 동작(스트림을 위한 Transfer Ring)이 멈출 때, 해당하는 스트림을 위한 엔드포인트가 사용하던 총 전송량(EDTLA) 값을 기록한다.

10.2.6.6 Evaluate Context

Evaluate Context 명령어는 Device Context의 특정 필드의 값을 변경하도록 시스템 소프트웨어가 호스트 컨트롤러에게 알리는 명령이다.

표 10-10 Evaluate Context 명령 처리 방식

시스템 소프트웨어가 준비하는 방법	TRB Type = Evaluate Context 명령 Add Context 플래그 = 수정될 엔드포인트를 명시 Drop Context 플래그 = 모두 값 '0'으로 기록함 Slot ID = 대상이 되는 디바이스의 슬롯 ID Input Context Pointer = Input Context 구조체 주소 나머지 TRB 필드 = '0' Cycle 비트 = Command Ring의 PCS 플래그 [Host Controller Doorbell] DB Target = Host Controller Command
xHC가 반응하는 방법	Command Completion Event → Event Ring Command TRB Pointer = Evaluate Context Command TRB 나머지 TRB 필드 = '0' Slot ID = 디바이스 슬롯 ID Cycle 비트 = Event Ring의 PCS 플래그 [성공] Input Endpoint 0 Context의 내용이 Output Endpoint 0 Context로 복사됨 Completion Code = 성공 [실패] Completion Code = Error 상태 코드

10.2.6.7 Reset Endpoint

Reset Endpoint 명령어는 엔드포인트(스트림 혹은 Transfer Ring이 정지함)의 상태가 정지하거나 에러가 발생했을 때 해당하는 상황을 정상 상태로 회복하도록 시스템 소프트웨어가 요청하는 명령이다.

이 명령어는 디바이스 슬롯의 상태가 Default, Addressed, Configured 상태에서만 사용할 수 있다.

표 10-11 Reset Endpoint 명령 처리 방식

시스템 소프트웨어가 준비하는 방법	TRB Type = Reset Endpoint 명령 Endpoint ID = 대상 엔드포인트 Slot ID = 대상이 되는 디바이스의 슬롯 ID 나머지 TRB 필드 = '0' Cycle 비트 = Command Ring의 PCS 플래그 [Host Controller Doorbell] DB Target = Host Controller Command
xHC가 반응하는 방법	Command Completion Event → Event Ring Command TRB Pointer = Reset Endpoint Command TRB 나머지 TRB 필드 = '0' Slot ID = 디바이스 슬롯 ID Cycle 비트 = Event Ring의 PCS 플래그 [성공] 만일 EP State가 Halted인 경우, EP State = Stopped 만일 Transfer State Preserve(TSP) 플래그가 '0'인 경우, USB2 Data Packet Toggle 값을 '0' USB3 Data Packet Sequence Number 값을 '0' Doorbell 레지스터를 활성화 Completion Code = 성공 [실패] Completion Code = Error 상태 코드

10.2.6.8 Stop Endpoint

Stop Endpoint 명령어는 엔드포인트를 위한 동작 상태를 멈추도록 요청하는 명령이다. 이 명령어가 수행되기 이전에 처리 중인 전송이 취소된다.

Endpoint가 중지되면 관련된 Transfer Ring의 동작이 중지된다. 이때 시스템 소프트웨어는 보다 우선순위가 높은 TD^Transfer Descriptor를 준비해서 Transfer Ring의 Dequeue Pointer로 옮길 수 있다. 이 명령어에 의해서 동작 중인 TRB가 멈춘 경우라면 해당하는 TRB를 가리키는 Event TRB를 만들어서 Event Ring에 추가한다.

표 10-12 Stop Endpoint 명령 처리 방식

시스템 소프트웨어가 준비하는 방법	TRB Type = Stop Endpoint 명령 Endpoint ID = 대상 엔드포인트 Slot ID = 디바이스의 슬롯 ID 나머지 TRB 필드 = '0' Cycle 비트 = Command Ring의 PCS 플래그 [Host Controller Doorbell] DB Target = Host Controller Command
xHC가 반응하는 방법	이 명령어에 의해서 진행 중인 전송이 취소되는 경우 취소되는 전송을 위해서 새로운 Transfer Event를 만들어서 Event Ring에 포함시킨다. TRB Type = Transfer Event Endpoint ID = 대상 엔드포인트 Slot ID = 디바이스의 슬롯 ID Completion Code = Stopped 나머지 TRB 필드 = '0' Cycle 비트 = Event Ring의 PCS 플래그 [만일 취소된 전송이 Event Data TRB라면] ED = '1' TRB Pointer = 64비트 Event Data TRB 파라미터 Length = 누적된 EDTLA 전송 길이값 [그렇지 않은 경우라면] ED = '0' TRB Pointer = 전송이 취소된 TRB Length = 전송 중에 취소된 TRB가 요구하는 나머지 데이터 전송크기 이후에는 다음과 같은 과정이 진행된다. Command Completion Event → Event Ring Command TRB Pointer = Stop Endpoint Command TRB 나머지 TRB 필드 = '0' Slot ID = 디바이스 슬롯 ID Cycle 비트 = Event Ring의 PCS 플래그

xHC가 반응하는 방법	[성공] xHC 내부에서 수행될 해당하는 엔드포인트의 파이프 스케줄링 작업이 제외됨 EP State = Stopped Completion Code = 성공 Endpoint Context 혹은 Stream Context의 Dequeue Pointer는 멈춘 TR Ring의 위치를 알려준다. [실패] Completion Code = Error 상태 코드

Stop Endpoint 명령어에 의해서 사용되던 Endpoint Context 혹은 Stream Context 의 동작이 멈추는 경우 해당하는 Transfer Ring에서 수행되던 TRB는 취소된다. 통상적으로 이렇게 취소되는 작업은 즉시 이뤄진다. 이때 xHC는 Transfer Event TRB를 만들어서 취소된 TRB의 주소를 TRB Pointer가 가리키도록 설정한다. 이때 Transfer Event TRB의 상태 코드의 값은 통상적으로 'Stopped' 값을 가지게 된다.

이와 관련해서 Stopped - Short Packet Capability(SPC) 기능과 Stopped - EDTLA Capability(SEC) 기능을 잠시 설명하고 넘어가도록 하겠다.

Endpoint Data Transfer Length Accumulator(EDTLA) 기능은 엔드포인트별로 전송하는 데이터 크기를 계속해서 누적하는 기능을 말한다. 이렇게 누적되는 값은 16MB - 1의 값을 초과할 때, 다시 값 '0'을 가지도록 Wrap된다.

시스템 소프트웨어는 EDTLA 기능을 사용하면 상황에 따라서 전송되는 데이터 크기를 추적하는 도움을 받을 수 있다. Stopped - EDTLA Capability(SEC) 기능은 스트림 통신을 사용하는 경우에 필요한 기능이다. 하나의 벌크 엔드포인트가 복수 개의 스트림을 사용하는 경우 Stop Endpoint 명령어에 의해서 엔드포인트의 동작이 멈추면 자연스럽게 엔드포인트에 속한 모든 스트림의 동작이 함께 멈춘다. 이럴 때 엔드포인트가 사용하던 최근의 EDTLA 값을 각각의 스트림을 위한 Stream Context 내의 'Stopped EDTLA' 필드의 값으로 복사를 해주는 기능을 의미한다.

하나의 벌크 IN TD^{Transfer Descriptor}가 복수 개의 TRB를 가지고 있는 경우를 가정해보자. 호스트가 디바이스로부터 데이터를 읽어오는 과정 중에 Stop Endpoint 명령어가 사용됐다면 사용되던 당시의 TRB을 위한 동작이 멈춘다. 이때 생성되는 Transfer Event TRB의 TRB Transfer Length 필드는 보통 전송을 끝내지 못하고 남아있는 전송량의 정보를 담게 된다. 시스템 소프트웨어 입장에서 이 값을 해석하는데 자칫하면 혼동을 줄 수 있는 요인이 있다.

방금 Stop Endpoint 명령어가 사용될 때 마침 그때 디바이스로부터 Short Packet이 호스트로 전송됐다고 가정해보자. Short Packet을 디바이스가 호스트로 전송했다는 것은 현재의 TD 자체가 끝나야 한다는 것을 나타낸다. 즉, 더 이상 전송할 데이터가 없다는 뜻이다.

이때 Stop Endpoint 명령어가 사용됐다면 이와 관련된 Transfer Event TRB의 TRB Transfer Length 필드는 남아있는 데이터양을 나타내고 있다. 때문에 시스템 소프트웨어가 볼 때 현재 받은 데이터가 마지막 Short Packet의 데이터인지 아니면 중간에 멈추는 일로 인해서 남아 있는 데이터양인지 혼동하게 된다.

이러한 혼동을 피하고자 Stopped - Short Packet Capability (SPC) 기능을 사용한다. 이 기능을 활성화하면 이와 같은 상황이 발생할 때 Transfer Event TRB의 상태 코드는 'Stopped - Short Packet' 값을 가지게 되고 TRB Transfer Length 필드는 현재 멈춘 상태의 EDTLA 값을 담게 된다.

10.2.6.9 Set TR Dequeue Pointer

Set TR Dequeue Pointer 명령어는 엔드포인트 혹은 스트림 Context의 TR Dequeue Pointer 필드의 값을 변경하는 명령어다. 반드시 해당하는 엔드포인트가 Stopped된 상태일 때 이 명령어를 실행할 수 있다. 디바이스 슬롯의 상태는 Default, Addressed, Configured 상태여야 한다.

표 10-13 Set TR Dequeue Pointer 명령 처리 방식

시스템 소프트웨어가 준비하는 방법	TRB Type = Set TR Dequeue Pointer 명령 Endpoint ID = 대상 엔드포인트 만일 MaxPStreams 값이 '0'이 아닌 경우라면 Stream ID = 대상 스트림 ID Slot ID = 디바이스의 슬롯 ID New TR Dequeue Pointer = 새롭게 변경하려는 TR Dequeue Pointer 값 Dequeue Cycle State(DCS) = TR Dequeue Pointer 필드가 가리키는 TRB을 위한 xHCI CCS 플래그 상태값 나머지 TRB 필드 = '0' Cycle 비트 = Command Ring의 PCS 플래그 [Host Controller Doorbell] DB Target = Host Controller Command
xHC가 반응하는 방법	Command Completion Event → Event Ring Command TRB Pointer = Set TR Dequeue Pointer Command TRB 나머지 TRB 필드 = '0' Slot ID = 디바이스 슬롯 ID Cycle 비트 = Event Ring의 PCS 플래그 [성공] 만일 스트림 ID가 사용되는 경우 새로운 TR Dequeue Pointer 값이 대상 스트림 Context에 반영된다. DCS 값이 대상 스트림 Context의 Dequeue Cycle State 값으로 반영된다. 스트림 ID가 사용되지 않는 경우 새로운 TR Dequeue Pointer 값이 대상 엔드포인트 Context에 반영된다. DCS 값이 대상 엔드포인트 Context의 Dequeue Cycle State(DCS) 값으로 반영된다. Completion Code = 성공 [실패] Completion Code = Error 상태 코드

10.2.6.10 Reset Device

Reset Device 명령어는 xHC에게 디바이스 슬롯에 연결된 디바이스가 리셋됐다는 사실을 알리는 명령어이다. 이 명령어에 의해 xHC는 슬롯의 상태를 Default 상태로 전환하고 USB Device Address 필드값을 '0'으로 사용한다. 디바이스 슬롯의 상태는 다음과 같이 설정된다.

- 디바이스를 위한 모든 트랜잭션이 취소된다.

- 슬롯의 상태가 Default 상태로 전환된다.

- Slot Context의 Context Entries 필드값이 '1'로 기록된다.

- Slot Context의 USB Device Address 필드값이 '0'으로 기록된다.

또한 이 명령어는 디폴트 엔드포인트 Context를 제외한 나머지 모든 엔드포인트 Context의 상태를 Disabled로 전환해 사용금지시킨다. 시스템 소프트웨어는 이 명령어를 사용하기 이전에 반드시 사용 중이던 모든 엔드포인트의 사용이 멈춘 것을 확인해야 한다.

디폴트 엔드포인트를 제외한 나머지 모든 엔드포인트는 다음과 같이 설정된다.

- 패킷 전송 등을 하는 모든 USB 행동이 멈춘다.

- 엔드포인트의 Doorbell 기능이 꺼진다.

- Event Ring에 대기 중인 사건들이 모두 취소된다.

- 주기적인 전송을 위해서 사용되는 대역폭 예약이 해제된다.

- 엔드포인트를 위해서 사용되던 내부적인 자원이 해제된다.

표 10-14 Reset Device 명령 처리 방식

시스템 소프트웨어가 준비하는 방법	TRB Type = Reset Device 명령 Slot ID = 디바이스의 슬롯 ID 나머지 TRB 필드 = '0' Cycle 비트 = Command Ring의 PCS 플래그 [Host Controller Doorbell] DB Target = Host Controller Command
xHC가 반응하는 방법	Command Completion Event → Event Ring Command TRB Pointer = Reset Device Command TRB 나머지 TRB 필드 = '0' Slot ID = 디바이스 슬롯 ID Cycle 비트 = Event Ring의 PCS 플래그 [성공] Completion Code = 성공 [실패] Completion Code = Error 상태 코드

10.2.6.11 Force Event

Force Event 명령어는 가상머신 관리자Virtual Machine Manager와 관련된 명령으로써 실제 USB 디바이스가 연결된 것처럼 시뮬레이션하는 용도로 사용하는 명령이다. 이 책의 범위를 벗어나므로 생략한다.

10.2.6.12 Negotiate Bandwidth

xHC로 하여금 주기적인 통신을 필요로 하는 엔드포인트를 가진 모든 디바이스에게 Bandwidth Request Event 사건을 알려주는 용도로 사용하는 명령어다.

10.2.6.13 Set Latency Tolerance Value

시스템 소프트웨어가 Best Effort Latency Tolerance(BELT) 값을 xHC에게 제공하는 용도로 사용된다. BELT 값은 디바이스가 견딜 수 있는 최대 지연 시간 값으로 링크의 전원 관리를 효과적이고 적극적으로 수행할 수 있는 방법을 제공한다. 관련된 내용은 1부를 참고한다.

10.2.6.14 Get Port Bandwidth

Get Port Bandwidth 명령어는 루트 허브 혹은 외장 허브의 각각의 다운스트림 포트Downstream Port의 사용가능한 대역폭 퍼센트 값을 구하는 목적으로 사용된다. 이 값은 주기적인 전송을 필요로 하는 엔드포인트를 위해서 사용된다. 이 명령어는 Port Bandwidth Context 자료 구조를 xHC에게 제공한다. xHC는 이곳에 각각의 포트를 위해서 사용가능한 대역폭 정보를 담아준다.

표 10-15 Get Port Bandwidth 명령 처리 방식

시스템 소프트웨어가 준비하는 방법	TRB Type = Get Port Bandwidth 명령 Dev Speed = 대상 디바이스의 속도 Hub Slot ID = 해당하는 디바이스가 연결된 허브 슬롯 ID Port Bandwidth Context Pointer = Port Bandwidth Context 자료 구조의 주소 나머지 TRB 필드 = '0' Cycle 비트 = Command Ring의 PCS 플래그 [Host Controller Doorbell] DB Target = Host Controller Command
xHC가 반응하는 방법	Command Completion Event → Event Ring Command TRB Pointer = Get Port Bandwidth Command TRB 나머지 TRB 필드 = '0' Slot ID = 0 Cycle 비트 = Event Ring의 PCS 플래그 [성공] Completion Code = 성공 [실패] Completion Code = Error 상태 코드

표 10-16 Port Bandwidth Context 자료 구조

31 24	23 16	15 8	7 0	
Port 3	Port 2	Port 1	Port 0	03 - 00H
Port 7	Port 6	Port 5	Port 4	07 - 04H
...				
Port n	Port n-1	Port n-2	Port n-3	...

10.2.6.15 Force Header

Force Header 명령어는 USB3에서 사용되는 TP^Transaction Packet, LMPL^ink Management Packet 등을 만들어서 디바이스에게 전송하는 목적으로 사용된다. 디버그 용도로 사용될 수 있다.

표 10-17 Force Header 명령 처리 방식

시스템 소프트웨어가 준비하는 방법	TRB Type = Force Header 명령 Root Hub Port Number = 루트 허브 포트 번호 Packet Type = Super Speed 패킷의 유형 Header Info = USB3에서 정의하는 패킷 데이터 구조 나머지 TRB 필드 = '0' Cycle 비트 = Command Ring의 PCS 플래그 [Host Controller Doorbell] DB Target = Host Controller Command
xHC가 반응하는 방법	Command Completion Event → Event Ring Command TRB Pointer = Force Header Command TRB 나머지 TRB 필드 = '0' Slot ID = 0 Cycle 비트 = Event Ring의 PCS 플래그 [성공] Completion Code = 성공 [실패] Completion Code = Error 상태 코드

10.2.7 Doorbells(초인종)

xHC는 256개의 32비트 Doorbell 레지스터를 지원하고 있다. 이것은 Device Slot ID 인덱스를 사용해서 찾을 수 있는 Memory Mapped IO 공간에 존재한다. Doorbell 레지스터 배열의 기준 주소는 xHCI Capability 레지스터 그룹의 DBOFF(Doorbell Offset) 레지스터를 통해서 찾을 수 있다.

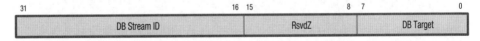

31	16	15	8	7	0
DB Stream ID		RsvdZ		DB Target	

그림 10-18 Doorbell 레지스터

비트	설명
7:0	DB Target – RW. Doorbell Target.
	값 설명
	0 사용 안 함
	1 디폴트 엔드포인트 Enqueue Pointer Update
	2 엔드포인트 #1 OUT Enqueue Pointer Update
	3 엔드포인트 #1 IN Enqueue Pointer Update
	4 엔드포인트 #2 OUT Enqueue Pointer Update
	5 엔드포인트 #2 IN Enqueue Pointer Update
	...
	30 엔드포인트 #15 OUT Enqueue Pointer Update
	31 엔드포인트 #15 IN Enqueue Pointer Update
15:8	사용 안 함
31:16	DB Stream ID – RW. Doorbell Stream ID
	스트림 프로토콜을 사용하는 경우, Doorbell 초인종을 울리는 목적이 Stream ID 때문인 경우에 사용함

Doorbell 레지스터 배열이 담고 있는 각각의 Doorbell 레지스터는 저마다 DB Target 필드를 가지고 있다. 이것은 시스템 소프트웨어가 Doorbell 레지스터를 사용해서 초인종을 누를 때(ring) 구체적인 이유를 기록하는 필드다. 쉽게 설명하기 위해서 Doorbell 레지스터의 초인종을 누르는 작업을 'Doorbell 레지스터를 기록한다'라고 부르도록 하겠다.

Doorbell 레지스터 #0은 호스트 컨트롤러를 위해서 할당돼 있다. 이 레지스터의 DB Target 필드값은 '0'(Host Controller Command) 값만 사용하도록 돼 있다. 나머지 Doorbell 레지스터 #1 – #255는 각각 Device Context Doorbell 레지스터로 사용된다. 이들은 각각 1:1로 매핑된다. 시스템 소프트웨어는 엔드포인트/스트림 Context의 Transfer Ring 위로 새로운 TRB$^{Transfer\ Request\ Block}$를 추가하고 Doorbell 레지스터를 기록한다. 주의할 점은 디바이스 슬롯의 상태가 Disabled 상태일 때는 Doorbell 레지스터를 기록하지 말아야 한다. Doorbell 레지스터를 읽으면 값은 '0'이 읽혀진다.

10.2.8 엔드포인트

USB 디바이스는 총 31개, 즉 하나의 Control 엔드포인트와 15개의 IN, 15개의 OUT 엔드포인트를 가지고 있다.

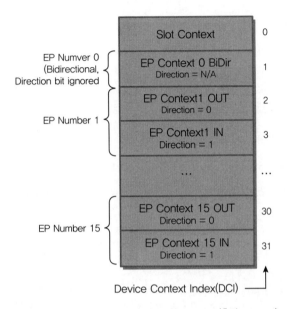

그림 10-19 디바이스 Context와 엔드포인트 Context(출처: usb.org)

10.2.8.1 엔드포인트 Context 초기화

디폴트 엔드포인트, 벌크 엔드포인트, 인터럽트 엔드포인트 그리고 등시성 엔드포인트를 위한 Context를 초기화하는 방법을 살펴보자.

10.2.8.1.1 디폴트 엔드포인트

원칙적으로 USB 디바이스는 복수 개의 컨트롤 엔드포인트를 가질 수 있다. 하지만 실전에서는 디폴트 엔드포인트만 컨트롤 엔드포인트로 사용된다. 엔드포인트 Context의 내용은 다음과 같은 값으로 준비한다.

EP Type: Control

Max Packet Size:

USB2, Device Descriptor의 bMaxPacketSize0

USB3, 2^(Device Descriptor의 bMaxPacketSize0)

TR Dequeue Pointer는 미리 할당한 Transfer Ring의 첫 번째 세그먼트 주소이고 Dequeue Cycle State(DCS)는 값 '1'. TRB의 Cycle 비트를 반영한다.

10.2.8.1.2 벌크 엔드포인트

EP Type: Bulk IN 또는 Bulk OUT

Max Packet Size: Endpoint Descriptor의 wMaxPacketSize

Max Burst Size: USB3, Super Speed Endpoint Companion Descriptor의 bMaxBurst

스트림이 사용되는 경우 Primary Stream Array를 할당하고 초기화한다.

MaxPStreams는 Primary Stream Array의 크기를 나타내고 TR Dequeue Pointer: Primary Stream Array의 시작 주소를 나타낸다. HID는 Host Initiated Move Data 기능을 허용할 것인가 여부. 보통은 값 '1'을 사용한다. LSA는 Stream Array의 형태를 선형 ('1')으로 사용할 것인지 Secondary를 사용('0')할 것인지를 나타낸다.

스트림이 사용되지 않는 경우에 MaxPStreams는 '0'을 나타내고 TR Dequeue Pointer 는 미리 할당한 Transfer Ring의 첫 번째 세그먼트 주소를 나타낸다. Dequeue Cycle State(DCS)는 값 '1'. TRB의 Cycle 비트를 반영한다.

10.2.8.1.3 등시성 또는 인터럽트 엔드포인트

등시성 또는 인터럽트 엔드포인트는 주기적 전송에 사용되는 엔드포인트다.

- EP Type: 등시성(Isoch) IN, 등시성 OUT, 인터럽트(Interrupt) IN 또는 인터럽트 OUT

- Max Packet Size : Endpoint Descriptor의 wMaxPacketSize & 07FFh

- Max Burst Size : Super Speed Endpoint Companion Descriptor의 bMax Burst 또는 (Endpoint Descriptor의 wMaxPacketSize & 1800h) $\gg$ 11

- Mult : Super Speed Endpoint Companion Descriptor의 bmAttributes(Mult) 값. 인터럽트 엔드포인트에서는 사용되지 않는다.

- TR Dequeue Pointer : Primary Stream Array의 시작 주소

- Dequeue Cycle State(DCS) : 값 '1'. TRB의 Cycle 비트를 반영한다.

10.2.8.2 엔드포인트 Context 상태

엔드포인트 Context의 상태는 다양한 사건에 따라서 변한다. 엔드포인트 Context의 상태는 Disabled, Running, Error, Stopped, Halted 총 5가지 상태가 존재한다.

1) Address Device 명령어는 디폴트 엔드포인트의 상태를 Disabled 상태에서 Running 상태로 전환한다.

2) Configure Endpoint 명령어(Add='1', Drop='0')는 디폴트 엔드포인트를 제외하고 다른 엔드포인트의 상태를 Disable 상태에서 Running 상태로 전환한다.

3) Configure Endpoint 명령어(Add='0', Drop='1') 또는 Reset Device 명령어는 디폴트 엔드포인트의 상태를 Stopped 상태에서 Running 상태로 전환한다. 다른 엔드포인트의 상태를 Disabled 상태로 전환한다.

4) Disable Slot 명령어는 디바이스 슬롯의 모든 엔드포인트의 상태를 Disabled 상태로 전환한다.

5) Running 상태에서 Set TR Dequeue Pointer 명령어는 비활성화된 스트림 엔드포인트를 위한 Transfer Ring으로만 사용될 수 있다.

6) Configure Endpoint 명령어(Add='1', Drop='0')는 디폴트 엔드포인트를 제외하고 다른 엔드포인트의 상태를 Stopped 상태에서 Running 상태로 전환한다.

7) Stopped 상태에서 Set TR Dequeue Pointer 명령어는 Doorbell을 울리기 전에 비활성화된 스트림 엔드포인트를 위한 Transfer Ring의 시작 위치를 변경하는 데 사용될 수 있다.

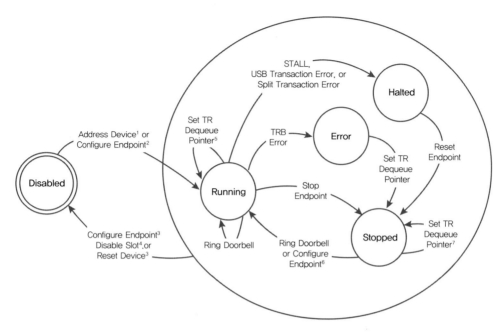

그림 10-20 엔드포인트 상태 다이어그램(출처: usb.org)

10.2.9 TRB Ring

TRB[Transfer Request Block] Ring은 환형 큐[Queue]를 정의하고 있는 자료 구조다. 큐에 넣는 항목을 TRB라고 부른다. TRB를 큐에 넣는 대상을 생산자[Producer], 큐에서 제거하는 대상을 소비자[Comsumer]라고 부른다.

TRB Ring은 3가지 형태가 존재한다.

Transfer Ring은 USB 디바이스와 데이터를 송수신하는 주 목적을 가지고 있는 환형 큐로서 시스템 소프트웨어가 생산자, xHC가 소비자의 역할을 수행한다. 디바이스 슬롯 내부의 엔드포인트 Context 혹은 스트림 Context마다 하나씩의 Ring을 가질 수 있다.

Command Ring에서 xHC 호스트 컨트롤러는 하나의 Command Ring을 지원한다. USB 디바이스의 열거 과정에 참여하는 목적으로 사용되는 환형 큐로서 시스템 소프트웨어가 생산자, xHC가 소비자의 역할을 수행한다. Operational 레지스터 그룹에 포함된

Command Ring Control 레지스터에 의해서 관리된다.

Event Ring은 xHC가 Transfer Ring 혹은 Command Ring에 접수된 TRB를 해석한 결과를 담아주거나 새로운 사건을 담아주는 용도로 환형 큐로서 xHC가 생산자, 시스템 소프트웨어가 소비자의 역할을 수행한다. Runtime 레지스터에 의해서 관리된다.

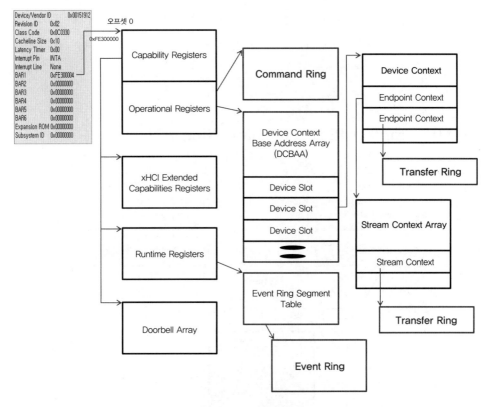

그림 10-21 TRB Ring의 유형

10.2.9.1 Transfer Descriptor(TD)

하나의 TD는 하나 혹은 복수 개의 TRB로 구성된다. 복수 개의 TRB가 하나의 TD를 구성하는 경우 TRB 속에 Chain(C) 비트를 사용한다. 특별한 TD로서 "Zero Length" USB Transaction을 발생시키고자 하는 경우 하나의 TRB를 가지는 TD를 구성한다. TRB의

Transfer Length 값은 '0'을 가진다.

TRB Ring을 유지하는 포인터(Enqueue Pointer, Dequeue Pointer)가 움직이는 원칙은 TRB 단위이지만 특별한 상황에서 TD 단위로 움직일 수 있다. 이런 상황은 전송 중 에러가 발생하는 TRB가 있거나 기대보다 짧은 데이터만 디바이스로부터 전송되는 "Short Packet" 상황이 발생하는 경우다. 물론 전송이 정상적으로 완료된 경우도 여기에 포함된다. 이런 경우 기대보다 짧은 데이터가 수신됐지만 호스트 입장에서는 하나의 기대하는 TD를 완료해야 하는 상황이기 때문에 TD 자체를 제거한다(이 말은 TD를 구성하는 복수 개의 TRB가 있다면, 이들 모두가 한번에 제거된다는 뜻).

10.2.9.2 Transfer Ring, Command Ring 관리

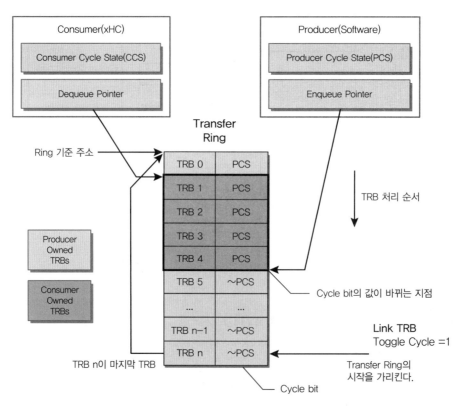

그림 10-22 Transfer Ring의 운영 방식(출처: usb.org)

그림 10-22를 보자. TRB를 만들어 내는 생산자(시스템 소프트웨어)와 TRB를 소비하는 소비자(xHC)는 각각 자신의 내부에 Enqueue Pointer와 Dequeue Pointer를 유지하고 있어서 Transfer Ring속으로 새로운 TRB를 기입(Enqueue Pointer)하거나 끄집어(Dequeue Pointer) 내는 용도로 사용하고 있다.

각각 Cycle State 비트를 유지하고 있다. 생산자가 가진 Cycle State 비트를 PCS^{Producer Cycle State} 비트라고 부르고 소비자가 가진 Cycle State 비트를 CCS^{Consumer Cycle State} 비트라고 부른다.

Transfer Ring에 새로운 TRB를 기입하려는 생산자는 TRB를 기입할 때 함께 PCS 값을 기입한다. Transfer Ring으로부터 TRB를 끄집어 내는 소비자는 끄집어 낸 TRB와 함께 존재하는 Cycle 비트의 값을 읽어서 자신이 가진 CCS 값과 비교한다. 이 값이 동일한 경우에만 TRB를 해석한다.

Transfer Ring에 기입되는 TRB중에서 특별한 목적이 부가된 종류의 것이 있다. 이것이 Link TRB이다. Link TRB는 불가피하게 현재의 연속적인 메모리로 더 이상 TRB를 담을 수 없거나 환형 큐 형태로 동작하도록 하기 위해서 현재 메모리의 시작 부분으로 다음 포인터를 연결시키는 목적으로 가지고 있다.

Link TRB는 Toggle Cycle 비트를 가지고 있다. 이 비트의 값이 '1'이면 생산자와 소비자가 Link TRB를 참조할 때는 자신의 Cycle 비트의 값을 토글(1의 보수)해야 한다. 이와 같이 토글된 자신의 Cycle 비트값은 이후 생산자의 역할로 인해, TRB를 Transfer Ring에 넣을 때, 함께 기록된다는 특징 때문에 소비자가 Transfer Ring으로부터 TRB를 끄집어 낼 때 Transfer Ring의 상태가 비어있는 상태임으로 알 수 있도록 돕는다. 이것은 자연스럽게 Dequeue Pointer로부터 시작해서 계속 포인터를 증가시켜 나가다 보면 각각의 포인터에 포함된 Cycle 비트의 값이 변하는 상황을 만나게 될 것이고 이곳이 마지막 Dequeue Pointer로 사용된다는 의미가 되기 때문이다.

Transfer Ring을 위해서 사용하는 소비자의 CCS 플래그값은 Endpoint Context DCS 필드값으로 결정된다. Command Ring을 위해서 사용하는 소비자의 CCS 플래그값은

Command Ring Control 레지스터 RCS 필드값으로 결정된다. Event Ring을 위해서 사용하는 소비자의 CCS 플래그값은 '1'로 초기화 된다.

Transfer Ring에 포함되는 TD는 하나 혹은 복수 개의 TRB로 구성되지만 Command Ring과 Event Ring에 포함되는 TD는 하나의 TRB가 하나의 TD 역할을 수행한다. Transfer Ring, Command Ring을 통해서 요청된 TRB는 처리가 완료되면 Event Ring을 통해서 시스템 소프트웨어에게 보고된다. 이때 Event Ring을 통해서 Transfer Ring, Command Ring 각각의 수정된 Dequeue Pointer 주소가 보고된다. 이 값을 시스템 소프트웨어가 사용해야 한다. Transfer Ring으로 새로운 TRB가 기입되면 시스템 소프트웨어는 해당하는 디바이스 슬롯의 Doorbell 레지스터를 기록한다. Command Ring으로 새로운 TRB가 기입되면 시스템 소프트웨어는 Host Controller Doorbell 레지스터를 기록한다.

10.2.9.3 Event Ring 관리

xHC Runtime 레지스터에 포함된 Event Ring Segment Table 주소는 Event Ring 세그먼트를 찾아가는 기준 정보를 제공하고 있다.

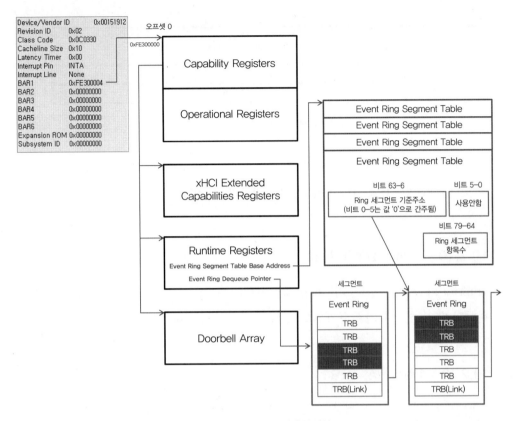

그림 10-23 Event Ring의 운영 방식

그림 10-23을 보면, Event Ring Dequeue Pointer(ERDP) 레지스터가 존재한다. 이것은 현재 Event Ring의 Dequeue Pointer를 가리키는 용도로 사용된다. Event Ring의 소비자는 시스템 소프트웨어이기 때문에 소프트웨어가 Event Ring으로부터 TRB를 끄집어 낸 뒤에 Dequeue Pointer 레지스터의 값을 변경(증가)해줘야 한다.

10.2.10 TRB

TRB 구조체는 TRB Ring에 기입되는 16바이트로 준비되는 핵심 내용이다.

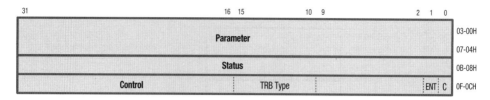

31	16 15	10 9	2 1 0	
Parameter				03-00H
				07-04H
Status				0B-08H
Control	TRB Type		ENT C	0F-0CH

그림 10-24 TRB의 구성 요소(출처: usb.org)

그림 10-24를 보면 TRB가 크게 3가지(Parameter, Status, Control)로 구분된다는 것을 알
수 있다. TRB의 종류에 따라서 이들 3가지 필드의 값들이 달라진다.

10.2.10.1 Transfer TRBs

Transfer Ring에 접수되는 기본적인 요청 단위를 Transfer Descriptor(TD)라고 부른다.
하나의 TD는 하나 혹은 복수 개의 Transfer TRB로 구성된다.

10.2.10.1.1 Normal TRB

Normal TRB는 벌크, 인터럽트 전송 등에 사용되고 Scatter/Gather 동작을 지원하는
TRB이다.

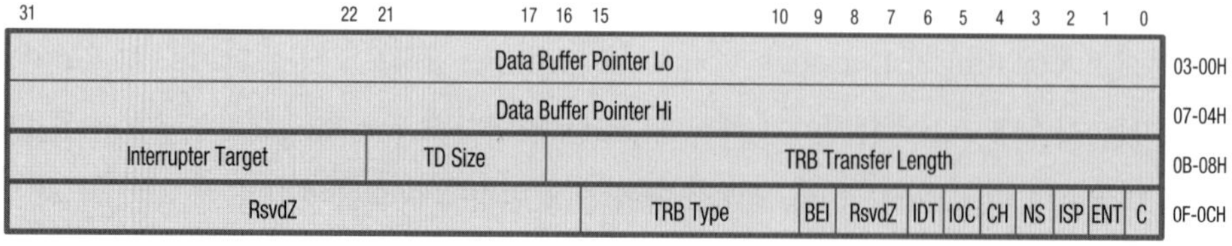

31	22 21	17 16 15	10 9 8 7 6 5 4 3 2 1 0	
Data Buffer Pointer Lo				03-00H
Data Buffer Pointer Hi				07-04H
Interrupter Target	TD Size		TRB Transfer Length	0B-08H
RsvdZ		TRB Type	BEI RsvdZ IDT IOC CH NS ISP ENT C	0F-0CH

그림 10-25 Normal TRB의 구성 요소(출처: usb.org)

비트	설명
63:0	Data Buffer Pointer Hi/Lo. TRB의 데이터 버퍼를 가리키는 64비트 주소. IDT 필드의 값이 '1' 인 경우, 버퍼의 주소가 아니라 8바이트의 임시 데이터공간으로 사용될 수 있다.

비트	설명
80:64	TRB Transfer Length. xHC가 처리하는 데이터 바이트 크기
85:81	TD Size. 현재 TD 입장에서 TRB를 해석한 뒤, 남아있는 이어지는 몇 개의 TRB를 해석해야 하는지를 알려준다. 최댓값이 '31'이므로, 31이상의 TRB를 사용해야 한다면 '31' 값을 사용해야 한다.
95:86	Interrupter Target. 현재 TRB가 처리되는 결과로 발생하는 이벤트(Event)가 발생시킬 인터럽터 인덱스를 지정한다.
96	Cycle bit. Transfer Ring의 Enqueue Pointer를 찾는 용도로 사용된다.
97	Evaluate Next TRB(ENT). 이 필드의 값이 '1'이면 xHC는 엔드포인트 상태를 변경하지 않고 이어지는 다음 TRB를 처리한다.
98	Interrupt on Short Packet(ISP). 짧은 패킷이 전송되면 인터럽트를 발생시킬 것인지 여부를 알린다.
99	No Snoop(NS). 기본적으로 값 '0'을 사용한다. PCIe Transaction의 No Snoop 비트의 값을 결정한다.
100	Chain bit. 현재 TRB가 하나의 TD를 구성하는 일부 TRB임을 알림
101	Interrupt on Completion(IOC). 현재 TRB가 처리 완료되면 인터럽트를 발생시킬 것인 것 여부를 알린다. 속도 문제로 보통 TD의 마지막 TRB만 이 기능을 사용한다.
102	Immediate Data(IDT). 이 필드의 값이 '1'이면, Data Buffer Pointer 필드 64비트가 주소를 나타내는 목적이 아닌 8바이트 변수의 역할로 바뀐다.
104:103	사용 안 함
105	Block Event Interrupt(BEI). TRB 처리 결과 이벤트로 인해서 인터럽트가 발생하지 않도록 막는다.
111:106	TRB Type. Normal TRB 유형(1)
127:112	사용 안 함

10.2.10.1.2 Control TRBs

제어 전송에 사용되는 TRB는 제어 전송이 3가지 단계를 사용하기 때문에 각각의 단계에 맞는 TRB가 존재한다.

10.2.10.1.2.1 Setup Stage TRB

컨트롤 전송(TD)에서 사용하는 8바이트 셋업 명령어를 전송하는 목적으로 사용하는 TRB를 의미한다.

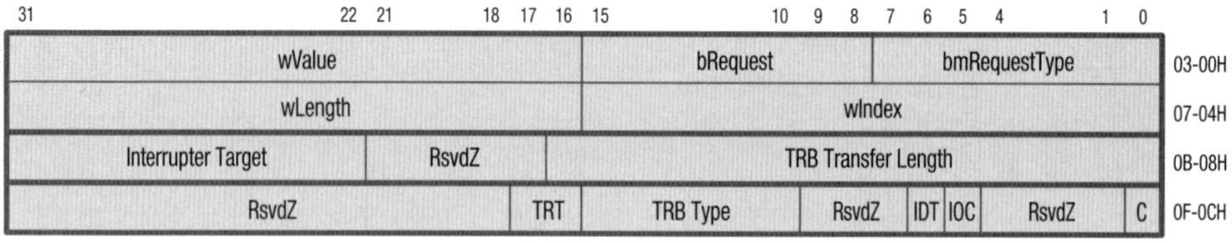

31		22 21	18 17 16 15		10 9 8 7 6 5 4		1 0	
wValue				bRequest		bmRequestType		03-00H
wLength				wIndex				07-04H
Interrupter Target		RsvdZ		TRB Transfer Length				0B-08H
RsvdZ			TRT	TRB Type	RsvdZ	IDT IOC	RsvdZ C	0F-0CH

그림 10-26 Setup Stage TRB의 구성 요소(출처: usb.org)

비트	설명
7:0	bmRequestType. USB2, USB3에서 정의하는 셋업 명령어의 bmRequest Type 값
15:8	bRequest. USB2, USB3에서 정의하는 셋업 명령어의 bRequest 값
31:16	wValue. USB2, USB3에서 정의하는 셋업 명령어의 wValue 값
47:32	wIndex. USB2, USB3에서 정의하는 셋업 명령어의 wIndex 값
63:48	wLength. USB2, USB3에서 정의하는 셋업 명령어의 wLength 값
80:64	TRB Transfer Length. xHC가 처리하는 데이터 바이트 크기
85:81	사용 안 함
95:86	Interrupter Target. 현재 TRB가 처리되는 결과로 발생하는 이벤트(Event)가 발생시킬 인터럽터 인덱스를 지정한다.
96	Cycle bit. Transfer Ring의 Enqueue Pointer를 찾는 용도로 사용된다.
100:97	사용 안 함
101	Interrupt on Completion(IOC). 현재 TRB가 처리 완료되면 인터럽트를 발생시킬 것인 것 여부를 알린다. 속도 문제로 보통 TD의 마지막 TRB만 이 기능을 사용한다.
102	Immediate Data(IDT). 이 필드의 값이 '1'이면, Data Buffer Pointer 필드 64비트가 주소를 나타내는 목적이 아닌, 8바이트 변수의 역할로 바뀐다.
104:103	사용 안 함
105	Block Event Interrupt(BEI). TRB 처리 결과 이벤트로 인해서 인터럽트가 발생하지 않도록 막는다.
111:106	TRB Type. Setup Stage TRB 유형(2)

비트	설명
113:112	TRT. Transfer Type. **값** **의미** 0 Data 단계가 아님 1 사용 안 함 2 OUT Data 단계 3 IN Data 단계
127:114	사용 안 함

10.2.10.1.2.2 Data Stage TRB

제어 전송에서 사용되는 데이터 전송 단계를 위한 TRB를 정의한다.

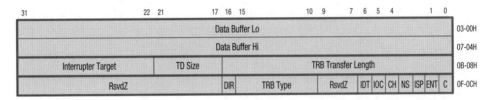

그림 10-27 Data Stage TRB 의 구성 요소(출처: usb.org)

비트	설명
63:0	Data Buffer Pointer Hi/Lo. TRB의 데이터 버퍼를 가리키는 64비트 주소. IDT 필드의 값이 '1'인 경우 이곳은 버퍼의 주소가 아니라 8바이트의 임시 데이터공간으로 사용될 수 있다.
80:64	TRB Transfer Length. xHC가 처리하는 데이터 바이트 크기
85:81	TD Size. 현재 TD 입장에서 TRB를 해석한 뒤, 남아있는 이어지는 몇 개의 TRB를 해석해야 하는지를 알려준다. 최댓값이 '31'이므로 31 이상의 TRB를 사용해야 한다면 '31' 값을 사용해야 한다.
95:86	Interrupter Target. 현재 TRB가 처리되는 결과로 발생하는 이벤트(Event)가 발생시킬 인터럽터 인덱스를 지정한다.
96	Cycle bit. Transfer Ring의 Enqueue Pointer를 찾는 용도로 사용된다.
97	Evaluate Next TRB(ENT). 이 필드의 값이 '1'이면 xHC는 엔드포인트 상태를 변경하지 않고 이어지는 다음 TRB를 처리한다.

비트	설명
98	Interrupt on Short Packet(ISP). 짧은 패킷이 전송되면 인터럽트를 발생시킬 것인지 여부를 알린다.
99	No Snoop(NS). 기본적으로 값 '0'을 사용한다. PCIe Transaction의 No Snoop 비트의 값을 결정한다.
100	Chain bit. 현재 TRB가 하나의 TD를 구성하는 일부 TRB임을 알림
101	Interrupt on Completion(IOC). 현재 TRB가 처리 완료되면 인터럽트를 발생시킬 것인 것 여부를 알린다. 속도 문제로 보통 TD의 마지막 TRB만 이 기능을 사용한다.
102	Immediate Data(IDT). 이 필드의 값이 '1'이면 Data Buffer Pointer 필드 64비트가 주소를 나타내는 목적이 아닌 8바이트 변수의 역할로 바뀐다.
104:103	사용 안 함
105	Block Event Interrupt(BEI). TRB 처리 결과 이벤트로 인해서 인터럽트가 발생하지 않도록 막는다.
111:106	TRB Type. Data Stage TRB 유형(3)
112	Direction(DIR). 데이터 통신의 방향을 결정함. 값 '0' OUT, 값 '1' IN
127:113	사용 안 함

10.2.10.1.2.3 Status Stage TRB

제어 전송에서 사용되는 Status 단계를 위한 TRB를 준비한다.

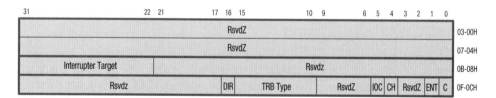

그림 10-28 Status Stage TRB의 구성 요소(출처: usb.org)

비트	설명
85:0	사용 안 함
95:86	Interrupter Target. 현재 TRB가 처리되는 결과로 발생하는 이벤트(Event)가 발생시킬 인터럽터 인덱스를 지정한다.

비트	설명
96	Cycle bit. Transfer Ring의 Enqueue Pointer를 찾는 용도로 사용된다.
97	Evaluate Next TRB(ENT). 이 필드의 값이 '1'이면 xHC는 엔드포인트 상태를 변경하지 않고 이어지는 다음 TRB를 처리한다.
99:98	사용 안 함
100	Chain bit. 현재 TRB가 하나의 TD를 구성하는 일부 TRB임을 알림
101	Interrupt on Completion(IOC). 현재 TRB가 처리 완료되면 인터럽트를 발생시킬 것인 것 여부를 알린다. 속도 문제로 보통 TD의 마지막 TRB만 이 기능을 사용한다.
105:102	사용 안 함
111:106	TRB Type. Status Stage TRB 유형(4)
112	Direction(DIR). Status 단계의 통신 방향을 결정함. 값 '0' OUT, 값 '1' IN
127:113	사용 안 함

10.2.10.1.3 Isoch TRB

지정된 프레임 시간에 맞춰서 등시성 데이터 통신을 하고자 할 때 사용하는 TRB 구조이다.

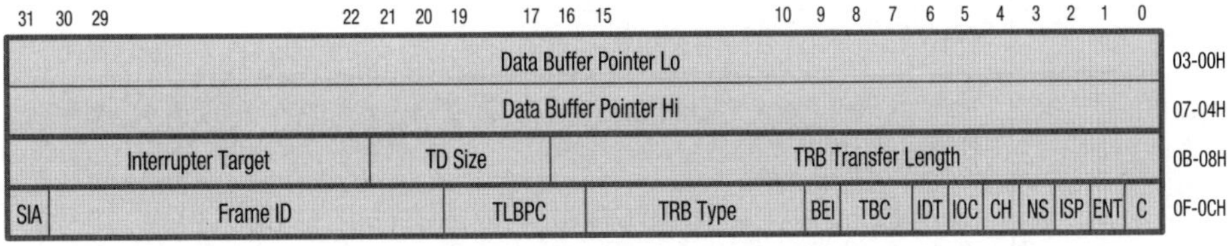

그림 10-29 Isoch TRB의 구성 요소(출처: usb.org)

비트	설명
63:0	Data Buffer Pointer Hi/Lo. TRB의 데이터 버퍼를 가리키는 64비트 주소. IDT 필드의 값이 '1' 인 경우, 버퍼의 주소가 아니라 8바이트의 임시 데이터공간으로 사용될 수 있다.
80:64	TRB Transfer Length. xHC가 처리하는 데이터 바이트 크기

비트	설명
85:81	TD Size. 현재 TD 입장에서 TRB를 해석한 뒤 남아있는 이어지는 몇 개의 TRB를 해석해야 하는지를 알려준다. 최댓값이 '31'이므로 31 이상의 TRB를 사용해야 한다면 '31' 값을 사용해야 한다.
95:86	Interrupter Target. 현재 TRB가 처리되는 결과로 발생하는 이벤트(Event)가 발생시킬 인터럽터 인덱스를 지정한다.
96	Cycle bit. Transfer Ring의 Enqueue Pointer를 찾는 용도로 사용된다.
97	Evaluate Next TRB(ENT). 이 필드의 값이 '1'이면 xHC는 엔드포인트 상태를 변경하지 않고 이어지는 다음 TRB를 처리한다.
98	Interrupt on Short Packet(ISP). 짧은 패킷이 전송되면 인터럽트를 발생시킬 것인지 여부를 알린다.
99	No Snoop(NS). 기본적으로 값 '0'을 사용한다. PCIe Transaction의 No Snoop 비트의 값을 결정한다.
100	Chain bit. 현재 TRB가 하나의 TD를 구성하는 일부 TRB임을 알림
101	Interrupt on Completion(IOC). 현재 TRB가 처리 완료되면 인터럽트를 발생시킬 것인 것 여부를 알린다. 속도 문제로 보통 TD의 마지막 TRB만 이 기능을 사용한다.
102	Immediate Data(IDT). 이 필드의 값이 '1'이면, Data Buffer Pointer 필드 64비트가 주소를 나타내는 목적이 아닌 8바이트 변수의 역할로 바뀐다.
104:103	Transfer Burst Count(TBC). 현재의 TD를 전송하는 데 소요되는 Burst 개수 − 1
105	Block Event Interrupt(BEI). TRB 처리 결과 이벤트로 인해서 인터럽트가 발생하지 않도록 막는다.
111:106	TRB Type. Isoch TRB 유형(5)
115:112	Transfer Last Block Packet Count(TLBPC). 현재 TD의 마지막 Burst에 사용되는 패킷 수 − 1
126:116	Frame ID. ms 단위. 표 10−18 MFINDEX 레지스터의 비트 13:3을 기준으로 사용한다. 전송을 시작하고 싶은 시간 정보를 제공한다.
127	Start Isoch As Soon As Possible(SIA). Frame ID를 고려하지 않고 가능하면 빨리 전송하도록 요청한다.

표 10−18 xHC Runtime Register와 MFINDEX

오프셋	약어	레지스터 이름
0000h	MFINDEX	Microframe Index

오프셋	약어	레지스터 이름
001Fh:0004h	사용 안 함	
0020h	IR0	Interrupter Register Set 0
….	….	….
8000h	IR1023	Interrupter Register Set 1023

등시성 전송에서 사용하는 TD를 위한 Frame ID는 다음과 같은 규칙을 가지고 있다.

ESIT$^{\text{Endpoint Service Interval Time}}$ 값에 따라서 가질 수 있는 Frame ID 규칙이 정해져 있다.

ESIT 값이 1ms 이상의 경우 이어지는 등시성 전송(TD)의 서비스 인터벌 시간이 1ms 보다 큰 경우에는, ESIT 시간의 배수값이 Frame ID 값으로 사용이 가능하다. 예를 들어 ESIT 값이 1ms이면 Frame ID는 다음과 같이 사용될 수 있다.

1, 2, 3, 4, 5, …

ESIT 값이 2ms이면 Frame ID는 다음과 같이 사용될 수 있다.

2, 4, 6, …

ESIT 값이 4ms면 Frame ID는 다음과 같이 사용될 수 있다.

4, 8, 12, …

유의할 점은 Frame ID가 4, 8, 12, … 형태로 가질 수 있다는 것은 정확하게 그 시간에 패킷 전송을 시작한다는 뜻이 아니라 그 사이에 전송을 한다는 뜻이다.

Frame ID가 4, 8, 12, …의 경우를 보면 전송은 현재 기준시간 Frame으로부터 4 Frame 시간부터 8 Frame 시간이 되기 이전에 전송을 시작한다는 뜻이다.

ESIT 값이 1ms 이하의 경우 125us의 배수만 가능하다. 이어지는 등시성 전송(TD)의 서비스 인터벌 시간이 1ms보다 작은 경우에는 ESIT 시간의 배수값의 ms 시간 부분을 Frame ID 값으로 사용할 수 있다. 예를 들어 ESIT 값이 125us이면, Frame ID는 다음과 같이 사용될 수 있다.

시간 정보를 기준으로 보면 125us, 250us, 375us, 500us, 625us, 750us, 875us, 1000us, 1125us, …가 된다. Frame ID로 보면, 0, 0, 0, 0, 0, 0, 0, 1, 1, 1, 1, 1, 1, 1, 1, 2, 2, …가 된다. ESIT 값이 250us이면, Frame ID는 다음과 같이 사용될 수 있다. 시간 정보를 기준으로 보면 250us, 500us, 750us, 1000us, 1250us, …가 된다. Frame ID로 보면 0, 0, 0, 1, 1, 1, 1, 1, 2, 2, …이 된다. ESIT 값이 500us이면, Frame ID는 다음과 같이 사용될 수 있다. 시간 정보를 기준으로 보면 500us, 1000us, 1500us, …로 나타내 고 Frame ID로 보면 0, 1, 1, 2, 2, …로 나타낸다. 처음 시작만 0이 하나 부족한 상황이 지만 이어지는 1부터는 발견되는 개수가 규칙적이다.

10.2.10.2 Event TRBs

Event Ring에 접수되는 기본적인 요청 단위를 Event Descriptor(ED)라고 부른다. 하나 의 ED는 하나의 Event TRB로 구성된다.

10.2.10.2.1 Transfer Event TRB

Transfer TRB에 대한 결과로 xHC는 Transfer Event TRB를 만들어서 시스템 소프트웨 어에게 알려준다.

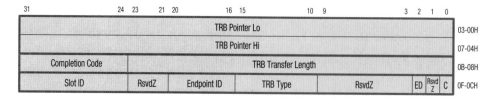

그림 10-30 Transfer Event TRB의 구성 요소(출처: usb.org)

비트	설명
63:0	TRB Buffer Pointer Hi/Lo. Transfer TRB를 가리키는 64비트 주소. Transfer Event TRB가 만들어진 이유를 제공하는 Transfer TRB이다. ED 필드의 값이 '1'인 경우, Event 데이터의 64비트를 담은 변수로 사용된다.

비트	설명
87:64	TRB Transfer Length. Transfer TRB가 요구하는 전송 요청 크기중에 실제 처리된 크기
95:88	Completion Code(표 10-19)
96	Cycle bit. Event Ring의 Dequeue Pointer를 찾는 용도로 사용된다.
97	사용 안 함
98	ED. Event Data. TRB Pointer 영역 64비트가 Event Data의 영역으로 사용됨
105:99	사용 안 함
111:106	TRB Type. Transfer Event TRB 유형(32)
116:112	Endpoint ID. 이벤트가 관련된 엔드포인트 Context의 ID
119:117	사용 안 함
127:120	Slot ID. 이벤트를 발생시킨 디바이스 슬롯 ID

표 10-19 Completion Code

값	정의
0	Invalid
1	Success
2	Data Buffer Error
3	Babble Detected Error
4	USB Transaction Error
5	TRB Error
6	Stall Error
7	Resource Error
8	Bandwidth Error
9	No Slots Availiable Error
10	Invalid Stream Type Error
11	Slot Not Enabled Error
12	Endpoint Not Enabled Error

값	정의
13	Short Packet
14	Ring Underrun
15	Ring Overrun
16	VF Event Ring Full Error
17	Parameter Error
18	Bandwidth Overrun Error
19	Context State Error
20	No Ping Response Error
21	Event Ring Full Error
22	Incompatible Device Error
23	Missed Service Error
24	Command Ring Stopped
25	Command Aborted
26	Stopped
27	Stopped – Length Invalid
28	Stopped – Short Packet
29	Max Exit Latency Too Large Error
30	사용 안 함
31	Isoch Buffer Overrun
32	Event Lost Error
33	Undefined Error
34	Invalid Stream ID Error
35	Secondary Bandwidth Error
36	Split Transaction Error

10.2.10.2.2 Command Completion Event TRB

Command TRB에 대한 결과로 xHC는 Command Completion Event TRB를 만들어서 시스템 소프트웨어에게 알려준다.

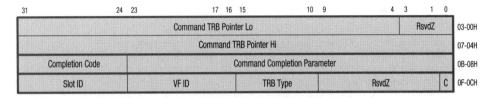

그림 10-31 Command Completion Event TRB의 구성 요소(출처: usb.org)

비트	설명
3:0	사용 안 함
63:4	Command TRB Pointer Hi/Lo. Command TRB를 가리키는 64비트 주소. Command Completion Event TRB가 만들어진 이유를 제공하는 Command TRB이다.
87:64	Command Completion Parameter. 통상 사용 안 함
95:88	Completion Code(표 10-19)
96	Cycle bit. Event Ring의 Dequeue Pointer를 찾는 용도로 사용된다.
105:97	사용 안 함
111:106	TRB Type. Command Completion Event TRB 유형(33)
119:112	VF ID. Virtual Function ID. 가상머신 환경에서 이벤트를 발생시킨 가상 Function ID
127:120	Slot ID. 이벤트와 관련있는 디바이스 슬롯 ID No Op, Set Latency Tolerance Value, Get Port Bandwidth, Force Event Command를 사용하는 경우, Slot ID = 0

10.2.10.2.3 Port Status Change Event TRB

루트 허브의 포트에 연결된 디바이스가 사용 중일 때 해당하는 포트의 상태가 변화를 가질 때 해당하는 이벤트 TRB가 전달된다.

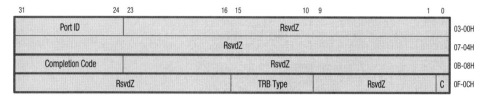

Port ID	RsvdZ		03-00H
RsvdZ			07-04H
Completion Code	RsvdZ		0B-08H
RsvdZ	TRB Type	RsvdZ	C	0F-0CH

그림 10-32 Port Status Change Event TRB의 구성 요소(출처: usb.org)

비트	설명
23:0	사용 안 함
31:24	Port ID. 루트 허브 포트의 포트 Number
63:32	사용 안 함
87:64	사용 안 함
95:88	Completion Code(표 10-19)
96	Cycle bit. Event Ring의 Dequeue Pointer를 찾는 용도로 사용된다.
105:97	사용 안 함
111:106	TRB Type. Port Status Change Event TRB 유형(34)
127:112	사용 안 함

10.2.10.2.4 Bandwidth Request Event TRB

xHC가 Negotiate Bandwidth Command를 실행하면 Bandwidth Request Event TRB를 만들어서, 허브에 연결돼 사용중인 모든 디바이스를 대상으로 Event Ring에 넣는다.

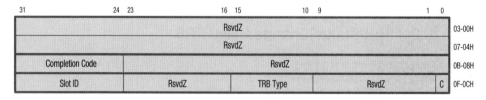

그림 10-33 Bandwidth Request Event TRB의 구성 요소(출처: usb.org)

비트	설명
23:0	사용 안 함
63:24	사용 안 함
87:64	사용 안 함
95:88	Completion Code(표 10-19)
96	Cycle bit. Event Ring의 Dequeue Pointer를 찾는 용도로 사용된다.
105:97	사용 안 함
111:106	TRB Type. Bandwidth Request Event TRB 유형(35)
119:112	사용 안 함
127:120	Slot ID. 해당하는 이벤트가 전달되는 대상의 디바이스 슬롯 ID

10.2.10.2.5 Doorbell Event TRB

가상머신 환경에서 사용하는 이벤트는 이 책의 범위를 벗어나기 때문에 생략한다.

10.2.10.2.6 Host Controller Event TRB

호스트 컨트롤러(xHC)의 상태 변화를 알리기 위해서 사용되는 TRB이다.

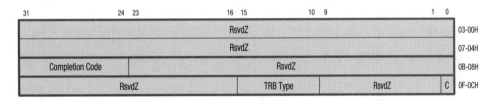

그림 10-34 Host Controller Event TRB의 구성 요소(출처: usb.org)

비트	설명
23:0	사용 안 함
63:24	사용 안 함

비트	설명
87:64	사용 안 함
95:88	Completion Code(표 10-19)
96	Cycle bit. Event Ring의 Dequeue Pointer를 찾는 용도로 사용된다.
105:97	사용 안 함
111:106	TRB Type. Host Controller Event TRB 유형(37)
127:112	사용 안 함

10.2.10.2.7 Device Notification Event TRB

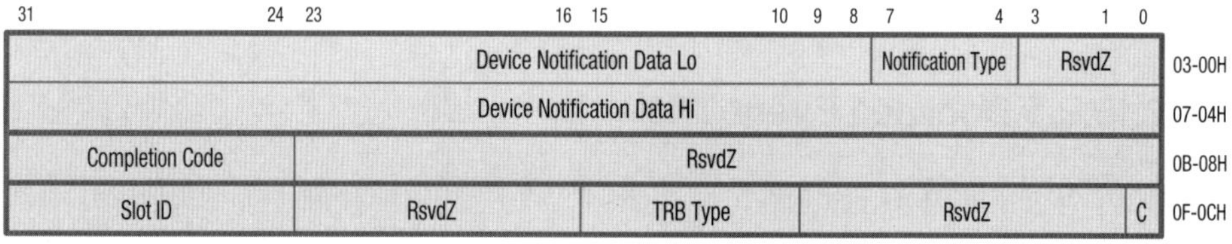

그림 10-35 Device Notification Event TRB의 구성 요소(출처: usb.org)

비트	설명
3:0	사용 안 함
7:4	Notification Type. USB3 Device Notification TP의 Notification Type 값
63:8	Device Notification Data Hi/Lo. USB3 Device Notification TP Data 값
87:64	사용 안 함
95:88	Completion Code(표 10-19)
96	Cycle bit. Event Ring의 Dequeue Pointer를 찾는 용도로 사용된다.
105:97	사용 안 함
111:106	TRB Type. Device Notification Event TRB 유형(38)
119:112	사용 안 함
127:120	Slot ID. Device Notification Event를 발생시킨 디바이스 슬롯 ID

10.2.10.2.8 MFINDEX Wrap Event TRB

MFINDEX 레지스터의 값이 최댓값(3FFFh)이 돼서 다시 처음 값(0)으로 되돌아간다는 의미로 시스템 소프트웨어에게 전달하기 위해서 만들어지는 Event TRB이다.

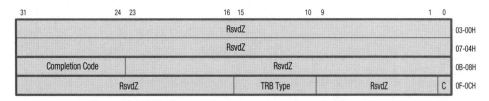

그림 10-36 MFINDEX Wrap Event TRB의 구성 요소(출처: usb.org)

비트	설명
23:0	사용 안 함
63:24	사용 안 함
87:64	사용 안 함
95:88	Completion Code(표 10-19)
96	Cycle bit. Event Ring의 Dequeue Pointer를 찾는 용도로 사용된다.
105:97	사용 안 함
111:106	TRB Type. MFINDEX Wrap Event TRB 유형(39)
127:112	사용 안 함

10.2.10.3 Command TRBs

Command Ring에 접수되는 기본적인 요청 단위를 Command Descriptor(CD)라고 부른다. 하나의 CD는 하나의 Command TRB로 구성된다.

10.2.10.3.1 No Op Command TRB

Command Ring의 동작을 확인하는 목적으로 사용하는 명령어다. xHC는 테스트용으로 해당하는 명령을 담은 TRB를 Command Ring에서 끄집어 낸 뒤 별다른 해석없이 Command Completion Event를 발생시킨다.

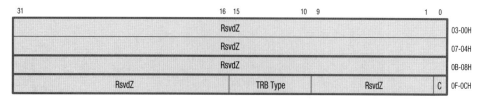

그림 10-37 No Op Command TRB의 구성 요소(출처: usb.org)

비트	설명
95:0	사용 안 함
96	Cycle bit. Command Ring의 Enqueue Pointer를 찾는 용도로 사용된다.
105:97	사용 안 함
111:106	TRB Type. No Op Command TRB 유형(8)
127:112	사용 안 함

10.2.10.3.2 Enable Slot Command TRB

Enable Slot 명령어는 사용 가능한 디바이스 슬롯Device Slot을 할당하는 명령이다. 할당된 디바이스 슬롯의 상태가 Disable 상태에서 Enable 상태로 전환한다.

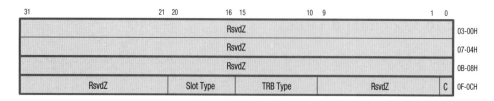

그림 10-38 Enable Slot Command TRB의 구성 요소(출처: usb.org)

비트	설명
95:0	사용 안 함
96	Cycle bit. Command Ring의 Enqueue Pointer를 찾는 용도로 사용된다.
105:97	사용 안 함
111:106	TRB Type. Enable Slot Command TRB 유형(9)
116:112	Slot Type. (0)
127:117	사용 안 함

10.2.10.3.3 Disable Slot Command TRB

Disable Slot 명령어는 사용하던 디바이스 슬롯의 상태를 Disabled 상태로 전환한다.

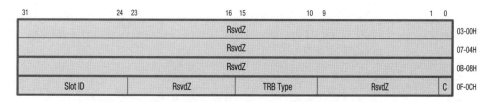

그림 10-39 Disable Slot Command TRB의 구성 요소(출처: usb.org)

비트	설명
95:0	사용 안 함
96	Cycle bit. Command Ring의 Enqueue Pointer를 찾는 용도로 사용된다.
105:97	사용 안 함
111:106	TRB Type. Disable Slot Command TRB 유형(10)
119:112	사용 안 함
127:120	Slot ID. 관련된 디바이스 슬롯 ID

10.2.10.3.4 Address Device Command TRB

Address Device 명령어는 디바이스 슬롯에 연결된 디바이스의 상태를 BSR^{Block Set} ^{Address Request}의 값에 따라서 Enabled 상태에서 Default 상태 혹은 Addressed 상태로 전환하거나 Default 상태에서 Addressed 상태로 전환한다.

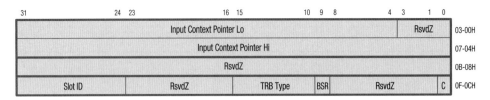

그림 10-40 Address Device Command TRB의 구성 요소(출처: usb.org)

비트	설명
3:0	사용 안 함
63:4	Input Context Pointer Hi/Lo. 수정하고자 하는 Device Context(Input Context로서)의 주소를 지정한다.
95:64	사용 안 함
96	Cycle bit. Command Ring의 Enqueue Pointer를 찾는 용도로 사용된다.
104:97	사용 안 함
105	BSR. Block Set Address Request. 값 의미 0 실제 SET_ADDRESS 명령패킷을 만든다. 1 실제 SET_ADDRESS 명령패킷을 만들지 않는다.
111:106	TRB Type. Address Device Command TRB 유형(11)
119:112	사용 안 함
127:120	Slot ID. 관련된 디바이스 슬롯 ID

10.2.10.3.5 Configure Endpoint Command TRB

Configure Endpoint 명령어는 연결된 디바이스를 셋업^{Configuring}하거나 반대로

Deconfiguring하는 명령어다. 파라미터로 함께 사용되는 DC(Deconfigure) 필드의 값
이 '1' 인 경우 xHC는 연결된 디바이스를 대상으로 Deconfiguring 작업을 시도한다.

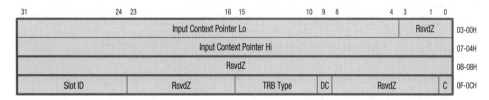

그림 10-41 Configure Endpoint Command TRB의 구성 요소(출처: usb.org)

비트	설명
3:0	사용 안 함
63:4	Input Context Pointer Hi/Lo. 수정하고자 하는 Device Context(Input Context로 서)의 주소를 지정한다.
95:64	사용 안 함
96	Cycle bit. Command Ring의 Enqueue Pointer를 찾는 용도로 사용된다.
104:97	사용 안 함
105	DC. Deconfigure 필드 값　의미 0　　Configuration. SET_CONFIGURATION 명령(bConfigValue = N, !=0) 1　　Deconfiguration. SET_CONFIGURATION 명령(bConfigValue = 0)
111:106	TRB Type. Configure Endpoint Command TRB 유형(12)
119:112	사용 안 함
127:120	Slot ID. 관련된 디바이스 슬롯 ID

10.2.10.3.6 Evaluate Context Command TRB

Evaluate Context 명령어는 Device Context의 특정 필드의 값을 변경하도록 시스템 소
프트웨어가 호스트 컨트롤러에게 알리는 명령이다.

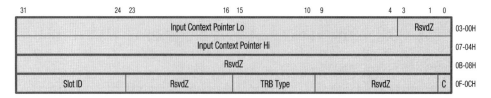

31		24	23		16	15		10	9		4	3	1	0	

그림 10-42 Evaluate Context Command TRB의 구성 요소(출처: usb.org)

비트	설명
3:0	사용 안 함
63:4	Input Context Pointer Hi/Lo. 수정하고자 하는 Device Context(Input Context로서)의 주소를 지정한다.
95:64	사용 안 함
96	Cycle bit. Command Ring의 Enqueue Pointer를 찾는 용도로 사용된다.
105:97	사용 안 함
111:106	TRB Type. Evaluate Context Command TRB 유형(13)
119:112	사용 안 함
127:120	Slot ID. 관련된 디바이스 슬롯 ID

10.2.10.3.7 Reset Endpoint Command TRB

Reset Endpoint 명령어는 엔드포인트(스트림 혹은 Transfer Ring이 정지함)의 상태가 정지하거나 에러가 발생했을 때 해당하는 상황을 정상 상태로 회복하도록 시스템 소프트웨어가 요청하는 명령이다.

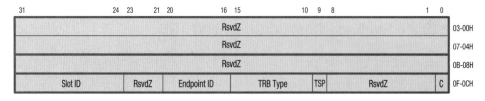

그림 10-43 Reset Endpoint Command TRB의 구성 요소(출처: usb.org)

비트	설명
95:0	사용 안 함
96	Cycle bit. Command Ring의 Enqueue Pointer를 찾는 용도로 사용된다.
104:97	사용 안 함
105	TSP, Transfer State Preserve. 엔드포인트의 상태 다이어그램상의 현재 상태를 그대로 유지할지 여부를 결정
111:106	TRB Type. Reset Endpoint Command TRB 유형(14)
116:112	Endpoint ID. 관련된 엔드포인트 Context ID
119:117	사용 안 함
127:120	Slot ID. 관련된 디바이스 슬롯 ID

10.2.10.3.8 Stop Endpoint Command TRB

Stop Endpoint 명령어는 엔드포인트를 위한 동작 상태를 멈추도록 요청하는 명령이다. 이 명령어가 수행되기 이전에 처리 중인 전송이 취소된다. SP 필드의 값에 따라서 해당하는 디바이스가 Suspend되도록 할 수 있다. Endpoint가 중지되면 관련된 Transfer Ring의 동작이 중지된다. 이때 시스템 소프트웨어는 보다 우선순위가 높은 TD[Transfer Descriptor]를 준비해서 Transfer Ring의 Dequeue Pointer로 옮길 수 있다.

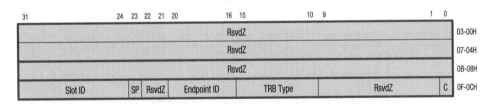

그림 10-44 Stop Endpoint Command TRB의 구성 요소(출처: usb.org)

비트	설명
95:0	사용 안 함
96	Cycle bit. Command Ring의 Enqueue Pointer를 찾는 용도로 사용된다.

비트	설명
105:97	사용 안 함
111:106	TRB Type. Reset Endpoint Command TRB 유형(14)
116:112	Endpoint ID. 관련된 엔드포인트 Context ID
118:117	사용 안 함
119	SP. Suspend. 해당하는 디바이스의 상태를 Suspend 시키도록 요청한다.
127:120	Slot ID. 관련된 디바이스 슬롯 ID

10.2.10.3.9 Set TR Dequeue Pointer Command TRB

Set TR Dequeue Pointer 명령어는 엔드포인트 혹은 스트림 Context의 TR Dequeue Pointer 필드의 값을 변경하는 명령어다. 시스템 소프트웨어는 엔드포인트를 위한 TR Ring을 처음 사용할 때 반드시 Ring의 Dequeue Pointer 초깃값을 지정해줘야 한다.

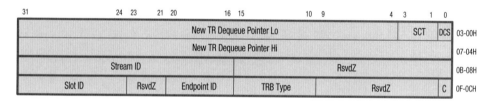

그림 10-45 Set TR Dequeue Pointer Command TRB의 구성 요소(출처: usb.org)

비트	설명
0	Dequeue Cycle State(DCS). xHC가 사용할 TR Ring의 Dequeue Pointer를 위한 CCS 값
3:1	Stream Context Type(SCT). 스트림 Context를 지정하는지 아니면 엔드포인트 Context를 지정하는지를 결정함 값 의미 0 Endpoint Context 1 Stream Context
63:4	New TR Dequeue Pointer Hi/Lo. 새로 지정하는 TR Ring의 Dequeue Pointer 주소

비트	설명
79:64	사용 안 함
95:80	Stream ID. 스트림을 위한 TR Ring을 사용하는 경우에 지정함
96	Cycle bit. Command Ring의 Enqueue Pointer를 찾는 용도로 사용된다.
105:97	사용 안 함
111:106	TRB Type. Set TR Dequeue Pointer Command TRB 유형(16)
116:112	Endpoint ID. 관련된 엔드포인트 Context ID
119:117	사용 안 함
127:120	Slot ID. 관련된 디바이스 슬롯 ID

10.2.10.3.10 Reset Device Command TRB

Reset Device 명령어는 xHC에게 디바이스 슬롯에 연결된 디바이스가 리셋됐다는 사실을 알리는 명령어이다.

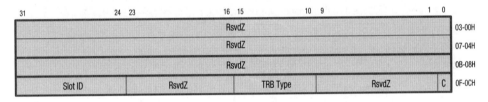

그림 10-46 Reset Device Command TRB의 구성 요소(출처: usb.org)

비트	설명
95:0	사용 안 함
96	Cycle bit. Command Ring의 Enqueue Pointer를 찾는 용도로 사용된다.
105:97	사용 안 함
111:106	TRB Type. Reset Device Command TRB 유형(17)
119:112	사용 안 함
127:120	Slot ID. 관련된 디바이스 슬롯 ID

10.2.10.3.11 Get Port Bandwidth Command TRB

Get Port Bandwidth 명령어는 루트 허브 혹은 외장 허브의 각각의 다운 스트림 포트 Downstream Port의 사용가능한 대역폭 퍼센트값을 구하는 목적으로 사용된다. 이 값은 주기적인 전송을 필요로 하는 엔드포인트를 위해서 사용된다.

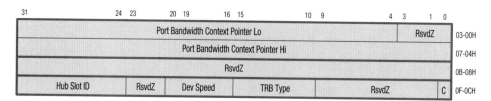

그림 10-47 Get Port Bandwidth Command TRB의 구성 요소(출처: usb.org)

비트	설명
3:0	사용 안 함
63:4	Port Bandwidth Context Pointer Hi/Lo. (표 10-16 참고)
95:64	사용 안 함
96	Cycle bit. Command Ring의 Enqueue Pointer를 찾는 용도로 사용된다.
105:97	사용 안 함
111:106	TRB Type. Get Port Bandwidth Command TRB 유형(21)
115:112	Dev Speed. 대역폭을 알고 싶은 관심 속도를 지정한다. 값　　의미 0　　 사용 안 함 1-15　 Protocol Speed ID(PSI).
119:112	사용 안 함
127:120	Hub Slot ID. 해당하는 디바이스가 연결된 허브의 디바이스 슬롯 ID

Protocol Speed ID(PSI)는 Lane 속도를 정의하는 4바이트(DWORD)의 배열 항목을 찾는 용도로 사용된다. 이 값 PSID는 1-15까지 사전에 속도를 지정할 수 있다. 기본적으로 1 - 4까지는 디폴트로 다음과 같은 속도로 지정돼 있다.

표 10-20 사전에 정의된 디폴트 PSID(1-4)

PSID	정의	Bit Rate	프로토콜	관련된 PSI DWORD 값			
				PLT	PFD	PSIE	PSIM
1	Full Speed	12Mb/s	USB 2.0	0	0	2	12
2	Low Speed	1.5Mb/s	USB 2.0	0	0	1	1500
3	High Speed	480Mb/s	USB 2.0	0	0	2	480
4	Super Speed	5Gb/s	USB 3.0	0	1	3	5

10.2.10.3.12 Force Header Command TRB

Force Header 명령어는 USB3에서 사용되는 TP^Transaction Packet, LMP^Link Management Packet 등을 만들어서 디바이스에게 전송하는 목적으로 사용된다.

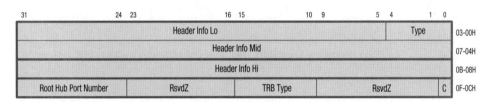

그림 10-48 Force Header Command TRB의 구성 요소(출처: usb.org)

비트	설명
4:0	Type. USB3에서 정의하는 Packet Type
95:5	Header Info. Transaction Packet 또는 Link Management Packet 형태의 데이터
96	Cycle bit. Command Ring의 Enqueue Pointer를 찾는 용도로 사용된다.
105:97	사용 안 함
111:106	TRB Type. Force Header Command TRB 유형(22)
119:112	사용 안 함
127:120	Root Hub Port Number. 루트 허브 포트 번호

10.2.10.4 그 밖에 TRBs

10.2.10.4.1 Link TRB

세그먼트 내부에 TRB는 다음에 인접한 TRB와 연결되지만 더 이상 인접한 TRB가 없다면 다른 세그먼트로 혹은 현재 세그먼트의 처음 부분으로 연결시켜야 한다. 이때 사용하는 TRB를 Link TRB라고 부른다.

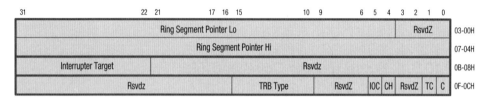

그림 10-49 Link TRB의 구성 요소(출처: usb.org)

비트	설명
3:0	사용 안 함
63:4	Ring Segment Pointer Hi/Lo. 새로운 Ring의 세그먼트로 연결하기 위한 주소
85:64	사용 안 함
95:86	Interrupter Target. Link TRB가 해석된 뒤에 발생시킬 인터럽터의 인덱스를 지정한다.
96	Cycle bit. Transfer 혹은 Command Ring의 Enqueue Pointer를 찾는 용도로 사용된다.
97	Toggle bit. 현재 TRB를 참조하는 생산자 혹은 소비자의 Cycle State 값을 토글시킬 것인지 여부를 결정함
99:98	사용 안 함
100	Chain bit. 현재 TRB가 하나의 TD를 구성하는 일부 TRB임을 알림
101	Interrupt on Completion(IOC). 현재 TRB가 처리 완료되면 인터럽트를 발생시킬 것인 것 여부를 알린다. 속도 문제로 보통 TD의 마지막 TRB만 이 기능을 사용한다.
105:102	사용 안 함
111:106	TRB Type. Link TRB 유형(6)
127:112	사용 안 함

10.2.10.4.2 Event Data TRB

시스템 소프트웨어가 소프트웨어적으로 정의된 이벤트를 만들어내는 것을 허용하는 TRB이다. 이것을 TR Ring에 사용하면 xHC가 Event Data TRB를 해석하자마자 임의로 Event Ring으로 Transfer Event TRB를 만들어서 넣는다. 이와 같은 작업을 유도하는 목적으로 사용된다.

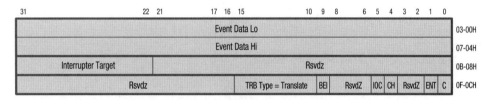

그림 10-50 Event Data TRB의 구성 요소(출처: usb.org)

비트	설명
63:0	Event Data Hi/Lo. Transfer Event TRB의 파라미터로 복사될 64비트 값
85:64	사용 안 함
95:86	Interrupter Target. 현재 TRB가 처리되는 결과로 발생하는 이벤트(Event)가 발생시킬 인터럽터 인덱스를 지정한다.
96	Cycle bit. Transfer Ring의 Enqueue Pointer를 찾는 용도로 사용된다.
97	Evaluate Next TRB(ENT). 이 필드의 값이 '1'이면 xHC는 엔드포인트 상태를 변경하지않고 이어지는 다음 TRB를 처리한다.
99-98	사용 안 함
100	Chain bit. 현재 TRB가 하나의 TD를 구성하는 일부 TRB임을 알림
101	Interrupt on Completion(IOC). 현재 TRB가 처리 완료되면 인터럽트를 발생시킬 것인 것 여부를 알린다. 속도 문제로 보통 TD의 마지막 TRB만 이 기능을 사용한다.
104:102	사용 안 함
105	Block Event Interrupt(BEI). TRB 처리 결과 이벤트로 인해서 인터럽트가 발생하지 않도록 막는다.
111:106	TRB Type. Event Data TRB 유형(7)
127:112	사용 안 함

10.3 레지스터 인터페이스

모든 레지스터의 기준 주소는 xHCI PCI Base Address 0의 주소를 의미한다.

10.3.1 Host Controller Capability Registers

모든 Capability Register는 읽기 전용으로 사용된다.

표 10-21 Extensible Host Controller Capability Registers

오프셋	크기(바이트)	요약어	레지스터 이름
00h	1	CAPLENGTH	Capability Register 길이
01h	1	사용 안 함	
02h	2	HCIVERSION	Interface Version 넘버
04h	4	HCSPARAMS1	구조적인 파라미터1
08h	4	HCSPARAMS2	구조적인 파라미터2
0Ch	4	HCSPARAMS3	구조적인 파라미터3
10h	4	HCCPARAMS1	특성 파라미터1
14h	4	DBOFF	Doorbell 오프셋
18h	4	RTSOFF	런타임 레지스터 공간 오프셋
1Ch	4	HCCPARAMS2	특성 파라미터2
20h	CAPLENGTH-20h	사용 안 함	

10.3.1.1 CAPLENGTH

Extensible Host Controller Capability Registers의 길이를 나타낸다.

10.3.1.2 HCIVERSION

2바이트 BCD 형태의 값으로써 버전 정보를 나타낸다. 예를 들어 0100h는 1.0을 나타낸다.

10.3.1.3 HCSPARAMS1

그림 10-51 HCSPARAMS1 구조(출처: usb.org)

비트	설명
7:0	Device Slot의 개수(MaxSlots)
18:8	인터럽터의 개수(Interrupters)
23:19	사용 안 함
31:24	루트 허브가 지원하는 최대 포트 개수(MaxPorts)

10.3.1.4 HCSPARAMS3

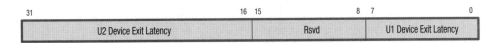

그림 10-52 HCSPARAMS3 구조(출처: usb.org)

비트	설명
7:0	루트 허브 U1 Device Exit Latency. U1에서 U0 상태로 회복하는 데 걸리는 최대 지연 시간
15:8	사용 안 함
31:16	루트 허브 U2 Device Exit Latency. U2에서 U0 상태로 회복하는 데 걸리는 최대 지연 시간

10.3.1.5 HCCPARAMS1

31		16	15		12	11	10	9	8	7	6	5	4	3	2	1	0
xHCI Extended Capabilities Pointer			MaxPSASize			CFC	SEC	SPC	PAE	NSS	LTC	LHR C	PIND	PPC	CSZ	BNC	AC64

그림 10-53 HCCPARAMS1 구조(읽기 전용)(출처: usb.org)

비트	설명
0	64bit Addressing 레지스터에 사용하는 모든 주소 관련 내용을 64비트로 해석할 것인가 여부
1	BW Negotiation Capability(BNC) Bandwidth 협상 기능이 제공되는 루트 허브를 가지고 있는가 여부
2	Context Size(CSZ) 디폴트로 모든 Context의 기본 크기는 32바이트이다. 이것을 64비트로 확장해서 사용할 것인가 여부. 값 '1'.
3	Port Power Control(PPC) 루트 허브의 개별 포트들의 전원공급을 제어할 수 있는 기능(Switch)을 가지고 있는가 여부
4	Port Indicators(PIND) 루트 허브의 개별적인 포트들의 상태를 확인할 수 있는 읽기/쓰기 가능한 필드를 레지스터속에 포함하는가 여부
5	Light HC Reset Capability(LHRC) 가벼운 호스트 컨트롤러 리셋 기능을 제공하는가 여부
6	Latency Tolerance Messaging Capability(LTC) LTM 메시지를 처리할 수 있는 호스트인가 여부
7	No Secondary SID Support(NSS) Stream Context Array를 운용할 때, 계층적인 운용이 가능한지 여부
8	Parse All Event Data(PAE) 소프트웨어적으로 발생하는 이벤트 Data TRB를 담고 있는 TR Ring에 있어서, TD와 이어지는 TD 사이에 모든 접수된 이벤트 Data TRB를 전부 처리할 것인가 여부 값 '0', TD와 TD 사이에서 하나의 이벤트 Data TRB만 처리한다.
9	Stopped – Short Packet Capability(SPC) Stopped – Short Packet 특성을 가지고 있는지 여부를 알려준다.
10	Stopped – EDTLA Capability(SEC) Stopped – EDTLA(Event Data Transfer Length Accumulator) 특성을 가지고 있는지 여부를 알려준다.

비트	설명
11	Contiguous Frame ID Capability(CFC) 동일한 Frame ID가 연속적으로 사용될 수 있는 등시성 전송을 지원하는가 여부를 명시한다.
15:12	Maximum Primary Stream Array Size (MaxPSASize): 0–15 2^(MaxPSASize+1)개의 스트림 배열 내의 최대 항목 수를 명시한다.
31:16	xHCI Extended Capabilities Pointer(xECP) xHCI Extended Capabilities 레지스터가 존재하는 위치 오프셋

10.3.1.6 DBOFF

이 레지스터는 Doorbell Array 기준 주소 오프셋을 나타낸다.

그림 10-54 DBOFF 구조(출처: usb.org)

비트	설명
1–0	사용 안 함
31–2	Doorbell Array 오프셋

10.3.1.7 RTSOFF

이 레지스터는 런타임 레지스터가 존재하는 위치 오프셋을 나타낸다.

그림 10-55 RTSOFF 구조(출처: usb.org)

비트	설명
4–0	사용 안 함
31–5	런타임 레지스터 공간 오프셋

10.3.1.8 HCCPARAMS2

이 레지스터는 하드웨어 구현 시 고정된 특성 정보를 담고 있다.

그림 10-56 HCCPARAMS2구조(출처: usb.org)

비트	설명
0	U3 Entry Capability(U3C) – RO 링크 상태가 U3 상태로 전환하는 것을 루트 포트 허브의 상태 변화로 인식하는가 여부
1	Configure Endpoint Command Max Exit Latency Too Large Capability(CMC) – RO Configure Endpoint Command 명령어가 Max Exit Latency Too Large Capability 에 러 상태 코드를 리턴할 수 있는 기능을 가지고 있는가 여부
2	Force Save Context Capability(FSC) – RO xHC가 사용하는 모든 레지스터 정보가 강제적으로 내부 버퍼로 백업되는 기능을 가지고 있는가 여부
3	Compliance Transition Capability(CTC) – RO xHC의 루트 허브 포트로 하여금 Compliance 테스트 모드로 진입하는 특별한 별도의 방법이 있는가 여부 값 '0' 별도의 특별한 방법이 없다. 따라서, LTSSM에서 사용하는 Polling 상태에서 자동으로 진입되는 방법만 제공한다는 뜻
4	Large ESIT Payload Capabiloty(LEC) – RO ESIT(Endpoint Service Interval Time) 48킬로바이트 이상의 ESIT Payload를 지원하는지 여부 값이 '1' 이면 지원한다는 뜻

비트	설명
5	Configuration Information Capability(CIC) – RO Configure Endpoint Command 명령어에 의해서 SET_INTERFACE 기능을 디바이스에 게 요청할 수 있는가 여부
31-6	사용 안 함

10.3.2 Host Controller Operational Registers

표 10-22 Host Controller Operational Registers

오프셋	요약어	레지스터 이름
00h	USBCMD	USB Command
04h	USBSTS	USB Status
08h	PAGESIZE	Page Size
0Ch-13h	사용 안 함	
14h	DNCTRL	Device Notification Control
18h	CRCR	Command Ring Control
20-2Fh	사용 안 함	
30h	DCBAAP	Device Contrxt Base Address Array Pointer
38h	CONFIG	Configure
3Ch-3FFh	사용 안 함	
400-13FFh		Port Register Set 1-MaxPorts
Port Register Set		
0h	PORTSC	Power Status와 Control
4h	PORTPMSC	Port Power Management Status 와 Control
8h	PORTLI	Port Link Info
Ch	PORTHLPMC	Port Hardware LPM Control

10.3.2.1 USBCMD

Command 레지스터로서 xHC에 의해서 실행될 수 있는 몇 가지 기능을 설정하는 레지스터다.

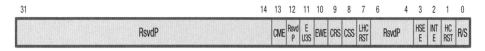

그림 10-57 USBCMD 구조(출처: usb.org)

비트	설명
0	Run/Stop(R/S) – RW 호스트 컨트롤러의 동작을 멈추거나 재개하는 비트 값 '1' 은 동작을 재개함. 값 '0' 은 동작을 멈춤
1	Host Controller Reset(HCRST) – RW 호스트 컨트롤러를 리셋하는 명령
2	Interrupter Enable(INTE) – RW 인터럽트를 가능하도록 설정함
3	Host System Error Enable(HSEE) – RW 호스트 시스템 에러가 발생하는 것을 감지할 것인가 여부
6-4	사용 안 함
7	Light Host Controller Reset(LHCRST) – RO 또는 RW 시스템이 사용하는 대부분의 레지스터를 그대로 둔 상태로 가볍게 리셋하는 기능을 수행함
8	Controller Save State(CSS) – RW 필요에 따라서 xHC가 사용하는 모든 레지스터의 내용을 백업하는 것을 허용할 것인지 여부를 결정한다.
9	Controller Restore State(CRS) – RW 필요에 따라서 xHC가 사용하는 모든 레지스터의 내용이 백업된 버퍼로부터 환원되는 것을 허용할 것인지 여부를 결정한다.
10	Enable Wrap Event(EWE) – RW 프레임 시간 MFINDEX 값이 최댓값에서 최솟값으로 변경될 때 이벤트를 발생시킬 것인가 여부를 결정한다.
11	Enable U3 MFINDEX Stop(EU3S) – RW 루트 허브가 가진 모든 포트의 링크 상태가 U3 상태가 되면, MFINDEX 증가 작업을 잠시 멈출 것인가 여부를 결정한다.

비트	설명
12	Stopped – Short Packet Enable(SPE) Stopped – Short Packet 기능을 사용할 것인가 여부를 결정한다.
13	CEM Enable(CME) – RW Configure Endpoint Command 명령이 처리될 때, 디바이스를 위해서 지정하는 Max Exit Latency 값의 범위가 너무 큰 경우, Max Exit Latency Too Large Capability Error 상태 코드의 리턴값을 받을 것인지 여부를 결정한다. 값 '1' 이면 상태 코드를 받겠다는 뜻임
31-14	사용 안 함

10.3.2.2 USBSTS

xHC의 다양한 상태와 인터럽트 처리 상태 등을 감시할 수 있는 레지스터다.

그림 10-58 USBSTS 구조(출처: usb.org)

비트	설명
0	HCHalted (HCH) – RO xHC가 정지된 상태인지 여부를 알림. USBCMD 레지스터의 R/S 비트값이 '1'이면 이 값은 '0'이 된다.
1	사용 안 함
2	Host System Error (HSE) – RW1C 호스트 시스템 에러 발생 여부. 에러 발생 시, xHC는 스케줄링을 멈추고 USBCMD 레지스터의 R/S 비트값을 '0'으로 기록한다.
3	Event Interrupt (EINT) – RW1C 인터럽트를 처리하는 도중인지 아닌지 여부를 알려준다. 값이 '1'이면 인터럽트가 진행 중임. 값이 '0'이면 인터럽트가 처리됨.
4	Port Change Detect (PCD), RW1C 루트 허브의 포트의 상태가 변경됐는지 여부를 알려준다.
7-5	사용 안 함

비트	설명
8	Save State Status (SSS) – RO 시스템이 사용하는 주요한 레지스터들의 정보가 xHC 내부 버퍼로 백업되는 도중인지 여부를 알려줌. 값 '1' 이면, 백업되는 도중. 값 '0'이면 백업하지 않는 상태
9	Restore State Status (RSS) – RO 시스템이 사용하는 주요한 레지스터들의 정보가 xHC 내부 버퍼로부터 환원되는 도중인지 여부를 알려줌. 값 '1' 이면, 환원되는 도중. 값 '0'이면 환원하지 않는 상태
10	Save/Restore Error (SRE) – RW1C 시스템이 사용하는 주요한 레지스터에 대해서 백업 또는 환원 도중에 에러가 발생한 여부
11	Controller Not Ready (CNR) – RO 리셋 이후 xHC는 일정 시간 동안 반응을 보일 수 없다. 이런 상태를 확인하는 여부 값 '0' 호스트가 시스템 소프트웨어의 명령어에 대한 반응을 할 수 있다. 값 '1' 호스트가 아직 소프트웨어의 명령어에 대한 반응을 할 수 없다.
12	Host Controller Error (HCE) – RO 호스트 컨트롤러 내부 에러가 발생했다.
31–13	사용 안 함

10.3.2.3 PAGESIZE

시스템이 사용하는 페이지크기 바이트를 구하는 레지스터다. 보통 4킬로바이트가 사용된다.

비트 15:0, 페이지크기 – RO. 비트 N이 셋('1')되면 다음과 같은 성질을 가진다.

페이지크기바이트 = $2 ^{(N+12)}$

비트 0: $2 ^{(0+12)}$ = 4KBytes

비트 1: $2 ^{(1+12)}$ = 8KBytes

...

10.3.2.4 DNCTRL

Device Notification Transaction Packet과 관련된 기능의 허용 여부를 결정하는 레지스터다.

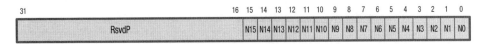

그림 10-59 DNCTRL 구조(출처: usb.org)

비트	설명
15:0	Notification Enable (N15-N0) – RW USB3 스펙에서 정의된 Device Notification 종류에 따라서 정의된다. 예) FUNCTION_WAKE: 1번 비트
31:16	사용 안 함

10.3.2.5 CRCR

Command Ring의 상태를 제어하는 용도로 사용하는 레지스터다.

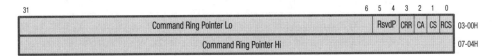

그림 10-60 CRCR 구조(출처: usb.org)

비트	설명
0	Ring Cycle State (RCS) – RW Command Ring을 소비하는 xHC가 사용할 Cycle State 초깃값을 지정한다.
1	Command Stop (CS) – RW1S 현재 진행 중인 작업을 마치고 Command Ring의 동작을 멈춘다.
2	Command Abort (CA) – RW1S 현재 진행 중인 작업을 취소하고 Command Ring의 동작을 멈춘다.

비트	설명
3	Command Ring Running (CRR) – RO Command Ring의 동작 여부를 알림
5–4	사용 안 함
63:6	Command Ring Pointer – RW 사용할 Command Ring의 시작 주소

10.3.2.6 DCBAAP

DCBAAP^{Device Context Base Address Array Pointer} 레지스터는 Device Contex의 주소를 담고 있는 배열의 기준 주소를 담고 있다.

그림 10-61 DCBAAP 구조(출처: usb.org)

비트	설명
5:0	사용 안 함
63:6	Device Context Base Address Array Pointer – RW 복수 개의 Device Context의 시작 주소를 담고 있는 배열의 시작 주소를 가리킨다.

10.3.2.7 CONFIG

런타임 xHC Configuration을 위한 파라미터를 정의한다.

그림 10-62 CONFIG 구조(출처: usb.org)

비트	설명
7:0	Max Device Slots Enables(MaxSlotsEn) – RW 동시에 지원 가능한 허용되는 디바이스 슬롯의 최댓값을 지정한다.
8	U3 Entry Enable (U3E) – RW 루트 허브 포트의 링크 상태가 U3 상태로 진입하는 경우 허브 포트 상태가 변경되는 결과로 만들 것인가 여부
9	Configuration Information Enable (CIE) – RW Configure Endpoint Command를 사용해서 SET_INTERFACE 명령어를 디바이스로 전송하는 기능을 허용할 것인가 여부
31:10	사용 안 함

10.4 Suspend와 Resume

xHC는 루트 허브가 가지고 있는 각각의 포트를 위해서 개별적으로 Suspend와 Resume 기능을 지원하고 있다. 구체적인 기술 정보는 1부를 참고한다. 이곳에서는 루트 허브와 관련된 내용만 설명한다.

10.4.1 Port Suspend

허브가 가지는 포트에 연결된 디바이스를 서스펜드하는 방법은 크게 2가지를 지원한다.

10.4.1.1 Selective Suspend

시스템 소프트웨어는 Stop Endpoint Command 명령(Suspend 플래그 '1')을 사용해서 디바이스가 사용 중인 모든 엔드포인트의 Tranfer Ring의 동작을 멈춘다. 이런 행동은 루트 허브에 연결된 디바이스가 선택적 서스펜드Selective Suspend되는 결과를 가져온다. 외장 허브에 연결된 디바이스의 경우 이 작업만으로는 서스펜드되지 않는다. 왜냐하면

Broadcast 성격을 가지고 있는 주기적인 패킷들이 존재하기 때문이다. 외장 허브에 연결된 디바이스가 복수 개인 경우 이들은 이런 주기적인 패킷을 수신하게 된다. 허브 클래스 드라이버는 허브 전용 명령어(SetPortFeature)를 사용해서 허브의 특정 포트에 연결된 디바이스를 선택적 서스펜드시키는 작업을 별도로 진행해야 한다.

10.4.1.2 Function Suspend

USB3에서 새롭게 지원되는 서스펜드 기능이다. 이 기능을 사용하기 전에 호스트는 Stop Endpoint Command 명령(Suspend 플래그 '1')을 사용해서 디바이스에 해당하는 Function이 사용 중인 엔드포인트의 Tranfer Ring의 동작을 멈추게 한다. 이후 시스템 소프트웨어는 디폴트 엔드포인트의 Transfer Ring을 통해서 SetFeature(FUNCTION_ SUSPEND) 명령어를 발생시켜 디바이스로 하여금 자신의 내부 Function이 서스펜드되도록 요청한다.

10.4.2 Port Resume

서스펜드된 포트의 상태를 리쥼하는 방법은 크게 2가지로 구분할 수 있다.

10.4.2.1 Device Initiated Resume

서스펜드된 포트의 상태를 디바이스의 요청에 의해서 리쥼시키는 방법을 Device Initiated Resume이라고 부르며 다음과 같은 과정으로 진행된다.

1) 포트의 상태가 U3 상태에 있고 디바이스로부터 리쥼요청이 들어오는 경우 포트는 U3 상태를 Resume 상태(PLS = 15)로 전환한다. 또한, Port Link State Change (PLC) 플래그를 '1'로 기록한다. 이것은 Port Status Change Event를 발생한다.

2) Port Status Change Event에 대응해서 시스템 소프트웨어는 해당하는 변화를 인식한 포트의 포트 ID를 구한다.

3) 시스템 소프트웨어는 해당하는 포트의 PORTSC 레지스터를 읽는다. PLC 값이 '1', PLS 값이 Resume인 것을 확인한다. 보통 USB3과 USB2에서 요구하는 리쥼을 위한 절차가 시작될 것이다. 시스템 소프트웨어는 USB3에서 LFPS 시그널링을 위한 작업으로 PLS의 값을 '0'으로 기록하고 USB2에서는 리쥼시그널 지속시간이 최소 20ms 이상 유지되도록 해야 한다.

4) 리쥼 과정이 정상적으로 완료하면 포트의 상태가 U0 상태로 변하고, 또 다시 Port Status Change Event를 발생시킨다.

10.4.2.2 Host Initiated Resume

서스펜드된 포트의 상태를 호스트(소프트웨어)의 요청에 의해서 리쥼시키는 방법을 Host Initiated Resume이라고 부른다. 시스템 소프트웨어는 포트가 U1, U2 상태에 있는 경우 PLS 필드의 값을 '0'으로 기록하는 작업을 하는 것만으로 포트의 상태를 U0 상태로 전환시킬 수 있다. 특별히 U3 상태에서 U0 상태로 전환되는 경우에는 USB3에서는 PLS 필드의 값을 '0'으로 기록하는 작업 뒤에 Port Status Change Event가 발생한다. USB2에서는 PLS 필드의 값을 Resume 상태(PLS = 15)로 기록해 포트의 상태를 Resume 상태로 전환 요청하고 Port Status Change Event가 발생한다. USB2에서는 리쥼 과정을 정상적으로 완료하면 시스템 소프트웨어는 PLS의 값을 '0'으로 기록해서 포트의 상태가 U0 상태로 변하도록 요청해야 한다. 또 다시 Port Status Change Event를 발생하며 포트의 상태는 U0 상태가 됐다.

10.4.3 Wakeup 이벤트

디바이스로부터 요청되는 Wakeup 이벤트는 포트의 상태를 바꾼다. 표 10-23은 Wakeup 이벤트가 포트의 상태를 어떻게 바꾸는지를 보여준다.

표 10-23 Wakeup 이벤트 발생 이후의 포트의 상태

이벤트 이전의 포트 상태/발생하는 이벤트 종류	이벤트 처리 이후의 포트 상태				
	PLS	CCS	PED	OCA	PCD
Disabled/ Resume	변화 없음				
U3/ Resume	Resume	1	1	0	1
Disabled,Enabled,Reset(WDE=1)/ Disconnect	RxDetect	0	0	0	1
Disabled,Enabled,Reset(WDE=0)/ Disconnect	RxDetect	0	0	0	1
Disconnected(WCE=1)/ Connect	U0(SS) Polling(USB2)	1	1(SS) 0(USB2)	0	1
Disconnected/ Connect	U0(SS) Polling(USB2)	1	1(SS) 0(USB2)	0	1
Power Off가 아닌 모든 상태 (WOE=1)/과전류	Disabled	0	0	1	1
Power Off가 아닌 모든 상태 (WOE=0)/과전류	Disabled	0	0	1	1

10.5 인터럽터

xHC가 발생하는 하드웨어 인터럽트 신호의 발생자를 인터럽터^{Interrupter}라고 부른다. xHC가 사용하는 하드웨어 인터럽트 신호는 핀^{Pin} 방식과 MSI, MSI-X 방식 모두 3가지의 형태가 존재할 수 있다.

핀 방식의 인터럽트를 사용하는 경우 xHC는 하나의 인터럽터만 지원한다. MSI, MSI-X 인터럽트를 사용하는 경우 xHC는 최소 하나 이상의 인터럽터를 지원한다. HCSPARAM1 레지스터의 MaxIntrs 필드의 값이 1보다 큰 값을 사용하는 경우에 복수 개의 인터럽터를 지원하는 것으로 판단할 수 있다.

각각의 인터럽터는 저마다의 인터럽터 관리 레지스터^{Interrupter Management Register}, 인터럽터 조정 레지스터^{Interrupter Moderation Register} 그리고 각각의 이벤트 링^{Event Ring}을 가지고 있다.

10.5.1 인터럽터 매핑

엔드포인트를 위한 각각의 Transfer TRB는 Interrupter Target 필드를 사용한다. 이 필드의 기록하는 값에 따라 해당하는 인터럽터가 사용된다. 각각의 Transfer TRB 처리 결과에 따라 Event Ring에 특정 Event TRB가 등록되면 해당 인터럽트가 발생한다.

또한, Slot Context에 보관된 TRB Interrupter Target 필드는 Command TRB에 대한 처리가 완료될 때 사용되는 인터럽터다.

10.5.2 인터럽트 조정(Interrupt Moderation)

Moderation이란 단어의 뜻을 조정이라고 부른 것은 크게 부담되지 않는 뜻으로 선택됐기 때문이다. 조금 더 정확한 의미로 사용하려면 '완화', '줄이기'가 더 적합하다.

등시성 전송과 같은 전송을 사용하는 경우 너무 빈번한 인터럽트 발생은 시스템의 성능에 영향을 미칠 수 있다. 이와 같은 상황을 피할 수 있는 기회를 시스템 소프트웨어에게 제공하기 위해서 xHC는 몇 가지 레지스터를 지원하고 있다.

다음 몇 가지 단어를 정리하고 넘어가자.

- 인터럽트 허용 필드: Interrupt Enable 필드, 인터럽터 관리 레지스터에 포함
- 인터럽터 조정 레지스터: Interrupter Moderation 레지스터, 줄여서 IMOD 레지스터
- 인터럽트 팬딩 필드: Interrupt Pending, 실제 인터럽트를 발생시키는 주체, 인터럽터 관리 레지스터에 포함
- 인터럽트 조정 카운터: Interrupt Moderation Counter, 줄여서 IMODC, 인터

럽터 조정 레지스터에 포함

- 인터럽트 조정 간격: Interrupt Moderation Interval, 줄여서 IMODI. 단위 250ns, 인터럽터 조정 레지스터에 포함
- 이벤트 핸들러 Busy 플래그: Event Handler Busy 플래그, 줄여서 EHB 플래그
- 인터럽트 팬딩 허용 플래그: Interrupt Pending Enable 플래그, 줄여서 IPE 플래그

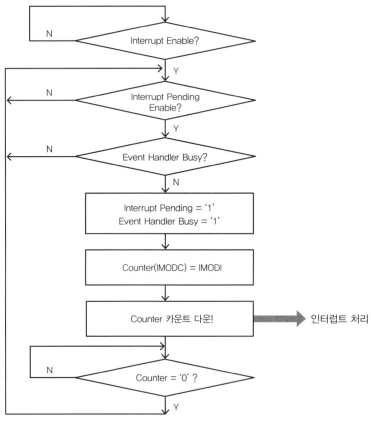

그림 10-63 인터럽트 처리 다이어그램

그림 10-63을 보자. 하드웨어 인터럽트를 처리하기 위해서는 몇 가지 단계의 조건이 만족돼야 한다.

인터럽트를 처리하도록 결정되는 경우 Counter(IMODC) 값이 IMODI 값으로 갱신된다. 이 값은 '0'이 될 때까지 타이머에 의해서 감소한다. 이 값이 '0'이 되지 않으면 인터럽트를 받아들이지 않는다. 시스템 소프트웨어는 이처럼 IMODI 값을 적당한 값을 준비해 인터럽트가 자주 발생하는 것을 조정할 수 있다.

10.5.3 인터럽트 블러킹

인터럽트 조정과 유사한 결과를 가져오는 또 다른 관리 방법이 인터럽트 블러킹Interrupt Blocking이다. 시스템 소프트웨어는 TRB를 접수할 때 해당하는 TRB가 인터럽트를 발생하는 것을 막도록 설정할 수 있다. 인터럽트가 발생하는 것만 금지되는 것일뿐 Event Ring은 그대로 사용된다.

이와 같은 인터럽트 블러킹은 Block Event Interrupt(BEI) 플래그의 값에 따라서 이뤄진다.

시스템 소프트웨어는 TRB의 BEI 플래그의 값을 '1'로 기록해 해당하는 TRB가 처리 완료되면 인터럽트가 발생하지 않도록 요청할 수 있다. 이런 요청은 Normal TRB, 등시성 TRB 그리고 Event Data TRB만 요청될 수 있다.

10.6 루트 허브

이번 절은 루트 허브와 루트 허브 포트를 설명한다.

10.6.1 루트 허브 포트 상태머신

루트 허브의 포트는 다양한 상태가 있고, 이런 상태는 진입하는 조건과 탈출하는 조건에 따라서 변한다. 각각의 상태는 포트 연결 상태Port Link State와 시그널 상태Signal State 값으로 설명된다.

포트 연결 상태(PLS: Root Hub Port State)는 PORTSC 레지스터의 PLS 필드의 값으로 설명된다. 시그널 상태는 Port Power(PP), Current Connect Status(CCS), Port Enabled/Disabled(PED), Port Reset(PR) 4개의 시그널을 함께 표현한다. 예를 들어 0, 0, 0, 0은 모든 상태가 '0'인 상태를 표현한다.

10.6.1.1 USB2 루트 허브 포트

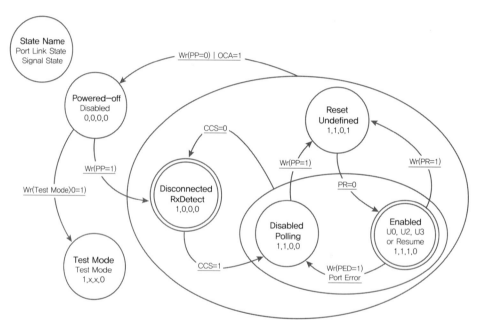

그림 10-64 USB2 루트 허브 포트 상태머신(출처: usb.org)

그림 10-64를 보자. USB2 루트 허브 포트의 상태가 6가지 상태로 변하는 다이어그램을 보여주고 있다. 이들 각각의 상태를 규정하는 Port 연결 상태(PLS)와 Signal 상태를 확인해보자.

- Power-Off 상태: PLS = Disabled, PP(0), CCS(0), PED(0), PR(0) 상태를 의미한다. PP 필드의 값을 '1'로 기록하면 Power-Off 상태는 Disconnect 상태로

전환한다.

- Disconnected 상태: PLS = RxDetect, PP(1), CCS(0), PED(0), PR(0) 상태를 의미한다. PP 값이 '1'이라는 것은 포트에 전원만 인가된 상태라는 뜻이다.

- Disabled 상태: PLS = Polling, PP(1), CCS(1), PED(0), PR(0) 상태를 의미한다. 포트의 디바이스가 연결되면 CCS 필드의 값이 '1'로 바뀐다.

- Reset 상태: PLS = Undefined, PP(1), CCS(1), PED(0), PR(1) 상태를 의미한다. 포트의 디바이스를 리셋시킨다. 리셋이 완료되면 PR 필드의 값은 '1'에서 '0'으로 변한다.

- Enabled 상태: PLS = U0, U2, U3 또는 Resume, PP(1), CCS(1), PED(1), PR(0) 상태를 의미한다.

포트가 디바이스와 정상적인 통신이 가능한 상태가 됐다. 그림 10-65는 Enabled 상태를 보다 세부적으로 나눠 본 상태 다이어그램을 보여준다.

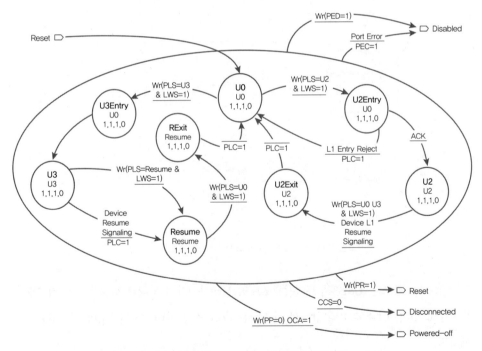

그림 10-65 USB2 루트 허브 포트 Enabled 상태 다이어그램(출처: usb.org)

그림 10-65를 보면, USB2 루트 허브 포트의 상태가 Enabled 상태로 진입한 뒤에 어떤 조건에 의해 세부적인 상태로 변할 수 있는지를 보여준다. 물론 Enabled 상태를 빠져나가는 조건도 함께 살펴봐야 한다.

U2 상태는 LPM^{Link Power Management}에서 규정한 절전 링크 상태를 의미한다. U3 상태는 서스펜드^{Suspend}상태로 규정된다. 자세한 내용은 1부를 참고한다.

10.6.1.2 USB3 루트 허브 포트

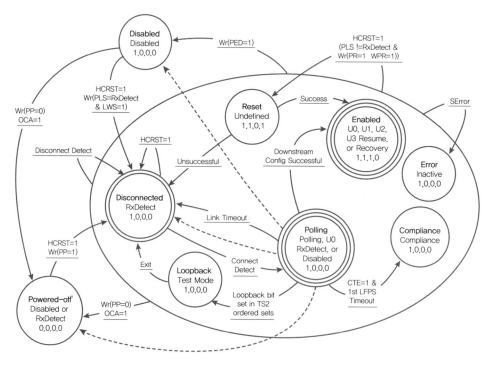

그림 10-66 USB3 루트 허브 포트 상태머신(출처: usb.org)

그림 10-66을 보자. USB3 루트 허브 포트의 상태가 9가지 상태로 변하는 다이어그램을 보여주고 있다. 이들 각각의 상태를 규정하는 Port 연결 상태(PLS)와 Signal 상태를 확인해보자.

USB3 LTSSM^{Link Traning And Status State Machine}에서 규정하고 있는 링크의 상태(Compliance, Polling, Loopback)가 포함돼 있다. 관련된 내용은 1부를 참고한다.

- Disabled 상태: PLS = Disabled, PP(1), CCS(0), PED(0), PR(0) 상태를 의미한다. PORTSC 레지스터의 PLS 필드의 값을 RxDetect 값으로 기록하거나 USBCMD 레지스터의 HCRST 필드의 값을 '1'로 기록하면 포트의 상태가 Disconnected 상태로 전환된다. USBCMD 레지스터의 HCRST 필드의 값을 '1'로 기록하면 포트의 상태는 Disconnected 상태로 전환된다. PORTSC 레지스터의 PP 필드의 값을 '0' 값으로 기록하거나 Over-Current 조건(OCA = '1')에 의해 포트의 상태가 Power-Off 상태로 전환된다.

- Power-Off 상태: PLS = Disabled 또는 RxDetect, PP(0), CCS(0), PED(0), PR(0) 상태를 의미한다.

포트의 상태가 어떤 상태에 있더라도 PP 필드 값을 '0'으로 기록하면 Power-Off 상태도 전환한다. PORTSC 레지스터의 PP 필드 값을 '1'로 기록하면 포트의 상태는 Disconnected 상태로 전환한다.

USBCMD 레지스터의 HCRST 필드의 값을 '1'로 기록하면 포트의 상태는 Disconnected 상태로 전환한다.

- Disconnected 상태: PLS = RxDetect, PP(1), CCS(0), PED(0), PR(0) 상태를 의미한다. 디바이스의 연결이 감지되면 현재 상태는 Polling 상태로 전환한다. Disconnected 상태에서는 리셋신호가 사용되더라도 상태를 그대로 유지한다. Power-Off 상태와 Disabled 상태를 제외한 나머지 모든 상태에서 사용 중인 디바이스가 제거되면 Disconnected 상태로 전환된다.

- Polling 상태: PLS = Polling, PP(1), CCS(0), PED(0), PR(0) 상태를 의미한다. LTSSM에서 규정한 Polling 상태를 위한 작업을 진행한다. 링크의 상태를 U0 상태로 전환하기 위해 필요한 Training 작업을 시도한다. 최초 Training 작업이 타임아웃되면 예정된 계획에 따라서 Compliance 상태로 전환해 링크의 Transmitter를 점검하는 작업을 시작한다. 링크 파트너와 셋업 작업^{Configuration}이

성공적으로 끝나면 포트의 상태는 정상적인 통신이 가능한 U0 상태로 전환한다.

- Reset 상태: PLS = Undefined, PP(1), CCS(1), PED(0), PR(1) 상태를 의미한다. 포트의 디바이스를 리셋시킨다. 리셋이 완료되면 PR 필드의 값은 '1'에서 '0'으로 변한다. 리셋이 성공적으로 끝나면 포트의 상태는 Enabled 상태로 전환한다. 리셋이 실패하면 포트의 상태는 Disconnected 상태로 전환한다.

- Error 상태: PLS = Inactive, PP(1), CCS(0), PED(0), PR(0) 상태를 의미한다. 심각한 에러가 발생하면 포트의 상태는 Error 상태로 전환한다.

- Compliance 상태: PLS = Compliance, PP(1), CCS(0), PED(0), PR(0) 상태를 의미한다. 링크 포트의 Transmitter를 점검하는 테스트를 진행하는 상태를 의미한다. Polling의 처음 LFPS 시그널 프로토콜 타임아웃으로 인해서 진입된다. PORTSC 레지스터의 PED 필드 값을 '1'로 기록하면 포트의 상태는 Disabled 상태로 전환한다. PORTSC 레지스터의 WPR 필드의 값을 '1'로 기록하거나 HCRST 필드의 값을 '1'로 기록하면 포트의 상태는 Reset 상태로 전환한다.

- Loopback 상태: PLS = Test Mode, PP(1), CCS(0), PED(0), PR(0) 상태를 의미한다. 링크 포트의 Receiver를 점검하는 테스트를 진행하는 상태를 의미한다. LPSSM에서 규정한 Loopback Exit(LFPS 시그널을 사용함) 신호에 의해서 포트의 상태가 Disconnect 상태로 전환한다.

- Enabled 상태: PLS = U0, U1, U2, U3, Resume 또는 Recovery, PP(1), CCS(1), PED(1), PR(0) 상태를 의미한다. 포트가 디바이스와 정상적인 통신이 가능한 상태가 됐다. PORTSC 레지스터의 PP 필드 값을 '0'로 기록하거나 Over-Current 조건(OCA='1')으로 인해서 포트의 상태는 Power-Off 상태로 전환된다. 사용 중에 디바이스가 제거돼 CCS 필드의 값이 '0'이 되면 포트의 상태는 Disconnected 상태로 전환된다. PORTSC 레지스터의 PR 필드와 WPR 필드의 값이 '1'로 기록되면 포트의 상태는 Reset 상태로 전환한다.

10.6.2 포트 리셋

포트를 리셋하는 행위는 연결된 디바이스를 리셋해 디바이스의 Device Framework 상태를 초기 상태로 되돌린다. 또한 포트에 연결된 디바이스는 포트가 가진 회로에 의해서 연결된 속도가 검출된다. 이후 포트의 상태는 Enabled 상태로 전환한다.

시스템 소프트웨어는 PORTSC 레지스터의 PR 필드의 값을 '1'로 기록한다. 리셋 작업이 성공적으로 완료하면 xHC는 PORTSC 레지스터 상태를 다음과 같이 설정한다.

> PLS필드(U0, '0'), PR필드(0), PED필드(1), PRC필드(1),
> Port Speed(적당한 속도)

리셋 작업이 실패하면 xHC는 PORTSC 레지스터의 상태를 다음과 같이 설정한다.

> PLS필드(RxDetect, 50'), PR필드(0), PRC필드(1), CCS필드(0),
> Port Speed(Undefined)

USB3에서 규정하는 포트 리셋은 "Hot 리셋"과 "Warm 리셋" 두 가지가 있다. 위에서 언급한 포트 리셋은 "Hot 리셋"과 같은 효과를 가진다. "Warm 리셋"의 대부분의 기능은 "Hot 리셋"과 동일하지만 USB3 링크의 상태를 리셋하는 작업과 링크의 상태를 강제로 Rx.Detect 상태로 전환하고 링크의 셋업 과정Configuration을 다시 요구한다. "Warm 리셋"은 "Hot 리셋"보다 오랜 시간이 소요되는 작업이다. "Warm 리셋" 작업은 Warm Port Reset(WPR) 필드의 값을 '1'로 기록한다.

3부

윈도우와 리눅스 USB 호스트 드라이버

윈도우 10 운영체제와 리눅스 운영체제에서 사용 중인 USB 호스트 시스템을 분석하고 어떻게 호스트 컨트롤러를 지원하고 클래스 드라이버를 지원하는지를 살펴보도록 하자.

소프트웨어 개발과 관련된 내용을 설명할 때마다 언급되는 드라이버 작성을 위한 기본적인 내용 습득은 여러분의 몫으로 남겨놓았다. 윈도우와 리눅스 환경에서 드라이버를 작성하는 기본적인 요구 기술(WDM, WDF)을 이미 습득했거나 따로 공부를 하면서 습득할 수 있다고 가정한다. 이곳에서는 추가적으로 해당하는 유형의 드라이버를 작성하는 데 필요한 정보만 설명한다는 점을 유념하길 바란다.

11

윈도우 USB 시스템

표 11-1 윈도우 버전과 USB 버전

윈도우 버전	지원하는 상위 USB 버전
윈도우 7 이전까지	USB 2.0(EHCI)
윈도우 8	USB 3.x(xHCI)

윈도우가 본격적으로 USB 3.x를 지원하는 것은 윈도우 8부터다. 이전까지는 제조사가 제공하는 호스트 컨트롤러 드라이버를 사용해야 USB 3.x를 지원할 수 있었다. 전통적으로 마이크로소프트는 다음과 같은 클래스 드라이버를 제공하고 있다.

- 허브 디바이스 클래스: USB 표준을 따르는 내장 허브와 외장 허브를 모두 지원하고 있다.
- Human Interface Device(HID) 클래스: USB HID 표준을 따르는 클래스 디바이스를 지원하기 위해 "HIDCLASS.SYS"라는 HID Class Driver(라이브러리)를 제공하고 있다. 이 라이브러리는 실제 "HIDUSB.SYS" 드라이버에 의해서 링크돼 HID 클래스로서 역할을 지원하고 있다.

- 오디오 클래스: "USBAUDIO.SYS" 드라이버를 통해서 USB 오디오 클래스를 지원하는 디바이스를 사용할 수 있다.

- Mass Storage 클래스: 보통 이동식 디스크 클래스라고 부르는 Mass Storage 클래스를 지원하는 디바이스를 위해 "USBSTOR.SYS" 드라이버를 지원하고 있다.

- 통신 디바이스 클래스(CDC): USB Wireless Mobile CDC(WMCDC) 표준을 지원하는 디바이스를 지원하고 있다. "USBSER.SYS"

- 이미징 클래스: "USBSCAN.SYS" 드라이버를 통해 Windows Imaging Architecture(WIA)를 지원하는 디바이스를 지원하고 있다.

- 블루투스 동글: "BTHUSB.SYS" 드라이버를 통해 USB 블루투스 동글Dongle 디바이스를 지원하고 있다.

- 웹캠: "USBVIDEO.SYS" 비디오 캡처 클래스를 지원하는 디바이스를 지원하고 있다.

- Media Transfer 프로토콜: MTP를 지원하는 디바이스(MP3 Player, Phone)를 지원하고 있다.

- Remote NDIS: RNDIS 프로토콜을 사용하는 디바이스를 지원하고 있다.

- 프린터 클래스: "USBPRINT.SYS" 드라이버를 통해 USB Printer 클래스를 지원하는 디바이스를 지원하고 있다.

윈도우가 지원하는 클래스 드라이버가 있는 경우 제조사는 별도의 3rd Party 드라이버를 만들 필요가 없다.

11.1 USB 드라이버 스택

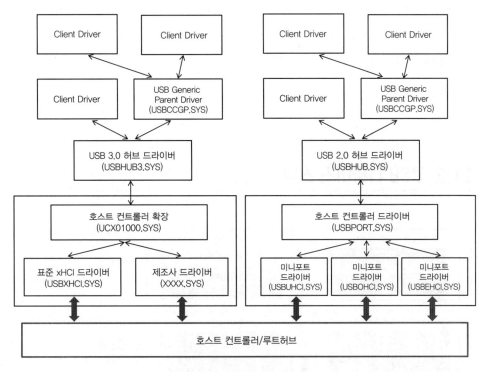

그림 11-1 USB 드라이버 스택(윈도우 10)

그림 11-1을 보자.

USB 3.0과 USB 2.0(그 이하)을 지원하는 모습이 서로 다른 것을 알 수 있다. 호스트 컨트롤러가 xHCI를 지원하는 경우 왼쪽의 그림을 사용한다. 호스트 컨트롤러가 ECHI, OHCI, UHCI를 지원하는 경우 오른쪽의 그림을 사용한다.

호스트 컨트롤러가 그 어떤 표준을 지원하지 않는 제조사 정의 컨트롤러의 경우를 위해 왼쪽 그림의 아래 부분을 보면 호스트 컨트롤러 확장Extension과 함께 동작하는 제조사 드라이버를 지원하고 있다. 이것은 윈도우 10부터 지원되는 내용이다.

유의할 점은 디바이스가 USB 2.0을 지원하더라도 컴퓨터에 연결될 때 xHCI 루트 허브에 연결되면 속도와 관계없이 왼쪽 그림을 사용한다는 점이다.

윈도우는 USB Generic Parent Driver(USBCCGP, 복합 장치 드라이버)를 제공하고 있다. 연결되는 디바이스가 복수 개의 인터페이스(인터페이스 디스크립터의 개수가 복수 개라는 점만 이야기하는 것이 아니라, Active Interface가 복수 개라는 의미)를 지원하는 경우 해당하는 디바이스의 복수 개의 인터페이스는 각각 펑션^{Function}으로 분리돼 다뤄진다. 하나의 디바이스 내부에 HID 인터페이스와 이동식디스크 인터페이스를 모두 가지고 있는 디바이스는 복합장치라고 부른다.

11.2 USB 디바이스 스택

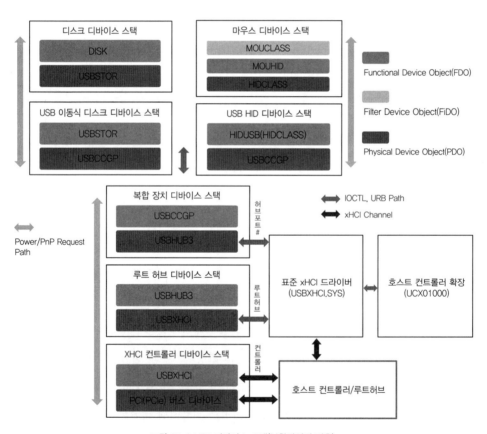

그림 11-2 USB 디바이스 스택(복합장치의 경우)

그림 11-2를 보자. 디바이스 스택은 윈도우가 사용하는 전형적인 플러그 앤 플레이를 위한 모델링이다. 디바이스 스택은 디바이스 인스턴스를 표현하는 자료 구조$^{\text{Device Object}}$의 모임으로 표현된다. 각각의 디바이스 스택은 Physical Device Object(PDO)를 가장 아래에 배치하고 그 위로 Functional Device Object(FDO)와 선택적으로 Filter Device Object(FiDO)로 구성된다.

윈도우가 USB 관련 디바이스 스택을 구성하는 드라이버에게 명령(요청)을 전송하는 경우는 크게 두 가지로 구분될 수 있다. 하나는 전송(벌크, 인터럽트, 등시성, 제어) 등과 관련된 요청을 디바이스로 보내기 위해서이다. 이런 경우 URB$^{\text{USB Request Block}}$와 적당한 IOCTL 인터페이스를 사용한다. 다른 하나는 디바이스 스택을 유지하기 위해서 필요한 플러그 앤 플레이(PnP) 명령과 전원 정책(Power)을 위한 명령어이다.

이들은 전달되는 경로(Path)가 서로 다르다. xHCI 호스트 컨트롤러에서 루트 허브에 연결되는 디바이스(외장 허브를 포함)는 모두 디바이스 슬롯$^{\text{Device Slot}}$(10장 참고)을 사용한다. 이것은 각각 고유한 포트 번호를 할당받는 방식으로 설명될 수 있다. 그림에서 복합장치 디바이스 스택의 PDO를 제공하는 USBHUB3 드라이버는 USBCCGP 드라이버로부터 URB(IOCTL)을 넘겨 받으면 해당하는 명령을 다음 디바이스 스택으로 전송하지 않는다. 이것을 곧바로 USBXHCI 드라이버에게 전달한다.

반면에 플러그 앤 플레이 명령과 전원정책을 위한 명령은 디바이스 스택을 통해서 아래로 전달된다.

처음 USB를 위한 윈도우 드라이버를 공부하는 학생들이 많이 오해하는 부분이기도 하므로 꼭 유념해서 기억하길 바란다. 그림 11-2는 하나의 이동식 디스크 클래스(USB Mass Storage Class)와 하나의 HID 클래스(마우스)를 사용하는 복합장치의 경우 어떤 형태로 디바이스 스택이 형성되는지를 보여주고 있다.

복합장치는 복수 개의 Active 인터페이스를 가지고 있다. 그림 11-2를 보면 복합장치가 가지고 있는 디스크립터의 모습을 예시로 보여준다.

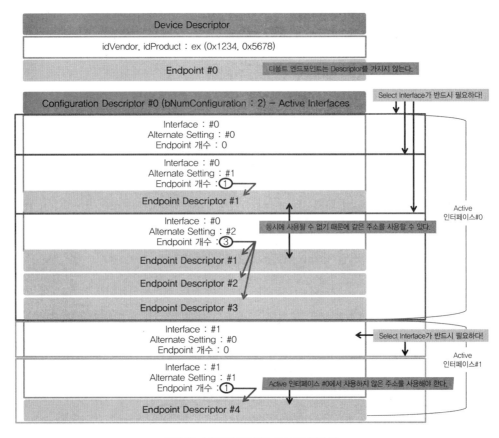

그림 11-3 복합장치를 위한 디스크립터(예시)

그림 11-3을 보면 2개의 Active 인터페이스를 가지는 복합장치의 디스크립터를 보여준다. Device Descriptor에는 기술된 idVendor, idProduct(0x1234, 0x5678)가 기술돼 있다. Configuration Descriptor #0은 2개의 Active 인터페이스를 지원한다(bNumConfiguration)는 내용을 보여준다.

Active 인터페이스 #0은 내부적으로 3개의 Alternate Setting을 가지고 있다. Active 인터페이스 #1은 내부적으로 2개의 Alternate Setting을 가지고 있다. 이들 Alternate Setting을 통해서 지원하는 엔드포인트 개수를 알 수 있다. 서로 다른 Active 인터페이스는 동시에 사용될 수 있기 때문에 각각 선택된 Alternate Setting에 포함된 엔드포인트의 주소는 동일한 값이 사용될 수 없다.

하지만 동일한 그룹에 속하는 Alternate Setting에 포함된 엔드포인트는 동시에 사용될 수 없기 때문에 같은 주소를 사용할 수 있다. 이와 같이 Active 인터페이스 내에 복수 개의 Alternate Setting이 존재하는 경우 호스트 시스템은 반드시 SET_INTERFACE 제어 전송 명령을 사용해서 Select Interface 작업을 해야 한다. 그렇지 않으면 디폴트로 각각의 Active 인터페이스 내의 Alternate Setting #0이 선택된다.

사용되는 디바이스가 복합장치가 아닌 경우 그림 11-4와 같은 형태의 디바이스 스택이 형성된다. 차이점을 보면 USBCCGP 드라이버와 USBHUB3 드라이버가 각각 디바이스를 위한 PDO를 만들어서 디바이스 스택에 참여하고 있다는 점을 알 수 있다.

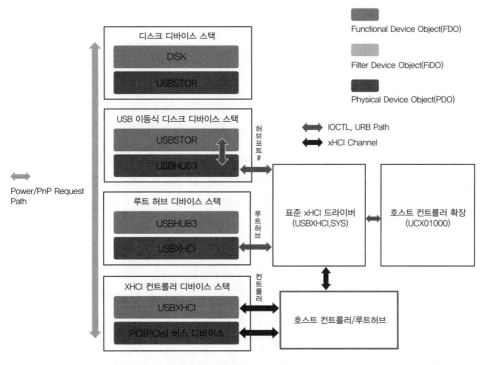

그림 11-4 USB 디바이스 스택(단일장치의 경우)

11.3 USB 디바이스를 위한 플러그 앤 플레이 ID

윈도우는 디바이스 스택을 운영하는 데 있어 동일한 USB 디바이스라고 하더라도 서로 다른 고유한 ID를 할당할 수 있어야 사용이 가능하다. 윈도우가 지원하는 디바이스를 위한 플러그 앤 플레이 ID는 다음과 같다.

표 11-2 디바이스 스택을 위한 플러그 앤 플레이 ID

플러그 앤 플레이 ID
하드웨어 ID
호환가능 ID
디바이스 ID
인스턴스 ID
컨테이너 ID

표 11-2를 보자. 하드웨어 ID^{Hardware ID}는 제조사에서 정의하는 디바이스 고유 ID를 의미한다. 복수 개가 가능하다. 디바이스 고유 ID라고는 하지만 같은 종류의 USB 디바이스는 같은 하드웨어 ID를 가진다. 형태는 다음과 같다.

> "USB\VID_XXXX&PID_YYYY"
> "USB\VID_XXXX&PID_YYYY&REV_ZZZZ"
> "USB\VID_XXXX&PID_YYYY&MI_KK"

XXXX 값은 16진수로서 USB 디바이스의 Device 디스크립터의 idVendor 값을 사용한다. YYYY 값은 16진수로서 USB 디바이스의 Device 디스크립터의 idProduct 값을 사용한다. ZZZZ 값은 16진수로서 USB 디바이스의 Device 디스크립터의 bcdDevice 값을 사용한다. KK 값은 16진수로서 USB 복합장치의 세부 Active 인터페이스에 포함되는 첫 번째 인터페이스 디스크립터의 Number 값을 사용한다.

호환가능 ID^{Compatible ID}는 윈도우가 이해하는 표준 클래스를 나타내는 ID를 의미한다. 복수 개가 가능하다. 보통 윈도우가 지원하는 드라이버(통상 Inbox 드라이버라고 부르자)를 사용하기 위해서 호환가능 ID를 사용한다. USB 디바이스가 제공하는 디스크립터 정보를 사용해서 윈도우는 디바이스를 설명하는 호환 가능 ID를 만든다. 형태는 다음과 같다.

"USB\Composite": 복합장치의 경우를 나타낸다.

"USB\CLASS_NN"

"USB\MS_WWWW"

"USB\Class_XX&SubClass_YY&Prot_ZZ"

NN 값은 16진수로서 Active 인터페이스에 포함되는 첫 번째 인터페이스 디스크립터의 bInterfaceClass 값을 사용한다. WWWW 값은 문자열로 MS OS 디스크립터를 통해서 디바이스로부터 얻은 문자열을 사용한다. 관련된 내용은 1부를 참고한다.

XX 값은 16진수로서 Active 인터페이스에 포함되는 첫 번째 인터페이스 디스크립터의 bInterfaceClass 값을 사용한다. YY 값은 16진수로서 Active 인터페이스에 포함되는 첫 번째 인터페이스 디스크립터의 bInterfaceSubClass 값을 사용한다. ZZ 값은 16진수로서 Active 인터페이스에 포함되는 첫 번째 인터페이스 디스크립터의 bInterfaceProtocol 값을 사용한다.

디바이스 ID$^{Device\ ID}$는 해당하는 디바이스를 표현하는 대표적인 성격을 가지는 ID이다. 버스 드라이버는 열거된 자식 디바이스의 하드웨어 ID중에 한 가지를 디바이스 ID로 선택한다. 보통 인스턴스 ID와 함께 조립돼 시스템 내부에서 디바이스를 위한 고유한 ID로의 의미를 가진다.

인스턴스 ID$^{Instance\ ID}$는 버스 드라이버에 의해 열거된 자식들을 버스 드라이버가 구분하는 목적으로 사용하는 고유한 인덱스 역할을 수행하는 ID이다. 인스턴스 ID는 버스 드라이버에서 고유한 성격을 가지지만 디바이스 ID와 함께 사용되면 시스템 전체에서 고유한 ID로 사용될 수 있다.

컨테이너 ID$^{Container\ ID}$는 디바이스가 가지는 고유한 성격을 나타내는 ID로서 UUID$^{Universal\ Unique\ ID}$ 형태를 가진다. 디바이스가 지원하지 않으면 허브 드라이버는 디바이스의

idVendor와 idProduct를 사용해서 임의로 생성한다. 디바이스는 OS 디스크립터에 포함할 수 있다.

11.4 USB 엔드포인트와 파이프

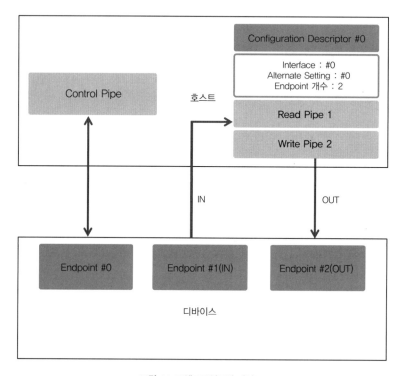

그림 11-5 엔드포인트와 파이프

디바이스가 가지는 디폴트 엔드포인트Endpoint와 나머지 엔드포인트들은 윈도우 호스트에서 파이프에 연결돼 사용된다. 엔드포인트는 데이터패킷을 생성하거나 소비하는 대상이다. 파이프는 이들 엔드포인트와 연결되는 통로를 제공한다. 파이프는 엔드포인트가요구하는 트랜잭션 작업을 숨기는 역할을 수행한다.

그림 11-5를 보면 디폴트 엔드포인트 하나와 두 개의 추가적인 IN, OUT 방향의 엔드포인트를 사용하는 디바이스를 위해서 호스트 측에서 하나의 컨트롤 파이프(디폴트 파이프)와 두 개의 번들 파이프를 사용하는 모습을 알 수 있다. 윈도우 호스트에서는 이와 같이 파이프를 사용해서 디바이스의 엔드포인트와 대화를 한다.

11.5 USB 이중 역할(드라이버 스택 아키텍처)

이번 절에서 설명하려는 이중 역할을 위한 드라이버란 호스트 컨트롤러, 펑션 컨트롤러를 위한 드라이버가 아니라 이중 역할$^{Dual Role}$을 모두 수행하는 컨트롤러가 효과적으로 호스트 또는 펑션으로 선택돼 운영될 수 있도록 돕는 드라이버를 말한다.

윈도우는 호스트의 역할과 펑션^{Function}의 역할을 선택적으로 전환할 수 있는 하드웨어 컨트롤러를 위한 스택 아키텍처를 윈도우 10부터 지원하고 있다. 이와 같은 이중 역할을 훌륭하게 소화할 수 있도록 윈도우는 필요한 클래스 드라이버(호스트, 펑션)를 지원하고 있다. 이중 호스트 클래스 드라이버는 과거 윈도우 2000 시절부터 자주 보던 것들이 여기에 포함된다.

표 11-3 윈도우 10에서 지원되는 호스트 클래스 드라이버

USB 호스트 클래스 드라이버	윈도우 10 모바일	윈도우 10 데스크톱
USB 허브(USBHUB)	지원됨	지원됨(윈도우 2000부터)
HID – 키보드, 마우스	지원됨	지원됨(윈도우 2000부터)
USB Mass Storage(Bulk, UASP)	지원됨	지원됨(윈도우 2000부터)
Generic USB Host 드라이버(WINUSB)	지원됨	지원됨(윈도우 비스타부터)
USB Audio In/Out(USBAUDIO)	지원됨	지원됨(윈도우 XP부터)
시리얼 디바이스(USBSER)	지원됨	지원됨(윈도우 10부터)
블루투스동글(BTHUSB)	지원됨	지원됨(윈도우 XP부터)
프린트(USBPRINT)	지원 안 함	지원됨(윈도우 XP부터)

USB 호스트 클래스 드라이버	윈도우 10 모바일	윈도우 10 데스크톱
스캐닝(USBSCAN)	지원 안 함	지원됨(윈도우 2000부터)
웹캠(USBVIDEO)	지원 안 함	지원됨(윈도우 비스타부터)
MTP(Media Transfer Protocol)	지원 안 함	지원됨(윈도우 비스타부터)
Remote NDIS(RNDIS)	지원 안 함	지원됨(윈도우 XP부터)
IP over USB	지원 안 함	지원됨(윈도우 10부터)

윈도우 임베디드 버전에서는 오래전부터 지원해오던 펑션 클래스 드라이버가 윈도우 10 에서는 왠지 낯설게 느껴진다. 대체로 아직까지는 윈도우 10 모바일을 위한 것임을 추측 할 수 있다.

표 11-4 윈도우 10에서 지원되는 펑션 클래스 드라이버

USB 펑션 클래스 드라이버	윈도우 10 모바일	윈도우 10 데스크톱
MTP(Media Transfer Protocol)	지원됨	지원 안 함
Video 디스플레이 OUT	지원됨	지원 안 함
Generic USB 펑션 드라이버(GenericUSBfn)	지원됨	지원됨

표 11-4에서 지원하지 않는 펑션을 위한 클래스 드라이버는 제조사에 의해서 작성돼 지 원돼야 한다. 윈도우 10은 제조사가 펑션 클래스와 호스트 클래스를 위한 드라이버를 작 성할 수 있도록 돕는다. 또한 제조사가 직접 자신의 이중 역할을 지원하는 하드웨어를 위 한 드라이버를 작성할 수 있도록 돕는다.

11.5.1 이중 역할을 위한 드라이버 스택

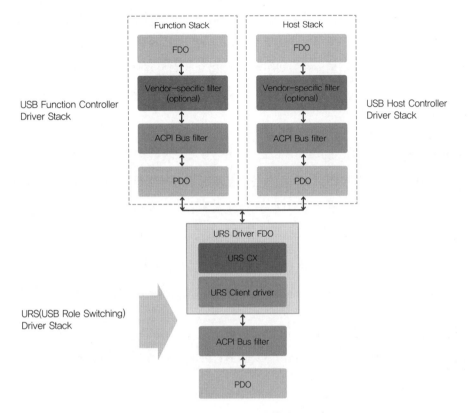

그림 11-6 엔드포인트와 파이프(출처: MSDN)

그림 11-6을 보자.

이중 역할을 위한 드라이버가 하는 작업은 한마디로 요약하면 역할을 전환시켜주는 역할 즉 역할 교환$^{Role\ Switch}$ 작업이다. 호스트 컨트롤러를 위한 드라이버 스택과 펑션 컨트롤러를 위한 드라이버 스택을 선택적으로 시작 또는 중지시키는 기능을 가져야 한다.

이런 작업을 돕기 위해서 윈도우는 USB Role Switch Class Extension(URS CX) 라이브러리를 제공하고 있다. 제조사는 URB Client 드라이버만 작성하고 호스트 스택과 펑션 스택을 전환하는 주 작업은 URS CX를 사용한다.

11.5.2 이중 역할을 위한 하드웨어 준비

제조사는 자신의 하드웨어가 이중 역할을 수행할 수 있는지를 확인해야 한다. 이중 역할을 수행할 수 있다면 드라이버는 크게 3가지로 나눠있다. 하나는 호스트 컨트롤러 드라이버, 두 번째는 펑션 컨트롤러 드라이버, 마지막으로 역할 교환 드라이버다. 이들 모두를 작성할 수 있어야 한다. 윈도우는 In-Box 드라이버를 제공해 알려진 제조사의 컨트롤러를 지원하고 있다.

여기에는 Synopsys DesignWare Core USB 3.0 컨트롤러와 Chipidea High-Speed USB OTG 컨트롤러가 해당한다. 이들은 특별하게 사용자가 드라이버를 설치할 필요가 없다. 윈도우가 드라이버를 제공한다. 두 가지 컨트롤러는 모두 이중 역할을 수행하는 컨트롤러이다. 이들의 역할 교환을 위해서 다음과 같은 설치 파일이 지원돼 사용된다.

> Synopsys DesignWare Core USB 3.0 Controller: "UrsSysnopsys.inf"
> Chipidea High-Speed USB OTG Controller: "UrsChipidea.inf"

윈도우는 아직까지 USB OTG[On The Go]가 가진 모든 스펙을 준수하지 않는다. 윈도우가 In-Box 드라이버를 통해서 지원하지 않는 OTG의 세부 스펙은 다음과 같다.

> Accessory Charder Adapter Detection(ACA)
> Session Request Protocol(SRP)
> Host Negotiation Protocol(HNP)
> Attach Detection Protocol(ADP)

따라서 이들을 지원하려면 제조사가 직접 드라이버를 작성해야 한다.

11.5.3 이중 역할 컨트롤러를 위한 드라이버 작성 레퍼런스

그림 11-6에서 알 수 있듯이 이중 역할 컨트롤러를 위한 드라이버를 제조사가 직접 작성하려면 윈도우가 제공하는 USB Role Switch Class Extension(URS CX) 라이브러리-

이하 "UrsCx"를 사용해야 하며 "URSCX01000.SYS" 파일 형태로 제공된다.

클래스 익스텐션^{Class Extension}을 사용하는 클라이언트 드라이버 작성법은 WDF^{Windows Driver Foundation} Class Extension Client Driver Model을 따른다. 따라서 WDM^{Windows Driver Model} 형태의 드라이버를 사용할 수 없으며 개발자는 WDF 드라이버를 작성하는 방법에 익숙해져 있어야 한다.

11.5.3.1 UrsCx에 의해서 호출되는 콜백함수

UrsCx는 제조사의 클라이언트 드라이버가 제공하는 콜백함수를 목적과 상황에 맞춰 호출한다.

11.5.3.1.1 EVT_URS_DEVICE_FILTER_RESOURCE_ REQUIREMENTS 콜백함수

이 콜백함수는 클라이언트 드라이버가 역할 교환 작업을 수행하는 컨트롤러를 위해 필요한 리소스 정보를 준비해서 윈도우가 제공하는 "Resource-Requirements-List"에 추가하는 작업을 수행한다.

보기 11-1 EVT_URS_DEVICE_FILTER_RESOURCE_REQUIREMENTS 콜백함수 프로토타입

```
NTSTATUS EvtUrsDeviceFilterResourceRequirements(
  _In_ WDFDEVICE              Device,
  _In_ WDFIORESREQLIST        IoResourceRequirementsList,
  _In_ URSIORESLIST            Hos tRoleResources,
  _In_ URSIORESLIST            FunctionRoleResources
);
```

드라이버는 WdfDeviceCreate 함수를 호출한 뒤에 곧바로 UrsDeviceInitialize 함수를 호출해 이 콜백함수를 등록한다. 플러그 앤 플레이 리소스가 준비된 뒤 WDF EvtDevicePrepareHardware 이벤트 콜백함수가 호출되기 바로 직전에 이 콜백함수가 호출된다.

보기 11-1을 보면 컨트롤러가 호스트의 역할을 수행할 때 필요한 리소스 정보와 펑션의 역할을 수행할 때 필요한 리소스 정보가 분리돼 있는 것을 알 수 있다.

11.5.3.1.2 EVT_URS_SET_ROLE 콜백함수

URS 클래스 익스텐션은 현재 컨트롤러의 역할을 교환해야 할 때마다 이 콜백함수를 호출해 제조사로 하여금 컨트롤러의 상태를 전환하도록 요구한다.

보기 11-2 EVT_URS_SET_ROLE 콜백함수 프로토타입

```
NTSTATUS EvtUrsSetRole(
  _In_ WDFDEVICE        Device,
  _In_ URS_ROLE         Role
);
```

사용되는 URS_ROLE은 다음과 같은 유형값이 사용될 수 있다.

보기 11-3 URS_ ROLE 유형값

```
typedef enum _URS_ROLE {
  UrsRoleNone     = 0,
  UrsRoleHost,
  UrsRoleFunction
} URS_ROLE, *PURS_ROLE;
```

11.5.3.2 클라이언트 드라이버가 호출하는 UrsCx 라이브러리 함수

클라이언트 드라이버를 위해서 UrsCx가 제공하는 함수는 다음과 같다.

11.5.3.2.1 UrsDeviceInitialize 함수

USB 이중 역할^{Dual Role} 컨트롤러와 관련된 작업들을 지원하기 위해서 프레임워크 Device Object를 초기화하고 Urs가 호출하는 콜백함수를 등록하는 작업을 한다.

```
FORCEINLINE NTSTATUS UrsDeviceInitialize(
  _In_ WDFDEVICE    Device,
  _In_ PURS_CONFIG Config
);
```

초기화된 URS_CONFIG 자료 구조를 등록한다.

보기 11-5 URS_CONFIG 자료 구조

```
typedef struct _URS_CONFIG {
  ULONG                                Size; // 1
  URS_HOST_INTERFACE_TYPE              HostInterfaceType; // 2
  PFN_URS_DEVICE_FILTER_RESOURCE_REQUIREMENTS // 3
                                       EvtUrsFilterRemoveResourceRequirements;
  PFN_URS_SET_ROLE                     EvtUrsSetRole; // 4
} URS_CONFIG, *PURS_CONFIG;
```

1. Size: URS_CONFIG 자료 구조의 크기 바이트

2. HostInterfaceType: URS_HOST_INTERFACE_TYPE 유형중 한 가지를 사용한다.

보기 11-6 URS_HOST_INTERFACE_TYPE 유형

```
typedef enum _URS_HOST_INTERFACE_TYPE {
  UrsHostInterfaceTypeEhci   = 0,
  UrsHostInterfaceTypeXhci,
  UrsHostInterfaceTypeOther
} URS_HOST_INTERFACE_TYPE;
```

3. EvtUrsFilterRemoveResourceRequirements: 보기 11-1을 참고한다.

4. EvtUrsSetRole: 보기 11-2를 참고한다.

11.5.3.2.2 UrsReportHardwareEvent 함수

Urs에게 새로운 하드웨어 사건(Event)을 알리는 역할을 수행한다.

보기 11-7 UrsReportHardwareEvent 함수 프로토타입

```
FORCEINLINE NTSTATUS UrsReportHardwareEvent(
  _In_ WDFDEVICE          Device,
  _In_ URS_HARDWARE_EVENT HardwareEvent
);
```

HardwareEvent는 URS_HARDWARE_EVENT 유형의 값을 가지는 사건이다.

보기 11-8 URS_HARDWARE_EVENT 유형

```
typedef enum _URS_HARDWARE_EVENT {
  UrsHardwareEventNone       = 0,
  UrsHardwareEventDetach,
  UrsHardwareEventIdGround,
  UrsHardwareEventIdFloat, // 1
  UrsHardwareEventPortTypeDfp, // 2
  UrsHardwareEventPortTypeUfp // 3
} URS_HARDWARE_EVENT, *PURS_HARDWARE_EVENT;
```

1. USB OTG ID핀이 발견됐다(Function).
2. Downstream Facing Port(DFP)로 사용된다(Host).
3. Upstream Facing Port(UFP)로 사용된다(Function).

11.5.3.2.3 UrsIoResourceListAppendDescriptor 함수

호스트 혹은 펑션 컨트롤러로 사용되는 데 필요한 리소스를 위한 지정된 자원 정보 리스트^{Resource List Object}에 지정하는 자원 디스크립터^{Resource Descriptor}를 추가하는 작업을 수행한다.

UrsIoResourceListAppendDescriptor 함수 프로토타입

```
FORCEINLINE NTSTATUS UrsIoResourceListAppendDescriptor(
  _In_ URSIORESLIST                    IoResourceList,
  _In_ PIO_RESOURCE_DESCRIPTOR         Descriptor
);
```

IoResourceList는 EvtUrsFilterRemoveResourceRequirements 콜백함수를 통해서 전달된다.

11.5.3.2.4 UrsSetHardwareEventSupport 함수

클라이언트 드라이버가 하드웨어 사건(Event)을 지원하는지 여부를 알린다.

보기 11-10 UrsSetHardwareEventSupport 함수 프로토타입

```
FORCEINLINE void UrsSetHardwareEventSupport(
  _In_ WDFDEVICE Device,
  _In_ BOOLEAN   HardwareEventReportingSupported
);
```

HardwareEventReportingSupported 필드는 클라이언트 드라이버가 UrsReportHardwareEvent 함수를 사용할지 아닐지를 나타낸다.

11.5.3.2.5 UrsSetPoHandle 함수

WDF PoFx^Power Framework Class Extension와 함께 동작할 콜백함수를 등록하는 역할을 수행한다.

보기 11-11 UrsSetPoHandle 함수 프로토타입

```
FORCEINLINE void UrsSetPoHandle(
  _In_ WDFDEVICE Device,
  _In_ POHANDLE  PoHandle
);
```

WDF 이벤트 콜백함수 EvtDeviceWdmPostPoFxRegisterDevice를 통해서 전달되는 PoHandle 값을 사용한다. PoHandle 값을 널^{Null}로 사용하면 등록된 내용을 해제하는 역할로 사용된다.

11.5.3.2.6 URS_CONFIG_INIT 함수

URS_CONFIG 자료 구조를 초기화하는 함수이다.

보기 11-12 URS_CONFIG_INIT 함수 프로토타입

```
FORCEINLINE void URS_CONFIG_INIT(
  _Out_ PURS_CONFIG                                Config,
  _In_  URS_HOST_INTERFACE_TYPE                    HostInterfaceType,
  _In_  PFN_URS_DEVICE_FILTER_RESOURCE_REQUIREMENTS
                                  EvtUrsFilterRemoveResourceRequirements
);
```

UrsDeviceInitialize 함수를 호출할 때 사용할 Config 자료 구조를 초기화한다.

11.6 USB Type-C 커넥터를 위한 드라이버 작성

USB Type-C 커넥터는 이중 역할 특성과 이전 버전(다른 USB커넥터)보다 더 빠르고 많은 양의 전력을 충전하는 특성을 가지고 있다. 또한 별도의 선택적인 모드로서 USB의 스펙과 관련없이 다른 용도로 커넥터를 사용하는 DisplayOut 특성을 지원한다.

USB Type-C와 관련된 내용은 6장을 참고한다.

11.6.1 USB Type-C와 관련된 구성 요소

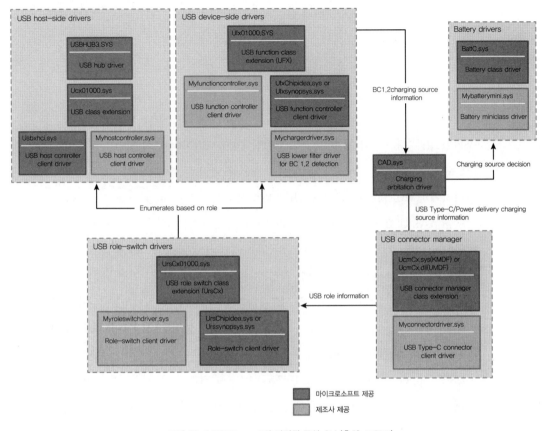

그림 11-7 USB Type-C와 관련된 구성 요소(출처: MSDN)

그림 11-7을 보자.

- USB device-side drivers: USB Function Class Extension은 MTP, USB BC^Battery Charging 1.2 충전기를 지원한다. 마이크로소프트는 In-Box 드라이버로 서 Sysnopsys USB 3.0과 ChipIdea USB 2.0 컨트롤러를 지원한다. 제조사는 USB Function Class Extension(UFX)을 사용하는 별도의 펑션 컨트롤러 드라이 버를 작성할 수 있다.

- USB host-side drivers: 마이크로소프트는 USB EHCI와 USB xHCI 표준을 따르는 호스트 컨트롤러를 위한 드라이버를 지원한다. 표준을 따르지 않는 호스트 컨트롤러를 사용하려 하거나 MAUSB 등의 가상 호스트 컨트롤러 드라이버를 작성할 수 있도록 USB Host Class Extension을 지원한다. 제조사는 USB Host Class Extension(UCX)을 사용하는 별도의 호스트 컨트롤러 드라이버를 작성할 수 있다.

- USB role-switch drivers: 호스트 혹은 펑션으로 동작할지 여부는 연결되는 커넥터(리셉터클)에서 결정되는 부분이다. URS 드라이버는 커넥터의 현재 역할 (호스트 혹은 펑션)을 관리하고 적당한 호스트 스택 또는 펑션 스택을 메모리에 로딩하거나 언로딩하는 책임이 있다. 마이크로소프트는 In-Box 드라이버로서 Synopsys USB 3.0과 ChipIdea USB 2.0 컨트롤러를 위한 URS 드라이버를 제공하고 있다. 제조사는 USB Role Switch Class Extension(URSCX)을 사용하는 별도의 Role Switch 드라이버를 작성할 수 있다. 커넥터에서 이와 같은 역할을 결정하기 위해서 USB 마이크로 AB 커넥터를 사용하는 환경에서는 ID핀의 유무를 사용한다. USB Type-C 커넥터를 사용하는 경우에는 CC핀의 Source가 누구인가에 의해서 호스트와 펑션이 결정된다. 관련된 내용은 6장을 참고한다.

- USB connector manager: USB Type-C 커넥터를 사용하는 경우 스펙에 의해서 다른 USB 커넥터와 다르게 많은 부가적인 작업을 지원해야 한다. 윈도우는 이런 작업을 관리하는 목적으로 connector manager를 지원하고 있다. USB Type-C 커넥터를 사용하면, CC핀 탐색기능, Power Delivery 메시지전달기능, Alternating 모드를 사용하는 Muxing 기능, VBus/VConn 핀 컨트롤기능 등을 지원해야 한다.

- Charging arbitration driver: 윈도우 10 모바일에서만 지원되는 기능이다. 충전기를 충전하는 목적으로 Battery 드라이버를 사용하는 드라이버이다.

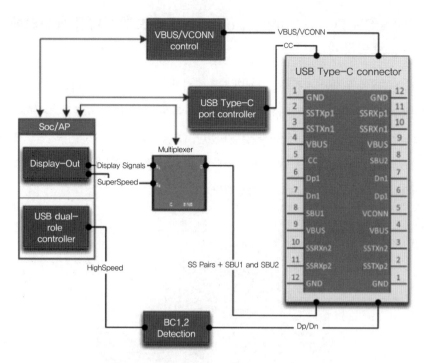

그림 11-8 SoC USB Type-C 시스템 구조도(출처: MSDN)

그림 11-8을 보면 윈도우 10이 지원하는 USB Type-C가 어떤 하드웨어 시스템에 적용될 수 있는지 예시를 보여주고 있다.

11.6.2 USB Type-C Function 컨트롤러 드라이버

펑션 컨트롤러 드라이버는 운영체제에게 USB Type-C 커넥터가 지원하는 충전 수준(Level) 정보를 알리고 또한 배터리 서브시스템 측으로 충전을 시작할 때와 디바이스가 끌어 사용하는 최대 전류량 정보를 알려주는 역할을 한다.

이번 절에서는 UFP^{Upstream Facing Port}를 관리하는 펑션 컨트롤러 드라이버를 살펴보자.

11.6.2.1 USB Type-C Function 컨트롤러 드라이버를 메모리에 로딩하기

펑션 컨트롤러의 동작을 지원하는 2개의 드라이버가 있다. 하나는 마이크로소프트가 제공하는 Class Extension이고 다른 하나는 제조사 혹은 마이크로소프트가 제공하는 In-Box 드라이버로서 클라이언트 드라이버가 있다. Class Extension은 클라이언트 드라이버가 제공하는 레포트 정보를 운영체제에게 전달한다. 클라이언트 드라이버는 하드웨어 인터페이스를 사용해서 컨트롤러와 통신한다.

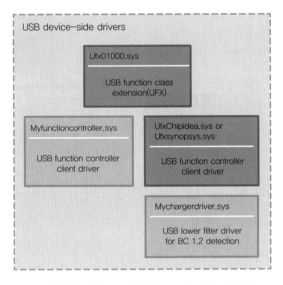

그림 11-9 USB device-side drivers 구조도(출처: MSDN)

그림 11-9를 보자.

만일 ChipIdea 혹은 Synopsys 컨트롤러를 사용하는 시스템에서는 마이크로소프트가 제공하는 In-Box 클라이언트 드라이버가 사용된다. 제조사는 필요에 따라 BC 1.2 충전기를 검출하는 목적으로 사용되는 Lower 필터 드라이버를 제공할 수도 있다. 필터 드라이버는 충전기가 연결되는 것이 검출되면 해당하는 정보를 Charging arbitration driver(CAD)에게 전달한다.

In-Box 클라이언트 드라이버를 사용하는 경우가 아니라면 제조사는 클라이언트 드라이버를 제공해야 한다. 물론 필요하다면 BC 1.2 충전기를 검출하는 기능을 포함해야 한다.

11.6.2.2 USB Type-C Function 컨트롤러를 위한 드라이버 작성 레퍼런스

마이크로소프트가 제공하는 USB Function Class Extension(UFX)과 통신하는 클라이언트 드라이버를 작성하는 방법을 살펴보도록 하자.

클라이언트 드라이버는 엔드포인트Endpoint 데이터 전송, 리셋, 서스펜드, 리쥼, Attach, Detach 탐색, 포트 탐색, 충전기 검출기능을 위해서 UFX와 통신한다. 또한 클라이언트 드라이버는 전력 공급과 플러그 앤 플레이 이벤트를 처리해야 한다.

11.6.2.2.1 클라이언트 드라이버가 호출하는 UFX 라이브러리 함수

11.6.2.2.1.1 UfxFdoInit 함수

클라이언트 드라이버는 이 함수를 사용해서 WDFDEVICE_INIT 자료 구조를 초기화한다. 이후 초기화된 자료 구조는 WdfDeviceCreate 함수의 파라미터로 제공된다.

보기 11-13 UfxFdoInit 함수 프로토타입

```
NTSTATUS UfxFdoInit(
    [in]      WDFDRIVER              WdfDriver,
    [in, out] PWDFDEVICE_INIT        DeviceInit,
    [in, out] PWDF_OBJECT_ATTRIBUTES FdoAttributes
);
```

11.6.2.2.1.2 UfxDeviceCreate 함수

클라이언트 드라이버는 이 함수를 사용해서 UFX Device Object를 만들고 UFX가 호출하는 콜백함수를 등록하고 컨트롤러와 관련된 특성 정보를 등록한다.

```
NTSTATUS UfxDeviceCreate(
   [in]            WDFDEVICE                Device,
   [in]            UFX_DEVICE_CALLBACKS     Callbacks, // 1
   [in]            PUFX_DEVICE_CAPABILITIES Capabilities, // 2
   [in, optional] PWDF_OBJECT_ATTRIBUTES   Attributes,
   [out]           UFXDEVICE                *UfxDevice
);
```

1. 보기 11-15를 보면 사용되는 UFX_DEVICE_CALLBACKS 이벤트 콜백함수 등록을
   위한 자료 구조의 내용을 알 수 있다. 등록되는 이벤트 콜백함수는 UFX에 의해서 상
   황과 조건에 따라 호출된다.

11.6.2.2.2절에서 보다 자세한 정보를 설명한다.

보기 11-15 UFX_DEVICE_CAPABILITIES 자료 구조

```
typedef struct _UFX_DEVICE_CALLBACKS {
   ULONG                                       Size;
   PFN_UFX_DEVICE_HOST_CONNECT                 EvtDeviceHostConnect;
   PFN_UFX_DEVICE_HOST_DISCONNECT              EvtDeviceHostDisconnect;
   PFN_UFX_DEVICE_ADDRESSED                    EvtDeviceAddressed;
   PFN_UFX_DEVICE_ENDPOINT_ADD                 EvtDeviceEndpointAdd;
   PFN_UFX_DEVICE_DEFAULT_ENDPOINT_ADD         EvtDeviceDefaultEndpointAdd;
   PFN_UFX_DEVICE_USB_STATE_CHANGE             EvtDeviceUsbStateChange;
   PFN_UFX_DEVICE_PORT_CHANGE                  EvtDevicePortChange;
   PFN_UFX_DEVICE_PORT_DETECT                  EvtDevicePortDetect;
   PFN_UFX_DEVICE_REMOTE_WAKEUP_SIGNAL         EvtDeviceRemoteWakeupSignal;
   PFN_UFX_DEVICE_CONTROLLER_RESET             EvtDeviceControllerReset;
   PFN_UFX_DEVICE_TEST_MODE_SET                EvtDeviceTestModeSet;
   PFN_UFX_DEVICE_TESTHOOK                     EvtDeviceTestHook;
   PFN_UFX_DEVICE_SUPER_SPEED_POWER_FEATURE    EvtDeviceSuperSpeedPowerFeature;
   PFN_UFX_DEVICE_PROPRIETARY_CHARGER_DETECT   EvtDeviceProprietaryChargerDetect;
   PFN_UFX_DEVICE_PROPRIETARY_CHARGER_SET_PROPERTY
                                               EvtDeviceProprietaryChargerSetProperty;
```

```
  PFN_UFX_DEVICE_PROPRIETARY_CHARGER_RESET        EvtDeviceProprietaryChargerReset;
} UFX_DEVICE_CALLBACKS, *PUFX_DEVICE_CALLBACKS;
```

2. 보기 11-16을 보면 사용되는 UFX_DEVICE_CAPABILITIES 자료 구조의 내용을 알 수 있다. 컨트롤러의 특성을 UFX에게 소개한다.

보기 11-16 UFX_DEVICE_CAPABILITIES 자료 구조

```
typedef struct _UFX_DEVICE_CAPABILITIES {
    ULONG             Size;
    USB_DEVICE_SPEED MaxSpeed; // 1
    ULONG             RemoteWakeSignalDelay; // 2
    BOOLEAN           PdcpSupported; // 3
    USHORT            InEndpointBitmap; // 4
    USHORT            OutEndpointBitmap; // 5
} UFX_DEVICE_CAPABILITIES, *PUFX_DEVICE_CAPABILITIES;
```

1. USB 펑션 컨트롤러가 지원가능한 최대 속도를 나타낸다.

2. 버스가 서스펜드[Suspend]된 뒤 최소한 원격 깨우기 요청을 보내기 전에 기다려야 하는 시간(msec)

3. 비표준 충전기[Proprietary Charger] 감지기능을 가지고 있는지 여부를 나타낸다.

4. IN 방향의 지원 가능한 엔드포인트 Number를 나타내는 비트맵. 비트 0 = 엔드포인트 0, 비트 1 = 엔드포인트 1

5. OUT 방향의 지원 가능한 엔드포인트 Number를 나타내는 비트맵. 비트 0 = 엔드포인트 0, 비트 1 = 엔드포인트 1

11.6.2.2.1.3 UfxDeviceEventComplete 함수

클라이언트 드라이버는 이 함수를 사용해 UFX가 호출한 클라이언트 드라이버의 콜백함수가 작업을 완료했다는 사실을 알린다.

```
VOID UfxDeviceEventComplete(
  [in] UFXDEVICE UfxDevice,
  [in] NTSTATUS  Status
);
```

클라이언트 드라이버가 UfxDeviceEventComplete 함수를 사용해서 콜백함수의 작업 완료를 알릴 수 있는 이벤트 콜백함수는 다음과 같다.

보기 11-18 UfxDeviceEventComplete 함수를 사용할 수 있는 해당하는 이벤트 콜백함수

```
EVT_UFX_DEVICE_HOST_CONNECT
EVT_UFX_DEVICE_HOST_DISCONNECT
EVT_UFX_DEVICE_PROPRIETARY_CHARGER_SET_PROPERTY
EVT_UFX_DEVICE_PROPRIETARY_CHARGER_RESET
EVT_UFX_DEVICE_ADDRESSED
EVT_UFX_DEVICE_DEFAULT_ENDPOINT_ADD
EVT_UFX_DEVICE_USB_STATE_CHANGE
EVT_UFX_DEVICE_PORT_CHANGE
EVT_UFX_DEVICE_REMOTE_WAKEUP_SIGNAL
EVT_UFX_DEVICE_TEST_MODE_SET
EVT_UFX_DEVICE_SUPER_SPEED_POWER_FEATURE
EVT_UFX_DEVICE_CONTROLLER_RESET
```

11.6.2.2.1.4 UfxDeviceNotifyHardwareReady 함수

클라이언트 드라이버는 이 함수를 사용해서 UFX에게 컨트롤러가 데이터 통신이 수행될 준비가 됐음을 알린다.

보기 11-19 UfxDeviceNotifyHardwareReady 함수 프로토타입

```
VOID UfxDeviceNotifyHardwareReady(
  [in] UFXDEVICE UfxDevice
);
```

11.6.2.2.1.5 UfxDeviceNotifyAttach 함수

클라이언트 드라이버는 이 함수를 사용해서 UFX에게 컨트롤러가 특정 USB 호스트 측
에 케이블을 통해서 연결됐음을 알린다.

보기 11-20 UfxDeviceNotifyAttach 함수 프로토타입

```
VOID UfxDeviceNotifyAttach(
  [in] UFXDEVICE UfxDevice
);
```

11.6.2.2.1.6 UfxDeviceNotifyDetach 함수

클라이언트 드라이버는 이 함수를 사용해서 UFX에게 컨트롤러가 USB 호스트 측와 연
결돼 있던 케이블이 제거됐음을 알린다.

보기 11-21 UfxDeviceNotifyDetach 함수 프로토타입

```
VOID UfxDeviceNotifyDetach(
  [in] UFXDEVICE UfxDevice
);
```

11.6.2.2.1.7 UfxDeviceNotifySuspend 함수

클라이언트 드라이버는 이 함수를 사용해서 UFX에게 컨트롤러가 사용하는 버스의 상태
가 서스펜드됐다는 사실을 알린다.

보기 11-22 UfxDeviceNotifySuspend 함수 프로토타입

```
VOID UfxDeviceNotifySuspend(
  [in] UFXDEVICE UfxDevice
);
```

11.6.2.2.1.8 UfxDeviceNotifyResume 함수

클라이언트 드라이버는 이 함수를 사용해서 UFX에게 컨트롤러가 사용하는 버스 상태가 리줌됐다는 사실을 알린다.

보기 11-23 UfxDeviceNotifyResume 함수 프로토타입

```
VOID UfxDeviceNotifyResume (
  [in] UFXDEVICE UfxDevice
);
```

11.6.2.2.1.9 UfxDeviceNotifyReset 함수

클라이언트 드라이버는 이 함수를 사용해서 UFX에게 컨트롤러가 사용하는 버스의 호스트 측에서 리셋 신호를 전달했다는 사실을 알린다.

보기 11-24 UfxDeviceNotifyReset 함수 프로토타입

```
VOID UfxDeviceNotifyReset(
  [in] UFXDEVICE        UfxDevice,
  [in] USB_DEVICE_SPEED DeviceSpeed // 1
);
```

1. USB 버스가 연결된 속도를 명시한다.

보기 11-25 USB_DEVICE_SPEED 유형

```
typedef enum  {
  UsbLowSpeed    = 0,
  UsbFullSpeed  ,
  UsbHighSpeed  ,
  UsbSuperSpeed
} USB_DEVICE_SPEED;
```

USB 버스의 리셋 신호가 끝날 때 연결 속도가 결정된다.

11.6.2.2.1.10 UfxDevicePortDetectComplete 함수

클라이언트 드라이버는 이 함수를 사용해서 UFX에게 컨트롤러가 사용하는 버스 호스트 측에 연결된 포트의 유형을 알린다.

보기 11-26 UfxDevicePortDetectComplete 함수 프로토타입

```
VOID UfxDevicePortDetectComplete(
  [in] UFXDEVICE        UfxDevice,
  [in] USBFN_PORT_TYPE PortType // 1
);
```

1. USB 포트가 연결된 유형을 명시한다.

보기 11-27 USBFN_PORT_TYPE 유형

```
typedef enum _USBFN_PORT_TYPE {
  UsbfnUnknownPort                      = 0,
  UsbfnStandardDownstreamPort,
  UsbfnChargingDownstreamPort,
  UsbfnDedicatedChargingPort,
  UsbfnInvalidDedicatedChargingPort,
  UsbfnProprietaryDedicatedChargingPort,
  UsbfnPortTypeMaximum
} USBFN_PORT_TYPE;
```

11.6.2.2.1.11 UfxDevicePortDetectCompleteEx 함수

클라이언트 드라이버는 이 함수를 사용해서 UFX에게 컨트롤러가 사용하는 버스의 호스트 측에 연결된 포트의 유형을 알린다.

보기 11-28 UfxDevicePortDetectCompleteEx 함수 프로토타입

```
VOID UfxDevicePortDetectCompleteEx(
  [in] UFXDEVICE        UfxDevice,
  [in] USBFN_PORT_TYPE PortType,
```

```
  [in] USBFN_ACTION      Action // 1
);
```

1. UFX에게 요청하는 추가적인 행동을 명시한다.

보기 11-29 USBFN_ACTION 유형

```
typedef enum _USBFN_ACTION {
  UsbfnActionNone                    = 0,
  UsbfnActionNoCad, // 1
  UsbfnActionDetectProprietaryCharger  // 2
} USBFN_ACTION;
```

1. UFX로 하여금 배터리 관리자에게 그 어떤 정보도 제공하지 않도록 요청한다.
2. UFX가 클라이언트의 이벤트 콜백함수 EVT_UFX_DEVICE_DETECT_PROPRIE TARY_CHARGER를 호출하도록 요청한다. 이 콜백함수는 비표준 충전기를 검출하는 역할을 수행한다.

11.6.2.2.1.12 UfxDeviceProprietaryChargerDetectComplete 함수

클라이언트 드라이버는 이 함수를 사용해서 UFX에게 컨트롤러가 검출한 비표준 충전기 정보를 알린다.

보기 11-30 UfxDeviceProprietaryChargerDetectComplete 함수 프로토타입

```
VOID UfxDeviceProprietaryChargerDetectComplete(
  [in] UFXDEVICE                UfxDevice,
  [in] PUFX_PROPRIETARY_CHARGER DetectedCharger // 1
);
```

1. 비표준 충전기 정보를 표현한다.

보기 11-31 UFX_PROPRIETARY_CHARGER 자료 구조

```
typedef struct _UFX_PROPRIETARY_CHARGER {
  GUID                ChargerId; // 1
  DEVICE_POWER_STATE DxState; // 2
} UFX_PROPRIETARY_CHARGER, *PUFX_PROPRIETARY_CHARGER;
```

1. 충전기를 구분하는 고유 GUID

2. 충전기에 연결될 때 디바이스가 사용하는 최소 전력공급 상태값을 명시한다.

보기 11-32 DEVICE_POWER_STATE 유형

```
typedef enum _DEVICE_POWER_STATE {
  PowerDeviceUnspecified  = 0,
  PowerDeviceD0           = 1,
  PowerDeviceD1           = 2,
  PowerDeviceD2           = 3,
  PowerDeviceD3           = 4,
  PowerDeviceMaximum      = 5
} DEVICE_POWER_STATE, *PDEVICE_POWER_STATE;
```

11.6.2.2.1.13 UfxDeviceNotifyHardwareFailure 함수

클라이언트 드라이버는 이 함수를 사용해서 UFX에게 회복 불가능한 에러 상태를 알린다.

보기 11-33 UfxDeviceNotifyHardwareFailure 함수 프로토타입

```
VOID UfxDeviceNotifyHardwareFailure(
  [in]            UFXDEVICE                       UfxDevice,
  [in, optional] PUFX_HARDWARE_FAILURE_CONTEXT HardwareFailureContext // 1
);
```

1. 하드웨어 에러 상태와 컨텍스트Context를 표현하는 자료 구조를 준비한다.

```
typedef struct _UFX_HARDWARE_FAILURE_CONTEXT {
    Size;
    ExceptionCode;
    Data;
} UFX_HARDWARE_FAILURE_CONTEXT, *PUFX_HARDWARE_FAILURE_CONTEXT;
```

UFX는 에러 상태를 보고 받은 뒤 EVT_UFX_DVICE_CONTROLLER_RESET 이벤트 콜
백함수를 호출한다. 이때 UFX_HARDWARE_FAILURE_CONTEXT 자료 구조를 넘겨
준다.

11.6.2.2.1.14 UfxDeviceIoControl 함수

클라이언트 드라이버는 응용프로그램으로부터 전달된 Request와 파라미터를
UfxDeviceIoControl 함수를 사용해서 UFX에게 전달한다.

보기 11-35 UfxDeviceIoControl 함수 프로토타입

```
BOOLEAN UfxDeviceIoControl(
    [in] UFXDEVICE  UfxDevice,
    [in] WDFREQUEST Request,
    [in] size_t     OutputBufferLength,
    [in] size_t     InputBufferLength,
    [in] ULONG      IoControlCode
);
```

11.6.2.2.1.15 UfxDeviceIoInternalControl 함수

클라이언트 드라이버는 커널 레벨의 모듈로부터 전달된 Internal Request와 파라미터를
UfxDeviceIoInternalContro 함수를 사용해서 UFX에게 전달한다.

```
BOOLEAN UfxDeviceIoInternalControl(
  [in] UFXDEVICE  UfxDevice,
  [in] WDFREQUEST Request,
  [in] size_t     OutputBufferLength,
  [in] size_t     InputBufferLength,
  [in] ULONG      IoControlCode
);
```

11.6.2.2.1.16 UfxEndpointCreate 함수

클라이언트 드라이버는 UfxEndpointCreate 함수를 사용해서 UFX에게 Endpoint Object를 생성하도록 요청한다.

보기 11-37 UfxEndpointCreate 함수 프로토타입

```
NTSTATUS UfxEndpointCreate(
  [in]            UFXDEVICE                 UfxDevice,
  [in, out]       PUFXENDPOINT_INIT         EndpointInit, // 1
  [in, optional] PWDF_OBJECT_ATTRIBUTES    Attributes,
  [in]            PWDF_IO_QUEUE_CONFIG      TransferQueueConfig,
  [in, optional] PWDF_OBJECT_ATTRIBUTES    TransferQueueAttributes,
  [in]            PWDF_IO_QUEUE_CONFIG      CommandQueueConfig,
  [in, optional] PWDF_OBJECT_ATTRIBUTES    CommandQueueAttributes,
  [out]           UFXENDPOINT               *UfxEndpoint
);
```

1. UFX가 엔드포인트를 위한 Endpoint Object를 추가하는 작업을 위해서 이벤트 콜백함수 EVT_UFX_DEVICE_ENDPOINT_ADD 또는 EVT_UFX_DEVICE_ DEFAULT_ENDPOINT_ADD를 호출할 때 파라미터로 제공한다. 이 자료의 형식 은 외부로 공개돼 있지 않다. UFX가 만들어주는 대로 사용해야 한다.

11.6.2.2.1.17 UfxEndpointInitSetEventCallbacks 함수

클라이언트 드라이버는 UfxEndpointInitSetEventCallbacks 함수를 사용해서 UFX에게 UFXENDPOINT_INIT 자료 구조 초기화를 요청한다. 또한 엔드포인트를 위한 이벤트 콜백함수를 등록한다.

보기 11-38 UfxEndpointInitSetEventCallbacks 함수 프로토타입

```
VOID UfxEndpointInitSetEventCallbacks(
  [in, out] PUFXENDPOINT_INIT       EndpointInit,
  [in]      PUFX_ENDPOINT_CALLBACKS Callbacks // 1
);
```

1. 하드웨어 에러 상태와 컨텍스트^{Context}를 표현하는 자료 구조를 준비한다.

보기 11-39 UFX_ENDPOINT_CALLBACKS 자료 구조

```
typedef struct _UFX_ENDPOINT_CALLBACKS {
  ULONG Size;
} UFX_ENDPOINT_CALLBACKS, *PUFX_ENDPOINT_CALLBACKS;
```

UFX_ENDPOINT_CALLBACKS 자료 구조 내에는 UFX가 원하는 형식으로 엔드포인트를 위한 이벤트 콜백함수의 주소가 등록돼야 한다. 하지만 구조체 형태로는 각각의 필드를 접근할 수 없다.

11.6.2.2.1.18 UfxEndpointNotifySetup 함수

클라이언트 드라이버는 USB 호스트로부터 전달 받은 Setup 데이터패킷을 UfxEndpoint NotifySetup 함수를 사용해서 UFX에게 전달한다.

보기 11-40 UfxEndpointNotifySetup 함수 프로토타입

```
VOID UfxEndpointNotifySetup(
  [in] UFXDEVICE                    UfxDevice,
```

```
  [in] PUSB_DEFAULT_PIPE_SETUP_PACKET SetupInfo // 1
);
```

---

1. USB 표준 스펙에서 정의된 8바이트 Setup Data 형식이다.

11.6.2.2.1.19 UfxEndpointGetTransferQueue 함수

UfxEndpointCreate 함수를 호출했을 때 내부적으로 만들어졌던 엔드포인트를 위한 전송큐^{Transfer Queue}를 얻는 함수다.

보기 11-41 UfxEndpointGetTransferQueue 함수 프로토타입

```
WDFQUEUE UfxEndpointGetTransferQueue(
  [in] UFXENDPOINT UfxEndpoint
);
```

11.6.2.2.1.20 UfxEndpointGetCommandQueue 함수

UfxEndpointCreate 함수를 호출했을 때 내부적으로 만들어졌던 엔드포인트를 위한 명령큐^{Command Queue}를 얻는 함수다.

보기 11-42 UfxEndpointGetCommandQueue 함수 프로토타입

```
WDFQUEUE UfxEndpointGetCommandQueue(
  [in] UFXENDPOINT UfxEndpoint
);
```

11.6.2.2.2 UFX에서 호출하는 클라이언트 드라이버 콜백함수

11.6.2.2.2.1 EVT_UFX_DEVICE_HOST_CONNECT 콜백함수

호스트와 연결을 시도하는 역할을 수행하는 클라이언트 드라이버 콜백함수다.

```
EVT_UFX_DEVICE_HOST_CONNECT EVT_UFX_DEVICE_HOST_CONNECT;
void EVT_UFX_DEVICE_HOST_CONNECT(
  _In_ UFXDEVICE UfxDevice
)
```

11.6.2.2.2.2 EVT_UFX_DEVICE_HOST_DISCONNECT 콜백함수

호스트와 연결 해제를 시도하는 역할을 수행하는 클라이언트 드라이버 콜백함수다.

보기 11-44 EVT_UFX_DEVICE_HOST_DISCONNECT 콜백함수 프로토타입

```
EVT_UFX_DEVICE_HOST_DISCONNECT EVT_UFX_DEVICE_HOST_DISCONNECT;
void EVT_UFX_DEVICE_HOST_DISCONNECT(
  _In_ UFXDEVICE UfxDevice
)
```

11.6.2.2.2.3 EVT_UFX_DEVICE_ADDRESSED 콜백함수

컨트롤러에게 USB 주소(Device Address)를 지정하는 역할을 수행하는 콜백함수다.

보기 11-45 EVT_UFX_DEVICE_ADDRESSED 콜백함수 프로토타입

```
EVT_UFX_DEVICE_ADDRESSED EVT_UFX_DEVICE_ADDRESSED;
void EVT_UFX_DEVICE_ADDRESSED(
  _In_ UFXDEVICE UfxDevice,
  _In_ USHORT    DeviceAddress // 1
)
```

1. USB 표준 스펙에서 지정된 형태의 주소(Device Address)를 사용한다.

11.6.2.2.2.4 EVT_UFX_DEVICE_ENDPOINT_ADD 콜백함수

엔드포인트를 위한 Endpoint Object를 생성하는 콜백함수다.

878

```
EVT_UFX_DEVICE_ENDPOINT_ADD EVT_UFX_DEVICE_ENDPOINT_ADD;
NTSTATUS EVT_UFX_DEVICE_ENDPOINT_ADD(
  _In_           UFXDEVICE               UfxDevice,
  _In_    const PUSB_ENDPOINT_DESCRIPTOR EndpointDescriptor, // 1
  _Inout_        PUFXENDPOINT_INIT       EndpointInit // 2
)
```

1. 엔드포인트를 위한 Endpoint Object를 생성하기 위해서 제공하는 생성 대상 Endpoint를 위한 Endpoint 디스크립터

2. UfxDeviceCreate 함수에 의해서 얻은 EndpointInit 자료 구조

11.6.2.2.2.5 EVT_UFX_DEVICE_DEFAULT_ENDPOINT_ADD 콜백함수

디폴트 엔드포인트를 위한 Endpoint Object를 생성하는 콜백함수다.

보기 11-47 EVT_UFX_DEVICE_ DEFAULT_ENDPOINT_ADD 콜백함수 프로토타입

```
EVT_UFX_DEVICE_DEFAULT_ENDPOINT_ADD EVT_UFX_DEVICE_DEFAULT_ENDPOINT_ADD;
void EVT_UFX_DEVICE_DEFAULT_ENDPOINT_ADD(
  _In_    UFXDEVICE         UfxDevice,
  _In_    USHORT            MaxPacketSize, // 1
  _Inout_ PUFXENDPOINT_INIT EndpointInit
)
```

1. USB 표준 스펙에서 지정한 디폴트 엔드포인트를 위한 MaxPacketSize0

11.6.2.2.2.6 EVT_UFX_DEVICE_USB_STATE_CHANGE 콜백함수

USB 디바이스의 상태를 업데이트하는 콜백함수다.

보기 11-48 EVT_UFX_DEVICE_USB_STATE_CHANGE 콜백함수 프로토타입

```
EVT_UFX_DEVICE_USB_STATE_CHANGE EVT_UFX_DEVICE_USB_STATE_CHANGE;
void EVT_UFX_DEVICE_USB_STATE_CHANGE(
```

```
  _In_ UFXDEVICE          UfxDevice,
  _In_ USBFN_DEVICE_STATE UsbDeviceState // 1
)
```

1. USB 디바이스의 상태를 정의한다.

보기 11-49 USBFN_DEVICE_STATE 유형

```
typedef enum _USBFN_DEVICE_STATE {
  UsbfnDeviceStateMinimum      = 0x0,
  UsbfnDeviceStateAttached,
  UsbfnDeviceStateDefault,
  UsbfnDeviceStateDetached,
  UsbfnDeviceStateAddressed,
  UsbfnDeviceStateConfigured,
  UsbfnDeviceStateSuspended,
  UsbfnDeviceStateStateMaximum
} USBFN_DEVICE_STATE;
```

11.6.2.2.2.7 EVT_UFX_DEVICE_PORT_CHANGE 콜백함수

USB 디바이스가 연결된 포트의 상태를 업데이트하는 콜백함수다.

보기 11-50 EVT_UFX_DEVICE_PORT_CHANGE 콜백함수 프로토타입

```
EVT_UFX_DEVICE_PORT_CHANGE EVT_UFX_DEVICE_PORT_CHANGE;
void EVT_UFX_DEVICE_PORT_CHANGE(
  _In_ UFXDEVICE       UfxDevice,
  _In_ USBFN_PORT_TYPE NewPort // 1
)
```

1. 연결된 포트의 상태를 나타낸다.

보기 11-51 USBFN_PORT_TYPE 유형

```
typedef enum _USBFN_PORT_TYPE {
  UsbfnUnknownPort                    = 0,
```

```
    UsbfnStandardDownstreamPort,
    UsbfnChargingDownstreamPort,
    UsbfnDedicatedChargingPort,
    UsbfnInvalidDedicatedChargingPort,
    UsbfnProprietaryDedicatedChargingPort,
    UsbfnPortTypeMaximum
} USBFN_PORT_TYPE;
```

11.6.2.2.2.8 EVT_UFX_DEVICE_PORT_DETECT 콜백함수

USB 디바이스가 연결된 포트를 검사하는 작업을 시작하는 콜백함수다.

보기 11-52 EVT_UFX_DEVICE_PORT_DETECT 콜백함수 프로토타입

```
EVT_UFX_DEVICE_PORT_DETECT EVT_UFX_DEVICE_PORT_DETECT;
void EVT_UFX_DEVICE_PORT_DETECT(
  _In_ UFXDEVICE UfxDevice
)
```

11.6.2.2.2.9 EVT_UFX_DEVICE_REMOTE_WAKEUP_SIGNAL 콜백함수

USB 디바이스가 호스트에게 원격 깨우기 기능을 위한 시그널 보내기를 시작하는 콜백함수다.

보기 11-53 EVT_UFX_DEVICE_REMOTE_WAKEUP_SIGNAL 콜백함수 프로토타입

```
EVT_UFX_DEVICE_REMOTE_WAKEUP_SIGNAL EVT_UFX_DEVICE_REMOTE_WAKEUP_SIGNAL;
void EVT_UFX_DEVICE_REMOTE_WAKEUP_SIGNAL(
  _In_ UFXDEVICE UfxDevice
)
```

11.6.2.2.2.10 EVT_UFX_DEVICE_TEST_MODE_SET 콜백함수

USB 디바이스가 테스트 모드로 진입하는 콜백함수다.

```
EVT_UFX_DEVICE_TEST_MODE_SET EVT_UFX_DEVICE_TEST_MODE_SET;
void EVT_UFX_DEVICE_TEST_MODE_SET(
  _In_ UFXDEVICE UfxDevice,
  _In_ ULONG     TestMode // 1
)
```

1. 펑션 컨트롤러를 위한 USB 2 표준 스펙에서 정의된 테스트 모드를 지정한다.

보기 11-55 TestMode 유형

```
USB_TEST_MODE_TEST_J 0x01
USB_TEST_MODE_TEST_K 0x02
USB_TEST_MODE_TEST_SE0_NAK 0x03
USB_TEST_MODE_TEST_PACKET 0x04
USB_TEST_MODE_TEST_FORCE_ENABLE 0x05
```

11.6.2.2.2.11 EVT_UFX_DEVICE_CONTROLLER_RESET 콜백함수

USB 디바이스의 상태를 초기 상태로 리셋하는 콜백함수다.

보기 11-56 EVT_UFX_DEVICE_CONTROLLER_RESET 콜백함수 프로토타입

```
EVT_UFX_DEVICE_CONTROLLER_RESET EVT_UFX_DEVICE_CONTROLLER_RESET;
void EVT_UFX_DEVICE_CONTROLLER_RESET(
  _In_     UFXDEVICE                      UfxDevice,
  _In_opt_ PUFX_HARDWARE_FAILURE_CONTEXT UfxHardwareFailureContext
)
```

11.6.2.2.2.12 EVT_UFX_DEVICE_SUPER_SPEED_POWER_FEATURE 콜백함수

USB 디바이스의 상태를 초기 상태로 리셋하는 콜백함수다.

```
EVT_UFX_DEVICE_SUPER_SPEED_POWER_FEATURE
EVT_UFX_DEVICE_SUPER_SPEED_POWER_FEATURE;
void EVT_UFX_DEVICE_SUPER_SPEED_POWER_FEATURE(
  _In_ UFXDEVICE UfxDevice,
  _In_ USHORT    Feature, // 1
  _In_ BOOLEAN   Set // 2
)
```

1. U1_ENABLE, U2_ENABLE 특성중 한 가지를 지정한다.

2. 값이 TRUE이면 셋^{Set}, FALSE이면 클리어^{Clear}

11.6.2.2.2.13 EVT_UFX_DEVICE_DETECT_PROPRIETARY_CHARGER 콜백함수

비표준 충전기가 연결되는 것을 감지하기 시작하는 콜백함수다.

보기 11–58 EVT_UFX_DEVICE_PROPRIETARY_CHARGER 콜백함수 프로토타입

```
EVT_UFX_DEVICE_DETECT_PROPRIETARY_CHARGER
EVT_UFX_DEVICE_DETECT_PROPRIETARY_CHARGER;
void EVT_UFX_DEVICE_DETECT_PROPRIETARY_CHARGER(
  _In_ UFXDEVICE UfxDevice
)
```

11.6.2.2.2.14 EVT_UFX_DEVICE_PROPRIETARY_CHARGER_RESET 콜백함수

사용 중인 비표준 충전기를 초기화하는 콜백함수다.

보기 11–59 EVT_UFX_DEVICE_PROPRIETARY_CHARGER_RESET 콜백함수 프로토타입

```
EVT_UFX_DEVICE_PROPRIETARY_CHARGER_RESET
EVT_UFX_DEVICE_PROPRIETARY_CHARGER_RESET;
void EVT_UFX_DEVICE_PROPRIETARY_CHARGER_RESET(
  _In_ UFXDEVICE UfxDevice
)
```

11.6.2.2.2.15 EVT_UFX_DEVICE_PROPRIETARY_CHARGER_SET_PROPERTY 콜백함수

USB 충전기 정보를 전달하는 콜백함수다.

보기 11-60 EVT_UFX_DEVICE_PROPRIETARY_CHARGER_SET_PROPERTY 콜백함수 프로토타입

```
EVT_UFX_DEVICE_PROPRIETARY_CHARGER_SET_PROPERTY
EVT_UFX_DEVICE_PROPRIETARY_CHARGER_SET_PROPERTY;
void EVT_UFX_DEVICE_PROPRIETARY_CHARGER_SET_PROPERTY(
  _In_ UFXDEVICE  UfxDevice,
  _In_ WDFREQUEST WdfRequest
)
```

11.6.2.2.3 클라이언트 드라이버가 지원하는 IOCTL 명령코드

▶ IOCTL_INTERNAL_USBFN_DESCRIPTOR_UPDATE 명령코드

UFX는 클라이언트 드라이버에게 특정 엔드포인트를 위한 Endpoint 디스크립터를 수정하도록 요청한다. 드라이버는 WdfRequestRetrieveOutputBuffer 함수를 호출해서 디스크립터를 얻는다.

11.6.3 USB 호스트 컨트롤러 드라이버

제조사는 USB 호스트 컨트롤러 드라이버를 제공할 수 있다. USB Type-C Host 컨트롤러 드라이버 역시 같은 형식을 사용한다.

11.6.3.1 USB 호스트 컨트롤러 익스텐션(UCX)과 디바이스 스택

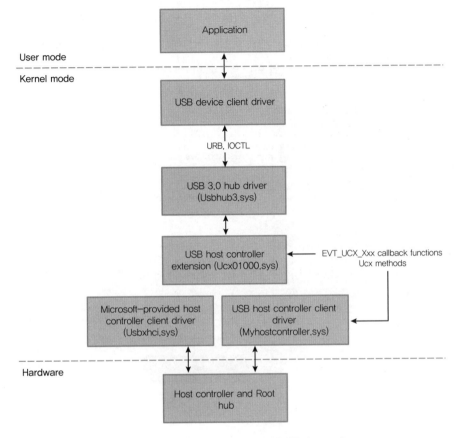

그림 11-10 USB 호스트 컨트롤러 아키텍처(출처: MSDN)

그림 11-10을 보자.

USB 허브 드라이버(Usbhub3.sys)는 KMDF 드라이버다. 이 드라이버는 USB 허브들(외장 허브 포함)과 그들의 포트를 관리한다. 새로운 디바이스가 포트에 연결되는 것을 감지하고 이들을 위한 Physical Device Object(PDO)를 만든다.

USB 호스트 컨트롤러 익스텐션(Ucx01000.sys)은 호스트 컨트롤러로 전송하는 요청들을 큐잉하고 관리하는 일반적인 메커니즘을 제공하는 라이브러리 성격을 가지고 있다.

USB 호스트 컨트롤러 드라이버는 실제 컨트롤러 하드웨어를 관리한다. 마이크로소프트는 xHCI 스펙을 만족하는 표준 컨트롤러를 위해서 Usbxhci.sys 드라이버를 제공하고 있다. 호환성이 없는 호스트 컨트롤러를 위해 제조사는 별도의 컨트롤러 드라이버를 제공할 수 있다. 컨트롤러 드라이버는 USB 호스트 컨트롤러 익스텐션(UCX)의 도움을 받아서 USB 호스트 컨트롤러 드라이버의 역할을 수행할 수 있다.

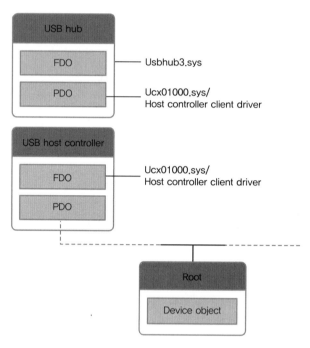

그림 11-11 간단한 USB Host 컨트롤러와 허브 디바이스 스택(출처: MSDN)

Ucx01000.sys와 호스트 컨트롤러 드라이버는 모두 Ucx01000.lib 라이브러리에 정적으로 링크돼 사용된다.

11.6.3.2 호스트 컨트롤러 드라이버가 사용하는 UCX 오브젝트와 핸들

11.6.3.2.1 Host Controller Object(UCXCONTROLLER)

호스트 컨트롤러 드라이버(이하 클라이언트)는 자신의 EvtDriverDeviceAdd 이벤트 콜백함수에서 UcxControllerCreate 함수를 호출해서 UCXCONTROLLER를 만든다. 클라이 언트는 UcxControllerCreate 함수를 호출하면서 UCX가 호출하는 자신의 다양한 콜백 함수들을 등록한다.

등록하는 콜백함수는 다음과 같다.

▶ EVT_UCX_CONTROLLER_USBDEVICE_ADD

새로운 USB 디바이스가 발견될 때마다 UCX가 호출한다.

보기 11-61 EVT_UCX_CONTROLLER_USBDEVICE_ADD 콜백함수 프로토타입

```
EVT_UCX_CONTROLLER_USBDEVICE_ADD EvtUcxControllerUsbDeviceAdd;
NTSTATUS EvtUcxControllerUsbDeviceAdd(
  _In_ UCXCONTROLLER           UcxController,
  _In_ PUCXUSBDEVICE_INFO      UcxUsbDeviceInfo, // 1
  _In_ PUCXUSBDEVICE_INIT      UsbDeviceInit
)
```

1. 발견된 디바이스와 관련된 기초 정보를 제공한다.

보기 11-62 UCXUSBDEVICE_INFO 자료 구조

```
typedef struct _UCXUSBDEVICE_INFO {
  ULONG                Size;
  USB_DEVICE_SPEED     DeviceSpeed;
  UCXUSBDEVICE         TtHub;
  USB_DEVICE_PORT_PATH PortPath;
} UCXUSBDEVICE_INFO, *P_UCXUSBDEVICE_INFO;
```

▶ EVT_UCX_CONTROLLER_QUERY_USB_CAPABILITY

호스트 컨트롤러가 UCX에게 컨트롤러 정보를 제공한다.

```
EVT_UCX_CONTROLLER_QUERY_USB_CAPABILITY EvtUcxControllerQueryUsbCapability;
NTSTATUS EvtUcxControllerQueryUsbCapability(
  _In_        UCXCONTROLLER UcxController,
  _In_        PGUID         CapabilityType, // 1
  _In_        ULONG         OutputBufferLength,
  _Out_opt_   PVOID         OutputBuffer,
  _Out_       PULONG        ResultLength
)
```

1. UCX가 요구하는 특성 정보의 유형

   - GUID_USB_CAPABILITY_CHAINED_MDLS
   - GUID_USB_CAPABILITY_STATIC_STREAMS
   - GUID_USB_CAPABILITY_SELECTIVE_SUSPEND
   - GUID_USB_CAPABILITY_FUNCTION_SUSPEND
   - GUID_USB_CAPABILITY_DEVICE_CONNECTION_HIGH_SPEED_
     COMPATIBLE
   - GUID_USB_CAPABILITY_DEVICE_CONNECTION_SUPER_SPEED_
     COMPATIBLE
   - GUID_USB_CAPABILITY_CLEAR_TT_BUFFER_ON_ASYNC_TRANSFER_
     CANCEL

(WDM) USBD_QueryUsbCapability, (WDF) WdfUsbTargetDeviceQueryUsbCapa bility 함수를 통해서 클라이언트는 호스트 컨트롤러의 특성 정보를 읽을 수 있다.

▶ EVT_UCX_CONTROLLER_RESET

이 콜백함수를 호출해 에러와 같은 요인으로 인해서 UCX는 호스트 컨트롤러를 리셋하 기를 요청한다.

```
EVT_UCX_CONTROLLER_RESET EvtUcxControllerReset;
VOID EvtUcxControllerReset(
  _In_ UCXCONTROLLER UcxController
)
```

클라이언트는 UcxControllerNeedsReset 함수를 호출하고 UCX는 해당하는 콜백함수를 호출한다.

콜백함수는 UcxControllerResetComplete 함수를 호출해서 완료해야 한다.

▶ EVT_UCX_CONTROLLER_GET_CURRENT_FRAMENUMBER

UCX가 클라이언트를 호출해 32비트 프레임 Number를 얻는 용도로 사용된다.

보기 11-65 EVT_UCX_CONTROLLER_GET_CURRENT_FRAMENUMBER 콜백함수 프로토타입

```
EVT_UCX_CONTROLLER_GET_CURRENT_FRAMENUMBER
                    EvtUcxControllerGetCurrentFrameNumber;
NTSTATUS EvtUcxControllerGetCurrentFrameNumber(
  _In_  UCXCONTROLLER UcxController,
  _Out_ PULONG        FrameNumber
)
```

그외에 클라이언트는 IO 요청을 수용하기 위해서 GUID_DEV_INTERFACE_USB_HOST_CONTROLLER GUID를 사용해서 등록해야 한다. 드라이버가 받은 IO 요청은 UcxIoDeviceControl 함수를 호출해서 UCX에게 전달할 수 있다.

11.6.3.2.2 Root Hub Object(UCXROOTHUB)

호스트 컨트롤러의 루트 허브 포트의 상태를 제어하는 용도로 사용한다. EvtDriverDeviceAdd 이벤트 콜백함수에서 UcxRootHubCreate 함수를 호출해서 UCXROOTHUB를 만든다.

클라이언트는 UcxRootHubCreate 함수를 호출하면서 UCX가 호출하는 자신의 다양한 콜백함수들을 등록한다.

등록하는 콜백함수는 다음과 같다.

▶ EVT_UCX_ROOTHUB_GET_INFO

루트 허브가 가지고 있는 USB 3, USB 2 포트의 개수를 제공한다.

보기 11-66 EVT_UCX_ROOTHUB_GET_INFO 콜백함수 프로토타입

```
EVT_UCX_ROOTHUB_GET_INFO EvtUcxRootHubGetInfo;
VOID EvtUcxRootHubGetInfo(
  _In_ UCXROOTHUB        UcxRootHub,
  _InOut_ P_ROOTHUB_INFO Info // 1
)
```

1. 루트 허브가 가지고 있는 USB 3, USB 2 각각의 포트 개수 정보를 제공한다.

보기 11-67 ROOTHUB_INFO 자료 구조

```
typedef struct _ROOTHUB_INFO {
  ULONG           Size;
  CONTROLLER_TYPE ControllerType; // 1
  USHORT          NumberOf20Ports;
  USHORT          NumberOf30Ports;
  USHORT          MaxU1ExitLatency;
  USHORT          MaxU2ExitLatency;
} ROOTHUB_INFO, *P_ROOTHUB_INFO;
```

1. 루트 허브가 가지고 있는 USB 3, USB 2 각각의 포트 개수 정보를 제공한다.

보기 11-68 CONTROLLER_TYPE 유형

```
typedef enum _CONTROLLER_TYPE {
  ControllerTypeXhci,
  ControllerTypeSoftXhci
```

```
} CONTROLLER_TYPE;
```

▸ EVT_UCX_ROOTHUB_GET_20PORT_INFO

루트 허브가 가지고 있는 USB 2 포트의 정보를 제공한다.

보기 11-69 EVT_UCX_ROOTHUB_GET_20PORT_INFO 콜백함수 프로토타입

```
EVT_UCX_ROOTHUB_GET_20PORT_INFO EvtUcxRootHubGet20PortInfo;
VOID EvtUcxRootHubGet20PortInfo(
  _In_ UCXROOTHUB UcxRootHub,
  _InOut_ P_ROOTHUB_20PORT_INFO Info // 1
)
```

1. 루트 허브가 가지고 있는 USB 2 포트 정보를 제공한다.

보기 11-70 ROOTHUB_20PORT_INFO 자료 구조

```
typedef struct _ROOTHUB_20PORT_INFO {
  USHORT                              PortNumber;
  UCHAR                               MinorRevision;
  UCHAR                               HubDepth;
  TRISTATE                            Removable;
  TRISTATE                            IntegratedHubImplemented;
  TRISTATE                            DebugCapable;
  CONTROLLER_USB_20_HARDWARE_LPM_FLAGS ControllerUsb20HardwareLpmFlags;
} ROOTHUB_20PORT_INFO, *P_ROOTHUB_20PORT_INFO;
```

▸ EVT_UCX_ROOTHUB_GET_30PORT_INFO

루트 허브가 가지고 있는 USB 3 포트 정보를 제공한다.

보기 11-71 EVT_UCX_ROOTHUB_GET_30PORT_INFO 콜백함수 프로토타입

```
EVT_UCX_ROOTHUB_GET_30PORT_INFO EvtUcxRootHubGet30PortInfo;
VOID EvtUcxRootHubGet30PortInfo(
```

```
  _In_  UCXROOTHUB UcxRootHub,
  _InOut_ P_ROOTHUB_30PORT_INFO Info // 1
)
```

1. 루트 허브가 가지고 있는 USB 3 포트 정보를 제공한다.

보기 11-72 ROOTHUB_30PORT_INFO 자료 구조

```
typedef struct _ROOTHUB_30PORT_INFO {
  USHORT   PortNumber;
  UCHAR    MinorRevision;
  UCHAR    HubDepth;
  TRISTATE Removable;
  TRISTATE DebugCapable;
} ROOTHUB_30PORT_INFO, *P_ROOTHUB_30PORT_INFO;
```

▶ EVT_UCX_ROOTHUB_CONTROLLER_URB

USB 허브 드라이버가 요청하는 Feature 요청을 처리한다.

보기 11-73 EVT_UCX_ROOTHUB_CONTROLLER_URB 콜백함수 프로토타입

```
EVT_UCX_ROOTHUB_CONTROL_URB EvtUcxRootHubControlUrb;
VOID EvtUcxRootHubControlUrb(
  _In_  UCXROOTHUB UcxRootHub,
  _In_  WDFREQUEST Request // 1
)
```

1. URB^USB Request Block를 담고 있는 WDF 요청

▶ EVT_UCX_ROOTHUB_INTERRUPT_TX

포트의 상태가 바뀌었을 때 UCX가 구체적인 처리를 위해서 호출하는 콜백함수다.

```
EVT_UCX_ROOTHUB_INTERRUPT_TX EvtUcxInterruptTransferTx;
VOID EvtUcxInterruptTransferTx(
  _In_ UCXROOTHUB UcxRootHub,
  _In_ WDFREQUEST Request // 1
)
```

1. 허브 드라이버가 지원해야 하는 인터럽트 전송^{Interrupt Pipe}과 관련된 URB가 들어 있다.

11.6.3.2.3 USB Device Object(UCXUSBDEVICE)

호스트 컨트롤러를 표현한다. EVT_UCX_CONTROLLER_USBDEVICE_ADD 이벤트 콜백함수에서 UcxUsbDeviceCreate 함수를 호출해서 UCXUSBDEVICE를 만든다. 클라이언트는 UcxUsbDeviceCreate 함수를 호출하면서 UCX가 호출하는 자신의 다양한 콜백함수들을 등록한다.

등록하는 콜백함수는 다음과 같다.

▶ EVT_UCX_USBDEVICE_ENABLE

디바이스의 디폴트 엔드포인트를 사용하기 위해 준비한다.

보기 11-75 EVT_UCX_USBDEVICE_ENABLE 콜백함수 프로토타입

```
EVT_UCX_USBDEVICE_ENABLE EvtUcxUsbDeviceEnable;
VOID EvtUcxUsbDeviceEnable(
  _In_ UCXCONTROLLER UcxController,
  _In_ P_USBDEVICE_ENABLE    Enable // 1
)
```

1. 디바이스의 디폴트 엔드포인트를 사용하기 위한 정보를 제공한다.

```
typedef struct _USBDEVICE_ENABLE {
#ifdef __cplusplus
  USBDEVICE_MGMT_HEADER          Header; // 1
#else
  USBDEVICE_MGMT_HEADER             ;
#endif
  UCXENDPOINT                    DefaultEndpoint;
  USBDEVICE_ENABLE_FAILURE_FLAGS FailureFlags;
} USBDEVICE_ENABLE, *P_USBDEVICE_ENABLE;
```

1. USB 디바이스 또는 허브의 핸들 정보를 담고 있다.

보기 11-77 USBDEVICE_MGMT_HEADER 자료 구조

```
typedef struct _USBDEVICE_MGMT_HEADER {
  ULONG       Size;
  UCXUSBDEVICE Hub;
  UCXUSBDEVICE UsbDevice;
} USBDEVICE_MGMT_HEADER, *P_USBDEVICE_MGMT_HEADER;
```

▶ EVT_UCX_USBDEVICE_DISABLE

디바이스의 디폴트 엔드포인트와 디바이스를 위해 사용하던 자원을 반납한다.

보기 11-78 EVT_UCX_USBDEVICE_DISABLE 콜백함수 프로토타입

```
EVT_UCX_USBDEVICE_DISABLE EvtUcxUsbDeviceDisable;
VOID EvtUcxUsbDeviceDisable(
  _In_ UCXCONTROLLER UcxController,
 _In_ P_USBDEVICE_DISABLE    Disable // 1
)
```

1. 디바이스의 동작을 멈추기 위한 정보를 제공한다.

```
typedef struct _USBDEVICE_DISABLE {
#if __cplusplus
  USBDEVICE_MGMT_HEADER Header;
#else
  USBDEVICE_MGMT_HEADER ;
#endif
  UCXENDPOINT            DefaultEndpoint;
} USBDEVICE_DISABLE, *P_USBDEVICE_DISABLE;
```

▶ EVT_UCX_USBDEVICE_ADDRESS

컨트롤러 측으로 디바이스의 주소를 기입한다. 이것은 필요에 따라서 USB 디바이스 측
으로 SET_ADDRESS 명령을 보내기도 한다.

보기 11-80 EVT_UCX_USBDEVICE_ADDRESS 콜백함수 프로토타입

```
EVT_UCX_USBDEVICE_ADDRESS EvtUcxUsbDeviceAddress;
VOID EvtUcxUsbDeviceAddress(
  _In_ UCXCONTROLLER UcxController,
  _In_ P_USBDEVICE_ADDRESS    Address // 1
)
```

1. 디바이스의 동작을 멈추기 위한 정보를 제공한다.

보기 11-81 USBDEVICE_ADDRESS 자료 구조

```
typedef struct _USBDEVICE_ADDRESS {
#if _cplusplus
  USBDEVICE_MGMT_HEADER Header;
#else
  USBDEVICE_MGMT_HEADER ;
#endif
  ULONG                 Reserved;
  ULONG                 Address;
} USBDEVICE_ADDRESS, *P_USBDEVICE_ADDRESS;
```

▶ EVT_UCX_USBDEVICE_ENDPOINTS_CONFIGURE

디폴트 엔드포인트가 아닌 다른 엔드포인트를 사용하기 위해서 준비한다.

보기 11-82 EVT_UCX_USBDEVICE_ENDPOINTS_CONFIGURE 콜백함수 프로토타입

```
EVT_UCX_USBDEVICE_ENDPOINTS_CONFIGURE EvtUcxUsbDeviceEndpointsConfigure;
VOID EvtUcxUsbDeviceEndpointsConfigure(
  _In_ UCXCONTROLLER          UcxController,
  _In_ P_ENDPOINT_CONFIGURE   Configure // 1
)
```

1. 엔드포인트를 구성(Config)하기 위한 정보를 제공한다.

보기 11-83 ENDPOINT_CONFIGURE 자료 구조

```
typedef struct _ENDPOINTS_CONFIGURE {
#if _cplusplus
  USBDEVICE_MGMT_HEADER            Header;
#else
  USBDEVICE_MGMT_HEADER            ;
#endif
  ULONG                           EndpointsToEnableCount; // 1
  UCXENDPOINT                     *EndpointsToEnable; // 2
  ULONG                           EndpointsToDisableCount; // 3
  UCXENDPOINT                     *EndpointsToDisable; // 4
  ULONG                           EndpointsEnabledAndUnchangedCount; // 5
  UCXENDPOINT                     *EndpointsEnabledAndUnchanged; // 6
  ENDPOINTS_CONFIGURE_FAILURE_FLAGS FailureFlags;
  ULONG                           ExitLatencyDelta;
  UCHAR                           ConfigurationValue;
  UCHAR                           InterfaceNumber;
  UCHAR                           AlternateSetting;
} ENDPOINTS_CONFIGURE, *P_ENDPOINTS_CONFIGURE;
```

1. 사용할 엔드포인트의 수

2. 사용할 엔드포인트 배열의 첫 번째 핸들을 가리키는 주소

3. 금지할 엔드포인트의 수

4. 금지할 엔드포인트 배열의 첫 번째 핸들을 가리키는 주소

5. 사용하지만 변화가 없는 엔드포인트의 수

6. 사용하지만 변화가 없는 엔드포인트 배열의 첫 번째 핸들을 가리키는 주소

▶ EVT_UCX_USBDEVICE_RESET

디바이스가 리셋됐다는 의미로 호출된다. 디바이스를 위해서 필요한 행동을 준비한다.

보기 11-84 EVT_UCX_USBDEVICE_RESET 콜백함수 프로토타입

```
EVT_UCX_USBDEVICE_RESET EvtUcxUsbDeviceReset;
VOID EvtUcxUsbDeviceReset(
  _In_ UCXCONTROLLER        UcxController,
  _In_ P_USBDEVICE_RESET      Reset // 1
)
```

1. 디바이스의 동작을 멈추기 위한 정보를 제공한다.

보기 11-85 USBDEVICE_RESET 자료 구조

```
typedef struct _USBDEVICE_RESET {
#ifdef __cplusplus
  USBDEVICE_MGMT_HEADER Header;
#else
  USBDEVICE_MGMT_HEADER ;
#endif
  UCXENDPOINT          DefaultEndpoint; // 1
  ULONG               EndpointsToDisableCount; // 2
  UCXENDPOINT          *EndpointsToDisable; // 3
} USBDEVICE_RESET, *P_USBDEVICE_RESET;
```

1. USB 디바이스 또는 허브의 디폴트 엔드포인트 핸들

2. 금지시킬 엔드포인트의 수

3. 금지시킬 엔드포인트 핸들을 담고 있는 배열의 주소

▶ EVT_UCX_USBDEVICE_UPDATE

연결된 디바이스에 관련된 수정 정보를 업데이트하는 목적으로 호출된다. 자세한 파라미터는 10장을 참고한다.

보기 11-86 EVT_UCX_USBDEVICE_RESET 콜백함수 프로토타입

```
EVT_UCX_USBDEVICE_UPDATE EvtUcxUsbDeviceUpdate;
VOID EvtUcxUsbDeviceUpdate(
  _In_ UCXCONTROLLER        UcxController,
  _In_ P_USBDEVICE_UPDATE    Update // 1
)
```

1. 디바이스의 동작을 멈추기 위한 정보를 제공한다.

보기 11-87 USBDEVICE_UPDATE 자료 구조

```
typedef struct _USBDEVICE_UPDATE {
#if _cplusplus
  USBDEVICE_MGMT_HEADER                       Header;
#else
   USBDEVICE_MGMT_HEADER;
#endif
  USBDEVICE_UPDATE_FLAGS                    Flags;
  PUSB_DEVICE_DESCRIPTOR                    DeviceDescriptor;
  USB_BOS_DESCRIPTOR                        BosDescriptor;
  ULONG                                     MaxExitLatency;
  BOOLEAN                                   IsHub;
  USBDEVICE_UPDATE_FAILURE_FLAGS           FailureFlags;
USBDEVICE_UPDATE_20_HARDWARE_LPM_PARAMETERS
Usb20HardwareLpmParameters;
  USHORT                                   RootPortResumeTime;
#endif
} USBDEVICE_UPDATE, *P_USBDEVICE_UPDATE;
```

898

▶ EVT_UCX_USBDEVICE_HUB_INFO

UCXUSBDEVICE 핸들이 허브를 위한 핸들인 경우 UCX는 드라이버로부터 허브 정보를 받는다.

보기 11-88 EVT_UCX_USBDEVICE_HUB_INFO 콜백함수 프로토타입

```
EVT_UCX_USBDEVICE_HUB_INFO EvtUcxUsbDeviceHubInfo;
VOID EvtUcxUsbDeviceHubInfo(
  _In_ UCXCONTROLLER            UcxController,
  _InOut_ P_USBDEVICE_HUB_INFO  Info // 1
)
```

1. 허브의 기본 정보를 제공한다.

보기 11-89 USBDEVICE_UPDATE 자료 구조

```
typedef struct _USBDEVICE_HUB_INFO {
#if __cplusplus
  USBDEVICE_MGMT_HEADER Header;
#else
  USBDEVICE_MGMT_HEADER ;
#endif
  ULONG                 NumberOfPorts;
  ULONG                 NumberOfTTs;
  ULONG                 TTThinkTime;
} USBDEVICE_HUB_INFO, *P_USBDEVICE_HUB_INFO;
```

▶ EVT_UCX_USBDEVICE_ENDPOINT_ADD

UCX는 USB 디바이스를 위해 새로운 엔드포인트를 추가하기 위해서 호출한다.

보기 11-90 EVT_UCX_USBDEVICE_ENDPOINT_ADD 콜백함수 프로토타입

```
EVT_UCX_USBDEVICE_ENDPOINT_ADD EvtUcxUsbDeviceEndpointAdd;
NTSTATUS EvtUcxUsbDeviceEndpointAdd(
  _In_     UCXCONTROLLER                UcxController,
```

```
    _In_      UCXUSBDEVICE                     UcxUsbDevice,
    _In_      PUSB_ENDPOINT_DESCRIPTOR         UsbEndpointDescriptor,
    _In_      ULONG                            UsbEndpointDescriptorBufferLength,
    _In_opt_  PUSB_SUPERSPEED_ENDPOINT_COMPANION_DESCRIPTOR
                                               SuperSpeedEndpointCompanionDescriptor,
    _In_      PUCXENDPOINT_INIT                UcxEndpointInit
)
```

▶ EVT_UCX_USBDEVICE_DEFAULT_ENDPOINT_ADD

UCX는 USB 디바이스를 위해 새로운 디폴트 엔드포인트를 추가하기 위해서 호출한다.

보기 11-91 EVT_UCX_USBDEVICE_DEFAULT_ENDPOINT_ADD 콜백함수 프로토타입

```
EVT_UCX_USBDEVICE_DEFAULT_ENDPOINT_ADD EvtUcxUsbDeviceDefaultEndpointAdd;
NTSTATUS EvtUcxUsbDeviceDefaultEndpointAdd(
    _In_ UCXCONTROLLER      UcxController,
    _In_ UCXUSBDEVICE       UcxUsbDevice,
    _In_ ULONG              MaxPacketSize,
    _In_ PUCXENDPOINT_INIT  EndpointInit
)
```

11.6.3.2.4 USB Endpoint Object(UCXENDPOINT)

연결된 디바이스의 엔드포인트를 표현한다. EVT_UCX_USBDEVICE_DEFAULT_
ENDPOINT_ADD 또는 EVT_UCX_USBDEVICE_DEFAULT_ENDPOINT_ADD 이벤
트 콜백함수에서 만든다. UcxEndpointCreate 함수에 의해 UCXENDPOINT가 만들어
질 때 클라이언트는 UCX가 호출하는 자신의 다양한 콜백함수들을 등록한다. 등록하는
콜백함수는 다음과 같다.

▶ EVT_UCX_ENDPOINT_ABORT

엔드포인트를 위해 사용되던 큐를 취소한다.

보기 11-92 EVT_UCX_ENDPOINT_ABORT 콜백함수 프로토타입

```
EVT_UCX_ENDPOINT_ABORT EvtUcxEndpointAbort;
VOID EvtUcxEndpointAbort(
  _In_ UCXCONTROLLER UcxController,
  _In_ UCXENDPOINT   Endpoint
)
```

▶ EVT_UCX_ENDPOINT_OK_TO_CANCEL_TRANSFERS

UcxEndpointNeedToCancelTransfers 함수에 의해서 요청되는 취소 요청과 관련해서 UCX는 특정 엔드포인트를 위해 예약된 전송이 취소됐음을 클라이언트에게 알린다. 클라이언트는 해당하는 전송을 완료할 수 있다.

보기 11-93 EVT_UCX_ENDPOINT_OK_TO_CANCEL_TRANSFERS 콜백함수 프로토타입

```
EVT_UCX_ENDPOINT_OK_TO_CANCEL_TRANSFERS EvtUcxEndpointOkToCancelTransfers;
VOID EvtUcxEndpointOkToCancelTransfers(
  _In_ UCXENDPOINT Endpoint
)
```

▶ EVT_UCX_ENDPOINT_PURGE

지정된 엔드포인트와 관련된 모든 대기 중인 요청을 취소하라는 의미로 호출된다.

보기 11-94 EVT_UCX_ENDPOINT_PURGE 콜백함수 프로토타입

```
EVT_UCX_ENDPOINT_PURGE EvtUcxEndpointPurge;
VOID EvtUcxEndpointPurge(
  _In_ UCXCONTROLLER UcxController,
  _In_ UCXENDPOINT   Endpoint
)
```

▶ EVT_UCX_ENDPOINT_START

지정된 엔드포인트와 관련된 입출력 큐를 동작하라는 의미로 호출된다.

```
EVT_UCX_ENDPOINT_START EvtUcxEndpointStart;
VOID EvtUcxEndpointStart(
  _In_ UCXCONTROLLER UcxController,
  _In_ UCXENDPOINT   Endpoint
)
```

▶ EVT_UCX_ENDPOINT_STATIC_STREAMS_ADD

Static 스트림을 생성하라는 의미로 호출된다.

보기 11-96 EVT_UCX_ENDPOINT_START 콜백함수 프로토타입

```
EVT_UCX_ENDPOINT_STATIC_STREAMS_ADD EvtUcxEndpointStaticStreamsAdd;
NTSTATUS EvtUcxEndpointStaticStreamsAdd(
  _In_ UCXENDPOINT         Endpoint,
  _In_ ULONG               NumberOfStreams,
  _In_ PUCXSSTREAMS_INIT UcxStaticStreamsInit
)
```

클라이언트는 UcxStaticStreamsCreate 함수를 사용해서 스트림을 생성한다. 하나의 엔드포인트는 반드시 하나의 Static 스트림만 연결될 수 있다. 스트림은 각자의 입출력 큐를 가질 수 있다. 큐를 만들기 위해서 UcxStaticStreamsSetStreamInfo 함수를 호출한다.

EVT_UCX_ENDPOINT_STATIC_STREAMS_ENABLE 이벤트 콜백함수가 먼저 호출된 뒤에 Static 스트림을 사용할 수 있도록 준비된다.

▶ EVT_UCX_ENDPOINT_RESET

지정한 엔드포인트를 위해서 호스트 컨트롤러가 수행해야 할 초기화 작업이 있다면 이를 수행하라고 호출한다.

```
EVT_UCX_ENDPOINT_RESET EvtUcxEndpointReset;
VOID EvtUcxEndpointReset(
  _In_ UCXCONTROLLER UcxController,
  _In_ UCXENDPOINT   Endpoint,
  _In_ WDFREQUEST    Request // 1
)
```

1. 클라이언트는 리셋 작업이 끝나면 Request를 완료한다.

11.6.3.2.5 USB Stream Object(UCXSTREAMS)

하나의 엔드포인트를 사용하는 복수 개의 스트림 파이프를 지원한다. 호스트 컨트롤러 드라이버는 EVT_UCX_ENDPOINT_STATIC_STREAMS_ADD 이벤트 콜백함수에서 UCXSTREAMS를 만든다. UcxStaticStreamsCreate 함수에 의해 UCXSTREAMS가 만들어질 때 클라이언트는 UCX가 호출하는 자신의 다양한 콜백함수를 등록한다.

등록하는 콜백함수는 다음과 같다.

▶ EVT_UCX_ENDPOINT_STATIC_STREAMS_DISABLE

엔드포인트와 관련된 모든 스트림 자원을 해제한다.

보기 11-98 EVT_UCX_ENDPOINT_STATIC_STREAMS_DISABLE 콜백함수 프로토타입

```
EVT_UCX_ENDPOINT_STATIC_STREAMS_DISABLE EvtUcxEndpointStaticStreamsDisable;
VOID EvtUcxEndpointStaticStreamsDisable(
  _In_ UCXENDPOINT Endpoint,
  _In_ UCXSSTREAMS UcxStaticStreams,
  _In_ WDFREQUEST  Request // 1
)
```

1. URB_FUNCION_CLOSE_STATIC_STREAMS URB를 담고 있는 WDF 요청

▸ EVT_UCX_ENDPOINT_STATIC_STREAMS_ENABLE

엔드포인트와 관련된 모든 스트림을 위한 하드웨어를 준비한다.

보기 11-99 EVT_UCX_ENDPOINT_STATIC_STREAMS_ENABLE 콜백함수 프로토타입

```
EVT_UCX_ENDPOINT_STATIC_STREAMS_ENABLE EvtUcxEndpointStaticStreamsEnable;
VOID EvtUcxEndpointStaticStreamsEnable(
  _In_ UCXENDPOINT Endpoint,
  _In_ UCXSSTREAMS UcxStaticStreams,
  _In_ WDFREQUEST  Request
)
```

11.6.3.3 입출력 요청을 처리할 때 유의할 점

UCX가 전달해준 Request를 완료할 때는 반드시 DISPATCH_LEVEL에서 완료해야 한다. WDF EvtIoCanceledOnQueue 또는 EvtRequestCancel 이벤트 콜백함수가 호출되면 반드시 드라이버는 호출 문맥^{Thread Context}과 다른 문맥에서 해당하는 URB를 담고 있는 Request를 완료해야 한다. 또한 그 어떤 URB를 담고 있는 Request라도 해당하는 요청을 전달한 호출 문맥에서는 절대로 Request를 완료하지 않아야 한다.

11.6.3.4 UCX가 제공하는 함수 리스트

UCX는 호스트 컨트롤러 드라이버 클라이언트를 위해서 다양한 함수를 제공한다. 클라이언트를 이 함수를 사용하면서 필요에 따라 UCX 서비스를 제공받을 수 있다.

11.6.3.4.1 UcxInitializeDeviceInit

보기 11-100 UcxInitializeDeviceInit 함수

```
HRESULT UcxInitializeDeviceInit(
  [in, out] PWDFDEVICE_INIT DeviceInit
);
```

플러그 앤 플레이 관리자가 컨트롤러를 발견할 때 호출하는 EvtDriverDeviceAdd 이벤트 콜백함수에서 클라이언트는 이 함수를 호출해 UCX를 초기화한다. 이 작업은 WdfDeviceCreate 함수보다 먼저 호출돼야 한다.

11.6.3.4.2 UcxIoDeviceControl

보기 11-101 UcxIoDeviceControl 함수

```
BOOL UcxIoDeviceControl(
  [in] WDFDEVICE   Device,
  [in] WDFREQUEST  Request,
  [in] size_t      OutputBufferLength,
  [in] size_t      InputBufferLength,
  [in] ULONG       IoControlCode
);
```

응용프로그램으로 전달되는 IO 요청을 처리하기 위해서 이 함수를 호출한다.

11.6.3.4.3 UcxControllerCreate

보기 11-102 UcxControllerCreate 함수

```
NTSTATUS UcxControllerCreate(
  [in]            WDFDEVICE              Device,
  [in]            PUCX_CONTROLLER_CONFIG Config, // 1
  [in, optional]  PWDF_OBJECT_ATTRIBUTES Attributes,
  [out]           UCXCONTROLLER          *Controller
);
```

호스트 컨트롤러 오브젝트(UCXCONTROLLER)를 생성한다.

1. 컨트롤러 오브젝트를 생성하는 데 필요한 정보를 제공한다.

UCX_CONTROLLER_CONFIG_INIT 매크로를 사용해서 초기화한다.

11.6.3.4.4 UcxControllerNeedsReset

보기 11-103 UcxControllerNeedsReset 함수

```
BOOL UcxControllerNeedsReset(
  [in] UCXCONTROLLER Controller
);
```

비 플러그 앤 플레이 컨트롤러의 초기화 시작을 요청한다.

11.6.3.4.5 UcxControllerResetComplete

보기 11-104 UcxControllerResetComplete 함수

```
BOOL UcxControllerResetComplete (
  [in] UCXCONTROLLER Controller
);
```

컨트롤러의 초기화 완료를 UCX에게 알린다.

11.6.3.4.6 UcxControllerSetFailed

보기 11-105 UcxControllerSetFailed 함수

```
void UcxControllerSetFailed(
  [in] UCXCONTROLLER Controller
);
```

UCX에게 컨트롤러가 치명적인 에러 상황을 만났다는 것을 알린다.

11.6.3.4.7 UcxRootHubCreate

보기 11-106 UcxRootHubCreate 함수

```
NTSTATUS UcxRootHubCreate(
  [in]           UCXCONTROLLER        Controller,
  [in]           PUCX_ROOTHUB_CONFIG  Config,
  [in, optional] PWDF_OBJECT_ATTRIBUTES Attributes,
  [out]          UCXROOTHUB           *RootHub
);
```

지정된 호스트 컨트롤러를 위한 루트 허브 오브젝트를 생성한다.

11.6.3.4.8 UcxRootHubPortChanged

보기 11-107 UcxRootHubPortChanged 함수

```
void UcxRootHubPortChanged(
  [in] UCXROOTHUB UcxRootHub
);
```

UCX에게 루트 허브 포트의 상태가 변했다는 것을 알린다.

11.6.3.4.9 UcxUsbDeviceInitSetEventCallbacks

보기 11-108 UcxUsbDeviceInitSetEventCallbacks 함수

```
inline void UcxUsbDeviceInitSetEventCallbacks(
  [in, out] PUCXUSBDEVICE_INIT                UsbDeviceInit,
  [in]      PUCX_USBDEVICE_EVENT_CALLBACKS EventCallbacks
);
```

클라이언트의 이벤트 콜백함수를 등록하면서 UCXUSBDEVICE_INIT 자료 구조를 초기
화한다.

11.6.3.4.10 UcxUsbDeviceCreate

보기 11-109 UcxUsbDeviceCreate 함수

```
NTSTATUS UcxUsbDeviceCreate(
  [in]            UCXCONTROLLER          Controller,
  [out]           PUCXUSBDEVICE_INIT     *UsbDeviceInit,
  [in, optional]  PWDF_OBJECT_ATTRIBUTES Attributes,
  [out]           UCXUSBDEVICE           *UsbDevice
);
```

지정된 호스트 컨트롤러를 위해 새로운 USB 디바이스 오브젝트를 생성한다.

11.6.3.4.11 UcxUsbDeviceRemoteWakeNotification

보기 11-110 UcxUsbDeviceRemoteWakeNotification 함수

```
void UcxUsbDeviceRemoteWakeNotification(
  [in] UCXUSBDEVICE UsbDevice,
  [in] ULONG        Interface
);
```

디바이스로부터 원격 깨우기 신호가 들어왔다는 사실을 UCX에게 알린다.

11.6.3.4.12 UcxEndpointInitSetEventCallbacks

보기 11-111 UcxEndpointInitSetEventCallbacks 함수

```
void UcxEndpointInitSetEventCallbacks(
  PUCXENDPOINT_INIT                 EndpointInit,
  PUCX_ENDPOINT_EVENT_CALLBACKS EventCallbacks
);
```

엔드포인트를 위한 클라이언트의 이벤트 콜백함수를 등록하면서 UCXENDPOINT_INIT 자료 구조를 초기화한다.

11.6.3.4.13 UcxEndpointSetWdfIoQueue

보기 11-112 UcxEndpointSetWdfIoQueue 함수

```
void UcxEndpointSetWdfIoQueue(
  [in] UCXENDPOINT Endpoint,
  [in] WDFQUEUE    WdfQueue
);
```

지정하는 엔드포인트를 위한 프레임워크 오브젝트^{Framework Object}를 초기화한다.

11.6.3.4.14 UcxEndpointCreate

보기 11-113 UcxEndpointCreate 함수

```
NTSTATUS UcxEndpointCreate(
  [in]           UCXUSBDEVICE         UsbDevice,
  [out]          PUCXENDPOINT_INIT    *EndpointInit,
  [in, optional] PWDF_OBJECT_ATTRIBUTES Attributes,
  [out]          UCXENDPOINT          *Endpoint
);
```

지정하는 디바이스를 위한 엔드포인트를 생성한다.

11.6.3.4.15 UcxEndpointGetStaticStreamsReferenced

보기 11-114 UcxEndpointGetStaticStreamsReferenced 함수

```
UCXSSTREAMS UcxEndpointGetStaticStreamsReferenced(
  [in] UCXENDPOINT Endpoint,
  [in] PVOID       Tag
);
```

지정하는 엔드포인트를 위한 Static 스트림 오브젝트^{Stream Object}를 얻는다.

11.6.3.4.16 UcxEndpointPurgeComplete

보기 11-115 UcxEndpointPurgeComplete 함수

```
void UcxEndpointPurgeComplete(
  [in] UCXENDPOINT Endpoint
);
```

UCX에게 지정하는 엔드포인트를 위한 Purge 작업이 완료됐음을 알린다.

11.6.3.4.17 UcxEndpointAbortComplete

보기 11-116 UcxEndpointAbortComplete 함수

```
void UcxEndpointAbortComplete(
  [in] UCXENDPOINT Endpoint
);
```

UCX에게 지정하는 엔드포인트를 위한 Abort 작업이 완료됐음을 알린다.

11.6.3.4.18 UcxEndpointNoPingResponseError

보기 11-117 UcxEndpointNoPingResponseError 함수

```
void UcxEndpointNoPingResponseError(
  [in] UCXENDPOINT Endpoint
);
```

지정하는 엔드포인트를 위한 전송 과정 중에 "No Ping Response" 에러가 발생했다는
사실을 UCX에게 알린다.

11.6.3.4.19 UcxEndpointNeedToCancelTransfers

보기 11-118 UcxEndpointNeedToCancelTransfers 함수

```
void UcxEndpointNeedToCancelTransfers(
  [in] UCXENDPOINT Endpoint
);
```

클라이언트 드라이버는 링크Link상의 전송을 취소하기를 원할 때 우선 이 함수를 호출해야 한다.

11.6.3.4.20 UcxStaticStreamsSetStreamInfo

보기 11-119 UcxStaticStreamsSetStreamInfo 함수

```
inline void UcxStaticStreamsSetStreamInfo(
  [in] UCXSSTREAMS  StaticStreams,
  [in] PSTREAM_INFO StreamInfo
);
```

클라이언트 드라이버에 의해서 허용된 각 스트림의 스트림 정보Stream Information를 기록한다.

11.6.3.4.21 UcxStaticStreamsCreate

보기 11-120 UcxStaticStreamsCreate 함수

```
NTSTATUS UcxStaticStreamsCreate(
  [in]            UCXENDPOINT           Endpoint,
  [out]           PUCXSSTREAMS_INIT     *SStreamsInit,
  [in, optional]  PWDF_OBJECT_ATTRIBUTES Attributes,
  [out]           UCXSSTREAMS           *SStreams
);
```

Static 스트림 오브젝트Stream Object를 생성한다.

11.6.4 USB Type-C Connector 드라이버

USB Connector Manager[UCM]는 USB Type-C 커넥터를 관리하고 커넥터를 위한 디바이스 드라이버의 예상되는 행동 등을 관리한다. 제조사는 클라이언트 드라이버를 제공해 운영체제가 지원하는 UCMCX[USB Connector Manager Class Extension]와 함께 사용된다.

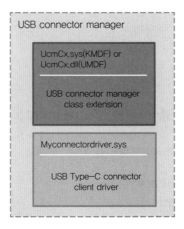

그림 11-12 USB Connector Manager를 구성하는 드라이버(출처: MSDN)

11.6.4.1 UCM Class Extension(UCMCX)가 제공하는 서비스

- Data Role(데이터 역할) 구성: USB 버스는 반드시 한 쪽이 호스트, 다른 한 쪽이 펑션이 돼야 한다. 이런 역할을 데이터 역할이라고 부른다. 커넥터는 이와 같은 데이터 역할을 결정할 수 있는 서비스를 제공한다.

- Power Role(전원공급 역할) 구성과 충전 기능: USB Type-C 케이블은 전원을 공급하는 공급자 역할을 결정한다. 이전의 USB 버스와 다르게 USB Type-C 는 VBus를 제공하는 측이 반드시 데이터 호스트 역할을 수행할 필요는 없다.

- Data Role 역할 전환: 사용 중 적당한 조건에 의해 호스트와 펑션의 역할이 커넥터 양쪽 끝단의 협상에 따라서 전환된다.

- Power Role 역할 전환: 사용 중 적당한 조건에 의해 전원공급 역할이 커넥터 양쪽 끝단의 협상에 따라서 전환된다.

11.6.4.2 UCM Class Extension 라이브러리를 사용하는 클라이언트 드라이버의 행동 요약

클라이언트 드라이버는 다음의 작업을 책임져야 한다.

- CC^{Configuration Channel}핀을 검사해서 양쪽 끝단의 저항 유무를 조사한다. 이 작업은 데이터 역할로서 호스트(DFP)와 펑션(UFP)을 결정하는 데 사용한다.

- USB Power Delivery(PD) 2.0 스펙을 따르는 경우 이 작업을 위해 필요한 완전한 PD 수신기능과 송신기능을 담당해야 한다.

- PD 정책 결정(전력 제공자 또는 소비자를 결정하는 계약 또는 협상 작업), 데이터 역할 전환 작업을 책임져야 한다.

- 선택모드(USB 프로토콜을 사용하지 않고 다른 Native 용도로 커넥터를 사용하는 경우)를 지원한다면 이것을 위한 내부적인 Mux를 준비해야 한다.

- 커넥터상의 VBus/VConn을 제어해야 한다.

11.6.4.2.1 UCM Connector Object(UCMCONNECTOR) 초기화하기

UCM 커넥터 오브젝터(UCMCONNECTOR)는 USB Type-C 커넥터를 표현하는 자료 구조이다. 이것은 UCMCX와 클라이언트 드라이버 간에 대화에 사용되는 주요 핸들 역할을 수행한다. EvtDriverDeviceAdd 이벤트 콜백함수는 WdfDeviceCreate 함수를 호출한 뒤에 다음과 같은 순서로 작업을 진행한다.

1) UCM_MANAGER_CONFIG 자료 구조를 사용해서 UcmInitializeDevice 함수를 호출한다.

2) 커넥터가 USB PD^{Power Delivery} 2.0을 지원하는 경우 UCM_CONNECTOR_PD_ CONFIG 자료 구조를 초기화한다.

3) UcmConnectorCreate 함수를 호출해 UCMCONNECTOR 자료 구조를 얻는다.

11.6.4.2.2 원격지의 파트너 커넥터가 연결되는 상황 조사하기

원격지의 파트너 커넥터가 발견되면 클라이언트는 UcmConnectorTypeCAttach 함수를 호출해야 한다. 이 함수는 UCMCX와 운영체제에게 상황을 알린다. 이어서 UCMCX는 USB Role Switch(URS) 드라이버에게 상황을 알린다. 이를 통해 URS는 호스트 혹은 펑션의 역할을 수행하도록 하드웨어를 구성할 것이다.

11.6.4.2.3 USB Type-C 양쪽의 커넥터의 요구 특성 조사하기

커넥터와 파트너는 서로가 얼마큼의 전력을 요구하거나 제공이 가능한지 정보를 교환한다.

처음 커넥터가 연결될 때 파트너는 상대방에게 자신의 요구 정보를 전달한다.

11.6.4.2.4 새롭게 협상된 PD 계약서 준비하기

커넥터가 Power Delivery(PD)를 지원한다면 케이블이 연결된 뒤 커넥터와 파트너 사이에 전송되는 PD 메시지가 존재한다. 이와 같은 메시지중에 Get_Source_Cap을 통해서 얻은 정보를 사용해서 UCMCX에게 제공해야 한다. 구체적인 내용은 6장을 참고한다. 호출하는 함수는 다음과 같다.

> UcmConnectorPdPartnerSourceCaps
> UcmConnectorPdConnectionStateChanged
> UcmConnectorPdSourceCaps

11.6.4.2.5 배터리 충전 상태 관리하기

클라이언트는 충전 수준이 적당하지 않다고 판단되면 UCMCX에게 이 사실을 알린다. UCMCX는 이 정보를 운영체제에게 전달한다. 운영체제는 적당한 UI[User Interface] 메시지를 통해서 사용자에게 이 사실을 알린다. 여기에 사용될 수 있는 함수는 다음과 같다.

> UcmConnectorChargingStateChanged
> UcmConnectorTypeCAttach

UcmConnectorPDConnectionStateChanged

11.6.4.2.6 PW_Swap/DR_Swap 사건을 기록한다

커넥터가 원격지 파트너로부터 PW_Swap 혹은 DR_Swap 메시지를 수신하면 클라이언트는 UCMCX에게 이 사실을 알려야 한다. PW_Swap 메시지를 수신한 경우 UcmConnectorPowerDirectionChanged 함수를 호출하고 DR_Swap 메시지를 수신한 경우 UcmConnectorDataDirectionChanged 함수를 호출한다.

11.6.4.2.7 PW_Swap/DR_Swap 동작을 수행할 콜백함수를 준비한다

운영체제가 커넥터로 하여금 원격지 파트너로 PW_Swap 혹은 DR_Swap 메시지를 전송하려는 요청을 하려면 클라인트가 제공하는 이벤트 콜백함수가 호출된다.

- EVT_UCM_CONNECTOR_SET_DATA_ROLE 이벤트 콜백함수: 해당하는 콜백함수가 호출되면, 클라이언트는 DR_Swap 메시지를 파트너에게 전송한다. 이후 전달이 성공적으로 수행되거나 실패했다는 사실을 UcmConnectorDataDirectionChanged 함수를 통해서 UCMCX에게 알려야 한다.
- EVT_UCM_CONNECTOR_SET_POWR_ROLE 이벤트 콜백함수: 해당하는 콜백함수가 호출되면 클라이언트는 PW_Swap 메시지를 파트너에게 전송한다. 이후 전달이 성공적으로 수행되거나 실패했다는 사실을 UcmConnectorPowerDirectionChanged 함수를 통해서 UCMCX에게 알려야 한다.

11.6.4.2.8 원격지의 파트너 커넥터가 제거되는 사건 감지하기

커넥터는 원격지의 파트너 커넥터와 연결이 제거되는 상황을 감지한다. 이때 클라이언트는 UcmConnectorTypeCDetach 함수를 호출한다. 상황은 UCMCX를 통해서 운영체제에게 알려진다.

11.6.4.3 UCM Class Extension(UCMCX) 라이브러리 함수 정리

11.6.4.3.1 UcmInitializeDevice

보기 11-121 UcmInitializeDevice 함수

```
NTSTATUS UcmInitializeDevice(
  [in] WDFDEVICE           WdfDevice,
  [in] PUCM_MANAGER_CONFIG  Config
);
```

USB Connector Manager 프레임워크(UCMCX)를 초기화한다.

11.6.4.3.2 UcmConnectorCreate

보기 11-122 UcmConnectorCreate 함수

```
NTSTATUS UcmConnectorCreate(
  [in]  WDFDEVICE            WdfDevice,
  [in]  PUCM_CONNECTOR_CONFIG  Config,
  [in]  PWDF_OBJECT_ATTRIBUTES Attributes,
  [out] UCMCONNECTOR         *Connector
);
```

커넥터 오브젝터(UCMCONNECTOR)를 생성한다.

11.6.4.3.3 UcmConnectorTypeCAttach

보기 11-123 UcmConnectorTypeCAttach 함수

```
NTSTATUS UcmConnectorTypeCAttach(
  [in] UCMCONNECTOR                     Connector,
  [in] PUCM_CONNECTOR_TYPEC_ATTACH_PARAMS Params
);
```

파트너 커넥터가 연결될 때 이 상황을 UCMCX에게 알리는 용도로 사용된다.

11.6.4.3.4 UcmConnectorTypeCDetach

보기 11-124 UcmConnectorTypeCDetach 함수

```
NTSTATUS UcmConnectorTypeCDetach(
  [in] UCMCONNECTOR  Connector
);
```

USB Type-C 커넥터로부터 연결이 해제되는 상황을 인식하면 클라이언트는 UCMCX
에게 이 함수를 호출해서 상황을 알려야 한다.

11.6.4.3.5 UcmConnectorTypeCCurrentAdChanged

보기 11-125 UcmConnectorTypeCCurrentAdChanged 함수

```
NTSTATUS UcmConnectorTypeCCurrentAdChanged(
  [in] UCMCONNECTOR        Connector,
  [in] UCM_TYPEC_CURRENT CurrentAdvertisement
  /*
typedef enum _UCM_TYPE_C_CURRENT {
  UcmTypeCCurrentInvalid     = 0x0,
  UcmTypeCCurrentDefaultUsb = 0x1,
  UcmTypeCCurrent1500mA      = 0x2,
  UcmTypeCCurrent3000mA      = 0x4
} UCM_TYPEC_CURRENT;
  */
);
```

연결된 커넥터의 전력공급 상태가 바뀌면 이 사실을 UCMCX에게 알려야 한다. 이와 같
은 상황은 UCM_TYPEC_CURRENT 유형이 존재한다.

11.6.4.3.6 UcmConnectorPdConnectionStateChanged

보기 11-126 UcmConnectorPdConnectionStateChanged 함수

```
NTSTATUS UcmConnectorPdConnectionStateChanged(
  [in] UCMCONNECTOR                               Connector,
  [in] PUCM_CONNECTOR_PD_CONN_STATE_CHANGED_PARAMS  Params
);
```

필요하다면 현재 협상된 PD 계약 관계 정보를 UCMCX에게 전달하는 용도로 호출하는
함수다.

보기 11-127 UCM_CONNECTOR_PD_CONN_STATE_CHANGED_PARAMS 자료 구조

```
typedef struct _UCM_CONNECTOR_TYPEC_ATTACH_PARAMS {
  ULONG                     Size;
  UCM_PD_CONN_STATE         PdConnState; // 1
  UCM_PD_REQUEST_DATA_OBJECT Rdo; // 2
  UCM_CHARGING_STATE        ChargingState; // 3
} UCM_CONNECTOR_TYPEC_ATTACH_PARAMS, *PUCM_CONNECTOR_TYPEC_ATTACH_PARAMS;
```

1. UCM_PD_CONN_STATE 유형값을 가지는 커넥터의 상태 정보
2. 새롭게 연결된 커넥터의 특성 정보를 설명하는 UCM_PD_REQUEST_DATA_
   OBJECT 자료 구조
3. 포트의 충전 상태 정보(UCM_CHAGING_STATE 유형)

보기 11-128 UCM_PD_CONN_STATE 유형

```
typedef enum _UCM_PD_CONN_STATE {
  UcmPdConnStateInvalid                = 0x0,
  UcmPdConnStateNotSupported,
  UcmPdConnStateNegotiationFailed,
  UcmPdConnStateNegotiationSucceeded
} UCM_PD_CONN_STATE;
```

```
typedef union _UCM_PD_REQUEST_DATA_OBJECT {
  Ulong  Ul;
  struct {
    unsigned Reserved1  :28;
    unsigned ObjectPosition  :3;
    unsigned Reserved2  :1;
  } Common;
  struct {
    unsigned MaximumOperatingCurrentIn10mA  :10;
    unsigned OperatingCurrentIn10mA  :10;
    unsigned Reserved1  :4;
    unsigned NoUsbSuspend  :1;
    unsigned UsbCommunicationCapable  :1;
    unsigned CapabilityMismatch  :1;
    unsigned GiveBackFlag  :1;
    unsigned ObjectPosition  :3;
    unsigned Reserved2  :1;
  } FixedAndVariableRdo;
  struct {
    unsigned MaximumOperatingPowerIn250mW  :10;
    unsigned OperatingPowerIn250mW  :10;
    unsigned Reserved1  :4;
    unsigned NoUsbSuspend  :1;
    unsigned UsbCommunicationCapable  :1;
    unsigned CapabilityMismatch  :1;
    unsigned GiveBackFlag  :1;
    unsigned ObjectPosition  :3;
    unsigned Reserved2  :1;
  } BatteryRdo;
```

보기 11-130 UCM_CHARGING_STATE 유형

```
typedef enum _UCM_CHARGING_STATE {
  UcmChargingStateInvalid                 = 0x0,
  UcmChargingStateNotCharging,
  UcmChargingStateNominalCharging,
```

```
  UcmChargingStateSlowCharging,
  UcmChargingStateTrickleCharging
} UCM_CHARGING_STATE;
```

11.6.4.3.7 UcmConnectorPdPartnerSourceCaps

보기 11-131 UcmConnectorPdPartnerSourceCaps 함수

```
NTSTATUS UcmConnectorPdPartnerSourceCaps(
  [in] UCMCONNECTOR              Connector,
  [in] UCM_PD_POWER_DATA_OBJECT  Pdos[],
  [in] UCHAR                     PdoCount
);
```

파트너 커넥터 측의 전원공급 특성 정보를 UCMCX에게 등록하는 데 사용하는 함수다.

보기 11-132 UCM_PD_POWER_DATA_OBJECT 자료 구조(6장 참고)

```
typedef union _UCM_PD_POWER_DATA_OBJECT {
  Ulong  Ul;
  struct {
    unsigned Reserved  :30;
    unsigned Type  :2;
  } Common;
  struct {
    unsigned MaximumCurrentIn10mA  :10;
    unsigned VoltageIn50mV  :10;
    unsigned PeakCurrent  :2;
    unsigned Reserved  :3;
    unsigned DataRoleSwap  :1;
    unsigned UsbCommunicationCapable  :1;
    unsigned ExternallyPowered  :1;
    unsigned UsbSuspendSupported  :1;
    unsigned DualRolePower  :1;
    unsigned FixedSupply  :2;
  } FixedSupplyPdo;
```

```
  struct {
    unsigned MaximumCurrentIn10mA       :10;
    unsigned MinimumVoltageIn50mV       :10;
    unsigned MaximumVoltageIn50mV       :10;
    unsigned VariableSupportNonBattery   :2;
  } VariableSupplyNonBatteryPdo;
  struct {
    unsigned MaximumAllowablePowerIn250mW   :10;
    unsigned MinimumVoltageIn50mV       :10;
    unsigned MaximumVoltageIn50mV       :10;
    unsigned Battery   :2;
  } BatterySupplyPdo;
```

11.6.4.3.8 UcmConnectorPdSourceCaps

보기 11-133 UcmConnectorPdSourceCaps 함수

```
NTSTATUS UcmConnectorPdSourceCaps(
  [in] UCMCONNECTOR              Connector,
  [in] UCM_PD_POWER_DATA_OBJECT  Pdos[],
  [in] UCHAR                     PdoCount
);
```

커넥터의 전원공급 특성 정보를 UCMCX에게 등록하는 데 사용하는 함수다.

11.6.4.3.9 UcmConnectorChargingStateChanged

보기 11-134 UcmConnectorChargingStateChanged 함수

```
NTSTATUS UcmConnectorChargingStateChanged(
  [in] UCMCONNECTOR         Connector,
  [in] UCM_CHARGING_STATE   ChargingState // [보기 11-130] 참고
);
```

연결된 파트너 커넥터의 충전 상태가 변경되면 이 사실을 UCMCX에게 알리는 데 사용하는 함수다.

11.6.4.3.10 UcmConnectorDataDirectionChanged

보기 11-135 UcmConnectorDataDirectionChanged 함수

```
NTSTATUS UcmConnectorDataDirectionChanged(
  [in] UCMCONNECTOR        Connector,
  [in] BOOLEAN              Success, // 1
  [in] UCM_TYPEC_PARTNER    CurrentDataRole
);
```

커넥터와 원격 커넥터 사이의 데이터 역할(호스트, 평션) 전환 사건이 발생하면 클라이언트는 이 함수를 호출해야 한다.

보기 11-136 UCM_TYPEC_PARTNER 유형

```
typedef enum _UCM_TYPEC_PARTNER {
  UcmTypeCPartnerStateInvalid               = 0,
  UcmTypeCPartnerStateUfp ,
  UcmTypeCPartnerStateDfp ,
  UcmTypeCPartnerStatePoweredCableNoUfp ,
  UcmTypeCPartnerStatePoweredCableWithUfp ,
  UcmTypeCPartnerStateAudioAccessory,
  UcmTypeCPartnerStateDebugAccessory
} UCM_TYPEC_PARTNER;
```

1. 이 함수는 EVT_UCM_CONNECTOR_SET_DATA_ROLE 이벤트 콜백함수가 처리한 결과다.

11.6.4.3.11 UcmConnectorPowerDirectionChanged

보기 11-137 UcmConnectorPowerDirectionChanged 함수

```
NTSTATUS UcmConnectorPowerDirectionChanged(
  [in] UCMCONNECTOR      Connector,
  [in] BOOLEAN           Success, // 1
  [in] UCM_POWER_ROLE    CurrentPowerRole
);
```

커넥터와 원격 커넥터 사이의 전력공급 역할 전환 사건이 발생하면 클라이언트는 이 함수를 호출해야 한다.

보기 11-138 UCM_POWER_ROLE 유형

```
typedef enum _UCM_POWER_ROLE {
  UcmPowerRoleInvalid  = 0x0,
  UcmPowerRoleSink     = 0x1,
  UcmPowerRoleSource   = 0x2
} UCM_POWER_ROLE;
```

1. 이 함수는 EVT_UCM_CONNECTOR_SET_POWER_ROLE 이벤트 콜백함수가 처리한 결과다.

11.6.4.4 클라이언트 드라이버 이벤트 콜백함수

앞 절에서 중요한 몇 가지 이벤트 콜백함수를 함께 설명했지만 이번 절에서 전체적으로 정리하는 의미로 다시 한 번 설명한다.

11.6.4.4.1 EVT_UCX_CONTROLLER_GET_CURRENT_ FRAMENUMBER

UCX가 클라이언트를 호출해 32비트 프레임 Number를 얻는 용도로 사용된다.

```
EVT_UCX_CONTROLLER_GET_CURRENT_FRAMENUMBER
EvtUcxControllerGetCurrentFrameNumber;
                    NTSTATUS EvtUcxControllerGetCurrentFrameNumber(
  _In_  UCXCONTROLLER UcxController,
  _Out_ PULONG        FrameNumber
)
```

그외에 클라이언트는 IO 요청을 수용하기 위해서 GUID_DEV_INTERFACE_USB_ HOST_CONTROLLER GUID를 사용해서 등록해야 한다. 드라이버가 받은 IO 요청은 UcxIoDeviceControl 함수를 호출해서 UCX에게 전달할 수 있다.

11.6.4.4.2 EVT_UCX_CONTROLLER_QUERY_USB_CAPABILITY

호스트 컨트롤러가 UCX에게 컨트롤러 정보를 제공한다.

보기 11-140 EVT_UCX_CONTROLLER_QUERY_USB_CAPABILITY 콜백함수 프로토타입

```
EVT_UCX_CONTROLLER_QUERY_USB_CAPABILITY EvtUcxControllerQueryUsbCapability;
NTSTATUS EvtUcxControllerQueryUsbCapability(
  _In_      UCXCONTROLLER UcxController,
  _In_      PGUID         CapabilityType, // 1
  _In_      ULONG         OutputBufferLength,
  _Out_opt_ PVOID         OutputBuffer,
  _Out_     PULONG        ResultLength
)
```

1. UCX가 요구하는 특성 정보의 유형

    - GUID_USB_CAPABILITY_CHAINED_MDLS

    - GUID_USB_CAPABILITY_STATIC_STREAMS

    - GUID_USB_CAPABILITY_SELECTIVE_SUSPEND

    - GUID_USB_CAPABILITY_FUNCTION_SUSPEND

- GUID_USB_CAPABILITY_DEVICE_CONNECTION_HIGH_SPEED_
  COMPATIBLE
- GUID_USB_CAPABILITY_DEVICE_CONNECTION_SUPER_SPEED_
  COMPATIBLE
- GUID_USB_CAPABILITY_CLEAR_TT_BUFFER_ON_ASYNC_TRANSFER_
  CANCEL

(WDM) USBD_QueryUsbCapability, (WDF) WdfUsbTargetDeviceQueryUsbCapability 함수를 통해서 클라이언트는 호스트 컨트롤러의 특성 정보를 읽을 수 있다.

11.6.4.4.3 EVT_UCX_CONTROLLER_RESET

이 콜백함수를 호출해 에러와 같은 요인으로 인해 UCX는 호스트 컨트롤러를 리셋하기를 요청한다.

보기 11-141 EVT_UCX_CONTROLLER_RESET 콜백함수 프로토타입

```
EVT_UCX_CONTROLLER_RESET EvtUcxControllerReset;
VOID EvtUcxControllerReset(
  _In_ UCXCONTROLLER UcxController
)
```

클라이언트는 UcxControllerNeedsReset 함수를 호출하고 UCX는 해당하는 콜백함수를 호출한다. 콜백함수는 UcxControllerResetComplete 함수를 호출해서 완료해야 한다.

11.6.4.4.4 EVT_UCX_CONTROLLER_USBDEVICE_ADD

새로운 USB 디바이스가 발견될 때마다 UCX가 호출한다.

```
EVT_UCX_CONTROLLER_USBDEVICE_ADD EvtUcxControllerUsbDeviceAdd;
NTSTATUS EvtUcxControllerUsbDeviceAdd(
  _In_ UCXCONTROLLER        UcxController,
  _In_ PUCXUSBDEVICE_INFO   UcxUsbDeviceInfo, // 1
  _In_ PUCXUSBDEVICE_INIT   UsbDeviceInit
)
```

1. 발견된 디바이스와 관련된 기초 정보를 제공한다.

보기 11-143 UCXUSBDEVICE_INFO 자료 구조

```
typedef struct _UCXUSBDEVICE_INFO {
  ULONG                Size;
  USB_DEVICE_SPEED     DeviceSpeed;
  UCXUSBDEVICE         TtHub;
  USB_DEVICE_PORT_PATH PortPath;
} UCXUSBDEVICE_INFO, *P_UCXUSBDEVICE_INFO;
```

11.6.4.4.5 EVT_UCX_DEFAULT_ENDPOINT_UPDATE

디폴트 엔드포인트와 관련된 정보를 수정하고자 할 때 UCX가 호출할 콜백함수를 정의 한다.

보기 11-144 EVT_UCX_DEFAULT_ENDPOINT_UPDATE 콜백함수 프로토타입

```
EVT_UCX_DEFAULT_ENDPOINT_UPDATE EvtUcxDefaultEndpointUpdate;
VOID EvtUcxDefaultEndpointUpdate(
  _In_ UCXCONTROLLER UcxController,
  _In_ P_DEFAULT_ENDPOINT_UPDATE    Info // 1
)
```

1. 수정할 엔드포인트 정보를 포함한다.

```
typedef struct _DEFAULT_ENDPOINT_UPDATE {
#if __cplusplus
  USBDEVICE_MGMT_HEADER Header;
#else
  USBDEVICE_MGMT_HEADER ;
#endif
  UCXENDPOINT           DefaultEndpoint;
  ULONG                 MaxPacketSize;
} DEFAULT_ENDPOINT_UPDATE, *P_DEFAULT_ENDPOINT_UPDATE;
```

11.6.4.4.6 EVT_UCX_ENDPOINT_ABORT

엔드포인트와 관련된 큐^{Queue}에 접수된 요청을 취소하는 목적으로 UCX가 호출할 콜백함수를 정의한다.

보기 11-146 EVT_UCX_ENDPOINT_ABORT 콜백함수 프로토타입

```
EVT_UCX_ENDPOINT_ABORT EvtUcxEndpointAbort;
VOID EvtUcxEndpointAbort(
  _In_ UCXCONTROLLER UcxController,
  _In_ UCXENDPOINT   Endpoint
)
```

11.6.4.4.7 EVT_UCX_ENDPOINT_OK_TO_CANCEL_TRANSFERS

엔드포인트와 관련된 전송 요청에 대한 취소 처리가 완료됐다는 사실을 알리는 목적으로 UCX가 호출할 콜백함수를 정의한다.

보기 11-147 EVT_UCX_ENDPOINT_OK_TO_CANCEL_TRANSFERS 콜백함수 프로토타입

```
EVT_UCX_ENDPOINT_OK_TO_CANCEL_TRANSFERS EvtUcxEndpointOkToCancelTransfers;
VOID EvtUcxEndpointOkToCancelTransfers(
```

```
  _In_ UCXENDPOINT Endpoint
)
```

11.6.4.4.8 EVT_UCX_ENDPOINT_PURGE

엔드포인트와 관련된 모든 대기 중인 전송 요청이 모두 처리 완료됐다는 사실을 알리는 목적으로 UCX가 호출할 콜백함수를 정의한다.

보기 11-148 EVT_UCX_ENDPOINT_PURGE 콜백함수 프로토타입

```
EVT_UCX_ENDPOINT_PURGE EvtUcxEndpointPurge;
VOID EvtUcxEndpointPurge(
  _In_ UCXCONTROLLER UcxController,
  _In_ UCXENDPOINT   Endpoint
)
```

11.6.4.4.9 EVT_UCX_ENDPOINT_RESET

특정 엔드포인트에 대한 하드웨어 리셋을 요청하기 위해서 UCX가 호출할 콜백함수를 정의한다.

보기 11-149 EVT_UCX_ENDPOINT_RESET 콜백함수 프로토타입

```
EVT_UCX_ENDPOINT_RESET EvtUcxEndpointReset;
VOID EvtUcxEndpointReset(
  _In_ UCXCONTROLLER UcxController,
  _In_ UCXENDPOINT   Endpoint,
  _In_ WDFREQUEST    Request // 1
)
```

1. 클라이언트 드라이버는 해당하는 작업을 완료하면 Request를 완료[Complete] 요청한다.

11.6.4.4.10 EVT_UCX_ENDPOINT_START

특정 엔드포인트에 대한 명령큐의 동작을 시작하도록 요청하기 위해서 UCX가 호출할 콜백함수를 정의한다.

보기 11-150 EVT_UCX_ENDPOINT_START 콜백함수 프로토타입

```
EVT_UCX_ENDPOINT_START EvtUcxEndpointStart;
VOID EvtUcxEndpointStart(
  _In_ UCXCONTROLLER UcxController,
  _In_ UCXENDPOINT    Endpoint
)
```

11.6.4.4.11 EVT_UCX_ENDPOINT_STATIC_STREAMS_ADD

Static 스트림을 만들도록 요청하기 위해서 UCX가 호출할 콜백함수를 정의한다.

보기 11-151 EVT_UCX_ENDPOINT_STATIC_STREAMS_ADD 콜백함수 프로토타입

```
EVT_UCX_ENDPOINT_STATIC_STREAMS_ADD EvtUcxEndpointStaticStreamsAdd;
NTSTATUS EvtUcxEndpointStaticStreamsAdd(
  _In_ UCXENDPOINT        Endpoint,
  _In_ ULONG              NumberOfStreams, // 1
  _In_ PUCXSSTREAMS_INIT UcxStaticStreamsInit // 2
)
```

1. 만들고자 하는 디폴트가 아닌 스트림의 개수
2. UCX가 관리하는 문맥정보. UCX 함수를 호출할 때 함께 전달하는 목적

11.6.4.4.12 EVT_UCX_ENDPOINT_STATIC_STREAMS_DISABLE

엔드포인트와 관련된 모든 스트림을 위해 사용하던 하드웨어 자원을 반납하거나 해제하라는 요청을 하기 위해서 UCX가 호출할 콜백함수를 정의한다.

```
EVT_UCX_ENDPOINT_STATIC_STREAMS_DISABLE EvtUcxEndpointStaticStreamsDisable;
VOID EvtUcxEndpointStaticStreamsDisable(
  _In_ UCXENDPOINT Endpoint,
  _In_ UCXSSTREAMS UcxStaticStreams,
  _In_ WDFREQUEST  Request // 1
)
```

1. URB_FUNCTION_CLOSE_STATIC_STREAM URB를 담고 있는 WDF Request

11.6.4.4.13 EVT_UCX_ENDPOINT_STATIC_STREAMS_ENABLE

엔드포인트와 관련된 Static 스트림의 사용 허락 요청을 하기 위해서 UCX가 호출할 콜백
함수를 정의한다.

보기 11-153 EVT_UCX_ENDPOINT_STATIC_STREAMS_ENABLE 콜백함수 프로토타입

```
EVT_UCX_ENDPOINT_STATIC_STREAMS_ENABLE EvtUcxEndpointStaticStreamsEnable;
VOID EvtUcxEndpointStaticStreamsEnable(
  _In_ UCXENDPOINT Endpoint,
  _In_ UCXSSTREAMS UcxStaticStreams,
  _In_ WDFREQUEST  Request // 1
)
```

1. URB_FUNCTION_OPEN_STATIC_STREAM URB를 담고 있는 WDF Request

11.6.4.4.14 EVT_UCX_ROOTHUB_CONTROL_URB

USB HUB 측으로 Feature 요청을 보내야 할 때 UCX가 호출할 콜백함수를 정의한다.

보기 11-154 EVT_UCX_ROOTHUB_CONTROL_URB 콜백함수 프로토타입

```
EVT_UCX_ROOTHUB_CONTROL_URB EvtUcxRootHubControlUrb;
VOID EvtUcxRootHubControlUrb(
```

```
  _In_ UCXROOTHUB UcxRootHub,
  _In_ WDFREQUEST Request // 1
)
```

1. Feature 요청을 담은 URB를 담고 있는 WDF Request

11.6.4.4.15 EVT_UCX_ROOTHUB_GET_20PORT_INFO

루트 허브가 가지고 있는 USB 2 포트 정보를 제공한다.

보기 11-155 EVT_UCX_ROOTHUB_GET_20PORT_INFO 콜백함수 프로토타입

```
EVT_UCX_ROOTHUB_GET_20PORT_INFO EvtUcxRootHubGet20PortInfo;
VOID EvtUcxRootHubGet20PortInfo(
  _In_ UCXROOTHUB UcxRootHub,
  _InOut_ P_ROOTHUB_20PORT_INFO Info // 1
)
```

1. 루트 허브가 갖고있는 USB 2 포트 정보를 제공한다.

보기 11-156 ROOTHUB_20PORT_INFO 자료 구조

```
typedef struct _ROOTHUB_20PORT_INFO {
  USHORT                              PortNumber;
  UCHAR                               MinorRevision;
  UCHAR                               HubDepth;
  TRISTATE                            Removable;
  TRISTATE                            IntegratedHubImplemented;
  TRISTATE                            DebugCapable;
  CONTROLLER_USB_20_HARDWARE_LPM_FLAGS ControllerUsb20HardwareLpmFlags;
} ROOTHUB_20PORT_INFO, *P_ROOTHUB_20PORT_INFO;
```

11.6.4.4.16 EVT_UCX_ROOTHUB_GET_30PORT_INFO

루트 허브가 갖고있는 USB 3 포트의 정보를 제공한다.

보기 11-157 EVT_UCX_ROOTHUB_GET_30PORT_INFO 콜백함수 프로토타입

```
EVT_UCX_ROOTHUB_GET_30PORT_INFO EvtUcxRootHubGet30PortInfo;
VOID EvtUcxRootHubGet30PortInfo(
  _In_ UCXROOTHUB UcxRootHub,
  _InOut_ P_ROOTHUB_30PORT_INFO Info // 1
)
```

---

1. 루트 허브가 갖고있는 USB 3 포트 정보를 제공한다.

보기 11-158 ROOTHUB_30PORT_INFO 자료 구조

```
typedef struct _ROOTHUB_30PORT_INFO {
  USHORT    PortNumber;
  UCHAR     MinorRevision;
  UCHAR     HubDepth;
  TRISTATE  Removable;
  TRISTATE  DebugCapable;
} ROOTHUB_30PORT_INFO, *P_ROOTHUB_30PORT_INFO;
```

11.6.4.4.17 EVT_UCX_ROOTHUB_GET_INFO

루트 허브와 관련된 정보를 달라는 요청을 받은 UCX는 클라이언트의 이벤트 콜백함수를 호출한다.

보기 11-159 EVT_UCX_ROOTHUB_GET_INFO 콜백함수 프로토타입

```
EVT_UCX_ROOTHUB_GET_INFO EvtUcxRootHubGetInfo;
VOID EvtUcxRootHubGetInfo(
  _In_ UCXROOTHUB UcxRootHub,
  _InOut_ P_ROOTHUB_INFO Info // 1
)
```

---

1. 루트 허브가 갖고있는 USB 3, USB 2 각각의 포트 개수 정보를 제공한다.

```
typedef struct _ROOTHUB_INFO {
  ULONG           Size;
  CONTROLLER_TYPE ControllerType; // 1
  USHORT          NumberOf20Ports;
  USHORT          NumberOf30Ports;
  USHORT          MaxU1ExitLatency;
  USHORT          MaxU2ExitLatency;
} ROOTHUB_INFO, *P_ROOTHUB_INFO;
```

1. 루트 허브가 갖고있는 USB 3, USB 2 각각의 포트 개수 정보를 제공한다.

보기 11-161 CONTROLLER_TYPE 유형

```
typedef enum _CONTROLLER_TYPE {
  ControllerTypeXhci,
  ControllerTypeSoftXhci
} CONTROLLER_TYPE;
```

11.6.4.4.18 EVT_UCX_ROOTHUB_INTERRUPT_TX

포트의 상태가 바뀌었을 때 UCX가 구체적인 처리를 위해서 호출하는 콜백함수다.

보기 11-162 EVT_UCX_ROOTHUB_INTERRUPT_TX 콜백함수 프로토타입

```
EVT_UCX_ROOTHUB_INTERRUPT_TX EvtUcxInterruptTransferTx;
VOID EvtUcxInterruptTransferTx(
  _In_ UCXROOTHUB UcxRootHub,
  _In_ WDFREQUEST Request // 1
)
```

1. 허브 드라이버가 지원해야 하는 인터럽트 전송[Interrupt Pipe]과 관련된 URB가 들어 있다.

11.6.4.4.19 EVT_UCX_USBDEVICE_ADDRESS

컨트롤러 측으로 디바이스의 주소를 기입한다. 필요에 따라서 USB 디바이스 측으로 SET_ADDRESS 명령을 보내기도 한다.

보기 11-163 EVT_UCX_USBDEVICE_ADDRESS 콜백함수 프로토타입

```
EVT_UCX_USBDEVICE_ADDRESS EvtUcxUsbDeviceAddress;
VOID EvtUcxUsbDeviceAddress(
  _In_ UCXCONTROLLER        UcxController,
  _In_ P_USBDEVICE_ADDRESS  Address // 1
)
```

1. 디바이스의 동작을 멈추기 위한 정보를 제공한다.

보기 11-164 USBDEVICE_ADDRESS 자료 구조

```
typedef struct _USBDEVICE_ADDRESS {
#if _cplusplus
  USBDEVICE_MGMT_HEADER Header;
#else
  USBDEVICE_MGMT_HEADER ;
#endif
  ULONG                 Reserved;
  ULONG                 Address;
} USBDEVICE_ADDRESS, *P_USBDEVICE_ADDRESS;
```

11.6.4.4.20 EVT_UCX_USBDEVICE_DEFAULT_ENDPOINT_ADD

UCX는 USB 디바이스를 위해 새로운 디폴트 엔드포인트를 추가하기 위해서 호출한다.

보기 11-165 EVT_UCX_USBDEVICE_DEFAULT_ENDPOINT_ADD 콜백함수 프로토타입

```
EVT_UCX_USBDEVICE_DEFAULT_ENDPOINT_ADD EvtUcxUsbDeviceDefaultEndpointAdd;
NTSTATUS EvtUcxUsbDeviceDefaultEndpointAdd(
  _In_ UCXCONTROLLER        UcxController,
```

```
  _In_ UCXUSBDEVICE       UcxUsbDevice,
  _In_ ULONG              MaxPacketSize,
  _In_ PUCXENDPOINT_INIT EndpointInit
)
```

11.6.4.4.21 EVT_UCX_USBDEVICE_DISABLE

디바이스의 디폴트 엔드포인트와 디바이스를 위해 사용하던 자원을 반납한다.

보기 11-166 EVT_UCX_USBDEVICE_DISABLE 콜백함수 프로토타입

```
EVT_UCX_USBDEVICE_DISABLE EvtUcxUsbDeviceDisable;
VOID EvtUcxUsbDeviceDisable(
  _In_ UCXCONTROLLER       UcxController,
_In_ P_USBDEVICE_DISABLE    Disable // 1
)
```

1. 디바이스의 동작을 멈추기 위한 정보를 제공한다.

보기 11-167 USBDEVICE_DISABLE 자료 구조

```
typedef struct _USBDEVICE_DISABLE {
#if __cplusplus
  USBDEVICE_MGMT_HEADER Header;
#else
  USBDEVICE_MGMT_HEADER ;
#endif
  UCXENDPOINT           DefaultEndpoint;
} USBDEVICE_DISABLE, *P_USBDEVICE_DISABLE;
```

11.6.4.4.22 EVT_UCX_USBDEVICE_ENABLE

디바이스의 디폴트 엔드포인트를 사용하기 위해 준비한다.

```
EVT_UCX_USBDEVICE_ENABLE EvtUcxUsbDeviceEnable;
VOID EvtUcxUsbDeviceEnable(
  _In_ UCXCONTROLLER        UcxController,
  _In_ P_USBDEVICE_ENABLE   Enable // 1
)
```

1. 디바이스의 디폴트 엔드포인트를 사용하기 위한 정보를 제공한다.

보기 11-169 USBDEVICE_ENABLE 자료 구조

```
typedef struct _USBDEVICE_ENABLE {
#ifdef __cplusplus
  USBDEVICE_MGMT_HEADER              Header; // 1
#else
  USBDEVICE_MGMT_HEADER              ;
#endif
  UCXENDPOINT                        DefaultEndpoint;
  USBDEVICE_ENABLE_FAILURE_FLAGS FailureFlags;
} USBDEVICE_ENABLE, *P_USBDEVICE_ENABLE;
```

1. USB 디바이스 또는 허브의 핸들 정보를 담고 있다.

보기 11-170 USBDEVICE_MGMT_HEADER 자료 구조

```
typedef struct _USBDEVICE_MGMT_HEADER {
  ULONG       Size;
  UCXUSBDEVICE Hub;
  UCXUSBDEVICE UsbDevice;
} USBDEVICE_MGMT_HEADER, *P_USBDEVICE_MGMT_HEADER;
```

11.6.4.4.23 EVT_UCX_USBDEVICE_ENDPOINT_ADD

UCX는 USB 디바이스에 새로운 엔드포인트를 추가하기 위해 호출한다.

```
EVT_UCX_USBDEVICE_ENDPOINT_ADD EvtUcxUsbDeviceEndpointAdd;
NTSTATUS EvtUcxUsbDeviceEndpointAdd(
  _In_     UCXCONTROLLER              UcxController,
  _In_     UCXUSBDEVICE               UcxUsbDevice,
  _In_     PUSB_ENDPOINT_DESCRIPTOR   UsbEndpointDescriptor,
  _In_     ULONG                      UsbEndpointDescriptorBufferLength,
  _In_opt_ PUSB_SUPERSPEED_ENDPOINT_COMPANION_DESCRIPTOR
                                      SuperSpeedEndpointCompanionDescriptor,
  _In_     PUCXENDPOINT_INIT          UcxEndpointInit
)
```

11.6.4.4.24 EVT_UCX_USBDEVICE_ENDPOINTS_CONFIG

디폴트 엔드포인트가 아닌 다른 엔드포인트를 사용하기 위해 준비한다.

보기 11-172 EVT_UCX_USBDEVICE_ENDPOINTS_CONFIGURE 콜백함수 프로토타입

```
EVT_UCX_USBDEVICE_ENDPOINTS_CONFIGURE EvtUcxUsbDeviceEndpointsConfigure;
VOID EvtUcxUsbDeviceEndpointsConfigure(
  _In_ UCXCONTROLLER         UcxController,
  _In_ P_ENDPOINT_CONFIGURE  Configure // 1
)
```

1. 엔드포인트를 구성(Config)하기 위한 정보를 제공한다.

보기 11-173 ENDPOINT_CONFIGURE 자료 구조

```
typedef struct _ENDPOINTS_CONFIGURE {
#if _cplusplus
  USBDEVICE_MGMT_HEADER          Header;
#else
  USBDEVICE_MGMT_HEADER          ;
#endif
  ULONG                          EndpointsToEnableCount; // 1
```

```
  UCXENDPOINT                         *EndpointsToEnable; // 2
  ULONG                               EndpointsToDisableCount; // 3
  UCXENDPOINT                         *EndpointsToDisable; // 4
  ULONG                               EndpointsEnabledAndUnchangedCount; // 5
  UCXENDPOINT                         *EndpointsEnabledAndUnchanged; // 6
  ENDPOINTS_CONFIGURE_FAILURE_FLAGS FailureFlags;
  ULONG                               ExitLatencyDelta;
  UCHAR                               ConfigurationValue;
  UCHAR                               InterfaceNumber;
  UCHAR                               AlternateSetting;
} ENDPOINTS_CONFIGURE, *P_ENDPOINTS_CONFIGURE;
```

1. 사용할 엔드포인트의 수

2. 사용할 엔드포인트 배열의 첫 번째 핸들을 가리키는 주소

3. 금지할 엔드포인트의 수

4. 금지할 엔드포인트 배열의 첫 번째 핸들을 가리키는 주소

5. 사용하지만 변화가 없는 엔드포인트의 수

6. 사용하지만 변화가 없는 엔드포인트 배열의 첫 번째 핸들을 가리키는 주소

11.6.4.4.25 EVT_UCX_USBDEVICE_HUB_INFO

만일 UCXUSBDEVICE 핸들이 허브를 위한 핸들인 경우 UCX는 드라이버로부터 허브 정보를 받는다.

보기 11-174 EVT_UCX_USBDEVICE_HUB_INFO 콜백함수 프로토타입

```
EVT_UCX_USBDEVICE_HUB_INFO EvtUcxUsbDeviceHubInfo;
VOID EvtUcxUsbDeviceHubInfo(
  _In_ UCXCONTROLLER          UcxController,
  _InOut_ P_USBDEVICE_HUB_INFO  Info // 1
)
```

1. 허브의 기본 정보를 제공한다.

```
typedef struct _USBDEVICE_HUB_INFO {
#if __cplusplus
  USBDEVICE_MGMT_HEADER Header;
#else
  USBDEVICE_MGMT_HEADER ;
#endif
  ULONG                 NumberOfPorts;
  ULONG                 NumberOfTTs;
  ULONG                 TTThinkTime;
} USBDEVICE_HUB_INFO, *P_USBDEVICE_HUB_INFO;
```

11.6.4.4.26 EVT_UCX_USBDEVICE_RESET

디바이스가 리셋됐다는 의미로 호출된다. 디바이스를 위해서 필요한 행동을 준비한다.

보기 11-176 EVT_UCX_USBDEVICE_RESET 콜백함수 프로토타입

```
EVT_UCX_USBDEVICE_RESET EvtUcxUsbDeviceReset;
VOID EvtUcxUsbDeviceReset(
  _In_ UCXCONTROLLER        UcxController,
  _In_ P_USBDEVICE_RESET    Reset // 1
)
```

1. 디바이스의 동작을 멈추기 위한 정보를 제공한다.

보기 11-177 USBDEVICE_RESET 자료 구조

```
typedef struct _USBDEVICE_RESET {
#ifdef __cplusplus
  USBDEVICE_MGMT_HEADER Header;
#else
  USBDEVICE_MGMT_HEADER ;
#endif
  UCXENDPOINT           DefaultEndpoint; // 1
```

```
    ULONG                        EndpointsToDisableCount; // 2
    UCXENDPOINT                  *EndpointsToDisable; // 3
} USBDEVICE_RESET, *P_USBDEVICE_RESET;
```

1. USB 디바이스 또는 허브의 디폴트 엔드포인트 핸들
2. 금지시킬 엔드포인트의 수
3. 금지시킬 엔드포인트 핸들을 담고 있는 배열의 주소

11.6.4.4.27 EVT_UCX_USBDEVICE_UPDATE

연결된 디바이스에 관련된 수정 정보를 업데이트하는 목적으로 호출된다. 자세한 파라미터는 10장을 참고한다.

보기 11-178 EVT_UCX_USBDEVICE_RESET 콜백함수 프로토타입

```
EVT_UCX_USBDEVICE_UPDATE EvtUcxUsbDeviceUpdate;
VOID EvtUcxUsbDeviceUpdate(
  _In_ UCXCONTROLLER           UcxController,
  _In_ P_USBDEVICE_UPDATE      Update // 1
)
```

1. 디바이스의 동작을 멈추기 위한 정보를 제공한다.

보기 11-179 USBDEVICE_UPDATE 자료 구조

```
typedef struct _USBDEVICE_UPDATE {
#if _cplusplus
  USBDEVICE_MGMT_HEADER                  Header;
#else
   USBDEVICE_MGMT_HEADER;
#endif
  USBDEVICE_UPDATE_FLAGS                 Flags; // 1
  PUSB_DEVICE_DESCRIPTOR                 DeviceDescriptor;
  USB_BOS_DESCRIPTOR                     BosDescriptor;
  ULONG                                  MaxExitLatency;
```

```
    BOOLEAN                                 IsHub;
    USBDEVICE_UPDATE_FAILURE_FLAGS          FailureFlags; // 2
    USBDEVICE_UPDATE_20_HARDWARE_LPM_PARAMETERS
                                            Usb20HardwareLpmParameters; // 스펙 참조
    USHORT                                  RootPortResumeTime;
#endif
} USBDEVICE_UPDATE, *P_USBDEVICE_UPDATE;
```

1. 클라이언트 드라이버가 업데이트해야 하는 항목을 나타내는 비트 OR된 플래그값

2. 업데이트 중에 에러가 발생하면 UCX에게 알려줄 에러 정보를 담을 자료 구조

보기 11-180 USBDEVICE_UPDATE_FLAGS 유형값

```
typedef struct _USBDEVICE_UPDATE_FLAGS {
  ULONG UpdateDeviceDescriptor  :1;
  ULONG UpdateBosDescriptor  :1;
  ULONG UpdateMaxExitLatency  :1;
  ULONG UpdateIsHub  :1;
  ULONG UpdateAllowIoOnInvalidPipeHandles  :1;
  ULONG Update20HardwareLpmParameters  :1;
  ULONG UpdateRootPortResumeTime  :1;
  ULONG Reserved  :26;
} USBDEVICE_UPDATE_FLAGS, *P_USBDEVICE_UPDATE_FLAGS;
```

보기 11-181 USBDEVICE_UPDATE_FAILURE_FLAGS 자료 구조

```
typedef struct _USBDEVICE_UPDATE_FAILURE_FLAGS {
  ULONG MaxExitLatencyTooLarge  :1;
  ULONG Reserved  :31;
} USBDEVICE_UPDATE_FAILURE_FLAGS, *P_USBDEVICE_UPDATE_FAILURE_FLAGS;
```

11.7 USB 호스트 클래스 혹은 클라이언트 드라이버 작성

윈도우에서는 과거부터 개발자가 USB 드라이버를 작성한다고 하면 거의 대부분 호스트 클래스 혹은 클라이언트(이하 클라이언트) 드라이버를 작성하는 것을 의미해왔다. 최근 USB 10이 출시되면서 나머지 형태(호스트 컨트롤러 드라이버, 펑션 컨트롤러 드라이버, 펑션 드라이버)의 USB 드라이버를 작성하는 방법이 제공되고 있다.

USB 호스트 클래스 드라이버는 URB^{USB Request Block} 구조체를 작성해서 버스 드라이버에게 전달하는 것이 주 목적이다. WDM 스타일 혹은 WDF 스타일은 드라이버를 작성하는 프레임워크의 차이만을 나타낸다. 결과적으로 이 두 가지 스타일은 모두 URB를 준비해 버스 드라이버에게 전달하는 같은 목적을 가지고 있다.

지금부터 USB 호스트 클라이언트 드라이버는 USB 클라이언트 드라이버라는 용어로 같이 사용될 수 있으니 유의하자.

11.7.1 USB 클라이언트 드라이버 작성을 위해 준비하기

이번 절에서는 USB 드라이버를 작성하는 방법을 소개하려 한다. 이번 절은 드라이버 개발을 처음 해보거나 윈도우가 별도로 In-Box 드라이버 형태로 지원하지 않는 특정 USB 디바이스를 위한 드라이버를 작성하기를 원하는 독자를 위한 절이므로 경험자는 이 글을 읽지 않고 넘어가도 좋다. 단계적으로 어떤 식으로 드라이버를 개발하는지를 소개하겠다.

USB와 관련된 기술적인 정보는 USB 스펙을 통해 배울 수 있다. 또한 KMDF, UMDF 드라이버 작성법을 알고 있다고 가정하고 설명한다.

독자들은 콜백함수, 함수포인터, 이벤트 핸들러 등의 개념과 C 언어 프로그래밍에 대한 경험이 있어야 한다. 특별히 사용자모드^{UserMode} 드라이버 프레임워크(UMDF) 기반으로 드라이버를 작성하려는 독자들은 C++ 언어와 COM^{Component Object Model}에 익숙해야 한다.

11.7.1.1 USB 클라이언트 드라이버를 개발하기 위한 적당한 개발 모델을 선정하기

11.7.1.1.1 마이크로소프트가 제공하는 드라이버를 사용할 수 있는지 확인하기

개발자는 다음과 같은 조건의 경우 드라이버를 작성할 필요가 없다.

개발 대상의 USB 디바이스가 마이크로소프트에서 지원하는 USB Device Class에 속한 경우 윈도우에 포함된 USB Device Class 드라이버들은 다음과 같다.

표 11-5 윈도우에 포함된 USB Device Class 드라이버

USB-IF Class Code	Device Setup Class	윈도우가 지원하는 드라이버, 설치파일	윈도우 지원 여부
Audio(01h)	Media Class	Usbaudio.sys Wdma_usb.inf	Win 10 for Desktop Win 10 Mobile Win 8.1 Win 8 Win 7 Win Server 2008 Win Vista
CDC Control(02h)	Ports Class	UsbSer.sys Usbser.inf	Win 10 for Desktop Win 10 Mobile
	Modem Class	Usbser.sys Mdmcpq.inf을 참조하는 제조사 설치파일	Win 10 for Desktop Win 8.1 Win 8 Win 7 Win Server 2008 Win Vista
	Net Class	Wmbclass.sys Netwmbclass.inf	Win 10 for Desktop Win 8.1 Win 8
HID(03h)	HID Class	Hidclass.sys Hidusb.sys Input.inf	Win 10 for Desktop Win 10 Mobile Win 8.1 Win 8 Win 7 Win Server 2008 Win Vista

USB-IF Class Code	Device Setup Class	윈도우가 지원하는 드라이버, 설치파일	윈도우 지원 여부
Image(06h)	Image Class	Usbscan.sys Sti.inf	Win 10 for Desktop Win 8.1 Win 8 Win 7 Win Server 2008 Win Vista
Printer(07h)	USB Class	Usbprint.sys Usbprint.inf	Win 10 for Desktop Win 8.1 Win 8 Win 7 Win Server 2008 Win Vista
MassStorage(08h)	USB Class	Usbstor.sys	Win 10 for Desktop Win 10 Mobile Win 8.1 Win 8 Win 7 Win Server 2008 Win Vista
	SCSI Adapter Class	Uaspstor.sys Uaspstor.inf	Win 10 for Desktop Win 10 Mobile Win 8.1 Win 8
Hub(09h)	USB Class	Usbhub.sys Usb.inf	Win 10 for Desktop Win 10 Mobile Win 8.1 Win 8 Win 7 Win Server 2008 Win Vista
		Usbhub3.sys Usbhub3.inf	Win 10 for Desktop Win 8.1 Win 8

USB-IF Class Code	Device Setup Class	윈도우가 지원하는 드라이버, 설치파일	윈도우 지원 여부
SmartCard(0Bh)	SmartCardReader Class	Usbccid.sys	Win 10 for Desktop Win 7 Win Server 2008 Win Vista
		WUDFUsbccidDriver.dll WUDFUsbccidDriver.inf	Win 8.1 Win 8
Video(0Eh)	Image Class	Usbvideo.sys Usbvideo.inf	Win 10 for Desktop Win Vista
Wiress Conrtroller(E0h)	Bluetooth Class	Bthusb.sys Bth.inf	Win 10 for Desktop Win 10 Mobile Win 8.1 Win 8 Win 7 Win Vista
Miscellaneous(EFh)	Net Class	Rndismp.sys Rndismp.inf	Win 10 for Desktop Win 8.1 Win 8 Win 7 Win Vista

개발 대상의 USB 디바이스가 마이크로소프트에서 지원하는 USB Device Class에 속하지 않은 경우 마이크로소프트가 제공하는 WinUSB(Winusb.sys) 드라이버가 사용될 수 있는 특징을 가지고 있는지를 확인한다. WinUSB 드라이버를 사용하면 다음과 같은 상황의 디바이스에는 적합하다.

- 디바이스가 하나의 응용프로그램에 의해서만 사용된다.
- 디바이스가 벌크, 인터럽트 그리고 등시성 전송을 지원한다.
- 디바이스가 윈도우 XP 서비스 팩 2 이상의 운영체제에서 사용된다.

윈도우 8 이상에서는 WinUSB 드라이버를 사용할 수 있도록 호환ID(Compatible ID)가 사용될 수 있다.

11.7.1.1.1.1 WinUSB 디바이스

제조사는 윈도우가 지원하지 않는 USB Device Class를 사용하는 디바이스를 윈도우 운영체제에 연결해서 사용하려면 두 가지 방법중에 한 가지 방법을 사용해야 한다. 한 가지는 호스트 클라이언트 드라이버를 작성하는 방법이고, 다른 한 가지는 마이크로소프트가 지원하는 WinUSB 드라이버가 사용될 수 있도록 디바이스의 펌웨어를 일부 수정하는 방법이다.

▶ WinUSB 디바이스란

"WINUSB" 문자열을 호환ID로 설정하는 마이크로소프트 OS Feature 디스크립터를 가지고 있는 USB 디바이스이다. 디바이스가 제공하는 "WINUSB" 문자열이 확인되면 USB 버스 드라이버는 "MS_COMP_WINUSB" 문자열을 호환 ID로 사용한다.

▶ 디바이스 디스크립션의 문자열을 변경하기

특별한 준비가 없다면 모든 WinUSB 디바이스는 설치 이후 제어판의 "Device Manager" 다이얼로그상에 "WinUSB Device"라는 디바이스 디스크립션Device Description을 가지게 된다. 따라서 복수 개의 WinUSB 디바이스가 사용되는 경우 이들도 같은 이름 "WinUSB Device"을 사용하기 때문에 서로 구분하기가 어렵다. 윈도우 8은 이와 같은 상황을 피해갈 수 있는 방법을 제공하고 있다.

윈도우 8은 USB Class로 설치되는 모든 디바이스에 대해서 새로운 특징을 부여한다.

Device Manager는 USB Class로 설치되는 모든 디바이스에 대해서 Device Descriptor의 iProduct String 인덱스가 있는 경우 해당하는 String 문자열을 다이얼로그의 디바이스 디스크립션 문자열로 대신 사용한다. 그렇지 않으면 "WinUSB Device" 문자열이 대신 사용된다.

USB 디바이스를 WinUSB 디바이스로 만들기와 관련된 내용은 8장을 참고한다.

11.7.1.1.2 어떤 드라이버 모델을 선정하는 것이 좋은가

드라이버를 개발해야 한다면 어떤 개발 모델을 선정해야 하는지 결정해야 한다. 마이크로소프트가 제공하는 WinUSB 드라이버의 장단점을 잘 비교하면서 드라이버 개발 모델을 선정할 필요가 있다.

▶ **WDM(Windows Driver Model) 드라이버 개발 방식**

IO Manager와 직접 대화하면서 작업을 수행하는 드라이버 모델을 의미한다. 비교적 로우 레벨의 코딩기술이 필요하며 보다 더 섬세하게 운영체제와 협력하는 코드를 작성하기가 용이하다. 하지만 드라이버 개발자가 커널에 대한 보다 심도있는 기술 정보를 이해해야 하고 전원 관리와 플러그 앤 플레이 사건을 완벽하게 다룰 수 있어야 하는 어려운 점이 있다. 이와 같은 부분은 드라이버 개발이 끝나고 인증(WHQL)을 받으려 할 때 이미 개발된 코드를 자주 수정하면서 인증을 통과하기 위해서 드라이버 코드를 다듬어야 하는 개발자의 시간과 노동력을 항상 신중하게 고려해야 한다. 드라이버는 커널모드(Kernel Mode)에서 수행된다.

▶ **UMDF 드라이버 개발 방식**

사용자모드(User Mode)에서 사용자 프로그램이 하드웨어를 접근할 수 있도록 추상화하는 모델이다. 드라이버 개발자는 이와 같이 드라이버가 사용자모드에서 동작할 수 있도록 하기 위해서 C++ 언어를 사용하면서 COM(Component Object Model)을 다룰 수 있어야 한다. 다만 윈도우 8.1의 UMDF(User Mode Driver Framework) 버전 2.0에서는 C 프로그래밍을 사용해서 UMDF 드라이버를 개발하는 것이 허용된다. 하지만 이와 같은 UMDF 드라이버는 디바이스 스택의 Lower Filter 드라이버를 작성할 수 없다.

디바이스가 동시에 여러 응용프로그램으로부터 접근하는 것을 허용하는 경우와 벌크, 인터럽트 전송 등을 사용하는 경우에 이 방식이 유리하다.

사용자모드는 커널모드와 다르게, 윈도우 소켓(WinSock), 압축(Compression), 암호화 API 등을 사용하기 쉽다.

▶ KMDF 드라이버 개발 방식

WDF^{Windows Driver Framework} 모델에서 가장 유용성이 높은 드라이버 개발 방식을 제공한다. 커널모드에서 수행되는 드라이버를 작성할 때 사용한다.

WDM 드라이버 개발 방식에 비해서 다소 난해하게 여겨질 수 있는 부분들이 라이브러리에 의해서 가려진 형태를 취하고 있기 때문에 처음 드라이버를 개발하려는 개발자들이 많이 사용하는 개발 방식이다. WDM 드라이버 개발 방식이 주는 섬세한 코딩을 지원하기는 어렵지만 현재 윈도우가 채택하고 있는 표준 드라이버 개발 모델로서 중요한 역할을 수행한다.

무엇보다 가장 좋은 특징은 윈도우가 점점 많은 분량의 KMDF Class Extension 라이브러리를 제공하고 있기 때문에 드라이버 개발자는 자신의 드라이버가 이와 같은 라이브러리를 사용하려면 KMD^{FKernel Mode Driver Framework} 드라이버 개발 방식을 선택해야 한다. 물론 이런 경우 우아하고 고급스러운 유형(Class)의 드라이버 개발이 쉽게 이뤄진다.

윈도우 드라이버 개발 툴(WDK)은 WDM 드라이버 샘플보다는 WDF 드라이버 샘플 위주로 제공하고 있는 추세이기 때문에 독자들은 WDF 드라이버 작성법에 익숙해져야 한다.

USB 호스트 클라이언트 드라이버 입장에서 WinUSB, UMDF 그리고 KMDF 드라이버의 특징을 비교해봤다(WDM 드라이버는 생략한다).

표 11-6 WinUSB, UMDF, KMDF 드라이버의 주요 특징

특징	WinUSB	UMDF	KMDF
동시에 접근하는 응용프로그램 지원	지원 안 함	지원함	지원함
드라이버와 응용프로그램 가상 메모리 공간의 독립성	지원 안 함	지원함	지원 안 함
벌크, 인터럽트 전송	지원함	지원함	지원함
등시성 전송	지원함 (Win8.1 이후)	지원 안 함	지원함
필터드라이버 형태를 지원하는가	지원 안 함	지원 안 함	지원함
선택적 서스펜드를 지원하는가	지원함	지원함	지원함

표 11-7 WinUSB, UMDF, KMDF와 윈도우 지원

윈도우 버전	WinUSB	UMDF	KMDF
윈도우 8	지원함	지원함	지원함
윈도우 7	지원함	지원함	지원함
윈도우 비스타	지원함(x86, x64)	지원함(x86, x64)	지원함
윈도우 서버 2003	지원 안 함	지원 안 함	지원함
윈도우 XP	지원함 (서비스팩2 이상)	지원함 (서비스팩2 이상)	지원함
윈도우 2000	지원 안 함	지원 안 함	지원함 (서비스팩 4 이상)

11.7.1.2 USB 클라이언트 드라이버가 수행하는 일반적인 작업

USB 클라이언트 드라이버를 작성하려면 다음과 같은 내용들을 고려해봐야 한다.

▶ **USB 디바이스의 Configuration Descriptor를 읽어오는 방법**

USB 클라이언트 드라이버는 USB 디바이스의 Configuration Descriptor를 읽을 수 있어야 한다. 따라서 어떤 방법으로 이런 작업을 수행할 수 있는지를 확인해봐야 한다.

▶ **URB(USB Request Block)를 버스 드라이버에게 전달하는 방법**

모든 USB 전송 요청은 URB 구조체 형태로 작성돼 요청된다. URB 구조체를 준비하는 방법과 버스 드라이버에게 어떻게 전달하는지를 알아야 한다.

▶ **어떻게 USB 디바이스의 Configuration을 설정할 것인가**

USB 디바이스가 가지고 있는 Configuration Descriptor에 포함된 인터페이스와 엔드포인트를 활성화하기 위해서는 반드시 Configuration 설정 작업을 수행해야 한다. 이 작업을 수행해야 디폴트 파이프를 제외한 번들^{Bundle} 파이프가 만들어진다.

▸ 어떻게 USB 디바이스의 인터페이스를 위한 Alternate Setting을 설정할 것인가

특정 인터페이스의 경우 둘 이상의 복수 개의 대체가능한 Interface Descriptor를 가질 수 있다. 이런 경우 USB 클라이언트 드라이버는 이 중에 실제로 사용하려는 인터페이스를 설정해야 한다.

▸ USB 디바이스의 엔드포인트를 위한 파이프를 열거하는 방법

URB 구조체를 사용할 때 디폴트 파이프를 제외한 나머지 번들 파이프는 모두 파이프 핸들을 가져야 한다. 드라이버는 이를 위해서 사용하려는 엔드포인트에 대한 파이프 핸들을 열거하는 방법을 알아야 한다.

▸ 쉬지 않고 (Burst하게) USB 파이프로부터 데이터를 계속해서 읽는 방법

쉬지 않고 USB 파이프로부터 데이터를 읽는 것이 중요한 이슈가 되는 경우 소프트웨어는 가능하면 쉬는 공백의 기간이 사용되지 않는 상황에서 데이터를 계속해서 읽는 방법을 취해야 한다. 이와 같은 방법은 더블 버퍼링Double Buffering 혹은 트리플 버퍼링Tripple Buffering과 같은 방식으로 구현된다. 간단히 말해서 미리 읽기 요청을 접수하는 방법이다. 모든 USB 전송은 호스트 컨트롤러에 의해서 스케줄링돼 실행되기 때문에 미리 접수해야만 보다 빠른 시간 안에 요청이 실행될 수 있다.

▸ USB 제어 전송을 요청하는 방법

통상 디폴트 파이프를 사용하는 방법을 의미한다. Setup Packet(8바이트)을 구성해서 디바이스 측과 통신을 해야 한다. 이와 같은 요청은 표준 요청과 비표준 요청으로 나뉜다.

▸ USB 벌크, 인터럽트 엔드포인트와 통신하는 방법

번들 파이프를 사용해서 벌크Bulk, 인터럽트Interrupt 엔드포인트와 통신하는 방법을 알아야 한다. 벌크와 인터럽트 전송은 같은 트랜잭션Transaction 방식을 사용하기 때문에 어느 한 가지 방법을 알면 다른 엔드포인트를 다루는 방법도 자연스럽게 알게 된다.

▶ USB 벌크 엔드포인트를 사용하는 Static 스트림 파이프를 열고, 닫는 방법

USB 3.0부터는 하나의 벌크 엔드포인트 위에서 복수 개의 스트림 파이프를 생성하는 것이 가능해졌다. 하나의 파이프를 복수 개의 확장가능한 파이프로 운영하는 것이 가능해진 것이다. 이와 같은 스트림을 다루는 방법을 알아야 한다.

▶ USB 등시성 전송을 요청하는 방법

USB 등시성 전송Isochronous은 시간을 중요하게 여기는 특징을 가진다. 따라서 이와 같은 실시간적인 전송을 운영체제가 어떤 방법으로 지원하는지를 알아야 성공적인 등시성 전송을 요청할 수 있다.

▶ USB 파이프 에러를 회복하는 방법

통신 중에 엔드포인트 측에서 에러가 발생해 정지(Stall)되는 상황이 발생하면 USB 클라이언트 드라이버는 해당하는 엔드포인트의 파이프를 리셋해 현재 에러 상황을 회복하는 방법을 취해야 한다. 이와 같은 에러 회복 방법은 어떻게 수행하는지를 알아야 한다.

▶ 연결된 MD를 전송하는 방법

파이프가 연결된 버퍼는 보통 MDLLMemory Descriptor List 구조체 형태로 서술된다. 복수 개의 MDL을 사용해서 어떻게 전송 요청을 하게 되는지에 대한 방법을 알아야 한다.

▶ USB 디바이스를 복합장치로서 등록하는 방법

윈도우가 지원하는 복합장치 드라이버(USBCCGP.SYS)와 비슷한 역할을 수행하는 복합장치 드라이버를 작성하고 등록하는 방법을 배운다. 이와 같은 방법을 꼭 배워야 하는 것은 아니다. 하지만 개발자는 이 방법을 습득하면 기존의 윈도우가 지원하는 복합장치 드라이버를 대체하는 드라이버를 작성할 수 있다.

▶ 복합장치 드라이버(USBCCGP.SYS)와 함께 동작하기 위한 펑션 서스펜드를 구현하는 방법

USB 3.0은 복합장치의 경우 개별적인 인터페이스를 위한 펑션 서스펜드Function Suspend를 지원한다. 이를 위해서 각각의 펑션을 위한 USB 클라이언트 드라이버는 이와 같은 펑션 서스펜드를 어떤 방법으로 이용할 수 있는지를 알아야 한다.

11.7.1.3 USB 클라이언트 드라이버가 요구하는 헤더파일과 라이브러리파일

USB 클라이언트 드라이버를 작성할 때 필요로 하는 헤더파일과 라이브러리파일을 정리해보도록 한다.

표 11-8 USB 클라이언트 드라이버가 사용하는 헤더파일

헤더파일	WDK 경로	내부적으로 포함하는 헤더파일	설명
Hubbusif.h	Include\km		호스트 컨트롤러 드라이버가 Export한 서비스를 정의한다. USB 허브 드라이버를 사용한다.
Usb.h	Include\shared		URB 구조체 정의
Usb100.h	Include\shared		USB 1.0 스펙 관련 디스크립터
Usb200.h	Include\shared	usb100.h	USB 2.0 스펙 관련 디스크립터
Usbbusif.h	Include\km		호스트 클라이언트 드라이버가 호스트 컨트롤러 드라이버와 직접 연결할 수 있도록 돕는다.
Usbdi.h	Include\shared	Usb.h Usbioctl.h	URB를 구성하는 작업을 도와주는 매크로들이 정의됨
Usbdlib.h	Include\km		USB 드라이버 스택에서 URB를 전송하는 작업을 돕는다.
Usbdrivr.h	Include\km	Usb.h Usbdlib.h Usbioctl.h Usbbusif.h	USB_KERNEL_IOCTL을 정의
Usbioctl.h	Include\shared		USB 드라이버 스택에서 사용되는 IOCTL 코드를 정의
Usbiodef.h	Include\shared	Usbiodef.h Usb200.h	WMI GUID들과 인터페이스를 정의

헤더파일	WDK 경로	내부적으로 포함하는 헤더파일	설명
Usbrpmif.h	Include\um	Usb100.h Windef.h Winapifamily.h	응용프로그램이 USB 디바이스를 위한 리다이렉션 서비스를 사용할 수 있도록 드라이버가 자신을 등록하는 함수 정의
Usbspec.h	Include\shared		USB 스펙에서 규정하는 인터페이스를 위한 정의
Usbuser.h	Include\um		사용자모드 IOCTL 코드 정의
Winusb.h	Include\um	Winapifamily.h Winusbio.h	Winusb.dll 파일이 Export하는 WinUSB 함수 정의. 이 함수는 Winusb.sys 드라이버로 요청을 전송하는데 사용된다.
Winusbio.h	Include\shared	Winapifamily.h Usb.h	WinUSB 함수들을 위한 플래그 정의

표 11-9 USB 클라이언트 드라이버가 사용하는 라이브러리파일

라이브러리파일	WDK 경로	설명
Usbd.lib	\Lib\win8\km\<arch> \Lib\win7\km\<arch> \Lib\winv6.3\km\<arch>	USB 드라이버 스택으로부터 정보를 얻는 작업을 돕고 URB 요청을 위해 URB를 구성하는 일을 돕는다.
Usbrpm.lib	\Lib\win8\km\<arch> \Lib\win7\km\<arch> \Lib\winv6.3\km\<arch>	마이크로소프트가 제공하는 RPM 드라이버를 제조사의 RPM 드라이버로 대체하는 일을 수행하는 서비스를 제공한다.
Usbdex.lib	\Lib\win8\km\<arch> \Lib\win7\km\<arch> \Lib\winv6.3\km\<arch>	USB 드라이버 스택으로 요청을 전달하는 일을 돕는다. 정적으로 USB 클라이언트 드라이버에 링크된다.
Winusb.lib	\Lib\win8\km\<arch> \Lib\win8\um\<arch> \Lib\win7\km\<arch> \Lib\win7\um\<arch> \Lib\winv6.3\km\<arch> \Lib\winv6.3\um\<arch>	사용자모드 클라이언트 드라이버를 위해서 제공되는 WinUSB 디바이스를 위한 서비스다.

11.7.1.4 USB 클라이언트 드라이버 샘플

WDK^{Windows Driver Kit}에서 제공하는 USB 클라이언트 드라이버 샘플은 깃허브^{GitHub}를 통해서 다운받을 수 있다. 경로는 https://github.com/Microsoft/Windows-driver-samples이다.

표 11-10 WDK USB 클라이언트 드라이버 샘플

샘플 이름	설명
WDF Sample Driver Learning Lab for OSR USB-FX2 Sample UMDF Function Driver for OSR USB-FX2 Sample KMDF Function Driver for OSR USB-FX2	OSRUSBFX2 샘플은 어떻게 벌크, 인터럽트 데이터를 USB 디바이스로 전송하거나 읽을 수 있는지를 보여준다. 이 샘플이 대상으로 하는 디바이스는 OSR USB-FX2 Learning Kit 스펙을 따른다.
USBSAMP	USBSAMP 샘플은 어떻게 벌크, 등시성 데이터를 일반적인 USB 디바이스로 전송하거나 읽은 수 있는지를 보여준다.
USBVIEW	응용프로그램 수준에서 USB 디바이스를 열거하는 방법을 보여준다.

11.7.2 윈도우에서 지원하는 USB 클라이언트 드라이버를 위한 함수

마이크로소프트는 USB 클라이언트 드라이버를 개발하는 개발자를 위해서 몇 가지 라이브러리를 제공한다.

11.7.2.1 일반적인 용도의 함수

WDM 기반의 클라이언트 드라이버는 다음과 같은 함수를 사용할 수 있다. 이들은 Usbdlib.h 파일과 Usbdex.lib 파일에서 정의돼 있다. 이 함수들은 윈도우 비스타 이후의 운영체제에서만 사용할 수 있다.

표 11-11 USB 클라이언트 드라이버를 위한 USBD 라이브러리 함수

함수 이름	설명
USBD_AssignUrbToIoStackLocation	USBD_UrbAllocate, USBD_SelectConfigUrbAllo cateAndBuild, USBD_SelectInterfaceUrbAllocat eAndBuild 함수를 통해서 만들어진 URB와 IRP를 연 결한다.
void USBD_AssignUrbToIoStackLocation(_In_ USBD_HANDLE USBDHandle, _In_ PIO_STACK_LOCATION StackLocation, _In_ PURB Urb);	
USBD_CreateHandle	USB 드라이버 스택으로 현재 클라이언트 드라이버를 등록한다.
NTSTATUS USBD_CreateHandle(_In_ PDEVICE_OBJECT DeviceObject, _In_ PDEVICE_OBJECT TargetDeviceObject, _In_ ULONG USBDClientContractVersion, _In_ ULONG PoolTag, _Out_ USBD_HANDLE *USBDHandle);	
USBD_CloseHandle	USBD_CreateHandle로 얻은 핸들을 반납한다.
VOID USBD_CloseHandle(_In_ USBD_HANDLE USBDHandle);	
USBD_IsInterfaceVersionSupported	USB 버스 드라이버가 지원하는 인터페이스 버전을 확 인한다.
BOOLEAN USBD_IsInterfaceVersionSupported(_In_ USBD_HANDLE USBDHandle, _In_ LONG USBDInterfaceVersion);	
USBD_IsochUrbAllocate	등시성 전송을 위한 URB를 만든다.
NTSTATUS USBD_IsochUrbAllocate(_In_ USBD_HANDLE USBDHandle, _In_ ULONG NumberOfIsochPacket, _Out_ PURB *Urb);	

함수 이름	설명
USBD_QueryUsbCapability	USB 버스 드라이버가 특별한 특성 정보를 지원하는지를 확인한다.

```
NTSTATUS USBD_QueryUsbCapability(
 _In_      USBD_HANDLE USBDHandle,
 _In_      PGUID       CapabilityType,
 _In_      ULONG       OutputBufferLength,
 _Inout_   PUCHAR      OutputBuffer,
 _Out_opt_ PULONG      ResultLength
);
```

함수 이름	설명
USBD_SelectConfigUrbAllocateAndBuild	USB Set Configuration 작업을 수행하기 위한 URB를 만든다.

```
NTSTATUS USBD_SelectConfigUrbAllocateAndBuild(
 _In_  USBD_HANDLE                 USBDHandle,
 _In_  PUSB_CONFIGURATION_DESCRIPTOR ConfigurationDescriptor,
 _In_  PUSBD_INTERFACE_LIST_ENTRY    InterfaceList,
 _Out_ PURB                        *Urb
);
```

함수 이름	설명
USBD_SelectInterfaceUrbAllocateAndBuild	USB Set Interface 작업을 수행하기 위한 URB를 만든다.

```
NTSTATUS USBD_SelectInterfaceUrbAllocateAndBuild(
 _In_  USBD_HANDLE                USBDHandle,
 _In_  USBD_CONFIGURATION_HANDLE  ConfigurationHandle,
 _In_  PUSBD_INTERFACE_LIST_ENTRY InterfaceList,
 _Out_ PURB                       *Urb
);
```

함수 이름	설명
USBD_UrbAllocate	요청을 위한 URB를 만든다.

```
NTSTATUS USBD_UrbAllocate(
 _In_  USBD_HANDLE USBDHandle,
 _Out_ PURB        *Urb
);
```

함수 이름	설명
USBD_UrbFree	사용이 끝난 URB를 해제한다.

```
void USBD_UrbFree(
 _In_ USBD_HANDLE USBDHandle,
 _In_ PURB        Urb
);
```

함수 이름	설명
GET_ISO_URB_SIZE	하나의 등시성 전송을 표현하는 URB 구조체 크기를 계산한다.
ULONG GET_ISO_URB_SIZE([in] ULONG NumberOfPackets);	
GET_SELECT_CONFIGURATION_ REQUEST_SIZE	Set Configuration을 위한 URB 구조체 크기를 계산한다.

ULONG GET_SELECT_CONFIGURATION_REQUEST_SIZE(
  [in] ULONG   TotalInterfaces,
  [in] ULONG   TotalPipes
);	

GET_SELECT_INTERFACE_REQUEST_ SIZE	Set Interface를 위한 URB 구조체 크기를 계산한다.
ULONG GET_SELECT_INTERFACE_REQUEST_SIZE([in] ULONG TotalPipes);	
GET_USBD_INTERFACE_SIZE	USBD_INTERFACE_INFORMATION 구조체 크기를 계산한다.
ULONG GET_USBD_INTERFACE_SIZE([in] ULONG TotalEndpoints);	
UsbBuildFeatureRequest	USB 디바이스 측으로 Feature Request를 전송할 URB를 구성하는 작업을 돕는다.

void UsbBuildFeatureRequest(
  [in, out] PURB   Urb,
  [in]   USHORT Op,
  [in]   USHORT FeatureSelector,
  [in]   USHORT Index,
  [in]   PURB   Link
);	

UsbBuildGetDescriptorRequest	USB 디바이스 측으로 Get Descriptor Request를 전송할 URB를 구성하는 작업을 돕는다.

함수 이름	설명
void UsbBuildGetDescriptorRequest(　[in, out]　　　PURB　Urb, 　[in]　　　　　USHORT Length, 　[in]　　　　　UCHAR　DescriptorType, 　[in]　　　　　UCHAR　Index, 　[in]　　　　　USHORT LanguageId, 　[in, optional] PVOID　TransferBuffer, 　[in, optional] PMDL　TransferBufferMDL, 　[in]　　　　　ULONG　TransferBufferLength, 　[in]　　　　　PURB　Link);	
UsbBuildGetStatusRequest	USB 디바이스 측으로 Get Status Request를 전송할 URB를 구성하는 작업을 돕는다.
void UsbBuildGetStatusRequest(　_Inout_　　　Urb, 　_In_　USHORT Op, 　_In_　USHORT Index, 　_In_opt_ PVOID　TransferBuffer, 　_In_opt_ PMDL　TransferBufferMDL, 　_In_　PURB　Link);	
UsbBuildInterruptOrBulkTransferRequest	USB 디바이스 측으로 Bulk 또는 Interrupt Request를 전송할 URB를 구성하는 작업을 돕는다.
void UsbBuildInterruptOrBulkTransferRequest(　_Inout_　PURB　　　　　Urb, 　_In_　USHORT　　　Length, 　_In_　USBD_PIPE_HANDLE PipeHandle, 　_In_opt_ PVOID　　　　　TransferBuffer, 　_In_opt_ PMDL　　　　　TransferBufferMDL, 　_In_　ULONG　　　TransferBufferLength, 　_In_　ULONG　　　TransferFlags, 　_In_　PURB　　　　Link);	
UsbBuildOpenStaticStreamsRequest	특정 벌크 엔드포인트를 위한 스트림들을 열기 위한 URB를 구성하는 작업을 돕는다.

함수 이름	설명
void UsbBuildOpenStaticStreamsRequest(_Inout_ PURB Urb, _In_ USBD_PIPE_HANDLE PipeHandle, _In_ USHORT NumberOfStreams, _In_ USBD_STREAM_INFORMATION StreamInfoArray);	
UsbBuildOsFeatureDescriptorRequest	MS OS Feature Descriptor를 요청하는 URB를 구성하는 작업을 돕는다.
void UsbBuildOsFeatureDescriptorRequest([in, out] PURB Urb, [in] USHORT Length, [in] UCHAR Interface, [in] USHORT Index, [in, optional] PVOID TransferBuffer , [in, optional] PMDL TransferBufferMDL , [in] ULONG TransferBufferLength);	
UsbBuildSelectConfigurationRequest	USB 디바이스 측으로 Set Configuration을 전송할 URB를 구성하는 작업을 돕는다.
void UsbBuildSelectConfigurationRequest([in] PURB Urb, [in] USHORT Length, [in] PUSB_CONFIGURATION_DESCRIPTOR ConfigurationDescriptor);	
UsbBuildSelectInterfaceRequest	USB 디바이스 측으로 Set Interface을 전송할 URB를 구성하는 작업을 돕는다.
void UsbBuildSelectInterfaceRequest([in] PURB Urb, [in] USHORT Length, [in] USBD_CONFIGURATION_HANDLE ConfigurationHandle, [in] UCHAR InterfaceNumber, [in] UCHAR AlternateSetting);	
UsbBuildVendorRequest	USB 디바이스 측으로 Vendor Request을 전송할 URB를 구성하는 작업을 돕는다.

함수 이름	설명

void UsbBuildVendorRequest(
  [in]   PURB   Urb,
  [in]   USHORT Function,
  [in]   USHORT Length,
  [in]   ULONG   TransferFlags,
  [in]   UCHAR   ReservedBits,
  [in]   UCHAR   Request,
  [in]   USHORT Value,
  [in]   USHORT Index,
  [in, optional] PVOID   TransferBuffer,
  [in, optional] PMDL   TransferBufferMDL,
  [in]   ULONG   TransferBufferLength,
  [in]   PURB   Link
);	

USBD_CreateConfigurationRequestEx	USB 디바이스 측으로 Set Configuration을 전송할 URB를 생성하고 구성하는 작업을 돕는다.

PURB USBD_CreateConfigurationRequestEx(
  _In_ PUSB_CONFIGURATION_DESCRIPTOR ConfigurationDescriptor,
  _In_ PUSBD_INTERFACE_LIST_ENTRY   InterfaceList
);	

USBD_GetInterfaceLength	주어진 Interface Descriptor의 길이를 계산한다. 이때 Endpoint Descriptor가 포함된다.

__declspec USBD_GetInterfaceLength(
  _In_ PUSB_INTERFACE_DESCRIPTOR InterfaceDescriptor,
  _In_ PUCHAR   BufferEnd
);	

USBD_GetPdoRegistryParameter	USB 디바이스의 하드웨어 레지스트리 속에 지정된 특정 키의 값을 가져온다.

NTSTATUS USBD_GetPdoRegistryParameter(
  _In_   PDEVICE_OBJECT PhysicalDeviceObject,
  Inout PVOID   Parameter,
  _In_   ULONG   ParameterLength,
  _In_   PWSTR   KeyName,
  _In_   ULONG   KeyNameLength
);	

USBD_ParseConfigurationDescriptorEx	주어진 Configuration Descriptor 속에 포함된 Interface Descriptor 중에 원하는 조건에 맞는 것을 찾는다.

함수 이름	설명
PUSB_INTERFACE_DESCRIPTOR USBD_ParseConfigurationDescriptorEx(_In_ PUSB_CONFIGURATION_DESCRIPTOR ConfigurationDescriptor, _In_ PVOID StartPosition, _In_ LONG InterfaceNumber, _In_ LONG AlternateSetting, _In_ LONG InterfaceClass, _In_ LONG InterfaceSubClass, _In_ LONG InterfaceProtocol);	
USBD_ParseDescriptors	주어진 디스크립터 속에 포함된 특정 유형의 디스크립터를 찾는다.
PUSB_COMMON_DESCRIPTOR USBD_ParseDescriptors(_In_ PVOID DescriptorBuffer, _In_ ULONG TotalLength, _In_ PVOID StartPosition, _In_ LONG DescriptorType);	
USBD_ValidateConfigurationDescriptor	주어진 Configuration Descriptor 속에 포함된 모든 디스크립터의 유효성을 검사한다.
USBD_STATUS USBD_ValidateConfigurationDescriptor(_In_ PUSB_CONFIGURATION_DESCRIPTOR ConfigDesc, _In_ ULONG BufferLength, _In_ USHORT Level, _Out_ PUCHAR *Offset, _In_opt_ ULONG Tag);	

11.7.2.2 버스 드라이버가 제공하는 인터페이스 함수

USB 버스 드라이버가 서비스 제공을 위한 별도의 인터페이스를 제공할 수 있다. 이것은 버전 0, 1, 3의 경우로 구분된다.

표 11-12 USB 클라이언트 드라이버를 위한 버스 드라이버 함수

함수 이름	설명
InterfaceDereference	Version 0, 인터페이스의 참조 수를 감소한다.
VOID InterfaceDereference(_In_ PVOID BusContext);	
InterfaceReference	Version 0, 인터페이스의 참조 수를 증가시킨다.
VOID InterfaceReference(_In_ PVOID BusContext);	
GetUSBDIVersion	Version 0, 인터페이스의 버전 정보를 확인한다.

VOID GetUSBDIVersion(
  _In_   PVOID   BusContext,
  _Out_opt_ PUSBD_VERSION_INFORMATION VersionInformation,
  _Out_opt_ PULONG   HcdCapabilities
);	

QueryBusInformation	Version 0, 버스의 관한 정보를 얻는다.

NTSTATUS QueryBusInformation(
  _In_   PVOID BusContext,
  _In_   ULONG Level,
  Inout   PVOID BusInformationBuffer,
  Out   PULONG BusInformationBufferLength,
  _Out_opt_ PULONG BusInformationActualLength
);	

QueryBusTime	Version 0, 32비트 USB 프레임 넘버를 구한다.

NTSTATUS QueryBusTime(
  _In_   PVOID BusContext,
  _Out_opt_ PULONG CurrentFrame
);	

IsDeviceHighSpeed	Version 1, 디바이스가 High Speed에서 동작 중인지를 확인한다.
BOOLEAN IsDeviceHighSpeed(_In_opt_ PVOID BusContext);	

함수 이름	설명
QueryControllerType	Version 3, USB 디바이스가 연결된 호스트 컨트롤러에 대한 정보를 얻는다.

```
NTSTATUS QueryControllerType(
  _In_  PVOID    BusContext,
  _Out_ PULONG   HcdiOptionFlags,
  _Out_ PUSHORT  PciVendorId,
  _Out_ PUSHORT  PciDeviceId,
  _Out_ PUCHAR   PciClass,
  _Out_ PUCHAR   PciSubClass,
  _Out_ PUCHAR   PciRevisionId,
  _Out_ PUCHAR   PciProgIf
);
```

11.7.2.3 복합장치 드라이버가 제공하는 함수

윈도우는 복합장치 드라이버(USBCCGP.SYS)를 제공한다. 복합장치 드라이버를 버스 드라이버로 사용하는 펑션을 위한 클라이언트 혹은 클래스 드라이버는 다음과 같은 함수를 호출할 수 있다.

표 11-13 USB 클라이언트 드라이버를 위한 복합장치 버스 드라이버 함수

함수 이름	설명
InterfaceDereference	인터페이스의 참조 수를 감소한다.

```
VOID InterfaceDereference(
  _In_ PVOID BusContext
);
```

InterfaceReference	인터페이스의 참조 수를 증가시킨다.

```
VOID InterfaceReference(
  _In_ PVOID BusContext
);
```

USBC_START_DEVICE_CALLBACK	디바이스의 인터페이스 모임에 대한 제조사 정의 정보를 제공하는 방법을 제공한다.

함수 이름	설명

typedef NTSTATUS (USB_BUSIFFN *USBC_START_DEVICE_CALLBACK)(
  _In_ PUSB_DEVICE_DESCRIPTOR   DeviceDescriptor,
  _In_ PUSB_CONFIGURATION_DESCRIPTOR ConfigurationDescriptor,
  Out PUSBC_FUNCTION_DESCRIPTOR   *FunctionDescriptorBuffer,
  Out PULONG   FunctionDescriptorBufferLength,
  _In_ PDEVICE_OBJECT   FdoDeviceObject,
  _In_ PDEVICE_OBJECT   PdoDeviceObject
);	

11.7.2.4 WinUSB를 위한 함수

제조사가 별도의 드라이버를 작성하지 않을 때 윈도우가 지원하는 WinUSB.SYS 드라이버를 클라이언트 드라이버로서 대신 사용할 수 있다. 응용프로그램은 WinUSB.DLL 라이브러리가 제공하는 함수를 사용해서 디바이스와 통신할 수 있다. 윈도우는 아직까지 Managed API를 지원하지 않는다.

표 11-14 WinUSB를 위한 함수

함수 이름	설명
WinUsb_AbortPipe	특정 파이프 위에 접수된 전송 요청을 취소한다.

BOOL __stdcall WinUsb_AbortPipe(
  _In_ WINUSB_INTERFACE_HANDLE InterfaceHandle,
  _In_ UCHAR   PipeID
);	

WinUsb_ControlTransfer	디폴트 컨트롤 엔드포인트를 위한 전송 요청을 한다.

BOOL __stdcall WinUsb_ControlTransfer(
  _In_   WINUSB_INTERFACE_HANDLE InterfaceHandle,
  _In_   WINUSB_SETUP_PACKET   SetupPacket,
  Out   PUCHAR   Buffer,
  _In_   ULONG   BufferLength,
  _Out_opt_ PULONG   LengthTransferred,
  _In_opt_ LPOVERLAPPED   Overlapped
);	

함수 이름	설명
WinUsb_FlushPipe	특정 파이프에 캐시된 데이터를 지운다.

```
BOOL __stdcall WinUsb_FlushPipe(
 _In_ WINUSB_INTERFACE_HANDLE InterfaceHandle,
 _In_ UCHAR              PipeID
);
```

함수 이름	설명
WinUsb_Free	WinUsb_Initialize 또는 WinUsb_GetAssociatedInterface 함수에 의해서 생성했던 모든 자원을 반납한다.

```
BOOL __stdcall WinUsb_Free(
 _In_ WINUSB_INTERFACE_HANDLE InterfaceHandle
);
```

함수 이름	설명
WinUsb_GetAdjustedFrameNumber	타임스탬프 정보에 해당하는 프레임 넘버를 계산해서 돌려준다.

```
BOOL __stdcall WinUsb_GetAdjustedFrameNumber(
 _Inout_ PULONG       CurrentFrameNumber,
 _In_    LARGE_INTEGER TimeStamp
);
```

함수 이름	설명
WinUsb_GetAssociatedInterface	Associated Interface에 관한 정보를 얻는다.

```
BOOL __stdcall WinUsb_GetAssociatedInterface(
 _In_  WINUSB_INTERFACE_HANDLE  InterfaceHandle,
 _In_  UCHAR                    AssociatedInterfaceIndex,
 _Out_ PWINUSB_INTERFACE_HANDLE AssociatedInterfaceHandle
);
```

함수 이름	설명
WinUsb_GetCurrentAlternateSetting	현재 해당하는 인터페이스에서 사용되는 대체 인터페이 스 정보를 얻는다.

```
BOOL __stdcall WinUsb_GetCurrentAlternateSetting(
 _In_  WINUSB_INTERFACE_HANDLE InterfaceHandle,
 _Out_ PUCHAR                  AlternateSetting
);
```

함수 이름	설명
WinUsb_GetCurrentFrameNumber	현재 호스트 컨트롤러의 프레임 넘버를 구한다.

```
BOOL __stdcall WinUsb_GetCurrentFrameNumber(
 _In_  HANDLE         DeviceHandle,
 _Out_ PULONG         CurrentFrameNumber,
 _Out_ LARGE_INTEGER *TimeStamp
);
```

함수 이름	설명
WinUsb_GetDescriptor	디스크립터를 얻는다.

함수 이름	설명

BOOL __stdcall WinUsb_GetDescriptor(
  _In_   WINUSB_INTERFACE_HANDLE InterfaceHandle,
  _In_   UCHAR   DescriptorType,
  _In_   UCHAR   Index,
  _In_   USHORT   LanguageID,
  Out PUCHAR   Buffer,
  _In_   ULONG   BufferLength,
  Out PULONG   LengthTransferred
);	

WinUsb_GetOverlappedResult	비동기적으로 처리된 처리 결과를 얻는다.

BOOL __stdcall WinUsb_GetOverlappedResult(
  _In_   WINUSB_INTERFACE_HANDLE InterfaceHandle,
  _In_   LPOVERLAPPED   lpOverlapped,
  Out LPDWORD   lpNumberOfBytesTransferred,
  _In_   BOOL   bWait
);	

WinUsb_GetPipePolicy	지정하는 파이프에 대한 다양한 정책정보를 얻는다.

BOOL __stdcall WinUsb_GetPipePolicy(
  _In_   WINUSB_INTERFACE_HANDLE InterfaceHandle,
  _In_   UCHAR   PipeID,
  _In_   ULONG   PolicyType,
  Inout PULONG   ValueLength,
  Out   PVOID   Value
);	

WinUsb_Initialize	파일 핸들로 표현되는 디바이스를 위한 WinUSB 핸들을 생성한다.

BOOL __stdcall WinUsb_Initialize(
  _In_   HANDLE   DeviceHandle,
  Out PWINUSB_INTERFACE_HANDLE InterfaceHandle
);	

WinUsb_QueryDeviceInformation	WinUSB 핸들과 연관된 물리 디바이스에 관한 정보를 얻는다.

BOOL __stdcall WinUsb_QueryDeviceInformation(
  _In_   WINUSB_INTERFACE_HANDLE InterfaceHandle,
  _In_   ULONG   InformationType,
  Inout PULONG   BufferLength,
  Out   PVOID   Buffer
);	

함수 이름	설명
WinUsb_QueryInterfaceSettings	지정하는 인터페이스를 위한 Interface Descriptor 정보를 얻는다.

```
BOOL __stdcall WinUsb_QueryInterfaceSettings(
  _In_   WINUSB_INTERFACE_HANDLE   InterfaceHandle,
  _In_   UCHAR                     AlternateSettingNumber,
  _Out_  PUSB_INTERFACE_DESCRIPTOR UsbAltInterfaceDescriptor
);
```

함수 이름	설명
WinUsb_QueryPipe	인터페이스와 관련된 파이프 정보를 얻는다.

```
BOOL __stdcall WinUsb_QueryPipe(
  _In_   WINUSB_INTERFACE_HANDLE  InterfaceHandle,
  _In_   UCHAR                    AlternateInterfaceNumber,
  _In_   UCHAR                    PipeIndex,
  _Out_  PWINUSB_PIPE_INFORMATION PipeInformation
);
```

함수 이름	설명
WinUsb_QueryPipeEx	인터페이스와 관련된 파이프 정보를 얻는다. 등시성 전송의 경우 서비스 인터벌 정보를 함께 포함한다.

```
BOOL __stdcall WinUsb_QueryPipeEx(
  _In_   WINUSB_INTERFACE_HANDLE     InterfaceHandle,
  _In_   UCHAR                       AlternateInterfaceNumber,
  _In_   UCHAR                       PipeIndex,
  _Out_  PWINUSB_PIPE_INFORMATION_EX PipeInformationEx
);
```

함수 이름	설명
WinUsb_ReadIsochPipeAsap	등시성 엔드포인트로부터 데이터를 읽는다.

```
BOOL __stdcall WinUsb_ReadIsochPipeAsap(
  _In_      PWINUSB_ISOCH_BUFFER_HANDLE BufferHandle,
  _In_      ULONG                       Offset,
  _In_      ULONG                       Length,
  _In_      BOOL                        ContinueStream,
  _In_      PULONG                      NumberOfPackets,
            PUSBD_ISO_PACKET_DESCRIPTOR IsoPacketDescriptors,
  _In_opt_  LPOVERLAPPED                Overlapped
);
```

함수 이름	설명
WinUsb_ReadPipe	파이프로부터 데이터를 읽는다.

함수 이름	설명

BOOL __stdcall WinUsb_ReadPipe(
  _In_   WINUSB_INTERFACE_HANDLE InterfaceHandle,
  _In_   UCHAR   PipeID,
  Out   PUCHAR   Buffer,
  _In_   ULONG   BufferLength,
  _Out_opt_ PULONG   LengthTransferred,
  _In_opt_ LPOVERLAPPED   Overlapped
);	

WinUsb_RegisterIsochBuffer	등시성 전송을 위한 버퍼를 사전에 등록한다.

BOOL __stdcall WinUsb_RegisterIsochBuffer(
  _In_   WINUSB_INTERFACE_HANDLE   InterfaceHandle,
  _In_   UCHAR   PipeID,
  _In_   PVOID   Buffer,
  _In_   ULONG   BufferLength,
  Out PWINUSB_ISOCH_BUFFER_HANDLE BufferHandle
);	

WinUsb_ResetPipe	파이프를 리셋한다.

BOOL __stdcall WinUsb_ResetPipe(
  _In_ WINUSB_INTERFACE_HANDLE InterfaceHandle,
  _In_ UCHAR   PipeID
);	

WinUsb_ReadIsochPipe	등시성 엔드포인트로부터 데이터를 읽는다.

BOOL __stdcall WinUsb_ReadIsochPipe(
  _In_   PWINUSB_ISOCH_BUFFER_HANDLE BufferHandle,
  _In_   ULONG   Offset,
  _In_   ULONG   Length,
  Inout PULONG   FrameNumber,
  _In_   PULONG   NumberOfPackets,
  Out   PULONG   IsoPacketDescriptors,
  _In_opt_ LPOVERLAPPED   Overlapped
);	

WinUsb_SetCurrentAlternateSetting	지정하는 인터페이스를 위한 대체인 터페이스를 선택한다.

BOOL __stdcall WinUsb_SetCurrentAlternateSetting(
  _In_ WINUSB_INTERFACE_HANDLE InterfaceHandle,
  _In_ UCHAR   AlternateSetting
);	

함수 이름	설명
WinUsb_SetPipePolicy	파이프에 대한 정책을 결정(변경)한다.

```
BOOL __stdcall WinUsb_SetPipePolicy(
 _In_ WINUSB_INTERFACE_HANDLE InterfaceHandle,
 _In_ UCHAR          PipeID,
 _In_ ULONG          PolicyType,
 _In_ ULONG          ValueLength,
 _In_ PVOID          Value
);
```

함수 이름	설명
WinUsb_SetPowerPolicy	디바이스를 위한 전원 관리 정책을 지시한다.

```
BOOL __stdcall WinUsb_SetPowerPolicy(
 _In_ WINUSB_INTERFACE_HANDLE InterfaceHandle,
 _In_ ULONG          PolicyType,
 _In_ ULONG          ValueLength,
 _In_ PVOID          Value
);
```

함수 이름	설명
WinUsb_UnregisterIsochBuffer	등시성 전송을 위해서 사용되던 자원을 반납한다.

```
BOOL __stdcall WinUsb_UnregisterIsochBuffer(
 _In_ PWINUSB_ISOCH_BUFFER_HANDLE BufferHandle
);
```

함수 이름	설명
WinUsb_WriteIsochPipeAsap	등시성 엔드포인트로 데이터를 기록한다.

```
BOOL __stdcall WinUsb_WriteIsochPipeAsap(
 _In_      PWINUSB_ISOCH_BUFFER_HANDLE BufferHandle,
 _In_      ULONG          Offset,
 _In_      ULONG          Length,
 _In_      BOOL           ContinueStream,
 _In_opt_ LPOVERLAPPED    Overlapped
);
```

함수 이름	설명
WinUsb_WriteIsochPipe	등시성 엔드포인트로 데이터를 기록한다.

```
BOOL __stdcall WinUsb_WriteIsochPipe(
 _In_      PWINUSB_ISOCH_BUFFER_HANDLE BufferHandle,
 _In_      ULONG          Offset,
 _In_      ULONG          Length,
 _Inout_  PULONG          FrameNumber,
 _In_opt_ LPOVERLAPPED    Overlapped
);
```

함수 이름	설명
WinUsb_WritePipe	파이프로 데이터를 기록한다.

함수 이름	설명

BOOL __stdcall WinUsb_WritePipe(
  _In_   WINUSB_INTERFACE_HANDLE InterfaceHandle,
  _In_   UCHAR   PipeID,
  _In_   PUCHAR   Buffer,
  _In_   ULONG   BufferLength,
  _Out_opt_ PULONG   LengthTransferred,
  _In_opt_ LPOVERLAPPED   Overlapped
);	

11.7.3 USB Configuration 지정하기

이번 절에서는 어떻게 클라이언트 드라이버가 그들의 디바이스를 구성(셋업, Configuration) 해야 하는지 살펴본다.

USB 디바이스는 USB Configuration이라는 이름으로 불리우는 인터페이스를 설명하는 특성 정보를 호스트에 공개한다. 각 인터페이스는 하나 혹은 복수 개의 선택 가능한 대체 인터페이스를 가질 수 있으며 복수 개의 엔드포인트를 설명하는 디스크립터를 가진다.

클라이언트 드라이버는 디바이스로 어떤 입출력 명령을 보내기 전에 반드시 디바이스의 Configuration정보를 읽어서 분석한 뒤 이를 지정하는 작업을 해야 한다. 이렇게 지정하는 작업을 Set Configuration 작업이라고 부른다.

Set Configuration 작업을 하기 이전의 USB 디바이스의 상태를 Not Configured 상태라고 부른다. 통상 Addressed 단계의 경우가 된다. 이 상태에서는 디폴트 엔드포인트만 사용하도록 허용돼 있다. Set Configuration 작업 이후 번들Bundle 엔드포인트가 사용되는 것이 허용된다.

Set Configuration 작업을 한 뒤 특정 USB 디바이스가 하나의 인터페이스를 위해 복수 개의 선택 가능한 인터페이스를 가지고 있다면 클라이언트 드라이버는 이 중에 하나를 지정하는 작업을 이어서 수행해야 한다. 하나의 인터페이스가 복수 개의 대체 가능한 인터페이스를 가지고 있을 때 클라이언트 드라이버는 이 중에 사용하려는 적당한 인터페이스를 지정하는 작업을 해야 한다. 이렇게 지정하는 작업을 Set Interface 작업이라고 부른다.

윈도우에서 사용하는 Set Configuration과 Set Interface 작업은 클라이언트 드라이버로 하여금 적당한 엔드포인트를 위한 파이프핸들을 얻는 결과를 가져온다. 따라서 드라이버는 이와 같은 작업을 통해서 앞으로 사용하고자 하는 파이프를 위한 파이프핸들을 취할 수 있다.

11.7.3.1 USB 디바이스를 위한 Configuration 지정하기

USB 디바이스를 위한 Configuration을 지정하기 위해서 클라이언트 드라이버는 지원되는 Configuration 중에 최소한 한 가지를 지정하고 대체 인터럽트를 가진 인터럽트 중에 사용하려는 인터럽트를 반드시 지정해야 한다.

클라이언트 드라이버는 버스 드라이버 측으로 "Select Configuration" 요청을 담은 URB를 전달하는 방법을 통해서 Configuration을 지정한다. 이후 버스 드라이버는 지정된 Configuration에 포함된 각각의 인터페이스를 선택하고 엔드포인트를 나타내는 파이프(Pipe) 채널을 생성한다.

"Select Configuration" 요청이 끝나면 클라이언트 드라이버는 지정된 Configuration을 나타내는 핸들과 활성화된 인터페이스에 포함된 엔드포인트를 위한 파이프 핸들을 받는다. 클라이언트 드라이버는 이렇게 받은 파이프핸들을 사용해서 그 대상이 되는 엔드포인트를 향해 읽기, 쓰기 등의 요청을 할 수 있다.

클라이언트 드라이버는 URB_FUNCTION_SELECT_CONFIGURATION 유형의 URB를 만들어서 사용한다. USBD_SelectConfigUrbAllocateAndBuild 함수를 사용해서 URB 구조체를 생성할 수 있다. 클라이언트 드라이버는 UsbBuildSelectConfigurationRequest 매크로를 사용해서 이미 할당된 URB 메모리의 내용을 URB_FUNCTION_SELECT_CONFIGURATION 유형의 URB가 되도록 세팅하는 방법을 사용할 수도

있다. 구체적인 작업 순서를 살펴보자.

USBD_INTERFACE_LIST_ENTRY 구조체를 만들 때 다음과 같은 순서를 따른다.

1) 지정하려는 Configuration에 포함된 인터페이스의 수를 얻는다.

   이 값은 USB_CONFIGURATION_DESCRIPTOR 구조체의 bNumInterfaces 필드의 값을 사용한다.

2) USBD_INTERFACE_LIST_ENTRY 구조체의 배열을 만든다. 배열의 항목 수는 최소한 1)에서 얻은 인터페이스의 수보다 하나 더 커야 한다.

3) Configuration Descriptor 내에서 사용하려는 인터페이스를 검색해야 한다. 이 작업은 USBD_ParseConfigurationDescriptorEx 함수를 호출해 수행될 수 있다.

4) USBD_INTERFACE_LIST_ENTRY 구조체 배열의 마지막 항목의 값은 NULL 값을 사용한다.

USB 드라이버 스택에서 할당되는 URB의 주소를 얻을 때는 USBD_SelectConfig UrbAllocateAndBuild 함수를 호출해 지정할 Configuration을 알려주고 USBD_INTERFACE_LIST_ENTRY 배열을 입력값으로 사용해 URB를 만들어낸다.

USB 드라이버 스택으로 URB를 전송한다.

전송이 완료되면 드라이버는 USBD_INTERFACE_LIST_ENTRY 구조체에 담겨진 파이프 정보를 얻는다. USBD_PIPE_INFORMATION 구조체 배열이 USBD_INTERFACE_LIST_ENTRY 구조체에 담겨져 있다. 정리하자면, 이 구조체는 파이프 정보를 담고 있고 드라이버는 여기에서 파이프핸들을 얻는다.

11.7.3.2 USB 인터페이스를 위해 대체가능한 인터페이스중에 지정하기

11.7.3.1절을 통해서 Set Configuration과 Set Interface 작업은 이어서 발생될 수 있다. 클라이언트 드라이버는 필요하다면 원하는 시기에 Set Interface 작업만 추가로 요청할 수 있다. 이와 같은 요청을 하는 작업은 다음의 순서를 가진다(KMDF).

대체 인터럽트를 가진 인터럽트 그룹을 위한 핸들(WDFUSBINTERFACE)을 구하기 위해서는 WdfUsbTargetDeviceGetNumInterfaces 함수와 WdfUsbTargetDeviceGetInterface 함수를 사용해서 WDFUSBINTERFACE 핸들을 구한다.

WdfUsbInterfaceSelectSetting 함수를 사용해서 Set Interface 작업을 요청한다.

보기 11-182 인터페이스를 지정하는 예제 코드(KMDF)

```
NTSTATUS  SelectInterfaceSetting(  _In_ WDFDEVICE Device,   _In_ UCHAR
SettingIndex)
{
    NTSTATUS                    status;   PDEVICE_CONTEXT           pDeviceContext;
    WDF_OBJECT_ATTRIBUTES    pipeAttributes;
    WDF_USB_INTERFACE_SELECT_SETTING_PARAMS settingParams;
    pDeviceContext = GetDeviceContext(Device);
    WDF_OBJECT_ATTRIBUTES_INIT_CONTEXT_TYPE(&pipeAttributes, PIPE_CONTEXT);
    pipeAttributes.EvtCleanupCallback = EvtPipeContextCleanup;
    WDF_USB_INTERFACE_SELECT_SETTING_PARAMS_INIT_SETTING (&settingParams,
    SettingIndex);
    status = WdfUsbInterfaceSelectSetting (  pDeviceContext->UsbInterface,
    &pipeAttributes,
        &settingParams); // 지면상 성공이라고 가정한다.
    if (WdfUsbInterfaceGetNumConfiguredPipes (pDeviceContext->UsbInterface) > 0) {
        // enumeration 작업 시작
    }
Exit:
    return status;
}
```

11.7.4 USB 클라이언트 드라이버에서 USB 데이터 전송을 요청하기

클라이언트 드라이버가 존재하는 가장 근본적인 목적은 USB 디바이스의 엔드포인트 측으로 읽기 혹은 쓰기의 요청을 수행하는 것이라고 볼 수 있다. 이와 같은 요청 작업은 몇 가지 형태로 구분될 수 있다.

11.7.4.1 USB 제어 전송 요청하기

11.7.4.1.1 디폴트 엔드포인트에 대해

모든 USB 디바이스는 최소한 하나의 디폴트 엔드포인트Default Endpoint를 가진다. 이와 같은 디폴트 엔드포인트를 대상으로 하는 모든 전송을 컨트롤 전송Control Transfer이라고 부른다.

컨트롤 전송 혹은 제어 전송은 호스트가 디바이스의 정보를 획득하거나 디바이스를 셋업하거나 디바이스가 가지는 고유한 제어 기능을 수행하는 것을 목적으로 한다.

11.7.4.1.2 제어 전송을 요청하는 마이크로소프트가 제공하는 방법

제어 전송을 요청하는 방법은 다음과 같이 몇 가지 종류의 요청으로 구분된다.

- 표준 요청: 표준 요청Standard Request은 USB 스펙에 정의돼 있다. 이런 요청들을 전송하는 목적은 디바이스, Configuration, 인터페이스, 엔드포인트에 대한 정보를 얻기 위함이다.
- 클래스 요청: 클래스 요청Class Request은 USB Device Class 스펙에서 정의돼 있다.
- 제조사 요청: 제조사 요청은 제조사에 의해 제공되고 디바이스에 의해 지원되는 요청에 의존적이다(Vendor Request).

클라이언트 드라이버가 제어 전송 요청을 하도록 지원하기 위해 윈도우는 적당한 DDIDevice Driver Interface를 지원한다. WDFWindows Driver Foundation 클라이언트 드라이버는 제어 전송을 요청하는 방법을 제공한다.

표 11-15 KMDF 드라이버가 사용하는 DDI 함수

제어 전송 요청의 종류	DDI 함수 사용 방법
CLEAR_FEATURE	1) WDF_USB_CONTROL_SETUP_PACKET 자료 구조를 위한 메모리를 준비한다. 2) WDF_USB_CONTROL_SETUP_PACKET_INIT_FEATURE 매크로를 호출해 자료 구조의 내용을 준비한다. 3) WdfUsbTargetDeviceSendControlTransferSynchronously 또는 WdfUsbTargetDeviceFormatRequestForControlTransfer 함수를 사용한다.

```
typedef union _WDF_USB_CONTROL_SETUP_PACKET {
  struct {
    union {
      struct {
        BYTE Recipient  :2;
        BYTE Reserved   :3;
        BYTE Type  :2;
        BYTE Dir  :1;
      } Request;
      BYTE   Byte;
    } bm;
    BYTE   bRequest;
    union {
      struct {
        BYTE LowByte;
        BYTE HiByte;
      } Bytes;
      USHORT Value;
    } wValue;
    union {
      struct {
        BYTE LowByte;
        BYTE HiByte;
      } Bytes;
      USHORT Value;
    } wIndex;
    USHORT wLength;
  } Packet;
  struct {
    BYTE Bytes[8];
  } Generic;
} WDF_USB_CONTROL_SETUP_PACKET, *PWDF_USB_CONTROL_SETUP_PACKET;
```

제어 전송 요청의 종류	DDI 함수 사용 방법

```
VOID WDF_USB_CONTROL_SETUP_PACKET_INIT_FEATURE(
 _Out_ PWDF_USB_CONTROL_SETUP_PACKET Packet,
 _In_ WDF_USB_BMREQUEST_RECIPIENT  BmRequestRecipient,
 _In_ USHORT                FeatureSelector,
 _In_ USHORT                Index,
 _In_ BOOLEAN               SetFeature
);
```

```
NTSTATUS WdfUsbTargetDeviceSendControlTransferSynchronously(
 [in]          WDFUSBDEVICE           UsbDevice,
 [in, optional]  WDFREQUEST            Request,
 [in, optional]  PWDF_REQUEST_SEND_OPTIONS    RequestOptions,
 [in]          PWDF_USB_CONTROL_SETUP_PACKET SetupPacket,
 [in, optional]  PWDF_MEMORY_DESCRIPTOR     MemoryDescriptor,
 [out, optional] PULONG                BytesTransferred
);
```

```
NTSTATUS WdfUsbTargetDeviceFormatRequestForControlTransfer(
 [in]          WDFUSBDEVICE           UsbDevice,
 [in]          WDFREQUEST            Request,
 [in]          PWDF_USB_CONTROL_SETUP_PACKET SetupPacket,
 [in, optional] WDFMEMORY             TransferMemory,
 [in, optional] PWDFMEMORY_OFFSET       TransferOffset
);
```

GET_CONFIGURATION	1) WDF_USB_CONTROL_SETUP_PACKET 자료 구조를 위한 메모리를 준비한다. 2) bRequest 필드의 값을 USB_REQUEST_GET_CONFIGURATION 값으로 기록한다. 3) WdfUsbTargetDeviceSendControlTransferSynchronously 또는 WdfUsbTargetDeviceFormatRequestForControlTransfer 함수를 사용한다.
GET_DESCRIPTOR	다음 함수를 사용한다. WdfUsbTargetDeviceGetDeviceDescriptor WdfUsbInterfaceGetDescriptor WdfUsbInterfaceGetEndpointInformation WdfUsbTargetPipeGetInformation

```
VOID WdfUsbTargetDeviceGetDeviceDescriptor(
 [in] WDFUSBDEVICE        UsbDevice,
 [out] PUSB_DEVICE_DESCRIPTOR UsbDeviceDescriptor
);
```

976

제어 전송 요청의 종류	DDI 함수 사용 방법
VOID WdfUsbInterfaceGetDescriptor(　[in]　WDFUSBINTERFACE　　Usbinterface, 　[in]　UCHAR　　　　　　　　SettingIndex, 　[out] PUSB_INTERFACE_DESCRIPTOR InterfaceDescriptor);	
VOID WdfUsbInterfaceGetEndpointInformation(　[in]　WDFUSBINTERFACE　　Usbinterface, 　[in]　UCHAR　　　　　　　　SettingIndex, 　[in]　UCHAR　　　　　　　　EndpointIndex, 　[out] PWDF_USB_PIPE_INFORMATION EndpointInfo);	
VOID WdfUsbTargetPipeGetInformation(　[in]　WDFUSBPIPE　　　　　　Pipe, 　[out] PWDF_USB_PIPE_INFORMATION PipeInformation);	
GET_INTERFACE	1) WdfUsbTargetDeviceGetInterface 함수를 호출해 Interface Object를 나타내는 WDFUSBINTERFACE 핸들을 얻는다. 2) WdfUsbInterfaceGetConfiuredSettingIndex 함수를 호출한다.
WDFUSBINTERFACE WdfUsbTargetDeviceGetInterface(　[in] WDFUSBDEVICE UsbDevice, 　[in] UCHAR　　　　InterfaceIndex);	
BYTE WdfUsbInterfaceGetConfiguredSettingIndex(　[in] WDFUSBINTERFACE Interface);	
GET_STATUS	1) WDF_USB_CONTROL_SETUP_PACKET 자료 구조를 위한 메모리를 준비한다. 2) WDF_USB_CONTROL_SETUP_PACKET_INIT_GET_STATUS 매크로를 호출해 자료 구조의 내용을 준비한다. 3) WdfUsbTargetDeviceSendControlTransferSynchronously 또는 WdfUsbTargetDeviceFormatRequestForControlTransfer 함수를 사용한다.
VOID WDF_USB_CONTROL_SETUP_PACKET_INIT_GET_STATUS(　_Out_ PWDF_USB_CONTROL_SETUP_PACKET Packet, 　_In_　WDF_USB_BMREQUEST_RECIPIENT　BmRequestRecipient, 　_In_　USHORT　　　　　　　　　Index);	

제어 전송 요청의 종류	DDI 함수 사용 방법
SET_ADDRESS	클라이언트 드라이버는 SET_ADDRESS 제어 전송 요청을 사용하지 않는다.
SET_CONFIGURATION	KMDF는 디폴트 Configuration과 대체 인터페이스 중에 첫 번째 인터페이스를 선택한다. 클라이언트 드라이버가 이 요청을 하는 경우 디폴트 Configuration을 변경하는 작업을 할 때 이와 같은 DDI를 사용한다. WdfUsbTargetDeviceSelectConfigType WdfUsbTargetDeviceSelectConfigTypeUrb

```
typedef enum _WdfUsbTargetDeviceSelectConfigType {
    WdfUsbTargetDeviceSelectConfigTypeInvalid              = 0,
    WdfUsbTargetDeviceSelectConfigTypeDeconfig             = 1,
    WdfUsbTargetDeviceSelectConfigTypeSingleInterface      = 2,
    WdfUsbTargetDeviceSelectConfigTypeMultiInterface       = 3,
    WdfUsbTargetDeviceSelectConfigTypeInterfacesPairs      = 4,
    WdfUsbTargetDeviceSelectConfigTypeInterfacesDescriptor = 5,
    WdfUsbTargetDeviceSelectConfigTypeUrb                  = 6
} WdfUsbTargetDeviceSelectConfigType;
```

SET_DESCRIPTOR	1) 요청을 위한 URB 메모리를 준비한다. 2) _URB_CONTROL_DESCRIPTOR_REQUEST 구조체를 채운다. 3) WdfUsbTargetDeviceSendControlTransferSynchronously 또는 WdfUsbTargetDeviceFormatRequestForControlTransfer 함수를 사용한다.
SET_FEATURE	1) WDF_USB_CONTROL_SETUP_PACKET 자료 구조를 위한 메모리를 준비한다. 2) WDF_USB_CONTROL_SETUP_PACKET_INIT_FEATURE 매크로를 호출해 자료 구조의 내용을 준비한다. 3) WdfUsbTargetDeviceSendControlTransferSynchronously 또는 WdfUsbTargetDeviceFormatRequestForControlTransfer 함수를 사용한다.
SET_INTERFACE	1) WdfUsbTargetDeviceGetInterface 함수를 호출해 Interface Object를 나타내는 WDFUSBINTERFACE 핸들을 얻는다. 2) WdfUsbInterfaceSelectSetting 함수를 호출한다.

```
NTSTATUS WdfUsbInterfaceSelectSetting(
    [in]           WDFUSBINTERFACE                          UsbInterface,
    [in, optional] PWDF_OBJECT_ATTRIBUTES                   PipesAttributes,
    [in]           PWDF_USB_INTERFACE_SELECT_SETTING_PARAMS Params
);
```

SYNC_FRAME	클라이언트 드라이버에게 허용되지 않는다.

제어 전송 요청의 종류	DDI 함수 사용 방법
제조사 정의 요청	1) WDF_USB_CONTROL_SETUP_PACKET 자료 구조를 위한 메모리를 준비한다. 2) WDF_USB_CONTROL_SETUP_PACKET_INIT_CLASS 매크로 또는 WDF_USB_CONTROL_SETUP_PACKET_INIT_VENDOR 매크로를 호출해 자료 구조의 내용을 준비한다. 3) WdfUsbTargetDeviceSendControlTransferSynchronously 또는 WdfUsbTargetDeviceFormatRequestForControlTransfer 함수를 사용한다.

```
VOID WDF_USB_CONTROL_SETUP_PACKET_INIT_CLASS(
  _Out_ PWDF_USB_CONTROL_SETUP_PACKET Packet,
  _In_  WDF_USB_BMREQUEST_DIRECTION   Direction,
  _In_  WDF_USB_BMREQUEST_RECIPIENT   Recipient,
  _In_  BYTE                          Request,
  _In_  USHORT                        Value,
  _In_  USHORT                        Index
);
```

```
VOID WDF_USB_CONTROL_SETUP_PACKET_INIT_VENDOR(
  _Out_ PWDF_USB_CONTROL_SETUP_PACKET Packet,
  _In_  WDF_USB_BMREQUEST_DIRECTION   Direction,
  _In_  WDF_USB_BMREQUEST_RECIPIENT   Recipient,
  _In_  BYTE                          Request,
  _In_  USHORT                        Value,
  _In_  USHORT                        Index
);
```

11.7.4.2 USB 파이프 열거하기

WDF 프레임워크는 USB 드라이버 스택에서 열린 각각의 파이프에 접근할 수 있도록 USB Pipe Object를 제공하고 있다. KMDF 클라이언트 드라이버는 파이프에 대한 정보를 읽기 위해서 대상이 되는 Pipe Object를 사용하는 함수를 이용한다. 프레임워크가 제공하는 Pipe Object는 WDFUSBPIPE 파이프 핸들 형태를 사용한다.

드라이버가 파이프핸들을 얻기 위해서는 현재 활성화 중인 Configuration 내부의 인터페이스를 검사하고 이어서 포함된 엔드포인트를 검색해야 한다. 엔드포인트를 찾아야 그곳에서 파이프핸들을 가져올 수 있기 때문이다. 드라이버가 현재 선택 인터페이스를 변경하는 작업을 통해서 Configuration을 변경하고자 한다면 드라이버는 반드시 새로운 파이프핸들을 가져와야 한다. 그렇지 않으면 엉뚱한 결과를 가져올 수 있다.

파이프를 열거하는 작업은 다음 순서대로 정리할 수 있다.

1. 파이프핸들들을 보관하기 위해 디바이스 컨텍스트의 크기를 늘린다

디바이스의 엔드포인트를 알고 있는 클라이언트 드라이버의 경우라면 사전에 디바이스 컨텍스트^{Device Context} 구조체의 크기에 WDFUSBPIPE 멤버를 추가할 수 있도록 크기를 계산한다.

보기 11-183 파이프핸들들을 담는 디바이스 컨텍스트를 준비하는 예제 코드(KMDF)

```
typedef struct _DEVICE_CONTEXT {
    WDFUSBDEVICE     UsbDevice;
    WDFUSBINTERFACE  UsbInterface;
    WDFUSBPIPE       BulkReadPipe;    // Pipe opened for the bulk IN endpoint.
    WDFUSBPIPE       BulkWritePipe;   // Pipe opened for the bulk IN endpoint.
    WDFUSBPIPE       InterruptPipe;   // Pipe opened for the interrupt IN endpoint.
    WDFUSBPIPE       StreamInPipe;    // Pipe opened for stream IN endpoint.
    WDFUSBPIPE       StreamOutPipe;   // Pipe opened for stream OUT endpoint.
    UCHAR            NumberConfiguredPipes;  // Number of pipes opened.
    ...
    ...                                      // Other members. Not shown.
} DEVICE_CONTEXT, *PDEVICE_CONTEXT;
```

2. 파이프 컨텍스트 자료 구조를 정의한다

각 파이프핸들들은 자신의 특성에 맞는 고유한 정보를 보관할 수 있도록 파이프 컨텍스트 ^{Pipe Context}를 지원한다. 개발자는 파이프 컨텍스트를 설계해 파이프핸들들을 생성한다.

보기 11-184 파이프핸들들에 보관할 파이프 컨텍스트를 준비하는 예제코드(KMDF)

```
typedef struct _PIPE_CONTEXT {
    ULONG MaxPacketSize;
    ULONG MaxStreamsSupported;
```

```
    PUSBD_STREAM_INFORMATION StreamInfo;
} PIPE_CONTEXT, *PPIPE_CONTEXT;
WDF_DECLARE_CONTEXT_TYPE_WITH_NAME(PIPE_CONTEXT, GetPipeContext)
```

보기 11-184에서 알 수 있듯이 개발자는 GetPipeContext 매크로를 사용해서 PIPE_
CONTEXT를 얻을 수 있다. 물론 보기에서 정의하고 있는 구조체 각각의 필드는 특별한
규칙을 가지지 않는다.

3. 디바이스 Configuration 작업이 끝나면, 인터페이스를 열거해 파이프핸들을 가져온다

파이프핸들을 가져오기 위해서 다음과 같은 3가지 함수를 다룰 수 있어야 한다.

보기 11-185 WdfUsbTargetDeviceCreateWithParameters(KMDF)

```
NTSTATUS WdfUsbTargetDeviceCreateWithParameters(
  [in]           WDFDEVICE                   Device,
  [in]           PWDF_USB_DEVICE_CREATE_CONFIG Config,
  [in, optional] PWDF_OBJECT_ATTRIBUTES       Attributes,
  [out]          WDFUSBDEVICE                *UsbDevice
);
typedef struct _WDF_USB_DEVICE_CREATE_CONFIG {
  ULONG Size;
  ULONG USBDClientContractVersion;
} WDF_USB_DEVICE_CREATE_CONFIG, *PWDF_USB_DEVICE_CREATE_CONFIG;
```

보기 11-185를 보면 WDFUSBDEVICE 핸들을 얻는 방법을 알 수 있다. 이와 같은 방법
으로 얻은 USB 디바이스를 나타내는 WDFUSBDEVICE 핸들은 보기 11-186처럼 사용
된다.

보기 11-186 WdfUsbTargetDeviceGetInterface(KMDF)

```
WDFUSBINTERFACE WdfUsbTargetDeviceGetInterface(
  [in] WDFUSBDEVICE UsbDevice,
  [in] UCHAR        InterfaceIndex
);
```

보기 11-186을 보면 사용하고자 하는 인터페이스(InterfaceIndex)를 선택해 인터페이스 핸들(WDFUSBINTERFACE)을 구하고 있다.

이때 사용하는 InterfaceIndex 값은 USB 스펙에서 사용하는 인터페이스 넘버와는 다르다. 따라서 개발자는 해당하는 인터페이스가 사용하고자 하는 것인지를 꼭 확인해야 한다.

보기 11-187 WdfUsbInterfaceGetConfiguredPipe(KMDF)

```
WDFUSBPIPE WdfUsbInterfaceGetConfiguredPipe(
  [in]             WDFUSBINTERFACE          UsbInterface,
  [in]             UCHAR                    PipeIndex,
  [out, optional]  PWDF_USB_PIPE_INFORMATION PipeInfo
);
```

보기 11-187을 보면 구하고자 하는 파이프를 파이프인덱스^{PipeIndex}를 사용해서 구하고 있는 것을 알 수 있다. 리턴값은 파이프핸들이고 WDF_USB_PIPE_INFORMATION 정보 안에 해당하는 파이프와 관련된 엔드포인트 정보가 포함된다. 개발자는 이 정보를 통해서 파이프핸들의 유효성을 확인해야 한다.

보기 11-188 WDF_USB_PIPE_INFORMATION 자료 구조(KMDF)

```
typedef struct _WDF_USB_PIPE_INFORMATION {
  ULONG              Size;
  ULONG              MaximumPacketSize;
  UCHAR              EndpointAddress;
  UCHAR              Interval;
  UCHAR              SettingIndex;
  WDF_USB_PIPE_TYPE  PipeType;
  ULONG              MaximumTransferSize;
} WDF_USB_PIPE_INFORMATION, *PWDF_USB_PIPE_INFORMATION;
```

11.7.4.3 USB 파이프로부터 쉬지 않고 데이터를 읽기

WDF 프레임워크에서는 'Continuous Reader'(이하 Reader)라고 불리우는 특별한 WDF Object를 제공한다. 이것은 USB 클라이언트 드라이버가 디바이스의 벌크와 인터럽트 엔드포인트로부터 쉬지 않고 존재하는 데이터를 계속해서 읽어들이는 방법을 제공한다.

Reader를 사용하기 위해서 클라이언트 드라이버는 읽고자하는 엔드포인트를 나타내는 USB 파이프핸들을 가져야 한다. Reader를 만든 뒤 클라이언트 드라이버는 필요할 때 Reader를 구동시키거나 정지시킬 수 있다.

WDF 프레임워크가 통상 전력 관리 방식을 지원하는 것이 일반적이지만 Reader를 위해서는 예외로 두고 있다. 이것은 디바이스가 저전력 상태로 들어갈 때 드라이버에 의해서 Reader의 동작을 멈추고 또다시 정상 전력 공급 상태로 디바이스가 들어가면 드라이버에 의해서 Reader의 동작을 재개하도록 설계돼 있기 때문이다.

WDF_USB_CONTINUOUS_READER_CONFIG 자료 구조를 준비하고 필요한 파라미터를 채운 뒤 WdfUsbTargetPipeConfigContinuousReader 함수를 호출한다.

보기 11-189 Reader를 준비하는 예제 코드(KMDF)

```
NTSTATUS ConfigureContinuousReader(
    _In_ WDFDEVICE Device,
    _In_ WDFUSBPIPE Pipe)
{
    NTSTATUS status;
    PDEVICE_CONTEXT                        pDeviceContext;
    WDF_USB_CONTINUOUS_READER_CONFIG       readerConfig;
    PPIPE_CONTEXT                          pipeContext;
    pDeviceContext = WdfObjectGet_DEVICE_CONTEXT(Device);
    pipeContext = GetPipeContext (Pipe);
    WDF_USB_CONTINUOUS_READER_CONFIG_INIT(
        &readerConfig,  XXXEvtReadComplete,  pDeviceContext,
        pipeContext->MaxPacketSize);
    readerConfig.EvtUsbTargetPipeReadersFailed=XXXEvtReadFailed;
    status = WdfUsbTargetPipeConfigContinuousReader( Pipe,  &readerConfig);
```

```
    ...
}
```

보기 11-189를 보면 XXXEvtReadComplete 함수와 XXXEvtReadFailed 함수를 등록하는 것을 알 수 있다.

이 함수들은 각각 읽기 작업이 성공할 때와 실패할 때 호출되는 이벤트 함수가 된다.

클라이언트 드라이버는 이와 같은 이벤트 함수를 준비해야 한다.

보기 11-190 Reader 호출하는 성공, 실패 이벤트함수 예제 코드(KMDF)

```
EVT_WDF_USB_READER_COMPLETION_ROUTINE XXXEvtReadComplete;
VOID XXXEvtReadComplete(
    __in  WDFUSBPIPE Pipe,
    __in  WDFMEMORY Buffer, // WdfMemoryGetBuffer 함수를 통해 실 버퍼를 구함
    __in  size_t NumBytesTransferred, // 전송된 크기
    __in  WDFCONTEXT Context
    );


EVT_WDF_USB_READERS_FAILED XXXEvtReadFailed;
BOOLEAN
XXXEvtReadFailed(
    WDFUSBPIPE      Pipe,
    NTSTATUS        Status,
    USBD_STATUS     UsbdStatus
    );
```

클라이언트 드라이버는 저전력 상태로 진입하거나 필요에 따라서 Reader의 동작을 멈추거나 재개시킬 수 있다. 이때 사용하는 함수는 다음과 같다.

보기 11-191 Reader의 동작을 멈추거나 재개하는 함수(KMDF)

```
NTSTATUS WdfIoTargetStart(
  [in] WDFIOTARGET IoTarget
);
```

```
VOID WdfIoTargetStop(
    [in] WDFIOTARGET                    IoTarget,
    [in] WDF_IO_TARGET_SENT_IO_ACTION Action
);
```

11.7.4.4 USB 벌크 전송 요청하기

USB 클라이언트 드라이버가 수행하는 작업 중에 가장 많은 빈도를 보이는 전송 요청이 벌크 전송이다. 이번에는 어떻게 벌크 전송을 요청하는지를 살펴보자.

1. 전송을 위한 버퍼를 준비한다

WDF 요청 Object를 클라이언트 드라이버가 처리하는 경우 이곳에서 실제 사용자 버퍼를 나타내는 Memory Object를 뽑아내야 한다. 이와 같은 작업은 다음과 같은 함수에 의해서 수행된다.

물론 구태여 사용자 버퍼의 내용을 클라이언트 드라이버가 참조할 필요가 없다면 이와 같은 작업은 필요없다.

보기 11-192 WdfRequestRetreiveOutputMemory, WdfRequestRetreiveInputMemory(KMDF)

```
NTSTATUS WdfRequestRetrieveOutputMemory(
    [in]  WDFREQUEST Request,
    [out] WDFMEMORY  *Memory
); // 쓰기를 위한 메모리 Object를 구한다.

NTSTATUS WdfRequestRetrieveInputMemory(
    [in]  WDFREQUEST Request,
    [out] WDFMEMORY  *Memory
); // 읽기를 위한 메모리 Object를 구한다.
```

보기 11-192처럼 이 함수를 사용해서 WDFMEMORY 자료 구조를 얻어야 한다.

2. USB 드라이버 스택으로 프레임워크 요청 오브젝트를 준비해 전송한다

클라이언트 드라이버는 WDFREQUEST 요청 오브젝트를 준비한다. 이렇게 준비된 요청 오브젝트는 동기적으로 혹은 비동기적으로 USB 드라이버 스택으로 전달될 수 있다.

기본적으로 비동기적인 전송이 디폴트이며 필요에 따라서 동기적으로 요청할 수 있다.

보기 11-193 비동기적으로 요청 오브젝트를 전송하는 함수(KMDF)

```
// 읽기 요청을 준비한다.
NTSTATUS WdfUsbTargetPipeFormatRequestForRead(
    [in]           WDFUSBPIPE         Pipe,
    [in]           WDFREQUEST         Request,
    [in, optional] WDFMEMORY          ReadMemory,
    [in, optional] PWDFMEMORY_OFFSET ReadOffset
);

// 쓰기 요청을 준비한다.
NTSTATUS WdfUsbTargetPipeFormatRequestForWrite(
    [in]           WDFUSBPIPE         Pipe,
    [in]           WDFREQUEST         Request,
    [in, optional] WDFMEMORY          WriteMemory,
    [in, optional] PWDFMEMORY_OFFSET WriteOffset
);

// 비동기적으로 요청을 전달한다.
BOOLEAN WdfRequestSend(
    [in]           WDFREQUEST              Request,
    [in]           WDFIOTARGET             Target,
    [in, optional] PWDF_REQUEST_SEND_OPTIONS RequestOptions
);
```

동기적으로 요청하는 경우에는 다음의 함수가 사용될 수 있다.

보기 11-194 동기적으로 요청 오브젝트를 전송하는 함수(KMDF)

```
// 읽기 요청을 동기적으로 전송한다.
NTSTATUS WdfUsbTargetPipeReadSynchronously(
```

```
    [in]            WDFUSBPIPE               Pipe,
    [in, optional]  WDFREQUEST               Request,
    [in, optional]  PWDF_REQUEST_SEND_OPTIONS RequestOptions,
    [in, optional]  PWDF_MEMORY_DESCRIPTOR   MemoryDescriptor,
    [out, optional] PULONG                   BytesRead
);

// 쓰기 요청을 동기적으로 전송한다.
NTSTATUS WdfUsbTargetPipeWriteSynchronously(
    [in]            WDFUSBPIPE               Pipe,
    [in, optional]  WDFREQUEST               Request,
    [in, optional]  PWDF_REQUEST_SEND_OPTIONS RequestOptions,
    [in, optional]  PWDF_MEMORY_DESCRIPTOR   MemoryDescriptor,
    [out, optional] PULONG                   BytesWritten
);
```

3. 요청의 완료루틴을 준비한다

클라이언트 드라이버는 요청이 완료되면 호출되는 완료루틴을 준비할 수 있다. 프레임
워크는 완료루틴을 호출할 때 WDF_REQUEST_COMPLETION_PARAMS 자료 구조를
함께 전달해 클라이언트 드라이버가 필요로 하는 사용된 현재의 USB 요청 파라미터를
참조할 수 있도록 한다.

보기 11-195 완료루틴을 설정하는 작업과 완료루틴 함수 원형(KMDF)

```
VOID WdfRequestSetCompletionRoutine(
    [in]            WDFREQUEST                            Request,
    [in, optional]  PFN_WDF_REQUEST_COMPLETION_ROUTINE CompletionRoutine,
    [in, optional]  WDFCONTEXT                            CompletionContext
);

EVT_WDF_REQUEST_COMPLETION_ROUTINE CompletionRoutine;
void CompletionRoutine(
    _In_ WDFREQUEST                     Request,
    _In_ WDFIOTARGET                    Target,
    _In_ PWDF_REQUEST_COMPLETION_PARAMS Params,
```

```
  _In_ WDFCONTEXT                        Context
);
```

보기 11-195에서처럼, USB 전송 요청이 완료되면 CompletionRoutine 함수가 호출된다. 이때 함께 전달되는 파라미터 WDF_REQUEST_COMPLETION_PARAMS 구조체는 구체적인 전송 요청과 관련된 파라미터들이 전달된다.

보기 11-196 WDF_REQUEST_COMPLETION_PARAMS 자료 구조(KMDF)

```
typedef struct _WDF_REQUEST_COMPLETION_PARAMS {
  ULONG             Size;
  WDF_REQUEST_TYPE Type;
  IO_STATUS_BLOCK  IoStatus;
  union {
   .... // 중략
    struct {
      PWDF_USB_REQUEST_COMPLETION_PARAMS Completion;
    } Usb;
  } Parameters;
} WDF_REQUEST_COMPLETION_PARAMS, *PWDF_REQUEST_COMPLETION_PARAMS;
typedef struct _WDF_USB_REQUEST_COMPLETION_PARAMS {
  USBD_STATUS           UsbdStatus;
  WDF_USB_REQUEST_TYPE Type;
  union {
    .... // 중략
    struct {
      WDFMEMORY Buffer;
      size_t    Length;
      size_t    Offset;
    } PipeRead, PipeWrite ;
  } Parameters;
}WDF_USB_REQUEST_COMPLETION_PARAMS;
```

보기 11-196에 나타난 WDF_USB_REQUEST_COMPLETION_PARAMS 구조체는 이 외에 지면상 몇 가지 구조체가 함께 union(공용체) 형태로 정의돼 있다.

보기 11-197은 쓰기 요청을 위한 KMDF 예제 코드의 일부분을 보여준다.

보기 11-197 쓰기 요청을 보여주는 예제 코드(KMDF)

```
VOID XXXEvtIoWrite(IN WDFQUEUE  Queue,  IN WDFREQUEST  Request,
    IN size_t  Length   )
{
    NTSTATUS  status;     WDFUSBPIPE  pipe;     WDFMEMORY  reqMemory;
    PDEVICE_CONTEXT  pDeviceContext;
     pDeviceContext = GetDeviceContext(WdfIoQueueGetDevice(Queue));
     pipe = pDeviceContext->BulkWritePipe;
    status = WdfRequestRetrieveInputMemory( Request, &reqMemory );
    status = WdfUsbTargetPipeFormatRequestForWrite(pipe, Request, reqMemory,
                                          NULL);
    WdfRequestSetCompletionRoutine(Request, BulkWriteComplete, pipe);
    if (WdfRequestSend( Request, WdfUsbTargetPipeGetIoTarget(pipe),
                    WDF_NO_SEND_OPTIONS) == FALSE) {
        status = WdfRequestGetStatus(Request);
    }
Exit:
    if (!NT_SUCCESS(status)){
        WdfRequestCompleteWithInformation( Request,  status, 0 );
    return;
}
```

11.7.4.5 USB 스트림 전송 요청하기

USB 2.0까지 하나의 벌크 엔드포인트는 하나의 데이터 스트림을 읽기 또는 쓰기 방향으로 사용할 수 있었다. USB 3.0에서는 벌크 엔드포인트는 복수 개의 스트림을 만들어서 이들이 읽기 혹은 쓰기로 사용되는 것을 허용한다. 하나의 엔드포인트 위에 존재하는 복수 개의 스트림은 일종의 논리적인 파이프로 사용된다.

보통 벌크 엔드포인트를 사용하는 디바이스가 열거한 뒤 해당하는 파이프핸들이 구해지면 이후에 이와 같은 파이프핸들을 사용하는 전송은 디폴트 스트림을 위한 전송으로 간주된다. 클라이언트 드라이버는 복수 개의 스트림을 만들기 위해서 일련의 작업을 요청하게 되고 이후 이렇게 구해진 스트림을 사용해서 읽기 또는 쓰기 요청을 하게 된다.

UMDF 프레임워크에서는 아직 스트림 전송을 지원하지 않는다. KMDF 프레임워크 역시 몇 가지 외에는 직접적으로 스트림을 지원하는 함수가 없다. 다만 WDM 드라이버에서만 이와 같은 스트림을 사용할 수 있다. 하지만 KMDF 프레임 아래에서 동작하는 드라이버 역시 WDM과 같은 커널 환경이기 때문에 KMDF 드라이버 코드 내에서 WDM 드라이버가 사용하는 코드를 일부 빌려온다.

11.7.4.5.1 스트림을 여는 방법

1) 호스트 컨트롤러와 대상의 USB 디바이스가 모두 스트림 전송을 지원하는지 여부를 확인한다.

    KMDF에서는 WdfUsbTargetDeviceQueryUsbCapability 함수를 호출해서 확인할 수 있다.

    WDM에서는 USBD_QueryUsbCapability 함수를 호출해서 확인할 수 있다.

보기 11-198 스트림 전송 지원 여부를 확인하는 함수(KMDF/WDM)

```
NTSTATUS WdfUsbTargetDeviceQueryUsbCapability(
  [in]                 WDFUSBDEVICE UsbDevice,
  [in]          const PGUID      *CapabilityType,
// GUID_USB_CAPABILITY_STATIC_STREAMS
  [in]                 ULONG       CapabilityBufferLength,
  [out, optional]      PVOID       CapabilityBuffer,
  [out, optional]      PULONG      ResultLength
); // KMDF

NTSTATUS USBD_QueryUsbCapability(
  _In_     USBD_HANDLE USBDHandle,
  _In_     PGUID       CapabilityType,
// GUID_USB_CAPABILITY_STATIC_STREAMS
  _In_     ULONG       OutputBufferLength,
  _Inout_  PUCHAR      OutputBuffer,
```

```
    _Out_opt_ PULONG        ResultLength
); // WDM
```

2) 열기를 하고자 하는 스트림의 개수를 결정한다. USBD_QueryUsbCapability 함
   수에 의해서 호스트 컨트롤러가 지원하는 최대 스트림 개수를 알 수 있다. 디바이
   스가 지원하는 최대 스트림 개수는 디바이스로부터 Companion Descriptor를
   얻어서 확인해야 한다. 두 가지 값 중에 작은 값(n)을 사용해야 한다.

3) 스트림 개수(n)를 사용하면서 필요한 USBD_STREAM_INFORMATION 자료 구
   조를 준비한다.

4) 스트림을 열기 위해서 사용될 URB(내용이 아직 채워지지 않은)를 만든다.

   KMDF에서는 WdfUsbTargetDeviceCreateUrb 함수를 사용한다.

   WDM에서는 USBD_UrbAllocate 함수를 사용한다.

5) 스트림을 열기 위해서 URB 구조체의 내용을 채운다.

   이 작업을 위해서 UsbBuildOpenStaticStreamsRequest 함수를 사용할 수 있다.

보기 11-199 스트림 열기를 위해 사용하는 URB 자료 구조(WDM)

```
struct _URB_OPEN_STATIC_STREAMS {
    _URB_HEADER             Hdr;
    USBD_PIPE_HANDLE        PipeHandle; // WDM 드라이버에서만 사용되는 형태
    ULONG                   NumberOfStreams;
    USHORT                  StreamInfoVersion;
    USHORT                  StreamInfoSize;
    PUSBD_STREAM_INFORMATION Streams;
};


typedef struct _USBD_STREAM_INFORMATION {
    USBD_PIPE_HANDLE PipeHandle; // 스트림 핸들로 사용된다.
    ULONG            StreamID;
    ULONG            MaximumTransferSize;
    ULONG            PipeFlags;
} USBD_STREAM_INFORMATION, *PUSBD_STREAM_INFORMATION;
```

6) 동기 혹은 비동기적인 방법을 사용해서 요청을 USB 드라이버 스택으로 전달한다.

11.7.4.5.2 스트림을 요청하는 방법

스트림이 열리면 해당하는 스트림을 위한 스트림핸들을 사용해서 원하는 읽기, 쓰기 요청을 개별적으로 요청할 수 있다. 스트림을 요청하는 방법은 11.7.4.4절에서 사용하는 벌크 전송을 요청하는 방법과 동일하다. 다만 파이프핸들을 스트림핸들로 대신 사용하면 된다.

11.7.4.5.3 스트림을 닫는 방법

사용이 끝난 스트림을 운영체제에게 반납하는 방법은 다음과 같다.

1) WdfUsbTargetDeviceCreateUrb 함수를 사용해서 필요한 URB 메모리를 준비한다.
2) URB 구조체의 내용을 채운다. 이때 Hdr 멤버는 URB_FUNCTION_CLOSE_STATIC_STREAMS 값을 사용한다.
3) 동기 혹은 비동기적으로 URB를 USB 드라이버 스택으로 전송한다.

11.7.4.6 USB 등시성 전송 요청하기

등시성 전송은 다른 전송 요청에 비해서 조금 까다로운 것이 사실이다. 전송되는 시간을 중요하게 여기는 전송이지만 데이터 무결성 역시 중요하게 다뤄져야 하는 전송이기 때문이다. USB 스펙에서는 등시성 전송에서 데이터의 무결성을 보장하지 않지만 실제 사용하는 용례에서 무결성이 보장되지 않는 전송은 그다지 의미가 없기 때문에 클라이언트 드라이버는 패킷을 주의해 스케줄링해 전송 요청을 해야 한다.

등시성 전송을 올바르게 수행하기 위해서 클라이언트 드라이버 개발자가 알아야 하는 몇 가지 USB 스펙과 관련된 사전 지식이 있다. 이 부분은 이 책의 다른 부분과 중복 설명해도 무방할 만큼 중요한 부분이기 때문에 부분적으로 중복 설명하겠다.

표 11-16 Endpoint 디스크립터의 구성

오프셋	필드	크기(바이트)	값	설명
0	bLength	1	숫자	디스크립터 길이
1	bDescriptorType	1	상수	ENDPOINT Type
2	bEndpointAddress	1	엔드포인트	엔드포인트 주소(방향+엔드포인트 식별자)
3	bmAttributes	1	비트맵	속성
4	wMaxPacketSize	2	숫자	엔드포인트가 다룰 수 있는 최대 데이터패킷 크기
6	bInterval	1	숫자	주기적인 엔드포인트의 경우 주기 시간을 지정

표 11-16은 엔드포인트를 위한 디스크립터의 내용을 보여주고 있다. 등시성 전송을 위해서 이중에서 중요하게 언급하려는 부분은 크게 2가지, wMaxPacketSize와 bInterval이다. wMaxPacketSize 값은 하나의 등시성 패킷 속에 몇 바이트의 데이터(Payload)를 실을 수 있는가를 결정한다. bInterval 값은 어느 정도 시간을 버스 인터벌$^{Bus\ Interval}$ 시간으로 사용하는가를 결정한다.

Full Speed에서는 wMaxPacketSize 값은 최대 1023 값을 가질 수 있다. bInterval 값은 최소 1을 가진다. 이 값은 1ms를 의미한다. 이것은 1ms 시간(Frame)마다 등시성 전송을 요청하고 한 번에 요청하는 데이터는 하나의 패킷, 즉 1,023바이트를 최댓값으로 사용한다. 결과적으로 1초 동안에 전송될 수 있는 최대 데이터 크기는 1000 * 1023 = 1,023,000바이트가 된다.

USB 2.0 High Speed에서는 wMaxPacketSize 값은 최대 1024 값을 가질 수 있다. 또한 하드웨어만 지원한다면 고대역 등시성 전송을 사용할 수 있으며 이것은 엔드포인트 디스크립터의 비트 12, 11의 값에 따라서 한 번에 전송 요청으로 최대 3번의 데이터패킷을 전송할 수 있게 된다. 이것은 버스 인터벌 시간 동안에 전송할 수 있는 데이터패킷이 최대 3배만큼 늘어난 결과를 가져온다.

bInterval 값은 최소 1을 가진다. 이 값은 125us(마이크로 Frame)를 의미한다. 결과적으로 1초 동안에 전송될 수 있는 최대 데이터 크기는 8 * 1024 * 3 * 1000 = 24,576,000바이트가 된다.

USB 3.0 Super Speed에서는 wMaxPacketSize 값은 최대 1024 값을 가질 수 있다. 하지만 이어지는 또 다른 별도의 디스크립터를 참조해야 한다.

표 11-17 SuperSpeed Endpoint Companion 디스크립터의 구성

오프셋	필드	크기(바이트)	값	설명
0	bLength	1	수	디스크립터 크기
1	bDescriptorType	1	상수	SUPERSPEED_USB_ENDPOINT_ COMPANION Type. 표 8-57 참고.
2	bMaxBurst	1	수	하나의 Burst 전송에서 엔드포인트가 보내거나 받을 수 있는 최대 패킷 개수 - 1 최솟값 0(1개), 최댓값 15(16개)를 사용한다.
3	bmAttributes	1	비트맵	비트 1, 0(Mult)
4	wBytesPerInterval	2	수	등시성 엔드포인트와 인터럽트 엔드포인트에서 사용된다. 엔드포인트가 서비스 인터벌마다 전송하거나 받을 수 있는 데이터 총량을 의미한다. 등시성 엔드포인트의 경우 bmAttributes의 비트 7이 FALSE일 때만 의미를 가진다.

표 11-17을 보면 SUPERSPEED_USB_ENDPOINT_COMPANION 디스크립터의 내용을 알 수 있다. 이곳에서 bMaxBurst 값, Mult 값과 wBytesPerInterval 값을 참고해야 한다.

bMaxBurst 값은 쉬지 않고(Burst) 몇 개의 전송을 한 번의 트랜잭션에 사용할 수 있는지를 보여준다. 최댓값은 15(16개)를 사용한다. Mult 값은 고대역 전송으로 한 번의 등시성 요청에 몇 개의 트랜잭션을 사용할 수 있는지를 보여준다. 기본적으로 값 0을 가지지만, 최댓값은 2를 가진다. 이것은 추가로 2번의 트랜잭션을 더 사용할 수 있다는 것을 의미한다.

한 번의 버스 인터벌 시간에 (bMaxBurst+1) * (Mult+1) * wMaxPacketSize만큼 전송이 가능하다는 결과가 된다. 버스 인터벌 시간(bInterval)을 1(125us)로 사용하고 이 값을 계산하면 다음과 같다. 1초에 1000 * 8 * (15+1) * (2+1) * 1024 = 393,216,000바이트의 데이터를 전송할 수 있다.

결국 하나의 버스 인터벌 시간 동안에 (15+1) * (2+1) * 1024 = 49,152바이트를 전송할 수 있다는 뜻이다. 표 11-17의 wBytesPerInterval 값은 49,152 값보다 작거나 같아야 한다.

또 한 가지 꼭 유의해야 하는 것은 패킷의 개수다. 등시성 전송에서 요청할 수 있는 패킷의 개수는 특정 조건에서 몇 가지 규칙을 따라야 한다. 1ms 프레임을 기본으로 사용하는 Full Speed에서는 상관이 없지만 125us 마이크로 프레임을 사용하는 High Speed와 Super Speed에서는 125us 시간이 1/8ms라는 점에서 몇 가지 규칙을 따르도록 요청하고 있다.

디스크립터의 bInterval 필드는 $2^{(bInterval-1)}$ * 125us 시간을 의미한다. bInterval 값은 최소 1에서 최대 4를 가질 수 있다. 이 값에 따라서 결정되는 주기시간은 다음과 같다.

표 11-18 bInterval 값, 버스 인터벌 시간(High Speed와 Super Speed)과 패킷의 개수

bInterval 값	버스 인터벌 시간(s)	패킷의 개수
1	125us	8의 배수만큼
2	250us	4의 배수만큼
3	500us	2의 배수만큼
4	1000us(1ms)	상관없다.

표 11-18에서 알 수 있듯이 등시성 전송을 요청할 때 패킷의 개수는 특정 수의 배수만큼 요청해야 하는 상황이 있다는 점을 꼭 기억해야 한다.

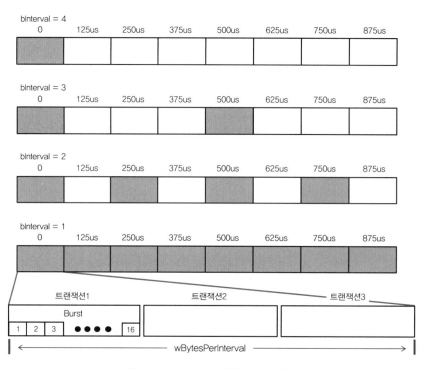

그림 11-13 Super Speed 등시성 전송과 인터벌

등시성 전송을 요청하기 위해서 다음과 같은 순서를 사용한다.

1) 등시성 전송을 요청하기 위해서 필요한 등시성 패킷의 크기를 얻는다. Full Speed에서는 최대 1,023, High Speed에서는 최대 3,072, Super Speed에서는 Companion 디스크립터의 wBytesPerInterval 값을 사용한다.

2) 1ms 프레임당 패킷 수를 결정한다. High Speed, Super Speed에서 bInterval 값이 1이면, 프레임당 패킷 수는 8이 된다.

3) 전체 전송을 포함하는 전체 등시성 패킷 수를 계산한다. 이 값은 전송하려는 전체 크기(바이트)에서 1)의 지시하는 값으로 나눈 값이다. 예를 들어 360,000바이트의 Super Speed 등시성 전송의 경우 wBytesPerInterval 값이 45,000이라면 360,000 / 45,000 = 8개가 된다.

4) URB 구조체를 할당한다. URB 구조체는 _URB_ISOCH_TRANSFER 형태를 가지는 구조체로 만들고 구조체의 필드는 적당한 값으로 채운다.

```
struct _URB_ISOCH_TRANSFER {
    struct URB_HEADER          Hdr;
    USBD_PIPE_HANDLE           PipeHandle;
    ULONG                      TransferFlags;
    ULONG                      TransferBufferLength;
    PVOID                      TransferBuffer;
    PMDL                       TransferBufferMDL;
    struct URB   *             UrbLink;
    struct URB_HCD_AREA        hca;
    ULONG                      StartFrame; // 전송이 시작될 프레임값
    ULONG                      NumberOfPackets;
    ULONG                      ErrorCount;
    USBD_ISO_PACKET_DESCRIPTOR IsoPacket[1]; // NumberOfPackets 개수만큼 배열
};
```

TransferFlags 값으로 USBD_START_ISO_TRANSFER_ASAP 플래그를 사용하는 경우 StartFrame 필드의 값을 무시한다. 가능하면 빨리 전송되도록 호스트 컨트롤러 드라이버는 이 요청을 스케줄링한다.

5) URB의 IsoPacket 구조체를 채운다.

보기 11-201 등시성 전송을 위한 USBD_ISO_PACKET_DESCRIPTOR 채우기 예시(Full Speed)

```
Frame 1 IsoPacket [0].Offset = 0 (start address)
Frame 2 IsoPacket [1].Offset = 1023
Frame 3 IsoPacket [2].Offset = 2046
...
```

보기 11-202 등시성 전송을 위한 USBD_ISO_PACKET_DESCRIPTOR 채우기 예시(High Speed)

```
Microframe 1 IsoPacket [0].Offset = 0 (start address)
Microframe 2 IsoPacket [1].Offset = 3072
Microframe 3 IsoPacket [2].Offset = 6144
Microframe 4 IsoPacket [3].Offset = 9216
Microframe 5 IsoPacket [4].Offset = 12288
```

```
Microframe 6 IsoPacket [5].Offset = 15360
Microframe 7 IsoPacket [6].Offset = 18432
Microframe 8 IsoPacket [7].Offset = 21504
```

보기 11-203 등시성 전송을 위한 USBD_ISO_PACKET_DESCRIPTOR 채우기 예시(Super Speed)

```
Microframe 1 IsoPacket [0].Offset = 0 (start address)
Microframe 2 IsoPacket [1].Offset = 45000
Microframe 3 IsoPacket [2].Offset = 90000
Microframe 4 IsoPacket [3].Offset = 135000
Microframe 5 IsoPacket [4].Offset = 180000
Microframe 6 IsoPacket [5].Offset = 225000
Microframe 7 IsoPacket [6].Offset = 270000
Microframe 8 IsoPacket [7].Offset = 315000
```

보기 11-204 등시성 전송을 위한 USBD_ISO_PACKET_DESCRIPTOR 채우기 예시 코드

```
Urb->UrbIsochronousTransfer.Hdr.Length = (USHORT) urbSize;
Urb->UrbIsochronousTransfer.Hdr.Function = URB_FUNCTION_ISOCH_TRANSFER;
Urb->UrbIsochronousTransfer.PipeHandle = PipeInfo->PipeHandle;
if (USB_ENDPOINT_DIRECTION_IN(PipeInfo->EndpointAddress))
    Urb->UrbIsochronousTransfer.TransferFlags = USBD_TRANSFER_DIRECTION_IN;
Else
    Urb->UrbIsochronousTransfer.TransferFlags = USBD_TRANSFER_DIRECTION_OUT;
Urb->UrbIsochronousTransfer.TransferBufferLength = TotalLength;
Urb->UrbIsochronousTransfer.TransferBufferMDL = RequestMDL;
Urb->UrbIsochronousTransfer.NumberOfPackets = numberOfPackets;
Urb->UrbIsochronousTransfer.UrbLink = NULL;
for (index = 0; index < numberOfPackets; index++)  {
    Urb->UrbIsochronousTransfer.IsoPacket[index].Offset = index *
    isochPacketSize;
}
Urb->UrbIsochronousTransfer.IsoPacket[index].Length = 0;
Urb->UrbIsochronousTransfer.IsoPacket[index].Status = 0;
Urb->UrbIsochronousTransfer.TransferFlags |= USBD_START_ISO_TRANSFER_ASAP;
```

11.7.4.7 연결된 MDL을 사용해서 전송 요청하기

하나의 MDL^{Memory Descriptor List}은 가상 메모리 수준에서는 연속으로 보이지만 실제로 물리적으로 불연속성을 가지는 메모리를 설명한다. MDL 여러 개를 연결해서 사용하는 전송을 연결된 MDL을 사용하는 전송 요청이라고 부른다. 이와 같은 전송은 호스트 컨트롤러에 의해서 지원이 가능한 경우에만 사용할 수 있다. 클라이언트 드라이버는 반드시 호스트 컨트롤러가 연결된 MDL을 사용하는 전송을 지원하는지를 확인해야 한다.

1) USBD_QueryUsbCapability 함수를 사용해서 연결된 MDL 특성(Chained MDLs Capability)을 지원하는 호스트 컨트롤러인지를 확인한다(UsbCapabilityChained Mdls).

2) 복수 개의 MDL을 서로 연결한다. 이것은 MDL 구조체의 Next 필드를 서로 연결해서 이뤄진다.

3) 연결된 MDL을 사용하는 URB를 만든다. 이것은 벌크 전송, 인터럽트 전송 그리고 등시성 전송에만 사용할 수 있다.

URB_FUNCTION_BULK_OR_INTERRUPT_TRANSFER_USING_CHAINED_MDL
URB_FUNCTION_ISOCH_TRANSFER_USING_CHAINED_MDL

4) 다른 URB를 사용하는 것과 마찬가지로 USB 드라이버 스택으로 URB를 전달한다.

11.7.4.8 USB 파이프 에러로부터 회복하기

USB 클라이언트 드라이버는 파이프를 사용하는 과정 중에 에러가 발생하는 상황을 만나면 에러를 회복^{Recovery}하는 방법을 알아야 한다. 다음의 순서는 해결되지 않을 때 따르는 순서다.

1) 에러가 발생한 원인을 찾는다. URB의 완료루틴으로 전달되는 상태값을 확인한다.

2) 디바이스가 포트에 연결돼 있는 상태인지를 확인한다. WdfUsbTargetDeviceIsC
onnectedSynchronous 함수를 사용한다.

보기 11-205 WdfUsbTargetDeviceIsConnectedSynchronous 함수(KMDF)

```
NTSTATUS WdfUsbTargetDeviceIsConnectedSynchronous(
  [in] WDFUSBDEVICE UsbDevice
);
```

3) USB 파이프와 연관된 모든 전송을 취소한다. WdfIoTargetStop 함수를 호출
해 대상이 되는 파이프 동작을 멈춘다. WdfUsbTargetPipeAbortSynchronou
sly 함수를 호출하면 취소 요청을 USB 드라이버 스택으로 전송한다. 또는 Wdf
UsbTargetPipeFormatRequestForAbort 함수를 사용해서 취소 요청을 만들어
WdfRequestSend 함수를 통해 USB 드라이버 스택으로 전송한다.

보기 11-206 WdfIoTargetStop 함수(KMDF)

```
VOID WdfIoTargetStop(
  [in] WDFIOTARGET                    IoTarget,
  [in] WDF_IO_TARGET_SENT_IO_ACTION Action
);
```

보기 11-207 WdfUsbTargetPipeAbortSynchronously 함수(KMDF)

```
NTSTATUS WdfUsbTargetPipeAbortSynchronously(
  [in]           WDFUSBPIPE              Pipe,
  [in, optional] WDFREQUEST              Request,
  [in, optional] PWDF_REQUEST_SEND_OPTIONS RequestOptions
);
```

보기 11-208 WdfUsbTargetPipeFormatRequestForAbort 함수(KMDF)

```
NTSTATUS WdfUsbTargetPipeFormatRequestForAbort(
  [in] WDFUSBPIPE Pipe,
```

```
  [in] WDFREQUEST Request
);
```

4) USB 파이프를 리셋한다. WdfUsbTargetPipeResetSynchronously 함수를 사용해서 리셋 명령을 USB 드라이버 스택으로 전송하거나 WdfUsbTargetPipeFormatRequestForReset 함수를 사용해 리셋 명령을 만든 뒤, WdfRequestSend 함수를 사용해서 USB 드라이버 스택으로 전송한다.

보기 11-209 WdfUsbTargetPipeResetSynchronously 함수(KMDF)

```
NTSTATUS WdfUsbTargetPipeResetSynchronously(
  [in]            WDFUSBPIPE                Pipe,
  [in, optional] WDFREQUEST                Request,
  [in, optional] PWDF_REQUEST_SEND_OPTIONS RequestOptions
);
```

보기 11-210 WdfUsbTargetPipeFormatRequestForReset 함수(KMDF)

```
NTSTATUS WdfUsbTargetPipeFormatRequestForReset(
  [in] WDFUSBPIPE Pipe,
  [in] WDFREQUEST Request
);
```

5) 디바이스가 연결돼 있던 포트를 리셋한다. 허브 측으로 리셋 명령을 전송하도록 요청하는 방법으로 허브는 연결된 디바이스 측으로 리셋 명령을 보낸다. WdfUsbTargetDeviceResetPortSynchronously 함수를 호출한다.

보기 11-211 WdfUsbTargetDeviceResetPortSynchronously 함수(KMDF)

```
NTSTATUS WdfUsbTargetDeviceResetPortSynchronously(
  [in] WDFUSBDEVICE UsbDevice
);
```

6) 디바이스가 연결돼 있던 포트를 재사용시킨다(Cycle). 포트를 재사용시킨다는 의미는 물리적으로 디바이스를 포트에서 제거했다가 다시 연결한 것처럼 동작시킨다는 의미다. 주의할 점은 이 행동은 실제로 디바이스가 포트에서 제거될 때와 마찬가지의 결과를 가져오기 때문에 PnP Manager는 디바이스가 새로 제거되는 상황과 연결되는 상황을 그대로 따른다.

WdfUsbTargetDeviceCyclePortSynchronously 함수를 사용해서 Cycle 명령을 USB 드라이버 스택으로 전송하거나 WdfUsbTargetDeviceFormatRequestForCyclePort 함수를 사용해서 Cycle 명령을 만든 뒤 WdfRequestSend 함수를 사용해 USB 드라이버 스택으로 전송한다.

보기 11-212 WdfUsbTargetDeviceCyclePortSynchronously 함수(KMDF)

```
NTSTATUS WdfUsbTargetDeviceCyclePortSynchronously(
  [in] WDFUSBDEVICE UsbDevice
);
```

보기 11-213 WdfUsbTargetDeviceFormatRequestForCyclePort 함수(KMDF)

```
NTSTATUS WdfUsbTargetDeviceFormatRequestForCyclePort(
  [in] WDFUSBDEVICE UsbDevice,
  [in] WDFREQUEST   Request
);
```

11.7.4.9 USB 대역폭 할당하기

윈도우 XP 이상의 운영체제에서 사용하는 URB Pipe의 MaximumTransferSize 크기는 표 11-19와 같이 제한된다.

표 11-19 윈도우가 지원하는 파이프의 최대 전송크기(바이트)

파이프 종류	윈도우 8.1, 8	윈도우 7, 비스타	윈도우 XP, 서버 2003
Control	[SS, HS] xHCI: 64K	[HS] EHCI: 64K	[HS] EHCI: 64K
	[FS, LS] xHCI, EHCI, UHCI, OHCI: 4K	[FS, LS] EHCI, UHCI, OHCI: 4K	[FS, LS] EHCI, UHCI, OHCI: 4K
	UHCI: Default 4K	UHCI: Default 4K	UHCI: Default 4K
Interrupt	[SS, HS, FS, LS]: 4M	[HS, FS, LS] EHCI, UHCI, OHCI: 4M	제한 없음
Bulk	[SS] xHCI: 32M	[HS, FS] EHCI, UHCI: 4M	[HS, FS] EHCI: 3M
	[HS, FS] xHCI: 4M		UHCI: 제한 없음
	[HS, FS] EHCI, UHCI: 4M	[FS] OHCI: 256K	[FS] OHCI: 256K
	[FS] OHCI: 256K		
Isochronous	[SS] xHCI: 1024*wBytesPerInterval	[HS] EHCI : 1024*MaximumPacketSize	[HS] EHCI : 1024*MaximumPacketSize
	[HS] xHCI, EHCI : 1024*MaximumPacketSize	[FS] EHCI : 256*MaximumPacketSize	[FS] EHCI : 256*MaximumPacketSize
	[FS] xHCI, EHCI : 512*MaximumPacketSize	[FS] UHCI, OHCI: 64K	[FS] UHCI, OHCI: 64K
	[FS] UHCI, OHCI: 64K		

11.7.5 USB 클라이언트 드라이버에서 전원 관리하기

USB 표준 스펙을 따르는 디바이스는 스펙에서 명시하는 많은 양의 전원 관리와 관련된 특징을 지원하고 있다. 윈도우에서 이와 같은 특징들이 어떻게 드라이버와 연동돼 운용되는지를 알아야 한다. 특별히 윈도우가 시스템을 깨우도록 설계하는 방식 속에 USB 전원 관리 방식을 연동하는 모습도 이해해야 한다.

복합장치로 사용되는 USB 디바이스의 경우 각각의 펑션을 다루는 USB 클라이언트 드라이버의 입장은 단일장치로 사용되는 경우와 조금 다르게 다뤄진다. 단일장치로 사용되는 경우 USB 클라이언트 드라이버 혼자만 디바이스를 사용하는 상황이지만 복합장치로 사용되는 경우 여러 개의 클라이언트 드라이버가 물리적으로 하나의 디바이스를 같이 바라보기 때문이다. 복합장치상에서 어느 하나의 펑션이 서스펜드Suspend 상태를 요구한다고 하더라도 다른 펑션이 이를 수용하지 않는 경우 실제로 디바이스는 서스펜드 상태로 들어갈 수 없기 때문이다.

11.7.5.1 USB Device Power State

11.7.5.1.1 단일장치에서의 Power State

디바이스의 전원 정책관리자Power Policy Manager, PPM는 자신의 디바이스의 전원공급 상태를 지정할 책임을 가지고 있다. PPM이 지정하는 전원공급 상태에 대해서 버스 드라이버는 적당한 행동을 해야 한다. 다음은 PPM이 디바이스의 전원공급 상태를 지정하면 버스 드라이버가 어떤 행동을 수행해야 하는지를 나타낸다.

표 11-20 단일장치에서 전원공급 상태를 지정하면 버스 드라이버가 수행하는 작업

전원공급 상태 (Power State)	작업 순서
D0	1) Upstream 방향의 모든 허브에 전력이 공급되고 요청을 받을 준비를 한다. 2) 필요하다면 PORT_SUSPEND Feature를 클리어한다. 3) Idle IRP가 접수된 상태라면 STATUS_SUCCESS로 완료시킨다. 4) 원격 깨우기 기능이 준비돼 있다면 기능을 해제한다.
D1/D2	1) IRP_MN_WAIT_WAKE IRP가 접수된 상태라면 원격 깨우기 기능을 준비한다. 2) PORT_SUSPEND Feature를 셋(Set)해 디바이스가 연결된 포트를 Suspend 시킨다.
D3	1) PORT_SUSPEND Feature를 셋(Set)해 디바이스가 연결된 포트를 Suspend 시킨다. 2) Wait Wake IRP가 접수된 상태라면 STATUS_POWR_STATE_INVALID 값으로 완료한다. 3) Idle IRP가 접수된 상태라면 STATUS_POWR_STATE_INVALID 값으로 완료한다.

11.7.5.1.2 복합장치에서의 Power State

윈도우는 복합장치를 위해 USB Generic Parent 드라이버(USBCCGP.SYS)를 제공한다. 이 드라이버는 복합장치가 가지는 개별적인 인터페이스를 분리해 각각의 인터페이스를 다룰 수 있는 드라이버 스택을 동작시킨다. 이와 같이 분리된 특정 인터페이스를 위한 클라이언트 드라이버는 전원공급 상태를 같은 복합장치 내의 다른 인터페이스를 위한 클라이언트 드라이버와 공유해야 한다.

표 11-21 복합장치에서 클라이언트 드라이버가 전원공급 상태를 지정하면 버스 드라이버(USBCCGP.SYS)가 수행하는 작업

전원공급 상태 (Power State)	작업 순서
D0	1) Upstream 방향의 모든 허브에 전력이 공급되고 요청을 받을 준비를 한다. 2) 필요하다면 PORT_SUSPEND Feature를 클리어한다. 3) Idle IRP가 접수된 상태라면 STATUS_SUCCESS로 완료시킨다. 4) 원격 깨우기 기능이 준비돼 있다면 기능을 해제한다.
D1/D2	특별한 작업을 하지 않는다.
D3	1) Wait Wake IRP가 접수된 상태라면 STATUS_POWR_STATE_INVALID 값으로 완료한다. 2) Idle IRP가 접수된 상태라면 STATUS_POWR_STATE_INVALID 값으로 완료한다.

복합장치 버스 드라이버는 다음의 조건일 때 디바이스가 연결된 USB 포트를 Suspend 시킨다.

- 윈도우 시스템이 저전력 상태로 전환하려고 한다.
- 복합장치가 열거한 모든 드라이버 스택이 Selective Suspend를 요청한다.

11.7.5.2 선택적 서스펜드

선택적 서스펜드^{Selective Suspend, WDF}는 시스템(윈도우)이 S0(Full Power On) 상태를 유지하면서 특정 USB 디바이스의 전력 소비를 줄이기도 하고 이후에 유휴(Idle) 상태의 USB 디바이스를 리줌시키는 능력을 말한다.

모든 USB 디바이스와 드라이버는 에너지 절약을 위해서 선택적 서스펜드를 지원할 수 있어야 한다. USB 디바이스가 버스 상태의 유휴 상태를 감지해 저전력소비 상태로 전환할 수 있다면 드라이버는 이와 같은 기능을 지원해야 한다.

WDF 드라이버에서 선택적 서스펜드를 지원하기 위해서 클라이언트 드라이버는 몇 가지 이벤트 콜백함수를 제공해야 한다. 선택적 서스펜드는 같은 허브의 서로 다른 포트에 연결된 디바이스에게 영향을 주지 않는 상태로 특정 디바이스의 상태만 유휴 상태로 전환하는 기능이다.

USB 스펙에 따르면 모든 USB 디바이스는 원칙적으로 선택적 서스펜드를 지원해야 한다. 자신의 디바이스를 위한 USB 버스의 활동이 유휴 상태가 되면 디바이스는 저전력소비 상태로 전환돼야 한다. 마이크로소프트가 지원하는 허브 드라이버는 이와 같은 선택적 서스펜드를 지원한다.

클라이언트 드라이버는 버스 드라이버와 함께 WDF 수준에서 허용하는 각각의 함수를 사용해 디바이스의 현 상태를 서스펜드 혹은 리줌 상태로 전환시킬 수 있다. 클라이언트 드라이버는 사용자모드^{User Mode}와 커널모드^{Kernel Mode}에서 동작하는 상황에 따라서 UMDF 또는 KMDF 프레임워크 수준의 선택적 서스펜드 기능을 사용한다.

11.7.5.2.1 선택적 서스펜드와 입출력 큐(WDF)

보통 디바이스 스택의 Function 드라이버 역할을 수행하는 드라이버가 클라이언트 드라이버인 경우가 많다. 드라이버를 작성하는 개발자는 자신의 USB 디바이스의 상태를 서스펜드 혹은 리줌시킬 수 있어야 한다.

WDF에서 지원하는 입출력 큐(명령 입출력 큐)는 전원 관리 기능이 포함되는 경우(Power Managed Queue)와 그렇지 않은 경우로 나뉜다. USB 드라이버가 사용하는 입출력 큐는 전원 관리 기능이 포함된 큐를 사용한다.

그림 11-14를 보자.

이와 같은 입출력 큐는 평상시 외부에서 장시간 동안 어떤 입출력 명령어도 전달되지 않는 상황일 때 디바이스의 전원 소비 상태를 서스펜드로 전환시킨다. 물론 서스펜드된 상태에서 입출력 명령어가 전달되는 것이 감지되면 입출력 큐는 디바이스의 전원 소비 상태를 원래대로 되돌린다. 이와 같은 입출력 큐의 행동은 WDF 프레임워크가 지원하는 기능이다. 드라이버 개발자는 WDF 드라이버가 가질 수 있는 이와 같은 이점을 사용하면 손쉽게 서스펜드와 리줌 기능을 가질 수 있다.

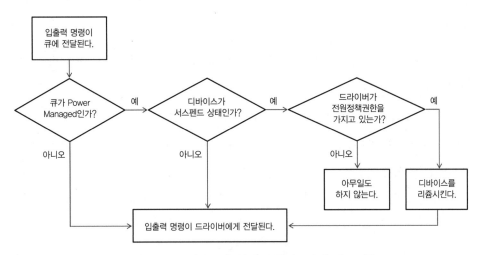

그림 11-14 WDF 프레임워크가 제공하는 입출력 큐와 서스펜드, 리줌

11.7.5.2.2 USB KMDF 클라이언트 드라이버와 선택적 서스펜드

11.7.5.2.2.1 KMDF USB 클라이언트 드라이버의 선택적 서스펜드 메커니즘

KMDF 프레임워크는 USB 선택적 서스펜드를 위해서 필요로 하는 대부분의 작업을 대신 수행한다. KMDF 프레임워크는 입출력 활동을 관리하고 유휴 타이머를 관리하고 디바이스를 서스펜드 또는 리줌시키기 위해서 입출력 제어코드 요청을 버스 드라이버로 전송해준다.

KMDF USB 클라이언트 드라이버는 KMDF Function 드라이버이다. KMDF Function 드라이버가 선택적 서스펜드를 지원하면 KMDF 프레임워크는 전원 관리 큐^{Power Managed} ^{Queue} 위에서 동작하는 입출력 활동을 감시한다.

프레임워크는 전원 관리 큐로 입출력 요청이 들어오지 않으면 입출력 카운트값을 0으로 초기화한 뒤에 유휴 타이머를 구동한다. 유휴 타이머의 디폴트 타임아웃값은 5초로 설정된다. 즉, 그 어떤 입출력 명령도 큐에 들어오지 않으면 5초 유휴 타이머가 구동되고, 타임아웃이 될 때까지 입출력 명령이 큐에 여전히 들어오지 않으면 프레임워크는 버스 드라이버에게 현재 디바이스를 서스펜드 상태로 전환하도록 요청한다. 유휴 타이머가 구동된 뒤 타임아웃이 되기 전에 입출력 명령이 큐에 들어오면 프레임워크는 유휴 타이머를 취소한다.

디바이스가 서스펜드된 이후 다음 상황이 되면 프레임워크는 자동으로 현재 디바이스를 리줌한다.

- 전원 관리 큐로 입출력 명령이 전달된다.
- 사용자가 제어판의 디바이스 관리자를 사용해서 USB 선택적 서스펜드 기능을 금지시킨다.
- 드라이버가 임의로 WdfDeviceStopIdle 함수를 호출해 서스펜드로 들어가는 것을 허락하지 않는다.

디바이스를 리줌하기 위해 KMDF 프레임워크는 디바이스 스택으로 Power Up 요청을 전달한다. 이것은 디바이스 스택의 가장 상위 드라이버부터 시작해서 버스 드라이버까지 전원 관리와 관련된 콜백함수를 호출한다.

11.7.5.2.2.2 KMDF USB 클라이언트 드라이버가 선택적 서스펜드 지원하기

KMDF Function 드라이버는 USB 선택적 서스펜드를 지원하기 위해서 다음과 같은 내용을 준비해야 한다.

▶ 유휴 타임아웃값을 포함하는 전원정책 설정값을 초기화 한다

드라이버는 선택적 서스펜드를 준비하기 위해서 WDF_DEVICE_POWER_POLICY_IDLE_SETTINGS 자료 구조를 사용한다. 드라이버는 EvtDriverDeviceAdd 또는 EvtDevicePrepareHardware 이벤트 콜백함수에서 이 자료 구조를 초기화한다.

```
typedef struct _WDF_DEVICE_POWER_POLICY_IDLE_SETTINGS {
  ULONG                                  Size;
  WDF_POWER_POLICY_S0_IDLE_CAPABILITIES  IdleCaps;
  DEVICE_POWER_STATE                     DxState;
  ULONG                                  IdleTimeout;
  WDF_POWER_POLICY_S0_IDLE_USER_CONTROL  UserControlOfIdleSettings;
  WDF_TRI_STATE                          Enabled;
  WDF_TRI_STATE                          PowerUpIdleDeviceOnSystemWake;
  WDF_POWER_POLICY_IDLE_TIMEOUT_TYPE     IdleTimeoutType;
  WDF_TRI_STATE                          ExcludeD3Cold;
} WDF_DEVICE_POWER_POLICY_IDLE_SETTINGS, *PWDF_DEVICE_POWER_POLICY_IDLE_SETTINGS;

typedef enum _WDF_POWER_POLICY_S0_IDLE_CAPABILITIES {
  IdleCapsInvalid          = 0,
  IdleCannotWakeFromS0     = 1,
  IdleCanWakeFromS0        = 2,
  IdleUsbSelectiveSuspend  = 3
} WDF_POWER_POLICY_S0_IDLE_CAPABILITIES;

VOID WDF_DEVICE_POWER_POLICY_IDLE_SETTINGS_INIT(
  _Out_ PWDF_DEVICE_POWER_POLICY_IDLE_SETTINGS Settings,
  _In_  WDF_POWER_POLICY_S0_IDLE_CAPABILITIES  IdleCaps
);
```

보기 11-214를 보자.

선택적 서스펜드를 지원하는 드라이버는 IdleUsbSelectiveSuspend 값을 사용해서 자료 구조를 초기화 한다. 이어서 다음과 같은 WDF_DEVICE_POWER_POLICY_IDLE_SETTINGS의 파라미터를 추가적으로 준비해야 한다.

- IdleTimeout = 디폴트 5초(5000ms)
- UserControlOfIdleSettings = IdleAllowUserControl. 사용자가 디바이스의 유휴 상태 설정을 변경하는 것을 허용한다.
- Enabled = WdfUseDefault

- DxState = PowerDeviceMaximum. 디바이스를 서스펜드시킬 때 사용하는 전원 상태값

드라이버가 WDF_DEVICE_POWER_POLICY_IDLE_SETTINGS 자료 구조의 값을 적당하게 준비한 뒤에 WdfDeviceAssignS0IdleSettings 함수를 호출해 프레임워크에게 자료 구조를 전달한다.

보기 11-215 WdfDeviceAssignS0IdleSettings 함수(KMDF)

```
NTSTATUS WdfDeviceAssignS0IdleSettings(
  [in] WDFDEVICE                           Device,
  [in] PWDF_DEVICE_POWER_POLICY_IDLE_SETTINGS Settings
);
```

보기 11-216을 보면 KMDF Function 드라이버에서 WdfDeviceAssignS0IdleSettings 함수를 호출하는 예시 코드를 볼 수 있다.

보기 11-216 WdfDeviceAssignS0IdleSettings 함수 호출 예시 코드(KMDF)

```
WDF_DEVICE_POWER_POLICY_IDLE_SETTINGS idleSettings;
WDF_DEVICE_POWER_POLICY_IDLE_SETTINGS_INIT(&idleSettings,
                                           IdleUsbSelectiveSuspend);
idleSettings.IdleTimeout = 10000; // 10sec
status = WdfDeviceAssignS0IdleSettings(Device, &idleSettings);
```

응용프로그램으로부터 전달되는 입출력 명령어가 없더라도 열기 작업이 있었다면 디바이스를 서스펜드시키지 않을 것인지와 같은 특별한 상황을 위한 로직을 구현해야 한다. HID[Human Interface Device]를 지원하는 드라이버의 경우 설치파일 내에 선택적 서스펜드의 지원 여부를 기록해야 한다.

보기 11-217 HID 드라이버가 선택적 서스펜드를 지원하도록 설정하는 설치파일 항목

```
HKR,,"SelectiveSuspendEnabled",0x00000001,0x1
```

HID 드라이버는 사용자와 대화하는 용도로 사용되는 드라이버이기 때문에 다른 USB 드라이버와 달리 서스펜드를 지원하지 않도록 운영체제가 준비를 한다. 따라서 이와 같이 서스펜드가 금지된 상황을 바꾸기 위해서는 보기 11-217처럼 설치파일의 'AddReg' 지시자의 내용을 기록해야 한다.

11.7.5.2.2.3 KMDF USB 클라이언트 드라이버가 원격 깨우기 기능을 지원하기

선택적 서스펜드 기능에 있어서 KMDF 프레임워크는 현재 시스템의 전원 상태가 S0 상태이거나 S1-S4 상태이면서 디바이스가 유휴 상태에서 클라이언트 드라이버가 리쥼되기 위해 트리거링^{Triggering}할 수 있는 방법을 제공하고 있다.

시스템이 S0 상태에서 제공하는 깨우는 기능을 "S0로부터 깨우기(Wake from S0)"라고 부른다. 시스템이 S1-S4에서 제공하는 깨우는 기능을 "Sx로부터 깨우기(Wake from Sx)"라고 부른다.

이들 기능을 모두 "원격 깨우기 기능"이라고 부른다.

S0으로부터 깨우기 기능을 사용하기 위해서 KMDF USB 클라이언트 드라이버가 하는 일은 없다. KMDF 프레임워크가 알아서 필요한 작업을 수행한다. 하지만 Sx로부터 깨우기 기능을 사용하려면 클라이언트 드라이버가 다음의 작업을 해야 한다. 이와 관련된 작업은 드라이버의 EvtDriverDviceAdd 혹은 EvtDevicePrepareHardware 이벤트 콜백 함수에서 수행하는 작업이다.

WdfUsrTargetDeviceRetrieveInformation 함수를 호출해 디바이스가 원격 깨우기 기능을 가지고 있는지를 확인한다(보기 11-220).

보기 11-218 WdfUsrTargetDeviceRetrieveInformation 함수(KMDF)

```
NTSTATUS WdfUsbTargetDeviceRetrieveInformation(
  [in]  WDFUSBDEVICE                UsbDevice,
  [out] PWDF_USB_DEVICE_INFORMATION Information
);

typedef struct _WDF_USB_DEVICE_INFORMATION {
```

```
ULONG                    Size;
USBD_VERSION_INFORMATION UsbdVersionInformation;
ULONG                    HcdPortCapabilities;
ULONG                    Traits; // 1
} WDF_USB_DEVICE_INFORMATION, *PWDF_USB_DEVICE_INFORMATION;
```

1. Trait 값은 보기 11-219와 같은 유형의 값을 가지고 있다.

보기 11-219 WDF_USB_DEVICE_TRAITS 유형

```
typedef enum _WDF_USB_DEVICE_TRAITS {
  WDF_USB_DEVICE_TRAIT_SELF_POWERED       = 0x00000001,
  WDF_USB_DEVICE_TRAIT_REMOTE_WAKE_CAPABLE = 0x00000002,
  WDF_USB_DEVICE_TRAIT_AT_HIGH_SPEED      = 0x00000004
} WDF_USB_DEVICE_TRAITS;
```

보기 11-220 디바이스가 원격 깨우기 기능을 가지고 있는 지 확인하는 예시 코드(KMDF)

```
WDF_USB_DEVICE_INFORMATION           deviceInfo;
WDF_USB_DEVICE_INFORMATION_INIT(&deviceInfo);
status = WdfUsbTargetDeviceRetrieveInformation(
                    pDeviceContext->UsbDevice,
                    &deviceInfo);
waitWakeEnable =
deviceInfo.Traits & WDF_USB_DEVICE_TRAIT_REMOTE_WAKE_CAPABLE;
```

▶ WdfDeviceAssignSxWakeSettings 함수를 호출해 원격 깨우기 기능 파라미터를 설정한다

WDF_DEVICE_POWER_POLICY_WAKE_SETTINGS 자료 구조를 적당한 값으로 초기화한 뒤 WdfDeviceAssignSxWakeSettings 함수를 호출해 KMDF 프레임워크에게 원격 깨우기 기능을 준비시킨다.

보기 11-221 WdfDeviceAssignSxWakeSettings 함수(KMDF)

```
NTSTATUS WdfDeviceAssignSxWakeSettings(
  [in] WDFDEVICE                        Device,
```

```
    [in] PWDF_DEVICE_POWER_POLICY_WAKE_SETTINGS Settings
);
typedef struct _WDF_DEVICE_POWER_POLICY_WAKE_SETTINGS {
    ULONG                                 Size;
    DEVICE_POWER_STATE                    DxState;
    WDF_POWER_POLICY_SX_WAKE_USER_CONTROL UserControlOfWakeSettings;
    WDF_TRI_STATE                         Enabled;
    BOOLEAN                               ArmForWakeIfChildrenAreArmedForWake;
    BOOLEAN                               IndicateChildWakeOnParentWake;
} WDF_DEVICE_POWER_POLICY_WAKE_SETTINGS, *PWDF_DEVICE_POWER_POLICY_WAKE_SETTINGS;
```

보통 WDF_DEVICE_POWER_POLICY_WAKE_SETTINGS 자료 구조를 초기화하는 방법은 WDF_DEVICE_POWER_POLICY_WAKE_SETTINGS_INIT 매크로함수를 사용해 수행된다.

이후 WdfDeviceAssignSxWakeSettings 함수를 호출해 원격 깨우기 기능을 준비시킨다.

보기 11-222 KMDF 프레임워크에게 원격 깨우기 기능을 준비시키는 예시 코드(KMDF)

```
WDF_DEVICE_POWER_POLICY_WAKE_SETTINGS wakeSettings;
WDF_DEVICE_POWER_POLICY_WAKE_SETTINGS_INIT(&wakeSettings);
status = WdfDeviceAssignSxWakeSettings(Device, &wakeSettings);
```

11.7.5.3 선택적 서스펜드

선택적 서스펜드Selective Suspend, WDM와 달리 프레임워크가 사용되지 않는 WDM 드라이버 형태에서 선택적 서스펜드 동작 원리를 파악하는 것은 무척 의미가 깊다. 프레임워크가 자동으로 수행하는 작업이 더 이상 없기 때문에 보다 더 정교하게 드라이버가 어떤 식으로 선택적 서스펜드를 지원하게 되는지를 살펴볼 수 있다.

USB 디바이스를 선택적 서스펜드시키는 메커니즘은 크게 두 가지가 있다. 한 가지는 IOCTL_INTERNAL_USB_SUBMIT_IDLE_NOTIFICATION 요청 코드(유휴 요청)를 사용하는 IRP를 이용하는 매커니즘이고 한 가지는 IRP_MN_SET_POWER 전원 관리 IRP 를 사용하는 방법이다. 복합 장치와 단일 장치에 있어서 그리고 사용하려는 운영체제 종류에 따라서 어떤 메커니즘을 사용할 것인지를 결정해야 한다.

11.7.5.3.1 IOCTL_INTERNAL_USB_SUBMIT_IDLE_NOTIFICATION 사용하기

보기 11-223 IOCTL_INTERNAL_USB_SUBMIT_IDLE_NOTIFICATION 명령코드 사용(WDM)

```
Parameters.DeviceIoControl.Type3InputBuffer = &USB_IDLE_CALLBACK_INFO;
typedef VOID (*USB_IDLE_CALLBACK)(PVOID Context);
typedef struct _USB_IDLE_CALLBACK_INFO {
  USB_IDLE_CALLBACK IdleCallback; // 1
  PVOID IdleContext;
} USB_IDLE_CALLBACK_INFO, *PUSB_IDLE_CALLBACK_INFO;
```

1. 현재 디바이스의 상태가 유휴 상태이고 서스펜드로 진입해도 된다고 생각되는 상황일 때 버스 드라이버에 의해서 콜백함수가 호출된다. 디바이스가 유휴 상태(Idle)가될 때 버스 드라이버가 호출하는 콜백함수를 설정한다. 버스 드라이버 입장에서는콜백함수를 호출한다는 것이 현재 디바이스의 전원공급 상태를 저전력 상태로 전환해도 무방하다는 상황으로 파악하고 있다는 뜻이다.

콜백함수에서는 클라이언트 드라이버가 반드시 버스 드라이버에게 전달했지만 완료되지않은 모든 대기중인 입출력 요청을 취소하고 해당하는 취소 요청이 끝나기를 기다려야한다. 그런 다음 IRP_MN_SET_POWER IRP를 준비해서 디바이스 스택으로 전송해 디바이스의 전원공급 상태를 D2 상태로 전환하도록 요청한다. 클라이언트 드라이버는 D2요청이 완료되기를 기다려야 한다.

버스 드라이버가 받은 IOCTL_INTERNAL_USB_SUBMIT_IDLE_NOTIFICATION IRP는 클라이언트 드라이버의 콜백함수를 호출한 뒤에 다음과 같은 조건을 만날 때까지는완료하지 않고 대기(Pending)시킨다.

IRP_MN_SURPRISE_REMOVAL 또는 IRP_MN_REMOVE_DEVICE IRP 명령을 받는 경우 버스 드라이버는 IOCTL_INTERNAL_USB_SUBMIT_IDLE_NOTIFICATION IRP 를 STATUS_CANCELLED 상태로 완료한다.

버스 드라이버가 외부로부터 현재 디바이스의 전원공급 상태를 D0 상태로 전환하라는 요청을 받는 경우. 버스 드라이버는 IOCTL_INTERNAL_USB_SUBMIT_IDLE_NOTIFICATION IRP를 STATUS_SUCCESS 상태로 완료한다.

클라이언트 드라이버는 두 번 이상의 IOCTL_INTERNAL_USB_SUBMIT_IDLE_NOTIFICATION IRP를 버스 드라이버에게 전송하면 안 된다. 그리고 이 명령을 버스 드라이버에게 전송할 때는 반드시 디바이스의 전원공급 상태가 D0 상태여야 한다.

다음은 WDM 드라이버 작성자가 따라야 하는 IOCTL_INTERNAL_USB_SUBMIT_IDLE_NOTIFICATION IRP 사용 순서를 보여준다.

IOCTL_INTERNAL_USB_SUBMIT_IDLE_NOTIFICATION IRP를 준비한다.

보기 11-224 IOCTL_INTERNAL_USB_SUBMIT_IDLE_NOTIFICATION IRP 준비하는 예시 코드(WDM)

```
irp = IoAllocateIrp (DeviceContext->TopOfStackDeviceObject->StackSize, FALSE);
nextStack = IoGetNextIrpStackLocation (irp);
nextStack->MajorFunction = IRP_MJ_INTERNAL_DEVICE_CONTROL;
nextStack->Parameters.DeviceIoControl.IoControlCode =
IOCTL_INTERNAL_USB_SUBMIT_IDLE_NOTIFICATION;
nextStack->Parameters.DeviceIoControl.InputBufferLength =
sizeof(struct _USB_IDLE_CALLBACK_INFO);
```

USB_IDLE_CALLBACK_INFO 자료 구조를 준비한다.

보기 11-225 USB_IDLE_CALLBACK_INFO 자료 구조를 준비하는 예시 코드(WDM)

```
idleCallbackInfo = ExAllocatePool (NonPagedPool,
                  sizeof(struct _USB_IDLE_CALLBACK_INFO));
idleCallbackInfo->IdleCallback = IdleNotificationCallback;
idleCallbackInfo->IdleContext = (PVOID) DeviceExtension;
nextStack->Parameters.DeviceIoControl.Type3InputBuffer = idleCallbackInfo;
```

완료 함수를 설정한다.

보기 11-226 완료함수를 설정하는 예시 코드(WDM)

```
IoSetCompletionRoutine (irp,  IdleNotificationRequestComplete,
    DeviceContext, TRUE, TRUE, TRUE);
```

IRP를 저장한다.

보기 11-227 IRP를 저장하는 예시 코드(WDM)

```
deviceExtension->PendingIdleIrp = irp;
```

IRP를 버스 드라이버에게 전달한다.

보기 11-228 IRP를 버스 드라이버에게 전달하는 예시 코드(WDM)

```
ntStatus = IoCallDriver (DeviceContext->TopOfStackDeviceObject, irp);
```

11.7.5.3.2 IOCTL_INTERNAL_USB_SUBMIT_IDLE_NOTIFICATION 취소하기

특정 상황에서 디바이스 드라이버는 IOCTL_INTERNAL_USB_SUBMIT_IDLE_ NOTIFICATION IRP 요청전달을 취소할 필요가 있다. 디바이스가 제거되거나 디바이스 가 유휴 상태에서 활성화 상태로 전환되거나 전체 윈도우 시스템이 저전력 상태로 상태 전환을 요청하는 경우가 바로 그 경우이다.

클라이언트 드라이버는 IoCancelIrp 함수를 사용해서 IRP를 취소 요청한다.

보기 11-229 IoCancelIrp 함수(WDM)

```
BOOLEAN IoCancelIrp(
  _In_ PIRP Irp
);
```

IRP를 취소 요청하는 시나리오는 총 3가지 시나리오를 가질 수 있다.

표 11-22 IRP를 취소 요청하는 3가지 시나리오와 클라이언트 드라이버의 Idle 요청 취소 메커니즘

취소 요청 시나리오	콜백함수에서 수행할 작업
클라이언트 드라이버가 유휴 요청 IRP를 취소요청을 했고 USB 드라이버 스택은 아직 유휴 통지 콜백 함수를 호출하지 않았다.	USB 드라이버 스택은 유휴 IRP를 완료한다. 디바이스의 전원공급 상태가 D0 상태를 유지하기 때문에 클라이언트 드라이버가 추가적으로 작업할 일은 없다.
클라이언트 드라이버가 유휴 요청 IRP를 취소요청을 했고 USB 드라이버 스택은 유휴 통지 콜백 함수를 호출했다. 하지만 아직 클라이언트 드라이버에게 되돌아가지 않았다.	디바이스가 저전력 상태였다면, 반드시 드라이버는 D0으로 상태를 전환하는 IRP_MN_SET_POWER IRP를 드라이버 스택으로 전달해야 한다.
디바이스가 이미 저전력 상태인 경우	디바이스가 저전력 상태였다면 반드시 드라이버는 D0으로 상태를 전환하는 IRP_MN_SET_POWER IRP를 드라이버 스택으로 전달해야 한다.

11.7.5.3.3 IOCTL_INTERNAL_USB_SUBMIT_IDLE_NOTIFICATION 완료루틴

버스 드라이버는 유휴 요청 IRP의 완료루틴을 호출하는 경우 클라이언트 드라이버는 어떤 이유로 버스 드라이버가 IRP를 완료했는지를 확인해야 한다. 이 작업은 IRP의 Status 값을 확인하는 작업을 통해서 수행된다.

상태값이 STATUS_POWER_STATE_INVALID인 경우 클라이언트 드라이버가 유휴 요청 IRP를 요청할 수 없는 디바이스 전원공급 상태라는 의미다.

표 11-23 유휴 요청 IRP가 완료될 때 가지는 상태값

상태값	설명
STATUS_SUCCESS	디바이스가 더 이상 서스펜드되지 않아야 하는 것을 의미한다. 드라이버는 자신의 디바이스의 전원공급 상태가 D0 상태가 아니라면 D0으로 전환하도록 요청해야 한다.

상태값	설명
STATUS_CANCELLED	버스 드라이버가 다음의 상황에서 유휴 요청 IRP를 취소 완료한다. • 클라이언트 드라이버가 유휴 요청 IRP를 취소 요청한다. • 윈도우 시스템 전원공급 상태가 변경된다.
STATUS_POWER_STATE_INVALID	D0 상태가 아닌 디바이스 전원공급 상태에서 유휴 요청 IRP를 버스 드라이버에게 전달하면 안된다.
STATUS_DEVICE_BUSY	이전에 유휴 요청 IRP를 버스 드라이버가 받은 상태다.

11.7.5.3.4 유휴 통지 콜백루틴

보기 11–230 유휴 통지 콜백루틴의 원형(WDM)

```
typedef VOID (*USB_IDLE_CALLBACK)(__in PVOID Context);
```

보기 11–230은 유휴 통지 콜백루틴의 함수 원형을 보여준다.

버스 드라이버가 호출하는 유휴 통지 콜백루틴을 제공하는 클라이언트 드라이버는 복합 장치의 경우 각 인터페이스를 담당하는 클라이언트 드라이버로부터 모두 제공받을 수 있다. 클라이언트 드라이버의 유휴 통지 콜백루틴이 수행하는 행동은 다음과 같다.

1) IRP_MN_WAIT_WAKE IRP를 버스 드라이버에게 전달한다. 원격 깨우기 기능을 사용하는 드라이버는 해당하는 IRP를 버스 드라이버에게 전달해야 한다. 해당하는 IRP는 STATUS_PENDING 리턴돼 버스 드라이버에 의해서 접수된 상태로 대기한다. 이후 원격 깨우기 사건이 발생하면 버스 드라이버는 해당하는 IRP를 완료시킨다.

2) 모든 입출력 작업을 취소하고 디바이스가 저전력 상태로 전환하도록 준비한다.

3) PoRequestPowerIrp 함수를 사용하거나 IRP_MN_SET_POWER IRP를 직접 만들어서 버스 드라이버에게 현재 디바이스의 전원공급 상태를 PowerDeviceD2 상태로 전환하도록 요청한다.

USB 버스 드라이버(복합장치 전용 드라이버 USBCCGP.SYS 포함)는 클라이언트 드라이버의 유휴 통지 콜백함수를 IRQL PASSIVE_LEVEL에서 호출한다. 따라서 클라이언트 드라이버는 필요하다면 디바이스의 전원공급 상태가 완전히 바뀔 때까지 기다리는 작업이 유지돼도 무방하다. 유휴 통지 콜백함수가 호출될 때는 시스템이 S0 상태, 디바이스가 D0 상태다.

여기서 잠깐!

호스트 컨트롤러 드라이버가 선택적 서스펜드 기능을 사용하지 않도록 설정하려면 호스트 컨트롤러 드라이버를 위한 Hardware AddReg 키에 다음과 같은 설정을 해야 한다.

보기 11-231 호스트 컨트롤러 드라이버가 선택적 서스펜드 기능을 사용하지 않도록 설정하는 설치파일의 일부분

```
[HCI.AddReg.NT]
HKR,,"HcDisableSelectiveSuspend",0x00010001,1
```

12

리눅스 USB 호스트 시스템

나는 리눅스 커널 환경은 3.18 버전을 사용하지만 커널 버전에 따라서 USB 호스트 시스템이 사용하는 자료 구조 및 함수 프로토타입이 달라질 수 있다는 점을 유념해야 한다. 리눅스에서 사용되는 USB 호스트 드라이버는 크게 2가지로 나뉜다. 하나는 호스트 컨트롤러 드라이버고 다른 하나는 호스트 클라이언트 드라이버다.

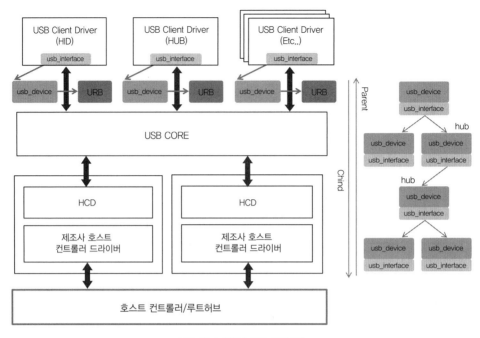

그림 12-1 USB 코어와 드라이버

그림 12-1처럼 USB 코어^{CORE}는 클라이언트 드라이버와 호스트 컨트롤러 드라이버 간에 추상화된 영역을 제공함으로써 클라이언트 드라이버가 호스트 컨트롤러와 관련된 구체적인 정보를 알지 못하도록 만든다.

클라이언트 드라이버는 usb_device(USB 디바이스를 나타내는 자료 구조)와 urb^{USB Request} ^{Block}(USB전송 명령 요청)를 사용해서 자신의 의사를 밝힌다. 이때 클라이언트 드라이버는 usb_device 자료 구조를 직접 다루기보다는 usb_interface 자료 구조를 사용한다. 복합 장치와 같은 USB 디바이스의 경우 디바이스가 포함하는 복수 개의 인터페이스가 각각을 위한 클라이언트 드라이버를 필요로 하는 모습을 연상한다면 이와 같이 클라이언트 드라이버가 usb_interface 자료 구조를 사용하는 것이 훨씬 유용성이 높다고 생각할 수 있다. usb_interface 자료 구조 자체는 usb_device를 포함한다. 하지만 클라이언트 드라이버는 usb_interface 자료 구조가 가리키는 dev 구조체의 parent 필드를 사용해서 부모 device를 통해 usb_device를 찾아서 사용한다. USB 코어는 수신된 urb와 usb_device 항목을 사용해 적절한 호스트 컨트롤러 드라이버로 urb를 전달한다.

12.1 USB 커널 호스트 클라이언트 드라이버

12.1.1 기본 구조

리눅스 USB 호스트 클라이언트 드라이버는 자신을 커널에 공개하는 역할을 수행하는 데 usb_driver 자료 구조를 사용한다.

보기 12-1 usb_driver 자료 구조

```
struct usb_driver{
    const char *name;
    void *(*probe) (struct usb_interface *intf, struct usb_device_id *id); // 1
    void (*disconnect) (struct usb_interface *intf);                       // 2
    struct usb_device_id *id_table;                                       // 3
    ....
}
```

1. 원하는 USB 인터페이스를 가진 디바이스가 호스트에서 인식되면 호출되는 클라이언트 드라이버의 probe 콜백함수

2. 사용하던 USB 인터페이스가 호스트에서 제거되면 호출되는 클라이언트 드라이버의 disconnect 콜백함수

3. 현재 클라이언트 드라이버가 어떤 USB 인터페이스에 관심을 가지고 있는지를 서술하는 자료 구조

id_table 자료 구조는 어떤 조건의 USB 디바이스 혹은 USB 인터페이스가 호스트에 연결될 때 클라이언트 드라이버가 해당하는 디바이스 혹은 인터페이스를 위해서 사용될 것인지를 서술하는 중요한 역할을 수행한다.

보기 12-2 usb_device_id 자료 구조

```
struct usb_device_id {
    __u16        match_flags; // 1
    __u16        idVendor;
```

```
        __u16          idProduct;
        __u16          bcdDevice_lo;
        __u16          bcdDevice_hi;
        __u8           bDeviceClass;
        __u8           bDeviceSubClass;
        __u8           bDeviceProtocol;
        __u8           bInterfaceClass;
        __u8           bInterfaceSubClass;
        __u8           bInterfaceProtocol;
        __u8           bInterfaceNumber;
    kernel_ulong_t  driver_info
    __attribute__((aligned(sizeof(kernel_ulong_t)))));
};
```

1. match_flags는 이어지는 다른 필드 중에서 어떤 필드를 사용할 것인지를 정해주는 역할을 수행한다. 보기 12-3은 usb_device_id 자료 구조를 준비하는 예시 코드를 보여준다. 다양한 매크로가 이런 작업을 도와준다.

보기 12-3 usb_device_id를 사용하는 예시 코드

```
#define USB_DEVICE(vend, prod) \
        .match_flags = USB_DEVICE_ID_MATCH_DEVICE, \
        .idVendor = (vend), \
        .idProduct = (prod)

static struct usb_device_id xxx_table[] = {
        {USB_DEVICE(0x1234, 0x5678)}, // VID=0x1234, PID=0x5678
        {},
};

static struct usb_driver xxx_driver = {
        .name = "xxx USB Client Driver",
        .probe = xxx_probe,
        .disconnect = xxx_disconnect,
        .id_table = xxx_table,
};
```

보기 12-1에서 probe와 disconnect 함수의 파라미터로 전달되는 usb_interface 자료 구조는 보기 12-4와 같이 정의돼 있다.

보기 12-4 usb_interface 자료 구조

```
struct usb_interface {
        struct usb_host_interface *altsetting;
        struct usb_host_interface *cur_altsetting;    // 1
        unsigned num_altsetting;        /* number of alternate settings */
        struct usb_interface_assoc_descriptor *intf_assoc;
        int minor;                      /* minor number this interface is
        enum usb_interface_condition condition;        /* state of binding */
        unsigned sysfs_files_created:1; /* the sysfs attributes exist */
        unsigned ep_devs_created:1;     /* endpoint "devices" exist */
        unsigned unregistering:1;       /* unregistration is in progress */
        unsigned needs_remote_wakeup:1; /* driver requires remote wakeup */
        unsigned needs_altsetting0:1;   /* switch to altsetting 0 is pending */
        unsigned needs_binding:1;       /* needs delayed unbind/rebind */
        unsigned resetting_device:1;    /* true: bandwidth alloc after reset */
        unsigned authorized:1;          /* used for interface authorization */
        struct device dev;              // 2 interface 자체에 대한 dev 자료 구조
        struct device *usb_dev;
        atomic_t pm_usage_cnt;          /* usage counter for autosuspend */
        struct work_struct reset_ws;    /* for resets in atomic context */
};
```

1. 현재 선택된 인터페이스 정보가 보관된다. 드라이버는 이곳에 보관된 엔드포인트 정보를 사용해서 URB를 만들어 사용하게 된다.

2. usb_device 자료 구조를 얻기 위해 사용되는 포인터값. 매크로 interface_to_usbdev(intf)를 사용하면 dev 자료 구조의 parent 필드를 통해 usb_device 자료 구조 주소를 얻는다.

보기 12-5 usb_host_interface 자료 구조

```
struct usb_host_interface {
        struct usb_interface_descriptor desc; // 현재 인터페이스를 위한 디스크립터
```

```
            int              extralen;
            unsigned char *extra;                  /* Extra descriptors */
            struct usb_host_endpoint *endpoint;  // 엔드포인트 정보를 보관한다. 배열[]
            char             *string;               /* iInterface string, if present */
};
```

보기 12-6 usb_host_endpoint 자료 구조

```
struct usb_host_endpoint {
            struct usb_endpoint_descriptor            desc;
            struct usb_ss_ep_comp_descriptor          ss_ep_comp;
            struct list_head                          urb_list;
            void                                      *hcpriv;
            struct ep_device                          *ep_dev;
            unsigned char                             *extra;   /* Extra descriptors */
            int                                       extralen;
            int                                       enabled;
            int                                       streams;
};
```

클라이언트 드라이버가 probe 콜백함수에서 자신의 인터페이스에 포함된 특정 엔드포인트를 참조하는 방법을 보기 12-7에서 간단하게 보여준다.

보기 12-7 클라이언트 드라이버의 probe 콜백함수 예시 코드

```
static int xxx_probe(struct usb_interface *intf, const struct usb_device_id *id)
{
            struct usb_interface *control_interface;
            struct usb_interface *data_interface;
            int rx_endpoint;
            struct usb_endpoint_descriptor *epctrl = NULL;
            struct usb_endpoint_descriptor *epread = NULL;
            struct usb_endpoint_descriptor *epwrite = NULL;
            struct usb_device *usb_dev = interface_to_usbdev(intf); // 1
            control_interface = usb_ifnum_to_if(usb_dev, 0); // 2
            data_interface = usb_ifnum_to_if(usb_dev, 1); // 3
            epctrl = &control_interface->cur_altsetting->endpoint[0].desc; // 4
```

```
epread = &data_interface->cur_altsetting->endpoint[0].desc; // 5
epwrite = &data_interface->cur_altsetting->endpoint[1].desc; // 6
rx_endpoint = usb_rcvbulkpipe(usb_dev, epread->bEndpointAddress); // 7
....
}
```

1. xxx_probe 함수의 파라미터로 넘어온 intf를 사용해서 usb_device 자료 구조 포인터를 구한다.

2. xxx_probe 함수의 파라미터로 넘어온 intf를 사용하지 않고 현재 디바이스의 첫 번째 인터페이스를 검색하고 있다. 현재 사용하는 샘플이 두 개의 인터페이스를 사용하는 디바이스의 경우를 가정하고 있다. 이런 경우 이처럼 원하는 인터페이스를 검색할 수 있다.

3. 0 인터페이스는 control, 1 인터페이스는 data 용도로 사용되는 것을 알 수 있다.
   (샘플 종속적인 내용이라는 것을 유의하길 바란다.)

4. control 인터페이스의 첫 번째 엔드포인트를 검색한다. epctrl은 디스크립터를 나타낸다.

5. 6. data 인터페이스에서 epread, epwrite 용도의 디스크립터를 검색하고 있다.

7. epread 디스크립터를 사용해서 해당하는 엔드포인트를 위한 파이프핸들을 구한다.

USB 파이프핸들은 32비트로 구성된다(그림 12-2 참고).

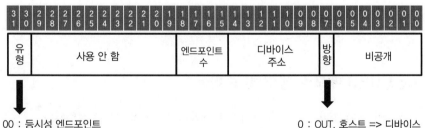

그림 12-2 파이프핸들의 구조

그림 12-2의 파이프핸들의 구조에서 보면 공개되지 않은 필드가 있다. 비공개돼 있는 필드는 호스트 컨트롤러의 의존적인 용도로 사용되기 때문에 클라이언트 드라이버는 사용하지 않아야 한다.

보기 12-8 usb_device 자료 구조

```
struct usb_device {
        ....
        struct usb_config_descriptor *actconfig;  /* the active configuration */
        ....
        struct usb_device *parent; // 부모 디바이스를 가리킨다.
        struct usb_device_descriptor descriptor;  /* Descriptor */
        struct usb_config_descriptor *config;      /* All of the configs */
        ....
        int maxchild;                              /* Number of ports if hub */
        struct usb_device *children[USB_MAXCHILDREN]; // 자식 디바이스
};
```

12.1.2 URB

리눅스의 USB 호스트 클라이언트 드라이버는 URB^{URB Request Block}를 만드는 일이 가장 중요하다. USB를 사용해서 자신의 의사를 호스트 컨트롤러에게 전달하게 된다. URB는 다음과 같이 몇 가지 단계로 나눠서 사용된다.

12.1.2.1 URB 메모리 생성 및 준비

보기 12-9와 같이 USB 호스트 클라이언트 드라이버가 사용하도록 정의된다.

보기 12-9 urb 자료 구조

```
struct urb {
struct usb_device *dev;          /* (in) pointer to associated device */
```

```
unsigned int pipe;              /* (in) pipe information */
unsigned int stream_id;         /* (in) stream ID */
int status;                     /* (return) non-ISO status */
unsigned int transfer_flags;    // 1 /* (in) URB_SHORT_NOT_OK | ...*/
void *transfer_buffer;          // 2 /* (in) associated data buffer */
u32 transfer_buffer_length;     // 3 /* (in) data buffer length */
u32 actual_length;              // 4 /* (return) actual transfer length */
unsigned char *setup_packet;    /* (in) setup packet (control only) */
int start_frame;                /* (modify) start frame (ISO) */
int number_of_packets;          /* (in) number of ISO packets */
void *context;                  /* (in) context for completion */
usb_complete_t complete;        // 5 /* (in) completion routine */
struct usb_iso_packet_descriptor iso_frame_desc[0];
.... // 중략
};
```

1. URB의 파라미터로 사용되는 별도의 플래그를 포함한다. 두 개 이상의 플래그를 OR 시켜서 사용한다(보기 12-10).

2. URB의 대상으로 사용되는 버퍼 주소

3. URB가 요청하는 작업크기 바이트 수

4. 수행이 끝난 뒤, 실제 처리된 작업된 크기(바이트) 수

5. 요청하는 URB가 완료될 때 호출될 완료 콜백함수의 주소

보기 12-10 urb transfer_flags 유형값

```
#define URB_SHORT_NOT_OK    0x0001  /* report short reads as errors */
#define URB_ISO_ASAP        0x0002  /* iso-only; use the first unexpired
#define URB_ZERO_PACKET     0x0040  /* Finish bulk OUT with short packet */
#define URB_DIR_IN          0x0200  /* Transfer from device to host */
#define URB_DIR_OUT         0
.... // 중략
```

클라이언트 드라이버는 사용하려는 URB 메모리를 준비해야 한다. 메모리를 할당하고 내용을 원하는 목적에 맞도록 기록해야 한다. URB 준비 작업을 쉽게 수행할 수 있도록

리눅스는 몇 가지 함수와 매크로 함수를 통해서 작업을 돕는다.

표 12-1 URB 관련 함수 및 매크로

usb_init_urb	클라이언트 드라이버가 URB를 사용할 수 있도록 초기화한다. 해당하는 URB 메모리가 usb_alloc_urb 함수에 의해서 할당된 경우라면 이 함수를 호출할 필요가 없다.
void usb_init_urb(struct urb *urb)	
usb_alloc_urb	클라이언트 드라이버가 사용할 URB 메모리를 생성하고 초기화하는 함수다. 파라미터로 사용되는 mem_flags 값은 크게 두 가지가 사용된다. GFP_KERNEL 할당함수는 리소스가 부족하다면 내부적으로 할당이 가능할 때까지 기다린다. 따라서 하드웨어 인터럽트 문맥에서는 이 상수를 사용하지 않아야 한다. GFP_ATOM 반드시 리소스가 있어야 성공적으로 할당된다. 그렇지 않으면 실패한 상태로 리턴된다.
struct urb *usb_alloc_urb(int iso_packets, gfp_t mem_flags)	
usb_free_urb	사용이 끝난 URB를 메모리에서 해제하는 함수다.
void usb_free_urb(struct urb *urb)	
usb_get_urb	지정하는 URB에 대한 참조회수를 증가시키는 함수다.
struct urb *usb_get_urb(struct urb *urb)	
usb_submit_urb	준비된 URB를 USB CORE 측으로 전달한다. 벌크, 제어, 인터럽트 그리고 등시성 전송 모두에서 이 함수를 사용해서 URB 요청을 시작한다.
int usb_submit_urb(struct urb *urb, gfp_t mem_flags)	
usb_kill_urb	요청이 접수된 URB에 대해서 취소를 요청하는 함수다.
void usb_kill_urb(struct urb *urb)	

usb_fill_control_urb 매크로	주어진 URB의 내용을 제어 전송이 가능하도록 채운다.

```
static inline void usb_fill_control_urb(struct urb *urb,
                        struct usb_device *dev,
                        unsigned int pipe,
                        unsigned char *setup_packet,
                        void *transfer_buffer,
                        int buffer_length,
                        usb_complete_t complete_fn,
                        void *context)
{
        urb->dev = dev;
        urb->pipe = pipe;
        urb->setup_packet = setup_packet;
        urb->transfer_buffer = transfer_buffer;
        urb->transfer_buffer_length = buffer_length;
        urb->complete = complete_fn;
        urb->context = context;
}
```

usb_fill_bulk_urb 매크로	주어진 URB의 내용을 벌크 전송이 가능하도록 채운다.

```
static inline void usb_fill_bulk_urb(struct urb *urb,
                        struct usb_device *dev,
                        unsigned int pipe,
                        void *transfer_buffer,
                        int buffer_length,
                        usb_complete_t complete_fn,
                        void *context)
{
        urb->dev = dev;
        urb->pipe = pipe;
        urb->transfer_buffer = transfer_buffer;
        urb->transfer_buffer_length = buffer_length;
        urb->complete = complete_fn;
        urb->context = context;
}
```

usb_fill_int_urb 매크로	주어진 URB의 내용을 인터럽트 전송이 가능하게 채운다.

```
static inline void usb_fill_int_urb(struct urb *urb,
                            struct usb_device *dev,
                            unsigned int pipe,
                            void *transfer_buffer,
                            int buffer_length,
                            usb_complete_t complete_fn,
                            void *context,
                            int interval)
{
     urb->dev = dev;
     urb->pipe = pipe;
     urb->transfer_buffer = transfer_buffer;
     urb->transfer_buffer_length = buffer_length;
     urb->complete = complete_fn;
     urb->context = context;
     if (dev->speed == USB_SPEED_HIGH || dev->speed == USB_SPEED_SUPER) {
          interval = clamp(interval, 1, 16);
          urb->interval = 1 << (interval - 1);
     } else {
          urb->interval = interval;
     }
     urb->start_frame = -1;
}
```

usb_urb_dir_in 매크로	주어진 URB의 대상 엔드포인트의 방향이 IN 방향이 맞는지를 검사한다.

```
static inline int usb_urb_dir_in(struct urb *urb)
{
     return (urb->transfer_flags & URB_DIR_MASK) == URB_DIR_IN;
}
```

usb_urb_dir_out 매크로	주어진 URB의 대상 엔드포인트의 방향이 OUT 방향이 맞는지를 검사한다.

```
static inline int usb_urb_dir_out(struct urb *urb)
{
     return (urb->transfer_flags & URB_DIR_MASK) == URB_DIR_OUT;
}
```

표 12-1을 보면 URB의 내용을 채우는 일을 도와주는 매크로함수가 있지만 모든 일을 매크로에 의존해서 할 수 없는 것이 현실이다. 따라서 개발자는 URB의 각각의 필드를

원하는 목적에 맞도록 직접 기록하는 연습이 필요하다.

등시성 전송을 위해서 URB를 채우는 예시 코드를 살펴보도록 한다.

보기 12-11 등시성 전송을 위해 URB를 준비하는 예시 코드

```
urb->dev = dev;
urb->pipe =파이프핸들;
urb->interval = 1;
urb->transfer_flags = URB_ISO_ASAP;
urb->transfer_buffer = buf[i];
urb->complete = xxx_comp;
urb->number_of_packets = FRAMES_PER_DESC;
urb->transfer_buffer_length = FRAMES_PER_DESC * n;
for (j=0; j < FRAMES_PER_DESC; j++) { // 1
        urb->iso_frame_desc[j].offset = j * n;
        urb->iso_frame_desc[j].length = n;
}
```

1. 등시성 전송은 복수 개의 프레임을 위한 패킷 송수신을 준비해야 한다. 보기처럼 루프 문장을 활용해서 전송에 사용하려는 프레임 수만큼 송수신을 준비한다. 보기를 보면 총 FRAME_PER_DESC 프레임 동안 전송을 하려는 것과 각 프레임마다 'n' 바이트의 전송을 요청하는 것을 알 수 있다.

12.1.2.2 URB 전달 및 완료루틴

준비된 URB는 USB 코어에게 전달해야 한다. 이 작업을 하는 함수는 usb_submit_urb 함수이다. 이 함수를 통해서 전달하는 URB는 현재 디바이스를 열거한 호스트 컨트롤러의 드라이버 측으로 전달된다.

전달된 URB는 실시간으로 바로 처리되지 않고 스케줄링된다. 따라서 클라이언트 드라이버는 원하는 경우 URB를 더블 버퍼링 혹은 트리플 버퍼링과 같은 방법으로 복수 개를 접수하는 것이 가능하다. 또한 URB가 스케줄링돼 처리되기 때문에 클라이언트 드라

이버는 해당하는 URB가 완료되는 것을 확인하는 방법으로 완료루틴을 작성하는 방법을 사용한다.

표 12-2 USB 관련 유틸리티 매크로

usb_pipein(pipe)	주어진 파이프가 IN 방향인지를 조사한다.
#define usb_pipein(pipe)　　　((pipe) & USB_DIR_IN)	
usb_pipeout(pipe)	주어진 파이프가 OUT 방향인지를 조사한다.
#define usb_pipeout(pipe)　　　(!usb_pipein(pipe))	
usb_pipedevice(pipe)	주어진 파이프에 포함된 디바이스 주소를 얻는다.
#define usb_pipedevice(pipe)　　(((pipe) >> 8) & 0x7f)	
usb_pipeendpoint(pipe)	주어진 파이프에 포함된 엔드포인트 수를 얻는다.
#define usb_pipeendpoint(pipe)　(((pipe) >> 15) & 0xf)	
usb_pipetype(pipe)	주어진 파이프의 대응하는 엔드포인트의 유형을 구한다.
#define usb_pipetype(pipe)　　　(((pipe) >> 30) & 3)	
usb_pipeisoc(pipe)	주어진 파이프가 등시성 엔드포인트를 대상으로 하는지 조사한다.
#define usb_pipeisoc(pipe)　　　(usb_pipetype((pipe)) == PIPE_ISOCHRONOUS)	
usb_pipeint(pipe)	주어진 파이프가 인터럽트 엔드포인트를 대상으로 하는지 조사한다.
#define usb_pipeint(pipe)　　　(usb_pipetype((pipe)) == PIPE_INTERRUPT)	
usb_pipecontrol(pipe)	주어진 파이프가 제어 엔드포인트를 대상으로 하는지 조사한다.
#define usb_pipecontrol(pipe)　　(usb_pipetype((pipe)) == PIPE_BULK)	
usb_pipebulk(pipe)	주어진 파이프가 벌크 엔드포인트를 대상으로 하는지 조사한다.
#define usb_pipebulk(pipe)　　　(usb_pipetype((pipe)) == PIPE_BULK)	
usb_sndctrlpipe(dev, endpoint)	제어 전송을 위한 OUT 방향의 파이프를 생성한다.

#define usb_sndctrlpipe(dev, endpoint) \ ((PIPE_CONTROL << 30) | __create_pipe(dev, endpoint))	
usb_rcvctrlpipe(dev, endpoint)	제어 전송을 위한 IN 방향의 파이프를 생성한다.
#define usb_rcvctrlpipe(dev, endpoint) \ ((PIPE_CONTROL << 30) | __create_pipe(dev, endpoint) | USB_DIR_IN)	
usb_sndisocpipe(dev, endpoint)	등시성 전송을 위한 OUT 방향의 파이프를 생성한다.
#define usb_sndisocpipe(dev, endpoint) \ ((PIPE_ISOCHRONOUS << 30) | __create_pipe(dev, endpoint))	
usb_rcvisocpipe(dev, endpoint)	등시성 전송을 위한 IN 방향의 파이프를 생성한다.
#define usb_rcvisocpipe(dev, endpoint) \ ((PIPE_ISOCHRONOUS << 30) | __create_pipe(dev, endpoint) | USB_DIR_IN)	
usb_sndbulkpipe(dev, endpoint)	벌크 전송을 위한 OUT 방향의 파이프를 생성한다.
#define usb_sndbulkpipe(dev, endpoint) \ ((PIPE_BULK << 30) | __create_pipe(dev, endpoint))	
usb_rcvbulkpipe(dev, endpoint)	벌크 전송을 위한 IN 방향의 파이프를 생성한다.
#define usb_rcvbulkpipe(dev, endpoint) \ ((PIPE_BULK << 30) | __create_pipe(dev, endpoint) | USB_DIR_IN)	
usb_sndintpipe(dev, endpoint)	인터럽트 전송을 위한 OUT 방향의 파이프를 생성한다.
#define usb_sndintpipe(dev, endpoint) \ ((PIPE_INTERRUPT << 30) | __create_pipe(dev, endpoint))	
usb_rcvintpipe(dev, endpoint)	인터럽트 전송을 위한 IN방향의 파이프를 생성한다.
#define usb_rcvintpipe(dev, endpoint) \ ((PIPE_INTERRUPT << 30) | __create_pipe(dev, endpoint) | USB_DIR_IN)	
usb_maxpacket	대상이 되는 파이프의 최대 패킷바이트 수를 얻는다.

```
usb_maxpacket(struct usb_device *udev, int pipe, int is_out)
{
    struct usb_host_endpoint    *ep;
    unsigned                    epnum = usb_pipeendpoint(pipe);
    if (is_out) {
        ep = udev->ep_out[epnum];
    } else {
```

```
                ep = udev->ep_in[epnum];
        }
        if (!ep)
                return 0;
        return usb_endpoint_maxp(&ep->desc);
}
```

보기 12-12 URB에 대한 완료루틴 예시 코드

```
static void xxx_bulk_complete(urb_t *purb)
{
        if( !purb->status) { // 성공의 경우,
                unsigned char *dst;
                int len=purb->actual_length; // 실제 처리된 크기(바이트)
                // purb->transfer_buffer <<-- 버퍼 주소
        }
}
```

전송이 완료되면 보기 12-12와 같이 현재 전송상태를 확인한다. 또한 실제 처리된 크기 바이트를 확인한다.

12.1.2.3 URB 취소 및 제거

전송이 요청된 상태에서 필요에 따라서 클라이언트 드라이버는 URB에 대한 요청을 취소할 수 있다. 이때 사용되는 함수가 usb_kill_urb이다. 사용이 끝난 urb를 메모리에서 해제하려면 usb_free_urb 함수를 사용한다.

12.2 USB 호스트 컨트롤러 드라이버

리눅스는 UHCI, OHCI, EHCI 그리고 xHCI 모두를 지원하고 있다. 개발자가 직접 USB 호스트 컨트롤러 드라이버를 만드는 일은 거의 없지만 가상 USB 솔루션(USB over IP 또는

MAUSB) 등을 개발하려는 경우 호스트 컨트롤러 드라이버를 작성할 줄 알아야 한다.

리눅스의 허브 드라이버는 외장 허브를 직접 관리하고 루트 허브에 대해서만 일부 호스트 컨트롤러 드라이버의 도움을 요청한다.

12.2.1 열거 과정을 통해 USB 호스트 컨트롤러 드라이버 동작을 이해하기

USB 호스트 컨트롤러 드라이버가 동작하는 모습을 이해하기 쉽도록 이번 절에서는 그림을 통해서 호스트 컨트롤러부터 루트 허브의 포트를 거쳐 새로운 디바이스가 발견되는 과정까지의 흐름을 확인해보도록 한다.

12.2.1.1 USB 호스트 컨트롤러 디바이스 준비

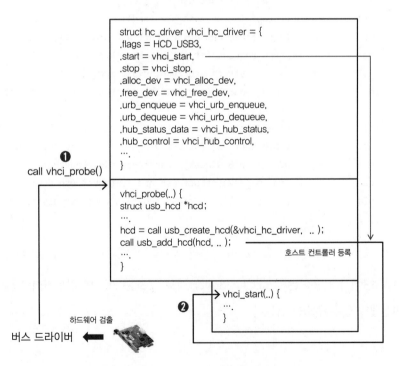

그림 12-3 호스트 컨트롤러 하드웨어를 준비하는 과정

그림 12-3을 보면 호스트 컨트롤러로 사용되는 하드웨어가 버스 드라이버에 의해서 열거되면 호스트 컨트롤러 드라이버로 사용되고자 하는 드라이버는 자신의 vhci_probe() 함수를 준비한다.

vhci_probe() 함수는 usb_create_hcd() 함수를 호출해서 등록할 hcd 자료 구조를 준비한다. 이어서 usb_add_hcd() 함수를 호출해서 준비된 hcd를 등록한다.

보기 12-13 usb_create_hcd 함수 원형과 struct hc_driver 자료 구조

```
struct usb_hcd *usb_create_hcd(const struct hc_driver *driver,
            struct device *dev, const char *bus_name);


struct hc_driver {
        const char      *description;   /* "ehci-hcd" etc */
        const char      *product_desc;  /* product/vendor string */
        size_t          hcd_priv_size;  /* size of private data */
        int             flags; // #define HCD_USB3      0x0040   /* USB 3.0 */
        int             (*start) (struct usb_hcd *hcd);
        void            (*stop) (struct usb_hcd *hcd);
        int             (*get_frame_number) (struct usb_hcd *hcd);
        int             (*urb_enqueue)(struct usb_hcd *hcd,
                            struct urb *urb, gfp_t mem_flags);
        int             (*urb_dequeue)(struct usb_hcd *hcd, struct urb *urb, int
                        status);
        int             (*hub_status_data) (struct usb_hcd *hcd, char *buf);
        int             (*hub_control) (struct usb_hcd *hcd, u16 typeReq, u16
                        wValue, u16 wIndex, char *buf, u16 wLength);
        int             (*alloc_dev)(struct usb_hcd *, struct usb_device *);
        void            (*free_dev)(struct usb_hcd *, struct usb_device *);
        ....
};
```

보기 12-13에서 사용되는 struct hc_driver 자료 구조는 호스트 컨트롤러 드라이버가 제공하는 콜백함수 주소를 담는다.

```
int usb_add_hcd(struct usb_hcd *hcd, unsigned int irqnum, unsigned long irqflags);
```

usb_add_hcd 함수를 호출하면 리눅스 hcd는 새로운 호스트 컨트롤러를 등록하는 작업을 시작한다. 이 작업 가운데 vhci_start 콜백함수를 호출한다.

12.2.1.2 루트 허브 발견 및 포트 조사

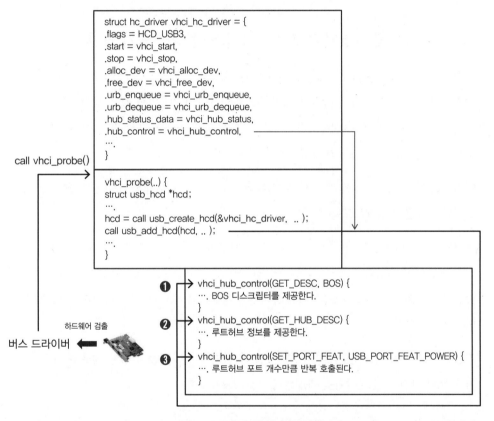

그림 12-4 루트 허브를 열거하는 과정

vhci_probe() 함수에서 호출하는 usb_add_hcd 함수는 아직 리턴되지 않는다. 이 함수는 호스트 컨트롤러를 등록하는 과정 중에 호스트 컨트롤러가 제공하는 루트 허브에 대한 정보를 획득하기 위해서 호스트 컨트롤러 드라이버의 콜백함수를 호출한다.

호스트 컨트롤러 드라이버가 제공하는 콜백함수 중에 vhci_hub_control 함수와 vhci_hub_status 함수는 루트 허브와 관련된 작업을 지원하는 함수다.

그림 12-4를 보면 BOS 디스크립터와 허브 디스크립터를 제공하는 콜백함수를 알 수 있다. 허브 디스크립터를 통해서 제공하는 정보에는 허브가 가지는 Downstream Port 의 개수 정보가 있다. 이들의 개수만큼 각각의 포트에 전원을 공급하라는 의미로 'SET_PORT_FEATURE(POWER)' 명령이 포트마다 전달된다.

12.2.1.3 포트에 연결된 새로운 디바이스 발견 및 열거 과정

호스트 컨트롤러는 루트 허브를 가지고 있다. 루트 허브가 가지는 Downstream 포트는 USB 3과 USB 2에 따라서 각각 상태머신을 유지해야 한다. 이와 같은 상태머신을 유지 하기 위해서 허브 드라이버는 각각의 포트를 대상으로 Feature 기능을 사용하면서 루트 허브를 위한 호스트 컨트롤러 드라이버를 사용한다.

여기서는 루트 허브중에서 첫 번째 허브 Downstream 포트(#1)에 새로운 디바이스가 연 결됐다는 것을 가정해보도록 한다.

이처럼 포트에 새로운 디바이스가 연결되는 상황은 동적으로 발생되는 사건이다. 이런 사건이 발생할 때마다 호스트 컨트롤러 드라이버는 usb_hcd_poll_rh_status 함수를 호 출한다. 이 함수는 루트 허브의 포트 상태가 변경됐음을 루트 허브 드라이버에게 알리는 역할을 수행한다.

지금은 이와 다르게 처음 루트 허브의 포트가 열거되는 과정중에 이미 새로운 디바이스 가 포트에 연결돼 있는 상황을 가정한다.

보기 12-15 usb_hcd_poll_rh_status 함수 원형

```
void usb_hcd_poll_rh_status(struct usb_hcd *hcd);
```

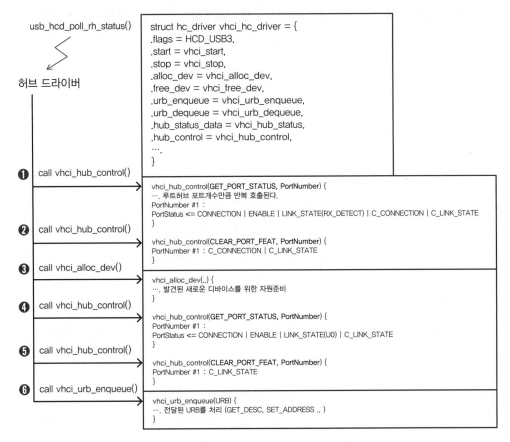

그림 12-5 루트 허브의 특정 포트에 새로운 디바이스가 연결되는 상황

그림 12-5를 보자.

루트 허브 포트에 새로운 디바이스가 연결되는 상황이다. 앞서 언급했듯이 이런 상황이
동적으로 발생될 때는 호스트 컨트롤러 드라이버는 usb_hcd_poll_rh_status 함수를 호
출해야 한다. 그러면 이어서 호스트 컨트롤러 드라이버의 hub_status_data 콜백함수가
호출된다. 이 함수는 루트 허브가 가지고 있는 모든 포트의 변화 상태를 비트맵 형태로
보고한다. 이와 같이 보고되는 내용이 있다면 이어서 그림 12-5와 같은 상황이 된다. 그
림은 루트 허브의 포트가 열거되는 과정 중에 새로운 디바이스의 연결 상태를 감지하는
상황이다.

허브 드라이버는 루트 허브와 외장 허브 모두를 관리한다. 이 중에서 루트 허브에 대해서는 허브 포트의 상태머신을 유지하는 작업을 위해서 호스트 컨트롤러 드라이버의 콜백함수를 사용한다.

1) 각 포트를 조사한다. 현재 시나리오에서는 첫 번째 포트에 대해서 포트 상태를 정의하고 있다. 현재 포트의 디바이스가 연결됐다는 정보를 주고 있다.

2) 변경된 정보를 클리어하도록 요청하고 있다.

3) 새로운 디바이스를 위한 자원을 할당하도록 요청한다. xHCI 호스트 컨트롤러의 경우 Device Slot을 할당하는 작업을 이곳에서 수행한다.

4) 포트의 상태를 확인하고 있다. 허브 드라이버가 원하는 Link State 상태를 확인한다. 현재 USB 3 허브를 가정하고 있기 때문에 USB 3에서 소개하는 LTSSM^Link Training Status State Machine 12단계의 상태값을 확인한다.

5) 포트의 상태 변경사건을 지운다.

6) 새롭게 발견된 디바이스로부터 디스크립터를 읽거나 주소를 지정하는 작업을 위한 URB를 전송한다.

호스트 컨트롤러 드라이버가 성공적으로 URB를 다루면 이어서 새롭게 발견된 디바이스를 위한 호스트 클라이언트 드라이버가 제어권을 넘겨받게 된다. 이후 URB 요청만 반복으로 내려오게 될 것이다.

포트의 상태를 확인하는 과정과 관련된 정보를 소개한다. 표 12-3은 확장 허브로 전달하는 명령이다. 루트 허브의 경우 표 12-4, 표 12-5, 표 12-6의 내용을 공유한다.

표 12-3 Get Port Status 명령 포맷

bmRequestType	bRequest	wValue	wIndex	wLength	Data
10100011B	GET_STATUS	Port 상태 유형	Port	요구길이	포트 상태

wValue 값에 따른 적당한 포트 상태를 구한다.

표 12-4 Get Port Status(Port 상태 유형)

Port 상태 유형	값	요구길이(바이트)	설명
PORT_STATUS	00H	4	포트 상태 정보
PD_STATUS	01H	8	포트의 PD(Power Delivery) 상태 정보
EXT_PORT_STATUS	02H	8	확장된 포트 상태 정보

USB 3 허브는 표 12-4에서 보여주는 3가지 형태의 상태 정보를 얻을 수 있다.

각각의 상태 정보는 다음과 같다.

표 12-5 포트 상태 정보(PORT_STATUS 하위 2바이트)

비트	설명
0	Current Connect Status(PORT_CONNECTION). 포트에 디바이스가 연결됐는지 여부 값　의미 0　디바이스가 연결돼있지 않다. 1　디바이스가 연결돼있다.
1	Port Enabled/Disabled. 포트의 사용 허용/금지 여부 값　의미 0　금지 1　허용
3	Over-Current(PORT_OVER_CURRENT). 포트에 과전류가 흐르는지 여부 값　의미 0　포트에 과전류가 흐르지 않는다. 1　포트에 과전류가 흐른다.
4	Reset(PORT_RESET). 포트를 대상으로 리셋 과정이 진행 중인지 여부 값　의미 0　리셋과정이 진행 중이지 않음 1　리셋과정이 진행 중

비트	설명
5–8	Port Link State(PORT_LINK_STATE). 포트에 의한 링크의 현재 LTSSM 상태
	값 의미
	0 U0
	1 U1
	2 U2
	3 U3
	4 eSS.Disabled
	5 Rx.Detect
	6 eSS.Inactive
	7 Polling
	8 Recovery
	9 Hot Reset
	10 Compliance Mode
	11 Loopback
9	Port Power(PORT_POWER). 포트에 전원이 공급된 상태인지 여부
	값 의미
	0 Powered–off 상태
	1 Powered–off 상태가 아님
10–12	Speed(PORT_SPEED). 포트에 연결된 디바이스와 연결된 속도
	값 의미
	0 Enhanced Super Speed

표 12–6 포트 변화 상태 정보(PORT_STATUS 상위 2바이트)

비트	설명
0	Current Connect Status Change(C_PORT_CONNECTION). PORT_CONNECTION 변화 여부
	값 의미
	0 PORT_CONNECTION 상태가 변하지 않았다.
	1 PORT_CONNECTION 상태가 변했다.
3	Over–Current Change(C_PORT_OVER_CURRENT). PORT_OVER_CURRENT 변화 여부
	값 의미
	0 PORT_OVER_CURRENT 상태가 변하지 않았다.
	1 PORT_OVER_CURRENT 상태가 변했다.

비트	설명
4	Reset Change(C_PORT_RESET). PORT_RESET 변화 여부 **값 의미** 0 포트 Reset 완료가 되지 않았다. 1 포트 Reset 완료가 됐다.
5	Reset Change(C_BH_PORT_RESET). Warm 리셋 상태 변화 여부 **값 의미** 0 Warm Reset 완료가 되지 않았다. 1 Warm Reset 완료가 됐다.
6	Port Link State Change(C_PORT_LINK_STATE). 포트에 의한 링크의 현재 LTSSM 상태가 변했는지 여부 **값 의미** 0 LTSSM 상태가 변하지 않았다. 1 LTSSM 상태가 변했다.
7	Port Config Error(C_PORT_CONFIG_ERROR). 포트 링크 셋업 과정의 성공 여부 **값 의미** 0 성공적인 셋업 1 셋업과정이 실패했다.

더 자세한 내용은 7장을 참고하도록 한다.

12.2.2 hc_driver 자료 구조에 등록하는 호스트 컨트롤러 드라이버 콜백함수

호스트 컨트롤러 드라이버 입장에서는 보기 12-13에서 봤던 struct hc_driver 자료 구조의 내용이 가장 중요한 부분이다. 이 구조체의 필드를 이해하면 80% 정도는 개발이 끝난것과 다름없다.

각 콜백함수들을 모두 등록할 필요는 없다. 대부분 선택적으로 등록돼 사용되기 때문에 처음 개발할 때는 잘 모르는 콜백함수는 등록하지 않고 개발해보는 것도 호스트 컨트롤러 드라이버를 작성하는 좋은 연습이 될 수 있다.

여기서는 호스트 컨트롤러 하드웨어가 PCI 타입일 때 사용되는 필드는 설명을 생략한다.

그리고 UHCI, OHCI, EHCI, xHCI와 관련된 특성을 위해서 사용되는 필드도 설명을 생략한다. 단지 가상 호스트 컨트롤러 하드웨어가 사용되는 상황만을 위해서 필요한 필드만 설명한다.

12.2.2.1 description 필드, 필수

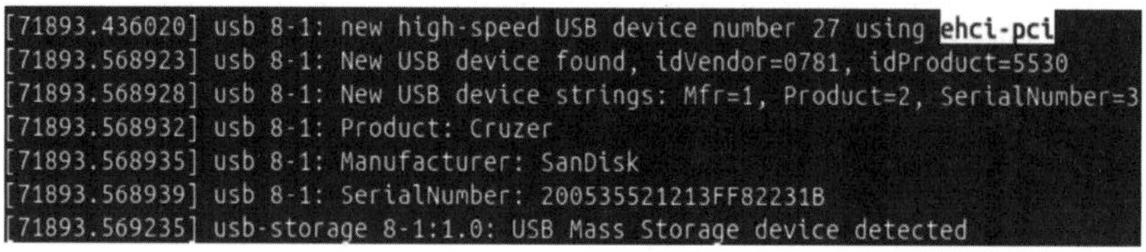

```
[71893.436020] usb 8-1: new high-speed USB device number 27 using ehci-pci
[71893.568923] usb 8-1: New USB device found, idVendor=0781, idProduct=5530
[71893.568928] usb 8-1: New USB device strings: Mfr=1, Product=2, SerialNumber=3
[71893.568932] usb 8-1: Product: Cruzer
[71893.568935] usb 8-1: Manufacturer: SanDisk
[71893.568939] usb 8-1: SerialNumber: 200535521213FF82231B
[71893.569235] usb-storage 8-1:1.0: USB Mass Storage device detected
```

그림 12-6 새로운 디바이스 발견과 함께 출력되는 호스트 컨트롤러의 description 필드

그림 12-6에서 볼 수 있듯이 'ehci-pci'와 같은 이름을 나타낸다.

12.2.2.2 product_desc 필드, 필수

description 필드는 축약된 이름을 보여준다면 product_desc 필드는 보다 자세한 제품 이름을 기술한다.

12.2.2.3 flags 필드, 필수

호스트 컨트롤러 드라이버의 특성 정보를 나타낸다.

- #define HCD_MEMORY   0x0001   /* HC regs use memory (else I/O) */
- #define HCD_LOCAL_MEM   0x0002   /* HC needs local memory */
- #define HCD_SHARED   0x0004   /* Two (or more) usb_hcds share HW */
- #define HCD_USB11   0x0010   /* USB 1.1 */

- #define HCD_USB2   0x0020   /* USB 2.0 */

- #define HCD_USB25   0x0030   /* Wireless USB 1.0 (USB 2.5)*/

- #define HCD_USB3   0x0040   /* USB 3.0 */

- #define HCD_USB31   0x0050   /* USB 3.1 */

- #define HCD_MASK   0x0070

- #define HCD_BH   0x0100   /* URB complete in BH context */

12.2.2.4 reset 콜백함수 필드

호스트 컨트롤러와 루트 허브를 리셋하는 용도로 사용되는 콜백함수다.

보기 12-16 reset 콜백함수 원형

```
int    (*reset) (struct usb_hcd *hcd);
```

12.2.2.5 start 콜백함수 필드, 필수

호스트 컨트롤러와 루트 허브의 동작을 시작하는 용도로 사용되는 콜백함수다.

보기 12-17 start 콜백함수 원형

```
int    (*start) (struct usb_hcd *hcd);
```

12.2.2.6 stop 콜백함수 필드, 필수

호스트 컨트롤러와 루트 허브의 동작을 멈추도록 하는 용도로 사용되는 콜백함수다.

보기 12-18 stop 콜백함수 원형

```
void    (*stop) (struct usb_hcd *hcd);
```

12.2.2.7 shutdown 콜백함수 필드

호스트 컨트롤러를 셧다운시키는 콜백함수다.

보기 12-19 shutdown 콜백함수 원형

```
void    (*shutdown) (struct usb_hcd *hcd);
```

12.2.2.8 get_frame_number 콜백함수 필드

호스트 컨트롤러라 유지하는 프레임 넘버를 얻는 용도로 사용되는 콜백함수다.

보기 12-20 get_frame_number 콜백함수 원형

```
int     (*shutdown) (struct usb_hcd *hcd);
```

12.2.2.9 urb_enqueue 콜백함수 필드, 필수

호스트 컨트롤러가 해석해야 할 URB를 받는 용도로 사용되는 콜백함수다.

보기 12-21 urb_enqueue 콜백함수 원형

```
int     (*urb_enqueue) (struct usb_hcd *hcd, struct urb *urb, gfp_t mem_flags);
```

제어 전송, 벌크 전송, 인터럽트 전송, 등시성 전송 등의 다양한 종류의 URB가 사용될
수 있다.

12.2.2.10 urb_dequeue 콜백함수 필드, 필수

호스트 컨트롤러가 접수한 URB를 취소하는 용도로 사용되는 콜백함수다.

```
int      (*urb_dequeue) (struct usb_hcd *hcd, struct urb *urb, int status);
```

12.2.2.11 endpoint_disable 콜백함수 필드

엔드포인트를 위해서 하드웨어가 준비한 리소스를 해제하는 용도로 호출되는 콜백함수다.

보기 12-23 endpoint_disable 콜백함수 원형

```
void     (*endpoint_disable) (struct usb_hcd *hcd, struct usb_host_endpoint *ep);
```

12.2.2.12 endpoint_reset 콜백함수 필드

엔드포인트의 상태를 리셋하는 용도로 호출되는 콜백함수다.

보기 12-24 endpoint_reset 콜백함수 원형

```
void     (*endpoint_reset) (struct usb_hcd *hcd, struct usb_host_endpoint *ep);
```

12.2.2.13 hub_status_data 콜백함수 필드, 필수

루트 허브 포트의 상태가 변했는지를 확인하는 용도로 사용되는 콜백함수이다. 각각의 비트가 포트의 변화를 나타내는 비트맵을 리턴해야 한다.

보기 12-25 hub_status_data 콜백함수 원형

```
int      (*hub_status_data) (struct usb_hcd *hcd, char *buf);
```

12.2.2.14 hub_control 콜백함수 필드, 필수

루트 허브 또는 허브 포트의 상태를 확인하거나 상태를 변경하는 목적으로 호출되는 콜백함수다. 루트 허브에 대한 모든 처리를 담당한다고 볼 수 있다.

보기 12-26 hub_control 콜백함수 원형

```
int     (*hub_control) (struct usb_hcd *hcd, u16 typeReq, u16 wValue,
            u16 wIndex, char *buf, u16 wLength);
```

모든 파라미터는 USB 표준 스펙에서 정의하는 Setup Data(8바이트)와 동일한 포맷을 사용한다. 구체적인 내용은 7장을 참고한다.

12.2.2.15 bus_suspend 콜백함수 필드 필수

루트 허브 아래에 연결된 디바이스를 서스펜드시키는 용도로 호출되는 콜백함수다.

보기 12-27 bus_suspend 콜백함수 원형

```
int     (*bus_suspend) (struct usb_hcd *hcd);
```


12.2.2.16 bus_resume 콜백함수 필드 필수

루트 허브 아래에 연결된 디바이스와 서스펜드돼있는 버스 상태를 리쥼시키는 용도로 호출되는 콜백함수다.

보기 12-28 bus_resume 콜백함수 원형

```
int     (*bus_resume) (struct usb_hcd *hcd);
```

12.2.2.17 start_port_reset 콜백함수 필드

루트 허브 포트에 연결된 디바이스를 리셋하는 용도로 호출되는 콜백함수다.

보기 12-29 start_port_reset 콜백함수 원형

```
int     (*start_port_reset) (struct usb_hcd *hcd, unsigned port_num);
```

12.2.2.18 relinquish_port 콜백함수 필드

High Speed에서 Full Speed로 전환시키기 위해서 사용하는 Companion 기능을 사용하기 위해서 사용 중인 포트의 상태를 전환시키는 용도로 호출되는 콜백함수다.

보기 12-30 relinquish_port 콜백함수 원형

```
void    (*relinquish_port) (struct usb_hcd *hcd, int port_num);
```

12.2.2.19 port_handled_over 콜백함수 필드

Companion 기능이 제대로 동작했는지를 확인하는 용도로 호출되는 콜백함수다.

보기 12-31 port_handled_over 콜백함수 원형

```
int     (*port_handled_over) (struct usb_hcd *hcd, int port_num);
```

12.2.2.20 clear_tt_buffer_complete 콜백함수 필드

USB 2.0 허브의 TT[Transaction Translator] 버퍼를 비웠다는 사실을 알리는 용도로 호출되는 콜백함수다.

```
void     (*clear_tt_buffer_complete) (struct usb_hcd *hcd, struct usb_host_
         endpoint *);
```

12.2.2.21 alloc_dev 콜백함수 필드

호스트 컨트롤러가 지원하는 USB 디바이스가 발견될 때마다 호출되는 콜백함수로서 필
요한 하드웨어 리소스를 준비하는 용도로 사용된다.

보기 12-33 alloc_dev 콜백함수 원형

```
int      (*alloc_dev) (struct usb_hcd *hcd, struct usb_device *);
```

12.2.2.22 free_dev 콜백함수 필드

호스트 컨트롤러가 지원하는 USB 디바이스가 제거될 때마다 호출되는 콜백함수로서 필
요한 하드웨어 리소스를 해제하는 용도로 사용된다.

보기 12-34 free_dev 콜백함수 원형

```
void     (*free_dev) (struct usb_hcd *hcd, struct usb_device *);
```

12.2.2.23 alloc_stream 콜백함수 필드

스트림 기능을 지원하는 호스트 컨트롤러로 하여금 지정된 벌크 엔드포인트를 위해 복수
개의 스트림을 준비시키는 콜백함수이다.

보기 12-35 alloc_stream 콜백함수 원형

```
int      (*alloc_streams)(struct usb_hcd *hcd, struct usb_device *udev,
```

```
        struct usb_host_endpoint **eps, unsigned int num_eps,
        unsigned int num_streams, gfp_t mem_flags);
```

12.2.2.24 free_stream 콜백함수 필드

지정하는 벌크 엔드포인트를 위해 사용되던 스트림을 모두 닫는 용도로 호출되는 콜백함
수다.

보기 12–36 free_stream 콜백함수 원형

```
int    (*free_streams)(struct usb_hcd *hcd, struct usb_device *udev,
            struct usb_host_endpoint **eps, unsigned int num_eps,
            gfp_t mem_flags);
```

12.2.3 호스트 컨트롤러 드라이버가 사용하는 USB CORE API 함수

호스트 컨트롤러 드라이버가 사용하는 hcd 혹은 hub를 위한 API 함수를 소개한다.

12.2.3.1 usb_create_hcd 함수

파라미터 hc_driver 자료 구조와 함께 새로운 호스트 컨트롤러를 위한 hcd 자료 구조를
생성하는 함수다.

보기 12–37 usb_create_hcd 함수

```
struct usb_hcd *usb_create_hcd(const struct hc_driver *drive
            struct device *dev, const char *bus_name);
```

12.2.3.2 usb_add_hcd 함수

준비된 hcd 자료 구조를 사용해서 USB CORE 측으로 새로운 호스트 컨트롤러를 등록하는 함수다.

보기 12-38 usb_add_hcd 함수

```
int usb_add_hcd(struct usb_hcd *hcd, unsigned int irqnum, unsigned long irqflags);
```

12.2.3.3 usb_put_hcd 함수

등록돼 사용되던 호스트 컨트롤러를 등록 해제하는 용도로 호출하는 함수다.

보기 12-39 usb_put_hcd 함수

```
void usb_put_hcd(struct usb_hcd *hcd);
```

12.2.3.4 usb_remove_hcd 함수

사용되던 호스트 컨트롤러를 위한 hcd 자료 구조를 해제하는 용도로 호출하는 함수다.

보기 12-40 usb_remove_hcd 함수

```
void usb_remove_hcd(struct usb_hcd *hcd);
```

12.2.3.5 usb_hc_died 함수

호스트 컨트롤러가 치명적인 에러를 만났을 때 호출하는 함수다.

```
void usb_hc_died(struct usb_hcd *hcd);
```

12.2.3.6 usb_hcd_poll_rh_status 함수

호스트 컨트롤러의 루트 허브 포트의 상태가 변했을 때 이 사실을 USB 허브에게 알리는
용도로 호출한다.

보기 12-42 usb_hcd_poll_rh_status 함수

```
void usb_hcd_poll_rh_status(struct usb_hcd *hcd);
```

12.2.3.7 usb_alloc_dev 함수

보통 허브 드라이버에서 사용되는 함수로서 새로운 USB 디바이스를 위한 usb_device
자료 구조를 할당하는 용도로 호출한다. USB CORE에서 사용된다.

보기 12-43 usb_alloc_dev 함수

```
struct usb_device *usb_alloc_dev(struct usb_device *parent,
                          struct usb_bus *, unsigned port);
```

12.2.3.8 usb_new_dev 함수

usb_alloc_dev 함수에 의해서 생성된 usb_device 자료 구조를 등록한다. 새로운 디바
이스가 만들어졌다는 의미로 USB CORE에서 사용된다.

보기 12-44 usb_new_dev 함수

```
int usb_new_dev(struct usb_device *dev);
```

12.2.3.9 usb_disconnect 함수

사용되는 USB 디바이스를 제거하기 위해서 사용하는 함수이다. USB CORE에서 사용된다.

보기 12-45 usb_disconnect 함수

```
void usb_disconnect(struct usb_device **dev);
```

12.3 USB 사용자 레벨 호스트 클라이언트 라이브러리(LibUSB)

안드로이드와 같은 환경에서 커널 드라이버 수준으로 USB 호스트 클라이언트 드라이버를 만든다면 제조사가 원하는 형태의 드라이버 유형으로 개발이 가능하고 디바이스의 성능을 고려하는 최적의 드라이버를 만들 수 있다. 하지만 안드로이드에서 커널 드라이버를 동작시키려면 커널이미지와 함께 빌드되지 않으면 안된다. 또한 커널이미지와 함께 빌드된 커널 드라이버의 코드를 수정한 릴리스를 배포하려면 역시 커널이미지에 또 다시 포함해서 사용자에게 배포해야 한다. 일반 앱들처럼 사용자 레벨에서 USB 호스트 클라이언트 라이브러리를 사용하는 응용프로그램을 배포하려는 이유는 여기에 있다. 쉽게 드라이버를 업데이트할 수 있어야 하고 커널이미지에 포함시키지 않고 설치할 수 있어야 하고 드라이버의 버그로 인해 커널이 깨지는 일이 없도록 하기 위해서 안드로이드 환경에서는 사용자 레벨 호스트 클라이언트 라이브러리를 사용하는 응용프로그램을 제공하는 방식이 많이 사용된다.

리눅스에서도 마찬가지 이유로 사용자 레벨에서 동작하는 호스트 클라이언트 라이브러리를 사용하려는 수요가 있을 수 있다.

제조사의 디바이스를 위해 사용자 레벨에서 동작하는 호스트 클라이언트 라이브러리를 사용하는 경우 마우스 드라이버, 네트워크 드라이버 등과 같은 유형의 드라이버 형태로는 제조사의 디바이스를 다룰 수 없다. 오직 제조사에서 제공하는 응용프로그램과 통신

하는 목적만 가지게 된다. 이와 같은 목적에 부합된다면 이번 절에서 소개하는 사용자 레벨 호스트 클라이언트 라이브러리를 사용하는 방법을 배워보자.

12.3.1 LibUSB 라이브러리를 설치하고 사용하는 방법

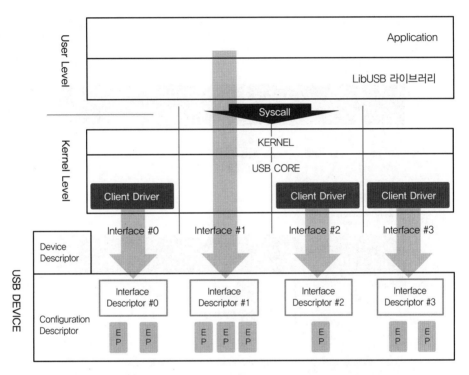

그림 12-7 사용자레벨에서 접근하는 인터페이스와 커널레벨에서 접근하는 인터페이스

USB 디바이스에 접근하는 관점에서 사용자 레벨과 커널레벨에서 접근하는 대상은 인터페이스이다. 그림 12-7을 보면 응용프로그램이 접근하는 인터페이스 #1, 커널레벨의 드라이버가 접근하는 인터페이스 #0, #2, #3을 볼 수 있다. 결국 커널레벨 드라이버가 접근하지 않는 인터페이스에 대해서만 사용자 레벨에서 접근할 수 있다.

사용자 레벨에서 LibUSB 라이브러리를 접근하는 방법은 간단하다. 헤더파일 [libusb.h]과 라이브러리파일 [libusb-1.0]을 사용하는 응용프로그램을 작성하면 된다.

LibUSB 패키지를 인터넷을 통해서 다운받아 설치하는 방법은 다음과 같다(우분투 14.4 LTS 버전을 사용했다).

보기 12-46 LibUSB 패키지 설치하기

```
sudo apt-get install libusb-1.0-0-dev
```

설치가 완료된 뒤 설치된 헤더파일과 라이브러리를 찾아서 응용프로그램 프로젝트에 포함시킨다.

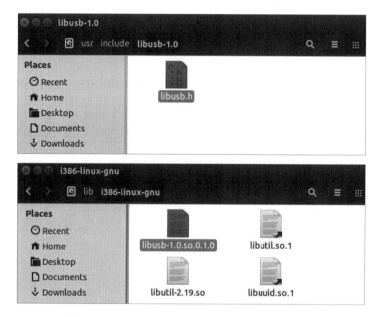

그림 12-8 LibUSB 패키지 설치 이후 헤더파일과 라이브러리파일 찾기

그림 12-8은 LibUSB 패키지 설치가 끝난 뒤 발견되는 파일들이다. 이 파일들을 사용해서 응용프로그램을 만들면 된다(헤더파일과 라이브러리 파일을 /usr/include, /usr/lib 폴더로 옮기거나 심볼릭링크를 만들어서 사용하기도 한다).

12.3.2 LibUSB 프로그래밍

일반 C 프로그래밍과 크게 다르지 않다. 헤더파일을 포함하고 헤더파일에서 선언된 라이브러리 함수를 호출해서 사용한다. USB 인터페이스가 가진 엔드포인트와의 입출력 과정을 동기적으로 수행할지 아니면 비동기적으로 수행할지에 따라서 프로그래밍 방법이 조금 다르다.

12.3.2.1 동기식 입출력 프로그래밍

보기 12-47 동기식 입출력 프로그래밍 예시 코드

```
#include <stdio.h>
#include <libusb-1.0/libusb.h>                                    // 1
int main(int arg1, char **arg2)
{
    libusb_device_handle *device_handle;
    unsigned char data[1000];
    int actual_length=0;
    int r = 0;
    int IsClaimed = 0;
    r = libusb_init(0);                                    // r != 0: 에러, 2
    device_handle = libusb_open_device_with_vid_pid( 0, 0x067B, 0x2303 );  // 3
    if( device_handle != NULL ){
        if( libusb_kernel_driver_active(device_handle,0)){          // 4
                r = libusb_detach_kernel_driver(device_handle,0);    // 5
                // r != 0: 에러
                r = libusb_claim_interface( device_handle, 0);       // 6
                IsClaimed = 1;
        }
        r = libusb_bulk_transfer(device_handle, 0x82, data, 1000,
                &actual_length, 0 );                                 // 7
        if( IsClaimed )  r = libusb_release_interface( device_handle, 0); // 8
        libusb_close( device_handle );                               // 9
    }
    libusb_exit(0);                                                  // 10
```

```
    return 0;
}
```

---

1. 헤더파일을 소스에 포함한다.

2. LibUSB 라이브러리를 초기화한다.

3. USB VendorID(0x067B), ProductID(0x2303)을 가진 디바이스가 연결돼있는지를 조사한다. 여기서 해당하는 ID는 예시이다.

4. 커널 드라이버가 현재 '0' 인터페이스를 사용하고 있는지를 조사한다. 디바이스 핸들을 얻는다.

5. 인터페이스 '0'을 사용하는 커널 드라이버의 동작을 멈추게 한다(드라이버의 Disconnect 함수가 호출된다).

6. 인터페이스 '0'을 LibUSB가 사용하겠다고 점유한다.

7. 동기식 벌크 전송을 요청한다. 0x82(EP주소), 1000(요청 크기).

8. 인터페이스 '0'을 점유하는 상황으로 종료한다.

9. 사용하던 디바이스 핸들을 닫는다.

10. LibUSB 라이브러리 사용을 끝낸다.

결국 1000바이트의 데이터를 벌크 IN 요청을 통해서 동기적으로 읽어오는 예시 코드이다.

12.3.2.2 비동기식 입출력 프로그래밍

비동기식 입출력 프로그래밍은 보다 빠르게 데이터를 송신하거나 수신할 수 있는 장점이 있다. 동기식과 다르게 복수 개의 입출력 요청을 사전에 미리 접수할 수 있기 때문이다. 물론 이 방법은 각각의 입출력 요청이 완료되는 것을 확인하는 방법을 필요로 하게 되고 이런 방법은 완료루틴Completion Routine 호출이라는 방법을 통해서 수행된다.

단, 완료루틴은 별도의 스레드 문맥에서 호출된다. 이와 같은 메커니즘을 위해서 응용프로그램은 비동기적으로 완료루틴이 호출될 수 있도록 LibUSB 라이브러리가 제공하는 사건(이벤트)을 기다리는 함수를 사용해야 한다. sleep, usleep 등의 함수를 사용하는 것은 비동기적인 완료루틴이 호출되는 것과 전혀 관계가 없다.

보기 12-48 동기식 입출력 프로그래밍 예시 코드에서 과정(7)을 제외하면 같은 방식을
사용하기 때문에 보기 12-49에서 중복되는 코드는 생략하도록 하겠다.

보기 12-48 비동기식 입출력 프로그래밍 예시 코드

```
// 중략
int g_done = 0;

static void LIBUSB_CALL completeroutine( struct libusb_transfer * transfer)
{ // 완료루틴
        g_done = 1; // 완료됐다는 사실을 기록한다.
}

int main(int arg1, char **arg2)
{
// 중략
        struct libusb_transfer * transfer;
        struct timeval tv;
// 중략
        r = libusb_init(0);
        device_handle = libusb_open_device_with_vid_pid( 0, 0x067B, 0x2303 );
        if( device_handle != NULL ){
                if( libusb_kernel_driver_active(device_handle,0)){
                        r = libusb_detach_kernel_driver(device_handle,0);
                        r = libusb_claim_interface( device_handle, 0);
                        IsClaimed = 1;
                }
                transfer = libusb_alloc_transfer(0);                    // 1
                libusb_fill_bulk_transfer( transfer, device_handle, 0x82, data,
                1000, completeroutine, NULL, 0 );                       // 2
                r = libusb_submit_transfer( transfer );                 // 3
                while(g_done == 0){
                        tv.tv_sec = 1; tv.tv_usec = 0;
                        r = libusb_handle_events_timeout( NULL, &tv ); // 4
                }
                libusb_free_transfer( transfer );                      // 5
                if( IsClaimed )  r = libusb_release_interface( device_handle, 0);
                libusb_close( device_handle );
```

```
        }
// 중략
```

1. 비동기 입출력 요청을 하기 위해서 transfer 자료 구조를 할당한다.

2. 할당받은 transfer 자료 구조를 적당한 파라미터로 채운다.

3. 비동기 입출력 요청을 한다. 함수가 리턴되지만 곧바로 실행되지는 않는다.

4. 1초 동안 입출력이 완료되기를 기다린다. 반드시 이와 같은 방법을 사용해야 완료루 틴이 호출된다.

5. 사용이 끝난 transfer 자료 구조를 해제한다.

12.3.2.3 LibUSB 함수 레퍼런스

12.3.2.3.1 라이브러리 초기화

표 12-7 라이브러리 초기화 관련 함수

함수 이름	프로토타입	설명
libusb_set_debug	void libusb_set_debug(libusb_context * ctx, int Level)	디버그 메시지 출력 조건을 설정한다. • Level 0: 디폴트. 디버그 메시지를 출력하지 않는다. • Level 1: 에러 메시지를 stderr로 출력한다. • Level 2: 경고와 에러 메시지를 stderr로 출력한다. • Level 3: 정보 메시지는 stdout, 경고와 에러 메시지는 stderr로 출력한다.
libusb_init	int libusb_init(libusb_context **context)	라이브러리를 초기화한다. 라이브러리를 사용하려면 가장 먼저 이 함수를 사용해서 라이브러리를 초기화해야 한다.
libusb_exit	void libusb_exit(libusb_context *ctx)	라이브러리 사용을 끝낸다.

12.3.2.3.2 디바이스 핸들링과 열거(Enum)

표 12-8 디바이스 핸들링과 열거 관련 함수

함수 이름	프로토타입	설명
libusb_get_device_list	ssize_t libusb_get_device_list(libusb_context *ctx, libusb_device ***list)	연결된 모든 디바이스를 검색한다.
libusb_free_device_list	void libusb_free_device_list(libusb_device **list, int unref_devices)	사용이 끝난 디바이스 리스트를 반납한다. Unref_device 필드의 값은 참조 수를 함께 감소시킬 것인지 결정한다.
libusb_get_bus_number	uint8 libusb_get_bus_number(libusb_device *dev)	디바이스의 버스 넘버를 구한다.
libusb_get_device_device_address	uint8 libusb_get_device_address(libusb_device *dev)	디바이스가 사용하는 주소를 구한다.
libusb_get_device_speed	int libusb_get_device_speed(libusb_device *dev)	디바이스의 연결 속도를 구한다. 리턴값 enum libusb_speed LIBUSB_SPEED_UNKNOWN LIBUSB_SPEED_LOW LIBUSB_SPEED_FULL LIBUSB_SPEED_HIGH LIBUSB_SPEED_SUPER
libusb_get_max_packet_size	int libusb_get_max_packet_size(libusb_device *dev, unsigned char endpoint)	디바이스의 엔드포인트의 최대 패킷 전송바이트 수를 구한다.
libusb_get_max_iso_packet_size	int libusb_get_max_iso_packet_size(libusb_device *dev, unsigned char endpoint)	디바이스의 등시성 엔드포인트의 최대 패킷 전송바이트 수를 구한다.
libusb_ref_device	libusb_device * libusb_ref_device(libusb_device *dev)	디바이스의 참조 수를 증가한다.

함수 이름	프로토타입	설명
libusb_unref_device	void libusb_unref_device(libusb_device *dev)	디바이스의 참조 수를 감소한다.
libusb_open	int libusb_open(libusb_device *dev, libusb_device_handle **handle)	디바이스 구조체를 사용해서 대응하는 디바이스를 열고 디바이스 핸들을 얻는다.
libusb_open_ device_with_vid_pid	libusb_device_handle* libusb_open_ device_with_vid_pid(libusb_context *ctx, uint16_t vendor_id, uint16_t product_id)	VID, PID와 일치하는 디바이스가 연결돼 있는지 확인한 뒤, 디바이스를 연다.
libusb_close	void libusb_close(libusb_device *dev)	사용이 끝난 디바이스 구조체를 반납한다.
libusb_get_device	libusb_device libusb_get_device(libusb_device_handle *dev)	디바이스 핸들에 대응하는 디바이스 구조체를 얻는다.
libusb_get_ configuration	int libusb_get_configuration(libusb_device_handle *dev, int * configuration)	Get Configuration 명령을 수행한다.
libusb_set_ configuration	int libusb_set_configuration(libusb_device_handle *dev, int configuration)	Set Configuration 명령을 수행한다.
libusb_claim_ interface	int libusb_claim_interface(libusb_device_handle *dev, int interface_number)	새로운 인터페이스를 Libusb가 사용한다.
libusb_release_ interface	int libusb_release_interface(libusb_device_handle *dev, int interface_number)	Libusb가 사용하던 인터페이스를 반납한다.

함수 이름	프로토타입	설명
libusb_set_ interface_alt_setting	int libusb_set_interface_alt_setting(libusb_device_handle *dev, int interface_number, int alternate_setting)	새로운 인터페이스를 지정한다.
libusb_clear_halt	int libusb_clear_halt(libusb_device_handle *dev, unsigned char endpoint)	엔드포인트 halt를 지운다.
libusb_reset_device	int libusb_reset_device(libusb_device_handle *dev)	디바이스를 리셋한다.
libusb_kernel_ driver_active	int libusb_kernel_driver_active(libusb_device_handle *dev, int interface_number)	Interface_number를 위한 커널 드라이버가 활성화중인지를 확인한다.
libusb_detach_ kernel_driver	int libusb_detach_kernel_driver(libusb_device_handle *dev, int interface_number)	Interface_number를 위한 커널드라이버를 분리시킨다 (disconnect).
libusb_attach_ kernel_driver	int libusb_attach_kernel_driver(libusb_device_handle *dev, int interface_number)	Interface_number를 위한 커널 드라이버를 연결시킨다(probe).

12.3.2.3.3 특별한 함수(Miscellaneous)

표 12-9 특별한 함수

함수 이름	프로토타입	설명
libusb_has_ capability	int libusb_has_capability (uint32_t capability)	현재 라이브러리가 지정하는 capability 정보를 제공하는지를 확인한다.

함수 이름	프로토타입	설명
libusb_error_name	char * libusb_error_name(int error_code)	에러 코드를 문자열로 변환한다.
libusb_get_version	struct libusb_version * libusb_get_version()	버전 정보를 리턴한다.

12.3.2.3.4 디스크립터 관련

표 12-10 디스크립터 관련 함수

함수 이름	프로토타입	설명
libusb_get_device_descriptor	int libusb_get_device_descriptor(libusb_device * dev, struct libusb_device_descriptor *desc)	디바이스 디스크립터를 읽는다.
libusb_get_active_config_descriptor	char libusb_get_active_config_descriptor (libusb_device * dev, struct libusb_config_descriptor **config)	사용 중인 컨피규레이션 디스크립터를 얻는다.
libusb_get_config_descriptor	int libusb_get_ config _descriptor(libusb_device * dev, uint8_t config_index, struct libusb_config_descriptor **config)	지정하는 (index) 컨피규레이션 디스크립터를 얻는다.
libusb_get_config_descriptor_by_value	int libusb_get_config_descriptor_by_value(libusb_device * dev, uint8_t bConfigValue, struct libusb_config_descriptor **config)	지정하는 (bConfigValue) 컨피규레이션 디스크립터를 얻는다.
libusb_free_config_descriptor	int libusb_free_config_descriptor(struct libusb_config_descriptor *config)	컨피규레이션 디스크립터 메모리를 반납한다.

함수 이름	프로토타입	설명
libusb_get_string_descriptor_ascii	int libusb_get_string_descriptor_ascii(libusb_device_handle * devhandle, uint8_t desc_index, unsigned char *data, int length)	지정하는 스트링 디스크 립터를 읽는다(ASCII).
libusb_get_descriptor	int libusb_get_ descriptor(libusb_device_handle * devhandle, uint8_t desc_type, uint8_t desc_index, unsigned char *data, int length)	여러 가지 속성의 종류별 로 디스크립터를 읽는다.
libusb_get_string_descriptor	int libusb_get_ string_descriptor(libusb_device_handle * devhandle, uint8_t desc_index, uint16_t langid, unsigned char *data, int length)	스트링디스크립터를 읽 는다(유니코드).

12.3.2.3.5 비동기 입출력

표 12-11 비동기 입출력 관련 함수

함수 이름	프로토타입	설명
libusb_alloc_transfer	struct libusb_transfer* libusb_alloc_transfer(int iso_packets)	transfer 자료 구조를 얻는 다. 등시성 전송이 아닌 경 우, iso_packet 필드의 값을 0 으로 사용한다.
libusb_free_transfer	void libusb_free_transfer(struct libusb_transfer * transfer)	사용이 끝난 transfer 자료 구조를 반납한다.
libusb_submit_transfer	int libusb_submit_transfer(struct libusb_transfer * transfer)	준비된 transfer 자료 구조를 버스 드라이버에게 전달한다 (비동기 요청 시작).

함수 이름	프로토타입	설명
libusb_cancel_transfer	int libusb_cancel_transfer(struct libusb_transfer * transfer)	요청한 transfer 작업을 취소한다.
libusb_control_ transfer_get_data	unsigned char * libusb_control_transfer_get_data(struct libusb_transfer * transfer)	제어 전송의 데이터 버퍼 시작 위치를 알려준다.
libusb_control_ transfer_get_setup	libusb_control_setup * libusb_control_transfer_get_setup(struct libusb_transfer * transfer)	제어 전송의 셋업데이터(8바이트) 시작 위치를 알려준다.
libusb_fill_control_ setup	void libusb_fill_control_setup(unsigned char * buffer, uint8_t bmRequestType, uint8_t bRequest, uint16_t wValue, uint16_t wIndex, uint16_t wLength)	제어 전송에서 필요한 파라미터(셋업 8바이트)를 채운다.
libusb_fill_control_ transfer	void libusb_fill_control_transfer(struct libusb_transfer * transfer, libusb_device_handle *devHandle, unsigned char * buffer, libusb_transfer_cb_fn callback, void *context, unsigned int timeout)	제어 전송에서 필요한 파라미터(데이터)를 채운다.
libusb_fill_bulk_ transfer	void libusb_fill_bulk_transfer(struct libusb_transfer * transfer, libusb_device_handle *devHandle, unsigned char endpoint, unsigned char * buffer, int length, libusb_transfer_cb_fn callback, void *context, unsigned int timeout)	벌크 전송에서 필요한 파라미터를 채운다.

함수 이름	프로토타입	설명
libusb_fill_interrupt_transfer	void libusb_fill_interrupt_transfer(struct libusb_transfer * transfer, libusb_device_handle *devHandle, unsigned char endpoint, unsigned char * buffer, int length, libusb_transfer_cb_fn callback, void *context, unsigned int timeout)	인터럽트 전송에서 필요한 파라미터를 채운다.
libusb_fill_iso_transfer	void libusb_fill_iso_transfer(struct libusb_transfer * transfer, libusb_device_handle *devHandle, unsigned char endpoint, unsigned char * buffer, int length, int num_iso_packets, libusb_transfer_cb_fn callback, void *context, unsigned int timeout)	등시성 전송에서 필요한 파라미터를 채운다.
libusb_set_iso_packet_lengths	void libusb_set_iso_packet_lengths(struct libusb_transfer * transfer, unsigned int length)	등시성 전송을 위한 transfer 자료 구조의 전체 요청 크기를 채운다.
libusb_get_iso_packet_buffer_simple	unsigned char * libusb_get_iso_packet_buffer_simple(struct libusb_transer *transfer, unsigned int packet)	등시성 전송에서 사용되는 버퍼에서 요청하는 패킷 데이터 주소를 얻는다.

비동기 전송에서 사용되는 완료루틴(libusb_transfer_cb_fn)은 다음과 같은 원형을 사용한다.

보기 12-49 libusb_transfer_cb_fn 함수 원형

```
typedef void( * libusb_transfer_cb_fn)(struct libusb_transfer *transfer)
```

보통 완료루틴은 전달되는 transfer 구조체의 각각의 필드를 직접 참조해 처리 결과를 확인할 수 있다.

보기 12-50 struct libusb_transfer 자료 구조

```
libusb_device_handle * dev_handle
uint8_t flags
unsigned char endpoint
unsigned char type
unsigned int timeout
enum libusb_transfer_status status // 완료된 상태값
int length // 요청한 요청 바이트 수
int actual_length // 실제 처리된 결과 바이트 수
libusb_transfer_cb_fn callback
void * user_data
unsigned char * buffer // 처리 결과와 관련된 버퍼 주소
int num_iso_buffer
struct libusb_iso_packet_descriptor iso_packet_desc[0]
```

12.3.2.3.6 동기 입출력

표 12-12 동기 입출력 관련 함수

함수 이름	프로토타입	설명
libusb_control_transfer	int libusb_control_transfer(libusb_device_handle *dev_handle, uint8_t bmRequestType, uint8_t bRequest, uint16_t wValue, uint16_t wIndex, unsigned char *data, uint16_t wLength, unsigned int timeout)	동기적으로 제어 전송 명령을 요청한다. 처리가 완료되면 리턴한다.

함수 이름	프로토타입	설명
libusb_bulk_ transfer	int libusb_bulk_transfer(libusb_device_handle *dev_handle, unsigned char endpoint, unsigned char *data, int length, int * transferred, unsigned int timeout)	동기적으로 벌크 전송 명령을 요청한다. 처리가 완료되면 리턴한다.
libusb_interrupt_ transfer	int libusb_interrupt_transfer(libusb_device_handle *dev_handle, unsigned char endpoint, unsigned char *data, int length, int * transferred, unsigned int timeout)	동기적으로 인터럽트 전송 명령을 요청한다. 처리가 완료되면 리턴한다.

12.3.2.3.7 폴링 및 타이밍

표 12-13 폴링 및 타이밍 관련 함수

함수 이름	프로토타입	설명
libusb_try_lock_ events	int libusb_try_lock_events(libusb_context *ctx)	이벤트 관리락(Lock)을 획득하도록 시도한다.
libusb_lock_events	void libusb_lock_events(libusb_context *ctx)	이벤트 관리락을 획득한다. 획득될 때까지 기다린다.
libusb_unlock_ events	void libusb_unlock_events(libusb_context *ctx)	이벤트 관리락을 반납한다.
libusb_event_ handling_ok	int libusb_event_handling_ok(libusb_context *ctx)	현재 스레드가 이벤트 다루기 작업을 해도 되는지 여부를 확인한다.

함수 이름	프로토타입	설명
libusb_event_handler_active	int libusb_event_handler_active(libusb_context *ctx)	현재 활성화 중인 스레드가 이벤트 다루기 작업을 진행 중인지 여부를 확인한다.
libusb_lock_event_waiters	void libusb_lock_event_waiters(libusb_context *ctx)	전송 이벤트를 기다리는 작업을 위한 락을 획득한다.
libusb_unlock_event_waiters	void libusb_unlock_event_waiters(libusb_context *ctx)	전송 이벤트를 기다리는 작업을 위한 락을 반납한다.
libusb_wait_for_event	int libusb_wait_for_event(libusb_context *ctx, struct timeval *tv)	주어진 시간 동안 전송 이벤트 작업이 끝나기를 기다린다.
libusb_handle_events	int libusb_handle_events(libusb_context *ctx)	전송 이벤트 작업이 끝나기를 영원히 기다린다.
libusb_handle_events_completed	int libusb_handle_events_completed(libusb_context *ctx, int * completed)	전송 이벤트 작업이 끝나기를 영원히 기다린다.

4부

USB 디바이스 컨트롤러

호스트 컨트롤러는 대개 표준화(UHCI, OHCI, EHCI, xHCI)된 경우가 많지만 디바이스 컨트롤러는 제조사에 의해서 독창적으로 설계되는 경우가 대부분이다. 때문에 개발자가 특정 디바이스 컨트롤러를 선택한다는 것은 디바이스 컨트롤러의 하드웨어 레지스터맵 등을 이해해야 한다는 것을 의미한다. 또한 이런 지식은 다른 제조사의 디바이스 컨트롤러에서는 무용지물이 되는 지식이 되는 것을 의미한다.

4부에서는 시중에서 많이 선택돼 사용되는 몇 가지 디바이스 컨트롤러를 소개한다.

여기서 잠깐!

4부에서 설명하고 있는 예제는 사이프레스에서 제공하는 공개용 SDK 환경과 공개된 리눅스커널 소스 사이트를 통해 얻을 수 있는 예제이기 때문에 별도로 제공하지 않는다.

13

USB 디바이스 컨트롤러를 위한 프레임워크

13.1 일반적인 USB 디바이스 컨트롤러가 가지는 모듈

호스트 컨트롤러와 달리 디바이스 컨트롤러 측면의 소프트웨어 스택은 비교적 간단하다. 왜냐하면 호스트 측의 소프트웨어는 복수 개의 다양한 디바이스가 연결되는 것을 고려해야 하지만 디바이스 측면에서는 연결되는 호스트가 한 가지의 경우만 고려하면 되기 때문이다.

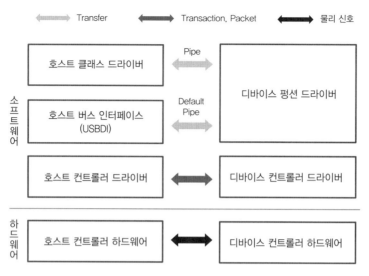

| Transfer | Transaction, Packet | 물리 신호 |

소프트웨어	호스트 클래스 드라이버	Pipe	디바이스 펑션 드라이버
	호스트 버스 인터페이스 (USBDI)	Default Pipe	
	호스트 컨트롤러 드라이버		디바이스 컨트롤러 드라이버
하드웨어	호스트 컨트롤러 하드웨어		디바이스 컨트롤러 하드웨어

그림 13-1 호스트와 디바이스 간의 간단한 연결그림

그림 13-1을 보면, 디바이스 측면에서 구현해야 하는 계층을 간단하게 소개하고 있다. 사실 부르는 용어는 어떻게 부르던지 크게 상관은 없지만 그 역할만 이해하면 될 것으로 보인다. 그림에서는 디바이스 측면에서 필요한 모듈(혹은 영역)은 크게 3가지 모듈로 소개하고 있다.

- 디바이스 컨트롤러 하드웨어: 실제 물리적인 하드웨어 영역이다. 실질적인 USB 디바이스라고 부른다.
- 디바이스 컨트롤러 드라이버: 디바이스 컨트롤러 하드웨어를 다루는 소프트웨어 모듈을 의미한다.
- 디바이스 펑션 드라이버: 디바이스 컨트롤러 드라이버가 제공하는 함수들을 사용하면서 호스트 측의 클래스 드라이버와 통신하는 역할을 담당한다.

디바이스 클래스 드라이버라는 용어를 들어본 독자도 있을 것이다. 디바이스 펑션 드라이버는 그 기능을 조금 세분화해서 상단에 디바이스 클래스 드라이버와 9장의 USB 표준 스펙 문서의 드라이버로 구분하기도 한다. 이런 경우에 디바이스 클래스 드라이버를 좁은 의미의 디바이스 펑션 드라이버로 보기도 한다.

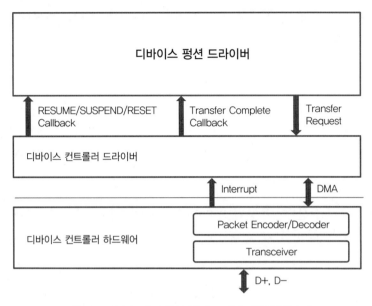

그림 13-2 디바이스 측면에서 구현되는 모듈에 대한 간단한 소개

그림 13-2를 보면 디바이스 컨트롤러 드라이버와 컨트롤러 하드웨어는 하드웨어 장치에 의존적인 부분이 되고, 가장 상위의 디바이스 펑션 드라이버는 컨트롤러 드라이버와 어떤 인터페이스를 설계해서 사용하는가에 따라 나름대로의 표준화(디바이스 컨트롤러 드라이버의 표준화)가 가능해 보인다.

앞장의 글들을 모두 읽어본 독자들은 잘 알겠지만 결국 USB 통신은 가장 저급 수준으로 보면 D+, D- 차등신호가 되는데 이런 신호들은 트렌시버^{Transceiver}에 의해서 해석되는 단계를 가져야 한다. 그림에서도 마찬가지로 D+, D- 신호들은 각각 어떤 의미를 가지는 USB 신호인지를 해석해 이 신호를 디바이스 컨트롤러 드라이버가 이해할 수 있는 형식의 데이터로 바꾼다. 디바이스 컨트롤러 하드웨어는 준비된 데이터(컨트롤러 드라이버가 이해하는)를 인터럽트 신호, DMA 인터페이스 등을 통해 컨트롤러 드라이버에게 전달한다.

디바이스 컨트롤러 드라이버는 하드웨어로부터 올라온 인터럽트와 데이터를 해석해 디바이스 펑션 드라이버가 제공하는 다양한 콜백함수들을 적절하게 호출해주고 있다.

디바이스 펑션 드라이버는 필요한 경우 Transfer Request 등의 인터페이스를 사용해서 디바이스 컨트롤러 드라이버에게 호스트 측과 전송^{Transfer} 작업을 하도록 요청할 수 있다.

디바이스 펑션 드라이버와 디바이스 컨트롤러 드라이버 간에 표준화된 인터페이스는 여러 가지 장점을 가지게 된다. 하나의 디바이스 컨트롤러 하드웨어는 하나의 디바이스 컨트롤러 드라이버를 가지는 것이 당연하지만 펑션 드라이버는 여러 가지를 가질 수 있기 때문이다.

예를 들어 제조사가 선택한 특정 USB 디바이스 컨트롤러를 탑재한 하드웨어 장치를 하나 준비했다고 가정하자. 이때 이 하드웨어 장치가 호스트에서 바라볼 때 USB 마우스처럼 보이기만 하는 것이 아니라 필요하면 USB 대용량 이동식 디스크로 보이기도 하고 필요하면 USB 모뎀처럼 보이기도 하는 경우를 생각해보면 하나의 USB 디바이스 컨트롤러는 필요에 따라서 여러 성격을 가지는 다양한 디바이스 펑션 드라이버가 있을 수 있다는 이야기가 타당해 보인다.

이때 해당하는 디바이스 컨트롤러를 사용하는 펑션으로써 USB 마우스를 위한 펑션 드라이버를 개발해본 개발자가 같은 디바이스 컨트롤러를 사용하는 USB 모뎀을 위한 펑션 드라이버를 작성하려면 마우스를 개발할 때와 모뎀을 개발할 때 각각의 경우가 비슷하거나 동일한 인터페이스 함수를 통해 자신의 디바이스 컨트롤러 드라이버와 통신하는 것이 얼마나 이득인지를 생각해보면 알 수 있다.

여기서 조금더 나아가보면 다양한 디바이스 컨트롤러 하드웨어와 컨트롤러 드라이버를 사용하는 경우까지 확장해보는 것은 어떨까? 하나의 펑션 드라이버가 서로 다른 디바이스 컨트롤러 하드웨어를 모두 쉽게 지원하는 경우도 생각할 수 있다. 개발자로서 자신이 만든 펑션 드라이버를 여러 종류의 디바이스 컨트롤러 하드웨어 위에서 사용할 수 있다면 정말 기분 좋은 일이 아닐 수 없다.

그림 13-3에서 서로 다른 디바이스 컨트롤러를 하나의 펑션 드라이버가 연결돼 사용되는 두 가지의 모습을 볼 수 있다. 하나는 표준화가 이뤄지지 않았을 때의 그림이고 다른 하나는 나름대로 표준화를 가지는 경우의 연결 그림이다.

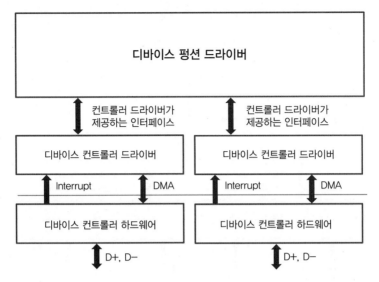

디바이스 펑션 드라이버

| 컨트롤러 드라이버가
제공하는 인터페이스 | 컨트롤러 드라이버가
제공하는 인터페이스 |

디바이스 컨트롤러 드라이버 | **디바이스 컨트롤러 드라이버**

Interrupt DMA Interrupt DMA

디바이스 컨트롤러 하드웨어 | **디바이스 컨트롤러 하드웨어**

D+, D−   D+, D−

그림 13-3 서로 다른 디바이스 컨트롤러 하드웨어, 드라이버와 펑션 간의 연결도

사실 디바이스 컨트롤러 드라이버는 자신의 디바이스 컨트롤러 하드웨어를 다루는 데 익숙하지만 자신을 사용하려는 펑션 드라이버의 다양한 요구를 만족하는 데는 잘 고민하지 않는 경향이 많다. 이런 이유로 이와 같은 표준화 작업을 하기 위해서 디바이스 컨트롤러 드라이버가 표준화에 참여하는 작업이 수월하도록 프레임워크가 제공되는 것이 훨씬 현실적인 방법이 된다.

그림 13-4를 보면 하나의 펑션 드라이버를 제작하는 개발자 입장에서는 자신의 펑션 드라이버를 적용하려는 디바이스 컨트롤러의 종류에 따라서 각 컨트롤러 드라이버가 제공하는 인터페이스를 호출해야 하는 것을 알 수 있다.

물론 이처럼 제조사가 컨트롤러 드라이버 인터페이스라 해도 표준화해서 제공하는 경우라면 그나마 다행이지만, 그래도 개발자는 각 인터페이스를 따로 공부해야 한다. 그런 뒤에 자신의 펑션 드라이버에 적용해야 하는 것은 번거로운 일이다.

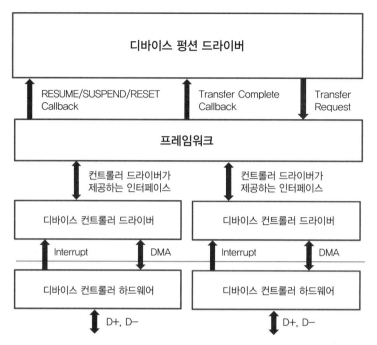

그림 13-4 서로 다른 디바이스 컨트롤러 하드웨어, 드라이버와 펑션 간의 연결도(프레임워크를 사용하는 경우)

그림 13-4와 같이 프레임워크가 제공되는 환경 속에서 펑션 드라이버를 작성하는 것이 개발자 입장에서는 다양한 종류의 펑션 드라이버를 다양한 디바이스 컨트롤러 위에서 동작시킬 수 있기 때문에 선호하는 방법이다. 하지만 이와 같은 프레임워크를 디바이스 컨트롤러 제조사가 제공하지 않기 때문에 리눅스, 윈도우와 같은 운영체제 속에서 형태를 볼 수 있다.

이에 리눅스 운영체제에서 보다 많은 디바이스 컨트롤러를 포함할 수 있는 프레임워크 (리눅스 USB Gadget)를 제공하는 경우를 살펴보고, 복수 개의 디바이스 컨트롤러를 지원하는 프레임워크를 제공하진 않지만 자신의 디바이스 컨트롤러를 사용하려는 개발자들의 편의를 위해 제조사 독창적인 표준화 인터페이스를 제공하는 경우(사이프레스 FX3)를 각각 살펴보려고 한다.

13.2 광범위한 표준화 모델을 제공하는 운영체제와 디바이스 컨트롤러 제조사의 예시

리눅스 환경은 오픈소스 기반이라는 장점이 있는데 반해, 드라이버 작성 방법이 커널 버전에 종속적이라는 단점을 가지고 있다. 한참 동안 인터넷에 올라와 있는 오픈소스를 공부하고 드라이버를 작성하고 실제 적용할 리눅스 커널에서 빌드할 때 나타나는 수많은 빌드 에러 메시지를 본 적이 있는 개발자는 충분히 공감할 것이다.

하지만 안드로이드 스마트폰 보급의 영향 때문인지 여전히 리눅스 개발자들은 주변에 많으며, 사랑받는 운영체제이다. 필자가 이번에 참고한 리눅스는 커널 버전 5.3.1을 선택했다. 이렇게 버전을 공지해야 독자들의 오해가 없을 것이다. 이 버전을 선택한 특별한 이유는 없다.

리눅스는 오래전부터 USB 디바이스를 위한 드라이버를 제작하는 데 통일된 표준화 모델을 지원하고 있다. 그것이 USB 가젯(혹은 개짓Gadget)이라고 불리는 것이다.

USB 가젯은 리눅스 환경 속에서 디바이스 컨트롤러를 제작하는 제조사와 펑션 드라이버를 제작하는 개발자들 사이에 의존도를 없애기 위해 탄생한 프레임워크이다.

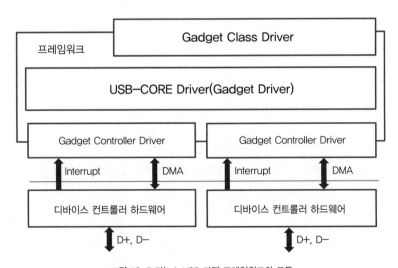

그림 13-5 리눅스 USB 가젯 프레임워크와 모듈

그림 13-5를 보면 수직적인 관점에서 3가지 종류의 드라이버가 보인다. 리눅스에서 모듈(KO)이라고 부르는 3가지 종류 드라이버는 다음과 같다.

- Gadget Controller Driver: 가젯 프레임워크 속에서 동작하는 제조사의 디바이스 컨트롤러를 접근하는 드라이버다.

- Gadget Driver: 9장 드라이버라고도 부른다. USB 호스트와 주고 받는 기본적인 표준 명령어를 해석하고 처리하며 Class에서 정의한 명령어를 수신하는 경우에는 이를 적절하게 상위단의 Class Driver에게 넘겨주는 역할을 담당한다.

- Gadget Class Driver: 호스트에서 Gadget Driver를 통해 전달해주는 Class 명령어들을 처리하는 모듈이다. 예를 들어 USB 대용량 디스크의 경우, 실제 타겟디바이스 내의 저장공간을 찾아서 호스트가 전달하는 섹터 쓰기Sector Write 혹은 섹터 읽기Sector Read 등을 해석해야 한다. 물론 이런 부분은 상황에 따라서 Gadget Class Driver에서 직접 수행하기보다 상위의 다른 모듈을 정의해서 처리하는 형태도 많이 나타난다.

오늘날 안드로이드 스마트폰을 보면 하나의 디바이스 내에 복수 개의 클래스(여기서는 펑션이라는 용어가 어울린다)를 동시에 지원하는 경향이 많다. 하나의 디바이스가 USB 대용량 디스크로도 보이고 동시에 USB MTP 장치로도 보이며 USB 모뎀으로도 보인다는 상황을 말한다.

이런 장치를 하나의 디바이스 내에 여러 개의 펑션이 동시에 존재한다는 뜻으로 복합장치Composite Device라고 부른다. 분명 지금까지 언급한 장치들은 하나의 디바이스 내에 동시에 하나의 펑션만 지원하는 장치이므로 이를 단일장치라고 부를 수 있다.

리눅스의 USB 가젯 프레임워크는 오늘날 복합장치와 단일장치를 모두 지원하고 있다. 이번에는 복합장치를 사용하려는 경우 가젯 프레임워크와 모듈 간의 관계를 설명한다.

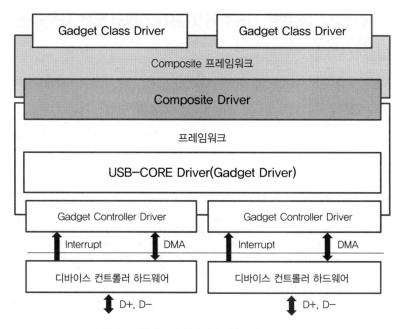

그림 13-6 리눅스 USB 복합장치 가젯 프레임워크와 모듈

그림 13-5와 그림 13-6을 비교해보자. 단일장치에서는 3가지 모듈이 나타난 반면 복합장치에서는 4가지 모듈이 눈에 띈다. 그것은 바로 Composite Driver이다. 이것은 별도의 커널모듈(KO)로 존재한다. 또한 프레임워크가 따로 추가되는데 추가된 프레임워크는 Composite Driver를 위한 프레임워크이다. 결국 복합장치 환경에서는 Composite Driver 모듈이 추가로 동작하고 그 상위에서 펑션 드라이버들이 동작한다는 뜻이 된다.

유의할 점은 단일장치상에서 동작하던 펑션 드라이버 코드 그대로 복합장치에서 동작하지 않는다는 점이다. 그래서 펑션 드라이버 개발자는 사전에 자신의 코드를 복합장치에서 동작시킬 지 단일장치에서 동작시킬지 결정해야 한다. 현실적으로 근래에는 복합장치를 지원하는 경향이므로 여기서는 복합장치를 위한 프레임워크를 중점적으로 살펴보도록 한다.

13.2.1 복합장치를 위한 USB 가젯 프레임워크에서 사용되는 API 함수

윈도우는 인터넷을 통해 비교적 정리가 잘된 도움말 문서들이 많다. 하지만 리눅스는 그렇지 못하기 때문에 인터넷에서 찾는 정보로는 턱없이 부족하다. 가장 확실한 방법은 실제 사용되는 코드를 통해서 어디까지가 API 함수인지를 먼저 파악하는 것이 좋은 분석 방법이라고 볼 수 있다.

표 13-1 API(Export) 함수를 제공하고 있는 모듈 분석

libcomposite.ko
usb_gadget_get_string, **alloc_ep_req**, **usb_get_function_instance**, **usb_get_function**
usb_put_function_instance, usb_put_function, **usb_function_register**, usb_function_unregister
usb_ep_autoconfig_ss, **usb_ep_autoconfig**, usb_ep_autoconfig_release
usb_ep_autoconfig_reset, usb_descriptor_fillbuf, usb_gadget_config_buf, usb_copy_descriptors
usb_assign_descriptors, usb_free_all_descriptors, usb_otg_descriptor_alloc
usb_otg_descriptor_init, unregister_gadget_item, config_ep_by_speed, **usb_add_function**
usb_remove_function, usb_function_deactivate, usb_function_activate, usb_interface_id
usb_add_config_only, usb_add_config, usb_string_id, usb_string_ids_tab
usb_gstrings_attach, usb_string_ids_n, usb_composite_probe, usb_composite_unregister
usb_composite_setup_continue, usb_composite_overwrite_options

usb-core.ko
usb_ep_set_maxpacket_limit, usb_ep_enable, usb_ep_disable, **usb_ep_alloc_request**
usb_ep_free_request, **usb_ep_queue**, **usb_ep_dequeue**, usb_ep_set_halt
usb_ep_clear_halt, usb_ep_set_wedge, usb_ep_fifo_status, usb_ep_fifo_flush
usb_gadget_frame_number, usb_gadget_wakeup, usb_gadget_set_selfpowered
usb_gadget_clear_selfpowered, usb_gadget_vbus_connect, usb_gadget_vbus_draw
usb_gadget_vbus_disconnect, usb_gadget_connect, usb_gadget_disconnect
usb_gadget_deactivate, usb_gadget_activate, usb_gadget_map_request_by_dev
usb_gadget_map_request, usb_gadget_unmap_request_by_dev
usb_gadget_unmap_request, usb_gadget_giveback_request, gadget_find_ep_by_name
usb_gadget_ep_match_desc, usb_gadget_set_state, usb_udc_vbus_handler
usb_gadget_udc_reset, **usb_add_gadget_udc_release**, usb_get_gadget_udc_name
usb_add_gadget_udc, usb_del_gadget_udc, usb_gadget_probe_driver
usb_gadget_unregister_driver

볼드체인 함수들은 주요한 함수들이다. 이 함수들의 사용 용례는 지금부터 하나씩 설명할 것이다. 지면을 많이 사용하면서까지 함수들을 모아봤다. 함수들은 모두 Export 함수들이라는 점에서 반드시 중요한 의미를 가진다는 것을 추정할 수 있다.

리눅스를 공부하면 항상 고민되는 부분이기도 하지만 어디까지가 프레임워크인지 알기가 어렵다는 점이다. 어차피 API 함수 형태로 드러내고 있는 실제 모듈 속에 프레임워크가 포함되기 때문에 구분이 어렵다. 결과적으로 프레임워크라고 불리는 부분이 커널 모듈 내부에 라이브러리 형태로 포함되기 때문에 지금부터 리눅스에서는 프레임워크 부분을 찾지 않겠다.

이들 함수들을 제공하는 모듈은 libcomposite.ko 모듈과 usb-core.ko 모듈이다. 이와 같은 모듈들이 제공하는 함수들을 호출하는 고객은 주로 상위에서 동작하는 펑션 드라이버와 가장 하위에서 동작하는 컨트롤러 드라이버다. 아무래도 펑션 드라이버는 주로 libcomposite.ko가 제공하는 함수를 호출하고 컨트롤러 드라이버는 주로 usb-core.ko가 제공하는 함수를 호출하게 된다.

13.2.2 USB 가젯 프레임워크가 사용되는 흐름

미리 말해두지만 이 책에서는 드라이버를 작성하는 방법을 구체적으로 설명하지 않는다. 대신 흐름을 파악하는 데 필요한 중요한 포인트만 설명할 예정이므로 구체적인 코드작성 방법은 오픈된 리눅스 드라이버 소스코드를 직접 참조하길 바란다.

가젯 프레임워크를 실제로 이용하는 계층은 디바이스 컨트롤러를 제작하는 제조사와 펑션 드라이버를 개발하는 개발자들이다. 이들은 가젯 프레임워크를 사용하는 일련의 정의된 순서대로 프레임워크의 API를 사용하면서 프레임워크에 포함돼 동작하게 된다.

13.2.2.1 디바이스 컨트롤러 드라이버와 프레임워크

디바이스 컨트롤러를 제작하는 제조사는 자신의 하드웨어를 다루는 드라이버를 제공함에 있어 리눅스 환경의 가젯 프레임워크를 지원하는 경향이 많다. 아무래도 사용자 측면에서 리눅스 운영체제의 대중성을 무시할 수 없기 때문이다.

제조사는 usb-core.ko 모듈이 제공하는 API 함수 usb_add_gadget_udc_release()를 호출하는 작업을 통해 프레임워크에 포함된다.

보기 13-1 usb_add_gadget_udc_release( ) 함수 원형

```
int usb_add_gadget_udc_release(
        struct device *parent, struct usb_gadget *gadget,void (*release)(struct
        device *dev))
```

디바이스 컨트롤러 드라이버가 가젯 프레임워크에 참여하기 위해서 처음에 호출하는 함수이다. 가장 중요한 필드는 두 번째 필드로서 usb_gadget 구조체를 등록하는 작업이다.

보기 13-2 struct usb_gadget 구조체

```
struct usb_gadget {
        const struct usb_gadget_ops        *ops;
        enum usb_device_speed              max_speed;
        const char                         *name;
        .... // 중략
        lpm_capable:1;
};
```

보기 13-2에서 usb_gadget 구조체는 디바이스 컨트롤러가 프레임워크에 참여하기 위해서 자신의 속성 정보를 채워주는 역할을 수행한다. 이 중에서 가장 중요한 필드는 usb_gadget_ops 구조체로서 다양한 종류의 콜백함수를 등록하는 용도로 사용된다.

보기 13-3 struct usb_gadget_ops 구조체와 사용 예

```
static const struct usb_gadget_ops net2280_ops = {
        .get_frame = net2280_get_frame,
        .wakeup = net2280_wakeup,
```

```
        .set_selfpowered = net2280_set_selfpowered,
        .pullup = net2280_pullup,
        .udc_start = net2280_start,
        .udc_stop = net2280_stop,
        .match_ep = net2280_match_ep,
};
```

보기 13-3은 PLX NET 2280 시리즈의 USB 디바이스 컨트롤러 드라이버가 가젯 프레임워크에 포함되기 위해서 struct usb_gadget_ops 구조체를 어떻게 사용하는지 보여주고 있다. 여기서는 흐름을 파악하는 것이 주 목적이므로 가장 중요한 함수인 net2280_match_ep 콜백함수를 살펴본다.

디바이스 컨트롤러가 가젯 프레임워크에서 수행하는 가장 중요한 역할은 엔드포인트(EP)에 대한 요청을 적당하게 처리하는 것이다. 보기 13-3에서 등록하는 net2280_match_ep 콜백함수는 프레임워크 속에서 수시로 호출되면서 중요한 정보를 요청한다.

보기 13-4 net2280_match_ep( ) 함수 원형

```
static struct usb_ep *net2280_match_ep(struct usb_gadget *_gadget,
        struct usb_endpoint_descriptor *desc, struct usb_ss_ep_comp_descriptor
        *ep_comp)
```

이 콜백함수는 파라미터로 전달되는 엔드포인트 관련 디스크립터를 검사하고 해당하는 엔드포인트를 사용하는 것이 유효한 접근이라면 usb_ep 구조체를 리턴값으로 넘겨주고 있다.

보기 13-5 struct usb_ep 구조체

```
struct usb_ep {
        const struct usb_ep_ops    *ops;
        …. // 중략
};
```

보기 13-5의 usb_ep 구조체에서 가장 중요한 필드는 usb_ep_ops 구조체 필드이며 이

곳에는 엔드포인트별로 프레임워크로부터 호출되는 실제 전송과 관련된 콜백함수가 등록돼 있어야 한다.

보기 13-6 struct usb_ep_ops 구조체

```
struct usb_ep_ops {
        struct usb_request *(*alloc_request) (struct usb_ep *ep, gfp_t gfp_
        flags);
        void (*free_request) (struct usb_ep *ep, struct usb_request *req);
        int (*queue) (struct usb_ep *ep, struct usb_request *req, gfp_t gfp_
        flags);
        int (*dequeue) (struct usb_ep *ep, struct usb_request *req);
        .... // 중략
};
```

보기 13-6에서 나타나는 주요 콜백함수가 디바이스 컨트롤러가 제공하는 콜백함수 중에 가장 중요한 것들이다. 실제 엔드포인트를 대상으로 새로운 전송 요청(usb_request)을 만들거나 해제하고자 할 때 alloc_request, free_request 콜백함수가 사용되며 만들어진 새로운 전송 요청을 접수하는 창구 역할을 하는 queue 콜백함수와 취소하는 dequeue 콜백함수가 여기에서 사용된다.

마지막으로 살펴볼 남은 구조체는 usb_request 구조체다. 이 구조체를 통해 다양한 엔드포인트에 대한 여러 가지 요청 명령어를 작성할 수 있다.

보기 13-7 struct usb_request 구조체

```
struct usb_request {
        void            *buf;
        unsigned        length;
        void            (*complete)(struct usb_ep *ep, struct usb_request *req);
        int             status;
        unsigned        actual;
        .... // 중략
};
```

보기 13-7을 보면 usb_request 구조체에서 가장 중요한 5가지 필드를 보여주고 있다.

개발자라면 한눈에 알 수 있는 내용이다. 이 중에서 actual 필드는 실제 수행된 크기값이 기록돼야 하는 필드이므로 디바이스 컨트롤러가 채워줘야 하는 부분이다. complete 필드는 콜백함수로서 프레임워크 측에서 등록해주는 필드다. 디바이스 컨트롤러에서 해당하는 엔드포인트에 대한 전송 요청이 끝나면 complete 필드에 등록된 콜백함수를 호출해주도록 설계된다.

디바이스 컨트롤러 드라이버는 사실 하드웨어를 직접 접근하는 코드들을 가지기 때문에 위와 같이 비교적 간단하게 프레임워크에 참여하지만 리눅스 드라이버로서 그 외에 프레임워크와 관련 없이 해야 하는 일이 많다. 이 부분은 책의 범위를 넘어가기 때문에 생략한다.

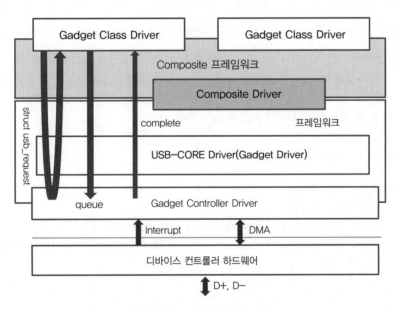

그림 13-7 가젯 컨트롤러 드라이버가 프레임워크에서 활동하는 모습

13.2.2.2 펑션 드라이버와 프레임워크

펑션 드라이버가 연결하려는 프레임워크는 복합장치(Composite) 프레임워크와 USB-

CORE 프레임워크 두 가지다. 구조적인 부분에서는 복합장치 프레임워크와 연결돼 하나의 복합장치를 완성하지만 전송 요청과 관련해서는 USB-CORE 프레임워크와 연결돼 디바이스 컨트롤러 측으로 전송 요청을 보내도록 설계된다.

13.2.2.2.1 복합장치 프레임워크와 연결되는 부분

보기 13-8 usb_function_register( ) 함수 원형

```
int usb_function_register(struct usb_function_driver *newf);
```

보기 13-8에서 보이는 함수는 복합장치 프레임워크 속에서 동작하려는 각각의 펑션 드라이버들이 가장 처음에 호출해야 하는 함수다. 유의할 점은 이 함수를 통해 등록하는 작업을 하는 시점에서 사용자가 사용하게 될 복합장치를 구성하는 것은 아니라는 점이다. 단지 등록 작업을 하면, 이후 프레임워크 측에서 실제 사용할 펑션을 선택하는 과정 중에 펑션 드라이버가 존재한다는 것을 알리게 되고, 프레임워크가 포함할 수 있는 usb_function 구조체를 펑션 드라이버가 제공해야 비로서 복합장치에 포함되는 것이다.

usb_function_driver 구조체의 모습을 살펴보자.

보기 13-9 usb_function_driver 구조체

```
struct usb_function_driver {
        const char *name;
        struct usb_function_instance *(*alloc_inst)(void);
        struct usb_function *(*alloc_func)(struct usb_function_instance *inst);
        .... // 중략
};
```

펑션 드라이버는 usb_function_driver 구조체를 사용해서 usb_function_register() 함수를 호출하는 과정을 초반에 거쳐야 한다. 이때 등록하는 usb_function_driver 구조체 속에는 두 개의 중요한 콜백함수가 등록돼 있어야 한다. 하나는 alloc_inst 콜백함수이고 다른 하나는 alloc_func 콜백함수이다. 이 콜백함수들은 프레임워크에서 각각 usb_ function_instance 구조체와 usb_function 구조체를 얻는 용도로 호출된다.

그럼 각 구조체의 의미를 알아야 한다.

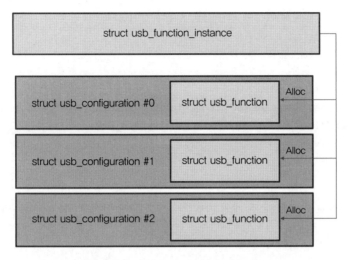

그림 13-8 usb_function_instance와 usb_function

하나의 USB 펑션은 자신을 usb_function_instance 구조체로 정의한다. 현실적으로 하나의 복합장치는 하나의 config만 사용하는 것이 일반적이지만 그림 13-8처럼 3개의 config가 준비되는 경우를 가정해보면 각각의 config 속에 usb_function_instance가 포함되기 위해서 usb_function_instance 구조체는 각각 config 속에 들어갈 수 있는 usb_config 구조체를 생성해낸다. 결국 이 3가지 usb_function 구조체의 실체는 usb_function_instance 구조체로 연결되지만 동시에 사용되지 않기 때문에 문제가 되지 않는다.

usb_function_instance 구조체는 정적이라면 usb_function 구조체는 동적이라고 볼 수 있다. USB 펑션 드라이버는 적절한 시기에 가젯 프레임워크에 의해 특정 config에 펑션을 포함시키라는 콜백함수(bind)가 호출되는데 이때 usb_function_instance를 가지고 usb_function 구조체를 생성시켜 가젯 프레임워크를 통해 config에 포함시키는 작업을 하게 된다.

보기 13-9에서 alloc_inst 콜백함수가 호출되면 펑션 드라이버는 자신을 나타내는 usb_function_instance 구조체를 확보해서 프레임워크에게 돌려준다. alloc_func 콜백함수가 호출되면 파라미터로 넘어오는 usb_function_instance 주소를 참고해서 새로운 usb_function 구조체를 생성해 프레임워크에게 돌려준다.

보기 13-10 usb_function_instance 구조체

```
struct usb_function_instance {
        int (*set_inst_name)(struct usb_function_instance *inst, const char *name);
        void (*free_func_inst)(struct usb_function_instance *inst);
        .... // 중략
};
```

보기 13-10을 보면 주요한 두 개의 콜백함수가 등록돼 있어야 하는데 다음의 의미를 가진다.

- set_inst_name 콜백함수: 지정하는 usb_function_instance의 이름을 저장한다.
- free_func_inst 콜백함수: 프레임워크에서 반납하는 usb_function_instance를 넘겨받는다.

보기 13-11 usb_function 구조체

```
struct usb_function {
        struct usb_gadget_strings **strings;
        struct usb_descriptor_header **fs_descriptors;
        struct usb_descriptor_header **hs_descriptors;
        struct usb_descriptor_header **ss_descriptors;
        struct usb_descriptor_header **ssp_descriptors;
        struct usb_configuration  *config;
        struct usb_os_desc_table  *os_desc_table;
        unsigned os_desc_n;
        int (*bind)(struct usb_configuration *, struct usb_function *);        // 1
        void (*unbind)(struct usb_configuration *, struct usb_function *);     // 2
        void (*free_func)(struct usb_function *f);                             // 3
```

```
    int (*set_alt)(struct usb_function *, unsigned interface, unsigned alt); // 4
    int (*setup)(struct usb_function *, const struct usb_ctrlrequest *);     // 5
    bool (*req_match)(struct usb_function *, const struct usb_ctrlrequest *, // 6
    const struct usb_function_instance *fi;
    .... // 중략
};
```

보기 13-11에 나타나는 usb_function 구조체는 그 내용을 보면 알 수 있듯이 중요한 내용들이 채워져야 한다. 펑션 드라이버가 준비하는 가장 핵심 구조체 중에 하나이다.

보기에서 보여주는 필드들이 모두 중요하지만 일단 지금은 보기 13-9의 alloc_func 콜백함수에서 리턴하는 usb_function 구조체의 내용 중에 채워야 하는 부분을 먼저 살펴보고 나머지 필드는 이후에 추가로 설명한다.

1. int (*bind)(struct usb_configuration *, struct usb_function *)
    펑션 드라이버가 제공하는 usb_function 구조체를 사용해서 실제 동작할 usb_configuration에 포함시키는 작업을 수행하는 콜백함수다.

2. void (*unbind)(struct usb_configuration *, struct usb_function *)
    동작하던 usb_configuration에서 usb_function 구조체를 끄집어내는 작업을 수행하는 콜백함수다.

3. void (*free_func)(struct usb_function *f)
    사용이 끝난 usb_function 구조체를 제거하는 작업을 수행하는 콜백함수다.

4. int (*set_alt)(struct usb_function *, unsigned interface, unsigned alt)
    복합장치에 포함된 펑션 자신의 인터페이스가 선택될 때 호출되는 콜백함수다. setup 콜백함수를 통해서 호스트와 통신을 시작하는 경우도 있지만 UVC^USB Video Class, NCM^Networking Control Model 등과 같이 USB 표준 명령어 SET_INTERFACE에 의해서 펑션 드라이버의 동작을 시작 혹은 정지해야 하는 경우에 활용된다.

5. int (*setup)(struct usb_function *, const struct usb_ctrlrequest *)
    USB 컨트롤 파이프를 통해서 호스트가 펑션 드라이버에게 전달하는 클래스 정의 명령^Class Defined Command을 수신하는 콜백함수다. 표준 명령어는 프레임워크에서 해결되고 프레임워크가 처리하지 않는 클래스 정의 명령어는 펑션 드라이버에게 콜백함수를 통해서 전달된다.

6. bool (**req_match**)(struct usb_function *, const struct usb_ctrlrequest *, bool config0)

   USB 컨트롤 파이프를 통해서 호스트가 펑션 드라이버에게 전달하는 클래스 정의 명령^{Class Defined Command}에 있어 복수 개의 펑션 드라이버들은 이 명령어가 어떤 펑션 드라이버의 setup 콜백함수에서 처리돼야 하는지를 알려야 한다. 프레임워크는 현재의 usb_configuration에 포함된 모든 usb_function을 찾아서 한 번씩 각각의 function이 가지는 req_match 콜백함수를 호출한다. 이때, 펑션 드라이버는 자신이 현재의 클래스 정의 명령어를 처리할 것인지 아닌지를 프레임워크에게 알려준다.

이쯤에서 한 가지 모듈을 추가 설명해야 한다. 펑션 드라이버, 프레임워크, 디바이스 컨트롤러 드라이버 이렇게 3가지만 놓고 본다면 펑션 드라이버를 조립하려는 의도를 가진 사용자가 필요하다. 이 말은 미리 준비된 여러 가지 펑션 드라이버 중에서 현재 시기에 복합장치로 조립하고자 하는 펑션들을 사용자가 선택하는 과정이 반드시 있어야 한다는 것이다. 선택은 사용자가 하고 포함하는 작업은 프레임워크와 펑션 드라이버가 수행하는 것이다. 이런 사용자를 부르는 특별한 용어는 아직까지 없는 것 같아 여기서는 "복합장치 관리자"라는 용어로 설명해보려고 한다(어디까지나 필자가 정한 용어이므로 오해없길 바란다). 리눅스에서 "복합장치관리자"의 역할을 실제 수행하는 코드는 커널레벨에서 동작하는 코드다. 그런데 이런 커널레벨에서 동작하는 "복합장치관리자"로서 ConfigFS^{Configuration FileSystem}를 선택하면 사용자는 사용자 레벨에서 마치 폴더를 생성하듯이 복합장치를 구성할 수 있다. 수시로 여러 가지 모습의 복합장치를 만들어서 사용하려는 경우에는 유리한 방법이다. 이 책에서는 ConfigFS와 관련된 설명은 생략하도록 하겠다. 이런 방법은 선택적임으로 개발자가 다른 방법을 선택하는 것도 가능하다. "복합장치관리자"의 역할을 수행하는 별도의 커널모듈을 만드는 것이 그 다른 방법이다. 리눅스에서는 이런 "복합장치관리자"의 코드를 작성하는 방법을 보여주기 위해서 가젯샘플 디렉터리 내에 몇 가지 예제를 제공한다.

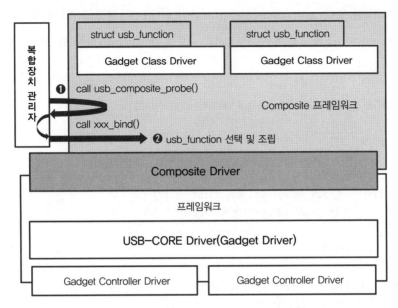

그림 13-9 별도의 커널 모듈로서 복합장치 관리자와 프레임워크

그림 13-9를 가지고 복합장치 관리자를 이해하기는 어렵지만 그래도 시작은 할 수 있다.

USB 가젯 프레임워크를 시작하려면 실제 usb_gadget_probe_driver() 함수를 호출해야 한다. 이 함수가 호출되면 본격적으로 프레임워크가 활동을 시작하게 된다. 그림에서 복합장치 관리자(개발자가 개발하는 모듈)가 처음 호출하는 usb_composite_probe() 함수는 실제 내부에서 보면 usb_gadget_probe_driver() 함수를 대신 호출하는 역할을 수행한다.

보기 13-12 usb_composite_probe( ) 함수

```
int usb_composite_probe(struct usb_composite_driver *driver)
{
        struct usb_gadget_driver *gadget_driver;
        .... // 중략
        driver->gadget_driver = composite_driver_template;
    gadget_driver = &driver->gadget_driver;
        .... // 중략
        return usb_gadget_probe_driver(gadget_driver);
}
```

보기 13-12를 보면 usb_composite_probe() 함수는 전역으로 준비된 composite_driver_template 구조체를 사용해서 usb_gadget_probe_driver() 함수의 파라미터로 전달하고 있다.

보기 13-13 usb_gadget_probe_driver( ) 함수 "USB-CORE 프레임워크"

```
int usb_gadget_probe_driver(struct usb_gadget_driver *driver)
{
        .... // 중략
        list_for_each_entry(udc, &udc_list, list) {
                if (!udc->driver) goto found;
        }
        .... // 중략
found:
    ret = udc_bind_to_driver(udc, driver);              // 1
    mutex_unlock(&udc_lock);
    return ret;
}


static int udc_bind_to_driver(struct usb_udc *udc, struct usb_gadget_driver
*driver)
{
        .... // 중략
        usb_gadget_udc_set_speed(udc, driver->max_speed);
        ret = driver->bind(udc->gadget, driver);        // 2
        if (ret) goto err1;
        ret = usb_gadget_udc_start(udc);                // 3
        .... // 중략
}
```

보기 13-13을 보면 usb_gadget_probe_driver() 함수의 파라미터로 전달된 usb_gadget_driver 구조체를 사용해서

1. udc_bind_to_driver() 함수를 호출한다.

2. usb_gadget_driver 구조체의 bind 콜백함수를 호출한다.

3. usb_gadget_udc_start() 함수를 호출해 하드웨어의 동작을 시작한다.

이곳에서 눈여겨 볼 부분은 **2** 부분으로 usb_gadget_driver 구조체의 bind 콜백함수를 호출하면 제어가 어디로 가는가를 살펴봐야 한다.

이것은 보기 13-12에서 사용된 composite_driver_template 전역변수를 찾아보면 된다.

보기 13-14 composite_driver_template 전역변수

```
static const struct usb_gadget_driver composite_driver_template = {
        .bind = composite_bind,
        .unbind = composite_unbind,
        .setup = composite_setup,
        .... // 중략
};
```

보기 13-14를 보자. 이곳에 중요한 콜백함수가 등록돼 있는 것을 알 수 있다. 결과적으로 보기 13-12에서 호출된 usb_gadget_probe_driver() 함수는 콜백형식으로 composite_bind 콜백함수를 호출하게 된다.

이번에는 composite_bind() 콜백함수의 내용을 보자.

보기 13-15 composite_bind( ) 콜백함수

```
static int composite_bind(struct usb_gadget *gadget, struct usb_gadget_driver
*gdriver)
{
struct usb_composite_driver *composite = to_cdriver(gdriver);
        .... // 중략
        status = composite_dev_prepare(composite, cdev);     // 1
        .... // 중략
        status = composite->bind(cdev);                      // 2
        if (status < 0) goto fail;
        .... // 중략
}
```

보기 13-15를 보자.

1. Composite_dev_prepare( ) 함수는 Device Class 생성과 EP0(Endpoint 0)을 위한 버퍼, Request 등을 준비한다.

2. 이곳에서 또 다시 bind 콜백함수가 호출된다.

여기서 호출하고 있는 bind 콜백함수는 보기 13-12에서 usb_composite_probe( ) 함수를 호출할 때, 전달한 파라미터가 사용되는 것을 유의해야 한다. 보기 13-12에서 보기 13-15까지 흐름을 보면 그림 13-9에서 ❶ 흐름을 따라간 것이 된다.

앞에서 설명한대로 이렇게 복합장치 관리자의 bind 콜백함수까지 호출된 상황에서 이미 디바이스 컨트롤러는 프레임워크에 맞춰 동작을 시작한 상황이다.

보기 13-16 usb_composite_driver 구조체

```
struct usb_composite_driver {
        const struct usb_device_descriptor *dev;   // 1  사용될 usb_device_desc 등록
        struct usb_gadget_strings **strings;        // 2  사용될 string 등록
        enum usb_device_speed max_speed;            // 3  사용하려는 최대 속도 지정
        int (*bind)(struct usb_composite_dev *cdev);    // 4  펑션조립을 시작 시 호출
        int (*unbind)(struct usb_composite_dev *);      // 5  펑션조립을 해제 시 호출
        void (*disconnect)(struct usb_composite_dev *); // 6  호스트와 연결해제 시 호출
        struct usb_gadget_driver gadget_driver;     // 7  내부적으로 숨겨지는 구조체
        .... // 중략
};
```

보기 13-16은 보기 13-12에서 호출하는 usb_composite_probe 함수의 파라미터로 사용되는 구조체의 내용을 보여준다. 그림 13-9에서 ❶ 흐름을 따라갈 때 호출되는 콜백함수는 보기 13-16에서 사용되는 bind 콜백함수의 구조체다. 결국 이렇게 호출되는 콜백함수 bind에서 그림 13-9의 ❷ 흐름을 시작하게 된다.

남은 작업은 복합장치 관리자의 bind 콜백함수에서 어떤 USB 펑션들을 선택해서 복합장치를 구성할 것인가를 결정하는 일만 남았다. 이것이 그림 13-19의 ❷ 흐름이 된다.

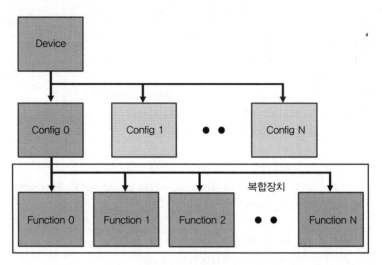

그림 13-10 Config와 Functions

그림 13-10처럼 복합장치는 하나의 Config(Configuration) 속에 복수 개의 Function이 동시에 존재하는 장치를 의미한다. 남은 작업은 복합장치 관리자가 이들 Function을 찾아서 현재의 Config에 연결하는 작업을 지시하는 작업이다.

보기 13-17 usb_composite_driver 구조체의 bind( ) 콜백함수

```
static struct usb_configuration loopback_driver = {
        .label = "loopback",
        .bConfigurationValue = 2,
        .bmAttributes = USB_CONFIG_ATT_SELFPOWER,
        /* .iConfiguration = DYNAMIC */
};

static struct usb_configuration sourcesink_driver = {
        .label = "source/sink",
        .setup = ss_config_setup,
        .bConfigurationValue = 3,
        .bmAttributes = USB_CONFIG_ATT_SELFPOWER,
        /* .iConfiguration     = DYNAMIC */
};

static int xxx_bind(struct usb_composite_dev *cdev)
```

```
{
        struct f_ss_opts *ss_opts;
        struct f_lb_opts *lb_opts;
        .... // 중략
        func_inst_ss = usb_get_function_instance("SourceSink");            // 1
        ss_opts =  container_of(func_inst_ss, struct f_ss_opts, func_inst);  // 2
        func_ss = usb_get_function(func_inst_ss);                          // 3

        func_inst_lb = usb_get_function_instance("Loopback");
        lb_opts = container_of(func_inst_lb, struct f_lb_opts, func_inst);
        func_lb = usb_get_function(func_inst_lb);

        usb_add_config_only(cdev, &sourcesink_driver);                     // 4
        usb_add_config_only(cdev, &loopback_driver);                       // 5
        status = usb_add_function(&sourcesink_driver, func_ss);            // 6
        status = usb_add_function(&loopback_driver, func_lb);             // 7
        .... // 중략
        return 0;
}
```

보기 13-17을 보자.

1. 현재 등록돼 있는 모든 평션들을 찾는 방법으로 우선 usb_function_instance 구조체를 찾는다. 찾고자 하는 평션의 이름을 "SourceSink"로 사용한다. 불론 임의의 등록 이름이다.

2. 찾은 usb_function_instance 구조체는 개발 시 내부적으로 다른 구조체의 일부분으로 정의돼 사용되는 것이 유리하기 때문에 이와 같은 방법을 사용한다.

3. usb_function_instance 구조체를 사용해서 usb_function을 찾는다.

4. 구성하려는 복합장치의 첫 번째 usb_config를 등록한다.

5. 구성하려는 복합장치의 두 번째 usb_config를 등록한다.

6. 첫 번째 usb_config를 위한 usb_function(SourceSink)을 등록한다.

7. 두 번째 usb_config를 위한 usb_function(Loopback)을 등록한다.

이 예제는 두 개의 usb_config 구조체를 가지며 각 구조체는 하나씩 usb_function을 가지는 복합장치를 구성하려는 의도를 코드로 보여준다. 코드의 내용 중에서 다시 확인해 봐야 하는 중요한 코드는 다음 3가지이다.

```
func_inst_ss = usb_get_function_instance("SourceSink");
func_ss = usb_get_function(func_inst_ss);
usb_add_function(&sourcesink_driver, func_ss);
```

이 3가지 부분의 코드는 각각 보기 13-9에서 펑션드라이버가 자신을 등록할 때 사용하던 usb_function_driver 구조체의 필드들과 관련이 있다. usb_get_function_instance 함수는 usb_function_driver 구조체의 alloc_inst 콜백함수를 호출한다. usb_get_function 함수는 usb_function_driver 구조체의 alloc_func 콜백함수를 호출한다. usb_add_function 함수는 보기 13-11에서 설명한 usb_function 구조체의 bind 콜백 함수를 호출한다.

결국 펑션 드라이버가 프레임워크로부터 본격적으로 복합장치 구성 시에 호출되는 첫 번째 시기가 바로 이런 3가지 부분의 코드로부터라는 점이 중요하다. 그럼 이렇게 호출되는 각각의 콜백함수를 살펴볼 차례가 된다.

보기 13-18 SourceSink 펑션, usb_function_driver 구조체의 alloc_inst 콜백함수

```
static struct usb_function_instance *source_sink_alloc_inst(void)
{
        struct f_ss_opts *ss_opts;
        ss_opts = kzalloc(sizeof(*ss_opts), GFP_KERNEL);                // 1
        ... // 중략
        ss_opts->func_inst.free_func_inst = source_sink_free_instance;  // 2
        config_group_init_type_name(&ss_opts->func_inst.group, "", &ss_
        func_type);                                                     // 3
        return &ss_opts->func_inst;                                     // 4
}
```

보기 13-18은 펑션 드라이버가 자신이 사용하려는 usb_function_instance 구조체를 생성하고 호출자에게 돌려주는 모습이다.

1. 실제 usb_function_instance 구조체를 포함하고 있는 자신 고유의 구조체를 확보한다.

2. 차후 usb_function_instance 구조체가 반납될 때 이를 처리하는 콜백함수를 등록한다.

3. "복합장치관리자"로서 ConfigFS^{Configuration FileSystem}가 사용되는 경우를 고려하는 작업

4. 자신 고유의 구조체로부터 실제 usb_function_instance 구조체의 주소를 호출자에게 돌려준다.

보기 13-19 SourceSink 펑션, usb_function 구조체의 alloc_func 콜백함수

```
static struct usb_function *source_sink_alloc_func( struct usb_function_instance
*fi)
{
        struct f_sourcesink *ss;
        struct f_ss_opts *ss_opts;
        ss = kzalloc(sizeof(*ss), GFP_KERNEL);                     // 1
        ss_opts =  container_of(fi, struct f_ss_opts, func_inst);  // 2
        ss->function.name = "source/sink";                         // 3
        ss->function.bind = sourcesink_bind;                       // 4
        ss->function.set_alt = sourcesink_set_alt;                 // 5
        ss->function.setup = sourcesink_setup;                     // 6
        ss->function.strings = sourcesink_strings;                 // 7
        ss->function.free_func = sourcesink_free_func;             // 8
        .... // 중략
        return &ss->function;                                      // 9
}
```

보기 13-19는 펑션 드라이버가 자신이 사용하려는 usb_function 구조체를 생성하고 호출자에게 돌려주는 모습을 모습이다.

1. 실제 usb_function 구조체를 포함하고 있는 자신 고유의 구조체를 확보한다.

2. 파라미터로 전달 받은 usb_function_instance 구조체에서 자신 고유의 주소를 찾는다.

3. 펑션의 이름을 등록한다.

4. 펑션의 bind 콜백함수를 등록한다.

5. 펑션의 set_alt 콜백함수를 등록한다.

6. 펑션의 setup 콜백함수를 등록한다.

7. 펑션이 지원하는 String 디스크립터를 알린다.

8. 차후 usb_function 구조체가 반납될 때 이를 처리하는 콜백함수를 등록한다.

9. 자신 고유의 구조체로부터 실제 usb_function 구조체의 주소를 호출자에게 돌려준다.

4~8까지 등록하는 콜백함수는 보기 13-11 usb_function 구조체에서 보여줬던 콜백함수다.

그림 13-9의 ❷ 흐름이 끝났다. 이제 펑션 드라이버가 처음에 등록되는 부분, 복합장치 관리자에 의해서 조립되는 과정 등에 대한 설명은 끝났다. 남아있는 것은 USB-CORE 프레임워크가 제공하는 usb_request 처리와 관련된 부분이다. 펑션 드라이버는 결국 USB 호스트 측의 클래스 드라이버가 통신 대상이므로 이들 간의 연결 흐름과 관련해서 이해해야 한다.

이쯤에서 정리하기에 조금 아쉬운 부분은 usb_function의 bind 콜백함수이다. 이곳에서 수행하는 작업은 현재의 usb_configuration 구조체로 usb_function을 포함하는 로직을 담고 있다. 이것은 사용하려는 디스크립터 등록, usb_ep 구조체 생성 등의 작업이 이뤄진다.

그림 13-11을 통해서 복합장치 관리자의 bind 콜백과 펑션 드라이버의 bind 콜백에서 주로 수행하는 작업을 정리해봤다.

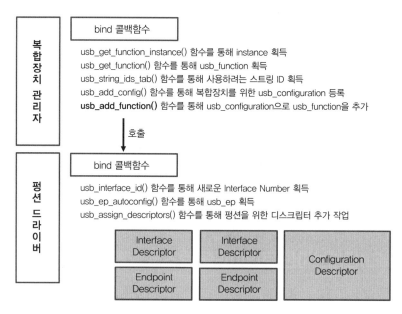

그림 13-11 복합장치 관리자의 bind 콜백 vs 펑션 드라이버의 bind 콜백

13.2.2.2.2 USB-CORE 프레임워크와 연결되는 부분

그림 13-7을 보면 어떻게 usb_request 구조체가 만들어지고 어떻게 큐잉돼 처리 완료 되는지에 대한 대략적인 흐름을 파악될 것이다.

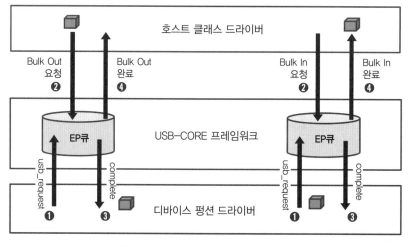

그림 13-12 호스트 클래스 드라이버와 디바이스 펑션 드라이버 간의 벌크 전송 흐름

그림 13-12를 보자.

여러 가지 USB 전송 요청이 있지만 예를 들어 벌크 전송의 경우를 생각해보자.

USB 전송에서는 사용되는 방향과 관련된 용어는 호스트를 기준으로 한다. 따라서 그림에서는 호스트가 일련의 데이터를 벌크 OUT 전송으로 디바이스 측으로 보내는 상황과 반대로 호스트가 디바이스부터 일련의 벌크 IN 전송에 따른 일련의 데이터를 읽는 요청을 수행하는 과정을 보여준다. 벌크 OUT, IN 양쪽 모두 펑션 드라이버 입장에서는 동일한 방법으로 처리하는 것을 알 수 있다. 펑션 드라이버는 사전에 미리 usb_request 구조체를 얻은 뒤 이를 사용해서 USB-CORE 프레임워크가 제공하는 큐잉 인터페이스를 통해 벌크 요청을 다룬다. 정리하면 펑션 드라이버는 usb_request 구조체를 준비하고 이를 큐잉하고 완료되면 complete 콜백함수가 호출된다.

보기 13-20 펑션 드라이버가 usb_request 구조체를 다루는 코드 예시

```
static void source_sink_complete(struct usb_ep *ep, struct usb_request *req)
{
        .... // 중략
}

static int source_sink_start_ep(struct f_sourcesink *ss, bool is_in, bool is_iso,
int speed)
{
        struct usb_ep *ep;
        struct usb_request *req;
        int i, size, qlen, status = 0;
        ep = is_in ? ss->in_ep: ss->out_ep;                 // 1
        qlen = ss->bulk_qlen;
        size = ss->buflen;
        for (i = 0; i < qlen; i++) {
            req = alloc_ep_req(ep, size);                    // 2
            req->complete = source_sink_complete;           // 3
            memset(req->buf, 0x55, req->length);
            status = usb_ep_queue(ep, req, GFP_ATOMIC);     // 4
        }
        .... // 중략
```

```
        return status;
}
```

보기 13-21 usb_ep_autoconfig( ) 함수 원형

```
struct usb_ep *usb_ep_autoconfig(
        struct usb_gadget *gadget,
        struct usb_endpoint_descriptor *desc
)
```

보기 13-20을 보자. 벌크 OUT 전송을 준비하는 부분이라고 가정한다.

1. 펑션 드라이버는 사용하려는 usb_ep를 찾는다. 사전에 펑션 드라이버는 적당한 시기에 보기 13-21에 나타난 usb_ep_autoconfig 함수를 호출해서 얻는다.

2. 사용하려는 usb_request 구조체를 얻는다.

3. 전송이 완료될 때 호출될 complete 루틴을 등록한다.

4. usb_request 구조체를 USB-CORE 프레임워크 측으로 큐잉한다.

13.2.3 정리

이 책은 가젯 프레임워크가 무엇이고 어떻게 사용되는지 흐름을 설명하는 데 주안점을 두고 작성돼 있기 때문에 자세한 코드는 개발자가 직접 살펴봐야 한다. 특히 Function FS에 대한 부분은 최신 기술중에 하나이므로 꼭 구글링을 통해 사용방법을 숙지해두면 좋을 것이다.

13.3 표준화 모델을 제공하는 디바이스 컨트롤러 제조사의 예시

다양한 종류의 디바이스 컨트롤러를 고려하는 리눅스의 USB 가젯 프레임워크와 달리 제조사는 자신의 디바이스 컨트롤러를 사용하는 개발자들만 고민하면 된다. 이에 제조사

독창적인 방법의 SDK^{Software Development Kit}가 소개된다.

이번 시간에는 이 중에서 현업에서 많이 사용되는 사이프레스^{Cypress} FX3을 대상으로 소개된 SDK를 가지고 디바이스 컨트롤러에서 제공하는 프레임워크를 소개해보려고 한다.

13.3.1 Cypress FX3 소개

Cypress FX3(이하 FX3)는 USB IP 솔루션으로써 GPIF^{GPIO Interface}를 새롭게 설계해 개발자가 원하는 형태의 입출력을 정의하고 이를 효과적으로 운용하기 위한 상태머신을 지원한다. 개발자는 GPIF 상태머신의 상태를 정의한다. GPIF를 통해 송수신되는 데이터는 ARM9 코어가 접근하도록 메인 메모리가 사용되거나 USB DMA 엔진과 연결되는 작업을 통해 코어의 개입 없이 빠르게 USB 인터페이스로 전달된다. 이와 같은 방식을 수동 DMA^{Manual DMA} 혹은 고속 자동 DMA^{Auto DMA} 기능이라고 부른다. 사이프레스^{Cypress}가 제공하는 SDK를 활용해 USB 컨트롤러 부분과 메모리를 통한 ARM9 코어 사이의 인터페이스에 간섭해 필요한 데이터를 소비하거나 생산해낼 수 있다. 또한 이미지센서와 같이 고속으로 데이터 통신을 해야 하는 솔루션을 개발하는 경우 고속 자동 DMA 기능을 사용해서 보다 USB 표준 속도에 근접한 속도를 지원하고 있다.

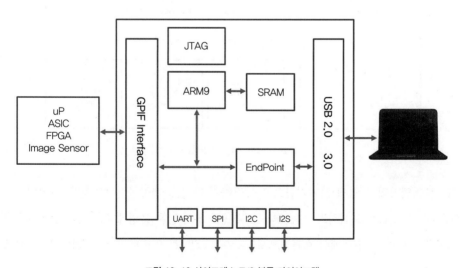

그림 13-13 사이프레스 FX3 블록 다이어그램

그림 13-13을 보면 FX3은 디바이스 USB 3.0을 지원하고 디바이스, 호스트 각각을 위한 OTG USB 2.0을 지원하고 있다. 필자의 경험으로는 USB 3.0의 속도는 상당히 빠른 것이 주요 특징이다. 그러나 호스트 기능은 부분적으로 OTG 형태로 2.0의 속도를 지원하고 있고 현실적으로 사용이 불편하다. 왜냐하면 외장 허브를 지원하지 않고 있으며 OTG에서도 단 한 개의 포트만 지원하기 때문에 단순한 호스트의 기능만 이용할 수 있다는 큰 단점이 있다.

그렇지만 이런 단점에도 불구하고 디바이스의 기능만 놓고 본다면 이만한 USB IP 성능을 보여주는 하드웨어 솔루션은 찾아보기 힘들다.

그림 13-14에서 보면 알 수 있듯이 FX3이 지원하는 API 함수는 종류가 무척 많다. 그리고 자동 버전 관리를 지원하고 있기 때문에 가장 최신 버전의 SDK를 공급받을 수 있다.

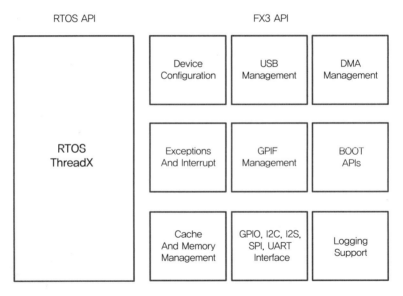

그림 13-14 FX3가 지원하는 API

FX3은 리얼타임 운영체제를 기반으로 동작하기 때문에 제공하는 API들은 운영체제가 제공하는 함수들을 포함하고 있다. 리눅스나 윈도우와 같은 운영체제는 아니지만 나름대로 작은 메모리 환경 내에서 효과적으로 FX3이 지원하는 인터페이스를 활용하도록 설계돼 있다.

제조사가 제공하는 프레임워크이기 때문에 컨트롤러에 대한 하드웨어 리소스에 대해서 개발자가 고민할 필요는 없다는 점이다. 개발자는 SDK에서 지시하는 함수 사용 방법과 제약 사항만 충분하게 숙지하면 쉽게 USB 디바이스로의 모습을 가질 수 있다.

사실 FX3을 사용하는 목적은 쉽게 USB 디바이스의 모습을 구축하는 용도보다는 USB 3.0 디바이스의 속도를 가지는 응용제품들을 구현하는 데 주안점을 두고 있기 때문에, 개발자는 GPIF 인터페이스 설계 부분에 보다 많은 고민과 시간을 들여야 한다.

13.3.2 FX3 DMA 엔진

FX3은 솔루션 내에서 제공하는 USB 호스트, USB 디바이스, ARM9 코어 그리고 GPIF 들을 모두 DMA 엔진이라는 이름의 모듈을 통해서 접근하도록 방법을 통일했다.

개발자는 이들 장치(인터페이스)를 사용하는 데 더 이상 레지스터맵 등을 고민할 필요는 없다. 이들 모두 DMA 가능한 통신 포트(Port)라는 점을 생각하면서 이들 간의 연결 방법 (Channel)을 결정하고 거기에 맞는 DMA 프로그래밍을 준비하면 된다. 즉 통신 대상의 포트와 포트를 연결하는 DMA 채널을 어떤 모드에 맞게 사용할 것인지를 결정하면 된다.

FX3는 크게 2가지의 DMA 모드를 지원하는 프로그래밍을 사용한다.

하나는 고속 자동(AUTO) DMA 방식이고 다른 하나는 수동(MANUAL) DMA 방식이다. 간 단히 설명해서 수동 DMA는 ARM9 코어를 사용해 개발자가 직접 데이터 스트림을 가공 하는 것이 가능한 동작모드이다. 반면 자동 DMA는 ARM9 코어에 개입이 없이 컨트롤러 들 사이에 고속으로 데이터를 전송하는 동작모드다.

USB 디바이스에서 GPIF 인터페이스로 데이터를 전송하는 경우를 예를 들어보자. 자동 DMA 모드는 USB 호스트(예, PC)에서 전송된 데이터를 USB 디바이스가 수신하는 경우 이 데이터를 수신과 동시에 GPIF 인터페이스로 전송하는 모드이다. 당연히, ARM9 코어 의 개입이 없어서 고속 전송이 가능하다. 반면 USB 디바이스가 수신한 데이터에 메모리 를 통해 ARM9 코어가 접근하게 되고 ARM9 코어는 데이터를 가공한 뒤 다시 GPIF 인터

페이스로 전송하는 경우가 수동 DMA 모드다. 당연히 전송 속도는 느리지만 ARM9 코어
는 다양한 목적으로 데이터를 가공할 수 있는 융통성과 확장성이 주어진다.

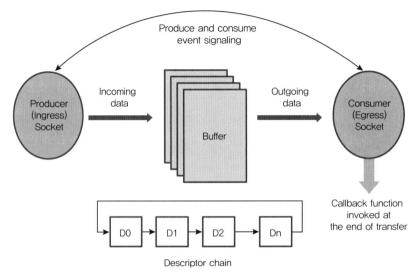

그림 13-15 AUTO DMA 모드(출처: 사이프레스)

Producer(생산자)와 Consumer(소비자)라는 용어를 사용하고 있다. 생산자는 데이터를 만
들어서 제공하는 입장이고 소비자는 데이터를 받아들이는 입장을 대표한다. 그림 13-15
를 보면 AUTO DMA 모드에서 데이터 버퍼가 순환되면서 직접 생산자와 소비자사이에
서 사용되는 모습을 보여주고 있다.

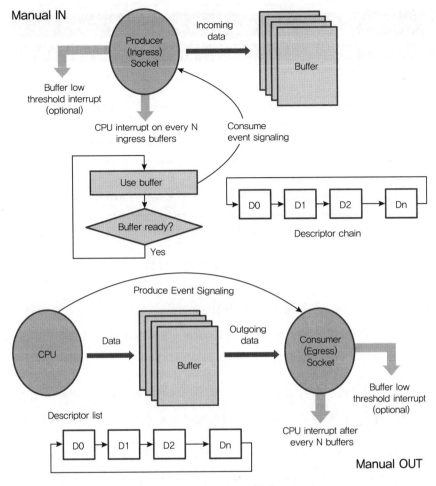

그림 13-16 MANUAL DMA 모드(출처: Cypress)

그림 13-16을 보면, 수동(Manual) DMA 모드에서 IN, OUT 각각의 동작모드를 구분해서 설명하고 있다 DMA IN, OUT에서 방향성은 CPU(ARM9) 입장에서 바라보는 관점이다. 항상 ARM9 코어에 개입을 염두에 두고 DMA 전송을 하는 모습이다.

13.3.3 FX3 개발환경 구축과 샘플 분석

FX3 개발환경은 사이프레스 홈페이지를 통해서 SDK를 다운로드받아 설치하면 된다.

File Title	Language	Size	Last Updated
🔒📄 CyUSB3_USB_Suite_Source.zip	English	18.82 MB	05/30/2018
🔒📄 EZ-USB FX3 SDK 1.3.4 for Windows 📥	English	374.92 MB	05/30/2018
🔒📄 EZ-USB FX3 SDK 1.3.4 for Linux 📥	English	430.22 MB	05/30/2018
🔒📄 EZ-USB FX3 SDK 1.3.4 for MacOS 📥	English	311.03 MB	05/30/2018
📄 FX3 Release Notes.pdf	English	452.93 KB	05/25/2018
📄 Cypress USBSuite Application Development Guide.pdf	English	596.96 KB	05/25/2018
📄 Cypress USBSuite Release Notes.pdf	English	322.17 KB	05/25/2018
📄 FX3 Programmers Manual.pdf	English	983.04 KB	05/25/2018

Need help? Ask a question and find answers in the Cypress Developer Community Forums.

Low/intermittent bandwidth users tip: Firefox and Chrome browsers will allow downloads to be resumed if your connection is lost during download.

그림 13-17 다운로드 가능한 FX3 SDK

구글링("cypress fx3 sdk")을 통해 쉽게 사이트를 찾을 수 있다. 다만 간단한 회원가입을 해야 SDK를 다운로드할 수 있다. 필자는 Windows용 SDK 버전을 선택해서 다운로드 했다.

다양한 샘플을 제공하고 있기 때문에 개발자는 자신이 만들려는 USB 디바이스의 모습에 가장 가까운 예제를 선택해서 소스를 수정하는 방법으로 접근하는 것이 유리하다.

이 책에서는 FX3 예제 중에서 USB 통신을 준비하는 간단한 예제를 선정해서 소스를 살펴보면서 어떤 SDK가 제공되며 어떻게 사용되는지를 배워보는 시간을 가지도록 하겠다.

13.3.3.1 FX3 개발환경 설치 및 샘플 빌드

개발 툴을 설치하는 과정을 시작하려면 사전에 미리 설치돼 있어야 하는 부분을 조사해야 한다. 대표적으로 닷넷 프레임워크가 필요하다. 이런 부분은 쉽게 화면에 메뉴를 통해서 인터넷에 접근해 추가 설치를 할 수 있다.

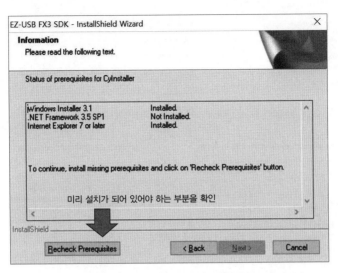

그림 13-18 개발환경 설치 화면1(미리 설치돼 있어야 하는 부분 확인)

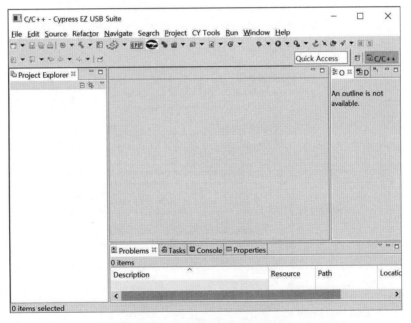

그림 13-19 EZUSB USB SUITE 설치 후 실행 화면

사용 방법은 이클립스^{Eclipse}를 사용하는 방법과 흡사하다. 원하는 샘플 프로젝트를 선택하고 이것을 다른 공간^{Workspace}으로 복사한 뒤 빌드해서 사용한다.

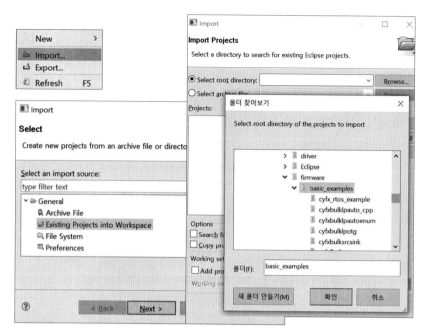

그림 13-20 EZUSB USB SUITE 실행 화면1(프로젝트 선택)

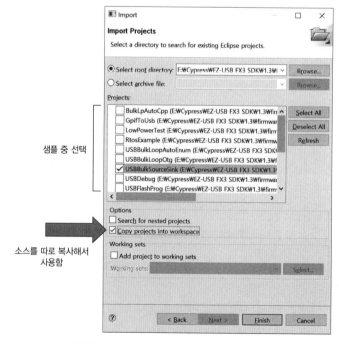

그림 13-21 EZUSB USB SUITE 실행 화면2(프로젝트 선택)

빌드에 사용할 샘플 프로젝트로 "USBBulkSourceSink"를 선택했다. 이는 벌크 OUT, IN에 대한 간단한 예제다. 호스트로부터 전송되는 벌크 OUT 데이터를 무조건 받아서 버린다. 그리고 임의의 데이터를 계속 발생시켜서 호스트 측으로 벌크 IN 데이터를 전송하는 예제다.

13.3.3.2 샘플 분석

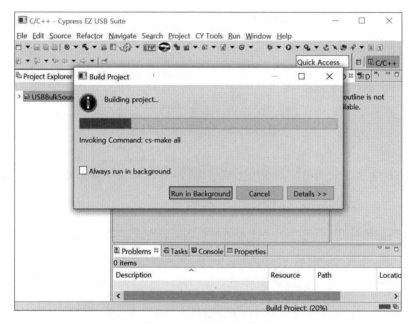

그림 13-22 프로젝트를 빌드하는 화면

이 책에서는 샘플 소스를 열어서 드라이버 코드 중에 중요한 부분 위주로 설명한다.

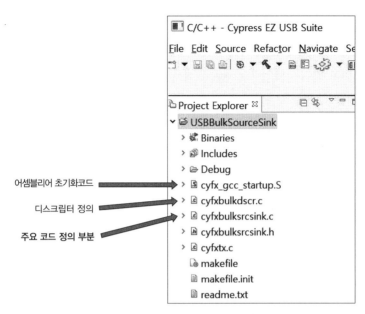

그림 13-23 주요 소스 코드를 여는 화면

FX3 USB 펑션 드라이버를 작성하는 데는 몇 가지 소스상의 구조적인 부분을 볼 수 있다.

그림 13-23에서 알 수 있듯이 어셈블리어로 작성하는 부분과 디스크립터를 정의하는 부분 그리고 실제 프로토콜 알고리즘을 구현하는 부분으로 나뉜다. 디스크립터를 정의하는 부분은 나름대로 FX3에서 정한 규칙을 그대로 사용하면 되므로 크게 어려운 부분은 없다. 여기서는 프로토콜 알고리즘을 구현하는 코드의 흐름을 대략적으로 살펴보자.

보기 13-22 main( ) 함수

```
int main(void)
{
    CyU3PIoMatrixConfig_t io_cfg;
    CyU3PReturnStatus_t status = CY_U3P_SUCCESS;
    CyU3PSysClockConfig_t clockConfig;
    clockConfig.setSysClk400  = CyFalse;
    clockConfig.cpuClkDiv     = 2;
    clockConfig.dmaClkDiv     = 2;
```

```
    clockConfig.mmioClkDiv    = 2;
    clockConfig.useStandbyClk = CyFalse;
    clockConfig.clkSrc        = CY_U3P_SYS_CLK;
    status = CyU3PDeviceInit (&clockConfig);                      // 1
    status = CyU3PDeviceCacheControl (CyTrue, CyFalse, CyFalse);  // 2
    io_cfg.isDQ32Bit = CyFalse;
    io_cfg.s0Mode = CY_U3P_SPORT_INACTIVE;
    io_cfg.s1Mode = CY_U3P_SPORT_INACTIVE;
    io_cfg.useUart   = CyTrue;
    io_cfg.useI2C    = CyFalse;
    io_cfg.useI2S    = CyFalse;
    io_cfg.useSpi    = CyFalse;
    io_cfg.lppMode   = CY_U3P_IO_MATRIX_LPP_UART_ONLY;
    io_cfg.gpioSimpleEn[0]  = 0;
    io_cfg.gpioSimpleEn[1]  = FX3_GPIO_TO_HIFLAG(FX3_GPIO_TEST_OUT);
    io_cfg.gpioComplexEn[0] = 0;
    io_cfg.gpioComplexEn[1] = 0;
    status = CyU3PDeviceConfigureIOMatrix (&io_cfg);             // 3
    CyU3PKernelEntry (); // 이 함수는 호출 이후 돌아오지 않는다.
    return 0;
}
```

1. FX3가 동작하는 데 필요한 클록을 설정하는 부분
2. I 캐시, D 캐시 등에 대한 사용 여부 지정
3. 사전에 미리 지정된 규칙의 I2C, GPIO, SPI, UART 등의 사용 계획을 알림

main() 함수 이름에서 알 수 있듯이 코드 내에서 가장 먼저 호출되는 함수이다. 마지막에 커널을 호출하면 커널은 필요한 리소스를 준비한 뒤 적절한 시기에 다시 드라이버의 함수를 호출하도록 돼 있다.

보기 13-23 CyFxApplicationDefine( ) 함수

```
void CyFxApplicationDefine(void)
{
    void *ptr = NULL;
    uint32_t ret = CY_U3P_SUCCESS;
```

```
        ret = CyU3PEventCreate (&glBulkLpEvent); // 사용할 이벤트 생성
        ptr = CyU3PMemAlloc (CY_FX_BULKSRCSINK_THREAD_STACK);
        ret = CyU3PThreadCreate (&bulkSrcSinkAppThread, // 스레드 생성
                                "21:Bulk_src_sink",
                                BulkSrcSinkAppThread_Entry, // 스레드 루틴 주소
                                0,
                                ptr,
                                CY_FX_BULKSRCSINK_THREAD_STACK,
                                CY_FX_BULKSRCSINK_THREAD_PRIORITY,
                                CY_FX_BULKSRCSINK_THREAD_PRIORITY,
                                CYU3P_NO_TIME_SLICE,
                                CYU3P_AUTO_START
                                );
    if (ret != 0)
    {
        while(1);
    }
}
```

보기 13-23에서 호출되는 CyFxApplicationDefine() 함수는 main() 함수 이후에 호출되는 두 번째 엔트리이다. 이후에는 커널이 더 이상 드라이버 코드를 호출하지 않기 때문에 드라이버는 자신이 호출될 조건에 맞는 콜백함수를 등록해야 한다. 여기서는 스레드를 생성하고 있다.

보기 13-24 BulkSrcSinkAppThread_Entry 스레드루틴

```
void
BulkSrcSinkAppThread_Entry (
        uint32_t input)
{
    CyU3PReturnStatus_t stat;
    uint32_t eventMask = CYFX_USB_CTRL_TASK | CYFX_USB_HOSTWAKE_TASK
    uint32_t eventStat
    uint8_t  vendorRqtCnt = 0;
    uint16_t prevUsbLogIndex = 0, tmp1, tmp2;
    CyFxBulkSrcSinkApplnDebugInit();                        // 1
    CyFxBulkSrcSinkApplnInit();                             // 2
```

```
CyU3PTimerCreate (&glLpmTimer,TimerCb,0,100,100, CYU3P_NO_ACTIVATE);
for (;;)
{
    stat = CyU3PEventGet (&glBulkLpEvent, eventMask, CYU3P_EVENT_OR_CLEAR,
    &eventStat, 10);
    .... // 중략
}
}
```

1. 디버깅을 위해 사용하려는 초기화 관련 코드를 정의하는 함수
2. USB 펑션을 설정하기 위한 초기화 관련 코드를 정의하는 함수

보기 13-24를 보면 스레드의 대부분의 시간은 이벤트를 기다리는 작업에 소요된다. 외부에서 약속된 조건을 따른 이벤트가 시그널되는 것을 기다리고 있다. 여기서 가장 중요한 일은 USB 펑션을 설정하는 초기화 관련 코드를 담은 함수를 호출하는 것이다. 이 부분은 중요하고 양도 많기 때문에 몇 번으로 나눠서 설명하도록 하겠다.

보기 13-25 CyFxBulkSrcSinkApplnit( ) 로컬 함수 1(USB 콜백함수 등록)

```
void
CyFxBulkSrcSinkApplnInit (void)
{
    CyU3PReturnStatus_t apiRetStatus = CY_U3P_SUCCESS;
    CyBool_t no_renum = CyFalse;
    CyU3PUsbRegisterSetupCallback(CyFxBulkSrcSinkApplnUSBSetupCB,CyTrue);
    CyU3PUsbRegisterEventCallback(CyFxBulkSrcSinkApplnUSBEventCB);
    apiRetStatus = CyU3PUsbStart();
    .... // 이어짐
```

CyU3PUsbRegisterSetupCallback() API 함수는 USB 셋업 명령어를 처리하는 콜백함수를 등록하는 함수이다. CyU3PUsbRegisterEventCallback() API 함수는 USB 버스상에서 발생되는 플러그 앤 플레이 이벤트를 처리하는 콜백함수를 등록하는 함수다.

CyU3PUsbStart() API 함수는 USB 스택을 초기화하는 함수이다.

```
void
CyFxBulkSrcSinkApplnInit (void)
{
    …. // 이어짐
    apiRetStatus = CyU3PUsbSetDesc(CY_U3P_USB_SET_SS_DEVICE_DESCR, 0, (uint8_t *)
    CyFxUSB30DeviceDscr);
    /* High speed device descriptor. */
    apiRetStatus = CyU3PUsbSetDesc(CY_U3P_USB_SET_HS_DEVICE_DESCR, 0, (uint8_t *)
    CyFxUSB20DeviceDscr);
    /* BOS descriptor */
    apiRetStatus = CyU3PUsbSetDesc(CY_U3P_USB_SET_SS_BOS_DESCR, 0, (uint8_t *)
    CyFxUSBBOSDscr);
    apiRetStatus = CyU3PUsbSetDesc(CY_U3P_USB_SET_SS_CONFIG_DESCR, 0, (uint8_t *)
    CyFxUSBSSConfigDscr);
    apiRetStatus = CyU3PUsbSetDesc(CY_U3P_USB_SET_HS_CONFIG_DESCR, 0, (uint8_t *)
    CyFxUSBHSConfigDscr);
    apiRetStatus = CyU3PUsbSetDesc(CY_U3P_USB_SET_FS_CONFIG_DESCR, 0, (uint8_t *)
    CyFxUSBFSConfigDscr);
    apiRetStatus = CyU3PUsbSetDesc(CY_U3P_USB_SET_STRING_DESCR, 0, (uint8_t *)
    CyFxUSBStringLangIDDscr);
    apiRetStatus = CyU3PUsbSetDesc(CY_U3P_USB_SET_STRING_DESCR, 1, (uint8_t *)
    CyFxUSBManufactureDscr);
    apiRetStatus = CyU3PUsbSetDesc(CY_U3P_USB_SET_STRING_DESCR, 2, (uint8_t *)
    CyFxUSBProductDscr);
    gl_UsbLogBuffer = (uint8_t *)CyU3PDmaBufferAlloc (CYFX_USBLOG_SIZE);
    if (gl_UsbLogBuffer)
        CyU3PUsbInitEventLog (gl_UsbLogBuffer, CYFX_USBLOG_SIZE);
    apiRetStatus = CyU3PConnectState(CyTrue, CyTrue);
}
```

다음은 준비한 여러 가지 디스크립터를 등록하는 작업을 수행한다. 마지막에 호출하는
CyU3PConnectState( ) API 함수는 USB를 동작할 준비가 끝났다는 의미로 호출한다.
이 함수가 호출된 뒤 USB 호스트에 이 장치가 연결되면 동작을 시작한다. 물론 장치의
동작을 중지하고자 할 때도 이 함수를 호출한다.

USB 호스트와 장치가 연결됐다고 가정해보자. 그러면 보기 13-27에서 보여주는 CyFx BulkSrcSinkApplnUSBEventCB() 콜백함수가 호출된다.

보기 13-27 CyFxBulkSrcSinkApplnUSBEventCB( ) 콜백함수

```
void
CyFxBulkSrcSinkApplnUSBEventCB (
        CyU3PUsbEventType_t evtype, /* Event type */
        uint16_t               evdata  /* Event data */
        )
{
    switch (evtype)
    {
    case CY_U3P_USB_EVENT_SETCONF:
        CyFxBulkSrcSinkApplnStart();                    // 1
        break;
    case CY_U3P_USB_EVENT_RESET:
    case CY_U3P_USB_EVENT_DISCONNECT:
            CyFxBulkSrcSinkApplnStop();                 // 2
    default:
        break;
    }
}
```

1. USB 호스트로부터 SET CONFIG 명령어가 전달되면 USB 프로토콜과 관련된 필요한 부분은 FX3 소프트웨어 스택이 알아서 처리한다. 대신 드라이버는 이와 같은 함수를 준비해서 호출되기를 기다린다.

2. 장치가 USB 호스트에서 제거될 때 호출되는 경우로서 드라이버는 이런 경우에 처리할 자원 반납 등의 작업을 수행하는 함수를 준비한다.

1에서 호출하는 로컬함수인 CyFxBulkSrcSinkApplnStart()는 지금까지 설명한 다른 엔트리와 다르게 현재 USB 장치가 실제로 USB 호스트에 연결돼 사용될 때를 의미한다. 따라서 이곳에서 처리하는 코드는 다른 코드와 다르게 동적인 속성을 가지게 된다. 그 중가장 중요한 처리 코드라고 볼 수 있는 부분이 USB 엔드포인트에 대한 DMA 준비 작업이다.

자! 이제 남은 건 DMA 채널을 사용해서 USB 통신을 준비하는 부분이다. 이 부분은 DMA 채널을 생성하는 부분과 USB 요청을 시작하는 부분으로 나눠서 살펴봐야 한다.

앞에서 배웠듯이 DMA 채널은 포트와 포트 간의 DMA 연결 방법을 결정하는 작업이다. 이런 DMA는 크게 AUTO 모드와 MANUAL 모드가 있다고 배웠다. 지금 살펴보는 예제 는 이 중에 ARM9 코어가 항상 DMA 전송에 개입하는 MANUAL 모드로서 DMA 채널을 준비하는 코드이다.

DMA 채널을 사용하기 위해 USB Endpoint를 준비하는 코드를 살펴보자.

보기 13-28 DMA에 사용할 USB Endpoint를 준비하는 부분

```
void
CyFxBulkSrcSinkApplnStart (
        void)
{
    uint16_t size = 0;
    CyU3PEpConfig_t epCfg;
    CyU3PDmaChannelConfig_t dmaCfg;
    CyU3PReturnStatus_t apiRetStatus = CY_U3P_SUCCESS;
    CyU3PUSBSpeed_t usbSpeed = CyU3PUsbGetSpeed();
    switch (usbSpeed)
    {
    case CY_U3P_FULL_SPEED:
        size = 64;
        break;
    case CY_U3P_HIGH_SPEED:
        size = 512;
        break;
    case  CY_U3P_SUPER_SPEED:
        size = 1024;
        break;
    }
    CyU3PMemSet ((uint8_t *)&epCfg, 0, sizeof (epCfg));
    epCfg.enable = CyTrue;
    epCfg.epType = CY_U3P_USB_EP_BULK;
    epCfg.burstLen = (usbSpeed == CY_U3P_SUPER_SPEED) ?
```

```
    (CY_FX_EP_BURST_LENGTH): 1;
  epCfg.streams = 0;
  epCfg.pcktSize = size;
  apiRetStatus = CyU3PSetEpConfig(CY_FX_EP_PRODUCER, &epCfg);    // 1
  apiRetStatus = CyU3PSetEpConfig(CY_FX_EP_CONSUMER, &epCfg);    // 2
  CyU3PUsbFlushEp(CY_FX_EP_PRODUCER);
  CyU3PUsbFlushEp(CY_FX_EP_CONSUMER);
  .... // 이어짐
```

1. 벌크 OUT 엔드포인트를 생산자(Producer)로 간주한다. 엔드포인트를 초기화한다.

2. 벌크 IN 엔드포인트를 소비자(Consumer)로 간주한다. 엔드포인트를 초기화한다.

USB 통신에서 사용되는 방향성을 가지는 용어들은 항상 USB 호스트를 기준으로 설명한다. 벌크 OUT 엔드포인트는 USB 호스트에서 전송하는 데이터를 받게 되는 부분이다. 그런데 여기서 생산자의 용어를 사용하는 이유는 DMA 채널을 생성할 때 데이터를 만들어주는 역할을 수행하기 때문이다. 이 경우 데이터를 수신하는 소비자는 ARM9 코어가 된다.

반대로 벌크 IN 엔드포인트는 USB 호스트 측으로 데이터를 전송하는 역할을 수행하지만 DMA 채널에서는 ARM9 코어가 보내주는 데이터를 수신하는 역할을 수행하므로 소비자라는 용어를 사용한다.

보기 13-29 DMA MANUAL 채널을 생성하는 부분

```
void
CyFxBulkSrcSinkApplnStart (
      void)
{
  .... // 이어짐
  dmaCfg.size  = (size * CY_FX_EP_BURST_LENGTH);
  dmaCfg.size *= CY_FX_DMA_SIZE_MULTIPLIER;
  dmaCfg.count = CY_FX_BULKSRCSINK_DMA_BUF_COUNT;
  dmaCfg.prodSckId = CY_FX_EP_PRODUCER_SOCKET;
  dmaCfg.consSckId = CY_U3P_CPU_SOCKET_CONS;
  dmaCfg.dmaMode = CY_U3P_DMA_MODE_BYTE;
```

```
dmaCfg.notification = CY_U3P_DMA_CB_PROD_EVENT;
dmaCfg.cb = CyFxBulkSrcSinkDmaCallback;                    // 1
dmaCfg.prodHeader = 0;
dmaCfg.prodFooter = 0;
dmaCfg.consHeader = 0;
dmaCfg.prodAvailCount = 0;
apiRetStatus = CyU3PDmaChannelCreate (&glChHandleBulkSink,
        CY_U3P_DMA_TYPE_MANUAL_IN, &dmaCfg);               // 2
dmaCfg.notification = CY_U3P_DMA_CB_CONS_EVENT;
dmaCfg.prodSckId = CY_U3P_CPU_SOCKET_PROD;
dmaCfg.consSckId = CY_FX_EP_CONSUMER_SOCKET;
apiRetStatus = CyU3PDmaChannelCreate (&glChHandleBulkSrc,
        CY_U3P_DMA_TYPE_MANUAL_OUT, &dmaCfg);              // 3
apiRetStatus = CyU3PDmaChannelSetXfer (&glChHandleBulkSink,
        CY_FX_BULKSRCSINK_DMA_TX_SIZE);                    // 4
apiRetStatus = CyU3PDmaChannelSetXfer (&glChHandleBulkSrc,
        CY_FX_BULKSRCSINK_DMA_TX_SIZE);                    // 5
}
```

1. DMA 채널을 생성할 때 해당하는 채널을 위한 콜백함수를 등록하고 있다. 이 콜백함 수는 DMA 작업을 수행하는 과정을 모니터링해 DMA 전송 준비 혹은 DMA 전송완 료 처리 등을 수행하게 된다.

2. 벌크 Sink로 정의되는 통신을 위한 채널을 생성한다. 벌크 OUT을 위한 채널이 된다.

3. 벌크 Source로 정의되는 통신을 위한 채널을 생성한다. 벌크 IN을 위한 채널이 된다.

4. 벌크 Sink(OUT) 채널을 시작한다. 호스트로부터 USB 데이터가 들어오면, DMA가 시작된다.

5. 벌크 Source(IN) 채널을 시작한다. 곧바로 채널을 위한 콜백함수가 호출돼 DMA 전 송을 위한 데이터를 준비하도록 돕는다. 이때 실제 데이터는 호스트로부터 IN 요청 이 들어오면 전송된다.

코드에서 남은 부분은 DMA 채널을 위한 콜백함수를 살펴보는 작업이다.

```
void
CyFxBulkSrcSinkDmaCallback (
        CyU3PDmaChannel    *chHandle, /* Handle to the DMA channel. */
        CyU3PDmaCbType_t  type,     /* Callback type.          */
        CyU3PDmaCBInput_t *input)   /* Callback status.        */
{
    CyU3PDmaBuffer_t buf_p;
    CyU3PReturnStatus_t status = CY_U3P_SUCCESS;
    glDataTransStarted = CyTrue;
    if (type == CY_U3P_DMA_CB_PROD_EVENT)    // 1
    {
        status = CyU3PDmaChannelDiscardBuffer (chHandle);
    }
    if (type == CY_U3P_DMA_CB_CONS_EVENT)    // 2
    {
        status = CyU3PDmaChannelGetBuffer (chHandle, &buf_p, CYU3P_NO_WAIT);
        status = CyU3PDmaChannelCommitBuffer (chHandle, buf_p.size, 0);
    }
}
```

1. 벌크 OUT 데이터가 수신되는 경우다. 지금은 별처리없이 데이터 버퍼를 비운다.

2. 벌크 IN 데이터를 준비하는 경우다. 비어있는 버퍼를 하나 얻은 후 버퍼와 크기값을 사용해서 DMA 요청을 하고 있다.

| 찾아보기 |

USB 호스트 컨트롤러 익스텐션   885

UTMI   162

Something in USB
개발자를 위한 USB 버스 완벽 가이드

발 행 | 2021년 5월 14일

지은이 | 이 봉 석

펴낸이 | 권 성 준
편집장 | 황 영 주
편 집 | 이 지 은
디자인 | 윤 서 빈

에이콘출판주식회사
서울특별시 양천구 국회대로 287 (목동)
전화 02-2653-7600, 팩스 02-2653-0433
www.acornpub.co.kr / editor@acornpub.co.kr

책값은 뒤표지에 있습니다.